KB050480

Introduction to Criminal Investigation

범죄수사입문

이관희

박영사

서 문

2009년 5월 23일 새벽, 검찰 수사를 받던 故 노무현 대통령은 사저에 있는 컴퓨터에 짧은 유서를 남기고 부엉이 바위에서 투신하였다. 그는 새벽 5시 무렵, 죽음을 앞둔 사람이 썼다고는 믿을 수 없을 정도로 짧고 정갈한 문체의 유서를 남겼다. 그의 글에는 침착함과 여유가 느껴졌지만 유서의 첫 머리[1]에서 그가 받은 고통의 크기를 짐작할 수 있었다.

필자는 당시 사이버수사대장으로 근무하면서 유서에 대한 포렌식, 사저의 CCTV, 관련자에 대한 통신수사, 경호관들에 대한 신문을 담당하였다. 당시 사건을 접하면서 법집행기관의 수사활동이 전직 대통령까지도 죽음으로 내몰 수 있을 정도의 심리적 압박을 줄 수도 있는 무서운 것임을 새삼 느끼게 되었다. 2004년부터 2014년 상반기까지 검찰수사를 받던 도중 자살한 사람은 총 83명에 이른다.[2] 수사관들에게 묻고 싶다. 피의자 신분으로 조사를 받아 본 적이 있는가? 수사의 대상이라는 것이 어떤 느낌인지 아는가? 한 나라의 대통령이었던 사람마저 극단적인 선택을 할 정도라면 한 사람의 시민이 피의자신분으로 조사를 받는다는 중압감은 어느 정도일지 상상해 볼 필요가 있다. 검찰수사의 관행에 대한 설문에서 검찰의 수사관행 전반에 대해 부적절하다는 의견이 76.1%로 압도적으로 많았으며, 검찰 조사 시 피의자에

---

1) 너무 많은 사람들에게 신세를 졌다.
   나로 말미암아 여러 사람이 받은 고통이 너무 크다.
   앞으로 받을 고통도 헤아릴 수가 없다.
   여생도 남에게 짐이 될 일밖에 없다.
   건강이 좋지 않아서 아무것도 할 수가 없다.
   책을 읽을 수도 글을 쓸 수도 없다.
2) 연성진·안성훈, "검찰 수사 중 피조사자의 자살 발생원인 및 대책 연구", 형사정책연구원 연구총서 14-AB-09, 2014, 9면

대한 검사의 태도에 대하여 인격적이지 못한 경우가 많다는 의견이 68.9%로 매우 많았다. 검찰의 정치적 중립성에 대해서는 중립적이지 못하다는 견해가 78.8%였으며 검찰 수사의 구체적인 문제로 권위적인 태도, 자백강요, 비인격적 태도, 장기간 수사, 조력 침해 순으로 조사되었다.[3]

인신을 체포, 구속하고 소유권과 프라이버시를 침해할 수 있는 압수수색과 같은 강제수사는 가장 강력한 인권침해의 수단이다. 경찰이나 검찰과 같은 법집행기관이 법에 정해진 절차와 방법으로 정상적인 수사행위를 하는 것조차 수사대상자에게는 큰 중압감을 줄 것이 틀림없는데 표적수사, 과잉수사, 강압수사, 짜맞추기 수사, 먼지털이식 수사, 밤샘조사 등을 견딜 수 있는 사람은 없을 것이라고 단언한다. 수사는 '실패한 예방'이다. 범죄는 인간 사회에서 발생하는 일탈 중의 하나이며 범죄자에게 형벌을 과하는 것은 범죄를 다루는 방법 중에 하나이다. 범죄는 예방하는 것이 가장 중요하다. 그리고 범죄를 예방하는 것은 비단 경찰만의 역할이 아니며 모든 정부기관이 그 역할을 수행해야 한다. 범죄예방에 실패한 경우 비로소 수사기관에 의한 수사가 진행된다. 그런데 우리나라는 실패한 예방인 수사와 형집행만을 담당하는 검찰에게 과도한 권력을 부여하였고 다양한 업무를 담당하는 경찰조직은 예방보다는 수사에 치중하는 모습을 보이곤 한다. 수사가 본질적으로 인권침해적 요소를 많이 포함하고 있고 자칫 한 사람의 생명도 좌지우지할 수 있는 위험한 일이기 때문에 늘 신중하고 겸허하게 업무를 처리해야 함에도 불구하고 수사를 담당하는 공무원들은 유독 거만하다. 경찰이나 검찰 모두 법집행기관으로써 법이 정한 절차에 따라 법을 집행하는 행정기관일 뿐이다. 개인적인 프레임으로 선악을 구분하거나 사람의 유무죄를 심판할 자격도 능력도 없음을 인정해야 한다.

인간이 저지른 과오를 완벽하게 재구성하는 것은 불가능한 일이다. 기억에 왜곡이 있는 피해자와 목격자를 조사해야 하고 진실을 의도적으로 왜곡하는 범죄혐의자의 거짓된 진술들에도 대응해야 하는 등 범죄재구성을 방해하는 요소는 많다. 여기에 수사관이 가진 오만, 편견, 편향, 욕심이 개입되면 왜곡은 심해진다. 이러한 왜곡의 가능성을 인식하지 못한 수사관에 의해 진행되는 수사는 매우 위험하다. 수사관은 법의 적용과 해석능력뿐만 아니라 현행 법률의 위헌성[4]도 상식에 의해 평가할

---

3) 박민재·박귀련, 검찰수사관행의 현실과 개선방향, 국회법제사법위원회, 2009
4) 미네르바 사건: 2008년 하반기 미네르바라는 필명으로 인터넷 포털사이트인 다음 아고라에서 2008년 하반기 리먼 브라더스의 부실과 환율폭등 및 금융위기의 심각성 그리고 당

자질이 있어야 한다. 또한 수사라는 행위가 가지는 위험성을 인식하고 수사관 자신
도 인간이 가질 수밖에 없는 편향을 가지고 있으며 억압받는 자는 허위자백을 할
수도 있다는 점, 수사관이 작성하는 조서는 대부분 왜곡될 수밖에 없다는 점도 인
식해야 하는 등 법률뿐만 아니라 인간의 취약성에 대한 이해도 뒷받침되어야 한다.

수사를 통해 1차적으로 국민의 억울함을 해소해 줄 수 있으며 범죄인의 검거를
통해 안전한 사회를 만드는 데 일조할 수도 있으며 범죄인에 대한 재활의 기회를
주고 그들을 이해함으로써 사회에 순응을 하도록 이끌 수도 있다. 그러나 수사를
법집행 이상의 심판기능이라고 오해하게 되면 국민에 군림하고 범죄인을 함부로 평
가, 심판하게 되며 이로써 사실관계를 위해서는 사소한 불법도 용인하며 스스로의
영달을 위해 비겁한 방법으로 실적을 취하게 되기도 하며 심지어 정치권에 편승하
게 되는 폐단까지 낳게 된다. 가장 무서운 것은 공직자는 쓰임을 당하는 사람이 아
니라 스스로를 위해 국민을 이용할 수 있는 권력계층이라는 기이한 가치관이 부지
불식간에 형성된다는 것이며 특정 수사기관의 남용 사례는 우리의 역사를 통해 관
찰해 왔다.

법에 의한 주어진 권한이 없으면 수사관 개개인은 아무것도 할 수 없는 존재이
다. 수사관이 가지고 있는 권한은 개인의 것이 아니라 공익을 위해 법의 테두리 안
에서 행사될 수 있을 뿐이다. 수사관이 가져야 할 첫 번째 덕목은 자신감이 아니라
두려움이다. 국민에 대한 두려움, 법에 대한 두려움, 나 자신의 능력에 대한 두려움
이다.

2021년 2월
이관희

시 대한민국 경제추이를 예견하는 글로 주목을 받던 인터넷 논객 박씨가 허위사실유포혐
의로 체포 및 구속되었다가 무죄로 석방되었다. 당시 박씨에게 적용된 전기통신기본법 제
47조 제1항 허위사실유포죄는 헌법소원에서 위헌판결을 받았다(헌법재판소 2010. 12. 28.
선고 2008헌바157,2009헌바88(병합) 전원재판부 참조).

차 례

제2편 수사의 실행

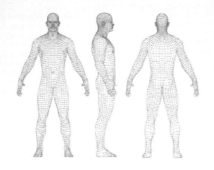

제1편

─

수사의 준비

제1편

수사의 준비

1. 오리엔테이션

Orient는 '동양의, 동쪽의, 해가 솟아오르는'이라는 뜻을 가진다. 집을 지을 때 해가 뜨는 동쪽을 향해 창문을 낸다. 처음 집을 지을 때 창문을 잘못 내면 집을 다시 허물고 짓지 않는 이상 해를 받아들일 수가 없기 때문에 처음에 창문을 어느 쪽으로 내는지는 매우 중요한 일이다. 오리엔테이션은 사물의 진로, 방향을 정하는 일을 뜻하며 어떠한 일을 처음 하고자 하는 사람에게 제시되는 최초의 교육이라는 말로 사용된다. 이 챕터는 이 책의 오리엔테이션이지만 이 책의 전부는 수사입문자에게 오리엔테이션이다. 욕심이 많고 성격이 급한 사람들은 이론을 건너뛰고 바로 실습을 하기만을 원한다. 골프를 가르치는 티칭프로들은 고객의 이러한 심리를 잘 알고 기초를 건너뛰고 한 달, 두 달 안에 아이언부터 드라이브에서 퍼터까지 전부 칠 수 있도록 가르쳐 준다. 하지만 티칭프로는 이런 고객이 전문가가 될 것이라고 생각하지 않고 취미로 골프를 치는 정도일 것이란 걸 안다. 골프를 전문으로 하려는 선수에게는 기초부터 이론부터 완벽하게 학습을 시키게 된다. 수사는 매우 위험한 일이다. 수사는 다른 사람의 인생 전부를 망가뜨릴 수도 있는 일이므로 매우 세심한 주의를 기울여야 한다. 그래서 처음부터 천천히 세세하게 학습할 필요가 있다.

가. Why, How, What

우리는 어렸을 때부터 많은 철학서를 접하면서 살아 왔다. 그런 철학서를 읽을 때는 어려운 부분은 어려워서 그 뜻을 헤아리지 못하게 되고 쉽게 이해할 수 있는 부분은 '누구라도 할 수 있는 말이 아닌가'라는 식으로 치부하면서 흥미를 잃어버리기도 한다. 그리고 어느 정도 시간이 흘러 다시 버팀목이 될 만한 지침서가 절실할 때쯤이면 고전은 이미 읽어 보았으니 새로운 무엇인가를 찾게 되고 그러다가 시중에 출간된 자기계발서에 관심을 기울이게 된다. 지루한 문체로 써진 고전보다는 새로운 서적들이 디자인이나 글의 흐름으로 볼 때 신선한 충격일지 모르지만 이러한 책들을 몇 권 읽다 보면 결국 서로 대동소이한 글이라는 것을 깨닫게 되고 새로운 책이 요즘의 언어와 사례로 구성되었을 뿐, 전하고자 하는 맥락은 결국 고전에 나오는 것들과 유사하다는 것을 알아차리게 된다.

원리는 유사하다. 그 원리를 이해시키기 위한 구체적인 이야기만 다를 뿐이다. 구체적인 상황에서 바로 써먹을 지식을 원하는 독자에게 구체적인 사례와 해법은 매우 중요하다. 이런 방식의 책들은 '무엇을', '어떻게' 하라는 답을 주기 때문에 이해하기가 편하다. 형법 총론을 읽을 때보다는 형법 각론을 읽을 때가 훨씬 편하게 느껴지고 실속이 있어 보인다. 이러한 방식의 글읽기는 귀납적 방법에 가깝다. 여러 사례를 통해 원리를 깨우치는 과정이다. 문제는 그 원리를 깨우치기 위해서는 너무 많은 경험을 하거나 사례 연구를 해야 하고 그 경험들과 사례들로부터 핵심 원리를 파악하지 못하게 되면 지식이 아니라 하나의 경험에 그치게 된다.

'무엇을 어떻게 해야 하지?'로 시작되는 학습에는 치명적인 단점이 있다. '응용이 안 되거나 매우 어렵다.'는 점이다. 세상에는 똑같은 사실이 존재하지 않으며 똑같은 사실 같지만 시간과 공간이라는 요인이 변하면서 늘 다른 모습을 하고 있다. 'Start with Why'의 저자 Simon Sinek은 평범한 사람은 What ⇒ How ⇒ Why라는 순서로 생각하지만 위대한 리더는 Why ⇒ How ⇒ What의 순서로 사고를 한다고 주장한다. 단순한 주장 같아 보이지만 그의 주장은 매우 중요하다. 경험한 자가 원리를 깨우치지 못하면 그저 여러 가지를 경험한 것에 머무르지만 경험하지 않고도 원리를 깨닫는 자는 어떠한 변수가 생겨도 일관된 원리를 바탕으로 모든 상황에 대처해 나갈 수 있다고 생각한다.

이 책의 주요 독자는 입문자이다. 수사에 입문하는 사람이 가장 많이 하는 질문은 '제가 작성해야 할 서류는 어디서 찾죠?', '이 서류는 어떻게 작성하죠?', '이거 어떻게 하죠?', '지금 뭘 하면 되죠?'와 같은 것들이다. 수사를 배우기 시작하면서 인권이 무엇인지, 수사의 필요성이 무엇인지, 그리고 이 사건의 수사를 개시하는 이유는 무엇인지 등 '왜'에 대한 고민 없이 단지 '무엇을, 어떻게'에만 집중하는 것은 바람직하지 않다. 수사는 수사관의 경험과 지식, 판단과 직관이 모두 어우러져 작용하면서 수사상 맞닥뜨리는 사건, 그리고 그 사건의 일부 사실과 이를 뒷받침하는 각종 자료와 증거들에 대한 수사상 가치, 진실성 등도 평가해 나가야 하기 때문에 대단히 복잡하게 얽힌 사고를 해야만 한다. 이렇게 복잡하고 어려우며 종합적인 사고를 필요로 하는 업무를 함에 있어 원리로부터 시작하지 않게 되면 너저분하게 널려 있는 지식조각들을 체계화시킬 수가 없게 된다. 이러한 접근이 비록 고될지 모르겠지만 눈앞에 있는 사건만을 처리하기에 급급한 지식 파편만을 배워 나간다면 1년을 근무하나 100년을 근무하나 항상 답보상태가 될 것이다. 더욱이 시간이 흘러 육체적 능력이 떨어지고 정보가 팽창하는 속도를 감안하면 오히려 퇴보한다는 말이 적절할 것이다.

형법각론을 이해하기 위해서는 형법총론이 필요하며 형사소송법을 이해하기 위해서는 헌법이 필요하고 통신수사를 하기 위해서는 통신네트워크의 원리를 이해할 필요가 있다. 무엇을 어떻게 해야 하는지에 대한 접근은 매우 직관적이며 실용적이다. '왜'라는 질문은 결국 무엇을 어떻게 해야 하는지에 추가되어야 할 선행질문이기 때문에 실용적이지 않으며 직관적이지 않을 뿐만 아니라 추가적인 시간과 노력을 쏟아 부어야 할 질문이다. 하지만 반드시 지켜져야 할 질문이다. 앞서 언급한 바와 같이 수사라는 것은 매우 위험한 작용이며 실수가 용인되는 경우 심지어 사람을 죽음에까지 이르게 할 수 있는 권력이기 때문에 이를 수행하는 자는 수사에 필요한 근본 원리를 이해하려는 노력을 게을리해서는 안 된다.

나. 기술, 창의, 과학

"수사는 기술이다. 수사는 창의적인 작업이다. 수사는 과학이다."라는 주장들이 있어 왔다. 기술이 중요하다면 수사는 도자기를 굽는 것과 같이 오랜 경험을 통해 터득해야 할 것이다. 이 경우 동종 분야에 오래도록 근무한 수사관들은 늘 신화처럼 남겨지게 될 것이다. 수사를 창의적인 작업이라는 주장은 창의적인 감각을 중요하게 생각하게 될 것이며 이는 경험과 지식보다는 사물과 현상을 편견 없이 바라보는 순수한 마음가짐과 독창적인 두뇌를 가진 사람이 수사업무에 적합하다고 보게될 것이다. 마지막으로 과학이 중요하다고 생각하게 된다면 디지털포렌식이나 과학수사와 같이 학문적인 깊이를 가지고 있는 특정 분야 전문가들이 수사에 적합하게될 것이다.

그런데 이러한 구분은 큰 의미가 없다. 위에 열거한 모든 것들이 수사에는 필요한 것이며 어느 하나도 간과해서는 안 되기 때문이다. 그럼에도 불구하고 어떤 이들은 하나만을 강조하기도 한다. '법이 중요하다.', '과학수사 없이는 아무것도 할 수없다.', '요즘 같이 사이버세상에서는 디지털을 이해해야 한다.'는 등으로 경계를 두려고 한다. 어느 하나 중요하지 않은 것이 없기 때문에 우리가 해야 할 질문은 '이 모든 능력을 한 사람의 수사관이 갖출 수가 있는가?'이다. 개개의 사건에서 어떤 능력이 더욱 중요하게 여겨지는 경우는 존재하겠지만 전체 사건을 통틀어 어느 분야만이 중요하다고 말할 수 없다. 경제범죄수사팀에 근무하다 보면 법리를 많이 다루게 되고 자연스럽게 법률을 가까이하게 된다. 강력범죄수사팀에 근무하다 보면 강력범죄와 같은 발생사건을 주로 담당하게 되고 신속하게 범인을 검거해야 하는 경우 가끔 '감'이나 '촉'이라는 것이 발휘될 때도 있다. 과학수사나 디지털포렌식 부서에 근무하다 보면 전문적이고 과학적인 지식이 사건의 실마리를 주게 되는 경험을 하게 된다. 수사를 위해서 이 모든 능력들과 경험들이 공존해야 하지만 어느 개인이 이 모든 능력과 경험을 갖출 수 없기 때문에 현실적인 해결방법은 '협업'뿐이다.

다. 법과 사실

1) 법의 지배

수사업무를 처음 시작하는 사람은 무엇부터 시작해야 하는가 고민을 하게 된다. 수사업무를 사실관계 확인을 위한 기법을 중심으로 이해하는 사람도 있고 법률의 적용이라는 관점에서 법을 우선시하는 사람도 있다. 법이 정한 절차에 따라 사실관계를 확인하여 범죄혐의자에 대해 법률을 적용하는 업무가 수사이기 때문에 당연히 법률에 대한 해석과 사실관계를 입증하기 위한 기법이 모두 중요한 요소이지만 둘 중 어느 것에 대한 이해가 선행되어야 하는지에 대해 묻는다면 "법"에 대한 이해가 우선되어야 한다고 생각한다.

우리 헌법은 국가권력의 남용으로부터 국민의 기본권을 보호하려는 법치국가의 실현을 기본이념으로 하고 있고, 법치국가의 개념은 범죄에 대한 법정형을 정함에 있어 죄질과 그에 따른 행위자의 책임 사이에 적절한 비례관계가 지켜질 것을 요구하는 실질적 법치국가의 이념을 포함하고 있다.[1] 여기서 말하는 법치주의는 법에 의한 지배(rule by law)를 말하는 것이 아니라 법의 지배(rule of law)를 의미한다. 법에 의한 지배는 법을 통치자의 의사를 실현하는 단순한 수단에 불과한 도구로 전락시키는 것으로 진정한 의미의 법치가 아니다.

아리스토텔레스는 법치를 이성의 지배라고 하고 인간이 지배하는 인치는 감정의 지배라고 했다. 법치는 일관성이 있어 예측 가능하지만, 인치는 자의적이라 언제 무슨 일이 일어날지 모르기 때문에 편견, 감정, 무지, 탐욕, 변덕 같은 약점을 가진 인간 대신 법이 지배해야 한다고 했다. 그런데 법은 무생물이기 때문에 그 자체로는 아무 힘이 없고 결국은 인간에 의해 적용되고 집행될 수밖에 없다. 따라서 법치주의는 법의 해석과 적용에 법을 운용하는 개인이 미치는 영향이 크기 때문에 법을 자의적으로 적용 및 해석하지 않도록 주의해야 한다는 뜻을 내포하고 있다.[2]

법은 그 사회를 운영하기 위해 만들어진 틀이며 특히 강제처분권을 행사하게 될 수사기관의 활동은 절대로 그 법의 테두리를 벗어나서도 안 되고 자의적으로 해석 및 적용되어서도 안 된다. 우리 헌법 제12조 제1항은 법률과 적법한 절차에 의하지 아니하고는 형사처벌을 받지 않는다고 규정하고 헌법 제12조 제3항은 체포, 구속, 압수 또는 수색을 할 때 적법한 절차에 따를 것을 요구하고 있다. 여기서 말하는 적법한 절차라는 것은 대다수 국민들 사이에서 오랫동안 옳다고 생각해 온 기본적인 기대를 준수한다는 것을 의미한다. 따라서 법을 이해하고 이에 따라 행동하는 것이 필수적인 요청이다. 그런데 법을 이해한다는 것은 형식적인 법률규정을 이해한 것

---

1) 헌법재판소 1992. 4. 8. 선고 90헌바24. 전원재판부 결정
2) 김낭기, "법의 지배인가, 인간의 지배인가", 저스티스 제146호, 2015, 53면

으로 족하지 않다. 앞서 언급했던 미네르바 사건에서 마땅한 법률의 근거를 찾지 못하였지만 그를 처벌해야 할 필요성과 정치적 압력 때문에 거의 사문화되었던 전기통신기본법 제47조 제1항 허위사실유포죄라는 죄책으로 구속한 것은 전형적인 법에 의한 지배이다. 또는 압수수색영장을 발부받았다는 이유로 과도하게 자료를 압수하는 행위, 임의적인 방법으로 은행계좌 내역을 확인할 수 있음에도 불구하고 영장의 집행을 위해 대상 은행의 업무를 정지시키는 행위, 영업장부를 압수한 후 고의적으로 환부를 지연시켜 업무를 방해하는 행위, 수사기관이 범죄를 수사할 수 있다는 근거규정을 들어 함부로 표적수사를 하거나 기소독점권을 가지는 검사가 봐주기식 수사를 하는 행위 등도 법에 의한 지배의 한 단면이다.

법에 의한 지배가 되지 않도록 법을 운용하기 위해서는 법을 제대로 이해할 필요가 있다. 수사기관이 범하는 실수 중에 하나는 이 법이라는 것을 형사법으로 축소 해석하는 데 있다. 형사법은 국내의 무수한 법 중의 극히 일부의 법률이며 국민의 일상적인 생활을 규제하는 법이 아니다. 법을 이해함에 있어 형사법을 중심으로 이해를 하게 되면 수사 중심적 사고방식에 휩싸이게 되므로 수사 입문자는 특히 이 점을 유의해야 한다. 국민의 인권을 침해하는 법을 이해하기 전에 인권을 보호하는 법을 공부해야 하며 범죄자에게만 적용되는 법을 이해하기 전에 국민의 일상을 규율하는 법을 먼저 이해하는 것이 바람직하다.

법에 대한 이해가 선행되어야 한다는 것은 법이 수사기법보다 우위에 있다는 의미는 아니다. 검찰은 늘 법률전문가라는 용어를 통해 법을 전공하는 것이 마치 수사에 있어서 우위를 점하고 있다는 듯 하는 표현을 사용하고 있다. 그런데 법은 그 자체로는 멈춰져 있는 것이기 때문에 이를 적용하는 전문화된 수사방법이 없이는 제대로 살아 움직일 수가 없다. 법의 지배는 법에 대한 이해가 선행된 후 적절한 수사행위를 통해 구현된다.[3] "법은 범인을 검거하지 못한다."[4] 법은 질서를 유지하고 사회가 유지되기 위해 정의를 실현함을 직접 목적으로 하는 국가의 강제력을 수반

---

[3] 또한 실무에서 법은 수사행위를 위한 바람직한 해석기준을 제시해 준다. 수사를 개시할 때 '공권력을 투입하여 수사를 진행할 정도의 필요성이 있는가?'를 판단하는 경계를 제공해 주고 범죄피해자와의 상담내용을 법률적인 것으로 해석할 수 있도록 도와주며 수사관의 행위 시마다 매번 적법한 행동인가를 판단할 수 있도록 해 주며 보고서를 작성할 때에는 논리적인 구조가 될 수 있도록 길을 안내해 주는 역할을 하게 될 것이다.

[4] 경찰대학 교수로 재직하고 현재 한림대학교 교수로 재직 중인 장윤식 교수의 말이다.

하는 사회적 규범 또는 관습을 일컫는다. 사회적 규범의 함의인 법은 현상을 규율하고 평가하는 잣대가 되는 것은 사실이지만 평가의 대상이 되는 현상을 접하고 이해하고 필요한 행동을 실천에 옮기는 것은 사람의 몫이다. 특히, 우리가 다루고자 하는 범죄에 대한 수사에 있어서 법은 활동의 범위와 절차를 규정하고 있지만 수사를 통해 사실을 입증하고 범인을 검거하는 것은 멈춰 있는 법이 아니다.

필자의 독단적인 생각일지 모르겠으나 유독 우리나라 사회는 법을 다루는 자에 대한 존중감이 강하며 법조인 출신이 사회 지도층을 대표하는 경우가 많다. 이런 풍조는 법조인이 법 위에 군림하려 하기도 하고 지도층은 법에 의한 통치가 아니라 법을 이용한 통치를 하는 양상을 보이기도 했다. 이러한 상황은 범죄수사 현실에도 반영되어 범죄수사가 형사소송법에 종속된 영역쯤으로 치부되거나 재판을 담당하는 판사와 범죄를 기소하는 검사는 수사를 담당하는 기관보다 상위에서 위세를 부리는 것이 현실이었다. 형사법은 범죄로부터 국민의 안전을 지키기 위해 존재하며 국민의 안전은 법에 대한 해석과 적용 이전에 범죄에 대한 이해, 범죄의 예방, 피해자에 대한 보호, 범인의 검거 등 경찰 활동을 통해 보장되는 것이다. 범죄를 다루는 경찰 활동이 없다면 법규는 그 기능을 제대로 발휘할 수 없으며 이를 적용, 해석하는 법조인 또한 그 존재 의미를 상실하게 된다는 점을 명심해야 한다.

2) 사실인정에 필요한 자료

사기 사건을 다룰 때 가장 먼저 접하게 되는 법률용어는 '차용'이다. 좀 더 들어가면 원리금과 이자란 말을 듣게 되며 차용을 하면서 동산이나 부동산을 담보로 제공했다는 말도 듣게 된다. 부동산 사기를 다루다 보면 소유권, 전세권, 가등기 등의 용어를 접하게 되며 사건 관계인으로부터 제출받은 부동산 등기부 등본도 접하게 된다. 이러한 모든 것은 민법의 영역을 공부하다 보면 나오게 되는 것들이며 그 또한 법률적인 영역이다. 그리고 이러한 이해를 바탕으로 관계자들에 대한 행위를 형법에 적용하는 것 또한 법률적인 영역이고 이러한 바탕에서 관련 증거들을 취합하고 이를 수사하여 기소, 불기소하는 것 또한 형사소송법의 영역으로써 역시 법률적인 영역이다.

그러나 이러한 법률적인 영역은 사실관계가 없으면 전혀 쓰임이 없다. '차용'이라는 법률용어를 이해하는 것이 중요한 것이 아니라 차용에 해당하는 사실관계가 무엇인지 파악하는 것이 핵심이다. 업무상 횡령이나 배임죄를 취급함에 있어 어떠한 업무를 담당하고 있었는지 확인해야 하고 횡령에 해당하는 자금이나 재산의 이동상황을 확인해야 한다. 법률의 판단 대상이 될 사실관계를 이해하는 능력, 그리고 그 사실관계를 밝혀 내기 위한 기법들은 수사관에게 특화된 전문영역이 되는 것이다.

법률과 사실관계를 중심으로 수사관의 역할이란 '법이라는 틀을 바탕으로 수사관이 갖춘 수사기법 등을 이용하여 사실관계를 이해하고 분석한 후 재판에 회부할 수 있는 증거들을 형사절차법에 따라 수집하여 이해관계자들이 법정에서 공정한 다툼을 할 수 있도록 도움을 주는 것'이라고 표현할 수 있겠다. 수사상 활동을 통해 법관이 사실인정을 할 때 도움이 되는 자료들을 확보하는 것이 매우 중요하며 이를 확보하기 위해 사용되는 기술을 수사기법이라고 한다. 신문기법을 통해 사람들로부터 진술을 이끌어 내고 통신수사기법을 통해 통신자료뿐만 아니라 통화내역 또는 IP주소를 획득한 후 관계망 분석을 통해 범죄혐의자를 특정하고 자금추적을 통해 범죄수익금의 이동경로를 추적하고 각종 과학수사기법과 디지털포렌식기법을 활용하여 범죄흔적을 찾아낸다. 그리고 이러한 수사기법을 적용하기 위해서는 사회현상에 대한 이해도 수반되어야 한다. 기업에 대한 재산범죄를 수사할 때는 법인의 업태와 업무처리의 관행부터 회계처리방식까지 전반을 이해해야 하며 업무상과실치사상죄에 대한 수사를 진행할 때에는 업무상 주의의무가 무엇인지를 각 업종별로 이해할 줄 알아야 하며 사기나 절도사건을 수사할 때에도 범인들의 범행수법에 대해 이해할 수 있어야 한다. 결국 수사관의 능력은 사회현상에 대한 넓고 깊은 이해와 적합한 수사기법을 통해 다양하고 가치 있는 수사자료와 증거를 취득하는 데 있다.

사실관계가 확인된 경우 법률적인 평가는 언제든 다시 할 수가 있다. 사실인정에 필요한 자료는 시간의 흐름과 함께 소실되거나 가치를 잃어버릴 수 있기 때문에 수사실무에서 사실인정에 필요한 자료를 얻는 것은 대단히 중요하다. 주어진 정보를 법률적인 잣대로 평가하는 것은 1차원적인 영역이다. 반면, 한두 조각에 불과한 흔적을 통해 과거에 발생한 사실을 확인하고 범죄사실을 재구성하는 작업은 다차원적이며 종합적이고 복잡하다. 거짓말하는 사람으로부터 진실을 얻고 싶을 때 어떻게 해야 하는지, 통신망끼리 주고받은 정보의 의미를 어떻게 이해하는 것인지, 당사자간에 돈의 흐름이 어떻게 되었는지, 통화내역과 금융정보와 화상정보와 위치정보를 어떻게 연관분석할 것인지를 아는 것 등 수사영역에서 적용되어야 할 지식들은 끝이 없다.

"아는 만큼 보인다." 유홍준 교수가 '나의 문화유산 답사기'에서 언급해 유명해진 말이다. 같은 사물이라도 그 사물을 바라보는 사람의 관심, 친분, 사전 지식에 따라 인지하는 수준이 달라진다. 범죄추리에 있어서 사전 지식을 많이 알면 알수록 더 다양하게 추론해 낼 수 있으며 그 추론에 걸맞은 사실인정에 필요한 자료를 더 넓고 깊게 파악할 수 있기 때문에 범인을 검거할 확률도 높아지게 된다.

많은 사건들이 각 심급을 거치면서 유무죄를 달리하는 판단을 받는다. 또는 경찰의 수사단계에서 검찰의 기소까지 동일한 행위에 대한 적용죄명이 변경되는 경우도 있다. "100만원을 기망의 방법을 사용하여 횡령하였다."라는 사실에 대해 사기의 죄를 적용할 것인지 횡령의 죄를 적용할 것인지 양죄의 상상적 경합으로 할 것인지는 법률적인 판단을 하는 단계에서 얼마든지 변경될 수 있는 사안이다. 그러나 이러한 법률적 평가에 필요한 사실인정의 자료가 충분히 확보되지 않은 경우에는 법률적 평가가 무의미해진다는 점을 유의해야 한다. 법에 대한 이해와 사실관계에 대한 이해 중 법에 대한 이해가 선행되어야 하는 것은 맞지만 수사에서 더욱 중요하게 차지하는 부분은 사실관계에 대한 이해이다. 따라서 법률전문가가 수사전문가를 포섭하지 못하지만 수사전문가는 법률전문가를 포섭한다.

2. 수사의 의의와 수사기관의 역할

가. 형사소송의 이념

학설이 제시하고 있는 형사소송의 이념은 실체적 진실, 적정절차, 신속한 재판, 무죄추정의 원칙, 정의, 법적 안정성, 당사자의 의사에 의한 분쟁해결, 피해자보호주의이다. 이 중 다수설은 실체적 진실, 적정절차, 신속한 재판을 그 이념으로 제시하고 있고, 이를 수용하면서 무죄추정의 원칙, 당사자의 의사에 의한 분쟁해결, 피해자보호주의를 그 이념으로 새롭게 제시하는 견해와 정의와 법적 안정성, 적정절차를 그 이념으로 새롭게 제시하는 견해로 분류해 볼 수 있다.[5] 대법원도 "... 적법절차의 원칙과 실체적 진실규명의 조화를 도모하고 이를 통해 형사사법정의를 실현

---

5) 권영법, "형사소송의 이념", 저스티스 제124호, 2011, 266면

하려고 한 취지...”라고 판시[6]하고 있는데, 다수설과 판례의 태도를 종합하면 공통적으로 제시하고 있는 이념은 실체적 진실과 적정절차이다.

그런데 실체적 진실이 형사소송의 주된 이념이 된다는 데 대하여 비판적인 시각이 있다. 실체적 진실의 이념은 수사를 비롯한 형사소송 전반에 걸쳐 적대적 범죄투쟁을 강화하는 방향으로 나아가게 만들며 결과 지향적 사고와 맞물려 범죄자에 대한 강력한 단죄라는 국가권력의 목적이나 이익 달성에 원조하는 이데올로기적 기능을 수행한다는 견해[7]이다. 수사기관은 이러한 비판적 시각에 귀를 기울일 필요가 있다. 특히 범죄사실을 적극적으로 밝혀서 죄 있는 자를 빠짐없이 처벌하고자 하는 적극적 실체적 진실주의는 법치국가의 형사소송절차를 존중하기보다는 잘 조직된 법집행력을 동원하여 효율적으로 범죄를 척결하려고 하기 때문이다. 이러한 현상은 과거 우리나라의 군사독재정권 아래에서 행해졌던 형사정책을 상상하면 쉽게 이해할 수 있다. 실체적 진실을 목적으로 형사소송의 효율성을 지향하는 신속한 처벌주의는 소송국 면에서 나타나는 모든 다른 이익들을 인식의 뒷전으로 몰아내고 범인의 신속한 발견·처벌을 목표로 삼아 이를 위해 모든 편의와 노력을 경주하며, 이로써 범죄통제의 실효성과 사법기능의 효율성만을 내세우게 된다.[8] 이러한 이념과 정책들은 ‘진실’이 발견되는 것은 정의로울 것이라는 점을 전제로 삼고 있다. 그런데 과연 형사절차를 통해 과거의 진실이 있는 그대로 밝혀질 수 있다고 단언할 수 있을까? 만약 실체적 진실이 밝혀지는 것이 이상에 불과한 것이라면 범죄투쟁을 위해 제시되는 실체적 진실주의 이념은 선동에 이용되는 도구일 뿐이다.

오늘 아침에 먹은 음식, 어제 입었던 옷, 어제 시청한 9시 뉴스의 내용에 대해 얼마나 정확한 기억을 하고 있는가? 우리의 기억은 한계가 있으며 심지어 왜곡되기까지 한다. 과거에 대한 역사적 사실을 재구성하기 위한 과정에는 이를 밝히고자 하는 자, 이를 적극적으로 숨기고자 하는 자 그리고 진실을 말하고 싶어도 기억이 왜곡되거나 기억이 없는 자들이 등장한다. 또한 수사과정에서 수집된 사실들은 수사

---

6) 대법원 2009. 12. 24. 선고 2009도11401 판결; 대법원 2007. 11. 15. 선고 2007도3061 전원합의체 판결
7) 변종필, “형사소송이념과 범죄투쟁, 그리고 인권”, 비교형사법연구 제5권 제2호, 2003, 930면
8) 변종필, “형사소송이념과 범죄투쟁, 그리고 인권”, 비교형사법연구 제5권 제2호, 2003, 939면

관의 경험, 교육정도, 성향 등에 따라 다르게 평가되고 왜곡될 수도 있다. 결국 역사적 사실의 재구성을 위해 의도적으로 기록되고 저장되지 않는 한 과거의 사실을 진실에 가깝게 재구성하는 것은 불가능하다고 보여진다.

실체적 진실을 밝히는 것이 불가능할 뿐만 아니라 이러한 이념의 중시는 범죄통제를 위한 억압적 형사정책의 선동적 이념이 될 수 있기 때문에 이것을 형사소송의 주요한 이념으로 설정할 수는 없다. 실체적 진실발견의 이념은 적정절차의 측면에서 새롭게 정의되어야 한다. 적정절차의 관점에서 볼 때, 실체적 진실발견의 이념은 자유심증주의라는 소송제도에 터 잡아 소송주체를 비롯한 모든 소송참여자들이 적극적으로 절차나 의사소통에 참여함으로써 자신의 주장을 피력하고 또한 법관의 정확한 판단을 가능케 하기 위한 제반 증거자료를 제시할 수 있는 기회를 최대한으로 보장해 주라는 요청으로 이해되어야 한다. 아울러 이러한 요청에 부합하여 가급적 최적의 의사소통과 최대한의 증거에 근거하여 남김 없는 증거판단을 할 것을 법관에게 요청하는 것으로 재해석될 수 있다.[9]

수사는 우월적 힘을 가진 수사기관에 의해 주도되는 것으로 인식되어서는 안 된다. 피의자나 피해자를 수사의 과정에 필요한 대상으로 볼 것이 아니라 사건에 관련이 있는 사건 주체로써 수사라는 과정에서 주도적으로 각종 절차에 참여하며 자신의 의견을 주장하는 당사자들이다.

나. 수사의 개념

대법원은 수사란 "범죄혐의의 유무를 명백히 하여 공소의 제기와 유지 여부를 결정하기 위하여 범인을 발견, 확보하고 증거를 수집, 보전하는 수사기관의 활동"[10]이라고 정의한다. 이러한 정의는 수사활동과 공소의 제기, 재판으로 이루어지는 소송 절차적 측면을 강조한 것이다.

그런데 수사의 사전적 의미나 외국의 문헌, 범죄수사학에서의 정의는 과학적인 절차에 방점을 두고 있다. 캠브리지 영어 사전은 수사 또는 조사(investigation)를

---

9) 변종필, "형사소송이념과 범죄투쟁, 그리고 인권", 비교형사법연구 제5권 제2호, 2003, 942면
10) 대법원 1999. 12. 7. 선고 98도3329 판결.

"범죄, 문제, 진술을 주의 깊게 살펴보는 행동 또는 과정으로써 특히 진실을 발견하기 위한 것이다."라고 정의하고 있고 우리의 행정조사기본법 제2조 제1호는 행정조사를 "행정기관이 정책을 결정하거나 직무를 수행하는 데 필요한 정보나 자료를 수집하기 위하여 현장조사·문서열람·시료채취 등을 하거나 조사대상자에게 보고요구·자료제출요구 및 출석·진술요구를 행하는 활동"이라고 정의한다. 외국의 문헌에는 범죄 수사를 형사재판에 사용되는 사실의 연구를 포함하는 응용과학이며 완전한 범죄 수사에는 수색, 인터뷰, 심문, 증거 수집 및 보존, 그리고 다양한 수사 방법이 포함될 수 있다[11]고 하거나 범죄수사는 함무라비 법전(the Code of Hammurabi)에 저술된 바와 같이 최소 기원전 1700년까지 기슬러 내려가는 고대과학이라고 설명[12]하기도 한다.

범죄수사학에서는 수사를 사건의 진상을 규명하는 활동이라고 좀 더 넓게 정의하고 수사관의 임무는 범행에 의해 남겨진 극히 일부분의 결과인 범죄흔적을 토대로 범죄사실을 재구성하고 발생한 범죄와 범인의 인과관계를 밝혀내는 작업을 진행하는 것이라고 말한다.[13]

이들을 종합하면 수사는 수사기관이 발생한 범죄를 대상으로 자료를 수집하고 이 자료를 바탕으로 과거의 역사적 사실을 추리, 재구성한 후 범인을 검거하고 범죄행위에 대해 법률을 적용하는 활동이라고 정의할 수 있다.

다. 수사기관의 역할

1) 미란다 혁명

대한민국 헌법 제12조 ⑤ 누구든지 체포 또는 구속의 이유와 변호인의 조력을 받을 권리가 있음을 고지받지 아니하고는 체포 또는 구속을 당하지 아니한다. 체포 또는 구속을 당한 자의 가족 등 법률이 정하는 자에게는 그 이유와 일시·장소가 지체없이

---

11) Fundamentals of Criminal Investigation (Sixth Edition). Charles E. O'Hara and Gregory L. O'Hara; 1994; ISBN 0-398-05889-X
12) https://en.wikipedia.org/wiki/Criminal_investigation
13) 박노섭·이동희·이윤·장윤식, 핵심요해 범죄수사학, 경찰공제회, 2015, 33면

통지되어야 한다.

형사소송법 제200조의5(체포와 피의사실 등의 고지) 검사 또는 사법경찰관은 피의자를 체포하는 경우에는 피의사실의 요지, 체포의 이유와 변호인을 선임할 수 있음을 말하고 변명할 기회를 주어야 한다.

제214조의2(체포와 구속의 적부심사) ① 체포 또는 구속된 피의자 또는 그 변호인, 법정대리인, 배우자, 직계친족, 형제자매나 가족, 동거인 또는 고용주는 관할법원에 체포 또는 구속의 적부심사를 청구할 수 있다.

② 피의자를 체포 또는 구속한 검사 또는 사법경찰관은 체포 또는 구속된 피의자와 제1항에 규정된 자 중에서 피의자가 지정하는 자에게 제1항에 따른 적부심사를 청구할 수 있음을 알려야 한다.

제244조의3(진술거부권 등의 고지) ① 검사 또는 사법경찰관은 피의자를 신문하기 전에 다음 각 호의 사항을 알려주어야 한다.

1. 일체의 진술을 하지 아니하거나 개개의 질문에 대하여 진술을 하지 아니할 수 있다는 것
2. 진술을 하지 아니하더라도 불이익을 받지 아니한다는 것
3. 진술을 거부할 권리를 포기하고 행한 진술은 법정에서 유죄의 증거로 사용될 수 있다는 것
4. 신문을 받을 때에는 변호인을 참여하게 하는 등 변호인의 조력을 받을 수 있다는 것

위에 열거한 헌법과 형사소송법 규정을 근거로 수사기관이 피의자를 체포할 때에는 "귀하를 현 시각으로 ○○법 위반 혐의로 체포합니다. 당신은 변호인을 선임할 권리가 있으며 변명의 기회가 있고 법원에 체포구속적부심을 청구할 수 있는 권리가 있습니다. 또한 진술을 거부할 권리도 있습니다."라는 일명 미란다원칙을 고지해야 한다.

진술을 거부할 권리는 제244조3 제1항에 의해 피의자를 신문하기 전에 고지할 사항이지만 체포된 이후부터 피의자신문조서를 작성하기 이전이라도 피의자에 대한 구두 신문이 이어질 가능성이 있고 피의자가 스스로 불리한 진술을 할 우려가 있기 때문에 체포 시에 진술거부권도 함께 고지하여야 한다.

피의자에게 지나치게 유리해 보이는 미란다원칙은 우연히 만들어진 것이 아니다.

수사기관이 오랜 기간 공공연하게 자행해 온 고문과 기만 등의 범죄행위를 더 이상 묵과할 수 없다는 준엄한 경종의 의미가 미란다 판결에 담겨 있다.

　　1963년 3월 2일 토요일 밤 미국 애리조나주 피닉스시에 있는 18세의 소녀가 강도강간을 당하는 사건이 발생했다. 이 사건의 유력한 용의자로 에르네스토 미란다 (Ernesto Miranda)라는 멕시코계 청년이 지목되었다. 경찰은 미란다에 대한 신문에 앞서 어떠한 권리도 고지하지 않았으며 '성폭행을 자백하면 몇 달 전에 저질렀던 강도 사건을 무마해 주겠다.'는 제의를 하기도 하였다. 결국 미란다는 범죄사실을 자백하였고 1심과 항소법원에서 유죄의 선고를 받았다. 하지만 연방대법원은 1966. 6. 13. 미란다가 미국 수정헌법 제5조에 보장된, 형사사건에서 자신에게 불리한 증언을 하지 않아도 될 권리와 제6조의 변호사의 조력을 받을 권리를 침해 당했다는 점을 밝히고 미란다에게 무죄판결을 내렸다. 당시 얼 워런(Earl Waren) 연방대법원장은 판결문에서 수사기관이 용의자의 자백을 쉽게 받아 내려고 쓰는 교묘한 수법들을 소개하면서 수사기관의 인권침해가 심각하다는 점을 강조했다. 그는 '머트와 제프Mutt and Jeff(좋은 형사, 나쁜 형사)' 취조기법을 예로 들면서, 굳이 고문을 하지 않더라도 이런 교묘한 기법을 활용해 자백을 이끌어 내는 것조차 인권에 큰 침해를 가하는 행위라는 점을 명백히 밝혔다.[14] 우리나라의 경우 지난 1992년 대법원이 진술거부권 등을 알리지 않은 채 작성한 진술서를 증거로 인정하지 않는 판결을 내렸다. 이른바 한국판 미란다 판결이다. 미란다 판결 이후 26년이 지난 뒤 내려진 이 판결이 한국의 법조 문화를 발전시킨 10대 판결로 뽑혔다는 사실만으로도 우리나라에서 피의자 인권이 얼마나 오랫동안 등한시되어 왔는지 짐작할 수 있다.[15]

　　범인을 체포해야 하는 수사관의 입장에서 미란다원칙은 대단히 낯선 것일 수 있다. 피의자가 수사관의 체포행위가 적합하지 않음을 주장하면서 법원에 적부심사를 청구할 수도 있으며 변호인의 조력을 받아 피의자에게 불리한 진술은 하지 않는 등 수사를 회피할지도 모르기 때문이다. 미란다원칙을 고지해 주는 것이 수사관으로써는 좋은 것이 하나도 없다. 이러한 이유 때문에 수사관들은 형식적으로 미란다원칙을 고지하는 경우가 많이 발생한다. 미란다원칙의 고지는 신체의 자유를 억압당한 피의자가 최소한도로 누려야 할 권리를 알려주는 것이며 피의자의 권리에 대해 피

---

14) 이창무, 크라임 이펙트, 위즈덤하우스, 2014, 188－197면
15) 이창무, 크라임 이펙트, 위즈덤하우스, 2014, 203면

의자가 제대로 이해하지 못하였다면 이러한 권리를 고지했다고 평가해서도 안 된다. 권리를 충분히 고지하지 않은 상태에서 이루어진 수사는 위법하다는 평가와 의심을 받기에 충분하기 때문에 이점에 대해서는 수사관들이 반드시 인식을 전환해야 할 것이다.

통상 피의자에 대한 고지내용은 몇 개의 문장만으로 이루어져 고지하는 것이 크게 어렵지 않고 그 내용을 이해하는 데도 큰 무리가 없을 것이라고 생각할 수 있다. 그러나 체포되는 상황에 처한 피의자가 권리 내용을 충분히 이해하고 있는지 여부와 그 이해를 바탕으로 자신이 처한 상황을 적절히 판단하여 권리를 사용할 것인지 포기할 것인지 결정을 내릴 수 있는지에 대해서는 큰 고려가 없는 것으로 보인다. 고지를 하고나서 그 내용을 충분히 이해하고 적절한 판단을 내릴 수 있는지 여부는 고지의 의무를 수행했는지 여부와는 별개로 논의되어야 할 사항이다.[16]

구치소나 교도소에 수감 중인 미결수들을 대상으로 설문조사를 진행한 결과, 고지된 피의자의 권리를 충분히 이해하였다고 응답한 경우는 36.0%뿐이었으며 조금 이해하기 어려웠다고 응답한 경우는 20.1%였고 전혀 이해하지 못했다고 응답한 경우도 8.9%인 것으로 나타났다. 또한 이해하기 어려웠던 이유 중 고지의 내용이 너무 어려워 이해할 수 없었다고 응답한 경우는 5.9%였지만 수사관이 너무 간단히 말하고 충분히 설명하지 않았기 때문이라고 답한 응답은 62.5%, 너무 빨리 말하거나 읽어서 알아듣기 어려웠다고 응답한 경우는 19.0%, 내용을 읽을 시간을 충분히 주지 않았다고 응답한 경우는 12.1%인 것으로 나타나 한국의 경우 피의자권리고지가 형식적으로 이루어지고 있음을 알 수 있다.[17]

특히 교육수준과 지능이 낮은 범죄자와 법률 용어에 익숙하지 않은 미성년 피의자의 경우에는 통상의 일반인에 대해 피의자 권리 고지 내용을 이해하지 못할 가능성이 있다. 결과적으로 미란다권리에 대한 이해 여부는 정확하게 고지되었는지 여부뿐만 아니라 고지를 받는 피의자의 교육수준, 지능 및 인지능력, 약물이나 알코올 사용여부, 고지받은 시점의 건강상태에 따라 매우 달라질 수 있다. 미국의 경우 특

---

16) 김민지·피세영, "한국형 피의자 권리 고지문에 대한 이해도 평가", 한국심리학회지: 사회 및 성격, 제28권 제4호, 2014, 24-25면
17) 신의기·강은영, 범죄수사 절차상 피의자의 인권침해 현황 조사, 국가인권위원회인권상황, 실태조사연구용역보고서, 2002

정 피의자가 피의자권리를 제대로 고지받았는지, 고지 받았다면 그 내용을 충분히 이해하고 있었는지, 권리를 포기하였다면 그 포기가 자발적이고 의도적이며 현명하게 이루어졌는지, 그리고 포기로 인한 결과가 무엇이라는 것을 충분히 숙지하고 포기가 이루어졌는지에 대해 평가가 이루어진다.

이처럼 취약집단에 해당하는 경우에는 권리에 대한 이해도가 일반적인 성인보다 더 낮아질 수밖에 없으며 이는 앞에서 설명된 것과 같이 많은 연구들에 의해 입증되었다. 피의자권리에 대한 충분한 이해는 언어적 능력, 심리적 문제, 개인적인 능력에 따라 큰 영향을 미칠 수밖에 없어 취약집단의 특성을 고려하여 적절한 절차를 만들거나 이해도를 증진시킬 수 있도록 이해하기 쉬운 단어나 문장을 사용한 적절한 권리 고지문을 별도로 사용해야 할 필요가 있다.[18]

앞서 형사소송의 이념에 대해 설명하면서 수사는 우월적 힘을 가진 수사기관에 의해 주도되는 것으로 인식되어서는 안 되며 피의자나 피해자를 수사의 과정에 필요한 대상으로 볼 것이 아니라 사건에 관련이 있는 사건 주체로써 수사라는 과정에서 주도적으로 각종 절차에 참여하며 자신의 의견을 주장하는 당사자들로 인정해야 한다는 점을 설명하였다. 피의자를 사건을 담당하는 수사관과 같은 당사자로 이해한다면 미란다원칙을 성실히 고지해야 한다는 점도 이해할 수 있을 것이다.

2) 무죄의 증명

"이 나라에서는 돈과 권력은 사실상 동의어로 되어 있다. 재판이란 이에 제공되는 금액에 따라서 결정되며, 재판관은 위협할 만한 영향력을 가진 사람이 뒤에서 밀어주거나 또는 상당한 돈을 가진 사람에게는 틀림없이 판결이 유리하게 내려진다는 인식이 일반화되어 있다."

이 글은 구한말 대한제국을 방문하여 한국에 대한 사랑을 글을 통해 남긴 헐버트가 대한제국 멸망사에서 한국의 재판을 서술한 것이다. 이 글이야 한 세기 전의 것이지만 현재의 교도소 담벼락에 여전히 '유전무죄'라는 글귀가 가장 많이 쓰여 있다는 것에 주목할 필요가 있다.[19]

---

18) 김민지·피세영, "한국형 피의자 권리 고지문에 대한 이해도 평가", 한국심리학회지: 사회 및 성격, 제28권 제4호, 2014, 27–28면
19) 한인섭, "유전무죄의 현실 - 좋은 법률가는 나쁜 이웃?", 철학과 현실, 1999, 155–156면

돈이 있다면 유능한 변호사를 고용하거나 영향력 있는 사람의 도움을 얻어 구속을 면하거나 형량을 낮추거나 불기소처분 또는 무죄의 판결을 받을 수 있다는 인식이 사회 저변에 깔려 있다. 불행하게도 이러한 인식이 틀린 것은 아닌 것 같다. 경찰 수사단계에서부터 변호인을 선임한 피의자의 경우 아무래도 안정적인 조사를 받을 기회를 많이 가지게 되고 법률적으로 본인에게 불리한 진술은 회피할 가능성이 높아지기 때문이다. 특히, 인신을 구속당한 피의자에게 수사기관이 사술을 쓰거나 다른 조건으로 자백을 회유하는 등의 상황이 발생하는 경우 변호인의 조력은 더욱 절실해진다.

경제적인 불평등에 기인한 형사소송에서의 불평등을 방지하기 위해서는 수사기관의 역할에 대한 재정립이 필요하다. 대법원의 입장과 같이 수사의 의미를 좁게 해석할 경우 형사절차의 일부인 공소제기 여부를 결정하기 위한 근거를 수집하는 정도로 볼 수도 있으나 수사활동을 광의로 해석할 경우 수사절차나 공판절차를 가리지 않고 사건의 진상을 조사하여 범죄인 경우 이를 재구성함으로써 범죄혐의의 유무를 함께 검토하고 범죄의 혐의가 인정되는 경우에는 그에 관련한 증거를 수집하여 보존하게 되며 수사활동 중 수집한 자료에 의해 피의자의 혐의를 적극적으로 벗겨주는 무죄의 증명도 수사기관의 역할에 포함된다.[20] 수사의 객관성을 유지하기 위해서는 피혐의자의 누명을 벗기기 위한 활동까지도 수사기관의 역할에 포함시켜야 한다.

범인이 명확하지 않은 강력사건에서 종종 용의자를 특정하는 수사방법에서 용의자를 배제하는 수사방법을 택하는 경우가 있다. 혐의가 의심되는 자들의 진술에 의지하여 피의사실에 대한 자백을 이끌어 내는 수사방법이 아니라 그들이 주장하는 알리바이를 적극적으로 확인하여 용의선상에서 배제시켜 준다던지 거짓말탐지기 검사를 통해 진실반응을 나타내는 혐의자의 진술을 적극 수용하는 등의 수사방법이 그것이다. 후술하겠으나 수사관은 원하는 정보만을 받아들이려는 편향을 가지고 있을 수밖에 없기 때문에 혐의를 입증하기 위한 수사보다는 혐의를 벗기기 위한 수사방법이 오히려 객관성을 유지하는 데 도움을 줄 수 있다.

"열 명의 범죄자를 놓치더라도 한 명의 무고한 시민을 희생시킬 수 없다."는 윌리엄 블랙스톤(William Blackstone)의 10:1 황금비율은 수사관이 늘 유념해야 하는

---

20) 박노섭·이동희·이윤·장윤식, 핵심요해 범죄수사학, 경찰공제회, 2015, 28－29면

격언이다.[21]

3) 피해자[22] 보호

종전 형법이론에서는 범죄 행위자의 행위만을 중심으로 범죄론과 형벌론이 전개되어 왔다. 형사절차에서도 적법절차의 보장, 형사피고인의 방어권보장, 그리고 실체적 진실의 발견이라는 이념에 충실한 나머지 피고인의 권리보호에 비하여 피해자의 권리와 이익의 보호는 등한시될 수밖에 없었다. 이러한 사고의 밑바탕에는 범죄행위란 범죄자 개인의 규범위반행위이며, 국가는 사회의 공익을 대변하는 지위에서 범죄자에 대한 형사소추와 처벌을 담당함으로써 사회전체의 안전과 평화에 이바지해야 한다는 사상이 자리잡고 있었다.[23] 그래서 기존의 형사절차에서는 범죄자의 처벌 쪽에 무게를 두어 왔다. 그러다 보니 피고인은 소송의 주체로서 일정한 지위와 권리가 보장되고 있으나 상대적으로 피해자는 단순한 소송의 객체로 전락하여 그의 인격권과 소송상의 지위 또는 권리가 제대로 보호되지 않았다.

그러나 1990년대 이후 '피고인'에서 '피해자'에게로 눈을 돌리기 시작하면서 형사사법체계 전반에 걸쳐 범죄피해자 문제가 새롭게 조명되기 시작하였다. 2000년대 들어와서는 피해자에 대한 연구가 경제적 사회적 약자에 대한 배려차원을 넘어 피해자의 형사절차에서의 권리와 법적지위에 관심을 돌리기 시작하였고, 최근에는 '회복적 사법'이라는 새로운 사법패러다임에 관해서도 심도 있는 논의가 전개되고 있다. 형사절차에서 피의자나 피고인의 인권뿐만 아니라 범죄피해자의 인권 또한 존중되어야 공정하고 정의로운 형사사법체계가 가능하다. 이러한 관점에서 형사절차에서 피해자 보호의 필요성 또는 정당성에 관한 논의는 이미 오래전부터 제기되었고, 오늘날 '피해자보호', '피해자지원' 또는 '형사절차에서의 피해자의 지위강화'라는 문제는 형사사법에서 핵심 쟁점의 하나로서 떠올라 마침내 2008. 1. 1.부터 시행

---

21) "Better that ten guilty persons escape, than that one innocent suffer." William S. Laufer, the Rhetoric of Innocence, 70 Wah L. Rev. 329, 337 n. 17 (1995)
22) 형사피해자의 개념에 대하여 헌법재판소의 일관된 견해는 '직접적인 보호법익의 주체가 아니라 하더라도 문제되는 범죄 때문에 법률상 불이익을 받게 되는 자'이다(헌법재판소 1992. 2. 25. 선고 90헌마91 결정; 헌법재판소 1993. 3. 11. 선고 92헌마48 결정; 헌법재판소 1997. 2. 20. 선고 96헌마76 전원재판부; 헌법재판소 2000. 9. 6. 선고 00헌마550 결정).
23) 천진호, "범죄피해자의 권리확보방안", 한국피해자학회 2006년 추계학술대회, 19면

되는 형사소송법에 피해자보호에 관한 보다 많은 규정이 신설되었다.[24]

형사소송법 규정과 관계없이 경찰수사 단계에서는 피해자 중심의 업무처리 관행이 조금씩 자리잡아 가고 있었다. 실종사건에서 범죄피해자를 발견하기 위한 노력, 민원상담관 제도를 통한 법률상의 조력, 범행계좌의 입출금금지조치나 음란사이트의 폐쇄 및 성착취 동영상의 삭제 등 노력이 그러한 것이다. 수사과정에서 피해자에 대한 보호는 이미 적극적 의미의 수사개념에 내포되어 있고 앞으로 그 중요성이 더 높아질 것이다.

3. 수사상 한계의 이해

가. 오류의 가능성[25]

1) 인간의 기억과정

사물을 인지하면 그 모든 것을 기억할 수가 없다. 인지한 것들 중 일부를 기억하는 경우에도 객관적인 사실을 그대로 기억하는 것이 아니라 왜곡하여 기억할 수도 있으며 이를 인출하는 과정에서 오류가 발생할 수도 있다. 이러한 현상이 왜 발생하는지 알기 위해 인간의 기억과정을 이해할 필요가 있다.

인간의 기억체계에는 세 가지 구성요소가 있다. 감각기억과 단기기억과 장기기억이 그것이다. 세 가지 구성요소간의 상호작용을 그림으로 나타내면 22쪽의 그림과 같다.

감각기억은 인간이 감각기관을 통해 전달받은 신호를 아주 짧은 시간 동안만 저장한다. 눈을 감은 상태에서 한 번 깜빡거리는 동안 남는 잔상이 있는데 잔상이 남아 있는 동안의 시간 동안만 기억된다고 보면 된다. 이러한 잔상 때문에 1초당 16개의 사진을 연속으로 보여주는 경우에도 연속된 것처럼 보이게 된다. 감각기억에 남는 잔상은 대략 0.25초에 불과하며 이를 의도적으로 늘리는 것은 불가능하다. 감

---

24) 김재중, "형사소송법 지도이념으로서의 피해자보호주의", 법학연구, 2008, 141면
25) 1999년 CIA에서 발간한 Richards J. Heuer, Jr.의 "Psychology of Intelligence Analysis"를 정리한 것임

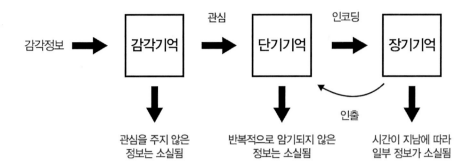

감각정보 ➡ 감각기억 ─관심→ 단기기억 ─인코딩→ 장기기억

관심을 주지 않은
정보는 소실됨

반복적으로 암기되지 않은
정보는 소실됨

인출

시간이 지남에 따라
일부 정보가 소실됨

각기억의 역할은 실제 발생한 이벤트보다 더 긴 시간만큼만 저장함으로써 우리의 뇌가 정보를 처리할 수 있도록 해 주는 것이기 때문이다.

감각기억에서 인식한 정보는 단기기억으로 이동한다. 그런데 단기기억에서도 저장되는 시간은 몇 초에서 몇 분에 불과하다. 감각기억이 이미지의 완전한 상태를 기억함에 반하여 단기기억에서는 이미지에 대한 해석을 기억한다. 만약 어떤 구절을 읽었을 때 감각기억에서는 그 소리를 저장하지만 단기기억에서는 이러한 소리에 의해 형성된 단어를 기억한다. 단기기억도 다음 단계로 이동하기 위한 정보를 임시적으로 저장하게 된다. 다음 단계로 가기 위해서는 장기기억에 있는 정보와 연결하고 통합시켜야 한다. 소개받은 사람의 이름을 잘 기억하지 못하는 것은 단기기억에서 장기기억으로 정보를 전환하지 못했기 때문이다. 단기기억에는 용량의 제한도 있다. 10개나 20개의 단어를 알려주는 경우 단기기억에는 통상 5, 6 정도의 단어만을 동시에 저장할 수 있는데 이 5, 6개의 단어는 마지막에 불러준 단어들이 된다. 만약 어떤 사람이 앞에서 불러준 단어에 집중하여 이를 기억하게 되는 경우에는 여지없이 마지막에 불러준 단어는 기억할 수가 없다. 단기기억의 용량제한 때문이다. 단기기억 용량의 한계를 극복하기 위해 사람들은 기억이 필요한 것에 주의를 기울이거나 필요한 경우 노트에 메모를 한다. 단기기억에 정보를 오래 저장하는 방법은 반복연습이다. 그런데 반복연습을 통해 기존의 정보를 계속 보유하고 있는 경우 새로운 아이템이 동시에 들어올 수는 없다. 이러한 한계는 극복할 수 있는 것이 아니다.

단기기억에 있는 정보는 장기기억으로 이동할 수 있다. 장기기억에 저장된 정보는 인출을 통해 소환해 낼 수 있다. 그런데 단기기억에 있는 정보는 즉시 소환해 낼 수 있지만 장기기억에 있는 정보를 인출하는 것은 간접적이고 꽤 시간이 걸리는 작업이다. 감각기억에서 인식한 정보가 단기기억으로 이동하면서 재해석되고 다시 장기기억으로 이동하면서 세부정보가 멸실된다. 세부정보가 멸실된 채로 장기기억에 저장될 경우 인식의 오류가 발생하는 것이다. 사람들은 감각기억이나 단기기억에 있던 실제 정보 그대로를 인출할 수가 없다. 사람들은 오로지 장기기억에 저장될 때 그들이 해석하고 생각했던 바를 인출할 수 있을 뿐이다.

2) 있는 그대로 인지하지 못하는 이유

인식의 과정은 사람과 그들의 환경을 연결시키고 우리 주변에 있는 세상을 이해하는데 매우 결정적인 역할을 한다. 상황에 대한 정확한 분석은 상황에 대한 정확한 인식을 바탕으로 한다. 그러나 인간의 인식에는 오류와 함정이 있기 때문에 정확한 인식이 사실상 어렵다.

사람들은 인지와 인식을 수동적인 과정으로 생각하는 경향이 있다. 보고, 듣고, 냄새를 맡고, 맛을 보고, 자극을 느끼는 것들을 수동적이라고 보는 것이다. 사람들은 객관적이라면 실제 거기에 존재하는 것을 그대로 기록할 수 있을 것이라고 생각한다. 그런데 인지과정은 오감을 통해 들어온 정보들을 그들만의 시각으로 재구성하는 적극적 추론의 과정이다. 사람들이 어떻게 사물을 인지하고 재해석하는가는 그들의 경험, 교육, 문화적 가치, 역할들에 의해서도 강하게 영향을 받는다.

사람들은 자신들이 기대하는 대로 인지하려는 경향이 있다.

미국의 심리학자 브루너(J. S. Bruner)는 트럼프에 '검은' 하트가 그려진 카드 몇 장과 '빨간' 스페이드가 그려진 카드 몇 장을 섞은 다음, 한 장씩 스크린에 잠깐 비춰 주는 방식으로 피험자들에게 보여주었다. 그런 다음 무엇을 보았느냐고 물었다. 피험자들은 순간적으로 카드를 보았을 뿐인데도 정상적인 카드는 모두 제대로 알아보았습니다. 그런데 문제는 '조작된' 카드도 정상 카드로 알아보았다는 점이다. 이를테면 피험자들은 '검은 하트 4'는 '스페이드 4' 아니면 '하트 4'로 대답했다. 스페이드는 당연히 검고, 하트는 모두 빨갛다는 기존 생각에 사로잡혀 실제로 검은 하트가 눈에 들어와도 빨간 하트로 보고 만 것이다.

우리는 그냥 세상을 보는 게 아니라, 어떤 틀에 맞춰서 보며, 그 틀에 맞지 않는 경험을 하면 억지로 틀에 맞추거나, 아니면 혼란을 통해 틀을 바꾸는 과정을 겪는다.[26]

---

26) 토마스 쿤, 과학 혁명의 구조에서 인용

이 그림은 오리 그림일까? 토끼 그림일까?

이 그림은 귀부인의 그림일까? 할머니의 그림일까?

새로운 정보는 기존에 사람의 기억 속에 존재하는 이미지와 병합되는 경향이 있다. 새로운 정보가 들어와도 사람에 따라 자신이 경험한 것에 맞추어 해석하려는 경향이 있다는 것이다. 따라서 이미 확고한 편견에 사로잡혀 있는 경우 이를 반증하는 새로운 정보가 들어와도 무시하게 된다.

사물을 있는 그대로 인지하지 못하는 것은 인간의 기억구조가 가지는 본질적인 현상임을 인정하여야 한다.

3) 법률의사결정에서의 인지편향[27]

가) 정박효과(anchoring heuristic)

정박효과는 처음 언급된 조건에 얽매여 크게 벗어나지 못하는 효과를 의미한다. 다시 말해서, 최초 습득한 정보에 몰입하여 새로운 정보를 수용하지 않거나 이를 부분적으로만 수정하는 행동 특성을 말한다. 예컨대, "$8\times7\times6\times5\times4\times3\times2\times1$"의 문제에 대한 답과 "$1\times2\times3\times4\times5\times6\times7\times8$"에 대한 답을 추정하게 하면 전자의 값을 후자보다 더 높게 추정한다. 법정 상황에서 정박효과는 형사재판과 민사재판의 경우에 모두 발생할 수 있다. 형사재판의 경우 검사의 구형량이 판사의 최종적인 판결에 영향을 미친다는 연구 결과들이 있다. 한 국내 연구에서 판사들은 검사들이 낮은 형량을 구형할 때보다 높은 형량을 구형할 때, 더 높은 형량을 선고함을 발견하였다. 한국의 연구결과는 없으나 외국 연구들은 민사재판 상황에서 원고측 변호사가 청구한 손해배상액에 따라서 최종 배상액이 달라지는 결과들을 보고하기도 한다.

이러한 정박효과는 질문을 할 때에도 어떻게 묻느냐에 따라 답변에 큰 차이를 유발한다. 예를 들어, 한강의 길이는 1,000킬로미터보다 길까?라는 질문을 던진 후에 한강의 길이는 얼마나 길까?라고 물으면 대부분의 사람들은 1,000킬로보다는 짧지만 대략 800킬로쯤일 거라고 대답한다. 그런데 한강의 길이가 100킬로미터보다 짧을까 길까?라는 질문을 던진 후에 한강의 길이는 얼마일까?라고 물으면 100킬로보다는 길며 대략 200킬로쯤 될 거라고 대답하게 된다.

또는 마하트마 간디가 사망했을 때 나이가 105세였던가?라는 질문을 받은 경우는 간디가 사망했을 때가 40세였던가?라는 질문을 받았을 때보다 간디의 사망추정 나이를 높게 대답할 가능성이 크다. 처음 제시한 105세라는 수가 닻의 역할을 한 것이다.

나) 확증편향(confirmation bias)

확증편향은 어떤 규칙을 발견하고자 할 때, 자신이 세운 가설을 확증하는 증거만

---

27) 김청택·최인철, "법정의사결정에서의 판사들의 인지편향", 서울대학교 法學 제51권 제4호, 2010, 324-334면

을 수집하고 반증하는 증거를 수집하지 않는 경향을 말한다. 흔한 말로 '사람은 보고 싶은 것만 본다.'라는 것이다. 가설검증과정에서 확증 증거들은 아무리 많이 관찰된다 하더라도 반증 증거가 하나라도 발견되면 그 가설은 틀린 것이기 때문에 반증 사례에 대한 탐색은 필수적이다. 확증편향은 사람들에서 빈번히 관찰되며, 수사 상황에서도 발생할 가능성이 높다. 피해자나 수사관은 확증사례를 수집하고 피의자나 변호인은 반증사례를 주로 수집하게 될 것이다.

확증 편향은 자신의 믿음에 대해 근거 없는 과신을 갖게 한다. 수사관이 어떤 사람을 용의자로 지목한 경우 용의자의 범행임을 의심케 하는 정보에 집중하는 반면 이에 반하는 증거는 무시하게 된다. 과학적 탐구뿐만 아니라 수사에 있어서도 확증 편향은 언제나 경계의 대상이다.

다) 후견편향(hindsight bias)

후견편향은 어떤 일이 일어난 후에 자신이 사전에 이미 그 일이 일어날 줄 알고 있었다고 확신하는 심리적 경향을 말한다. 후견편향의 대표적인 실험은 1970년대 미국의 닉슨 대통령이 중공을 방문하기 전에 이 방문이 성공할지 실패할지를 예상하게 한 다음, 실제로 닉슨이 외교를 성공하고 돌아온 후에 동일한 사람들에게 자신이 이전에 성공할 것으로 예상하였는지 실패할 것으로 예상하였는지를 기억해 내게 하였다. 많은 사람들이 실제로는 실패하였을 것이라고 예상하였음에도 불구하고 성공할 것이라고 예측하였다고 기억하였다. 즉, 실제로 발생한 사건이 자신의 기억을 왜곡시킨 것이다. 이러한 경향은 정치적 사건이나 스포츠 등에서 흔히 관찰된다. 축구 경기 다음 날 '결국 졌네, 거봐 내가 그럴 줄 알았어', '거봐요. 저 선수가 해낸다고 하지 않았습니까'라는 등과 같은 말들을 관찰하면 이러한 후견편향을 가지고 있다는 것을 쉽게 알 수 있다

수사 상황에서 후견편향의 예는 유죄·무죄의 사건에 대한 최종적인 결과를 알고 있으면 자신이 직접 수사를 했어도 동일한 결론을 냈을 것으로 믿는 것이다. 다만 후견편향이 없이도 동일한 결론을 내릴 가능성도 있으므로 최종적인 결과를 알고 있는 조건과 알지 못하는 조건에서 어떠한 결론을 내렸는지를 비교함으로써 후견편향의 존재를 확인할 수 있다.

나. 증거금지 · 배제

앞서 살펴본 바와 같이 형사소송 또는 수사의 주된 이념은 실체적 진실의 발견이 되어서는 안 되며 적정절차가 우선이 되어야 한다. 그런데 통상 수사관들은 사건해결의 압박과 과중한 업무, 정의감 등에 의해 무리한 수사방법을 동원하여 적정절차를 위반하여 증거를 수집하는 경우가 있다. 그러나 아무리 사실관계를 인정할 수 있는 증거라도 적정절차를 위반하여 수집한 증거는 무용하기 때문에 결국은 실체적 진실발견에도 도움이 되지 않는다는 것을 인식하여야 한다.

형사소송법 제309조는 "피고인의 자백이 고문, 폭행, 협박, 신체구속의 부당한 장기화 또는 기망 기타의 방법으로 임의로 진술한 것이 아니라고 의심할 만한 이유가 있는 때에는 이를 유죄의 증거로 하지 못한다."고 규정하고 있다. 일반인은 고문을 일제강점기 시대나 군사독재시절에 자행되었던 물고문, 전기고문 등 잔혹한 고문만을 떠올리게 될 것이다. 피의자에게 정신적 압박이나 육체적 고통을 주어 자백을 얻어내는 행위 일체를 고문이라고 한다. 잠을 안 재우는 것, 불편한 의자에 앉혀 두고 오랜 시간 조사를 받지 않는 것, 수회에 걸쳐 같은 내용의 조사를 반복하는 것, 반말을 하고 욕설을 하는 등 수치심을 주는 것 등 국가폭력 일체가 고문이다. 선진화가 되었다는 요즘 과연 고문이 없다고 단정할 수 있을까?

"'입에 수건을 물리고 테이프로 묶고, 의자에 몸을 묶으며, 허벅지, 등, 허리를 주먹과 발로 밟고 구타'하는 등의 고문을 했으며, 폐쇄회로 텔레비전을 상향조정하여 증거자료로 기록되지 못하게 했다."

이 사건은 불과 10년 전인 2010년에 발생한 양천경찰서에서 발생한 사건이다. 국가폭력 앞에 당당히 나서서 싸우려고 하는 사람들은 매우 드물다. 죄를 지었다고 생각하거나 잘못하면 구속될지도 모른다고 생각하는 사람들에게는 더욱 그렇다. 이러한 사람들 앞에 '범죄인을 일벌백계함으로써 사회에 기여하는 정의로운 법의 집행자'라는 오만함을 가지고 자신의 출세와 실적을 지향하기 위해 안달이 난 수사관과 검사가 나타나면 시대를 불문하고 고문이 발생할 여지는 충분히 있다. 법은 정의만 하고 있을 뿐 스스로 움직이지 못한다. 세상의 대다수를 차지하고 있는 선량한 시민과 선량한 법집행자가 법을 지킬 수 있을 뿐이다.

형사소송법 제308조의2가 명시하고 있는 위법수집증거배제법칙은 수사기관이 위법한 수사를 하지 않도록 억제하는 역할을 하며 수사상 한계로 작용한다. 위법한 수사는 무의미하며 심지어 범죄를 구성할 수도 있는 것이다. 법원에서 적법절차를 이행하지 않아 위법하다고 평가된 몇몇 수사방법에 대해 살펴보고 수사방법의 가이드라인을 설정해야 한다.

1) 270회 소환 사건

1년 3개월 동안 270여회 소환당하여 새벽까지 조사를 받는 것을 반복하는 경우의 고통을 참아 낼 수 있는 사람이 있을까?[28] 이러한 사안에 대해 대법원은 "별건으로 수감 중인 자를 약 1년 3개월의 기간 동안 무려 270회나 검찰청으로 소환하여 밤늦은 시각 또는 그 다음날 새벽까지 조사를 하였다면 그는 과도한 육체적 피로, 수면부족, 심리적 압박감 속에서 진술을 한 것으로 보이고, 미국 영주권을 신청해 놓았을 뿐 아니라 가족들도 미국에 체류 중이어서 반드시 미국으로 출국하여야 하는 상황에 놓여있는 자를 구속 또는 출국금지조치의 지속 등을 수단으로 삼아 회유하거나 압박하여 조사를 하였을 가능성이 충분하다면 그는 심리적 압박감이나 정신적 강압상태하에서 진술을 한 것으로 의심되므로 이들에 대한 진술조서는 그 임의성을 의심할 만한 사정이 있는데, 검사가 그 임의성의 의문점을 해소하는 증명을 하지 못하였으므로 위 각 진술조서는 증거능력이 없다."고 판시[29]하였다.

2) 제주지사실 압수수색 사건

일명 제주지사실 압수수색 사건은 기존에 물적 증거에 대해 성질형상불변론의 입장에 있던 판례의 태도를 변경한 중요한 사건이다.

대법원은 "기본적 인권 보장을 위하여 압수수색에 관한 적법절차와 영장주의의

---

28) "자연환경에 순응하면서 밤과 낮을 구분하여 생활하는 인간에게 있어 수면권과 휴식권은 헌법 제10조 소정의 행복추구권의 내용을 이루는 것이므로 수사기관이 피의자나 참고인을 조사함에 있어 밤을 지새워 하는 밤샘조사는 인간의 수면권과 휴식권을 보장하는 헌법정신에 부합하지 않는다. 또한 밤샘조사는 그 자체가 사실상의 하나의 고문이 될 수 있고 밤샘조사를 하는 동안 조사자는 물론 피조사자의 과민반응 소지 등으로 폭행과 같은 비인권적 행위가 발생할 가능성이 많으므로 (후략)"; 국가인권위원회 2006. 4. 6.자 04진인4098 결정
29) 대법원 2006. 1. 26. 선고 2004도517 판결

근간을 선언한 헌법과 이를 이어받아 실체적 진실 규명과 개인의 권리보호 이념을 조화롭게 실현할 수 있도록 압수수색절차에 관한 구체적 기준을 마련하고 있는 형사소송법의 규범력은 확고히 유지되어야 한다. 그러므로 헌법과 형사소송법이 정한 절차에 따르지 아니하고 수집된 증거는 기본적 인권 보장을 위해 마련된 적법한 절차에 따르지 않은 것으로서 원칙적으로 유죄 인정의 증거로 삼을 수 없다 할 것이다. 무릇 수사기관의 강제처분인 압수수색은 그 과정에서 관련자들의 권리나 법익을 침해할 가능성이 적지 않으므로 엄격히 헌법과 형사소송법이 정한 절차를 준수하여 이루어져야 한다. 절차 조항에 따르지 않는 수사기관의 압수수색을 억제하고 재발을 방지하는 가장 효과적이고 확실한 대응책은 이를 통하여 수집한 증거는 물론 이를 기초로 하여 획득한 2차적 증거를 유죄 인정의 증거로 삼을 수 없도록 하는 것이다."라고 판시[30]하여 위법수집증거배제법칙을 선언하였다.

3) 불법감청으로 녹음된 통신내용의 증거능력

공소외인은 2009. 9. 21.경 검찰에서 피고인의 마약류관리에관한법률위반 사건 공소사실 범행을 진술하는 등 다른 마약사범에 대한 수사에 협조해 오던 중, 같은 달 29일경 필로폰을 투약한 혐의 등으로 구속되었는데, 구치소에 수감되어 있던 같은 해 11. 3.경 피고인의 마약류관리에관한법률위반 사건에 관한 증거를 확보할 목적으로 검찰로부터 자신의 압수된 휴대전화를 제공받아 구속수감 상황 등을 숨긴 채 피고인과 통화하고 그 내용을 녹음한 다음 그 휴대전화를 검찰에 제출하였고 검찰은 휴대전화에 내장된 녹음파일과 녹취록을 증거로 제출하였다.

이에 대해 대법원은 "수사기관이 구속수감된 자로 하여금 피고인의 범행에 관한 통화 내용을 녹음하게 한 행위는 수사기관 스스로가 주체가 되어 구속수감된 자의 동의만을 받고 상대방인 피고인의 동의가 없는 상태에서 그들의 통화 내용을 녹음한 것으로서 범죄수사를 위한 통신제한조치의 허가 등을 받지 아니한 불법감청에 해당한다고 보아야 할 것이므로, 그 녹음 자체는 물론이고 이를 근거로 작성된 이 사건 수사보고의 기재 내용과 첨부 녹취록 및 첨부 mp3파일도 모두 피고인과 변호인의 증거동의에 상관없이 증거능력이 없다고 할 것이다."라고 판시[31]하였다.

---

30) 대법원 2007. 11. 15. 선고 2007도3061 전원합의체 판결
31) 대법원 2010. 10. 14. 선고 2010도9016 판결

4) 공문에 의해 획득한 매출전표의 증거능력

2012. 2. 1.경 피해자로부터 절도 범행 신고를 받은 대구중부경찰서 소속 경찰관들이 범행 현장인 대구 중구 대구백화점 내 ○○○ 매장에서 범인이 벗어 놓고 간 점퍼와 그 안에 있는 신용카드회사 발행의 매출전표를 발견하고 위 경찰관들은 해당 카드회사에 공문을 발송하여 카드회사로부터 매출전표의 거래명의자가 누구인지 그 인적 사항을 알아낸 것에 대해 대법원은 "수사기관이 범죄 수사를 목적으로 금융실명거래 및 비밀보장에 관한 법률 제4조 제1항에 정한 '거래정보 등'을 획득하기 위해서는 법관의 영장이 필요하고, 신용카드에 의하여 물품을 거래할 때 '금융회사 등'이 발행하는 매출전표의 거래명의자에 관한 정보 또한 금융실명법에서 정하는 '거래정보 등'에 해당하므로, 수사기관이 금융회사 등에 그와 같은 정보를 요구하는 경우에도 법관이 발부한 영장에 의하여야 한다. 그럼에도 수사기관이 영장에 의하지 아니하고 매출전표의 거래명의자에 관한 정보를 획득하였다면, 그와 같이 수집된 증거는 원칙적으로 형사소송법 제308조의2에서 정하는 '적법한 절차에 따르지 아니하고 수집한 증거'에 해당하여 유죄의 증거로 삼을 수 없다."고 판시[32]하였다.

5) 카카오톡 압수수색과정에서 참여권 미통지

서울중앙법원은 결정으로 "카카오톡에 대한 압수수색 집행 과정에서 피의자 또는 변호인에게 집행의 일시와 장소를 통지하지 않았고 통지의 예외 사유인 형사소송법 제122조의 '급속을 요하는 때'에도 해당하지 않는다며 해당 사건의 압수수색은 참여권을 보장하지 않아 위법하다."고 판단하였다.[33] 대법원은 이메일에 대한 압수수색

---

32) 대법원 2013. 3. 28. 선고 2012도13607 판결
33) 서울중앙지방법원 2016. 2. 18. 2015보6 준항고 결정
    1. 사실관계
        검찰은 2014. 5. 18. 열린 '세월호 참사 추모 침묵행진'을 기획한 혐의로 피의자인 준항고인을 수사하면서 준항고인의 카카오톡 대화내용 등을 확보하기 위해 카카오톡 서버에 대한 압수·수색을 실시한 후 2014. 11.경 준항고인을 '집회및시위에관한법률위반' 등으로 불구속기소하였다.
        준항고인은 불구속기소된 이후 뒤늦게 카카오톡 대화내용의 압수수색 사실을 알게 되었고, 이에 준항고인은 검찰이 압수수색 사실을 미리 알려 주지 않아 참여권을 보장하지 않았고, 집행 당시 영장 원본을 제시하지도 않았으며, 압수목록도 교부하지 않았고,

영장을 집행하면서 피의자에 대한 사전통지를 결략한 사안에서 "형사소송법 제122조의 급속을 요하는 때라 함은 압수수색영장 집행 사실을 미리 알려주면 증거물을 은닉할 염려 등이 있어 압수수색의 실효를 거두기 어려울 경우를 의미한다."고 판단하였다.[34]

6) 모사전송에 의한 영장집행에 관한 법원의 입장

서울중앙지방법원은 2014고단4122 사건에서 "수사기관이 압수한 카카오톡 대화기록은 압수·수색 당시 카카오톡에 압수·수색 영장의 원본을 제시하지 않았고 팩스로 보냈으며 사후에도 영장의 원본을 제시하지 않았으며, 압수·수색 영장 집행후 압수물 목록도 교부하지 아니하여 카카오톡 대화기록은 위법수집 증거이므로 증

범죄혐의와 관련 없는 카카오톡 대화내용도 모두 압수하였다는 이유로 서울중앙지방법원에 위 압수·수색 처분은 위법하므로 취소하여 달라는 내용의 준항고를 제기하였다.

2. 결정의 요지

준항고 법원은 이 사건 압수·수색의 위법성에 대하여, "피의자 등에게 압수·수색영장 집행과정에 참여권을 보장한 것은 압수·수색 집행의 절차적 적법성을 확보하여 영장주의를 충실하게 구현하기 위한 것인데, 피의자 등에게 참여권이 보장되지 않았다면 특별한 사정이 없는 이상 압수·수색은 위법하다.", "특히 형사소송법 제122조 단서의 '급속을 요하는 때'에 해당하는지 여부와 관련하여, '급속을 요하는 때'란 '압수·수색영장 집행사실을 미리 알려주면 증거물을 은닉할 염려 등이 있어 압수·수색의 실효를 거두기 어려운 경우'를 의미하는데, 압수·수색의 대상인 카카오톡 대화내용는 주식회사 카카오톡의 서버에 보관 중으로 피의자 등이 접근하여 관련 정보를 은닉하거나 인멸할 수 있는 성실의 것이 아니고, 수사기관은 영장이 발부된 후 이틀이 지나 압수·수색을 실시하여 급박하게 이루어 진 것으로 볼 수 없다고 보아 예외 사유에도 해당하지 않는다."고 판단하였다. 나아가 압수·수색 처분을 취소할 지 여부에 대하여, "수사기관의 증거수집 과정에서 영장주의 등 절차적 적법성을 확보하고 국민의 기본권을 보장하여야 할 필요와 실체적 진실 규명의 요청을 비교, 형량하여 참여권을 보장하는 취지, 급속하게 집행될 사유가 없었던 사정, 압수·수색으로 확인한 자료가 준항고인의 내밀한 사생활의 비밀에 속하는 사정 등에 비추어 압수·수색 영장의 원본의 제시, 압수물 목록 교부, 피의사실과의 관련성 등 준항고인의 나머지 주장에 대하여 더 나아가 살펴볼 필요없이 이 사건 압수·수색의 취소는 면할 수 없다."고 결정하였다.

34) "수사기관이 이 사건 이메일 압수·수색영장 집행 시 급속을 요하는 때에 해당한다고 보아 사전통지를 생략한 것이 위법하다는 피고인들의 주장을 배척한 제1심판결을 그대로 유지한 조치는 정당한 것으로 수긍이 가고, 거기에 상고이유 주장과 같이 압수·수색영장 집행이나 위법수집증거배제법칙에 관한 법리를 오해하는 등의 위법이 있다고 할 수 없다."; 대법원 2012. 10. 11. 선고 2012도7455 판결

거능력이 인정되지 않는다."고 판시하였다.[35]

대법원은 수사기관이 금융거래자료와 이메일에 대한 영장을 모사전송의 방법으로 집행한 사건에서 "영장은 처분을 받는 자에게 반드시 제시되어야 하고(형사소송법 제219조, 제118조[36]), 압수물을 압수한 경우에는 목록을 작성하여 소유자, 소지자 등에게 교부하여야 한다(같은 법 제219조, 제129조). 이러한 형사소송법과 형사소송규칙의 절차 조항은 헌법에서 선언하고 있는 적법절차와 영장주의를 구현하기 위한 것으로서 그 규범력은 확고히 유지되어야 한다. 그러므로 형사소송법 등에서 정한 절차에 따르지 않고 수집된 증거는 기본적 인권 보장을 위해 마련된 적법한 절차에 따르지 않은 것으로서 원칙적으로 유죄 인정의 증거로 삼을 수 없다."[37]고 판결하였고 이메일에 대해 모사전송의 방법으로 영장을 집행한 사안에서 "수사기관은 위 압수수색영장을 집행할 당시 공소외 1 주식회사에 팩스로 영장 사본을 송신한 사실은 있으나 영장 원본을 제시하지 않았고 또한 압수조서와 압수물 목록을 작성하여 이를 피압수·수색 당사자에게 교부하였다고 볼 수도 없다고 전제한 다음, 위와 같은 방법으로 압수된 위 각 이메일은 헌법과 형사소송법 제219조, 제118조, 제129조가 정한 절차를 위반하여 수집한 위법수집증거로 원칙적으로 유죄의 증거로 삼을 수 없고, 이러한 절차 위반은 헌법과 형사소송법이 보장하는 적법절차 원칙의 실질적인 내용을 침해하는 경우에 해당한다."고 판결하였다.

4. 4가지 고려요소

우리가 사건을 인지하는 순간을 현재라고 한다면 모든 사건은 과거의 것이 될 것이다. 과거의 사건을 현재의 시각에서 보게 되면 왜곡이 있을 수밖에 없으며 이를 타인이 신고하거나 전달하게 되면 그 왜곡의 정도는 더 높을 우려가 있다. 처음 사실을 접할 때 잘못 보았을 오류, 당황스러움이나 공포 등에 따라 사실 자체를 왜곡해서 받아들였을지도 모를 오류, 시간이 지남에 따라 알고 있는 사실을 잘못 이해

---

35) https://m.lawtimes.co.kr/Content/Info?serial=99212 (2020.2.24. 검색)
36) 형사소송법 제118조(영장의 제시) 압수·수색영장은 처분을 받는 자에게 반드시 제시하여야 한다.
37) 대법원 2019. 3. 14. 선고 2018도2841 판결

할 가능성, 이를 전달하는 과정에서 결략되거나 과장되었을 가능성, 자신들에게 필요한 정보만을 이야기하려는 상황, 의도적으로 거짓된 정보를 흘리려고 하는 진술자 등 시간의 흐름은 많은 사실의 왜곡을 일으키게 된다.

수사관은 증거들을 객관적 시각으로 바라보아야 하며 무수히 많은 정보들을 정리하여 공판에 제출할 수 있도록 하여야 한다. 그런데 정보를 제공하는 사람과 매체 자체에도 오류가 개입될 것이며 이를 인식하는 수사관의 오류가능성이 더해지게 된다. 특히 시간의 흐름에 따라 많은 양의 정보가 유입되면 객관적이고 일관된 시각으로 사건을 보지 못할 우려가 높다. 따라서 이러한 오류를 최소화할 수 있는 방법을 모색해야 한다.

통상, 사건이 발생하면 사실관계를 파악하고 이를 법률로써 해석하고 증거를 수집한 다음에 신병처리 문제를 고민하게 된다. 그러나 정보가 사건이 발생한 시간의 흐름에 맞게 일목요연하게 주어지지 않기 때문에 정보에 대한 판단을 선형적으로 하게 되면 범죄재구성의 방향을 상실할 가능성이 높다. 이러한 문제를 극복하기 위해서는 사건을 입체적으로 보는 습관이 필요하다.

수사를 진행하면서 고려해야 할 요소는 사실, 법률, 증거, 신병이며 사건의 초기부터 4가지 사항을 동시에 고려해야 한다. 피해자의 진술 또는 주어진 첩보를 통해 사실관계를 추출하고 이에 대한 법률의 적용과 해당 사실관계를 확인하기 위한 증거뿐만 아니라 출석요구의 방법과 시기 등에 대한 문제까지 동시에 고려해 나가야 한다.

이후 수사를 진행하다가 피의자를 신문하는 경우에도 역시 변화한 진술의 내용에 따라 사실관계를 다시 추론하고 적절한 증거 수집방법을 찾아내고 최초의 피해자 진술과는 다른 시점에서 법률적 해석을 시도하고 피의자에 대한 신병처리를 다시 고민해야 한다. 사실, 법률, 증거, 신병 네 가지 요소는 순차적으로 이루어지는 것이 아니며 수사의 진행 과정에서 매 순간 동시에 고려되어야 하는 것들이다.

가. 사실

폭행, 상해, 절도, 강도, 강간, 살인 등 강력사건은 법률의 해석보다는 그 행위가 일어난 사실적인 측면이 강조되어야 한다. 물론 사기 사건과 같이 법률관계가 중요한 사건 중에서도 돈을 받은 적이 아예 없다고 주장하는 경우에는 사실관계에 대해 확인할 필요성이 있다. 이러한 사건의 경우 사실관계가 확인되지 않은 상태에서는 그 이후의 수사는 무의미하게 된다.

여기서 말하는 사실관계란 이 사실관계 때문에 법률해석상 문제가 되거나 다른 사실관계와 연동되어 문제가 되는 사실관계, 즉 관련성이 있는 사실이 해당된다. 예를 들어 A와 B가 연인관계였으나 A가 B에게 돈을 빌린 후 갚지 않았다는 이유로 B가 고소를 하였다고 가정하자. A는 돈을 빌리기 전 B와 사귀면서 자신의 혈액형이 O형임에도 불구하고 AB형이라고 하거나 키가 170임에도 불구하고 175라고 하였으며 아버지가 사장이 아님에도 중소기업의 사장이라고 거짓말을 하였다. 그리고 돈을 빌릴 때 급한 사용처가 있다고 하면서 빌렸고 이후 A는 투자금이 회수될 데가 없음에도 불구하고 회수가 되면 바로 준다고 거짓말을 하였다. 이 사례에서 A는 B에게 여러 가지 거짓말을 하였다. 이 거짓말을 시기적으로 나누게 되면 돈을 빌리기 전에 했던 거짓말, 돈을 빌리면서 했던 거짓말, 돈을 빌린 이후에 했던 거짓말로 나눌 수 있다. 우선 돈을 빌린 이후에 했던 거짓말은 사기죄의 기망의 요소에서 배제하여야 한다. 물론, 사기 이후에 했던 거짓말로부터 그 이전에 했던 거짓말을 보강하는 데는 사용할 수 있지만 사기 이후의 거짓말 자체가 기망의 요소가 되는 것은 아니기 때문에 이 부분을 우선 고려하게 되면 사건을 복잡하게 이끌어가게 된다.

그러면 돈을 빌리기 전에 했던 혈액형, 키, 아버지의 직업 등의 거짓말은 기망에 어떤 영향을 미칠까? 기본적으로 이러한 거짓말은 돈을 빌려주는 행위를 한 것과는 직접적인 인과관계가 없을 것이기 때문에 배제하는 것이 원칙이다. 그러나 그러한 요소들이 기망을 당하는 피기망자의 의사에 영향력을 주는 것이라면 이 또한 수사의 대상이 되어야 한다. 만약 피의자가 피해자를 만났을 당시부터 그가 했던 거짓말을 이용하여 돈을 빌릴 작정이었다면 사실관계를 확인할 범위가 넓어질 것인데 이는 명백히 말하면 차용사기의 영역이라기보다는 신분을 가장한 것이 주요한 기망의 수단이 되는 사례가 될 것이다.

이와는 달리 피의자가 돈을 빌릴 때 갚지 못하면 아버지라도 갚아 줄 여력이 있음을 내비추었고 이런 사실이 돈을 교부하겠다는 피해자의 의사에 영향을 주었다면 아버지의 재력을 과시한 부분도 기망에 해당한다.

정리하자면 사실관계를 넓게 확인하여야 하나 그중 법률해석이 필요한 부분, 즉 범죄사실에 영향을 줄 수 있는 사실관계와 그러한 사실관계와 관련이 있는 사실관계만을 수사의 대상으로 삼아야 하며 수사방향은 그러한 사실관계를 확인하기 위한 행위들로부터 시작될 것이다. 만약, 2~3개의 사실관계가 있으나 이 중 1~2개의 사실관계만이 확인되어도 범죄사실을 입증하기에 충분하다고 판단되면 수사결과를 도출하는 것이 효율적이다.

사실관계는 늘 법률해석이 필요한 범죄사실과 항상 연동되어야 한다. 관련성이 없는 사실관계를 확인하는 것은 수사의 낭비를 초래한다. 수사실무상 사실관계를 파악조차 하지 않는 것도 문제가 되겠지만 너무 많은 사실관계 속에서 수사의 흐름을 잃는 것도 문제가 된다. 후자의 경우는 입증하고자 하는 것이 정확히 모르는 경우에 발생하게 된다. 사실관계의 확인은 후술하는 증거관계 또한 법률관계에 영향 있는 것들에 한정된다는 점이 중요하다.

▌ 사례연습

아래 두 가지 사례는 법률적 판단만을 내린다면 매우 쉽게 결론을 낼 수 있을 것 같은 사례이다. 그러나 사실관계를 제대로 이해한 사람과 그렇지 못한 사람 간에는 법률적으로 완전히 다른 결론을 내게 된다. 아래 사례에 대한 답을 구해 보기 바란다.

1. "부동산을 공유하는 사람 중에 한 명이 다른 공유자의 지분을 맘대로 처분해 버렸을 때 어떠한 죄책을 지게 되나?"라는 질문을 받았다고 할 때 여러분은 어떠한 결론을 내리겠는가? 아니면 질문자에게 어떠한 후속 질문을 하겠는가?[38]

---

38) 부동산에 관한 횡령죄에 있어서 타인의 재물을 보관하는 자의 지위는 동산의 경우와는 달리 부동산에 대한 점유의 여부가 아니라 부동산을 제3자에게 유효하게 처분할 수 있는 권능의 유무에 따라 결정하여야 하므로, 부동산의 공유자 중 1인이 다른 공유자의 지분을 임의로 처분하거나 임대하여도 그에게는 그 처분권능이 없어 횡령죄가 성립하지 아니한다 (대법원 2000. 4. 11. 선고 2000도565 판결 등 참조).
원심이 구분소유자 전원의 공유에 속하는 공용부분인 지하주차장 일부를 피고인 2가 독점 임대하였더라도 그 피고인이 그 공용부분을 다른 구분소유자들을 위하여 보관하는 지위에

⇨ 이 사례를 법률적으로만 접근하게 되면 쉽사리 횡령이라는 죄책을 떠올리게 될 것이다. 또한 이러한 유형의 사건은 대부분은 피해자라고 주장하는 사람의 고소에 의해 수사의 단서를 취득하게 된다. 더욱 문제가 되는 것은 고소장을 변호사 또는 법무사 사무실에서 나름의 각색을 해 온다는 점이다. 이를 그대로 받아들이게 된다면 수사관은 사실적 접근이 아니라 법률적인 접근부터 하게 되는 오류를 범하게 된다. 사례와 같은 사건을 접하게 되면 우선 무슨 죄가 될까를 고민하기 전에 부동산은 어떠한 부동산이며 공유는 대체 어떠한 방식으로 하는지, 부동산은 어떠한 방식으로 권리를 표출을 하는지, 부동산을 등기한다면 공유한 사실은 어떻게 표시가 되는지 공유를 하는 부동산을 타에 처분하기 위해서는 어떠한 절차와 방식, 서면이 필요한지를 고민해 보아야 한다.

만약 사전 지식이 없어 즉시 판단이 어렵다면 유사한 사례 중 가장 간단한 사례를 예를 들어 생각하는 것도 중요하다. 예를 들어 처가 남편의 명의로 되어 있는 부동산을 타에 처분한다고 상상해 보자. 우선 처는 매수자에게 남편으로부터 동의를 받았다는 것을 내보여야 할 것이다. 그렇다면 처는 남편 이름으로 작성된 위임장을 한 장 구비해야 한다. 그러나 매수자는 진정 위임을 해 준 것인지 확인하고 싶어 할 것이다. 그렇다면 남편을 대동할 것을 요구하거나 남편의 인감증명서가 첨부되어 있는 것을 확인하려고 할 것이다. 만약 후자라면 처는 동사무소에 가서 남편의 인감증명서를 발부받았을 것이고 동사무소에는 인감증명서 발급대장에 그 기록이 존재하게 된다. 그런 이후에 처는 남편의 대리인 자격으로 부동산매매계약서를 작성하게 될 것이다. 그런 이후에 매수자는 관련 서류를 등기소에 제출하거나 법무사 또는 부동산중개업자를 통해 자신의 이름으로 소유권이전등기를 하게 된다. (권리 관계를 완성하는 사실상의 경로와 과정을 이해하는 것은 매우 중요하다. 사람이 행동하는 과정을 따라 가다 보면 이러한 행동을 했다는 사실을 확인할 수 있는 정보 원천을 확인할 수 있기 때문이다.)

다시 사례로 돌아가 보자. 공유자의 1인이 다른 사람과 공유하고 있는 부동산

있는 것은 아니므로 위 공용부분을 임대하고 수령한 임차료 역시 다른 구분소유자들을 위하여 보관하는 것은 아니라고 할 것이어서 그 돈을 임의로 소비하였어도 횡령죄가 성립하지 아니한다고 판단한 것은 위 법리에 따른 것으로서 정당하고, 거기에 상고이유의 주장과 같은 법리오해의 위법이 없다(대법원 2004. 5. 27. 선고 2003도6988 판결).

을 넘기는 방법이 뭐가 있을까? 처가 남편의 부동산을 넘기는 것과 같은 방식이다. 이제 이 사건은 부동산에 대한 횡령사건으로 취급되는 것이 아니라 매수자를 상대로 한 사기, 소유권이전에 필요한 서류에 대한 위조사건으로 방향이 바뀌게된다. 이러한 사항을 이해한 후에야 고소인 또는 관련자에 대한 진술을 득할 때그에 적합한 질문이 이루어지게 될 것이다.

2. 우유배달 후 수금한 돈을 횡령한 사건

어느 날 우유대리점을 운영하는 A라는 사람이 "2개월 전 입사한 B 아주머니가 우유를 배달하고 수금한 돈 100만원을 대리점에 입금하지 않고 횡령하였으니 처벌해 주시기 바랍니다."라는 내용의 고소장을 써 왔을 때 여러분은 어떠한 판단을 하겠는가?

⇨ 수금한 돈은 타인을 위해 보관하는 재물이며 이를 생활비 등 다른 용도로 사용하였다면 그 행위는 보통 횡령행위에 해당한다. 더군다나 이 사례에서 피고소인이 특정되어 있으며 수금한 돈과 입금되지 않은 돈에 대한 명세는 서류를 통해서 확인될 수 있다. 수사의 요소 중 '왜'만 확인되지 않았을 뿐이며 '왜'는 피고소인에 대한 조사를 통해 쉽사리 획득이 가능하다. 또한 A에게 돈을 입금하지 않아 죄책감을 가지고 있는 B로부터 자백진술을 받는 것은 어렵지 않은 일이 된다. 그러다 보니 이와 같은 내용의 고소사건은 더 이상의 판단 없이 쉽게 조사되고 쉽게 종결될 가능성이 농후하다.

단순한 법률적 판단으로만 일관하면 위와 같은 과정을 거쳐 수사는 종결될 것이다. 그러나 횡령사건에서 핵심이 되는 부분은 피조사자가 유용한 것이 '타인의' 재물인지에 대해 늘 유의해야 하는데 이를 위해서는 당사자간의 계약관계 등 사실확인이 필요하다. B가 수금한 돈이 타인의 재물이 아닐 수 있고 단지 A에게 채무를 부담하는 것일 수 있기 때문이다. B가 A로부터 물품을 사와서 이를 이윤을 남기고 파는 행위는 B의 사업이 된다. 사업을 하는 B가 소비자를 찾지 못하여 물건을 다 팔지 못하면 이윤을 남길 수 없고 B는 A에게 물품대금을 지급하지 못할 수도 있다. 그러나 B가 A의 직원일 경우, 즉 사업의 주체는 A이며 B는 그의 대리인이 되는 경우에는 100만원을 팔고 100만원 수금한다면 이를 반환하지 못할 이유는 없다. B가 A의 대리인이라는 가정을 하더라도 고작 2개월 전에 입사한 B

가 수금한 돈을 피고소인에게 반환하지 않은 이유에 대해 조사가 필요하다.

피고소인은 왜 수금한 돈을 입금하지 못했을까? '피고소인은 당연히 횡령이다.' 라는 예단을 가지지 않고 피고소인의 진술을 청취하기만 해도 쉽게 그 이유를 알 수 있다.

사실 피고소인은 대리점의 직원이 아니다. 피고소인은 스스로 개인사업자 등록을 해 놓고 대리점에서 우유를 외상으로 구입한다. 그리고 스스로 판매처를 물색을 하게 된다. 즉, 피고소인의 고객을 확보하는 것이다. 고객을 확보하기 위해서는 서비스로 음료를 제공하기도 하며 원래 단가보다 싸게 공급하기도 한다. 우유를 길거리에 두고 배달을 다녀온 사이 동네 아이들이 이를 훔쳐 먹기도 한다. 이러저러한 사정으로 초창기 배달원들은 손해를 감수해야 한다. 이러한 현실이 그쪽 세상의 이야기일 수도 있다.

수사관은 사건 전체를 객관적으로 재구성하기 전에는 편견을 가지지 않도록 노력해야 한다. 수사관이 사실을 법률적으로 해석하려 하지 않고 틀에 짜 놓은 법률적인 쟁점에 사실을 맞추려고만 한다면 피고소인의 항변은 전혀 귀에 들어오지 않게 된다. 수사관은 혐의를 입증하는 업무를 하기도 하지만 혐의를 확인하는 업무도 하고 혐의를 벗겨 주는 것도 임무 중 하나임을 명심해야 한다.

나. 법률

사실관계는 이미 확립되어 있고 법률적 쟁점만이 문제되거나 사실관계에 대한 확인 후 이에 대한 법률적 해석만이 문제되는 사건들이 있다. 법률적 쟁점만이 문제되는 사건들은 수사관에게는 사실 가장 쉬운 사건 유형이다. 이런 사건 유형은 통상 사건이 발생한 직후 관련 증거의 수집과 관계인들에 대한 조사가 빠짐없이 이루어질 수 있는 환경에서 발생한다.[39]

---

39) 사건의 우선순위

1년 전에 발생 및 접수하여 진행하던 사건이 있는 상태에서 어제 발생한 사건이 오늘 접수된 경우 여러분은 어떤 사건의 수사를 먼저 진행해야 한다고 생각하는가? 필자의 경우 어제 발생한 사건부터 우선 처리하는 것이 옳다고 생각한다. 수사는 과거 사건에 대한 재구성인데 어제 발생한 사건의 경우 재구성이 매우 쉽고 재구성을 위한 자료들이 여전히 유효하기 때문에 시간이 지날수록 자료의 유실, 변질, 왜곡의 비율은 기하급수적으로 높

아래의 사례는 수사에서 법률적인 판단이 주가 되는 사례들이다. 사례에 대한 결론을 도출할 수 있도록 노력해 보기 바라며 수사를 하기 위해서는 아래 사례들에 대한 해답을 낼 수 있을 정도의 기본 지식이 있어야만 한다.

1. 다방에서 복권 나누어 가진 사건

다방에서 손님이 500원짜리 즉석복권 4장을 자신을 포함하여 다방의 종업원과 업주 4명이 나누어 가졌고 '당첨되면 각자 가지는 것'으로 약속한 후에 손님 자신이 아닌 다른 사람 2명이 복권에 당첨되었으나 자리를 비운 틈에 복권을 가지고 가서 당첨금을 수령한 행위를 했을 때 손님의 죄책은 무엇인지에 관련한 사건이다.[40]

아질 것이기 때문이다. 사건처리기일이라는 수사통제과정을 사건과의 우선순위에 우선 적용하는 것은 바람직하지 못하다.

40) − 사실관계: 피고인은 공소외 윤둘선이 운영하는 다방에서 돈 2,000원을 내어 그 다방종업원인 피해자 김수경에게 즉석에서 당첨 여부를 확인하는 500원짜리 체육복권 4장 (이하 '첫 번째 복권 4장'이라 한다)을 사 오도록 하여 피고인, 피해자, 윤둘선 및 다방 종업원인 공소외 안인숙 등 4명이 다방 탁자에 둘러앉아 각자 한 장씩 나누어 그 복권 우측 상단을 긁어 당첨 여부를 확인한 결과 그 중에서 2장의 복권이 각 1,000원에 당첨되었고(원심은 1,000원에 당첨된 복권들이 누가 긁어 확인한 것인지에 관하여 명백한 사실인정을 하지 아니하고, 다만 2장의 복권이 1,000원에 당첨되었다고만 인정하고 있다.), 그 1,000원에 당첨된 복권 2장을 다시 복권 4장(이하 '두 번째 복권 4장'이라 한다)으로 교환하여 온 후 피고인 등 4명이 그 당첨 여부를 확인한 결과 피해자와 윤둘선이 확인한 복권 2장이 각 2,000만원에 당첨되었는데, 윤둘선은 자신이 확인하여 당첨된 복권을 그 자리에서 피고인에게 교부하였고, 피해자는 자신이 확인하여 당첨된 복권 한 장을 그 탁자 위에 놓아두고 다른 볼 일을 보러 그 자리를 잠시 비운 사이에 피고인이 당첨된 복권 2장을 가지고 가 현금으로 교환하고도 당첨금을 피해자에게 교부하지 않은 사실을 인정하였다.
− 대법원의 판단: 사실관계가 이와 같다면, 처음 피고인이 2,000원을 내어 피해자로 하여금 첫 번째 복권 4장을 구입하여 오게 한 후 피고인을 포함하여 윤둘선, 피해자 및 안인숙 등 4명이 둘러앉아 재미삼아 한 장씩 나누어 각자 그 당첨 여부를 확인하는 경우, 손님인 피고인과 다방주인 윤둘선, 다방종업원 피해자 및 안인숙이 평소 친숙한 사이인 점, 복권 1장의 값이 500원에 지나지 아니하는 점, 첫 번째 복권 4장 중 피해자 및 안인숙이 긁어 확인한 복권 2장이 1,000원씩에 당첨되었을 때에도 이를 두 번째

이 사건은 유명한 '복권 판결'이다. 판결의 대상이 된 사건은 저자가 속한 팀에서 취급하였기 때문에 자세하게 기억하고 있다. 각주에 소개한 사건의 개요와 같이 이 사건은 사실관계에 대해서는 거의 다툼이 없었다. 이 사건의 쟁점은 손님을 절도의 죄로 의율할 것인지, 횡령의 죄로 의율할 것인지, 횡령으로 의율한다면 과연 피고소인에게 불법영득의 의사가 있었다고 할 것인지에 관한 것이었다.

애초 복권을 나눠 가질 때 그 소유가 상대방에게 이전한 것인지 아니면 그 복권이 당연히 당첨될 일이 없다는 전제에서 교부한 것이며 만약 '당첨이 될 것이라면 널 주겠니'라는 진의 아닌 의사표시였는지, 아니면 혹 당첨이 되면 그 이익을 서로 향유하기로 한 것인지가 핵심이었다. 결국 사실관계에 대한 판단이 아니라 사실관계를 기틀로 법률적인 판단만이 남아 있던 사건이었다. 수사관은 절도에 해

복권 4장으로 교환하여 와서는 이를 피고인, 피해자, 윤둘선 및 안인숙 등 4명이 그 자리에서 각자 한 장씩 골라잡아 당첨 여부를 확인한 점 등에 비추어, 만일 각자 나누어 가진 첫 번째 또는 두 번째 복권 중 어느 누구의 복권이 당첨되더라도 그 자리에서 함께 복권을 나누어 확인한 사람들이 공동으로 당첨의 이익을 누리기로 하는, 즉 당첨금을 공평하게 나누거나, 공동으로 사용하기로 하는 묵시적인 합의가 있었다고 보아야 할 것이고, 이와 달리 첫 번째 복권이나 두 번째 복권 모두 당초 그 구입대금을 출연한 피고인의 소유이고, 윤둘선, 피해자 및 안인숙은 단지 피고인을 위하여 그 당첨 여부를 확인하여 주는 의미로 피고인을 대신하여 한 장씩 긁어 본 것이라고 볼 수는 없을 것이다. 따라서 첫 번째 복권 4장 중 피해자와 안인숙이 긁어 1,000원에 각 당첨된 복권 2장으로 교환하여 온 두 번째 복권 4장을 다시 피고인, 피해자, 윤둘선 및 안인숙이 각자 한 장씩 골라잡아 그 당첨 여부를 확인한 결과 그중 2장의 복권이 2,000만원씩에 당첨되었으므로, 그 확인자가 누구인지를 따질 것 없이 당첨금 전액이 피고인, 피해자, 윤둘선 및 안인숙의 공유라고 봄이 상당하다. 그러므로 피고인이 당첨된 복권 2장을 가지고 가 그 당첨금을 수령하였다면, 특별한 사정이 없는 한 이는 피고인을 비롯한 피해자, 윤둘선 및 안인숙 등 네 사람의 대표로서 한 것으로 보아야 하고, 따라서 그중 자신의 몫을 제외한 나머지는 피해자 등 세 사람의 몫으로서 피고인은 그들을 위하여 이를 보관하는 지위에 서게 되어, 피고인으로서는 피해자의 당첨금 반환요구에 따라 그의 몫인 780만원(3,120만원×1/4)을 반환할 의무가 있다고 하지 않을 수 없다. 따라서 피고인이 자신이 2,000원을 내어 구입한 첫 번째 복권 4장 중 3장을 피해자, 윤둘선, 안인숙에게 나누어 준 사실조차 없다고 주장하면서 그중 1,000원에 당첨된 복권 2장 및 그 복권으로 다시 교환하여 온 두 번째 복권 중 2,000만원에 당첨된 복권 2장의 소유권이 모두 피고인에게 있음을 전제로 피해자에게 그 당첨금의 반환을 거부하고 있는 이상, 피고인에게 불법영득의 의사가 없다고 할 수 없다(대법원 2000. 11. 10. 선고 2000도4335 판결 【횡령】).

당한다는 의견으로 송치하였으나 횡령의 죄로 공소제기가 되었고 항소심에서는 횡령에 대해 무죄를 선고하였으나 대법원은 횡령으로 결론을 내리게 되었다.

이 사건에서 수사관은 횡령이나 절도의 죄책 중 어느 것이라도 책임을 져야한 다는 판단을 하였고 500원짜리 복권을 증여함으로써 그 복권의 소유권은 고소인에게 이전하였다고 판단하여 절도로 기소한 것이다. 그 판단을 하기 위해 필요한 법률적 지식을 모두 활용하였다면 수사관은 충분한 역할을 했다고 생각한다. 문제가 되는 것은 죄가 되는 사건을 기소하지 않은 경우, 죄가 되지 않는 것을 기소한 경우가 될 것이다. 기소를 함에 있어 그 죄명을 다소 달리하였다고 하여 수사관에게 과실이 있다고 보기 어렵다. 이 사건은 항소심과 대법원의 의견도 상반되었다. 이는 법률전문가조차도 쉽게 해결하기 어려운 문제라는 것이다. 재판과정에서 법률적인 판단을 하기 위한 충분한 기초자료를 오류 없이 검색하고 수집하였다면 수사관은 그 역할을 제대로 수행했다고 봐야 한다.

2. 현금지급기에서 돈을 뽑은 것을 어떠한 법률로 의율할지

'현금지급기에서 돈을 뽑았을 때의 죄책은?'이라는 질문에 대하여 후속 질문이 없이는 이에 대한 답을 구할 수가 없다. 우선 현금지급기는 사람이 아닌 기기이며 기기 중 컴퓨터와 같은 정보처리장치이며 돈은 재물이다. 이러한 두 가지 객체를 구성요건으로 하는 것은 언뜻 보아도 컴퓨터등사용사기와 절도, 횡령이라는 죄종을 떠올릴 수 있다. 위에 언급한 세 가지 죄명에는 분명 '권한의 유무'라는 변수가 포함되어야 하며 돈을 뽑을 때 매체 없이 기기에 대한 직접적인 유형력을 행사하여 돈을 뽑은 것인지, 명령을 통해서 돈을 뽑은 것인지가 해결되어야 하며 돈을 뽑을 때 사용하는 매체가 현금카드인지, 통장인지, 신용카드인지, 신용카드라고 할지라도 현금서비스 기능인지, 현금카드의 기능인지도 고려되어야 한다. 또한 그 사용매체를 어떻게 확보하였는지도 사건의 해결에 반드시 필요하다.

우선 위와 같은 질문을 받게 되면 위에서 설명한 것과 같은 사실들을 확인하기 위한 후속질문을 하여야 한다. 이러한 질문을 통해 '절취한 현금카드로 은행 ATM 기기에서 현금을 인출한 경우'라고 한정짓고 사례를 해결해 보자.

현금카드 절취행위에 대한 죄책은 논외로 하겠다. 그러나 '절취했다.'라는 사실로부터 '현금카드의 사용권한이 전혀 없다.'는 점을 즉시 추론해 낼 수 있어야 한다.41) 만약 현금카드를 교부받으면서 얼마의 금액을 인출해 줄 것을 부탁했는데 이를 초과하여 돈을 뽑았다면 이는 권한이 없는 것이 아니라 '권한을 초과'한 것

---

41) ― 카드 사용에 대한 피해자의 승낙 여부에 따라 그 결과는 달라진다. 아래 판례는 공갈하여 취득한 현금카드를 이용하여 현금 인출한 경우와 강취한 현금카드로 현금 인출한 경우, 현금 인출부분에 대한 별도의 죄의 성립이 다르다는 것을 보여준다.

[1] 예금주인 현금카드 소유자를 협박하여 그 카드를 갈취한 다음 피해자의 승낙에 의하여 현금카드를 사용할 권한을 부여받아 이를 이용하여 현금자동지급기에서 현금을 인출한 행위는 모두 피해자의 예금을 갈취하고자 하는 피고인의 단일하고 계속된 범의 아래에서 이루어진 일련의 행위로서 포괄하여 하나의 공갈죄를 구성하므로, 현금자동지급기에서 피해자의 예금을 인출한 행위를 현금카드 갈취행위와 분리하여 따로 절도죄로 처단할 수는 없다. 왜냐하면 위 예금 인출 행위는 하자 있는 의사표시이기는 하지만 피해자의 승낙에 기한 것이고, 피해자가 그 승낙의 의사표시를 취소하기까지는 현금카드를 적법, 유효하게 사용할 수 있으므로, 은행으로서도 피해자의 지급정지 신청이 없는 한 그의 의사에 따라 그의 계산으로 적법하게 예금을 지급할 수밖에 없기 때문이다.

[2] 강도죄는 공갈죄와는 달리 피해자의 반항을 억압할 정도로 강력한 정도의 폭행·협박을 수단으로 재물을 탈취하여야 성립하므로, 피해자로부터 현금카드를 강취하였다고 인정되는 경우에는 피해자로부터 현금카드의 사용에 관한 승낙의 의사표시가 있었다고 볼 여지가 없다. 따라서 강취한 현금카드를 사용하여 현금자동지급기에서 예금을 인출한 행위는 피해자의 승낙에 기한 것이라고 할 수 없으므로, 현금자동지급기 관리자의 의사에 반하여 그의 지배를 배제하고 그 현금을 자기의 지배하에 옮겨 놓는 것이 되어서 강도죄와는 별도로 절도죄를 구성한다(대법원 2007. 5. 10. 선고 2007도1375 판결).

― 편취한 현금카드의 경우도 공갈죄와 같은 논리가 적용된다.

[1] 예금주인 현금카드 소유자로부터 그 카드를 편취하여, 비록 하자 있는 의사표시이기는 하지만 현금카드 소유자의 승낙에 의하여 사용권한을 부여받은 이상, 그 소유자가 승낙의 의사표시를 취소하기까지는 현금카드를 적법, 유효하게 사용할 수 있으며, 은행 등 금융기관은 현금카드 소유자의 지급정지 신청이 없는 한 카드 소유자의 의사에 따라 그의 계산으로 적법하게 예금을 지급할 수밖에 없는 것이므로, 피고인이 현금카드의 소유자로부터 현금카드를 사용한 예금인출의 승낙을 받고 현금카드를 교부받은 행위와 이를 사용하여 현금자동지급기에서 예금을 여러 번 인출한 행위들은 모두 현금카드 소유자의 예금을 편취하고자 하는 피고인의 단일하고 계속된 범의 아래에서 이루어진 일련의 행위로서 포괄하여 하나의 사기죄를 구성한다고 볼 것이지, 현금자동지급기에서 카드 소유자의 예금을 인출, 취득한 행위를 현금자동지급기 관리자의 의사에 반하여 그가 점유하고 있는 현금을 절취한 것이라 하여 이를 현금카드 편취행위와 분리하여 따로 절도죄로 처단할 수는 없다(대법원 2005. 9. 30. 선고 2005도5869 판결).

으로 평가해야 하기 때문이다. 결국 용의자는 전혀 권한이 없이 현금카드를 이용하여 은행 자동화기기에서 돈을 인출하였다. 물론 이 시점에 현금카드를 삽입하여 돈이 인출되는 과정을 상상해 내야 한다. 당연히 비밀번호가 입력되어야 할 것이다. 그 비밀번호를 알게 된 과정도 수사사항에는 포함되어야 한다. 위 사례에서는 마침 현금카드 앞면에 비밀번호가 기재되어 있었다고 가정하자.

용의자가 결국 취득하게 된 것은 '돈', 즉 재물이지만 이를 취득하는 방법으로써 ATM기 자체를 뜯어 오거나 ATM기를 망치로 부순 다음에 돈을 가져온 것이 아니다. 사실 이러한 방법이 절도의 전형적인 예시일 것이다. 용의자는 이런 방법을 사용하지 않고 ATM기의 자동처리과정에 의존하였다. 통상적인 방법과는 다른 새로운 사실행위가 개입되면 이에 대한 법률적 평가를 다시 해 주어야 한다.

ATM기는 컴퓨터등사용사기죄에서[42] 규정한 정보처리장치임에 분명하다. ATM기에서 돈이 인출되는 과정은 사람이 했던 것을 대신하게 되고 재물이 교부되기까지는 보안장치를 통한 인증체제를 통과해야 하며 이러한 과정을 통해 법률상의 효과가 생기게 된다. 이러한 체제를 속이고 가장한 행위는 절도와는 또 다른 불법성을 가지고 있으며 그러한 이유 때문에 절도죄보다 형량이 높게 규정되어 있다. 그런데 문제는 컴퓨터등사용사기죄에 재물이 아니라 재산상의 이익만 규정되어 있다는 점이다. 이 조항에 대한 해석이 분분했지만 대법원에서는 재물은 컴퓨터등사용사기죄의 구성요건이 아니라고 판단하였고 그 이후로 절도죄로 의율해 왔다. 그런데 좀 이상한 구석이 있다. 돈을 인출한 사람과 돈을 다른 곳으로 계좌이체 시켜서[43] 다시 인출한 사람의 불법성은 같은데 그 죄명과 처벌이 다르다는 것은 형평성에 어긋나기 때문이다.

---

42) 제347조의2(컴퓨터등 사용사기) 컴퓨터등 정보처리장치에 허위의 정보 또는 부정한 명령을 입력하거나 권한 없이 정보를 입력·변경하여 정보처리를 하게 함으로써 재산상의 이익을 취득하거나 제3자로 하여금 취득하게 한 자는 10년 이하의 징역 또는 2천만원 이하의 벌금에 처한다.

43) 절취한 타인의 신용카드를 이용하여 현금지급기에서 계좌이체를 한 행위는 컴퓨터등사용사기죄에서 컴퓨터 등 정보처리장치에 권한 없이 정보를 입력하여 정보처리를 하게 한 행위에 해당함은 별론으로 하고 이를 절취행위라고 볼 수는 없고, 한편 위 계좌이체 후 현금지급기에서 현금을 인출한 행위는 자신의 신용카드나 현금카드를 이용한 것이어서 이러한 현금인출이 현금지급기 관리자의 의사에 반한다고 볼 수 없어 절취행위에 해당하지 않으므로 절도죄를 구성하지 않는다(대법원 2008. 6. 12. 선고 2008도2440 판결).

필자는 절취한 현금카드를 이용하여 현금자동지급기에서 현금을 인출한 행위를 컴퓨터등사용사기죄로 의율할 수 있다고 판단한다. 왜냐하면 컴퓨터등사용사기죄의 기수시기를 현금이 배출되었을 때로 보지 않고 ATM기가 인증을 거쳐 카드 명의자가 은행에 대해 가지고 있는 예금반환청구권에 대한 채무이행을 완료한 시점으로 볼 수 있기 때문이다. 당초 이러한 사례를 접한 수사관이 범죄사실을 ".... 5만원을 인출하여 절취하였다."가 아니라 "... 5만원 상당의 채무를 이행하도록 하여 동액상당의 재산상 이익을 득하였다."로 기소한 후 재판을 받았다면 컴퓨터등사용사기죄에 대해 유죄의 판결이 나왔을 가능성도 충분하다고 본다.

이와 다른 사례이긴 하지만 현금인출된 금액에 대해 대법원은 "현금자동지급기에 그 초과된 금액이 인출되도록 입력하여 그 초과된 금액의 현금을 인출한 경우에는 그 인출된 현금에 대한 점유를 취득함으로써 이때에 그 인출한 현금 총액 중 인출을 위임받은 금액을 넘는 부분의 비율에 상당하는 재산상 이익을 취득한 것으로 볼 수 있으므로 이러한 행위는 그 차액 상당액에 관하여 형법 제347조의 2(컴퓨터등사용사기)에 규정된 '컴퓨터 등 정보처리장치에 권한 없이 정보를 입력하여 정보처리를 하게 함으로써 재산상의 이익을 취득'하는 행위로서 컴퓨터등사용사기죄에 해당된다."44)고 판시하였다. 대법원은 현금 중 일부를 재산상의 이익으로 보았기 때문에 필자가 주장하는 논리와는 다른 면이 있으며 과거의 입장과는 다르게 재물을 재산상의 이익으로 본 점을 감안하면 현금지급기에서 현금을 인출한 행위를 '재물이기 때문에 컴퓨터등사용사기죄로 의율할 수 없다.'는 논리는 적절치 못하다고 생각한다.

4. 업무상 남긴 자료가 많은 사건의 처리

친구끼리 소액을 주고받을 때에는 근거를 남기는 일이 거의 없다. 그런데 100만원이나 1,000만원을 빌려주게 되면 빌려주는 입장에서는 근거를 남기고 싶어하며 그 변제기일도 특정하기를 원하며 돈을 빌리는 입장에서는 그 돈을 빌리기 전에 사용용도와 변제가능성에 대해 검토를 하게 된다. 그런데 비록 적은 돈이라도 다수에게 이를 빌려주는 사람의 경우에는 매번 근거를 남기는 것이 습관이 될 수도 있다. 따라서 금액에 상관없이 대량, 다수의 거래가 이루어질 때 관련 근거

---

44) 대법원 2006. 3. 24. 선고 2005도3516 판결

를 남기게 되고 적은 거래량에도 불구하고 그 액수가 크면 역시 근거를 남기게 된다. 이러한 근거의 유무에 따라 수사의 초점이 달라질 수 있다. 사실관계를 입증할 수 있는 근거와 자료가 빈약한 사건에서 관계자들은 사실관계를 왜곡하기 위해 애쓰는 경우가 많기 때문에 수사의 방향은 사실관계의 입증으로 기울게 된다. 반면 근거와 자료가 많이 남는 사건의 경우 당사자들은 사실관계를 왜곡하려 하기 보다는 그 법률관계를 다투는 경우가 많다. 그러한 유형의 범죄 중 대표적인 것이 업무상 횡령과 업무상 배임사건이다.

회사 단위의 업무에 있어서는 거래의 양도 많을 뿐만 아니라 그 금액도 적지 않고 그 업무를 처리하는 구성원도 다양하며 거래 이외에 세금 등 국가와의 사이에서도 복잡한 관계를 맺게 된다. 이렇게 복잡한 관계에는 업무처리를 위해 남겨진 흔적이 많을 수밖에 없고 수사관의 입장에서는 얻을 수 있는 정보가 많다는 뜻이 되며 당사자들의 입장에서는 그 관계들조차 정확히 기억하지 못하기 때문에 사실관계를 왜곡하려는 현상은 두드러지게 줄어들게 된다. 따라서 회사가 당사자인 사건의 대부분은 사실관계의 진위여부보다는 사실관계에 대한 법률적 평가를 하게 될 일이 많아진다.

업무상횡령, 업무상배임 등의 사건을 취급할 때에는 당사자들이 관련 근거들을 은닉하기 전에 그 거래에 사용된 근거들을 우선적으로 수집하고 이를 잣대로 법률적인 해석을 할 일만 남게 된다는 점을 유념하면 수사방향을 설정하는 데 도움이 된다.

다. 증거

살인사건과 같은 강력사건의 경우 주로 법률적 쟁점도 많지 않고 사실관계가 명백한 사건이 일반적이다. 이러한 사건은 '누가', '왜' 범행을 저질렀는가라는 수사요소 발견이 수사의 주된 초점이 될 것이다. 이러한 사건에서 용의자의 존재, 범죄의 흔적이 증거가 되겠지만 용의자를 발견해 나가는 과정, 범죄의 흔적을 찾아가는 과정, 정보를 수집해 나가는 과정 등도 다른 증거의 증거가치를 높일 수 있다.

그럼에도 불구하고 일부 수사관들은 용의자를 발견하거나 검거하는 것에 치중한 나머지 그 수사과정에 대한 기록 및 보존과 범죄흔적을 찾기 위한 분석 과정에 대한 기록을 소홀히 하는 경우가 많다. 어떤 수사관은 심지어 인터넷에 명예훼손 게시글이 올라온 사건을 수사하면서 해당 사이트에 대한 증거를 수집해 놓지 않아 향후 게시글이 삭제되어 곤란을 겪는 경우도 있으며 도박 사이트 운영자에 대한 수사를 할 때 도메인 주소를 바꾸거나 홈페이지 서버를 옮긴 경우 이를 입증해 내지 못하는 경우도 발생하게 된다.

범죄수사의 내용에 재구성한 범죄사실에 대한 검증까지 포함된다는 점, 향후 재판을 위한 자료의 제공도 수사관의 임무에 속한다는 점을 감안한다면 초기 수사개시부터 증거에 대한 보존, 그 과정에 대한 기록에 신중을 기하여야 한다.

사건 수사를 진행하면 수사관이 알고 있는 또는 알게 된 증거를 정리하게 된다. 그리고 그 증거만으로 범죄사실을 증명할 수 있다면 그 증거 수집과정과 내용을 서류로 정리하거나 해당 물건을 확보한다. 누가 보더라도 그러한 증거를 토대로 해당 범죄사실을 충분히 입증할 수 있다면 바로 사건은 종결단계에 돌입한다. 그러나 이러한 경우는 많지 않을 것이다. 현행범을 체포하고 이를 목격한 목격자를 곧바로 확보하고 그들로부터 진술을 청취하는 등의 사례에서만 적용이 가능한 가정일 것이다.

대부분의 사건에서는 확보한 증거가 신뢰할 만한 것인지에 대한 확인이 추가로 필요하며 알게 된 정보만으로는 범죄사실을 입증하기에 부족한 경우 새로운 증거를 확보해야만 한다. 전자의 경우 진실성 여부를 확인하기 위한 절차 또는 그 진실성 여부를 판가름할 수 있는 보조적 증거를 수집하는 데 수사의 초점이 맞춰질 것이고 후자의 경우에는 범죄사실을 입증하는 데 필요한 사실이 뭐가 있을지 모두 추론하게 된다. 그리고 그 추론한 사실을 확인시켜 줄 증거방법을 모두 찾아내야 한다. 증거방법을 모두 생각해 냈다면 증거로 확보하기가 가장 쉬운 것부터 어려운 것까지 정리하고(사람의 진술로부터 획득할 수 있는 것, 다른 기관으로부터 정보제공을 받을 수 있는 것, 물건을 확보해야 할 것 등을 구분해야 하며 정보취득 시 통신자료제공요청에 의한 것인지, 공문에 의한 것인지, 압수수색영장에 의해야 하는 것인지도 구분해야 한다), 가장 먼저 확보하여야 할 것과 나중에 확보해도 될 것을 정리한다(오염이 쉽게 되거나 소실가능성이 큰 증거부터 수집한다: 개인이 보관하고 있는 자료와 기관이 보관하고 있는 자료 중 개인이 보관하고 있는 자료를 먼저 취득해야 할 것이며, 사람의 진술 중 사건 당사자와 관계가 있는 사람과 전혀 관계가 없는 사람 중 당사자와 관계가 있는 사람부터 조사를 해야 할 것이며, 통화내역에 대한 기록과 문자메시지 기록 중에는 문자메시지 기록을 먼저 취득해야 한다). 이렇게 정리가 되면 확보가 가능한 것, 그리고 그중 가장 빨리 해야 할 것, 그중 가장 쉬운 것부터 수사를 진행한다(이는 각 증거가 동등한 증거가치를 가질 경우를 상정한다. 만약, 확보가 어렵고 가장 빨리 하지 않아도 되는 증거라고 할지라도 그 증거가치 가 사건 해결에 결정적이라면 그 증거 확보에 수사의 초점을 맞추어야 한다는 점을 유의해야 한다).

그리고 이러한 증거판단은 매번 해야 한다. 처음 사건을 접했을 때에도 판단하여 야 하고 사건을 인지하고서도 해야 하며 관련자 진술을 들을 때마다 발생한 변수에 따라 새로운 증거판단을 해야 한다.

▌ 간접증거의 분류표 45)

범죄혐의를 인정하기 위해 자백, 목격자의 증언, 피해자의 증언 등과 같은 직접 증거가 없이 정황증거 또는 간접증거에 의해서 사실을 인정해야 하는 경우가 있 다. 간접증거에 의해 개개의 사실을 인정하는 경우에도 그 증명이 합리적인 의심 을 허용하지 않을 정도에 이르러야 하고, 그 간접사실은 서로 모순이 없어야 하 며, 논리적 경험칙과 과학법칙에 의해 뒷받침되어야 한다.

범죄수사에 있어서 직접증거뿐만 아니라 간접증거를 많이 수집하게 되는데 간 접증거의 유형을 정리하면 사실인정 또는 관련 증거를 수집하는 데 있어서 논리 적 오류를 줄일 수 있다.

예견적 사실	병존적 사실	소급적 사실
1. 성격 2. 피고인의 범행수행 능력 －육체적 정신적 능력, 지능, 숙련, 지식 －명정과 그 정도 －수단 내지 도구 3. 동기, 정서, 욕망	1. 범행의 기회 －범행 일시 장소에 있어서 피고인의 물리적 현존 또는 그 가능성 －범행방법으로부터 본 범행의 가능성 2. 범행의 기회를 가진 자가	1. 물질적 증거 －흉기나 범행 도구의 소지가 사후적으로 밝혀진 점 －피고인과 접촉 후 피해자의 객관적 상황 －혈흔, 피해자와 결부된 물품의 소지, 사체의 발견,

---

45) 김상준, 무죄판결과 법관의 사실인정, 서울대 법학연구소 법학연구총서, 경인문화사, 286－287면

| 4. 계획, 기도, 의도
5. 습관 | 피고인 이외에도 있는지
여부
3. 범행과 피고인과의 결부
에 관한 상황적 기초
4. 본질적 불일치
－부재증명
－제3자의 범행이 있다는 점
－피해자의 자손행위가 있
다는 점 또는 그 가능성
5. 기타 병존적 사실
－범인이 현장에 남겨둔 육
체의 흔적 등
－범행에 사용된 도구에 의
하여 현장, 피해자에게 남
겨진 흔적
－특수한 방법으로 도구가 사
용된 점을 시사하는 흔적 | 경제상황의 급격한 변화
등 범행의 결과의 존재
2. 유기적, 생물학적 증적
3. 정신적 증적
－유죄인식의 발현에 따른
행위
－범죄로 알게 된 지식을 표
명하거나 그 지식을 전제
로 한 행위
－무죄인식을 표명하는 행위 |

▌ 사례연습

어떤 사람이 피해자의 휴대전화에 문자를 보냈다. 그 문자의 내용은 협박의 내용이 될 수도 있고 음란성 문자일 수도 있으며 공직선거법에 위반되는 내용일 수도 있다. 문자의 내용을 증거로 사용하기 위한 방법과 증거취득의 범위는?

공포심이나 불안감을 유발하는 부호·문언·음향·화상 또는 영상을 반복적으로 상대방에게 도달하도록 하는 내용의 경우 정보통신망 이용촉진 및 정보보호 등에 관한 법률위반(이하 '정보통신망법')[46]이 될 것인데 이 경우 우선 그 전송된 문자의 내용이 반복적일 것이 요구된다. 따라서 어떠한 송신자가 어떠한 매체를 이용하여 언제, 어떠한 내용으로 몇 회에 걸쳐 문자를 보냈는지까지 입증되어야 할 것이다.

이를 위해서 매번 문자가 전송된 화면을 사진촬영하는 방법도 있을 것이고 피

---

[46] 제74조(벌칙) ① 다음 각 호의 어느 하나에 해당하는 자는 1년 이하의 징역 또는 1천만원 이하의 벌금에 처한다

　3. 제44조의7제1항제3호를 위반하여 공포심이나 불안감을 유발하는 부호·문언·음향·화상 또는 영상을 반복적으로 상대방에게 도달하게 한 자

해자의 휴대전화를 임의제출 형식으로 압수한 후 송치하는 방법도 있을 수 있으며 해당 휴대전화의 정보를 관리하는 프로그램을 설치하고 그 송수신내역을 인쇄한 후 자료로 첨부하는 방법이 있고 휴대전화서비스 업체를 통하여 송수신내역을 인쇄하여 첨부하는 방법이 있다. 이때, 송신자가 송신자 전화번호를 다른 번호로 변경하여 보낸 경우 실제 송신하는 데 사용한 휴대전화 또는 서비스를 알아야 하기 때문에 통신회사의 정보를 획득해야 하는데 통신비밀보호법에 규정된 통신사실확인자료제공요청허가를 통해 통신회사로부터 직접 받는 방법도 있겠지만 위 문자의 내용은 폭언, 협박, 희롱에 관한 것이기 때문에 피해자가 통신회사에 요구하여 송신자 번호를 알아낼 수도 있다.[47]

만약 문자의 내용이 불법 도박사이트에 대한 광고성 문자일 경우에는[48] 어떻

---

47) 전기통신사업법 제84조(송신인의 전화번호의 고지 등) ① 전기통신사업자는 수신인의 요구가 있으면 송신인의 전화번호를 알려줄 수 있다. 다만, 송신인이 전화번호의 송출을 거부하는 의사표시를 하는 경우에는 그러하지 아니하다.

② 전기통신사업자는 제1항 단서에도 불구하고 다음 각 호의 어느 하나에 해당하는 경우에는 송신인의 전화번호 등을 수신인에게 알려줄 수 있다.

    1. 전기통신에 의한 폭언·협박·희롱 등으로부터 수신인을 보호하기 위하여 대통령령으로 정하는 요건과 절차에 따라 수신인이 요구를 하는 경우

    2. 특수번호 전화서비스 중 국가안보·범죄방지·재난구조 등을 위하여 대통령령으로 정하는 경우

전기통신사업법 시행령 제54조(송신인의 전화번호 고지 등) ① 전기통신사업자는 법 제84조제1항 단서에 따라 송신인이 전화번호의 송출을 거부하는 의사표시를 하는 경우 이를 이유로 송신인에게 요금을 부과할 수 없다.

② 법 제84조제2항제1호에 따라 송신인의 전화번호를 알려는 자는 전화에 의한 폭언·협박·희롱 등(이하 이 조에서 "전화협박등"이라 한다)을 받은 구체적인 사실을 확인할 수 있는 다음 각 호의 어느 하나에 해당하는 자료를 첨부하여 서면으로 전기통신사업자에게 요청하여야 한다.

    1. 전화협박등의 일시 및 내용을 서면으로 기록한 자료

    2. 전화협박등의 내용을 녹음한 테이프 등

    3. 전화협박등을 이유로 경찰관서에 범죄신고를 한 경우에는 이를 증명하는 서류

    4. 전화협박등에 의한 피해에 관하여 관련 상담소와 상담한 근거 자료

    5. 그 밖에 제1호부터 제4호까지의 규정에 준하는 자료

48) 정보통신망 이용촉진 및 정보보호 등에 관한 법률 제50조의8(불법행위를 위한 광고성 정보 전송금지) 누구든지 정보통신망을 이용하여 이 법 또는 다른 법률에서 금지하는 재화 또는 서비스에 대한 광고성 정보를 전송하여서는 아니 된다.

제74조(벌칙) ① 다음 각 호의 어느 하나에 해당하는 자는 1년 이하의 징역 또는 1천만원

게 방식으로 접근해야 할까? 이러한 행위를 처벌하는 것은 정보통신망법인데 그 구성요건 중 "이 법 또는 다른 법률에서 금지하는 재화 또는 서비스에 대한 광고성 정보"가 있다. 결국 이러한 사건의 취급은 첫째, 광고한 사이트나 서비스가 불법이라는 것이 특정되어야 하기 때문에 그러한 사항이 특정되지 않고는 문자전송 자체에 대한 수사는 의미가 없다. 그리고 그러한 사이트는 시간이 지나면서 지속적으로 해당 사이트의 주소를 변경하기 때문에 문자의 송신자에 대한 수사와 동시에 광고를 하는 사이트의 불법성을 입증할 증거를 동시에 수집하는 것을 목표로 삼아야만 한다. 또한 이러한 광고성 문자를 보내는 혐의자는 1회적으로 보내는 것이 아니라 불특정 다수를 상대로 대량으로 보낸다는 점을 착안하여 휴대전화가 아닌 문자제공 인터넷서비스를 사용할 가능성도 배제해서는 안 된다. 송신자 입장에서는 자신의 번호를 숨기고 보내겠지만 그 송신자 번호란에 착신이 가능한 다른 휴대전화나 인터넷전화번호를 기재하는 경우도 있기 때문에 실제 송신번호를 확인하기 위한 수사(이 경우 수신자의 이동통신업체에서 송신자 번호를 보관하는 기간이 매우 짧기 때문에 신속하게 통신사실확인자료제공요청을 하여야 한다)와 동시에 문자에 표시한 착신용 번호에 대한 정보도 동시에 취득하도록 노력하여야 한다.

마지막으로 문자의 내용이 선거법위반에 관한 것이거나 그 문자의 내용에 대해 향후 재판에서 지속적인 다툼이 예상되는 사건에 관해서는 어떤 조치를 취해야 할까?

이와 같은 경우를 구별하는 이유는 경찰에서 수집한 증거가 적법하게 취득되지 않았다든지 그 증거의 진정성을 의심하여야 한다는 등의 주장을 대비하기 위해서이다. 특히 해당 문자의 내용 이외에는 해당 범행을 입증할 다른 증거가 없는 경우에는 더욱 신중히 접근하여야 한다. 따라서 이러한 경우에는 문자를 전송받은 휴대전화를 그대로 압수하는 것이 가장 효과적일 수 있다. 그러나 이러한 조치는 피해자에게 부당하다. 따라서 문자의 내용을 취득하는 과정을 상세히 기록하는 것도 방편이 될 수 있으며 경찰관이 추출하기보다는 객관적인 제3자가 추출할 수도 있다. 우선 문자가 전송된 내용을 사진촬영하여 첨부하되 문자의 내용뿐만 아니라

이하의 벌금에 처한다. <개정 2012.2.17>
  6. 제50조의8을 위반하여 광고성 정보를 전송한 자

휴대전화의 기기번호가 나오는 화면, 문자의 전송시점이 조작될 수 있기 때문에 해당 문자의 전후에 수신된 문자의 시간이 포함된 화면을 촬영하여야 하며 피해자에게 송신된 것을 확인하기 위해 '내 폰번호 보기' 메뉴를 통해 해당 전화의 번호가 나오는 화면까지 촬영하여야 하며 이렇게 촬영된 사진들이 모두 하나의 기기로부터 나왔다는 점을 확인하기 위해 그저 수사보고를 통해 첨부하기 보다는 피해자에 대한 진술조서를 받으면서 해당 사진을 조서에 첨부하거나 확인서를 징수하는 것도 방법이다. 또한 이러한 내용을 모두 연속성 있게 하기 위해서는 동영상 촬영도 고려할 수 있다.

이외에도 해당 전화를 제출받아 포렌식팀에서 디지털증거분석 보고서를 작성케 하는 방법도 있으며 해당전화의 통화내역 및 문자전송 내역을 피해자로 하여금 통신회사에서 추출토록 유도하는 방법이 있으며 서비스를 제공한 통신사에 요청하여 문자 송신자의 전화번호를 취득하는 것도 병행되면 더욱 확실한 보존이 이루어지게 된다.

참고로 휴대전화 문자화면을 촬영한 사진의 증거능력에 관한 대법원의 판결내용은 다음과 같다.

※ 대법원 2008. 11. 13. 선고 2006도2556 판결【정보통신망이용촉진및정보보호등에관한법률위반(음란물유포등)】)

[구 정보통신망 이용촉진 및 정보보호 등에 관한 법률(2005. 12. 30. 법률 제7812호로 개정되기 전의 것) 제65조 제1항 제3호는 정보통신망을 통하여 공포심이나 불안감을 유발하는 글을 반복적으로 상대방에게 도달하게 하는 행위를 처벌하고 있는바, 검사가 위 죄에 대한 유죄의 증거로 문자정보가 저장되어 있는 휴대전화기를 법정에 제출하는 경우 휴대전화기에 저장된 문자정보는 그 자체가 범행의 직접적인 수단으로서 이를 증거로 사용할 수 있다고 할 것이다. 또한, 검사는 휴대전화기 이용자가 그 문자정보를 읽을 수 있도록 한 휴대전화기의 화면을 촬영한 사진을 증거로 제출할 수도 있을 것인바, 이를 증거로 사용하기 위해서는 문자정보가 저장된 휴대전화기를 법정에 제출할 수 없거나 그 제출이 곤란한 사정이 있고, 그 사진의 영상이 휴대전화기의 화면에 표시된 문자정보와 정확하게 같다는 사실이 증명되어야 할 것이다(대법원 2002. 10. 22. 선고

2000도5461 판결 참조).

한편, 형사소송법 제310조의2는 "제311조 내지 제316조에 규정한 것 이외에는 공판준비 또는 공판기일에서의 진술에 대신하여 진술을 기재한 서류나 공판준비 또는 공판기일 외에서의 타인의 진술을 내용으로 하는 진술은 이를 증거로 할 수 없다."고 규정하고 있는바, 이는 사실을 직접 경험한 사람의 진술이 법정에 직접 제출되어야 하고 이에 갈음하는 대체물인 진술 또는 서류가 제출되어서는 안 된다는 이른바 전문법칙을 선언한 것이다. 따라서 정보통신망을 통하여 공포심이나 불안감을 유발하는 글을 반복적으로 상대방에게 도달하게 하는 행위를 하였다는 공소사실에 대하여 휴대전화기에 저장된 문자정보가 그 증거가 되는 경우와 같이, 그 문자정보가 범행의 직접적인 수단이 될 뿐 경험자의 진술에 갈음하는 대체물에 해당하지 않는 경우에는 형사소송법 제310조의2에서 정한 전문법칙이 적용될 여지가 없다.

이와 달리, 문자메시지의 형태로 전송된 문자정보를 휴대전화기의 화면에 표시하여 이를 촬영한 이 사건 사진들에 대하여 피고인이 그 성립 및 내용의 진정을 부인한다는 이유로 이를 증거로 사용할 수 없다고 한 원심판결에는, 위 문자정보의 증거로서의 성격 및 위 사진들의 증거능력에 관한 법리를 오해하여 판결 결과에 영향을 미친 위법이 있다.

라. 신병

1) 신병처리의 판단 시점

수사를 선형적인 과정으로만 인식한 수사관은 신병에 대한 고려를 수사의 종결단계에서 하려는 경향이 있다. 그러나 범죄수사는 매우 입체적이고 종합적인 것이기 때문에 범죄를 인식한 시점부터 종결 시까지 수사상 이루어지는 모든 방법과 절차를 동시에 고려해 나가야 한다. 특히 고소와 고발 같이 민원성 사건의 경우에는 이러한 종합적인 고려 없이 시간적 순서에 따라 "민원인에 대한 조사 — 피의자에 대한 출석요구 — 피의자에 대한 조사"를 하게 되고 피의자가 출석하지 않을 경우 소재수사를 거쳐 체포영장을 발부받아 체포하거나 수배하고 기소중지하는 절차를 반복할 가능성이 높다.

그러나 사건의 초기라고 할지라도 범죄의 혐의가 명백한 피의자가 이미 도주하였거나 출석요구에 불응할 우려가 높다면 출석요구 없이 체포영장을 발부받아 집행하거나 긴급을 요하여 즉시 수배를 해야 하는 경우도 있다. 이런 경우의 수를 무시하고 기계적으로 출석요구부터 하는 것은 범인에게 도주할 기회를 줄 수도 있음을 유의하여야 한다.

처음 사건을 접했을 때 피해자의 진술 또는 범죄현장의 상황으로 보아 범죄의 혐의가 있다고 판단하였으면 범죄임이 명백하다는 점을 구체적인 자료를 토대로 확인해야 한다. 이를 확인하는 방법에는 피해자의 피해 진술을 비롯하여 돈이나 피해를 당한 형상에 대한 입증자료, 목격자의 진술 등 증거자료가 있을 것이다. 특히 피해자를 조사할 때 범인을 알고 있는지 여부, 범인이 평소에 왕래하던 지인인지, 피해 이후에 범인의 행동, 범인의 도주여부 등도 반드시 조사하여야 한다. 또한 범죄의 유형에 따라 범인이 그 신분을 가장한 경우, 계획된 범죄로써 범죄 후 도주가 당연히 예정되어 있는 경우 등도 판단하여야 한다.

이후에는 범인이 출석요구를 하였을 때 출석에 불응할 우려가 있는지를 판단할 자료를 모아야 한다. 이는 범죄자체의 특성(신분을 가장한 사건, 네다바이 등 불특정인을 상대로 범행한 사건 등) 자체에 검거를 회피하려는 성질이 포함되어 있을 수도 있으며 피해자와의 연락을 회피하고 알려진 주거나 회사에서 퇴거한 사실, 피해자와의 합의과정에서 시간을 지연하면서 경찰수사의뢰를 늦춰 달라고 사정했던 점 등도 출석에 불응할 우려가 있다는 점을 판단할 자료가 될 것이다. 사건 초기에 이러한 판단을 하였다면 사건을 풀어 갈 해법을 찾는 것 외에도 영장 등 발부를 위한 포석을 깔아 두고 관련 자료를 취합하여야 할 것이다. 다시 한번 강조하지만 피해자 조사에서 범죄피해에 대한 내용만을 조사한 후에 막연히 출석요구를 하고 불응하면 소재수사를 한 후 수배하는 기계적인 절차에 얽매여서는 안 된다.

　어느 날 수사관이 갑 관내에 거주하는 민원인 A씨로부터 전화 한 통을 받았다. A씨는 갑 관내에서 수산업을 하는 사람이다. A씨가 며칠 전 B로부터 전화를 받아 김을 공급받고 싶은데 샘플을 구입하겠다고 하여 계좌로 입금을 받은 후 10만원어치를 보내주었다고 한다. 물건을 받은 후 다시 전화가 와서 백화점에 납품을 하려고 샘플을 구입한 것인데 여러 군데 뿌려 봐야겠다며 100만원어치를 주문하고 바로 결제를 하였다고 한다. 그리고 오늘 아침에 다시 전화가 와서 물건이 마음에 든다면서 1,000만원어치를 보내달라고 하는데 그 배송지가 수가관의 경찰서 관내라고 한다. A씨는 B씨가 사기꾼 같다고 하는데 수사관은 어떻게 조치를 해야 할까?

　범죄수사는 범죄에 대한 선제적 수사와 사후적 수사가 있다. 선제적 수사는 수사관이 범죄를 예측한 경우에 범인이 범죄를 저지르기 전에 범인을 체포하는 것을 말하는데 이런 유형의 수사는 정보기관에서 제공하는 정보에 의해 이루어지고 정보원이 제공한 정보에 따라서도 이루어지게 된다. 우리는 정보기관, 정보원이라고 하면 조직적으로 관리되는 것을 떠올리게 되지만 피해자 또는 선량한 시민의 제보 또한 정보원의 하나가 된다는 점을 간과해서는 안 된다. 선제적 수사에 따라 범죄를 예방하려는 경우, 범인을 체포하지 못하였다고 할지라도 범죄흔적과 가장 가까운 곳에서 범죄를 관찰하였기 때문에 사후적 수사에 있어서도 매우 유리한 위치에 놓이게 되어 매우 효율적, 효과적인 수사를 진행할 수 있게 된다.

　위 사례는 선제적 수사가 필요한 전형적인 예시이다. 위 범인이 이미 사기의 실행에 착수하였다고 할지라도 기수에 이르기 전에 선제적 대응을 해야 하며 법률적으로 실행의 착수를 인정하지 않는다고 판단할지라도 범죄에 대한 예방기능을 수행해야 할 사건이다.

　수사관이 위와 같이 전화를 받았을 때 "관할 경찰서에 고소장을 제출하세요."라고 안내해야 할까? 범죄수사 관점에서 위와 같은 태도는 결코 바람직하지 않으며 수사관에게 어떠한 이익도 주지 않는다.

　이런 전화를 받은 경우 우선 범죄혐의를 확인해야 한다. 민원인의 주장만으로는 B가 실제로 거래를 하려고 하는 것인지 아닌지는 아직 확인된 바가 없으며 민원인 역시 피해를 보았다는 의미가 아니라 그저 '사기꾼 같다.'는 정도의 판단만을 하고 있기 때문이다. 혐의를 판단하기 위해서는 예정된 배송지로 직접 진출해야 한다. 동시에 사무실에서는 B라는 업체가 개인사업자일 경우 사업자등록 여부(업체명 또는 사업장 주소로 검색)를 관할 세무서를 통해 확인하여야 하며 그간 거래에 사용된 전화번호, 휴대전화 번호, 팩스 번호에 대한 가입자정보를 확인하고 그 개설 시점을 확인하게 된다. 또한 가입자정보에 기재된 가입자의 인적사항으로 경찰 내 각종 조회 시스템을 통해 사실조회를 해야 할 것이다.

현장에서는 실제 존재하는 사무실인지 여부, 건물 외벽이나 광고가 최근의 것은 아닌지 여부, 건물주를 통하여 해당 사무실의 계약시점, 보증금 없이 월세만을 즉시 지급하여 단기로 계약한 것이 아닌지 여부 등을 통해 혐의를 확인하게 된다. 일단 혐의가 확인되면 혐의자들을 현행범으로 체포할 가능성을 고려하여야 하고 건물의 출입구 개수, 사무실 내부에 있는 공범의 수, 압수할 물건의 양 등을 고려하여 추가 인력을 요청하게 되고 체포하는 시점에 대해 결정하고 체포 및 체포현장에서의 압수수색 계획을 세우게 된다.

만약 혐의에 대해 판단하기 어렵고 현행범으로 체포할 사유가 되는지 확신이 없다면 탐문과 구두 면담을 통해서 상대방의 인적사항을 확인하는 등 범행이 발생하지 않도록 조치하고 파악한 정보를 토대로 불구속 상태의 수사를 진행할 수 있다.

2) 사안별 고려사항

가. 증거가 확보되어 있고 출석할 가능성이 높은 사건의 경우에는 자진출석을 요구하는 방식의 수사를 하여야 한다. 일상적인 업무절차에 따르면 출석요구서를 보내고 소재수사를 하는 정도에 그친 상태에서 출석하지 않으면 수배하는 경우가 있는데 이는 옳은 수사방법이 아니다.

특히, 피의자에 대한 조사가 없이는 민사적인 영역인지, 불송치해야 할 사안인지 전혀 확신할 수 없는 경우에는 더욱 문제가 있다. 채무불이행 사건처럼 돈이 궁하여 돈을 빌리고 일의 사정이 여의치 않아 못 갚게 된 후 이를 갚으라는 채권자의 요구를 시달림으로 판단하여 연락처를 바꾸고 이사를 했다고 해서 수배가 된다는 것은 납득하기 어려운 것이다. 따라서 이러한 사건의 경우에는 피의자의 또 다른 연락처가 있는지, 혹시 가족과는 연락이 되는지를 확인하기 위해 통신자료제공요청을 활용하여 적극적으로 연락처를 알아내어 자진출석할 수 있게 하여야 한다. 당장은 하나의 업무절차가 늘어난 것 같지만 불필요한 영장발부, 불필요한 수배라는 업무를 하지 않고 사건이 해결될 가능성이 있으며 기소중지한 후에 재수사해야 하는 불편함도 덜 수 있다.

한 가지 주의해야 할 점은 고소인의 주장을 그대로 받아들이면 안 된다는 것이다. 수사입문자는 고소인으로부터 무엇을 확인해야 할지 몰라 그가 주장하는 바를 그대로 대필하는 정도에서 조사를 마무리하게 되고 혐의 여부를 판별할 자료가 부족함으로 인해 일단 고소인의 진술에 의존하여 피의자의 혐의를 판단할 수밖에 없다. 따라서 고소인 또는 고발인을 조사할 때는 수사관이 충분히 납득하고 피의자에게 혐의가 있다는 점을 충분히 의심할 수 있을 정도까지 조사를 받아야 함을 잊지 말아야 한다.

나. 범죄혐의점은 농후하나 피의자의 습성, 피해자와의 관계 등으로 미루어 보아 증거인멸 시도를 할 우려가 높은 사건의 경우에는 신병 문제를 신중히 고려한 후 수사에 임하는 것이 좋다.

체포영장을 발부 받으려면 출석요구에 불응하였거나 불응할 우려가 있어야만 한다. 그런데 증거인멸 시도의 우려가 있는 경우 조속히 수사를 하여 증거를 수집할 필요성은 높아지나 이러한 사유만으로 피의자를 체포할 수는 없다.

증거를 인멸할 우려가 있다는 점은 평상시 피의자가 피해자를 회피하거나 관련 사건의 증인이 될 수 있는 자와의 친분을 과시하는 경우 등으로부터 추론할 수 있는데 이러한 것들 역시 피해자를 조사하는 과정에서 확인되어야 한다. 고소 이후에 피해자를 자꾸 설득 또는 협박하여 무리하게 고소를 취하하도록 종용하는 행위 등도 증거를 인멸할 우려가 있는 경우에 속할 수 있다. 이러한 과정을 상세히 기록하게 되면 출석요구에 불응할 우려가 있다는 점을 뒷받침할 때 활용할 수 있다. 만약 피의자에게 출석요구를 하기로 결정하였다면 피의자가 출석요구를 받은 사실을 확실히 인식할 수 있도록 전화, 우편 등을 이용하여 출석요구를 하고 출석이 가능한 일정에도 불구하고 출석을 하지 않았다는 사실을 지속적으로 기록해 나가야 한다. 어떠한 수사관은 피의자에 대한 범죄혐의가 명백하고 재범의 우려가 있음에도 불구하고 피의자가 수회의 출석요구를 거부하거나 지속적으로 연장하는 것을 방관하는 경우가 있는데 혐의가 명백한 피의자의 경우에는 출석요구에 응하지 못한 정당한 사유가 없는 한 신속하게 체포영장을 발부받아 수사하는 적극적인 면도 필요하다.

다. 지명수배되었다가 검거된 피의자의 경우 조사 시점에 따라 진술의 내용이 달라질 수 있다. 특히, 조사를 받기 전에 유치장에 오래 입감되어 있는 경우 거짓된 진술을 하는 사례가 많으니 조사의 시점 파악에 유의해야 한다.

지명수배자가 검거되었다는 연락을 받으면 그 즉시 신병을 인수하기 위한 준비를 하기 바란다. 혐의가 인정되어 구속을 필요로 하는 경우 역시 필요한 조사가 많아질 수 있기 때문에 즉시 인수해야 하며 피의자를 조사한 후 석방하여야 할 경우 역시 필요한 조사를 끝내고 빠른 시간 내에 석방해야 하기 때문에 인수 시점을 늦추지 말아야 한다. 수사관이 피곤하다는 이유로 인수 시점을 늦출수록 불필요한 구금 상태가 계속되는 것뿐만 아니라 점점 더 사건을 해결하기 어려워지게 된다는 점을 명심하여야 한다.

수배된 사건을 배당받으면 우선 그 사건에 포함되어 있는 관련 증거를 살펴보아야 한다. 만약 피의자의 혐의를 주장하는 사람은 오로지 피해자의 진술뿐이며 그 피해자의 진술조차 보강할 자료가 없는 상태에서 피의자가 출석요구서를 수령하지 못하여 지명수배된 경우 장기간 구금상태에 두는 것은 결코 용납될 수 없다. 이러한 사건일수록 지체 없이 피의자를 면담하여 실제 연락처와 주소를 확인한 후 불구속 상태에서 수사를 진행할 수 있도록 배려해야만 한다. 통상 고소를 당한 사람은 을의 입장인 경우가 많아 사법구조에서 다소 피해를 보거나 억울한 대우를 받더라도 이를 적극 항변하지 않는 경우가 많다. 이러한 항변이 없다고 하여 막연히 경찰 수사가 적법하게 이루어지고 있는 것이라는 착각을 하지 않아야 한다.

사안에 따라 체포된 피의자를 구속해야 할 경우에는 조사의 초기에 도주 가능성에 대한 판단자료를 수집해야 한다. 이는 조서에서 구현될 수 있는데 '왜 출석하지 않았는지', '주소지에는 언제부터 거주하지 않았는지', '전화번호는 왜 바꾸었는지', '고소된 사실을 알고 있었는지', '경찰에서 출석요구를 할 것이라는 점을 인식하였는지', '현재는 누구와 거주하고 있으며 가족들과의 왕래는 있는지', '가족들과 연락을 할 때 혹시 경찰에서 수사 중인 사실을 알게 되었는지' 등을 먼저 조사해 놓아야 구속을 필요로 하는 사안인지 판단을 할 수 있게 된다. 이러한 과정을 거치지 않고 수사의 종결 시점에서 같은 질문을 하게 되면 피의자는 방어적인 태도를 취하여 사실과 다르게 진술할 우려가 높아지게 된다.

1. 업무노트, 법령철 등 준비

수사를 진행하다 보면 정말 많은 지식과 정보가 필요하다는 것을 알게 될 것이다. 그렇게 되면 자신이 처리했던 수사과정을 기억해 내지 못하거나 다시 기억하기 위해 불필요한 자료검색을 반복하게 된다.

따라서 수사를 처음 접하는 사람들은 업무노트와 법령철, 판례철, 수사행정철, 공문철 등을 준비해서 처음부터 알게 되는 업무절차나 자료들을 자신만의 방식으로 정리하여야 한다.

이 자료는 추후에 후배들에게 좋은 자료가 될 수도 있고 팀을 지휘할 위치에 올랐을 경우 지휘의 지침으로도 사용될 수 있다. 수사부서 내 타 부서로 옮기더라도 해당부분만 추가로 첨삭하는 등 유용하게 활용할 수 있다.

과거 인터넷이 없거나 지식공유시스템이 존재하지 않던 시절에 선배들은 업무노트를 잘 활용하였고 이 업무노트가 후배들에게 대물림되었다. 그래서 늘 새로운 지식이 추가되었다. 그러나 요즘은 지식과 정보 검색할 수 있는 매체가 늘어났지만 이러한 환경에 대한 배부름으로 말미암아 스스로 업무노트를 정리하는 사람을 찾아보기 힘들 정도이다.

2. 사건별 폴더, 사건표지(로드맵, 비망록 등)

- 수사관은 동시에 수십 건의 사건을 처리하게 된다. 어떤 사건은 신속성을 요하기도 하고 어떤 사건은 정확성을 요하기도 하며 어떤 사건들은 각 집단을 이루어 연관분석이 필요한 경우도 있다.

  이런 사건들을 매번 직접 통제하는 것은 많은 에너지를 소비하게 만들기 때문에 사건들을 성격에 맞게 구분하여 사건별로 폴더를 만들어야 한다.

  폴더를 여러 가지 색으로 구비하여 중요도와 신속성 등에 따라 사건을 구분하여 놓는 것도 도움이 된다. 어떤 방식을 선호하던지 사건관리를 위한 각자의 시스템을 개발하는 것이 유용하다.

- 같은 맥락으로 개별사건에 대한 정보를 일목요연하게 정리할 필요가 있다.

  외근수사팀의 경우는 형사수첩을 활용하는 것이 바람직하나 사건 자체에도 사건표지를 만들어 해당 사건의 특이점이나 유의사항 등을 기록할 수 있도록 하면 도움이 될 것이며 사건이 종결되면 각 표지만을 편철해 두면 비망록으로서도 가치를 가질 수 있다.

3. 문서작성 능력

수사관은 수사한 사항을 시각화하는 방법으로 서류를 이용하게 된다. 사후적인 보고서의 경우 문서 편집이나 작성 속도가 크게 문제되지 않지만 조서를 작성하거나 급한 일을 처리할 때는 문서편집 능력이 매우 중요하게 작용한다. 특히, 조서를 작성할 때 타이핑 속도가 피조사자의 대화의 속도를 따라잡지 못하면 실질적인 조사의 맥락을 놓치는 경우가 허다하다. 수사관은 유능한 문서작성 능력을 가지고 있어야 한다.

전문성이란 도구이용의 전문성도 포함되며 도구를 적절히 이용하지 못하면 관계인으로부터 신뢰를 얻을 수 없다. 또한 타이핑 속도가 말의 속도를 따라잡지 못하면 관계인으로부터 자연스러운 임의적 진술을 모두 포착할 수 없으며 관계인과 눈맞춤을 하거나 관계인의 태도를 관찰함으로써 면담기법을 최대한 활용할 수도 없다.

※ 조사를 받은 민원인들은 수사관의 체면을 고려하여 말을 하지는 않으나 후일담을 들어보면 "하고 싶은 말이 많았는데 수사관님이 타자속도가 늦어서 답답했습니다.", "나 같으면 10분이면 쓸 내용을 한 시간 동안 치고 있어서 바빠 죽겠는데 말도 못하고 미치는 줄 알았습니다."라는 식의 생각을 한다고 한다.

이와는 반대로 타이핑 속도가 빠르다는 것만으로도 거짓말하는 상대방에게 숙련된 수사관이라는 것을 간접적으로 보여주기도 하고 나름 진술 내용을 스스로 적어나가면서 정리하는 피의자에게 거짓말하기 위해 대비하는 시간을 줄임으로써 조사를 효과적으로 수행할 수도 있다.

4. 그림을 그리는 습관

책상에는 늘 스케치북이나 자신만의 메모 노트가 있어야 한다. 어느 누구와 대화를 하더라도 상대방의 내용을 문자와 그림으로 정리하면 상대방의 이야기 흐름을 이해하는 데 많은 도움을 줄 수 있다. 필자는 특히 복잡한 사건(장기간에 이루어지거나 다수 당사자가 관여되거나 범행 매체의 종류가 많거나 자금의 이동이 복잡한 사건 등)을 취급할 때는 늘 전지에 그림을 그리면서 수사를 진행하였는데 (최근에는 정보분석 툴이나 마인드맵과 같은 무료 소프트웨어가 있기 때문에 손그림으로 표현이 힘든 것들은 이러한 소프트웨어를 사용한다) 이러한 습관은 수사의 흐름을 이해하는 데 도움을 주었으며 그림에서 비어 있는 공간은 향후 수사를 해야 할 계획에 포함시킬 수 있게 되고 사건을 시간과 공간과 사람별로 재구성하는 데 매우 효과적으로 사용되었다.

어느 학술세미나를 방문했었는데 거기에서는 모든 토론 내용을 그림으로 표현하는 전담 인력이 있었는데 장시간의 토론내용이 그림 하나에 모두 표현되는 모습이 매우 인상적이었다. 어떤 정보기관의 관리자는 대화를 하는 내내 그림을 그리는데 그 관리자는 기획을 하거나 대화를 하거나 작전을 구상할 때 모두 그림으로 표현을 한다고 한다. 이는 수사를 하거나 정보를 취급하는 것과 같이 복잡하게 얽혀 있는 것을 단순화시켜 큰 그림을 그릴 수 있는 데 효과적이기 때문이라고 한다.

5. 범죄수사의 흐름

가. 범죄수사의 도식

일반적인 범죄수사에 있어서 수사기관은 "발생한 범죄를 대상으로 증거를 수집하고 이 증거를 바탕으로 과거의 역사적 사실을 추리, 재구성하여 범인을 검거하고 범죄 행위에 대해 법률을 적용하는 활동"을 하게 되고, 이는 ① 사건의 현장에서 수집된 증거물과 목격자 진술, 관련된 사람들의 증언 등의 자료를 토대로 가설을 세우고(가설설정) → ② 가설 설정 후 이를 뒷받침하는 추가적인 자료를 수집함으로써 처음의 가설을 구체화한다(추가적인 자료의 수집과 수사). → ③ 추가적으로 수집한 수사자료를 구성하거나 해석, 분석하여 사건의 단서를 찾고(자료의 분석, 해석) → ④ 수집된 자료를 분석하여 도출한 정보를 조합하여 범죄를 재구성(사실의 재구성과 결론의 도출)하는 식으로 도식화된다.[49]

이를 범죄가 발생한 시점의 초동수사부터 수사의 종결까지의 단계로 나누어 그림으로 표현하면 다음과 같다.

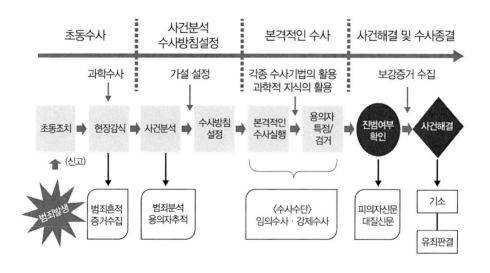

---

49) 박노섭·이동희·이윤·장윤식, 범죄수사학, 경찰대학 출판부, 2014, 55면

공판절차에도 흐름이 있듯이 범죄수사에도 흐름이 있다. 수사업무에 오래 종사하다 보면 이러한 흐름의 이해 없이도 자연스럽게 그 흐름에 맞게 업무를 진행하게 되지만 수사입문자 입장에서는 수사의 흐름을 이론적으로 알고 업무를 진행하게 되면 경험에 의한 체득의 경우보다 더욱 빠르게 범죄수사를 이해할 수 있다. 사실상 의미의 수사의 전체적인 흐름은 초동수사, 사건분석(수사방침설정), 본격적인 수사, 사건해결 및 수사종결 순으로 이루어지게 된다. 이를 강력범죄가 아닌 일반범죄에 대해 일반화시키면 현상에 대한 평가, 정보 평가, 수사방법 선택, 사건에 적용, 사후관리로 나눌 수 있고 두 번째 과정부터 네 번째 과정은 여러 번 순환을 반복하게 된다.

나. 시간과 공간에 따른 이벤트 배열

우리가 경험하는 일상을 세 가지로 살펴보면 인간, 시간, 공간이라고 말할 수 있다. 모두 간이라는 연결성을 가지고 있다. 이러한 연결성은 네트워크를 형성하며 이를 우리는 관계라고 부를 수 있다. 모든 현상은 독자적으로 일어나지 않고 관계 속에서 일어나게 된다. 이러한 네트워크의 가치는 참여하는 사람 수의 제곱에 비례하게 된다는 Metcalfe's Law가 수사에서도 적용된다. 멧칼프의 법칙은 함께 하는 사람의 수가 많아질수록 그 관계는 많아지며 결국 그 네트워크의 힘은 큰 위력을 발휘한다는 것을 의미하지만 범죄수사의 관점에서 사회를 구성하는 세 가지 요소의 그 연결 노드의 수가 많아질수록 그에 따르는 범죄현상 또는 범죄흔적의 수는 제곱으로 늘어나게 된다는 점을 이해하여야 한다.

수사관이 수사활동을 하는 지금은 현재이다. 현재의 시각으로 과거의 사실을 판단하고 미래의 재판에 대비하게 된다. 통상 현 시점에서 과거의 사실은 주로 범인을 특정 하는데 활용되고 현재와 미래의 데이터는 범인을 추적하고 검거하는 데 활용된다. 동일한 데이터 유형이라고 할지라도 과거, 현재, 미래에 따라 그 쓰임이 다르다. 수사관은 수사자료를 수집하고 가치를 판단함에 있어 먼저 해당 데이터가 '언제' 생성된 것이며 이 데이터를 '언제' 활용할 것인지 고려해야 한다.

상해진단서의 존재 자체가 재판에서 피고의 형량을 결정하는 데 사용된다든지, 상해사실을 곧바로 인정할 수 있는 자료가 된다든지 단정지을 수가 없다. 진단서

하나를 볼 때에도 이 상해진단서는 언제 발급된 것이며 상해를 당했다고 주장하는 날로부터 얼마나 경과된 것인지, 최초 병원진료를 받은 날은 언제이며 진단을 받은 날은 언제인지 등에 따라 진단서의 쓰임이 달라질 수 있다. 따라서 수사관은 상해진단서의 존재뿐만 아니라 시간적 관점에서 상해진단을 발부받기까지의 과정에 대해 고민하고 확인하고 염두에 두어야 한다. 사기 사건을 조사하는 경우, 피해자가 누구를 만나고 어떤 말을 들었으며 어떻게 돈을 지불하고 그 이후 어떻게 추가적인 피해를 보았는지 이야기를 들을 때에도 시간적인 흐름에 따라 사건의 경위를 판단하여야 한다. 사기죄의 기망행위에 결부된 요소를 판단할 때는 피해자와 피의자 사이에 있던 다양한 사건들 중 돈을 지불한 날 이전의 사실들만이 고려되어야 할 것이며 그 이후의 사실들은 피의자의 죄질에 관한 부분이거나 피의자의 추적과 검거에 활용될 사실이거나 그 이전의 범행의 고의를 추정하는 데 사용될 것이다. 특히 관계자가 많아지고 범죄사실이 복잡해지는 경우에 시간적인 요소를 고려하지 않고 이야기를 나열하는 경우 사건의 전체 맥락을 이해하는 것이 어려워진다. 따라서 어떠한 사건을 취급하던지 시간적인 흐름에 따라 사실들을 나열해 보고 공간적인 관계도를 그리는 습관을 들여야 한다.

다. 범죄의 재구성

1) 의의

범죄가 발생하게 되면 수사관은 범죄현장을 인식하고 범죄현장에 현존하는 정보를 토대로 과거에 발생한 사실을 추론하며 수사활동을 통해 획득한 정보들로 추론한 사실을 입증하는 활동을 통해 범인이 행한 행위와 범죄와의 사이에 인과관계를 규명하게 된다.

이러한 과정을 범죄사실의 재구성이라고 하는데 범죄사실을 재구성하기 위해서는 누가, 언제, 어디서 범죄를 저질렀으며 범죄를 저지른 이유는 무엇이며 누구와 함께 범죄를 했고 누구에게 피해를 주었으며 어떠한 방법을 사용하여 어떠한 결과가 도출되었는지를 규명한다. 규명해야 할 요소들이 무엇인지 뽑아내는 과정을 거쳐 각 뽑아진 요소를 찾기 위한 본격적인 수사활동을 통해 각 요소와 전체 재구성된 범죄와의 논리적 관계가 합치되는지 밝혀내고 누가 보더라도 그 재구성된 범죄가 합당한지를 입증해 내는 과정을 거친다.

2) 범죄사실 재구성의 단계

가) 수사요소의 발견

처음 범죄현장을 관찰하거나 범죄의 단서를 수집했을 경우 범죄흔적의 일부만을 수집하게 된다. 본격적인 수사에 들어가면 범죄흔적으로부터 종적인 추적도 당연히 이루어지겠지만 범죄 전체의 재구성작업이 선행되어야만 향후 이루어질 수사의 방향을 선정하고 종적인 수사이외에 횡적인 수사가능성도 염두에 둘 수 있다. 이때, 범죄를 재구성하기 위한 도화지가 필요한데 그 도화지에 그림을 그리기 위한 기본적인 요소들을 수사요소라고 한다.

변사체의 발견으로부터 시작된 수사는 처음에는 '누구를', '어디서', '어떤 결과'라는 정도의 수사요소만이 확정될 뿐이다. '누가', '누구와', '언제', '왜', '어떻게'라는 수사요소는 앞으로 발견되어야 할 것들이므로 향후 수사계획에 포함되어야 한다. 밝혀지지 않은 요소들은 방정식과 같이 x, y, z....라는 변수가 남게 되지만 최초 수사를 시작하면서 변수를 고려한(비록 밝혀지지는 않았지만) 범죄 전체의 모습을 도화지에 그려 넣는 습관은 향후 수사에 많은 도움을 주게 된다. 변사체를 부검하는 과정에서 '언제', '어떻게'라는 범죄의 일시와 살해방법이 도출될 수 있지만 '어떻게'라는 요소에 범행의 구체적인 방법까지는 알 수 없게 된다. '누가', '누구와', '왜'라는 나머지 변수들을 확인하기 위한 수사가 본격수사에 포함되어야 할 것이다.

일반적으로 고소되는 사기 사건에서는 '누가', '누구와', '언제', '어디서', '누구에게', '어떠한 결과'라는 요소는 수사초기부터 쉽게 확정되는 편이다. 따라서 사기 사건에서는 '왜', '어떠한 방법으로'라는 것이 향후 확인해야 할 수사의 핵심이 될 것이다.

앞서 언급한 내용들이 수사상 매우 당연한 이야기로 들릴 수 있지만 사건이 복잡하고 수사할 내용이 많은 사건에 있어서는 이러한 수사요소의 특정과정이 매우 중요한 방법론으로 대두될 것이기 때문에 간단한 사건일지라도 늘 이러한 수사요소의 특정과정을 염두에 두고 수사를 해 나가야 한다.

여기에서 요구하는 수사의 요소들은 수사관이 발견해 내어야 할 범죄흔적을 체계화할 수 있는 기틀을 제공하게 되며 각 수사요소들을 x, y 방정식이라고 생각해야 하며 각 x, y에 적용 가능한 사실들을 열거해야 하고 무수히 많은 x, y들은 현재까지 발견한 범죄흔적들을 대입하여 인과관계가 형성되지 않으면 배제하고 이후 남아있는 x, y들로 범죄사실을 재구성하게 된다. x, y의 수를 줄이기 위해서는 범죄흔적이 될 만한 수사자료를 가급적 많이 확보해야 한다는 것을 직감할 수 있을 것이다.

표 수사의 요소[50]

원 칙	수사의 요소			
4하 원칙	누가(主體), 언제(日時), 어디서(場所)	무엇을 했나(行爲)		
6하 원칙	누가(主體), 언제(日時), 어디서(場所)	왜(動機)	어떻게(手段·方法)	어떻게 되었나(結果)
8하 원칙	누가(主體), 언제(日時), 어디서(場所)	왜(動機)	누구와(共犯) 누구에게(客體) 어떻게(手段·方法)	어떻게 되었나(結果)

나) 재구성한 사실의 증명

수사초기에 획득한 정보, 이후에 수집한 정보, 수집한 정보로부터 확장한 정보 등 다양한 정보를 수집하게 된다. 이 정보에는 물론 지문, 족적, 범인의 목소리, 범인의 모습을 진술한 목격자의 진술, 범인이 착용했던 의류나 범행 시 남기고 간 여러 유류물품 등 범죄의 흔적도 포함된다.

수사관은 이렇게 수집한 다양한 정보를 이용하여 범죄를 재구성하기도 하지만 그러한 정보들을 이용하여 재구성한 범죄사실이 진실에 부합한지 증명하기도 한다. 과거의 사실을 오류 없이 완벽하게 구현하는 것은 불가능하다. 만약 수사관이 불완전하게 수집한 정보를 토대로 재구성한 범죄사실을 증명하고자 한다면 오류의 가능성은 더욱 높아지게 될 것이다. 따라서 수사관은 재구성한 범죄사실을 진실하다고 믿을 수 있도록 하기 위해 많은 수사자료를 수집해야 함과 동시에 그 수집한 자료가 논리적, 과학적으로 믿을 수 있는 방법으로 취득되었으며 신빙할 만하다는 것을

---

50) 박노섭·이동희·이윤·장윤식, 범죄수사론, 경찰대학, 2013

증명해야 한다.

종국적으로 범죄의 증명은 범행에 대한 증명과 범인이 그 범행을 했다는 증명으로 구분되며 범행증명은 범죄의 내용을 증명함으로써 이루어지고 범인이 그 범행을 했다는 증명은 범인의 범행경로를 증명함으로써 이루어진다.

다) 수집한 자료의 검증

수사가 과학의 일종이라고 한다면 수사사항이 과학적인 탐구활동을 거쳐 이를 논리적으로 입증할 수 있는 것이 되지만 기술이라고 보게 되면 사물이나 현상을 바라보는 '촉', '직관'이 수사에 많은 영향을 미칠 수 있다는 점을 간과할 수 없게 된다.

그런데 수사는 과학, 기술, 직능 중 어느 하나만 결부되는 것이 아니고 모두 종합적으로 연관되어 있다. 즉, 수사관의 자질을 가지고 있는 사람은 사람을 보거나 현상을 보거나 자료를 볼 때에도 나름 많은 직관적인 판단을 하게 되고 경험칙에 따라 그러한 직관이 수사결과에 좋은 영향을 미친다. 문제는 이러한 직관들이 그대로 검증될 수 없다는 것이다. 수사를 통해 범인을 검거하고 신문하는 수사관은 모든 것들이 사실에 부합하게 조사되었다는 것을 알 수 있겠지만 수사의 결과는 객관적인 자료로 문서화되어 일부만이 공판정으로 옮겨지게 된다. 이렇게 공판으로 옮겨지는 과정에서 수사관이 가지고 있는 주관적인 요소들은 모두 배제되기 때문에 오로지 객관적인 자료를 통해서만 범죄사실이 입증된다는 점을 유념하여야 한다. 따라서 수사관은 범죄사실을 증명한 여러 가지 요소들이 누가 보아도 합리적으로 의심이 없을 정도의 확신을 불러일으키도록 검증하고 그 과정을 기록하여야 한다.

▎수사기관의 논증 도식

수사과정에 있어 수사기관의 논증은 ① 단서의 발견(또는 입수), ② 단서를 설명할 수 있는 가설 설정, ③ 가설의 검증, ④ 결론의 도출이라는 단계를 거친다. 어떠한 단서가 발견된다고 하더라도, 그것만으로는 그 단서의 원인이 되거나 그 단서와 관련이 있는 어떠한 사실관계도 알아낼 수 없는 경우가 대부분이다. 그 단서의 원인이 되거나 관련이 있을 수 있는 이면의 여러 가지 전제사실들을 추정하고 그것이 진실인지를 검증하는 과정을 거쳐야만 그 단서가 나타내는 실체적 진실을 발견할 수 있는 것이다. 이는 연역법, 귀납법과 함께 현대 학문의 핵심적 논증법으로 꼽히는 가추(Abduction) 및 역행추론(Retroduction)의 논증 과정과 정확히 일치한다.[51]

① [단서의 발견]

어느 날 한적한 야산에 주차된 차량 안에서 변사체가 발견되었는데, 차량의 문은 모두 잠겨 있었고, 안에서는 새하얗게 탄 번개탄이 발견되었다(단서의 발견).

② [가설의 설정-가추]

수사관은 변사자가 경제적 어려움 등 신변을 비관하여 폐쇄된 차량 안에서 번개탄을 피워 자살한 것으로 잠정 판단하였다.

③ [가설의 검증-역행추론]

그러나 국과수 부검 결과 혈액이나 장기 등에서 이산화탄소 중독 증상이 발견되지 않았고 오히려 목이 손으로 강하게 졸린 흔적이 있다며 '액사(다른 사람에 의해 목이 졸려 죽는 것)'소견을 보였다.

②-1 [가설의 재설정-가추]

이에 수사관은 변사자가 타살된 것으로 판단하고 변사자의 휴대전화기 통화내역을 확인하던 중 변사자가 그날 누군가와 통화를 한 직후 집에서 나간 것을 알아냈고 그 통화 상대방이 변사자를 살해했을 가능성이 있다고 판단하였다.

③-1 [가설의 검증-역행추론]

수사관은 통화 상대방의 통화내역을 분석하여 통화 상대방과 변사자가 위 마지막 통화 30분 후 같은 장소에 있었던 것을 확인하여 서로 만난 사실을 밝혀냈고, 만난 장소에서 차량이 발견된 장소에 이르는 경로 중간에 있는 건물 CCTV를 통해 변사자와 통화 상대방이 차량을 타고 함께 이동한 것을 확인한 후 변사자의 휴대전화에 대한 모바일분석을 통해 변사자와 통화 상대방이 서로 내연 관계에 있었고 그 무렵 변사자가 통화 상대방에게 이별 통보를 한 후 서로 심하게 다투었음을 확인하였다. 그리고 통화 상대방의 주거지 주변 상점에 대한 탐문수사를 통해 통화상대방이 그 전날 번개탄을 구입했음을 확인했고, 변사자 발견 당시 차량 안에 있었던 소지품을 다시 확인하여 차량 안에 차량 열쇠가 없었음을 확인했다. 이에 통화 상대방에 대한 체포영장 및 주거지 압수수색영장을 발부받아 통화 상대방을 체포하고, 주거지를 압수수색한 결과 주거지에서 위 차량의 열쇠가 발견되었고 통화 상대방으로부터 변사자를 살해하였다는 자백을 받았다.

④ [결론의 도출]

결국 수사관은 변사자의 이별 통보에 격분한 통화 상대방이 변사자를 살해하기로 마음먹고 미리 번개탄을 구입한 후 변사자를 만나 차량으로 이동하여 변사자를 목졸라 죽이고 자살로 위장하기 위해 번개탄을 피운 후 밖에서 차량 문을 잠갔다는 사실을 밝혀내게 되었다.[52]

라. 초동수사

"범죄현장은 한 번만 상영되는 영화의 필름과 같다. 수사관이 그 현장을 망치면 영화는 영원히 끝나지 않는다."는 말이 있다. 초동수사 이후의 수사단계에서는 순서와 상관없이 수회 같은 작업을 반복할 수 있으나 초동수사는 반복 작업이 불가능하다. 따라서 초동수사는 범죄수사에 있어 가장 중요한 영역이다.

그러면 초동수사가 무엇이며 어느 범위까지를 초동수사라고 할 것인지 정의할 필요가 있다. 초동수사에 대한 개념에 대해 명확한 규정은 없으나 범행시간과 범죄현장에 가장 밀접해 있다는 점은 본격적인 수사와 구별된다. 범죄현장에 출동하는 과정부터 현장의 보존과 피해자 구호활동도 초동수사에 포함될 것이다.

초동수사는 현장에서의 자료수집과 범죄혐의점을 확인하기 위한 모든 활동을 포함하는 것으로써 향후 진행될 본격적인 수사를 위한 기초정보를 수집하는 것을 목표로 한다. 초동수사는 범죄현장과 가장 가까운 시점과 지점에서 이루어지는 것이기 때문에 현장에서 수집되어야만 하는 정보를 빠짐없이 수집하는 것이 매우 중요하다. 이러한 특징들을 고려하면 초동수사는 "수사기관이 범죄발생과 관련하여 행하는 모든 조치와 범죄현장에서 취하는 수사기관의 긴급한 수사활동"이라고 정의할

---

51) 김대근, "검사의 수사 논증과 추론의 구조 고찰: 거추와 역행추론을 중심으로", 형사정책연구, 제27권 제1호, 2016. 3, 76면

52) 김대근, "검사의 수사 논증과 추론의 구조 고찰: 거추와 역행추론을 중심으로", 형사정책연구 제27권 제1호, 2016. 3, 83-84면

수 있다.

범죄가 발생한 즉후의 초동조치는 가장 생생한 정보를 그대로 보존하고 범죄에 따른 피해상황을 파악하고 회복하는 것이 목적이며 이 단계의 수사는 향후 다시 되풀이될 수 없는 중요한 과정임을 유념해야 한다.

마. 사건분석

1) 사건분석이란

사건분석이란 사건을 접한 최초의 시점 또는 그 이후 새로운 정보를 인지하는 시점에서 당시까지 밝혀진 사실적 요소를 체계적으로 배열하고 범죄혐의에 대한 논거를 제시하는 작업으로써 향후 본격적인 수사방향과 범위를 제시하는 수사계획을 수립하기 위해서 사건에 대한 근본적인 분석이 필요하다.

이러한 사건분석은 사실상 모든 범죄수사에 있어서 이루어지고 있다. 특히 많은 수사경험을 가지고 있는 수사관들은 정형화된 틀만 없었을 뿐 수사과정의 초기에 본능적으로 사건에 대한 분석을 하게 된다. 다만, 이러한 경험적 사건분석의 과정을 더욱 체계화시키고 이론적 기틀을 마련할 필요가 있다.

특히 범죄수사를 형사소송법적 틀로만 이해하는 수사입문자는 사건분석단계를 이해함으로써 법률적 평가 이전에 범죄현상과 범죄흔적을 바라보면서 체계적인 수사방향을 설정할 수 있는 능력을 함양할 수가 있다.

사건분석단계에서는 "수사관이 인지할 수 있었던 사건이 무엇인가", "사건경과가 어떻게 진행되었는가" 그리고 "어떤 사건요소가 증명되고, 또한 증명될 수 있는가" 등에 관한 내용이 체계적으로 분석된다. 이러한 사건분석은 수사관으로 하여금 형법상의 구성요건을 확인하고, 증거를 발견가능하게 하며, 범죄용의자 특정에 많은 정보를 체계적으로 제공한다. 수사관은 이러한 분석과정에서 밝혀진 사실요소를 토대로 가설설정 등 추론기법을 활용하여 사건의 재구성을 위한 수사계획을 수립하게 된다.

2) 사건분석의 절차[53)]

사건분석은 범죄현장분석과 범죄행태분석 그리고 증거분석 등 3가지 주요 영역으로 구분할 수 있다. 사건분석은 각 영역별로 수집된 사실적 요소에 대한 분석과 판단을 거친 후 분석된 내용을 토대로 다시 범죄사실 전체에 대하여 종합적인 분석과 판단하는 과정을 거치게 된다.

3) 현장상황분석

가) 범죄현장상황

사건분석에 있어서 범죄현장은 범죄수사를 위한 첫 번째 밑그림을 제공하지만 수사관이 부딪히는 범죄현장에 대한 첫 인상은 수많은 외적요인으로 인하여 왜곡될 수가 있다. 예를 들어 피해자의 부상 또는 흥분상태, 현장 주변의 구경꾼, 그리고 날씨, 조명상태 등 주변 환경은 수사관이 상황을 정확히 판단하는 데 악영향을 미치게 된다. 이때문에 범죄현장에 대한 수사관의 최초판단은 주관적인 평가가 될 수가 있으며 추후 밝혀지는 객관적인 범죄사실과 상당히 거리가 있을 위험성이 높다는 점을 유의해야 한다. 따라서 수사관은 범죄현장에 도착한 후 사건현장을 체계적인 순서에 따라 관찰하고 접근 가능한 정보를 기초로 하여 사건에 대한 개략적인 평가에 그치는 것이 중요하다.

나) 범죄현장으로부터 혐의점 분석

범죄수사관이 수사해야 하는 대상은 범죄의 혐의가 있는 사건에 한정된다. 범죄현장분석의 첫 번째는 발생한 범죄현장의 상황이 과연 범죄라고 하는 구성요건에 해당하는지를 판별해야 하는 것으로부터 출발한다.

이 단계에서는 우선 수사를 통해 확인된 모든 요소를 결합하기 이전에 현재까지 확인된 객관적인 사정만으로 구성요건충족여부를 판별하게 되는데 수사가 진행된 이후에야 용의자가 형사미성년자인지, 피해자의 사망원인이 스스로의 과실에 의한 것인지, 용의자가 정당방위에 의한 것인지 명확해지기 때문에 확인되지 않은 사실은

---

53) 아래 사건분석절차에 대한 기술은 전게서 '범죄수사론'에서 독일 범죄수사학의 분석절차 (Weihmann, Kriminalistik, 147면 이하)를 참조한 것을 재인용하였다.

배제하고 확인된 사실만으로 구성요건에 해당하는 범죄의 유형을 확인하게 된다.

이후 수사관은 범죄현장에서 수집한 각종 목격자의 진술이나 혐의자의 객관적 신분, 기타 범인을 식별할 수 있는 요소들과 현장상황에 대한 분석 결과를 어느 용의자에게 연결했을 때 그 혐의가 인정될 수 있는지를 판별해 내야 한다. 초기 범죄현장에 있었던 사람들이 현장에서 이탈하지 않았을 때는 현장에 대한 평가와 혐의자에 대한 평가가 동시에 이루어질 수 있으나 대부분 현장에서 이탈한 용의자의 신원조차 확인되지 않는 경우에는 특정인에 대한 혐의 판단이 수사의 뒷부분에서 이루어지게 된다.

4) 범죄행태분석

범죄혐의에 대한 분석이 종료되면 범인이 범죄행위를 할 때 사용하는 방법이나 범죄과정을 체계화하는 범죄행태분석과정을 거치게 된다. 범죄행태분석은 혼란스럽고 복잡하게 보이는 사건을 여러 가지 세부적인 범주로 체계적으로 재배열함으로써 사건을 효과적으로 분석 가능하게 한다.

범죄행태분석으로부터 용의자의 모든 행위를 완전히 예측할 수는 없다. 노련한 범죄자들은 통상적인 유형과 다르게 행동하기도 하고 심지어 알려진 방식과는 다르게 범행방식을 고의로 바꾸기도 하기 때문이다. 그럼에도 불구하고 범죄행태분석은 향후 수사의 방향을 세우는 데 있어서 범주를 설정하게 해 주고 복잡한 수사에 있어서는 수사사항을 정리하고 가설을 세우는 데 많은 도움을 주게 되는데 이를 요약하면 다음과 같다.

첫째, 범죄행태분석은 범인에 대한 수사선 형성에 유용하게 활용된다. 예를 들어 특정 지역 내의 지역주민이 오전 10시에서 정오사이에 유리 미닫이문을 통해 침입한 도둑들에 의한 피해가 줄을 잇고 있다는 신고가 순찰지구대에 접수되었다면 이것은 모든 범죄가 동일 범죄자의 소행으로 인한 것이라고 추정할 수 있다.

둘째, 범죄행태분석은 용의자의 신원확인, 체포를 위한 수사에 많은 유용한 가치를 제공한다. 즉, 얼굴모습이나 흉터, 자국, 장애, 키, 몸무게 등 용의자에 관한 범죄행태를 수집했다면 용의자의 신원 확인을 하는 데 도움이 될 수 있다. 또한 동종사건의 범죄행태분석이 이루어지고 이러한 자료들이 종합적으로 관리되고 있었다면 검거된 용의자의 동선, 기지국 이동경로 등과 기존에 발생한 유사범죄들의 발생시간과 동선의 일치도를 통해 여죄를 밝히는 데도 유용하게 사용된다.

셋째, 범죄행태분석은 피해내역과 형태와, 범행현장, 시간, 요일 등 범인의 범행 방법상의 패턴을 특정함으로써 다른 시간, 다른 장소에서 범해진 동일범의 범죄를 묶고 서로 다른 범죄흔적을 교차적으로 검색, 분석함으로써 경찰의 용의자 검거를 도울 수 있으며 수사정보를 확대하는 데 사용할 수 있다.

▌ 범죄행태분석 자료에 기초한 추론의 예시

- 비밀리에 범하는 범행은 범인이 피해자에게 알려졌거나 그 지역에서 계속 공동체생활을 영위하려고 의도하고 있고, 범행 중 피해자와 접촉을 하면 나중에 알아볼 수도 있다는 것을 인식하고 있음을 의미한다.
- 잘 계획된 범죄는 대개 용의자로서의 심리적 불안을 감소시킨다.
- 범죄에 사용된 도구나 기술은 범인의 직업이나 선행된 경험이 있음을 추측가능하게 한다.
- 범행에 어떠한 도구가 미숙하게 사용되었다면 그 도구를 다루는 데 숙련자로 알려진 용의자는 용의선상에서 제외할 수 있다.
- 범죄가 민첩한 사람을 필요로 하는 유형일 때 신체적으로 무능한 용의자는 제외시킬 수 있다.

이러한 범죄행태분석은 범죄와 범행방법에 따라 여러 가지 기준이 있을 수 있으나 일반적으로 아래와 같은 범주로 분류한다.

⊙ 시간, 장소, 대상, 방법, 도구, 목적, 특이점, 언행, 이동수단

① 범행 시각과 날짜

우발적인 범행을 제외하고 상습적인 범인들은 많은 경우 특정 시간대에 범죄를 저지르는 경향이 있다. 그러므로 범행시간이나 날짜는 신원확인의 특성이 될 수 있다. 또한 범행시간은 범행이 해당 시간대에 가능한가에 대한 정보를 제공함으로써 범인의 알리바이를 검증하는 데 유용하게 활용될 수 있으며 범행시간은 목격자의 진술의 신빙성에도 영향을 미치게 된다. 예를 들어 범행시간이 야간이고 조명이 없는 경우 목격자가 진술하는 범인의 인상착의는 오류를 포함할 수 있다는 점을 고려해야 한다. 야간에 적외선 카메라로 촬영된 영상은 실제 천연색과는 전혀 다를 수 있다는 점도 고려되어야 한다. 수사관은 범죄를 저지른 정확한 시간을 알 수 있다면 범행이 이루어진 시간의 범위를 기재해야 하며 가급적 범행시간의 특정을 위해 노력해야 한다. 이에 따라 수사를 해야 할 전체적인 범위가 상대적으로 늘어날 수 있기 때문이다. 또한 목격자나 피해자의 진술로부터 범행시간을 추출해 낼 때 상대의 진술만을 그대로 기록할 것이 아니라 왜 그 시간이라고 생각하는지 구체적인 사유를 기록하고 타당성을 검증해야 한다.

② 범행 장소

형법 중심의 범죄사실은 범죄 구성요건에 해당하는 시간과 장소를 중심으로 구성되지만 이는 재판을 위한 종국적인 범위에 한정될 뿐 범죄수사에서 이러한 접근은 결코 바람직하지 않다. 범죄수사학적인 관점에서 보면 범죄의 구성요건뿐만 아니라 범인이 행동하고 흔적을 남긴 모든 장소가 범행장소에 해당된다고 보아야 한다. 수사관은 범인이 범죄를 준비한 장소, 범죄현장에 나타나기 위한 경로, 범행을 하고 피해품을 은닉한 장소나 살인사건에서 사체를 이동시켰을 가능성도 모두 염두에 두어야 하며 이러한 장소를 발견하기 위한 노력을 게을리하면 안된다. 이러한 범죄현장의 특정은 목격자를 포함한 증거자료확보와 수사를 위한 정보의 수집에 결정적인 영향을 미치게 되기 때문이다.

수사관은 이렇게 확인된 범행장소에 관한 내용을 상세하게 목록화하여 기록하여야 한다. 예를 들어, 범인이 유흥업소의 아주 후미진 곳만을 골라 범죄를 범하였을 때, 보고서에는 '유흥업소의 맨 끝 방에 딸린 화장실' 등의 방법으로 장소의 유형이 기록되며 또한 범행장소의 형태도 정확히 기록하여야 하며 "단층, 방 6개, 복도, 3층, 방 한 칸에 세입자 살고 있음" 혹은 "은행, 중심가" 등으로 기록되어야 한다. 이러한 기록들은 다른 동종유형의 범행과 비교하기 위해서도 사용될 것이며 범죄장소가 가지는 공통점을 통해 범인의 범행장소 물색 형태도 가늠할 수 있다.

③ 피해자의 유형

모든 범죄에 있어서 범인과 피해자의 관련성이 발견되는 것은 아니다. 그러나 범인은 특정한 직업이나 부류의 사람들을 희생자로 선택하는 등 피해자와 어떠한 연관성이 있는 경우가 많다. 피해자 유형의 공통점을 확인하게 되면 추후 범행대상을 예상하여 범죄예방 효과도 달성할 수 있으며 IT 관련 신종 범죄의 경우에는 범죄예방을 위한 정책을 마련할 수도 있게 된다.

④ 범행 방법

이것은 범죄결과가 어떤 범죄행위에 의해 발생한 것인가에 관한 문제이다. 범행방법에서는 특정한 범죄행위가 이미 계획되었던 것인가 아니면 우연에 의한 것인지도 분석대상이 된다. 따라서 범행방법의 분석목록에는 범인이 범죄를 행한 방법, 범행방법이 가능했던 이유 등에 관한 정보가 기록된다. 예를 들어 강도 사건의 경우, 카테고리의 기재 사항에 "격투", "위협에 의한 공포", "감금 및 재갈" 등으로 세부 목록화하고 피해자가 피해품을 범인에게 빼앗긴 이유 등을 세분화하여 기록하게 된다.

⑤ 범행 도구

여기에서는 범행에 사용된 범행도구에 관한 내용을 분석한다. 범인이 범행에 사용한 도구들을 종류, 크기 등의 순으로 기록한다. 예를 들어 침입강도사건에서 범인이 사용한 "3/4인치 드릴", "고리와 줄", "유리 칼", "1/2인치 지레" 혹은 "38구경 니켈 도금 리볼버" 등으로 기록하여야 한다. 범행도구의 특정은 범행도구의 구입경로에 대한 수사선을 제공할 수 있으며 범행도구에 대한 사용흔적은 추후 범행도구를 압수했을 경우 일치성 여부 감별을 통해 증거로도 사용할 수 있다. 또한 강력범죄에서뿐만 아니라 정보통신망이나 개인정보를 활용한 범행의 경우 범행을 하기 위해 구축해 놓은 각종 서비스의 목록이나 방법 등이 향후 수사방향 설정에 결정적인 단서를 제공한다.

⑥ 범행 목적

범행목적에 관한 카테고리는 용의자의 범위를 한정함에 있어 상당한 영향을 미친다. 일반적으로 범행이 특정한 동기나 목적 없이 행해지는 경우는 거의 없다. 따라서 범행동기나 목적이 밝혀질 경우 용의자를 특정하는 데 결정적인 역할을 하게 되기 때문에 범행목적에 관한 범주는 금품강탈, 원한, 성적욕구충족 등으로 세분화하여 기록되어야 한다.

⑦ 트레이드마크 혹은 별난 특징

   트레이드마크는 범인이 범행과 관련하여 보여주는 개인적인 버릇을 말한다. 이 범주에 기록되는 것은 '범행 중 취식행위', '장갑 착용', '의도적 재물손괴' 또는 '손님으로 가장 침입' 등이다. 어떤 범인은 강도행각을 벌이는 동안 거의 말을 하지 않고 냉정을 유지하는 반면, 다른 범인은 흥분하거나 필요보다 말을 많이 한다. 또한 어떤 범죄자들은 사디스트적인 행위나 변태 행위를 그 트레이드마크로 남기는 경향이 있다. 이처럼 범인의 트레이드마크가 비정상적일수록 그 범인을 식별하는 데 더 큰 도움이 된다. 트레이드마크를 남기는 행위는 범행 전, 도중, 후에도 일어난다.

⑧ 범인의 언행

   범인과 피해자가 대화를 한 범죄인 경우 범인이 무슨 말을 했는지 각별한 주의를 기울여야 한다. 범인은 범행 중 무심코 특정 단어를 잘못 발음한다거나, 이상한 표현이나 버릇, 사투리 등을 사용할 수 있다. 이는 범인의 신원 확인에 결정적 역할을 할 수 있다.

⑨ 이동 수단

   범행에 이용된 운송 수단에 관한 범주는 도보 혹은 차량 등으로 구분하고, 차량은 다시 형태, 연도, 제작, 모형, 색깔, 면허나 식별 숫자, 그리고 특이사항 등을 세분화하여 기록한다. 타이어 유형, 좌석 커버, 엠블렘(상징), 배기관, 전조등, 안테나, 그리고 범퍼 스티커와 같은 기술적인 자료는 자동차나 오토바이 같은 수송 수단을 식별하는 데 도움이 된다.

   범행에 이용한 이동수단을 특정하게 되면 범행시간과 비교하여 대중교통의 수사범위를 설정할 수도 있으며 범행에 트럭 등이 사용되었다면 CCTV 수사에 활용할 수 있고 현장에 유류한 오일의 성분을 분석하여 차종을 특정하기도 하며 렌트카 이용가능성을 토대로 렌트카 상대 수사를 하기도 한다.

5) 증거분석

   사건분석은 현장에서 수집된 유형·무형의 증거자료인 범죄흔적에 대해서도 체계적인 분석을 요구한다. 증거분석은 범죄흔적을 범인발견 및 범죄사실의 재구성을 위한 근거를 제공하기도 하나 향후 증거로써의 기능도 하게 된다. 그러나 실제 수사를 담당하다 보면 증거로써의 가치에 대해서 고민하기보다는 우선 범인의 발견과 사건의 재구성에 많은 가치를 두기 때문에 간혹 증거의 가치를 보존하지 않은 채 일시적인 자료로써만 활용할 때도 있으므로 주의하여야 한다.

사건 정보를 수사기록으로 남기지 않고 암기만 해 두었다가 추후 정보의 발굴에만 활용한다든지, 수사의 진행에만 급급한 나머지 임의제출물의 압수절차나 압수수색과정에 대한 세부기록을 남기지 않는 경우가 없도록 해야 한다.

증거분석은 증거의 형태에 따라 인적 증거분석과 물적 증거분석으로 구분할 수 있다.

가) 인적 증거분석

인적증거는 범죄현장 또는 현장주변에서 범행장면 또는 범인을 특정할 수 있는 신체적 특징을 목격한 자 또는 범인과 사회적 연관성이 있는 자가 행하는 진술이 그 대상이 된다. 이때문에 인적 증거분석은 진술의 신빙성 여부 확인이 분석의 관건이 된다. 이 신빙성을 판별하기 위해서는 범죄현장에서 수집한 정보를 모두 인지한 상태에서 상대방의 진술을 청취하고 비교하여야 하며 그러한 과정이 향후 재판과정에도 남을 수 있도록 기록, 보존하여야 한다. 특히 민원사건의 경우에는 범죄현장과 민원제기 시점이 다르기 때문에 민원인의 진술을 액면 그대로 믿기보다는 민원인의 진술로부터 범죄현장을 정확히 묘사할 수 있도록 상세한 진술을 청취하고 기타 객관적 자료와 비교하여야 한다.

나) 물적 증거분석

물적 증거분석은 수집된 범죄흔적을 범죄흔적의 분류체계에 따라 분석하는 것을 말한다. 첫째, 수사관은 범죄현장 혹은 주변에서 수집된 지문, 혈흔 혹은 정액 등 범죄흔적이 생물학적 존재로서의 범인을 특정할 수 있는 범죄흔적에 해당하는가 여부를 분석하게 되고 둘째, 사회적 파문의 형태로 나타난 범죄흔적이 범인의 범행동기, 범행방법 등과 연관되어 있는지 여부를 분석함으로써 범죄사실의 재구성에 이용하게 된다. 셋째, 수사관은 자연현상 속에 남겨진 범죄흔적으로부터 범죄재구성을 위한 실마리를 도출해 낼 수 있는지 여부를 확인하여야 하는데 특히, 자연현상에 의한 범죄흔적은 범인, 범죄일시, 범행장소 등 범죄형태분석의 요소를 규명하는 데 유용한 근거를 제공한다.

물적 증거분석은 범죄현장이나 주변에 남겨져 있는 범죄흔적을 수집하는 것뿐만 아니라 당연히 범죄현장에 남아 있어야 할 증거물이 발견되지 않는 것도 그 분석의 대상이 되기 때문에 이에 대한 존재 여부와 이를 찾기 위한 노력도 게을리해서는 안 된다. 물적 증거는 자연과학적 기법을 통해 체계적이고 과학적으로 수집·분석됨으로써 범죄사실을 증명하거나 혹은 다른 증거물을 발견할 수 있는 근거를 제공하게 된다는 점을 명심해야 한다.

바. 수사방침설정

수사관은 현장에서 수집된 여러 가지 자료를 분석한 결과를 토대로 수사방침, 즉 수사계획을 수립해야만 한다. 간단한 사건의 경우 수사계획은 문서화되지 않고 머릿속에서 그려질 수도 있지만 체계적인 수사를 위해 수사계획서를 별도로 작성하는 것이 도움이 된다.

이러한 수사계획은 지금까지 확보한 정보들을 범주로 나누고 확보된 증거와 확보해야 할 증거를 구분하며 증거로써 활용할 정보군과 용의자의 검거에 활용한 정보군을 구분해 줄 수도 있으며 향후 진행할 수사사항에 따라 필요한 인력과 장비를 재배치할 수도 있도록 해 준다.

정리하면 수사계획이란 현장에서 수집된 유형·무형의 증거자료를 바탕으로 향후 진행해야 할 수사방법을 종합적이고 유기적으로 활용할 수 있도록 작성되는 계획을 말하며 이러한 수사계획은 사건수사에 관련된 모든 수사관이 참여하는 수사회의를 통해 각 수사관의 의견을 수렴하고, 또한 과거의 다른 사건에 대한 경험과 지식을 종합하여 수립되기도 하며 수사관 개인에 의해 체계적으로 수립되기도 한다.

이러한 수사계획에는 사건분석결과를 토대로 형성된 가설에 따라 설정된 수사선과 이에 따른 수사기법을 통해 구체적으로 표현된다. 먼저 가설은 범죄행태로 분석된 내용, 인적·물적 증거물, 일정한 가능성 혹은 불가능성을 보여주는 검증 등 사건분석 결과를 바탕으로 설정된다. 만약 사건분석결과가 반복된 범죄에 관한 것일 경우에는 범죄자 프로파일링을 통해 다른 사례와 비교함으로써 범행 전체에 대한 가설을 형성할 수 있다. 또한 많은 범죄행위가 동일범에게 지속된다면, 지리적인 사건분석이 범죄자의 주거지 혹은 장차 발생할 범죄지에 대한 가설을 설정하게 한다. 수사관은 가설이 완성되면 이를 구체화시키는 과정을 거치게 되는데, 이 과정 속에서 수사관은 증거에 접근하여 획득한 지식을 자신의 기존의 사고체계에 접목시키는 사고방식인 추리를 필요로 한다. 이와 같이 가설을 바탕으로 구체적인 수사방향을 의미하는 수사선과 수사선에 따른 수사기법을 결정함으로써 수사계획은 완성된다.

사. 본격적인 수사[54]

수사관은 수사계획을 수립한 후 이를 구체적으로 실행하게 되는데 이를 초동수사와 대비하여 본격적인 수사라고 한다. 수사관이 수사를 본격적으로 실행함에 있어서 수집된 증거나 수사선에 따라 다양한 수사기법이 상호 교차적으로 진행되는 경우가 많으며 당초 수립한 수사계획은 수사의 종결까지 유지되는 것이 아니라 새로운 정보가 수집되고 분석이 될 때마다 검토되어야 한다는 점을 유념하여야 한다.

본격적인 수사를 하기 위해서는 다양한 수사기법이 사용되는데 증거의 종류에 따라 인적증거 수집을 위한 수사기법과 물적증거를 수집하기 위한 과학수사기법으로 분류가능하며 수사실행을 위한 수사기법은 수사진행 시점에 따라 2단계로 구분한다. 먼저 1단계 수사는 범죄사실 및 용의자를 확보하기 위한 수사를 말한다. 예를 들어 강력사건이 발생한 경우 1단계 수사에는 1) 초동수사에 해당하는 현장감식과 동시에 수사관을 현장에 급파하여 통행인 등을 상대로 최대한 많은 참고인을 확보하기 위한 탐문수사, 2) 범죄피해자를 중심으로 가족, 친인척 등의 신원수사를 실시하여 피해자의 사건전후 행적을 조사하고, 또한 이성관계 및 면식범 등 용의자의 범위를 확정하는 감수사, 3) 현장주변지역을 중심으로 수사인력을 투입하여 동종전과자, 우범자수사 및 피해품에 대한 장물수사, 4) 피해자 및 선정된 용의자를 중심으로 행적을 파악하는 통신수사가 여기에 해당한다. 이에 비하여 2단계 수사는 확정된 용의자를 중심으로 진행되는데 1) 용의자가 현장에 부재했음을 증명하는 알리바이수사, 2) 참고인 수사 3) 피의자 검거, 4)피의자에 대한 범죄사실 유무를 확인하는 피의자신문 등이 여기에 해당한다.

이를 종합적으로 다시 정리하면 범죄수사에 있어서 통상적으로 활용하는 수사기

---

54) 박노섭·이동희·이윤·장윤식의 전게서 범죄수사론의 내용을 정리하였다.

법에는 탐문수사, 미행·잠복수사, 통신수사, 감별수사, 수법수사, 유류품수사, 장물수사, 알리바이수사, 피의자의 체포·구속이 있다.

1) 탐문수사

탐문수사는 수사관이 범인발견 및 범죄의 증거를 수집하고자 범인 이외의 제3자로부터 범죄에 대한 견문 내지 체험한 사실을 인지하기 위하여 행하는 수사기법이다. 이를 쉽게 표현하자면 사람을 상대로 한 정보수집활동이다. 범죄현장에 아무리 유력한 물적 증거물이 떨어져 있어도 사건 진상의 전부를 말해 준다고 볼 수 없다. 수사관은 범죄사건을 완전하게 재구성하기 위해서는 물적 증거 이외에도 범죄현장 등에서 수집된 물적 증거와 용의자의 사건연결성을 추리해 낼 수 있는 자료의 수집을 필요로 하는데 이러한 자료의 수집은 대부분의 범죄가 주변 다수인에게 직접, 간접으로 범죄흔적을 남기기 때문에 가능하다. 탐문수사는 수사자료 수집의 가장 전형적이고 기본적인 수단으로 실무상 수사의 승패가 탐문수사의 결과에 의존하는 경우가 많다. 이러한 탐문수사는 용의자 색출을 위한 탐문과 용의자 특정 후 용의자와 관련된 사항을 확인하는 탐문으로 나누어 살펴볼 수 있다.

가) 용의자 색출을 위한 탐문

최초의 탐문은 주로 현장부근에서 범행시간대에 현장에 있던 인물을 물색하는 단계이다. 이 단계에서 수사관은 우선 목격자를 확보하고 이들을 통해 범인의 인상착의를 밝히는 데 주력을 하게 되며 용의자 색출을 위해 다음의 내용을 고려해야 한다.

가. 범행도구
나. 피해품
다. 피해자: (1) 가족, 친인척, (2) 재산, (3) 채권, 채무, (4) 행적(행동반경, 당일 행적과 최근행적), (5) 직장관계(여론, 메모지, 전화번호부, 수첩 등), (6) 원한관계, (7) 장례식장 여론
라. 우범자: (1) 동네 불량배, (2) 전과자, (3) 정신이상자
마. 거주지 주변: (1) CCTV, (2) 경비원, (3) 아파트 거래자, (4) 이삿짐센터, (5) 범행시간대 통행인, 목격자

나) 용의자 특정 이후의 탐문수사

수사관이 수사를 진행하는 동안 용의자를 특정한 경우에는 용의자를 검거하기 위한 은신처 확인, 용의자에 대한 알리바이를 확인 및 용의자의 범행 이후의 행동 혹은 언행에 대한 증거를 수집하기 위한 탐문수사를 행하게 된다.

다) 탐문수사의 절차

(1) 탐문수사목적과 대상의 명확화

수사관은 탐문수사에 있어서 사건과 관련하여 미리 확보한 사건의 개요 등을 정리해서 탐문수사를 통해 밝혀내고자 하는 것이 무엇인지를 사전에 명확히 해 두어야 한다. 특히 팀을 나누어 탐문을 하는 경우에는 사전회의를 통해 정보를 공유하여야 하며 목적 없는 무분별한 탐문수사로 수사의 효율성을 저해해서는 안 된다.

(2) 탐문계획의 수립

수사관이 탐문을 행할 때 중요한 것은 상대방의 자발적이고 적극적인 협조를 이끌어내야 하며 상대방은 탐문에 응해야 할 의무가 없기 때문에 수사관의 권위를 이용하면 민원을 야기하거나 수사상 과오를 일으키게 된다. 따라서 수사관이 묻고자 하는 사항을 상대방에게 정확히 이해시켜야 하며 탐문의 장소와 시간 등이 상대방의 사생활을 침해하지 않도록 유념해야 한다. 이를 위해서는 사전에 탐문수사 요점, 면접하는 시간, 장소, 방법 등 객관적인 진행방법에 대한 치밀한 계획을 세워야 하며 특히 탐문을 시작하기 전에 탐문상대방에 대한 정보를 사전에 파악한 후 면담에 임하는 것이 탐문대상자로부터 정보획득을 하는 데 효과적이다.

(3) 탐문내용의 보고와 공유

탐문에 참여했던 수사관이 개인적으로 중요하지 않다고 판단되었던 정보가 다른 정보와 종합하여 검토하면 의외로 중요한 자료가 되는 경우가 의외로 많다. 따라서 수사관은 탐문으로 얻어진 정보를 대소 불문하고 이를 기록해야 하며 해당 정보를 보고하고 수사회의 시 공유해야 한다.

(4) 기록

탐문결과 얻어진 정보가 수사 진행과 공판에 증거로 활용될 수 있는 것이거나 수사사항과 경과를 이해하기 위해 필요한 경우에는 반드시 보고서를 통해 기록되어야 한다. 또한 필요한 경우 탐문상대방에 대한 참고인 진술조서를 작성하거나 진술서를 받아야 한다.

(5) 정보제공자 보호

범죄에 관한 중요한 정보를 제공한 협력자는 최대한 보호함이 원칙이다. 특히 조직폭력, 마약사범 등과 관련된 피해자나 정보제공자인 경우 수사관은 철저히 보호하여 이들에게 어떠한 보복이나 손해가 가지 않도록 유의해야 한다.

2) 미행잠복수사

가) 미행

미행수사는 수사자료 수집 또는 범인검거를 위하여 용의자, 죄를 범할 우려가 있는 자 또는 그 관련자 등을 대상자가 감지하지 못하도록 은밀히 추적, 감시하는 방법을 말한다. 미행수사는 실무적으로 임의 수사의 한 방법으로 수사기관의 필요성에 따라 진행되고 있고 전통적으로 수사의 방법으로 사용되고 있으나 이에 대한 법적 근거가 없어 수사상 필요성, 상당성, 비례성이 충족되지 않을 경우 사생활침해 논란에 휩싸일 수 있기 때문에 수사 관련성이 없는 시민에 대한 무분별한 미행이 아닌지 늘 고민해야 한다.

나) 잠복

잠복수사란 옥외, 길거리, 길모퉁이 등의 지점에 숨어 통행인의 동정을 감시하고 범인이나 용의자 등을 발견하기 위해서 또는 범인이나 용의자가 출입하는 가옥 내 또는 그 부근에 숨어 이들을 체포하기 위한 수사기법을 말한다. 잠복수사는 수사관의 부단한 주의력과 인내를 요구하는데 다음과 같은 사항에 유의해야 한다.

① 잠복근무 시 복장은 눈에 띄지 않는 복장이 좋다. 특히, 긴급 출동 시 휴대품을 소지하지 않고 출동하는 사례가 없도록 주의하여야 한다.

② 수사관은 자신을 감추고 망보기 좋은 장소를 선정해야 한다. 어두운 그늘이나 창고 속, 야적물 기타 은폐물이 있는 곳 등이 좋지만 2인 이상이 근무할 때에는 핸드폰, 무전기로 연락하여 즉시 합류할 수 있는 장소라야 한다.

③ 수사관은 잠복을 감지당하지 않아야 한다. 범인은 자택, 친척, 정부 등의 집에 드나드는 일이 위험하다는 것을 잘 알고 있으므로 그 근처에 가면 잠복의 유무를 살피고 안전한가를 확인하게 된다. 따라서 수사관이 충분히 주의하지 않으면 오히려 범인에게 먼저 발견되어 잠복이 실패하게 된다.

④ 수사관은 미리 잠복장소의 주변상태, 지형지물을 살펴 두어야 한다. 수사관은 범인이 도주하거나 범인과 격투를 벌여야 할 경우를 대비하여 잠복장소의 예상도주로, 차량통행관계, 교통편, 지형지물 등을 미리 알아 둘 필요가 있다.

⑤ 수사관은 잠복 시 발생하는 작은 일에도 세심한 주의를 기울여야 한다. 항상 수사관의 잠복을 예상하는 것이 범인심리이므로 범인은 잠복 예상 장소에 오면 잠복의 유무를 확인하기 위해 돌을 던지거나 이상한 소리를 내는 등의 조치를 취하는 경우가 있다. 수사관은 수상한 느낌을 재빨리 알아채도록 세심한 주의를 기울여야 한다.

⑥ 2인 이상이 잠복하는 경우에 잡담을 하거나 담배를 피우지 않도록 한다. 잡담을 하면 주의력이 떨어지고 상대방이 잠복을 알아차리기 쉬우며, 담배를 피면 불빛이나 연기 등으로 같은 결과를 초래할 수 있기 때문이다.

⑦ 잠복 중에는 냉정과 침착을 유지해야 한다. 수일간에 걸쳐 잠복을 해야 하는 경우에는 피로와 권태로 인해 범인의 체포를 서두르는 것이 수사관의 심리이다. 따라서 잠복장소에 수상한 인물이 접근하기만 하면 자제심을 잃고 바로 체포하려다가 실패하는 경우가 적지 않다.

3) 감별수사

가) 감별수사의 의의와 기능

감별(鑑別)수사란 범인과 피해자 또는 범인과 범행지 및 주변의 지역 간에 존재하는 사정, 관계 등에 근거를 두고 수사하는 방법을 말한다. 일반적으로 범인은 범행에 있어서 범행에 적합한 장소, 범행에 적합한 시간, 범행대상의 존재, 저항이 없어야 할 것, 도주가 가능할 것 등에 관한 계획을 세우는 경우가 많게 되는데 범행계획에는 범인이 사전에 알고 있는 피해자 내지 범행장소에 대한 사전지식이 의식적 또는 무의식적으로 반영된다. 이러한 범행심리는 범행방법이나 범행 전후의 행동에 흔적으로 남게 되고 감별수사는 이와 같이 범인의 심리적인 행동의 원리를 응용한 것이다. 다시 말해 감별수사는 임장수사 기타의 방법으로 수집된 수사자료를 검토, 추리하고 피해자나 범행지에 관한 범인의 지식 유무를 판단함으로써 범죄용의자를 압축해 가는 수사기법에 해당된다. 감별수사에는 범인과 피해자, 그 가족, 피해가옥과의 관계를 근거로 수사하는 연고감 수사와 범인과 범행지 및 그 주변 지역과의 관계를 근거로 한 지리감 수사가 있다.

이러한 감별수사는 수사방침의 기초를 제공하고 용의자특정을 위한 단서를 제공하며 범죄혐의를 입증할 수 있는 유력한 정황증거를 제공하게 된다. 감별수사가 이와 같은 가치를 가지고 있다는 점을 유념하여야 하며 최종적으로는 용의자만이 알고 있는 지리, 연고에 대한 정보를 확인한 것을 증거로써 유용하게 사용할 수 있다.

나) 연고감 판단 예시

각 요소별 연고감 판단의 예시를 아래에 인용하였다. 아래 예시를 하나의 사례로만 이해하기보다는 각 연고감을 판단하기 위해 범행장소, 피해가옥 등 요소별로 연고감 판단이 가능하다는 점을 이해하고 있어야 하며 연고감 판단을 하였을지라도 반대 가설을 결코 배제해서는 안 된다.

(1) 범행장소

옥외 살인사건에 있어서 그 장소를 지리적, 환경적 견지에서 예컨대 보통 때에는 아무도 통행하지 않는 한적한 장소와 같이 아무래도 피해자의 동의나 이해 없이는 갈 수 없을 만한 장소에서 살해되었다면 면식범의 소행으로 판단할 수 있다. 물론 이러한 판단의 기초에는 피해자의 평상시 동선이나 피해자의 휴대전화 위치 등에 따라 피해자가 평소에는 가지 않는 곳이라는 전제가 있다. 그러나 이러한 경우라도 피해자를 속이든지 또한 협박하여 데리고 가든지 또는 다른 장소에서 살해하고 사체를 운반하였을 가능성도 염두해 두어야 한다.

(2) 피해가옥

일견 돈이 없어 보이는 집에 현금을 목적으로 하고 침입한 경우이거나 피해자 집 부근에 유사한 미수사건이나 침입구를 찾은 흔적 또는 동일인으로 보이는 자가 배회한 상황도 없고 그 밖의 자료로서 미리 피해자 집을 목표로 한 범행이라고 인정되면 대체로 범인은 연고감이 있다고 인정할 수 있다.

(3) 특수사정의 유무

침입강도의 경우 협박하는 말투나 공범자간의 하는 말로 보아 사전에 가족의 수나 셋방 사람이 있는 것, 수입상황의 개략 또는 가옥의 구조를 잘 알고 있는 것으로 판단되는 경우 연고감을 가진 것으로 볼 수 있다.

(4) 침입구, 침입방법 검토

침입구, 도주로가 보통사람으로는 알 수 없는 경우에 연고감 유무를 검토할 수 있다. 또 다른 예로서 침입구를 찾은 흔적이 없는 경우 침입할 수 있는 상황을 알고 있는 자의 소행으로 추정할 수 있으며 주로 건물의 지붕을 이동경로로 하고 있는 경우 주변 인물의 소행인 경우가 많다.

(5) 접대 및 숙박 유무

사건현장에 방석이 놓여 있고 손님을 접대한 커피 잔이 셋이 있었다고 하면 방문객은 2명으로 피해자와 아는 사이였다고 용이하게 추정할 수 있다. 다만, 종교 포교를 가장하여 침입하는 경우도 있으니 만약 피해자의 성향이 이러한 포교활동에 관대하거나 종교를 가진 경우에는 미리 알고 있던 사람들이 아닐 수도 있다. 또한 침실이나 침대 기타의 상태로 봐서 범인은 피해자 집에서 자고 간 것으로 인정된다면 적어도 피해자와 범인은 농후한 면식관계가 있는 것으로 판단할 수 있다.

(6) 협박, 폭행수단 검토

강도범인이 집안사람들에게 얼굴을 보이지 않으려고 복면을 하고 침입하거나 흉기를 들이대며 무언으로 협박하는 경우 또는 범인 중의 한 사람은 가족들을 협박하며 금품을 강요하고 있는데 다른 한 사람은 도무지 가족들이 있는 곳에 들어오지 않으려고 하는 경우에는 대개 연고감이 있는 것으로 볼 수 있다.

(7) 물색방법 검토

목적물 있는 곳으로 직행하고 다른 곳은 물색하지 않은 경우 또는 피해자만이 가질 수 있는 특수물품(권리증서, 서화, 골동품 등)을 노린 경우 범인은 연고감이 있는 것으로 판단된다.

다) 지리감 판단 예시

(1) 범행장소

예를 들어 교외에서 발생한 강간사건과 관련하여 범죄현장으로 통하는 도로는 좁은 농로 하나뿐이며, 그 도로는 그 지방 사람만이 다니는 도로인 경우라고 하면 지리감이 있는 것으로 판단할 수 있다.

(2) 범행 전후의 행동

범인의 행동경로가 보통 사람으로서는 다니지 않는 특별히 보행이 어려운 길이나 이면도로의 복잡한 골목길을 이용하였을 경우, 다른 곳에서 온 사람으로는 알 수 없는 곳에 있는 가건물, 창고 같은 곳에 은신 또는 휴식한 것으로 보이는 경우 지리감이 있는 것으로 판단할 수 있다.

(3) 피해자 선택

피해자를 선택함에 있어서 정기적 통행자를 노렸다는 경우에는 역시 지리감이 있는 것으로 추정된다.

(4) 범인이 사용한 언행

범행장소의 지리적 조건, 지명, 인명, 도로, 축제일 등의 상황 기타 그 지방에 익숙한 자가 아니면 알 수 없는 것을 말하였다고 하면 그것은 지리감이 있는 것으로 추정된다.

4) 수법수사

수법(手法)수사란 범인이 일정한 수단과 방법 및 습벽으로 반복하여 범행하는 특징을 이용하여 범죄수법유형을 분석·수집하여 기존 보관되어 있는 수사자료와 대조함으로써 범인을 찾아 검거하는 수사활동이다. 수법수사는 상습범 등과 같이 범인들은 범행시 습관적으로 동일한 수단·방법을 반복하는 경향이 나타난다는 심리학적 특징에 근거하고 있다. 이와 같은 수법수사는 사건분석의 수단으로 활용되고 있는 범죄행태분석과 동일한 근거를 바탕으로 하고 있다. 이는 별개의 범죄사실 간 연결고리가 없음에도 불구하고 각 범죄사실의 유사성에 비추어 정보를 확장하는 데 매우 유용하며 예컨대 B라는 사건에 대한 범죄흔적이 많이 존재하지 않고 수사가 답보 상태에 있을 때 동일범 소행으로 벌어진 것으로 추정된 A사건에 존재하는 범죄흔적이나 각종 정보들과 연동하여 B사건을 해결할 수 있게 된다.

특히 최근 범죄방법이 지능화되어 현장에 지문 등 유형의 범죄흔적을 남기지 않는 경우가 증가하고 있기 때문에 더욱 절실한 수사기법이며 범죄용의자를 직접 특정할 수 없다고 할지라도 무형의 흔적에 해당하는 범죄수법의 특성을 분석하고 자료화하여 저장하게 되면 향후 다른 사건에 매우 도움이 된다. 따라서 수법수사가 되려면 발생한 사건의 현상과 특성을 자료화하여 저장하는 것이 매우 중요하다.

5) 유류품수사

가) 의의

유류품 수사란 범죄현장 및 그 부근에 남겨져 있는 범인의 흉기, 착의 등 유류품에 대하여 그 출처를 추적하여 범인을 색출하는 수사방법이다. 일반적으로 유류품은 흉기, 의류, 휴지 등 좁은 의미의 유류품과 물흔, 차량흔, 도구흔 등 범죄흔적을 포함한 개념이다. 경우에 따라서는 범인이 범죄현장에 유류한 물품은 과학적 수상의 대상이기도 하며 유류품수사의 대상이 될 수도 있는데 예를 들어 담배꽁초는 넓은 의미의 유류품으로 취급될 수도 있으며, 또한 담배꽁초에 묻은 용의자의 DNA는 범죄흔적으로 과학수사의 대상이 된다. 그러나 과학적 수사방법을 통해 감정의 대상으로 취급되는 범죄흔적은 수사관이 직접 행하는 수사기법을 통해 확인하기 어렵기 때문에 수사관은 좁은 의미의 유류품 수사에 집중하게 된다. 이러한 유류품수사를 통해 수사관은 범인을 추정하고 범인의 속성, 행동, 범행상황 등을 추정할 수 있다.

나) 유류품 수사방법

(1) 유류품 출처확인

유류품은 범인과 직접적으로 연결되는 물적 자료이기 때문에 그 출처를 확인하여 가면 범인에 도달할 수 있다. 예를 들어 범행에 사용된 흉기에 사람의 이름이 쓰여져 있다면 그 사람이 용의자일 수도 있고 그 사람으로부터 용의자가 절취한 것일 수 있기 때문에 명의자에 대한 수사선이 설정되게 되며 흉기의 제조처, 판매처 등을 확인함으로써 그 유통경로를 추적하고 구매자의 구매방법을 통해 수사선을 확장할 수도 있다.

(2) 유류품 소지자에 대한 탐문수사

수사관은 유류품 또는 컬러사진을 탐문대상자에게 보여줌으로써 유류품을 소지했었던 사람을 확인하는 과정이다. 이때 용의점이 농후한 자에 대하여 제시하면 수사정보가 역이용될 수도 있기 때문에 제시의 상대와 제시방법에 대해 면밀한 검토가 선행되어야 한다.

(3) 유류품과 동종류의 물건에 대한 수사

수사관은 유류품과 동종품을 소지하거나 유류품의 일부 또는 부착물에 상응하는 재료를 사용하는 자를 수사하게 된다. 예컨대 현장에서 "페인트"가 묻은 "테이프" 같은 것을 발견하였다고 하면 도장관계 직공들 중 특히 기구에 "테이프"를 감아서 쓰는 자의 발견에 노력하여야 한다.

(4) 유류품 발견자 수사

범인의 유류품을 일반인이 우연히 습득하여 수사관서에 보내온 경우 수사관은 현장 및 그 부근을 통행한 자에 대하여 탐문수사를 하여 발견자의 신원을 확인하여 유류품의 습득 경위 등을 조사하게 되고 습득한 장소를 기준으로 한 새로운 수사선을 설정하게 된다.

(5) 유류품 수배

수사관은 경우에 따라서 유류품의 출처를 철저히 추적하기 위하여 필요한 범위 내에서 다른 수사기관 등에 대하여 수배를 해야 할 경우도 있다. 대상업자에 대해서는 유류품의 형태 등을 기재한 설명서를 작성하여 배부하거나 대상업자가 소속된 협회 등의 협조를 구해 단체 문자메시지를 전송할 수도 있다. 다만, 대상업자 중에 용의자가 있다면 역정보를 흘릴 수 있다는 점에 유의해야 한다.

6) 장물수사

장물수사는 범죄의 피해품을 확정하고 종류, 특징을 명백히 함과 아울러 그 이동 경로를 역추적하여 범인을 발견하고자 하는 수사방법이다. 방향성에 따라 피해신고를 받은 후 없어진 피해품의 발견을 통해 용의자를 찾는 수사방향과 장물 소지자로부터 피해품을 확보한 후 용의자를 찾는 수사방향이 있다. 이러한 장물수사는 장물은 범죄의 단서가 될 뿐 아니라 범죄와 범인과의 결부된 관계를 증명할 수 있는 증거로 사용할 수 있는 결정적 가치를 가지고 있고 장물의 종류, 특징을 명백히 하고 이동경로를 수사해서 그 소재를 파악하고 소유자, 처분자를 추적하게 되면 범인에 도달할 수가 있다. 또한 장물수사는 피해품의 발견하고 이를 회복함으로써 피해자의 피해회복에 크게 기여할 수 있어 대국민 신뢰도 향상에 매우 기여하게 되는 수사방법이다.

7) 알리바이수사

알리바이(Alibi)란 범죄의 혐의자가 범죄가 행하여진 시간에 범죄현장 이외의 장소에 있었다는 사실이 명확하여 범죄현장에는 있지 않았다는 사실을 증명하는 '현장부재증명'을 말한다.

현장부재증명이 진실이라면 물리적으로 한 사람이 같은 시간에 2개 장소에 있을 수 없으므로 종국적으로는 혐의자가 범죄를 행하지 않았다는 것을 결정적으로 증명하는데 이때문에 알리바이는 범죄사실을 증명하는 직접증거가 아니라 간접적인 증거로서의 역할을 담당하게 된다. 알리바이수사는 정해진 시간에 범죄현장과는 다른 장소에 있었음을 증명한다는 점에서 시간과 장소라는 두 가지 요소를 구성요건으로 하고 있다.

수사관이 많은 노력을 하여 어떤 자를 범인으로 추정하였을 경우 수집된 증거를 바탕으로 진범이 틀림없다고 인정되었더라도 그 혐의자가 범행 당시 범행장소에 있지 않았다는 현장부재증명이 성립된다면 그 정황증거는 근본적으로 인정받을 수 없게 된다. 이와 같이 알리바이수사는 수집된 정황증거가 용의자에게 불리한 경우가 대부분인 상황에서 용의자를 범죄혐의로부터 벗어나게 할 유리한 자료로서의 역할을 하는 경우가 많다.

실무적으로 수사관은 수사선상에 있는 용의자를 대상으로 알리바이 존재를 확인하여 수사선에서 배제하는 방법으로 알리바이수사를 활용하고 있다. 용의자는 자신의 알리바이를 위장할 수도 있으며 타인에게 알리바이를 입증해 줄 것을 청탁할 수도 있기 때문에 알리바이 수사에 있어 이 점은 늘 간과해서는 안 된다.

알리바이수사를 하기 위해서는 범죄사실이 구체적으로 특정되어 있어야 하며 구체적인 범행장소가 존재하고 그 장소는 지리적으로 특정이 가능한 장소여야 하며 범행시간과 알리바이 시간이 동일해야 하며 용의자는 자신의 알리바이 장소와 시간을 정확하게 진술할 수 있어야 실제 범죄와 알리바이 시간과 장소를 비교 검토할 수가 있다. 알리바이 수사는 ① 범행일시의 확정, ② 용의자의 체류, 출현시간과 장소의 확정, ③ 범죄장소와 알리바이 장소 간 이동시간의 확정 순으로 이루어진다.

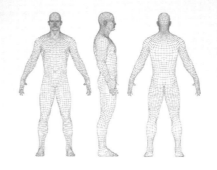

제2편

─────

수사의 실행

제2편

수사의 실행

1. 수사의 개시

가. 수사개시권의 발동

형사소송법 제197조 제1항은 "… 사법경찰관으로서 범죄의 혐의가 있다고 사료하는 때에는 범인, 범죄사실과 증거를 수사한다."고 규정하고 있다. 형사소송법 개정 전에는 제196조 제2항에서 "사법경찰관은 범죄의 혐의가 있다고 인식하는 때에는 범인, 범죄사실과 증거에 관하여 수사를 개시·진행하여야 한다."고 규정하고 있었다. 반면, 제238조 고소, 고발과 사법경찰관의 조치라는 제하에 "사법경찰관이 고소 또는 고발을 받은 때에는 신속히 조사하여 관계서류와 증거물을 검사에게 송부하여야 한다."고 규정하고 있다. 구 형사소송법 제196조 제2항과 현 형사소송법 제197조 제1항에서 의미하는 수사와 제238조에서 의미하는 수사는 어떻게 다를지 생각해 볼 필요가 있다. 혐의가 있다고 사료하는 때에 수사를 하여야 한다고 의무조항을 둔 것은 통상 발생사건에 대해 범죄를 인식한 수사기관이 수사를 개시하지 않는 것을 경계하기 위해 규정한 것으로 보아야 한다. 피해자에 의한 고소, 범죄를 안다고 생각하는 사람에 의한 고발, 범죄를 저지른 자에 의한 자수는 기소의 전 단계로써 사인 소추를 대행하는 역할을 담당하는 것이다.

따라서 수사개시권의 남용이 발생하는 영역은 제197조 제1항에 의한 수사의 개시이다. 범죄혐의에 대한 주관적 판단을 수사기관이 하게 되고 이를 수사할지 말지를 결정하는 것도 수사기관이므로 이 단계에서 남용이 발생하게 된다. 사인 소추를 대행하는 고소, 고발, 자수의 경우에는 상대적으로 수사개시권의 남용이 발생할 여지가 크지 않지만 일명 인지라고 부르는 수사의 개시과정에는 남용의 여지가 상당히 크기 때문에 신중한 접근이 필요하다. 개정 형사소송법에서 ".... 진행하여야 한다."를 "수사한다."라고 표현한 것은 2019년 경찰과 검찰의 수사권 조정 과정에서 "검사는 1차적 수사기관이 아니기 때문에 수사를 반드시 하여야 하는 주체가 아니다."라는 표현을 하고자 그저 "수사한다."라고 개정하게 되었다. 하지만 필자는 구형사소송법이 "범죄의 혐의가 있다고 인식하는 경우 수사하여야 한다."는 표현을 유지했어야 한다고 생각한다. 이 규정의 취지는 수사개시권을 임의적으로 발동할 수 있다는 취지가 아니라 범죄가 발생한 것을 수사기관이 인식했다면 이를 방기할 것이 아니라 수사할 의무가 있다는 표현이기 때문이다.

수사기관이 수사개시권을 남용한다면 선량한 국민들의 인권을 침해하는 도구로 악용되거나 수사를 정치적인 도구로 사용할 가능성이 높고 현재까지의 역사를 이를 입증해 왔다. 수사기관은 범죄혐의가 모호함에도 불구하고 수사개시권을 행사해서도 안 되며 범죄혐의가 명백한 경우에 이를 인지하지 않는 것도 허용되지 않아야 한다. 그리하여 수사개시권을 행사할 때에는 비례성, 탄력성, 상당성, 적정성 등이 요구된다.

나. 내사의 허용범위

범죄혐의를 인식한 경우 수사를 하여야 한다. 이때의 범죄혐의는 수사기관이 객관적 사실에 근거하여 주관적으로 판단했을 때 범죄가 발생한 것을 의심한 경우라고 할 수 있다. 그런데 우리는 실무상 수사의 전 단계로 내사라는 활동을 하고 있다.

내사(內查)란 보도·풍설·투서·탄원·익명의 신고 등을 통해 범죄혐의가 있을 수 있는 정보를 입수한 수사기관이 수사개시에 앞서 범죄혐의의 유무를 확인하기 위해 범죄인지 전의 단계에서 수행하는 조사활동을 말한다는 견해[1]가 있다. 그런데 범죄인지를 기준으로 삼게 되면 수사기관이 실질적으로 범죄혐의를 인식한 후 범죄인지 전에 수행하는 조사활동도 내사에 포함시켜야 하는 모순이 발생한다.

모든 수사절차는 권리침해를 수반한다. 그 침해가 최소한에 그치기 위해서는 달성하고자 하는 목적이 분명해야 하는데, 이는 수사해야 하는 범죄의 혐의 정도에 따라 달라진다. 따라서 내사와 수사의 구분의 유의미하다. 그런데 형사소송법은 내사가 수사절차에서 중요한 부분을 차지함에도 불구하고 피내사자의 권리규정이 없고 피내사자에게 형사피의자의 권리를 준용하는 법률상 명문의 규정도 두고 있지 않다. 비교법적으로 독일, 일본, 미국도 명시적으로 법률에 내사에 관한 법적근거를 별도로 규정하고 있지 않다.[2]

내사가 무엇인지 직접 정의하는 방법이 쉽지 않으므로 사전 영역에서의 조사와 내사를 구분하고 수사와 내사를 구분함으로써 내사의 본질을 이해할 필요가 있다.

사전 영역에서의 조사란 내사와는 달리 수사기관이 이미 범해진 범죄행위의 혐의를 확인하기 위한 조사활동이 아니다. 오히려 그것은 미래에 범해질 수 있는 범죄행위를 사전에 예방하기 위한 수사기관의 조사활동인 동시에 그러한 범죄행위가 범해지거나 범해지려고 할 경우 그것을 조기에 진압하기 위한 수사기관의 조사활동이다. 예를 들어 최근 들어 여성에 대한 성폭력사건이 빈발하는 경우 경찰이 그에 대한 대책으로 성폭력범죄가 예상되는 특정지역을 설정하고 그 주변을 서성거리는 수상한 자에 대하여 불심검문하는 경우가 전형적인 사전 영역에서의 조사 사례이다. 사전 영역에서의 조사는 수사기관이 범죄혐의를 인정하기 이전 단계에서 수행되는 조사활동이라는 점에서 내사와 동일하지만, 내사는 이미 범해진 범죄행위를 사후적으로 규명하는 것을 목적으로 하는 과거지향적인 것임에 비해 사전 영역에서의 조사는 이른바 "예방적 범죄투쟁"을 목적으로 하는 미래 지향적인 것이다. 따라서 사전 영역에서의 조사는 범죄의 예방과 진압이라는 양면성을 지닌다. 나아가 내사는 범죄혐의와 관련이 있으나, 사전 영역에서의 수사는 범죄혐의와 무관한 경우가 대부분이다.[3]

---

1) 이주원, 형사소송법 , 박영사, 2019, 70면
2) 박광현, "내사의 허용범위와 개선방안", 형사법연구 제32권 제2호, 2020, 209 – 210면

내사와 수사의 구분에 관하여, 형식설은 수사기관이 부여하는 범죄인지 여부에 따라 수사와 내사를 구별하자는 것이며 실질설은 수사기관이 조사 대상자에 대하여 범죄의 혐의가 있다고 판단하였음을 외부적으로 표시하는 일련의 조치가 있다면 그때부터 수사는 개시된다는 것이다.

범죄인지 전 작성된 피의자신문조서의 증거능력과 관련해서는 대법원은, "검찰사건사무규칙 제2조 내지 제4조에 의하면, 검사가 범죄를 인지하는 경우에는 범죄인지서를 작성하여 사건을 수리하는 절차를 거치도록 되어 있으므로 특별한 사정이 없는 한 수사기관이 그와 같은 절차를 거친 때에 범죄인지가 된 것으로 볼 것이나, 범죄의 인지는 실질적인 개념이고, 이 규칙의 규정은 검찰행정의 편의를 위한 사무처리절차 규정이므로, 검사가 그와 같은 절차를 거치기 전에 범죄의 혐의가 있다고 보아 수사를 개시하는 행위를 한 때에는 이때에 범죄를 인지한 것으로 보아야 하고, 그 뒤 범죄인지서를 작성하여 사건수리 절차를 밝은 때에 비로소 범죄를 인지하였다고 볼 것이 아니"라고 판시[4]하여 실질설을 따르고 있다.

형식설을 따를 경우 내사라는 명분하에 실질적인 수사활동을 하게 될 우려가 있다. 형식적인 범죄인지는 수사자료표와 범인인지보고서에 기초하여 사건부에 등재하는 절차로서 수사기관의 구체적인 업무처리방식에 불과한 것이므로 이를 기준으로 수사와 내사를 구별하는 것은 바람직하지 않다. 나아가 수사기관이 범죄혐의를 인정하고도 범죄인지보고서를 작성하지 않는 경우, 형식설에 의하면 이를 수사로 볼 수 없어서 형사소송법규정의 적용이 배제되는 결과를 초래하고 만다. 즉, 조사 대상자가 피의자가 아니라는 이유로 형사소송법상 진술거부권, 변호인과의 접견교통권, 증거보전청구권 등 피의자 보호규정을 준수하지 않을 수 있게 되는 것이다. 결국 실질설에 따라 수사기관이 설사 형식적으로 입건하지 않았다고 하더라도 범죄혐의가 있다고 보고 실질적으로 수사를 개시하는 행위를 했다면 내사가 아니라 수사로 보아야 한다.[5]

대법원은 "임의동행의 형식으로 수사기관에 연행된 피의자에게도 변호인 또는 변호인이 되려는 자와의 접견교통권은 당연히 인정된다고 보아야 할 것이고, 임의동

---

3) 조성용, "형사실무상 내사에 대한 비판적 고찰", 형사정책연구 통권 제94호, 2013, 45면
4) 대법원 2001. 10. 26. 선고 2000도2968 판결
5) 조성용, "형사실무상 내사에 대한 비판적 고찰", 형사정책연구 통권 제94호, 2013, 48면

행의 형식으로 연행된 피내사자의 경우에도 마찬가지라 할 것이다. 형사소송법 제34조는 변호인 또는 변호인이 되려는 자에게 구속을 당한 피고인 또는 피의자에 대하여까지 접견교통권을 보장하는 취지의 규정이므로 위 접견교통권을 위와 달리 해석할 법령상의 근거가 될 수 없다. 이와 같은 접견교통권은 피고인 또는 피의자나 피내사자의 인권보장과 방어준비를 위하여 필수불가결한 권리이므로 법령에 의한 제한이 없는 한 수사기관의 처분은 물론 법원의 결정으로도 이를 제한할 수 없다고 할 것이다.”고 판시[6]함으로써 피내사자에게도 접견교통권이 인정되어야 한다고 하고 있으나 위 사례에서 피내사자란 “임의동행의 형식으로 수사기관에 연행”되었다면 사실상 수사가 개시되어 피의자의 신분에 해당한다고 보아야 한다.

　형식설은 수사가 개시되는 시점과 피의자의 지위가 개시되는 시점을 혼동하고 있다. 조사 대상자의 지위에서 피의자의 지위로 전환되기 위해서는 행위 관련적 혐의(초기 범죄혐의) 이외에 행위자 관련적 혐의, 즉 누군가에 대하여 형사절차를 진행한다고 하는 수사기관의 소추의사가 외부로 발현될 것이 추가적으로 요구된다. 이와 같은 책임비난을 통하여 조사 대상자는 비로소 피의자가 된다. 그럼에도 불구하고 수사가 개시되는 시점과 피의자의 지위가 개시되는 시점을 동일시한다면 수사가 처음부터 계속하여 특정한 사람에 대하여 향해지고 있는 사안에서는 별다른 문제를 야기하지 않으나, 행위 관련적 혐의(초기 범죄혐의)는 인정되나 아직 행위자가 알려지지 아니한 수많은 사안에서는 수사의 개시시점이 피의자의 지위가 개시되는 시점으로 늦추어지게 되는 문제점이 발생하고 이에 상응하여 내사의 범위도 그만큼 넓어지게 된다.[7]

　형사소송법 ‘범죄혐의’는 수사기관의 주관적 범죄혐의로써 구체적 사실에 근거를 둔 것이어야 하며 소추가능한 범죄행위로 향해진 혐의를 의미한다(행위 관련적 혐의). 또한 그러한 혐의에 대한 인식정도는 범죄행위가 범해졌을 가능성만으로도 충분하다. 그리하여 수사기관이 고소, 고발, 풍문, 보도, 수사기관 자체의 인식 또는 그 밖의 방법에 근거하여 범죄행위가 범해졌을 가능성이 있다고 판단하고 실질적으로 수사에 해당하는 조사활동(임의수사 및 강제수사)을 수행한다면 그때부터 수사로 보아야 한다. 예컨대 초기 범죄혐의는 인정되나 아직 행위자가 알려지지 아니한 수

---

6) 대법원 1996. 6. 3.자 96모18 결정
7) 조성용, “형사실무상 내사에 대한 비판적 고찰”, 형사정책연구 통권 제94호, 2013, 53면

많은 사안에서는 수사는 피의자신문의 방식이 아니라, 대개는 기초적 주변조사나 사실조회의 방식으로 개시될 것이다. 바로 이러한 기초적 주변조사나 사실조회는 실질설에 따라 내사가 아니라 수사로 보아야 할 것이다.

수사기관이 겉으로는 마치 피내사자의 부담을 덜어주기 위하여 수사가 아닌 내사를 진행하는 것처럼 말하지만, 실제로는 내사를 빌미로 헌법 및 형사소송법의 통제에서 벗어나려는 것으로 보여질 수 있다. 내사의 확대는 불법내사의 시비와 피내사자에 대한 인권 침해의 논란으로 확대될 우려가 있다.

이상의 것을 종합했을 때 형사소송법상 허용되는 내사로는 변사자 검시를 들 수 있다. 또한 일반적으로 접근할 수 있는 정보의 수집, 수사기관 내부에 이미 존재하는 관련 서류 및 물건의 확인, 사건현장 및 대상물의 시찰 등 통상적으로는 기초적 주변조사에 해당하나 관련 조사대상자의 기본권을 침해하지 않는 조사활동은 허용된 내사로 보아도 무방할 것이다.[8]

다. 수사의 단서

통상 수사의 단서를 고소, 고발, 자수, 인지로 구분하지만 수사관의 입장에서는 스스로 알게 된 사건과 관련자로부터 들어서 알게 된 경우를 구분하는 것이 좋다. 스스로 알게 된 경우는 처음부터 주도적인 수사가 이루어진 것이지만 타인으로부터 들어 알게 된 것은 그 타인의 진술이 과연 믿을 만한 것인가를 알 수 없기 때문에 그 진술의 신빙성을 확인하기 위한 수사부터 출발해야 하기 때문이다.

수사관이 직접 인지한 사건이 아닌 경우에는 수사를 진행하기 위한 모든 단서와 증거 등은 고소, 고발, 자수를 한 사람이 알고 있기 때문에 그러한 사건의 대상자를 조사할 때는 **진술의 신빙성 ⇒ 향후 수사를 위한 단서발견**이라는 측면에서 접근하여야 한다.

수사관은 단순히 대상자의 말을 들어 그 내용을 확인하는 사람이 아니다. 대상자 또는 관련자의 말을 단초로 하여 과거에 있었던 일을 다시 재구성하는 것이다. 이 개념을 이해하지 못하면 주도적 수사가 어렵다. 분명 민원인이 제기한 범죄사실은

---

8) 조성용, "형사실무상 내사에 대한 비판적 고찰", 형사정책연구 통권 제94호, 2013, 76-77면

논리적이지 않아서 이에 대한 재구성이 필요함에도 그저 민원인의 주장을 받아 적는 것은 수사관으로써의 역할을 제대로 수행하는 것이 아니다.

라. 고소, 고발과 자수

1) 고소보충조사

고소란 범죄의 피해자 또는 그와 일정한 관계에 있는 고소권자가 수사기관에 범죄사실을 적시하고 범인의 처벌을 희망하는 의사표시이다. 친고죄에 있어서 고소는 소추조건이기 때문에 고소는 수사개시의 단서부터 소추조건에 이르기까지 기능하는 중요한 절차이다. 특히, 고소는 범죄의 피해자에 의한 것이라는 점을 유념할 필요가 있다. 범죄의 피해자에게는 고소권 이외에 헌법상 재판절차진술권(헌법 제27조 제5항), 범죄피해구조청구권(헌법 제30조), 배상명령신청권(소송촉진 등에 관한 특례법 제25조, 제26조) 등이 보장된다. 또한 검사의 불기소처분에 대한 재정신청권(형사소송법 제260조), 헌법소원심판청구권(헌법재판소법 제68조 제1항)이 인정되는 등 형사소송절차 전반에서 중요한 당사자이다. 범죄수사측면에서 범죄의 피해자이기 때문에 해당 범죄에 관하여 가장 많이 알고 있는 사람이며 피해자보호 측면에서는 아직 범죄 피해로부터의 트라우마를 극복하지도 못했을 수 있는 사람으로서 세심한 배려를 해주어야 할 대상이다.

고소장이 접수되면 통상 고소인을 소환하여 진술을 청취하게 되는데 이를 고소인 보충조사라고 한다(고소, 고발 사실이 범죄를 구성하지 않는 등의 사정이 있는 경우에는 경찰관은 고소, 고발인의 동의를 받아 수리하지 않고 반려할 수 있다9)). 고소인 보충조사

---

9) 범죄수사규칙 제50조(고소·고발의 반려) 경찰관은 접수한 고소·고발이 다음 각 호의 어느 하나에 해당하는 경우 고소인 또는 고발인의 동의를 받아 이를 수리하지 않고 반려할 수 있다.
　　1. 고소·고발 사실이 범죄를 구성하지 않을 경우
　　2. 공소시효가 완성된 사건인 경우
　　3. 동일한 사안에 대하여 이미 법원의 판결이나 수사기관의 결정(경찰의 불송치 결정 또는 검사의 불기소 결정)이 있었던 사실을 발견한 경우에 새로운 증거 등이 없어 다시 수사하여도 동일하게 결정될 것이 명백하다고 판단되는 경우
　　4. 피의자가 사망하였거나 피의자인 법인이 존속하지 않게 되었음에도 고소·고발된 사

를 하는 이유는 고소장의 내용만으로는 수사를 개시할 수가 없기 때문이다. 고소인을 상대로 법률상 의미 있는 진술을 조서에 기록하여 증거로써 활용될 수 있도록 해야 하며 고소인 진술의 진실 여부 또한 판명해야 하고 피의자의 혐의점을 밝혀낼 수 있는 가치 있는 정보를 획득해야 한다. 그러나 간혹 고소보충조서를 작성하는 취지를 망각한 채 형식적으로 작성 받는 경우가 있기 때문에 주의하여야 한다.

예를 들어,

```
문 고소의 요지가 무엇인가요.
답
문 처벌을 원하는가요.
답
문 더 할 말이 있는가요.
답
문 이상 진술이 사실인가요.
답
```

으로 끝나는 조사가 많다. 이는 매우 잘못된 조사방법이다. 사실관계에 있어서는 관계인이 가장 많은 정보를 가지고 있다고 하는 것을 결코 망각하지 않기를 바라며 고소인을 조사하는 단계부터 증거를 수집한다는 마음으로 신중히 받아야 한다.

고소장의 내용만으로 '**경험칙상, 현실상 그리고 논리적으로 이러한 일이 일어날 수 있는가?**'를 판단해야 한다. 만약 수사관의 상식으로 그러한 일이 일어나는데 의문이 생기면 그 의문점은 조사로써 풀어야 할 내용이 된다.

2006년 7월 처음으로 보이스피싱 피해자에 대한 조사를 했을 당시 피해자는 "제가 전화를 받고 은행에 가서 어떤 번호를 눌렀는데 갑자기 돈이 사라졌습니다. 이체를 눌렀거나 금액을 누른 적도 없습니다."라고 주장하였다. 이 내용만으로 보면 마치

건인 경우
5. 반의사불벌죄의 경우, 처벌을 희망하지 않는 의사표시가 있거나 처벌을 희망하는 의사가 철회되었음에도 고소·고발된 사건인 경우
6. 「형사소송법」제223조 및 제225조에 따라 고소 권한이 없는 사람이 고소한 사건인 경우. 다만, 고발로 수리할 수 있는 사건은 제외한다.
7. 「형사소송법」제224조, 제232조, 제235조에 의한 고소 제한규정에 위반하여 고소·고발된 사건인 경우. 이때 「형사소송법」제232조는 친고죄 및 반의사불벌죄에 한한다.

현금자동지급기 해킹사건처럼 보인다. 이 사건에서 우리는 피해자의 주장보다는 구체적으로 어떠한 조작을 했는지 객관적인 이체과정부터 조사할 필요가 있게 된다.

만약 어떤 민원인이 "제가 아는 어떤 사람이 제 이름으로 휴대전화 대리점에 가서 핸드폰을 개통했습니다. 제 이름의 위조한 내용하고 제가 통신요금을 낸 것에 대해 처벌해 주세요."라고 주장을 하는 경우, 이런 사건을 접한 수사관이 만약 '경험칙상, 현실상 그리고 논리적으로 이러한 일이 일어날 수 있는가?'를 판단하지 않고 조사를 바로 진행할 경우 피해자에 대한 사문서위조가 될까? 그럼 행사는 어떻게 한 거지? 그리고 통신요금의 피해자는 민원인인가 아니면 통신회사인가?라는 법적인 측면만을 검토하려 들 것이다.

그런데 '제가 통신요금을 낸 것에 대해....'라는 문구에 주목해 보자. 만약, 누군가가 여러분의 허락 없이 여러분의 이름으로 개통하면 여러분은 통신요금을 내겠는가? 그리고 여러분의 신분증이 없이 대리점에서 어떤 방법으로 개통을 했을지 궁금하지 않는가? 이러한 궁금증이 수사관이 조사를 통해 해결해야 할 내용이다.

만약 민원인의 말이 사실이면 도대체 왜 통신요금을 스스로 납부하게 되었는지를 조사하여 그 진술의 신빙성을 증명해야 한다. 수사관을 비롯하여 누구에게나 궁금한 사항은 정리해 두어야 한다. 또한 대리점에서 과연 민원인의 신분증도 확인하지 않고 개통을 해 줄 수 있을까라는 궁금증도 해결해야 한다.

이런 궁금증을 해결하다 보면 사건의 흐름은 정비가 되며 이러한 궁금증에 대한 답을 얻기 위한 적절한 방법을 궁리하다 보면 피의자신문조서, 진술조서를 작성할 때 어떤 내용을 조사해야 할지 알게 된다.

다시 한번 정리하자면 피해자에 대한 조사는 고소장의 내용을 대필하는 것이 아니다. 고소장의 내용을 단초로 하여 수사관이 그 당시 있었던 일을 재구성하며 이런 과정에서 생기는 의문을 풀게 되고 그 의문을 푸는 과정이 신빙성을 창출하게 되며 그것을 전제로 하여 피의자의 혐의를 입증할 수 있는 증거되는 진술을 찾거나 그 증거를 찾는 데 필요한 단초를 피해자로부터 얻어 내는 것이다.

2) 고소사건 조사사항

가) 고소의 권능

고소를 접수할 때 가장 먼저 확인해야 할 사항은 고소의 권능이 있는지 여부이다. 고소의 권능을 확인한다는 것은 고소인이 피해자인지에 대한 확인과 그가 고소능력이 있는지에 대한 확인을 포함한다.

고소권은 범죄의 피해자가 가지는 권리이다(형사소송법 제223). 형사법에서 말하는 피해자란 통상 보호해야 할 법익의 귀속주체를 말하는 것이기 때문에 원칙적으로는 개인적 법익을 침해하는 범죄에만 고소권이 발생할 수 있지만 사회적 법익이나 국가적 법익을 침해하는 범죄라고 할지라도 범죄수단 또는 범죄행의의 상대방이 된 때에는 피해자로 볼 수 있다.10) 이러한 판단을 할 때부터 해당 범죄의 구성요건요소에 대한 이해가 필요하게 된다. 통상의 경우 형사소송법 제224조11)에 따라 자기 또는 배우자의 직계존속을 고소하지 못하지만 성폭력범죄와12) 가정폭력범죄13)에 대해서는 직계존속이라도 고소할 수 있기 때문에 유의해야 한다.

※ 법정대리인의 고소권의 성질

대법원 1999. 12. 24. 선고 99도3784 판결은 "형사소송법 제225조 제1항 이 규정한 법정대리인의 고소권은 무능력자의 보호를 위하여 법정대리인에게 주어진 고

---

10) 헌법재판소 1993. 7. 29. 선고 92헌마262 전원재판부 결정 "직권남용죄는 공무원이 직권을 남용하여 사람으로 하여금 의무 없는 일을 행하게 하거나, 사람의 권리행사를 방해하는 것을 내용으로 하는 범죄로서(형법 제123조), 그 보호법익은 국가기능의 공정한 행사이다. 그러나 범죄 피해자의 개념 또는 범위를 정함에 있어서는 보호법익의 주체만이 아니라 범죄의 수단이나 행위의 상대방도 포함되는 것으로 해석하여야 할 것이므로, 직권남용죄의 경우 의무 없는 일을 행사하도록 요구받은 사람이나 권리행사를 방해받은 사람도 피해자라고 보아야 할 것이다."

11) 제224조(고소의 제한) 자기 또는 배우자의 직계존속을 고소하지 못한다.

12) 성폭력범죄의 처벌 등에 관한 특례법 제18조(고소 제한에 대한 예외) 성폭력범죄에 대하여는 「형사소송법」제224조(고소의 제한) 및 「군사법원법」제266조에도 불구하고 자기 또는 배우자의 직계존속을 고소할 수 있다.

13) 가정폭력범죄의 처벌 등에 관한 특례법 제6조(고소에 관한 특례) ① 피해자 또는 그 법정대리인은 가정폭력행위자를 고소할 수 있다. 피해자의 법정대리인이 가정폭력행위자인 경우 또는 가정폭력행위자와 공동으로 가정폭력범죄를 범한 경우에는 피해자의 친족이 고소할 수 있다.
② 피해자는 「형사소송법」제224조에도 불구하고 가정폭력행위자가 자기 또는 배우자의 직계존속인 경우에도 고소할 수 있다. 법정대리인이 고소하는 경우에도 또한 같다.
③ 피해자에게 고소할 법정대리인이나 친족이 없는 경우에 이해관계인이 신청하면 검사는 10일 이내에 고소할 수 있는 사람을 지정하여야 한다.

유권이므로, 법정대리인은 피해자의 고소권 소멸 여부에 관계없이 고소할 수 있고, 이러한 고소권은 피해자의 명시한 의사에 반하여도 행사할 수 있다."고 판시하고 있다. 또한 법정대리인의 고소기간은 법정대리인이 자신이 범인을 알게 된 날로부터 진행된다. 친고죄에서 법정대리인이 고소하는 경우 이 점을 유념하여야 한다.

다음으로 고소권을 갖는 피해자가 고소능력이 있는지 검토해야 한다. 고소는 처벌의 의사표시이므로 단순한 피해사실의 신고는 고소가 아니다. 개념상 고소능력은 소송행위로서 의사표시를 할 수 있는 소송능력을 말하며, 이는 민법상의 행위능력과도 구별된다. 유효한 처벌의 의사표시를 위하여 어느 정도의 의사능력을 요하는지에 대해서 대법원은 "고소를 함에는 소송행위능력, 즉 고소능력이 있어야 하는바, 고소능력은 피해를 받은 사실을 이해하고 고소에 따른 사회생활상의 이해관계를 알아차릴 수 있는 사실상의 의사능력으로 충분하므로 민법상의 행위능력이 없는 자라도 위와 같은 능력을 갖춘 자에게는 고소능력이 인정된다고 할 것이고, 고소 위임을 위한 능력도 위와 마찬가지라고 할 것이다."라고 판시[14]하고 있다. 즉, 처벌의 의사표시는 사실상의 의사능력 있는 자의 표시이면 족하며, 이는 고소의 위임을 위한 능력의 경우도 마찬가지이다.

사실상의 의사능력은 일반적인 기준을 정할 수 없으나 개개 사건에 따라 판례가 인정한 기준을 보면, 판례는 간음목적 미성년자 약취 범행과 관련하여 '피해자는 11세 남짓한 초등학교 6학년생으로서 그 정신능력과 수사기관 조사에서의 진술태도 등에 비추어 자신의 피해를 받은 사실을 이해하고 고소에 따른 사회생활상의 이해관계를 알아차릴 수 있는 사실상의 의사능력이 있었던 것'이라고 하여[15] 11세 남짓한 미성년자의 고소능력을 인정한 바 있다. 또한 청소년의 성보호에 관한 법률 제16조에 규정된 반의사불벌죄에 있어서 '피해자가 제1심 법정에서 피고인들에 대한 처벌희망 의사표시를 철회할 당시 나이가 14세 10개월이었더라도 그 철회의 의사표시가 의사능력이 있는 상태에서 행해졌다면 법정대리인의 동의가 없더라도 유효하다.'고 함[16]으로써 14세의 미성년자에게 고소철회능력을 인정한 바 있으며, 강간

---

14) 대법원 1999. 2. 9. 선고 98도2074 판결; 대법원 2004. 4. 9. 선고 2004도664 판결; 대법원 2011. 6. 24. 선고 2011도4451 판결
15) 대법원 2011. 6. 24. 선고 2011도4451 판결

당시 14세의 정신지체아가 범행일로부터 약 1년 5개월 후 주위 사람들에게 피해사실을 말하고 그들로부터 고소의 의미와 취지를 설명듣고 고소에 이른 경우 고소능력을 인정[17]한 바 있다. 따라서 판례의 경향을 본다면, 11세 이상의 미성년자라도 사실상 의사능력이 인정될 수 있다면 고소능력을 가진다고 볼 수 있다.[18]

나) 친고죄의 경우 고소기간의 경과

친고죄는 범인을 알게 된 날로부터 6월이 경과하면 고소하지 못한다.[19] 다만, 고소할 수 없는 불가항력의 사유가 있을 때에는 그 사유가 없어질 때부터 경과기간이 기산되므로 피해자 조사 시에 범인을 알게 된 날 또는 불가항력의 사유가 있던 사항을 반드시 확인하여야 한다.

친고죄를 인정하는 이유로는 범죄에 대한 공소제기로 인하여 범죄사실이 일반인에게 알려짐으로써 형사소추가 오히려 피해자의 명예나 사생활침해 등의 불이익을 초래할 우려 있는 경우, 범죄피해가 경미하여 피해자의 의사를 무시하면서까지 공소를 제기할 필요가 없는 경우, 나아가 범인과 피해자의 특별한 인적 관계를 고려할 필요가 있는 경우가 있다. 친고죄의 경우 국가의 소추권 행사 여부가 피해자 등 고소권자의 의사에 의해 결정되기 때문에 피해자의 관대함이나 복수심의 차이에 따른 처벌의사가 달라질 수 있어 동종 범죄를 저지른 범죄자들 간에도 국가형벌권 행사의 공평성에 의문이 제기될 수 있다는 비판이 있다.[20]

---

16) 대법원 2009. 11. 19. 선고 2009도6058 전원합의체 판결
17) 대법원 2007. 10. 11. 선고 2007도4962 판결
18) 김동혁, "특집: 형사절차와 인권보장 ; 피해자 고소권의 법적 쟁점 -피해자의 고소적격을 중심으로-", 경찰법연구 제12권 제2호, 2014, 40-41면
19) 형사소송법 제230조(고소기간) ①친고죄에 대하여는 범인을 알게 된 날로부터 6월을 경과하면 고소하지 못한다. 단, 고소할 수 없는 불가항력의 사유가 있는 때에는 그 사유가 없어진 날로부터 기산한다.
20) 이희경, "친고죄와 반의사불벌죄의 근거와 현행법제의 타당성 연구", 피해자학연구 제21권 제1호, 2013, 266, 268면

다) 반의사불벌죄[21]에 있어서 처벌의사

반의사불벌죄에 있어서는 고소불가분의 원칙이 적용되지 않는다. 따라서 수인의 공범을 고소한 후 1명에 대한 처벌불원은 당사자에게만 미친다는 점에 유의해야 한다.

> 간혹 수사입문자가 '2명이 폭행을 하였는데 한 명만이 고소취소를 하고 처벌불원의사를 알렸습니다. 이때 나머지 한 명은 기소를 하나요?'라는 질문을 하는 경우가 있는데 이 질문에는 두 가지 오류가 있다.
>
> 첫째, 폭행죄는 반의사불벌죄이기 때문에 '고소취소를 하고 처벌불원의사를 알리다.'라는 표현보다는 '고소취소장을 제출하는 방법으로 처벌불원의사를 밝히다.'가 맞다.
>
> 둘째, 또 하나의 오류는 2명이 폭행을 한 경우에는 폭력행위등처벌에관한법률위반으로 처벌하기 때문에 형법상 폭행죄도 아니고 반의사불벌죄도 아니다.

라) 고소인과 피고소인의 관계 확인

고소인과 피고소인과의 관계를 확인해야한다. 특히 인적요소가 강한 상태에서 발생한 차용사기 같은 경우는 당사자 간의 관계조사를 치밀히 해야 한다. 같은 사기죄의 경우에도 네다바이 같은 경우는 고소인이 목격한 바에 따라 '사실' 중심의 조사를 해야 하며 치정에 의한 사건, 신뢰관계를 이용한 범죄 등에 있어서는 고소인으로부터 피고소인과 범죄 이전에 알게 된 경우, 범죄에 전제된 사실관계 등을 확인해야 한다.

마) 범죄 이전과 이후의 상황

수사입문자가 가장 많이 범하는 실수는 민원인이 주관적으로 생각하는 피해사실만을 조사하는 것이다. 범죄가 발생하기 전의 상황과 발생 후의 상황으로부터도 증

---

21) 친고죄는 독일, 프랑스, 일본 등 외국의 여러 나라에서도 인정되고 있지만, 반의사불벌죄는 우리 형법에 고유한 제도이다. 즉, 반의사불벌죄는 1953년 9월 18일 형법 개정시 구형법에 없던 새로운 유형의 범죄를 창설한 것이다(대법원 1994. 4. 26. 선고 93도1689 판결). 구법에서 폭행죄와 협박죄는 친고죄로 규정되어 있었으나, 피해자가 후환이 두려워 고소하지 못하는 경우가 있다는 점을 고려하여 형법은 이를 반의사불벌죄로 규정하였다. (이재상, 형법각론, 박영사, 2012, 63, 116면)

거를 추론할 수 있으며 불상의 피의자 인적사항을 발견할 수 있는 단서도 찾아낼 수 있다. 법률과 수사에 대한 지식이 없는 민원인이 자발적으로 수사의 가치 있는 단서를 제공할 것을 기대해서는 안 된다. 특히 민원인이 법무사, 변호사 등 제3자를 고용하여 대필하게 한 서류는 문서의 기록과정에서 사실관계에 한 번 더 왜곡이 발생했을 가능성이 있으며 민원인의 경우 수사관의 추가적인 질문이 없는 경우 대필한 서류의 내용만을 진술할 가능성이 높기 때문에 세심한 주의를 기울여야 한다.

바) 피고소인의 범행을 입증할 자료

수사의 실무상 목적은 과거의 범행을 입증할 증거를 찾아내어 이를 법정에 제출하는 것이다. 따라서 수사의 개시부터 종결 시점까지 증거를 발견해야겠다는 생각은 한 순간도 잊지 말아야 한다. 증거를 찾아내는 가장 중요한 시발점은 고소인에 대한 면담으로부터 시작한다. 또한 증거를 찾아내기 위한 가치 있는 단서를 찾아내는 작업도 병행해야 하는데 민원인에게 직접적인 답변을 기대해서는 안 된다. 예를 들어 '그것을 입증할 증거가 있는가요.'라는 질문은 적절치 못하다는 것이다. 민원인은 자신이 알고 있는 사실 중 어떠한 것이 증거의 가치가 있는지 잘 알지 못하기 때문이다. 이러한 질문 대신에 '그 자리에 혼자 가셨나요?', '그 장소에 가기 전에 전화통화를 한 사람이 있는가요?', '피해를 당하신 후 누구에게 먼저 도움을 요청했는가요?', '범인이 어떠한 방법으로 연락을 취하였는지 기억하시나요?'라는 식으로 결론이 아니라 결론을 이끌어 갈 점과 선을 연결할 수 있는 질문을 하여야 한다.

3) 고발

가) 고발의 대리

간혹 수사결과보고서에 '고발대리인 OOO의 진술에 의하면'이라는 문구를 보게 된다. 고발은 대리가 허용되지 않기 때문에 고발대리인의 진술은 있을 수 없다. 따라서 고발장을 넣고 고발대리인 위임장을 첨부하는 경우에는 수임인이 직접 고발인이 되어 조서를 받거나 고발한 고발인이 출석하여 조사를 받아야 한다.

나) 고발하게 된 경위

어떤 사유로 고발을 하게 되었는지 조사하여야 하고 기관고발이 아닌 사인 사이의 내부고발인 경우에는 중요한 수사단서가 고발인으로부터 확보되기 때문에 신중한 접근이 필요하다. 또한, 고발인이 피고발인 또는 피고발인 회사의 내부직원이었을 경우에는 피고발인으로부터 고발인에게 부당한 압력이 행사되지 않도록 배려하는 것도 생각해야 한다. 특히 내부직원인 경우에는 범죄되는 사실 자체뿐만 아니라 회사 내부의 사정이나 관행, 구조, 직원들 간의 관계 고발한 구체적인 이유와 고발하게 되기까지의 경위에 대해 상세한 조서가 작성된다면 향후 수사방향을 설정하는 데 많은 도움을 받을 수 있다.

다) 소송조건 여부

고발은 원칙적으로 수사의 단서에 불과하지만 관세법, 조세범처벌법, 독점규제 및 공정거래에 관한 법률 등과 같이 행정형법의 성격이 강하고 위반 여부의 판단을 위해 전문적 지식이 필요한 경우 권한 있는 공무원의 고발을 소송조건으로 하고 있다.[22] 통상 고발이 소송조건인 경우가 앞에 열거한 법률을 비롯하여 5~6개의 특별법만 있을 것으로 생각하지만 실제로 법제처 홈페이지에서 '고발이 있어야' 또는 '고발이 없으면'이라는 검색어로 법률검색을 하면 생각했던 것보다 많은 법률이 검색되는 것을 확인할 수 있다. 실무상 이 모든 법률을 암기할 필요는 없지만 모르는 법률로 고발되었을 때에는 반드시 해당법률을 조회하여 고발이 소송조건이 아닌지 확인해 보아야 한다.

4) 자수

자수란 범인이 수사기관에 대해 자신의 범죄사실을 신고하여 처벌을 희망하는 의사표시를 하는 것을 말한다. 이는 수사기관에 대한 의사표시이기 때문에 반의사불벌죄의 경우 범인이 피해자에게 자신의 범죄사실을 알리고 용서를 구하는 자복과는 구별해야 한다. 또한 자수는 범인의 자발적 의사표시를 의미하기 때문에 수사기관의 직무상 질문 또는 조사에 응하여 범죄사실을 진술하는 것은 자백일 뿐 자수에 해당하지 않는다.[23][24]

자수는 수사개시의 단서이면서도 실체법상 형의 임의적 감면사유(형법 제52조 제1항, 제2항)이기 때문에 자수에 의한 수사의 개시임을 표시해 주어야 하며 진술을 받

---

22) 이은모, 형사소송법 제5판, 박영사, 2015, 202면
23) 대법원 2011. 12. 22. 선고 2011도12041 판결
24) 이은모, 형사소송법 제5판, 박영사, 2015, 204면

을 때는 범죄사실의 내용뿐만 아니라 공범관계, 증거관계, 자수의 경위 등을 상세히 조사하여야 하며 다른 범죄를 은폐하기 위한 자수가 아닌지도 확인해야 한다.[25] 실제로 살인 등의 중범죄를 저지른 경우 그에 대한 용의선 상에서 벗어나기 위해 타 관내에서 범한 절도 등으로 자수하는 사례가 있음을 유의해야 한다.

5) 고소 · 고발의 취소

고소취소의 경우 고소취소에 대한 진술조서를 작성하게 된다. 통상 고소취소장 내지 합의서만 첨부하는 경우가 있는데 고소취소는 취소의 의사를 명확히 확인하고 그 취소의 경위를 파악하기 위해 고소취소에 대한 진술조서를 작성하는 것이 바람직하다. 이때, 고소취소가 협박 등 강압에 의하지 않았다는 점을 명백히 하고 고소를 취소한 후에 동일한 내용으로 취소할 수 없음을 알고 있는지와 고소를 취소하게 된 경위 등에 대해 상세히 조사하여야 한다. 또한 무고의 점이 인정되면 무고의 죄로 인지하여야 한다. 통상 고소인, 고발인에 대한 조사 전 허위의 사실을 신고하는 경우 무고의 죄가 될 수 있음을 고지하였는데 최근에는 이렇게 고지하는 모습을 잘 볼 수가 없다. 이러한 고지는 상대방에게 주의를 환기시켜 허위의 고소를 하는 고소인 또는 사실을 과장되게 진술하는 민원인으로 하여금 신중을 기하게 하는데 도움을 준다.

만약, 사건을 송치한 후 민원인이 경찰서에 방문하여 고소취소를 하러 온 경우 '검찰에 송치가 되었으니 검찰청에 가서 고소취소를 하라.'고 안내하는 경우가 있는데 이는 결코 바람직하지 않은 태도이다. 고소취소에 대한 조서를 적성하고 관련 서류를 제출받은 후 검찰청에 추송해 주어야 한다.

---

25) 범죄수사규칙 제51조(자수사건의 수사) 경찰관은 자수사건을 수사할 때에는 자수인이 해당 범죄사실의 범인으로서 이미 발각되어 있었던 것인지 여부와 진범인이나 자기의 다른 범죄를 숨기기 위해서 해당 사건만을 자수하는 것인지 여부를 주의하여야 한다.

고소취소 조서의 예시

문: 진술인은 김갑동에 대한 간통고소를 취소한 것이 분명한가요.

답: 네. 그렇습니다.

문: 고소를 취소하게 된 이유는 무엇인가요.

답: 김갑동으로부터 충분한 위자료를 지급받고 서로 이혼하기로 합의하였기 때문에 고소를 취소하게 된 것입니다.

문: 진술인은 김갑동이나 다른 사람으로부터 위협을 당하거나 거짓말에 속아서 취소하는 것은 아닌가요.

답: 그렇지 않습니다. 현금을 이미 받고 제 스스로 취소하는 것입니다.

문: 이번에 고소를 취소하게 되면 앞으로 이 사건으로는 다시 고소를 할 수 없다는 사실을 아는가요.

답: 네. 잘 알고 있습니다. 앞으로 다시 고소하지는 않을 것입니다.

고소취소 의사표시의 방법 및 효력

- 이 사건 저작권법위반의 공소사실은 저작권법 제97조의5에 해당하는 죄로서 저작권법 제102조에 의하여 저작권자 등의 고소가 있어야 공소를 제기할 수 있고, 형사소송법 제232조에 의하면 고소는 제1심판결 선고 전까지 취소할 수 있되 고소를 취소한 자는 다시 고소할 수 없으며, 한편 고소취소는 범인의 처벌을 구하는 의사를 철회하는 수사기관 또는 법원에 대한 고소권자의 의사표시로서 형사소송법 제239조, 제237조에 의하여 서면 또는 구술로써 하면 족한 것이므로, 고소권자가 서면 또는 구술로써 수사기관 또는 법원에 고소를 취소하는 의사표시를 하였다고 보여지는 이상 그 고소는 적법하게 취소되었다고 할 것이고, 그 후 고소취소를 철회하는 의사표시를 다시 하였다고 하여도 그것은 효력이 없다 할 것이다(대법원 1983. 7. 26. 선고 83도1431 판결).
- 원심판결 이유에 의하면, 원심은 그 채용증거에 의하여 고소인 공소외인은 검사의 "피의자들에 대한 처벌을 원합니까."라는 질문에 "처벌을 원하지 않습니

다.”라고 답한 사실, 공소외인은 제1심법정에서 검찰조사를 받으면서 위와 같이 진술하였으나 고소를 취하한다는 의미가 아니라 신앙인으로서 피고인을 꼭 처벌하기보다는 사실 자체가 완전히 드러나기만 하면 된다는 생각을 했기 때문에 피고인을 처벌하는 것은 원치 않는다는 것이었다고 진술한 사실을 인정한 다음, 검사의 항소이유 주장 자체에 의하더라도 고소인 공소외인은 이 사건 공소제기 전에 검사에게 친고죄인 저작권법위반의 점에 대한 피고인의 처벌을 구하는 의사표시를 철회하는 의사표시를 한 것이고, 그 의사표시 당시 고소인에게 앞에서 인정한 것과 같은 내심의 진정한 의사가 있었다 하더라도 친고죄에서 처벌을 구하는 의사표시의 철회는 수사기관이나 법원에 대한 공법상의 의사표시로서 내심의 조건부 의사표시는 허용되지 않는 것이므로, 위 의사표시로서 저작권법위반의 점에 대한 고소인의 고소는 적법하게 취소되었다고 할 것이다(대법원 2007. 4. 13. 선고 2007도425 판결).

6) 고소취소 유형별 고려사항

고소취소 조서를 작성하는 유형을 구분하면 첫째, 혐의 없는 사건의 고소취소, 둘째, 혐의유무가 불분명한 고소취소, 셋째, 혐의가 있는 사건의 고소취소가 있다.

가) 혐의 없는 사건의 고소취소

첫째 유형의 고소취소 조서를 작성할 때는 막연히 고소를 취소한다는 취지만을 조사할 것이 아니라 고소취소의 기회를 이용하여 ‘무고 여부를 판가름 할 수 있는 자료’, ‘혐의 없음을 확실히 할 수 있는 내용’을 물어 조사를 하여야 한다. 이 부분을 확실히 하지 않으면 고소인은 철회를 하겠다고 할 수도 있으며 이에 맞서 철회가 허용되지 않는다고 하면 또 다른 증거를 제시하는 등 다툼의 여지가 있다.

나) 혐의유무가 불분명한 고소취소

둘째 유형은 혐의유무를 확실히 할 수 있는 내용의 조사가 이루어져야 한다. 혐의유무가 불분명한 상태에서 고소취소를 하였다는 것을 이유로 들어 불기소하는 것은 바람직하지 못하다. 노련한 피의자가 또 다른 약속을 하고 고소인을 설득하여 고소를 취소하도록 한 사건의 경우 추후에 피의자가 그 약속을 지키지 않을 경우 피해자는 다시 경찰관서를 찾아오게 되어 있다. 애초 혐의가 없는 것이 확실하여 재수사를 하지 않는 것은 지극히 당연한 이치지만 당초 불기소할 때 혐의유무를 명백히 하지 않은 상태에서 고소취소가 되었다는 이유만으로 불기소를 한 경우라면 매우 곤혹스럽게 된다. 따라서 혐의유무가 명백하지 않은 사건에서의 고소취소 조서를 작성할 때에는 왜 취소를 하게 되었는지 상세히 조사하여야 하며 그런 조사에도 불구하고 혐의점이 불분명하면 수사를 계속 진행하는 것이 원칙이다(다만, 고소가 소송조건인 사건의 경우 고소취소가 명백하면 수사를 종결하여야 한다).

다) 혐의가 있는 사건의 고소취소

셋째 유형은 사실 고소취소 조사를 작성할 필요가 없으며 (피해자가 피의자와 합의했다는 등의 의미에서의) 고소취소장을 제출받는 조치로도 충분할 것이다. 다만 고소취소의 사유를 통해 또 다른 사실을 확인할 수 있다거나 피해자의 의사가 피의자에 대한 처벌수위 결정에 영향력이 있다면 조사를 받아 주어야 하며 그 조사의 내용은 고소취소의 전제된 사실들에 집중되어야 할 것이다. 혐의가 있는 사건에 대해서는 절대로 고소취소를 이유로(소송조건인 경우 제외) 수사를 종결하는 경우가 없도록 하여야 한다. 이 경우의 고소취소는 오히려 고소를 취소한다는 데 의미가 있는 것이 아니라 합의를 하거나 용서를 해 주었다는 점에서 피의자에게 추후 양형의 고려사유가 될 수 있으니 이런 경우의 고소취소는 피의자의 이익을 위해 용서 여부나 피해회복 노력에 대한 확인을 해 두어야 할 것이다.

마. 요소의 추출과 고려사항

어떠한 사건을 취급하던지 사실, 법률, 증거, 신병이라는 4가지 요소를 동시에 고려하여야 한다. 또한 2차적으로 사실관계를 세부적으로 나눔에 있어서는 "사건=사람+시간+장소+내용"의 공식으로 재구성하여야 한다. 즉, 우선 사건의 성향을 파악하여야 하며 향후 어떠한 수사절차를 통해 사건을 풀어 갈 것인가를 늘 고민해야한다. 어떠한 사건은 발생 이후 변호사의 자문을 거쳐서 정리된 상태로 고소되는 것도 있으며 어떠한 사건은 발생 즉시 신고되는 경우도 있을 것이다. 고소사건의 경우도 피해자의 진술 자체가 증거요소를 많이 포함된 것이 있을 수도 있으며 인터넷이나 전화를 통해 사기 피해를 당한 것처럼 피해를 당했다는 것 이외에는 피의자에 대해 자세한 정보가 없는 고소사건도 있을 것이며 발생사건 역시 여러 가지 범행의 정황이 남는 것도 있으며 우연히 발생하여 증거를 찾기 쉽지 않은 사안도 있다. 사건 수사를 진행하기 위해서 해당 진술의 내용에서 요소를 추출하는 방법과 이때에 고려해야 할 사항에 대해 살펴보고자 한다.

1) 요소의 추출

> 피고인은 2002. 8. 18. 01:55경 안양시 만안구 안양7동 144 소재 애향공원에서 그곳 여자화장실에 들어간 피해자(여, 44세)를 발견하고 순간적으로 욕정을 일으켜 그녀를 강간하기로 마음먹고 피해자가 있던 여자화장실 내 용변 칸으로 침입하여 피해자에게 "조용히 해, 가만히 있어."라고 말하며 한손으로 피해자의 입을 막고, 다른 손으로는 그녀의 몸통 부분을 붙잡아 그녀의 반항을 억압한 후 그녀를 간음하려 하였으나, 그곳 남자화장실에 있던 피해자의 남편 공소외인이 달려오자 뜻을 이루지 못하고 미수에 그친 채, 피해자에게 약 2주간의 치료를 요하는 좌족 관절부좌상 등을 입게 하였다.

가) 사실요소 추출

- 사람, 시간, 공간요소를 추출한다.

시간, 공간요소는 법률상 의미 있는 시간, 공간요소가 되어야 한다. 사기 사건에서 처음 만났을 때와 장소, 기망행위를 시작한 때와 장소, 돈을 교부한 때와 장소가 모두 필요하다. 고소인이나 사건 관계인의 진술에서 이 모든 장소와 시간이 나올 것을 기대할 수 없으며 조사자의 질문에 따라 이러한 사실들이 추출된다. 일단 어떤 사건에서 등장한 요소들이 있다면 그 요소에 맞는 모든 시간과 장소를 추출해 내야 한다. 예를 들어, A라는 사람이 B로부터 2010. 1. 1. 어떠한 사항을 위임을 받고 2010. 2. 1. 그 위임사항에 위반하여 배임죄를 저질렀을 경우처럼 위임받은 시간과 장소, 범죄를 저지른 시간과 장소가 다른 경우 첫 번째 시간, 장소만을 조사하거나 범죄사실에 기재하는 경우가 있다. 이는 범죄사실의 개념과 형법의 실행의 착수 개념을 잘 이해하지 못하면서 생기는 과오이다. 수사입문자의 경우 이러한 과오를 범하지 않기 위해 반드시 법적 구성요건을 먼저 검토한 후에 조사를 받거나 사건을 분석해야 하며 이런 시간이 없다면 각 행위에 따른 시간, 장소를 매번 검토하여야 하는 것이다.

- 사안의 내용 추출

이제는 사안의 내용, 즉 앞에서 추출한 사람, 사물이 각 시간, 공간에서 어떠한 행위를 하고 어떠한 일이 일어났는지를 파악하여 각 사람, 사물 간의 관계를 이어 나가야 한다. 위 사례에서 "2002. 8. 18. 야간, 공원, 공중 화장실, 44세 여성, 침입, 제압, 간음, 미수, 2주간 상해"라는 요소가 추출될 것이며 이러한 요소들은 아래 항목에서 법률적으로 평가를 받게 된다.

나) 법률적 요건의 검토

통상 법을 제대로 이해하는 사람은 폭행, 상해, 간음, 미수 등을 모두 고려하여 강간치상이라는 죄명을 떠올릴 수 있다. 그런데 장소적 측면에서 "공중화장실"을 "침입"한 요소가 개입하게 되면 주거침입한 자가 강간의 범행을 한 것에 대해 의율할 법률을 검토하게 된다. 공중화장실은 주거는 아니지만 형법상 주거침입죄의 구성요건 중 건조물에 해당되므로 주거침입에 해당하며 특별법의 존재를 아는 사람은 주거침입을 한 자가 강간을 하여 상해를 입힌 경우 구 성폭력범죄의 처벌 및 피해자 보호 등에 관한 법률(지금의 성폭력범죄의 처벌 등에 관한 특례법)로 위 사건을 적용하게 될 것이다.

그러나 수사를 처음하는 사람의 입장에서는 바로 적용 법률과 법조가 떠올리기가 어렵기 때문에 모든 요소를 추출하는 연습이 필요하다. 즉, 이 사안을 보고 요소를 추출한 후 각 요소에 적합한 형법상 강간죄, 강간미수, 강간치상, 강제추행죄, 상해죄, 과실치상죄, 폭행죄, 폭행치상죄, 주거침입죄 등을 떠올릴 수 있어야 한다. 그러면서 각 요소가 왜 적합하지 않은지에 대해 형법적으로 고민할 필요가 있는데 이런 훈련을 반복하다 보면 복잡한 사안에 부딪혔을 때도 쉽게 요소를 추출, 조합이 가능하게 된다. 결국, 위 사안에서 강간미수구나 그런데 상해를 입혔으니 강간치상이고 만약 그 상해의 정도를 조사하여 상해의 정도에 이르지 않으면 강간미수로 의율도 할 수 있구나 하지만 주거침입죄를 범한 경우에 해당하기 때문에 특별법을 적용해야 하는구나 혹은 다만, 피의자가 현재 상대방의 동의에 의해 들어갔다거나 술에 취해 잘못 열고 들어갔다가 욕정을 일으켰다고 주장하므로 이것이 입증되지 않으면 결국 강간치상 또는 강간미수로도 의견을 낼 수도 있겠구나 등을 생각해 낼 수 있게 된다.

2) 고려사항

가) 실체법적 요소와 절차법적 요소를 동시에 고려

사안을 추출한 후에는 구성요건, 위법성, 책임뿐만 아니라 미수, 공범, 죄수까지 동시에 고려해야 한다. 위에서 추출한 사실에서 '결과가 발생하지 않았다는 요소'가 발견이 되면 미수에 대한 처벌규정이 있는지를 검토할 줄 알아야 하며 '결과는 발생했다고 주장하는데 이 사실이 입증되지 않았을 때'에는 어떻게 조치가 되어야 하는지 검토되어야 한다. 만약, 기수의 결과에 대해서는 처벌규정이 있지만 미수의 처벌규정이 없다면 결과발생의 입증이 가장 중요한 수사의 요소가 될 것이기 때문이다. 쌍방 폭행사건의 경우에는 정당방위, 정당행위 등 위법성조각사유의 존부 여부가 핵심이 될 수 있기 때문에 처음 사건을 접할 때부터 사건이 일어난 경위와 유발행위에 대해 철저한 조사가 이루어져야 한다. 만약, **사건 초기에 이러한 사항이 검토되지 않아 구성요건요소만이 검토되고 시일이 경과된 후에 양 당사자 간 다툼이 지속된다면 행위 당시의 진실한 사항을 다시 추출해 내기란 매우 어렵게 된다.** 공범 또한 고려되어야 한다. 공범이 있는 경우에는 구성요건요소 자체가 변경되어 다른 법률로써 적용되어야 할 부분이 발생하기도 하고 여러 명의 공범이 존재할 경우 어떤 공범부터 조사를 해야 하는지, 어떤 공범부터 체포를 해야 하는지도 고려가 되어야 한다. 죄수 역시 포괄일죄, 상상적 경합, 실체적 경합으로 할지 초기에 고민해야 한다. 경합범으로 조사를 할 경우에는 범죄사실 단위별로 증거를 수집할 필요성이 생기며 포괄일죄의 경우 전체 범행의 규모와 범행의 수단 등에 대해 포괄적으로 접근할 수도 있기 때문이다.

| 사례연습

다음 사례를 보면서 실체법, 절차법적 요소를 어떻게 고려하는지 살펴보자.

2008년 어느 날 마산에 있는 초등학생들이 종로에 있는 조계사를 방문하였다. 거기에는 당시 광우병파동과 이에 대응한 운동을 주도한 수배자들이 도피해 있었다. 초등학생들은 수배자들이 마련해 놓은 방명록에 VIP에 대한 욕설을 기재하였고 어떤 사람이 그 방명록을 촬영하고 인터넷에 유포시키게 되었다. 누군가 이 사건을 수사하라고 지시한다면 수사관은 어떻게 대응을 해야 할까?

수사업무를 하다 보면 언론에 난 사건사고나 주변의 풍문 등을 수사의 단서로 삼을 때가 있으며 이러한 단서를 접한 상급부서에서 수사지시를 하는 경우가 있다. 이때, 수사에 착수하기 전 누구의 어떠한 행위를 어떠한 법률위반으로 의율하여 수사를 할 것인지 먼저 정해야 하며 이러한 판단 없이 실제 수사행위로 나아가서는 안 된다. 우선 이야기식으로 구성된 위 사례에서 어떠한 부분이 범죄를 구성하며 이때 누가 범인이며 어떠한 방식으로 수사를 진행할지 결정해야 한다.

사건의 기본적인 구성요소는 사람과 시간과 공간과 거기에서 발생한 내용이라고 했다. 이 사례에서 관련된 사람을 뽑아 보면 초등학생, 인터넷에 유포한 불상자, 수배자, VIP가 있다. 이 사람들을 범죄를 기준으로 어떠한 위치에 있는지 특정해야 한다. 만약 초등학생을 범인으로 설정하게 되면 '초등학생이 방명록에 욕설을 기재한 것'이 행위가 될 것이며 그 행위는 모욕의 구성요건 중 '모욕적인 언사'에 해당한다. 그러면 여기서 방명록에 기재한 것이 공연한 것인지도 판단의 대상이 된다. 이러한 행위의 피해자는 VIP가 될 것이다. 또한 모욕죄는 친고죄이기 때문에 고소가 있어야 한다. 물론 고소가 선행되어야 수사를 진행하는 것은 아니지만 최소한 고소의 가능성은 검토를 해보아야 할 것이다.

그런데 여기서 한 가지 결락된 것이 있다. 초등학생이라는 점이다. 이는 우선 형법상 형사미성년자라는 점과 초등학생이 수사의 대상자가 된다는 점을 고려해야 한다. 형사미성년자라는 사실이 먼저 검토된다면 소추 가능성이 없기 때문에 수사의 필요가 없어 위에서 언급한 이후의 고려사항은 모두 배제될 것이다. 또한 위와 같은 행위로 인해 초등학생들을 수사한다는 것은 수사의 실효성 없이 경찰수사를 도마에 올려 놓을 수 있는 빌미를 제공할 수도 있다는 판단도 필요하다. 따라서 사람을 요소로 뽑았을 때 초등학생을 범죄의 주체로 설정하고 진행하는 수사는 배제되어야 한다는 결론에 이른다.

그 다음은 인터넷에 방명록을 찍어서 유포한 불상자를 범인으로 놓았을 경우이다. 불상자를 범인으로 두면 그가 한 행위는 '욕설이 담긴 내용을 사진으로 찍어서 정보통신망에 유포시킨 것'이 된다. 정보통신망에 대한 유포는 그 내용이 사실에 관한 것일 경우에는 '비방의 목적'과 맞물려 정보통신망 이용촉진 및 정보보호 등에 관한 법률위반의 혐의로 수사를 진행할 것이며 모욕에 해당할 경우 형법상 모욕죄로 진행하게 된다. 그런데 모욕죄로 수사를 진행할 경우 앞서 살펴본 바와 같이 피해자는 VIP의 고소 가능성에 대한 판단이 선행되어야 하며 그러한 가능성 이 없이 수사를 착수할 수 없다.

그러나 만약 위와 같은 행위의 피해자가 초등학생과 그 소속 학교가 된다면 어떻게 될까? 결국 유포한 사실은 '초등학생들이 VIP를 욕설했다.'는 사실이 된다. 따라서 정보통신망법의 명예훼손과 형법상 명예훼손을 검토하게 되는데 그 피해자인 초등학생을 '비방할 목적'은 없었던 것으로 보면, 형법상 명예훼손으로 수사에 착수하게 될 것이다. 물론 여기에는 이러한 행위로 말미암아 초등학생들의 명예를 훼손하게 될지도 모른다는 미필적 고의는 필요하게 된다.

나) 여러 개의 범죄라면 각 범죄별로 모든 요소를 검토

각 범죄에 대한 죄수도 고려해야 한다. 공소시효는 각 죄마다 개별적으로 판단해야 하겠지만 피의자의 소재불명으로 지명수배를 할 경우에는 가장 중한 범죄가 무엇인지 파악하여 그에 대한 공소시효를 기준으로 지명수배를 해야 한다.

또한, 각 범죄별로 구성요건요소 등을 추출하고 이를 구증할 수 있는 것이 무엇인지 개별적으로 확인해야 한다. 이를 분석하지 않고 모든 범죄를 하나의 이야기식으로 생각하여 포괄적으로 조사하다 보면 차후 사건이 복잡해지거나 관련자가 늘어날 경우 잘 정리가 되지 않는 경우가 있게 된다.

다) 공소시효의 고려

사건을 처음 접했을 때 발생일시를 검토하게 되는데 상당한 기간이 지난 후에 접수된 사건일 경우 공소시효부터 검토하게 된다. 이 점을 검토하지 않은 경우 이미 시효가 경과된 사건을 계속 취급하는 사례도 있고 시효가 얼마 남지 않았음에도 불구하고 수사관의 손에서 시효를 경과시켜 버리는 사례도 있다.

이때, 시효의 계산은 범죄가 종료된 때부터 진행이 된다는 점에 유의하기 바라며 실제 시효가 남아 있음에도 불구하고 실행의 착수 시점부터 계산하여 수사를 진행하지 않는 사례가 없도록 해야 한다.[26] 반면에 오랜 시간이 지나 고소, 고발된 사건의 경우 그전에 같은 내용으로 고소나 고발을 한 후에 죄명만을 변경하거나 관련자만 바꾸어 다시 고소하는 경우도 있기 때문에 수사대상자 검색 등을 통해 유사사건이 취급되었던 적이 있는지도 확인하여 중복된 수사가 진행되지 않도록 유의해야 한다.

특히 조심해야 할 점은 성폭력 범죄, 아동청소년에 대한 성범죄, 아동학대범죄에 대해서는 공소시효에 대한 특례가 적용되기 때문에 이러한 내용으로 상담을 할 때 막연히 형법이나 형사소송법적인 상식으로만 판단하여 일을 그르치는 일이 없도록 해야 하며 반드시 해당 특별법을 검토하여야 한다.

▌ 공소시효와 기간의 계산

> 형사소송법
> 제248조(공소효력의 범위) ① 공소는 검사가 피고인으로 지정한 사람 외의 다른 사람에게는 그 효력이 미치지 아니한다.
> ② 범죄사실의 일부에 대한 공소는 그 효력이 전부에 미친다.
> 제249조(공소시효의 기간) ① 공소시효는 다음 기간의 경과로 완성한다.
> 1. 사형에 해당하는 범죄에는 25년
> 2. 무기징역 또는 무기금고에 해당하는 범죄에는 15년
> 3. 장기10년이상의 징역 또는 금고에 해당하는 범죄에는 10년
> 4. 장기10년미만의 징역 또는 금고에 해당하는 범죄에는 7년
> 5. 장기5년미만의 징역 또는 금고, 장기10년이상의 자격정지 또는 벌금에 해당하는 범죄에는 5년
> 6. 장기5년이상의 자격정지에 해당하는 범죄에는 3년
> 7. 장기5년미만의 자격정지, 구류, 과료 또는 몰수에 해당하는 범죄에는 1년
> ② 공소가 제기된 범죄는 판결의 확정이 없이 공소를 제기한 때로부터 25년을 경과하

---

26) 공소시효의 기산점
   1) 범죄행위가 종료한 때로부터 진행
   2) 공범인 경우 최종행위가 종료한 때로부터 전 공범에 대한 시효기간을 기산
   3) 포괄일죄는 최종 범죄행위의 종료시부터 기산
   4) 결과적 가중범은 중한 결과가 발생한 때로부터 기산
   5) 계속범은 법익 침해가 종료된 때로부터 기산

면 공소시효가 완성한 것으로 간주한다.

제250조(2개이상의 형과 시효기간) 2개이상의 형을 병과하거나 2개이상의 형에서 그 1개를 과할 범죄에는 중한 형에 의하여 전조의 규정을 적용한다.

제251조(형의 가중, 감경과 시효기간) 「형법」에 의하여 형을 가중 또는 감경한 경우에는 가중 또는 감경하지 아니한 형에 의하여 제249조의 규정을 적용한다

제252조(시효의 기산점) ① 시효는 범죄행위의 종료한 때로부터 진행한다.

② 공범에는 최종행위의 종료한 때로부터 전공범에 대한 시효기간을 기산한다.

제253조(시효의 정지와 효력) ① 시효는 공소의 제기로 진행이 정지되고 공소기각 또는 관할위반의 재판이 확정된 때로부터 진행한다.

② 공범의 1인에 대한 전항의 시효정지는 다른 공범자에게 대하여 효력이 미치고 당해사건의 재판이 확정된 때로부터 진행한다.

③ 범인이 형사처분을 면할 목적으로 국외에 있는 경우 그 기간동안 공소시효는 정지된다.

제253조의2(공소시효의 적용 배제) 사람을 살해한 범죄(종범은 제외한다)로 사형에 해당하는 범죄에 대하여는 제249조부터 제253조까지에 규정된 공소시효를 적용하지 아니한다.

성폭력범죄의 처벌등에 관한 특례법

제21조(공소시효에 관한 특례) ① 미성년자에 대한 성폭력범죄의 공소시효는 「형사소송법」제252조제1항 및 「군사법원법」제294조제1항에도 불구하고 해당 성폭력범죄로 피해를 당한 미성년자가 성년에 달한 날부터 진행한다. <개정 2013. 4. 5.>

② 제2조제3호 및 제4호의 죄와 제3조부터 제9조까지의 죄는 디엔에이(DNA)증거 등 그 죄를 증명할 수 있는 과학적인 증거가 있는 때에는 공소시효가 10년 연장된다.

③ 13세 미만의 사람 및 신체적인 또는 정신적인 장애가 있는 사람에 대하여 다음 각 호의 죄를 범한 경우에는 제1항과 제2항에도 불구하고 「형사소송법」제249조부터 제253조까지 및 「군사법원법」제291조부터 제295조까지에 규정된 공소시효를 적용하지 아니한다. <개정 2019. 8. 20., 2020. 5. 19.>

1. 「형법」제297조(강간), 제298조(강제추행), 제299조(준강간, 준강제추행), 제301조(강간등 상해·치상), 제301조의2(강간등 살인·치사) 또는 제305조(미성년자에 대한 간음, 추행)의 죄

2. 제6조제2항, 제7조제2항 및 제5항, 제8조, 제9조의 죄

3. 「아동·청소년의 성보호에 관한 법률」제9조 또는 제10조의 죄

④ 다음 각 호의 죄를 범한 경우에는 제1항과 제2항에도 불구하고 「형사소송법」제249조부터 제253조까지 및 「군사법원법」제291조부터 제295조까지에 규정된 공소시효를 적용하지 아니한다. <개정 2013. 4. 5.>

1. 「형법」제301조의2(강간등 살인·치사)의 죄(강간등 살인에 한정한다)

2. 제9조제1항의 죄

3. 「아동·청소년의 성보호에 관한 법률」제10조제1항의 죄

4. 「군형법」제92조의8의 죄(강간 등 살인에 한정한다)

아동·청소년의 성보호에 관한 법률 제20조도 위 성폭력범죄의 처벌 등에 관한 특례법 제21조와 내용이 같음

아동학대범죄의 처벌 등에 관한 특례법

제34조(공소시효의 정지와 효력) ① 아동학대범죄의 공소시효는 「형사소송법」제252조에도 불구하고 해당 아동학대범죄의 피해아동이 성년에 달한 날부터 진행한다.

② 아동학대범죄에 대한 공소시효는 해당 아동보호사건이 법원에 송치된 때부터 시효진행이 정지된다. 다만, 다음 각 호의 어느 하나에 해당하는 경우에는 그때부터 진행된다.

1. 해당 아동보호사건에 대하여 제44조에 따라 준용되는 「가정폭력범죄의 처벌 등에 관한 특례법」제37조제1항제1호에 따른 처분을 하지 아니한다는 결정이 확정된 때

2. 해당 아동보호사건이 제41조 또는 제44조에 따라 준용되는 「가정폭력범죄의 처벌 등에 관한 특례법」제27조제2항 및 제37조제2항에 따라 송치된 때

③ 공범 중 1명에 대한 제2항의 시효정지는 다른 공범자에게도 효력을 미친다.

민법

제155조(본장의 적용범위) 기간의 계산은 법령, 재판상의 처분 또는 법률행위에 다른 정한 바가 없으면 본장의 규정에 의한다.

제156조(기간의 기산점) 기간을 시, 분, 초로 정한 때에는 즉시로부터 기산한다.

제157조(기간의 기산점) 기간을 일, 주, 월 또는 연으로 정한 때에는 기간의 초일은

산입하지 아니한다. 그러나 그 기간이 오전영시로부터 시작하는 때에는 그러하지 아니하다.

제158조(연령의 기산점) 연령계산에는 출생일을 산입한다.

제159조(기간의 만료점) 기간을 일, 주, 월 또는 연으로 정한 때에는 기간말일의 종료로 기간이 만료한다.

제160조(역에 의한 계산) ①기간을 주, 월 또는 연으로 정한 때에는 역에 의하여 계산한다.

② 주, 월 또는 연의 처음으로부터 기간을 기산하지 아니하는 때에는 최후의 주, 월 또는 연에서 그 기산일에 해당한 날의 전일로 기간이 만료한다.

③ 월 또는 연으로 정한 경우에 최종의 월에 해당일이 없는 때에는 그 월의 말일로 기간이 만료한다.

제161조(공휴일 등과 기간의 만료점) 기간의 말일이 토요일 또는 공휴일에 해당한 때에는 기간은 그 익일로 만료한다.

바. 기초정보 확인 및 조치

1) 대상자의 범죄경력, 수사경력

사건 초기에 용의자 또는 피의자의 주민번호를 알거나 휴대전화번호 또는 주소 등 인적사항을 간접적으로 확인할 수 있는 정보로부터 대상자를 특정한 후 범죄경력, 수사경력 조회 및 수사대상자 검색을 통해 경찰시스템에서 확인할 수 있는 제반정보를 획득해야 한다.

2) 지명수배 여부, 수감 여부 확인

피해자의 진술, 민원서류의 내용, 사건의 성향으로 미루어 보아 대상자가 이미 도주하였거나 소재불명이라고 판단될 경우 지명수배, 통보 또는 교도소 및 구치소에 수감되어 있는지도 확인해야 한다. 이 과정이 없을 경우 불필요한 출석요구를 하거나 수감되어 있음에도 불구하고 이중으로 지명수배 등의 조치를 하는 사례도 있다.

3) 출국금지 대상인지 확인

범죄의 혐의가 명백하고 출석에 응하지 않을 것으로 판단되는 사건 중 해외로 도피할 가능성이 있다면 사건을 진행하기 전 출국금지 조치를 해야 하는지도 검토해 보아야 한다.

4) 사건의 관련자 파악

수사입문자의 경우 모든 사건에 대해 '피해자에 대한 조사 ⇒ 피의자에 대한 출석요구 ⇒ 피의자 조사' 순으로 일률적인 절차를 거치는 경우가 있다. 대부분의 민원사건은 이와 같은 절차에 의해 진행되는 것이 사실이지만 사건의 성향에 따라 피의자에 대한 조사 이전에 기타 관련자에 대한 조사를 하거나 추가 증거를 확보해야 하는 경우가 있다. 이러한 사안인지 파악하기 위해 피해자를 통한 조사에서 사건의 관련자와 관련 내용을 상세히 조사하는 것이 바람직하다.

5) 조사할 대상, 채증할 내용, 수사예정사항 검토

사건을 처리하기 위해 조사할 인적요소와 범죄를 구증하기 위해 필요한 내용 등을 정리하고 수사예정사항을 검토하는 것을 수사계획서 작성이라고 한다. 수사계획서 작성은 이후의 장에서 검토하겠지만 이 과정은 향후 수사를 위해 매우 중요한 요소이므로 반드시 고려되어야 한다. 사안에 따라서는 수사관의 머릿속에서 즉시 계획이 수립되는 경우도 있으나 수사입문자는 이 절차를 문서화하여 정리하는 습관을 가지게 되면 사건을 이해하거나 복잡한 사건을 처리하는 데 매우 유용하다.

6) 인허가 관련 범죄 통보 대상 확인

행정관청으로부터 인허가, 면허자격을 취득한 자가 범죄를 행하거나 형이 확정되면 주무관청에서 행정처분하도록 규정되어 있는 경우에는 사건이 종결된 후 해당관청에 통보[27]하도록 되어 있다. 이러한 사건은 초기에 수사계획서나 사건표지에 기재해 두어야 사건을 송치할 때 통보를 결략하지 않는다.

---

27) 통보할 때 경찰의 사건번호를 기재하지 말고 사건의 송치번호를 기재하여야 한다. 검찰의 사건번호와 경찰의 사건번호를 연동시킬 수 있는 번호는 송치번호이기 때문이다.

그럼 통보대상이 되는지를 모두 외우고 있어야 할까? 수사대상자에게 물어보면 된다. 일단 해당 범죄가 수사대상자가 하는 업무에 관련되어 발생된 경우 "진술인이 하시는 일이 신고나 등록 허가를 받고 하시는 일입니까"라고 물으면 관할 관청에 대해 이야기를 해 줄 것이다. 또는 법률검색사이트에서 수사대상자의 "업태, 신고, 등록, 허가" 등의 키워드로 법문 검색을 하면 관할 법률이 검색이 되므로 이를 활용할 수도 있다.

7) 공무원범죄 수사개시 통보

공무원에 대한 수사를 개시할 경우에는 국가공무원법 제83조 제3항 및 지방공무원법 제73조 제3항의 규정(감사원과 검찰·경찰, 그 밖의 수사기관은 조사나 수사를 시작한 때와 이를 마친 때에는 10일 내에 소속 기관의 장에게 그 사실을 통보하여야 한다)에 따라 공무원범죄수사개시 통보서를 작성하여 해당 공무원의 소속기관의 장에게 통지해야 하며 사건 송치 후에도 수사상황통보서를 작성하여 결과를 통지해야 한다.[28]

간혹 공무원인 수사대상자가 향후 내부 징계 등을 우려하여 무직이라고 속이거나 직업이 공무원이라고 밝히면서 직업을 무직으로 해 달라고 간청하는 경우가 있는데 이러한 간청을 사소한 문제로 받아들여 실제 공무원임을 알면서도 무직이라고 기재하여 송치하는 사례가 있을 수 있다. 이는 향후 사건 은폐라는 의혹을 받을 수 있기 때문에 결코 용납되어서는 안 된다.

다만, 선거로 취임하거나 국회의 임명 동의가 필요하거나 법률이나 대통령령에서 정무직으로 지정하는 공무원(대통령, 국회의원, 지방의회의원, 지방자치단체장, 교육감, 국무총리, 감사원장, 대법원장, 대법관, 헌법재판소장 등)은 공무원 범죄통보 대상이 아니므로 수사개시통보를 하지 않도록 유의해야 한다.

---

28) 범죄수사규칙 제46조(공무원 등에 대한 수사개시 등의 통보) 경찰관은 공무원에 대하여 수사를 개시한 경우에는 「국가공무원법」 제83조제3항 및 「지방공무원법」 제73조제3항, 「사립학교법」 제66조의3제1항, 「공공기관의 운영에 관한 법률」 제53조의2에 따라 별지 제12호서식의 공무원 등 범죄 수사개시 통보서를 작성하여 해당 공무원 등의 소속기관의 장등에게 통보하여야 하며, 「수사준칙」 제51조제1항제2호부터 제5호까지의 결정을 한 경우에는 별지 제13호서식의 공무원 등 범죄 수사결과 통보서를 작성하여 그 결과를 통보하여야 한다.

2. 범죄사실의 추출

가. 범죄사실의 추출이란

범죄사실의 추출이란 인지한 사실관계로부터 적용할 수 있는 법조를 찾고 해당 법조의 구성요건에 맞게 사실관계를 묘사하는 것을 말한다.

법령의 적용을 위해서는 형법 전반의 지식을 필요로 하고 이를 기준으로 주어진 사실관계와 조합하여야 하는데 간혹 형법이나 법령에 대한 이해가 없이 기존에 타인에 의해 작성된 범죄사실의 틀을 가져와 변경하여 쓰는 정도로만 이해하는 경우가 많다. 물론, 업무효율성을 위해 기존 범죄사실을 고쳐 쓰는 것이 매우 유용하지만 범죄사실 작성 자체보다는 그 범죄사실을 작성하면서 적용되는 법률을 해석할 줄 알아야 하며 범죄사실을 입증할 수 있는 증거들이 무엇이 필요한지를 가늠해 보는 것이 범죄사실 추출의 가장 큰 의미임을 잊지 말아야 한다.

특히 주의해야 할 점은 민원인이 작성해 온 것을 비판 없이 그대로 받아들이는 것인데 이런 방식으로 업무를 진행하다 보면 수사능력, 법률해석 능력이 늘 제자리에 머물게 되므로 주의를 요한다.

범죄사실 추출을 잘 하기 위해서는 우선 사건에 대한 이해만으로 범죄사실을 구성하는 연습을 해야 한다. 기존 범죄사실의 틀을 그대로 원용해서 쓰는 버릇을 버리지 못하면 복잡한 사건을 취급할 때에 매우 혼란스런 느낌을 가지게 될 것이다. 범죄사실을 추출한다는 것은 단지 범죄사실을 작성하는 것만을 의미하지 않는다는 것을 명심해야 한다.

주어진 범죄사실의 예시 없이 사건만으로 범죄사실을 쓰려면 반드시 법령을 먼저 보아야 하고 그 안에 숨겨진 구성요건 요소를 판단하여야 하기 때문에 이 과정에서 사건의 사실관계를 법률관계로 연관시키는 능력이 배양된다. 이러다 보면 어떤 부분을 확인하여야 하고 이를 확인하기 위해서는 어떤 증거를 확보해야 하는지를 자연스럽게 터득하게 된다. 결국 범죄사실을 쓰는 것은 사건 전반을 이해하는 데 매우 도움이 되는 작업이 될 것이다.

아래는 피해자의 신고내용이다.

> 2020. 1월경부터 저는 ○○시 ○○동 67-11번지에 있는 사이버피씨방에서 주로 게임을 하게 되었습니다. 그 당시 제 옆자리에서 자주 게임을 하던 김아무개와 친하게 지냈습니다. 그러다가 2월 중순경 오전 9시쯤에 식사를 하려고 했는데 현금이 없어서 제가 옆에 있던 김아무개한테 제 농협 현금카드를 주면서 2만원만 뽑아 주라고 하였습니다. 김아무개는 한 시간쯤 후에 돌아와서 저한테 2만원하고 현금카드를 돌려주었습니다. 그때 그 친구가 돈을 더 뽑은 줄 몰랐는데 그저께 (2020년 3월 3일) 은행에서 통장 정리를 했는데 그날 오전 10시에 ○○동 598-2 농협 XX지점에서 5만원을 인출한 것을 알게 되었습니다. 그 친구 핸드폰은 꺼져 있고 연락처도 모르는데 너무 억울해서 피해신고를 하게 되었습니다. 꼬옥 잡아 주시기 바랍니다.

이 사례가 과연 어떠한 범죄를 구성하게 될까? '절도'라고 보는 사람도 있고 '컴퓨터등사용사기'라고 보거나 '배임'에 해당한다고 판단하는 사람도 있을 것이다. 이 세 죄명은 서로 형량이 다르고 공소시효가 다르기 때문에 범죄를 인지한 시점에 어느 한 범죄의 공소시효를 도과하였지만 어느 한 범죄는 공소시효를 도과하지 않은 경우도 있을 것이다. 따라서 반드시 어떠한 범죄에 해당하는지 특정하고 수사를 진행하여야 한다.

통상 우리는 기본적으로 알고 있는 형법적 지식, 특히 수험서 기준으로 위 사례가 각자 공부한 어떠한 판례와 유사한지부터 고민하는 버릇이 있다. 물론 이 시도가 성공하게 되면 근접한 법률을 적용할 수 있으나 유사한 판례를 찾아내지 못한다면 바로 해법을 찾기는 어렵게 된다.

이러한 문제에 직면하지 않으려면 수사관은 행위자가 행동한 여러 관계들 중에 형법적으로 의미 있는 요소를 제대로 추출해야 하며, 이를 위해서는 사건의 관계를 시간 순으로 해석해 내야 한다. 법률상 의미 있는 사실관계를 제대로 추론하지 못하고 '은행 현금지급기에서 타인의 현금카드로 돈을 뽑은 행위가 무슨 범죄가 되지?'라고 단순화하여 검토하다 보면 절도나 컴퓨터등사용사기를 먼저 고려하게 될 것이며 이에 한 걸음 더 나아가 재물이나 재산상의 이익의 차이에 대해 고민하게 된다.

그러나 이 사례는 분명 피해자로부터 현금인출을 위임받았기 때문에 현금카드를 소지하게 되었음을 알 수 있다. 비록 "타인의 현금카드로 ATM에서 돈을 인출한 사실"은 공통되지만 그 카드를 소지하게 된 경위가 적법하다면 '현금을 인출할 권한이 없다.'고도 볼 수 없다. 상황이 이러하다면 위 피의자는 위임받은 행위를 초과하여 돈을 뽑았을 뿐 현금지급기에서 돈을 뽑을 권한이 없는 사람이 아니기 때문에 절도로 보기 어렵고 '권한 없이 입력한 것이 아니기 때문에' 컴퓨터등사용사기로 의율하기도 어렵게 된다. 결국 위 사안은 피해자로부터 현금 인출을 위임받은 피의자가 그 임무에 위배하여 재산상의 이익을 득하고 피해자에게 재산상의 손해를 야기한 전형적인 배임 사례라고 볼 수 있다.

따라서 사실관계로부터 범죄사실을 추출하기 위해서는

첫째, 사실관계의 전후 사정을 정확히 이해하고 법률적으로 의미 있는 사항을 추출한다.

둘째, 추출한 사항을 구성요건요소에 포함하는 법조 모두를 고려한다.

셋째, 반드시 해당 법령을 확인한다.

넷째, 해당 법령이 요구하는 구성요건요소와 사실관계에서 추출한 사항을 대입해 본다.

다섯째, 범죄사실에 공통적으로 필요한 일시, 장소 등을 기준으로 구성요건을 적시한다. 범죄사실 작성에 익숙하지 않은 사람들은 작성 시 이야기식으로 작성을 한 후 구성요건 요소를 특정하는데 필요하지 않은 부분을 빼는 방식을 선택해도 좋다.

앞의 예시를 참고하여 절도, 컴퓨터등사용사기, 배임으로 모두 범죄사실을 구성해 보기 바란다. 위 사례에 대한 죄명을 설명을 통해서도 알 수 있지만 범죄사실을 구성하다 보면 절도의 경우 피해자, 컴퓨터등사용사기의 피해자, 배임죄의 피해자가 누구인지 스스로 확인이 될 것이며 어느 두 개의 죄명은 어색하다는 것을 느끼게 된다. 만약 이런 실습을 통해서도 그 차이점을 구분하지 못한다면 아직도 범죄사실을 구성요건에 따라 구성하는 것이 아니라 이야기로 구성을 하고 있는 것이다.

이처럼 범죄사실을 작성하는 과정에서도 피해자로 누구 또는 어떤 사항을 조사해야 할지가 정해지게 되며 각 조사항목에 따라 구증해야 할 범위가 달라진다. 이는 곧 수사하여야 할 내용과 방향까지 달라진다는 것을 뜻한다.

일의 효율성을 위해서 이미 작성된 범죄사실을 틀을 원용하여 작성하게 되지만 처음부터 이러한 방식에만 의존할 경우 범죄사실에 포함된 구성요건요소 간의 관련성을 모른 채 기재를 하게 된다. 만약 범죄사실의 예시가 주어지지 않은 상태에서 범죄사실을 작성해 볼 경우 형법적 지식이 있는 사람과 그렇지 못한 사람의 차이가 분명히 드러나게 될 것이다. 범죄사실 작성은 수사를 함에 있어 하나의 독자적인 업무가 아니라 이를 구성하면서 구성요건요소를 해석해 내게 되며 알고 있는 증거들과 알 수 있는 증거들이 어떻게 구성요건요소에 맞춰질 수 있는가를 생각할 수 있는 기회를 제공하기도 한다. 따라서 수사입문자의 경우 일의 효율성 측면을 먼저 고려하기보다는 늘 범죄사실을 예시 없이 작성할 수 있는 연습을 하여야 한다.

나. 범죄사실 작성법

1) 일반적 기재요령

가) 구체적 명시

범죄사실을 작성할 때는 때와 장소와 방법 등을 구체적으로 명시해야 한다. 범죄 일시는 신구법 적용에 있어서의 법령적용, 공소시효의 기산일 산정, 피의자의 책임능력 유무, 친고죄에 있어서의 기간의 계산 등에서도 문제가 될 수 있으며 장소와 방법은 관할, 해당 법조의 적용 등에서도 달리 적용될 수 있기 때문에 구체적으로 명시한다.

나) 8하 원칙에 의한 작성

일반적으로 사실을 객관적으로 표현하는 요소로 5W1H(who, when, where, why, how, what)를 알고 있다. 거기에 with whom과 result를 포함하면 모든 범죄에 대한 범죄사실을 표현할 수 있다. 처음에 언급한 6하 원칙으로 일반적인 범죄형태를 표현하고 공범은 with whom으로, result는 미수범과 결과적 가중범을 표현하는 데 사용하게 된다. 목적범이나 살인범처럼 동기가 부각되어야 할 범죄는 why 부분을 상세하게 표현해 주고 사기와 같이 기망의 요소를 판단해야 할 사안은 how를 부각시켜 표현해 주면 된다.

간혹 범죄사실의 원인되는 사안이 복잡하거나 여러 가지 사실관계들이 뒤섞여 일시와 장소들이 다수 등장할 경우 '범죄되는 사실'과 '전제된 사실들'을 혼동하여 기재하는 경우가 있는데 이때에는 먼저 구성요건에 해당하는 부분을 간략히 작성하여 뼈대를 만든 후, 전제되는 사실은 모두사실에 기재하거나 범죄사실의 내부에 포함하여 기재하는 방식을 사용한다. 다음은 각 범죄사실에 포함되어 있는 요소를 괄호와 함께 표시해 둔 것이다. 범죄사실을 읽으면서 어떤 부분이 요소로 사용되었는지 이해해 보기 바라며 이러한 방법은 수사입문자가 스스로 범죄사실을 작성한 후에 혹시 결락된 요소가 있는지 확인하기 위해서도 사용된다.

• 장물보관

피의자는(who) 2019. 5. 8. 14:00경(when) 서울 영등포구 문래동 34에 있는 피의자의 집에서(where) 김용만으로부터 그가 절취하여 온 피해자 김갑동 소유인 시가 300,000원 상당의 삼성 25인치 중고 텔레비전 1대를 보관하여 달라는 부탁을 받고(why) 그것이 장물이라는 사실을 알면서도 2019. 5. 30. 15:00경까지 피의자의 집에 위 텔레비전을 맡아 두어(how) 장물을 보관하였다(what).

• 업무상배임

피의자는 2018. 7. 2.경부터 서울 서초구 서초동에 있는 피해자인 미초상호신용금고 대리로 근무하면서 대출 담당 업무에 종사하던 사람이다(who).

위 신용금고의 내규에 의하면 2,000만원 이상에 대하여는 무담보 대출이 금지되어 있었으므로 2,000만원 이상의 대출을 함에 있어서는 채무자로부터 반드시 담보를 제공받아야 한다. 피의자는 2019. 3. 5. 14:00경(when) 위 신용금고에서(where) 위 금고 내규를 준수하여야 할 업무상 임무에 위배하여 피의자의 친구인 홍삼석의 이익을 도모하기 위하여(why) 즉석에서 그에게 무담보로 돈 5,000만원을 대출하고 그 회수를 어렵게 하였다(how).

이로써 피의자는 홍성삼에게 대출금 5,000만원 상당의 재산상 이익을 취득하게 하고 위 신용금고에 같은 액수에 해당하는 손해를 가하였다(what).

- 횡령

피의자는 2019. 4. 7. 10:00경 서울 서대문구 홍제동 56에 있는 피해자 홍동길의 집에서 그로부터 발행일 2019. 4. 5., 지급기일 2019. 9. 30., 액면금액 10,000,000원인 약속어음 1장에 대한 할인을 의뢰받았다(who).

피의자는 피해자를 위하여 할인을 의뢰받은 위 약속어음을 보관하던 중, 2019. 4. 13. 14:00경(when) 같은 구 홍은동 48에 있는 피의자의 집에서(where) 그 어음을 외상물품대금 지급 명목으로(why) 김준영에게 임의로 교부하여(how) 위 어음을 횡령하였다(what).

- 공갈

피의자는(who) 2019. 3. 10. 13:00경(when) 서울 서초구 방배동 143 앞길에서(where) 그곳을 지나가던 피해자 김용철(14세)을 불러 세운 다음 갑자기 그의 복부를 주먹으로 1회 때리면서 "가진 돈 다 내놓아라. 만일 뒤져서 돈이 나오면 100원에 한 대씩 맞는다."라고 겁을 주었다(how).

피의자는 이와 같이 피해자를 공갈하여(how) 이에 겁을 먹은 피해자로부터 즉석에서 5,000원을 교부받았다(what).

- 사기

피의자는 가정주부로서 남편의 월수입 1,000,000원 이외에 별다른 수입이 없고, 피의자의 개인적인 부채 20,000,000원에 대한 이자로 매월 600,000원 이상 지급해야 할 형편이어서 타인으로부터 돈을 빌리더라도 갚을 의사나 능력이 없었다(who).

그럼에도 불구하고 피의자는 2019. 5. 3. 12:00경(when) 서울 강남구 도곡동 342에 있는 피해자 정미순의 집에서(where) 피해자에게 금 5,000,000원만 빌려주면 월 3푼의 이자로 2개월 후에 틀림없이 갚겠다는 취지로 거짓말을 하였다(how). 피의자는 이와 같이 피해자를 기망하여 이에 속은 피해자로부터 그 자리에서 차용금 명목으로 돈 5,000,000원을 교부받았다(what).

- 강도

피의자들은(who, with whom) 2019. 4. 8. 23:30경(when) 서울 서대문구 냉천동 234 앞길에서(where) 그곳을 지나가던 피해자 이현숙(여, 34세)의 앞을 가로막고, 피의자 김준수는 "가진 것을 모두 내놓아라. 그렇지 않으면 깨끗이 저세상으로 보내 버리겠다."라고 말하고, 피의자 정재동은 그 옆에서 "이 형님은 아주 무서운 분이요. 사람도 여럿 죽인 분이니 순순히 말을 듣는 것이 좋을 것이오."라고 말하는 등 협박하였다.

피의자들은 합동하여 위와 같이 피해자가 반항하지 못하게 한 후(how) 피해자로부터 피해자 소유인 현금 1,300,000원을 빼앗아 강취하였다(what).

• 폭행치사

피의자는(who) 2019. 6. 9. 14:00경(when) 전북 익산시 금마면 46에 있는 피해자 김지영(34세)의 집에서(where) 나이 어린 피해자가 연장자인 피의자에게 반말을 한다는 이유로(why) 오른쪽 주먹으로 피해자의 얼굴을 1회 때려(how) 그곳 시멘트 벽돌담에 머리를 부딪치게 하는 등 폭행을 가하였다(what).

피의자는 그로 인하여 피해자에게 지병인 고혈압으로 인한 뇌출혈을 일으키게 함으로써 2019. 6. 10. 18:00경 전북 익산시 모현동에 있는 원광대학교 부속병원에서 치료를 받던 피해자를 뇌지주막하출혈로 사망에 이르게 하였다(result).

다) 해당 법조의 구성요건요소 모두 기재

구성하고자 하는 법조문을 분석하여 구성요건요소를 모두 추출해 내야 한다. 그 후에 구성요건에 해당하는 사실을 하나도 빠짐없이 기재해 넣어야 한다. 주의해야 할 점은 법조문에 나와 있는 구성요건요소는 행위태양에 대한 법적인 평가일 뿐이므로 이를 그대로 적어 넣는 것이 아니라 구성요건요소에 해당하는 사실적 요소를 기재해야 한다.

예를 들어 "사람을 기망하여 재물을 편취하거나…"라는 구성요건이 있다면 피기망자를 적시하고 기망행위가 되는 사실을 묘사해 넣어야 하며 이때, 처분행위자는 피의자의 행위로 인해 착오가 이루어져야 "기망"이라고 정의할 수 있으므로 어떤 착오를 일으켜서 처분행위를 하였는지 묘사하여야 한다. 또한 피기망자가 처분행위를 하여야 하므로 이에 대한 관계가 맞게 구성되는지도 검토하여야 한다. 피기망자와 재산상의 피해자가 동일인일 필요는 없겠으나 처분행위를 한 피기망자는 피해자의 재산을 처분할 수 있는 지위에 있을 것을 요하므로 피기망자와 피해자가 다른 경우에 피기망자가 피해자의 재산을 처분할 수 있는 지위에 있음을 묘사해야 할 것이다. 또한 편취한 재물의 종류와 수량 및 가액을 기재하여야 한다.

이러한 구성요소 이외에도 주체가 되는 피의자, 사건의 발생, 일시도 당연히 포함시켜야 하며 공범이 있다면 이 또한 구성요건요소에 포함되므로 구체적으로 포함시켜야 하고 야간주거침입절도와 같이 시간에 따라 구성요건이 다르게 작용하는 것은 정확한 시간까지 특정해야 한다. 이는 가중적 구성요건요소에 포함되기 때문에 수사단계에서 반드시 구증되어야 할 부분으로 남기도 한다.

이와 같이 구성요건요소의 뼈대를 만들었다면 이러한 범죄의 발생된 원인과 동기 등 전제된 사실을 범죄사실의 안에 포섭시키거나 범죄사실의 앞쪽에 위치시켜 범죄사실과 분리할 수도 있다. 통상적으로 그 범죄의 원인관계가 간단하거나 범죄의 일시, 장소와 근접할 때에는 범죄사실 안에 포섭시킬 수 있겠으나 원인된 관계가 범죄사실보다 훨씬 앞서 있거나 내용이 복잡할 경우에는 범죄사실과 다른 문단을 구성하여야 한다.

횡령죄의 경우를 예로 들면, '타인의 재물을 보관하는 자가 그 재물을 횡령하거나 그 반환을 거부한 때'를 구성할 때, 사기와는 달리 '타인의 재물'을 표현함에 있어 재물의 소유권이 타인에게 있다는 점을 명시해야 한다. 또한 '보관'에 대한 경위를 묘사하여야 하는데 그 보관의 경위는 횡령죄의 범죄일시 이전이 될 것인데 그 보관의 경위가 복잡하게 될 경우에는 이를 주된 범죄사실 안에 위치시키기가 어렵게 된다. 이럴 경우에는 그 보관의 경위를 설명할 수 있는 모두사실을 구성하여 범죄사실의 앞쪽에 배열한다.

라) 가급적 시간순서에 따라 기재

범죄사실을 시간순서에 의해 구성하여야 한다는 원칙은 존재하지 않으나 범죄사실 자체가 과거에 있었던 사실을 묘사하는 기본적인 특성이 존재하므로 가급적 시간 순서에 의해 작성하는 것이 좋다. 범죄 실행의 착수 시점부터 써 내려가다 보면 그전에 갖게 된 동기를 실행의 착수 뒤쪽에서 묘사해야 하기 때문에 표현상의 어려움이 생기게 된다. 위증과 같이 과거의 전제사실에 대한 이해가 필요한 경우에도 시간적 순서에 따라 작성하지 않을 경우 시간의 전후가 바뀌게 되는 모순점이 발생하게 되므로 가급적 시간순서에 따라 작성해야 한다.

마) 증거관계에 입각한 기재

구성요건에 해당하는 사실은 엄격한 증명을 요하며 모든 구성요건 사실을 증명할 증거관계가 제출되어야만 한다. 따라서 범죄사실을 기재하는 단계에서부터 증거관계에 입각한 기재가 되도록 노력하여야 한다. 만약 처음에 인지하게 된 범죄사실과 수사결과 확보된 증거에 의한 범죄사실에 차이가 있을 경우 이를 기소하는 단계에서는 증거관계에 의해 인정된 사실을 기초로 범죄사실을 재작성하여야 하며 만약, 확인되지 않은 부분이 있다면 '알 수 없음', '중순경' 등으로 표시하여야 할 것이지 추측에 의해 기재해서는 안 된다.

바) 여러 가지 범죄사실의 제목 표기방법

한 사람이 여러 개의 범죄를 저지른 경우에는 가. 나. 다… 등의 구분을 통하여 기재한 후 적용법조 항목에서 각 항에 적용되는 법조문을 기재하는 방법을 쓸 수도 있겠으나 범죄사실에 제목을 붙여줌으로써 이를 구분하는 것도 좋은 방법이다. 여러 사람이 여러 개의 범죄를 독자적으로 또는 합동, 공모하여 저지른 경우에는 더욱 복잡하게 보일 수 있으나 사람을 먼저 기준으로 잡고 죄명을 그 다음으로 고려하는 것이 원칙이다.

(1) 한 사람이 같은 죄명의 범행을 여러 개 저지른 경우

"가. 갑에 대한 사기, 나. 을에 대한 사기"를 제목으로 표기한다.

(2) 한 사람이 다른 죄명의 범행을 저지른 경우

"가. 절도, 나. 사기"를 제목으로 표기한다.

(3) 한 사람이 다른 죄명의 범행을 여러 번 저지른 경우

"가. 갑에 대한 절도, 나. 을에 대한 절도, 다. 사기"라고 표기할 수도 있으며 "가. 절도"라는 항목의 하위 카테고리에 "1) 갑에 대한 절도, 2) 을에 대한 절도"라고 표기하고 "나. 사기"라는 항목 하위 카테고리에 "1) 정에 대한 사기, 2) 무에 대한 사기"라고 할 수도 있다.

(4) 여러 사람이 각자 같은 종류의 범행을 저지른 경우

사람의 이름을 제목으로 활용하여 "가. 김기범, 나. 김종필"로 표기하거나 제목 없이 "가. 김기범은…., 나. 김종필은…."라는 식으로 범죄사실을 작성해 나갈 수도 있다.

(5) 여러 사람이 공동으로 한 개의 범행을 한 경우

"피의자 김기범, 김혜경은 공모하여(또는 공동하여)"라고 표기한다.

(6) 여러 사람이 각자 범행을 한 경우와 공동으로 범행을 한 경우를 함께 표기하는 경우

"가. 피의자 김기범, 김종필, 허성식의 공동범행"이라는 제목을 표기하고 하위 카테고리에 "1) 사기, 2) 횡령" 등으로 표기를 한다. 이 중 두 명만이 공동한 것은 다시 "나. 피의자 김기범, 이관희의 공동범행"이라는 제목의 하위에 "1) 특정 경제 범죄 가중처벌 등에 관한 법률위반(횡령), 2) 개인정보보호법위반"이라고 표기를 하며 각 단독으로 범한 것은 "나. 피의자 김기범의 단독범행" 또는 "나. 피의자 김기범"이라는 제목을 표기하고 하위 카테고리에 "1) 피해자 갑에 대한 사기, 2) 피해자 을에 대한 사기, 3) 절도" 등으로 표기한다.

2) 구성요건요소에 대한 표현

가) 피의자에 대한 기재

(1) 피의자의 성명 부기와 제목 표기

피의자가 한 명일 경우에는 매번 "피의자 OOO는"이라고 기재할 필요가 없이 "피의자는"이라고 표현한다.

피의자가 여러 명일 경우에는 "피의자 OOO, 피의자 XXX는 공모하여"라고 기재하며 각 피의자의 범죄사실을 정확하게 표시하여야 하므로 "피의자 1), 피의자 2)"라는 식으로 성명 없이 번호를 붙이는 표현은 바람직하지 않다. 아무리 피의자가 많더라도 피의자의 성명을 정확히 기재하기 바라며 누구와 누가 공모를 한 것인지, 누가 누구의 범죄에 가담한 것인지, 누가 누구로부터 사주를 받은 것인지 구체적으로 적시해 주어야 한다.

간혹 "상피의자" 또는 "같은 피의자 OOO"라는 표현을 쓰기도 하는데 범죄사실에 피의자의 성명을 정확히 기재하기 때문에 굳이 "상"이나 "같은"이라는 표현을 부기할 필요는 없다.

(2) 피의자의 전력에 대한 기재

상습범죄에 있어서 상습성은 구성요건요소이기 때문에 당연히 범죄사실에 기재하여야 하며 범죄전력을 상습성의 요소로 포함시키는 경우 피의자의 범죄경력과 수

사경력을 기재할 수도 있다. 이때, 막연히 기재하지 말고 구체적으로 기재해 주어야 하는데 "피의자는 언제 어느 법원에서 어떠한 죄명으로 어떤 형을 선고받고 언제 어느 교도소에서 그 형의 집행을 종료하였다.", "피의자는 언제 어떤 법원에 어떤 죄로 기소되어 현재 재판 중이다."라는 식으로 기재하면 되고 피의자의 수가 많고 범죄경력이 많은 경우 범죄사실의 위에 "범죄전력"이라는 제목으로 피의자별 범죄전력을 기재한 후 다시 "범죄사실"이라는 제목으로 항을 나누어 범죄사실을 기재할 수도 있다.

또한, 횡령죄와 같이 보관자의 지위에 있다는 사실, 업무상 횡령죄에 있어서의 담당하는 업무의 내용, 뇌물죄에 있어서 공무원인 사실과 담당하는 공무의 내용 등은 신분에 관한 부분이지만 구성요건요소이기도 하다. 예를 들어 "피의자 최○○은 서울 중구 ○○○ ○ 소재 피해자 학교법인 ○○학원 부속 ○○○병원의 경리과장이고, 피의자 박○○은 위 병원의 경리계장이며, 피의자들은 위 병원의 금전출납 등 업무를 담당하고 있었다."라는 식으로 기재하면 되고 그 이후에 주된 범죄사실을 기재하면 된다.

나) 일시와 장소의 기재

(1) 실행의 착수시기

범죄사실의 추출은 사건에 대한 이해 이후에 이루어진다. 사건을 이해하기 위해 고소장, 피해자의 진술 등을 청취하다보면 수 개의 시간과 장소가 언급되는데 이를 명확하게 구분하기 않게 되면 범죄를 하게 된 시간과 장소를 특정하지 않은 채 전제사실에 언급된 시간과 장소를 기재하는 등의 오류를 범하는 일이 많다.

예를 들어 A는 2012. 1. 1. 10:00경 사무실에서 B에게 현금 인출을 부탁을 하였고 B는 3시간 후에 은행에서 돈을 인출을 할 때 부탁받은 돈보다 초과한 금액을 인출한 사건을 취급하면서 범죄일시와 장소를 2012. 1. 1. 10:00로 기재하는 경우가 있다. 현금 인출을 부탁하게 하였을 당시 B가 A를 속였고 그로 인해 A가 인출 부탁을 하는 등 사기로 범죄사실을 작성할 경우에는 실행의 착수 시기는 2012. 1. 1. 10:00경이며 장소는 사무실이 되겠지만 이를 배임으로 구성한다면 2012. 1. 1. 10:00는 위임을 받은 장소일 뿐 B가 실제로 범죄를 하게 된 시간과 장소는 3시간 후 은행이 되어야 할 것이다.

위와 같은 실수를 범하지 않기 위해 가장 먼저 이해해야 할 요소는 해당 범죄의 실행의 착수시기와 기수시기를 어떻게 볼 것이냐의 문제이다. 범죄사실을 구성하기 전 반드시 해당 범죄의 실행의 착수시기를 염두에 두기 바란다.

(2) 구체적 기재례

일시의 기재는 "2012. 7. 2. 14:30"과 같은 형식으로 기재하되 분, 시간, 일자가 명확치 않은 경우 "2012. 7. 2. 14:30경, 2012. 7. 2. 오후경, 2012. 7. 중순경"으로 표시한다.

일시를 어느 정도로 구체적으로 기재하여야 하는지가 관건이 될 수 있는데 가급적 알 수 있는 범위 내에서 구체적으로 기재하는 것을 원칙으로 하며 특히, 절도 사건에 그 시간의 범위에 따라 구성요건을 달리하는 것(야간주거침입절도 등)에 있어서는 정확히 그 시점을 특정해 주어야 하며 필요하면 일출, 일몰시간을 기상청에 확인하여 수사보고를 작성해 두어야 한다. 살인사건 등 주요사건에 있어서 범죄사실이 발생했던 시간대에 피의자가 소재를 주장하는 위치가 다르게 확인되거나 피의자가 사용하는 핸드폰의 기지국 위치가 다르게 확인되는 등 실제 범행시간과 모순이 있을 수 있기 때문에 반드시 그 범행시각을 명확히하려는 노력을 기울여야 한다.

장소는 일반적인 주소체계를 따르고 랜드마크가 되는 건물이 있다면 그 건물의 명칭도 부기하게 된다. 다만, 특별시, 광역시, 시, 도, 번지, 호의 문자는 생략하며 누구나 알고 있는 건물이나 위치일 경우 구체적인 번지나 호는 생략할 수 있으나 가급적 원칙대로 기재한다.

다) 범행 동기와 원인관계의 기재

"직계존속이 치욕을 은폐하기 위하거나 양육할 수 없음을 예상하거나 특히 참작할 만한 동기로 인하여..." 이 규정은 형법 제251조 영아살해죄의 일부이다. 이와 같이 구성요건에 동기가 포함된 경우는 범죄사실에 반드시 기재하여야 한다.

그러나 영아살해죄 등과 같이 구성요건에 동기나 목적, 원인 등이 명문화되어 있지 않은 경우 이를 기재하지 않아도 무방하나 사건의 흐름을 이해하기 위해 필요한 경우, 살인, 방화 등과 같이 범행의 동기나 목적이 범행과 관련이 있는 경우에는 기재할 수도 있다. 이러한 동기나 목적, 이유 등은 피의자만이 알 수 있는 경우로써 피의자신문을 통해 이를 밝혀낸 경우 조서의 신빙성을 높이는 데도 매우 중요하게 기능한다.

간혹 몇몇 수사관의 경우 이러한 동기, 목적을 피의자신문 등을 통해 확인하지 않고 상투적으로 기재해 놓는 경우가 있는데 아무리 구성요건요소가 아니라 할지라도 아무런 근거 없이 이를 기재하지 않도록 유의해야 한다.

라) 피해자에 대한 기재

피해자는 그 자체가 범죄의 객체가 되는 경우가 있고 범죄의 객체에 대한 소유자, 점유자로써의 피해자가 있으며 도박죄, 음란물유포죄 등과 같이 피해자가 없는 경우도 있다. 이렇듯 범죄사실을 기재하기 위해서는 해당 범죄의 구성요건과 보호법익을 면밀히 확인해야 한다.

이러한 피해자는 통상 "피해자 박진영"이라고 기재하며 살인, 상해, 폭행, 강간 등 피해자가 범죄의 객체인 경우에는 반드시 피해자에 관한 정보를 표시해 주어야 한다. 사기나 절도, 횡령 등 범죄 객체에 대한 소유, 점유관계에 있는 피해자인 경우에는 그가 과연 그 범죄의 객체에 대한 어떠한 권원이 있는지도 정확히 묘사해 주어야 한다. "피해자 이주헌 소유의", "피해자 이은애가 점유하고 있는" 등으로 표시한다.

만약, 피해자의 성별이나 연령이 범죄의 구성요건에 포함된 경우에는 반드시 그 성별과 연령까지 기재하여야 한다. 여성, 미성년자를 상대로 한 성폭력, 준사기 등이 그 예시가 되며 실무상 피해자가 범죄의 직접적인 객체인 경우 "피해자 문건봉(39세), 피해자 정현진(여, 38세)"라고 표시한다.

마) 재물 또는 재산상의 이익에 대한 기재

재산범에서는 반드시 피해품에 대한 내역을 구체적으로 기재하여야 하며 그 소유자 및 관리자가 다르다면 이를 구분하여 표시해야 한다. 컴퓨터를 절취한 경우 단순히 "피해자의 노트북 1대"라고 표시할 것이 아니라 "피해자의 시가 1,500,000원 상당의 삼성 센스9 노트북 1대"라고 기재하여야 하며 피해품의 가액은 시가를 기준으로 하지만 이를 알 수 없을 때에는 피해자가 주장하는 가액을 기재하게 되나 그 금액이 너무 터무니없는 경우에는 피해자가 주장하는 가격이라는 것을 수사보고에 기재해 두는 것이 좋다.

금액의 표기는 숫자로 하는 것을 원칙으로 하되 "3천만원", "1백만원" 등으로 표기하기도 하나, 하나의 범죄사실에 "3천만원", "1,500,300원"과 같이 두 가지 표기 방법을 혼용하여 사용하는 것은 좋지 않기 때문에 "1,500,300원"과 같이 한글로 표기하기 어려운 금액이 포함된 경우에는 다른 금액도 모두 숫자로만 표기한다.

바) 범행의 방법에 대한 구체적 기재

범행의 방법은 범죄사실에서 가장 구체적으로 기재해야 할 부분이다. 사기죄에서는 그 법조문이 "사람을 기망하여...."라고 간단히 적시되어 있지만 그 "기망"이라는 방법에 의해 피기망자가 속아야 하며 그 기망한 바에 따라 재산상 처분행위까지 해야만 구성요건의 흐름에 맞기 때문에 이와 같이 내포된 개념들을 모두 포함할 수 있도록 기재해야 한다.

주의해야 할 것은 사기죄에서 "사실은 갚을 의사와 능력이 없음에도 불구하고"라는 표현을 상투적으로 사용하는데 위와 같은 표현은 주로 차용사기에만 사용되는 것이며 위조된 문서를 근간으로 상대방을 믿게 한 후 금원을 편취하였을 때에는 "사실은 피의자가 거주하는 주택은 보증금 없이 월세만을 내는 조건으로 계약하였을 뿐만 아니라 그 월세 또한 10개월 연체된 상태에 있음에도 불구하고 전항과 같이 피의자 자신과 주택 소유자간에 보증금 1억원에 해당하는 전세계약을 한 것처럼 문서를 위조한 것을 피해자에게 제시하여 그를 속이고..."라고 기재해야 할 것이다.

살인죄에서는 예비와 음모부분과 살인죄의 실행의 착수 시점을 정확히 구분하여 예비, 음모하게 된 부분과 나누어서 기재하면서 구체적으로 피해자를 살해하는 방법을 기재하여야 한다.

컴퓨터를 이용한 해킹 사건에서는 그 해킹의 방법에 대해 자세히 묘사하여야 하기 때문에 그 해킹 수법을 모두 이해하여야만 범죄사실을 구성할 수 있으며 논리적으로 이해할 수 없다면 상급 부서에 자문을 구하여 범죄사실을 구성해야 한다.

사) 결과의 기재

행위와 결과가 구분된 범죄에서는 행위 또는 방법과 결과를 분리하여 작성하는 것이 글의 흐름에 도움이 된다. 결과적 가중범의 경우에는 모두 이 방식을 취하게 될 것이며 미수의 범죄 역시 같은 맥락이다. 예를 들어 강도살인의 경우 강도미수가 살인을 한 경우나 강도의 기수가 살인을 한 경우나 모두 강도살인죄의 죄책을 지게 되는데 강도미수와 살인을 한 개의 문장으로 구성하기에는 어려움이 있다. 따라서 "피의자는 … 강취하려고 하였으나 피해자가 완강히 반항을 하면서 도주하자 미수에 그쳤다. 이후 도주하는 피해자가 계속 '강도야' 소리를 지르자 그를 뒤따라가 … 하여 다발성 흉복부 실혈사로 인해 사망하게 하여 살해하였다."고 문장을 나누어 구성하는 것이 좋다.

공무집행방해에 있어서는 "… 폭행하여 경찰관의 …에 관한 정당한 직무집행을 방해하였다."라고 기재하며 상해의 경우 "… 오른 주먹으로 피해자의 좌측 눈부위를 1회 때려 그에게 약 5주간의 치료가 필요한 XX병명의 상해를 가하였다."라고 기재한다.

다. 범죄사실 작성 연습

아래에 사건의 진행 경위 또는 고소장 등 몇 가지 예시문을 작성해 두었다. 앞의 설명을 참고하여 범죄사실을 작성하는 연습을 하면 실무에 도움이 된다.

▎(실습1) 때려봐 때려봐 사건

- 피해자 이름은 김△△이며 40세 여성이다.
- 피의자 이름은 이○○로 잠실야구장에서 '○○인터내셔널'이라는 상호로 매점을 운영하고 있다.
- 사건 발생일시는 2010. 6. 20. 17:30경이다.
- 장소는 서울 송파구 잠실동 10 잠실야구장 1루 출입구 앞이다.
- 당시 피해자는 통닭을 양손에 들고 행상을 하고 있었다.
- 피의자는 행상을 하는 피해자를 발견하고 피해자에게 다가갔다.
- 피의자는 피해자에게 밖으로 나가 달라고 요청하였다.
- 피해자는 '당신이 무슨 근거로 그러느냐'면서 이를 거부하였다.
- 피의자가 다시 밖으로 나가 달라고 요청하였다.
- 피해자는 피의자에게 얼굴과 몸을 들이대며 '나갈 수 없으니 맘대로 해! 때리려면 때려 보든지'라며 말하였다.
- 피의자는 피해자의 갑작스런 행동에 당황하여 뒤로 물러서면서 뒤로 돌았는데 이 과정에서 상호 어깨가 부딪히면서 피해자가 넘어지게 되었다.
- 피해자가 넘어지자 피의자는 바로 112로 신고하여 관할지구대가 출동하였으

나 피해자는 119에 전화하여 병원으로 후송되었고 2시간 후 관할지구대로 자진출석하였다.

: 이 사건은 고소에 의한 것이 아닌 112신고에 의한 것으로 피해자, 피의자의 의견을 어느 정도 청취한 후에 작성될 사안이다. 사건의 진행상황에 따라 기소, 불기소가 나뉠 여지가 있으나 수사초기에는 피해자의 피해신고에 따라 범죄사실을 작성해야 할 사건이다.

▌ (실습2) 전구 빼간 사건

피의자는 상가회원들로 구성된 자치단체인 OO상가 운영위원회의 직원이다. OO상가 운영위원회는 피해자 최아무개가 공과금과 운영비를 납부하지 않자 2009. 2.경부터 위위 상가 130호 점포의(옷가게) 사업명의자인 구아무개 및 실제 운영자인 최아무개를 상대로 체납된 공과금 및 운영위원회 운영비의 납부를 촉구하면서 이를 납부하지 않을 경우 회칙에 따른 규제와 법적 조치를 하겠다는 내용의 통고서를 보낸 사실이 있다. 그럼에도 불구하고 최아무개가 계속하여 공과금 및 운영비를 납부하지 않자 위 운영위원회는 2009. 3. 6. 위 130호 점포에 대한 단전조치를 결의하였고, 피의자는 운영위원회 직원으로서 위 결의에 따라 최아무개가 퇴근한 2009. 3. 21. 17:00경 서울 중구 OO동 소재 위 점포에 들어가 천장에 설치되어 있던 피해자 소유의 전구 8개를 빼 갔다(전구 하나의 가격은 5,000원).

: 이 사례는 우선 피의자의 행위가 어떠한 범죄의 구성요건에 충족되는지를 전부 검토해 볼 필요가 있다.

우선 절도와 업무방해의 범죄사실이 떠오르게 될 것이며 두 가지의 범죄사실 모두를 작성해 보아야 한다. 범죄사실을 작성하다 보면 어떠한 점에 주안점을 두어 수사를 진행해야 할지 어떤 방향으로 결과가 도출될지 추론해 낼 수 있다.

만약, 최초 절도의 죄로 인정하여 수사하였으나 혐의가 없다면 업무방해 요소도 반드시 검토가 되어야 할 것이다. 실무상 피해자 또는 고소인의 신고내용에 따라 범죄사실을 구성하게 되지만 같은 행위가 다른 범죄사실에 해당할 수 있음을 염두에 두어야 할 것이다.

▌ (실습3) 잘못 입금된 돈 반환거부 사건

문: 진술인이 이피해인가요.
답: 예 제가 이피해입니다.
문: 진술인의 직업이 무엇인가요.
답: OO대학교 총무처에서 직원으로 있습니다.
문: 진술인은 우리서에 고소장을 제출한 사실이 있나요.
답: 예.
이때, 고소인에게 우리서에 접수된 고소장을 열람케 하고,
문: 진술인이 제출한 고소장이 맞나요.
답: 예 맞습니다.
문: 진술인은 피의자와는 어떤 관계인가요.
답: 예전에 저희 학교와 거래하던 거래처입니다.
문: 진술인은 동일 건으로 타 기관에 고소를 했거나, 취소를 한 사실은 없었나요.
답: 전에 고소한 사실 없습니다.
문: 진술인은 피의자로부터 어떤 피해를 당했나요.
답: 저희 학교에서 피의자 장금이가 운영하는 조경업체인 (주)로이와 거래를 하고 있었는데 거래 기간이 2011. 2. 28.까지였습니다. 그 후에 (주)성아 쪽과 일을 하게 되었는데, 제가 업체가 바뀐 줄도 모르고 피의자에게 2011. 3. 30.과 같은해 4. 29.에 두 번에 걸쳐 2,375,000원 도합 4,750,000원을 학교에서 지출하는 지출결의서를 연수은행에 제출하여 입금시켰는데 그쪽에서 제가 잘못 입금했다는 걸 알면서도 지금까지 1,800,000원만 돌려주고 나머지 2,950,000원을 돌려주지 않고 있습니다.
문: 피해자가 제출한 자료를 보면 피의자에게 돈을 잘못 입금한 시기가 2011. 4.이 마지막인데도 반환 요구 일자가 같은 해 8월이던데 어떻게 된 것인가요.
답: 제가 여러 군데에 돈을 지출하다보니 조경업체가 바뀐 줄 모르고 예전에 거래하던 피의자의 업체에 계속 돈을 보냈고 정작 돈을 받아야 할 성아 쪽에서

는 자신들이 새로 바뀐 업체이다 보니 돈이 입금되지 않았음에도 저희에게 멋쩍어서인지 말을 하지 못하고 있다가 8월이 되어서야 돈이 입금되지 않았다고 말하기에 그때 알게 된 것입니다.

문: 피의자에게 돈을 입금했을 당시 피의자의 계좌번호는 어떻게 되나요.

답: 피의자가 운영하는 로이의 사업자 등록은 장금이로 되어 있고 실상 운영은 김명의가 하고 있는데 둘이 부부지간인 것 같고 계좌명의는 '로이' 명의로 ○○은행 100-024-123456입니다.

문: 피의자와 연락은 되었나요.

답: 예 처음에는 연락을 해서 김명의와 직접 만나서 이야기를 했는데 제가 입금한 돈이 자신의 통장에서 자동이체되는 것도 있어 몰랐다며 다 써 버리고 없다고 연말까지 해서 한달에 얼마 씩이라도 다 갚겠다고 해 놓고서는 제 명의 연수은행 계좌로 2011. 11. 30. 1,500,000원, 2012. 1. 10. 300,000원을 갚고서는 나머지 금액에 대해서는 지금까지 갚고 있지 않습니다.

문: 피의자와 연락은 되나요.

답: 연락은 계속 되어 왔었는데 돈을 갚으라고 할 때마다 주겠다고만 말하면서 돌려주지 않고 마지막으로 연락했을 때 피의자가 하는 말이 "돈 있으면 주겠으니 연락하지 마라"란 식으로 적반하장으로 나오고 마지막으로 300,000원을 입금한 이후로 연락도 안 받고 문자를 보내도 답장도 하지 않고 있습니다.

문: 왜 바로 고소하지 않은 건가요.

답: 피해 금액에 대해서 학교 측에 제 돈으로 메꾸고 직장인으로써 윗분들한테 알려지는 것도 그렇고 해서 어떻게든 받아 내려고 하였는데 지금까지 돌려받지 못하고 있는 것입니다.

문: 피의자가 운영하는 로이엔 가보았나요.

답: 피의자가 하는 말이 자신의 업체가 폐업했다고 했습니다. 직접 가 보지는 않았습니다.

문: 고소장에 보면 피의자가 "언제 갚을지는 모르겠으나 갚겠다."고 했는데 그렇게 말한 것이 사실인가요.

답: 연말까지 돌려주기로 했으면서도 해가 바뀌어도 돌려줄 생각을 않길래 전화를 몇 차례 하면서 갚으라고 했더니 "언제 갚을지는 모르겠다."라고 했고 제가 그 말은 갚지 않겠다는 말 아니냐고 따지니까 "내가 언제 안 갚는다고 했

냐"라고 하며 돈 생기면 줄테니까 연락하지 말라고 한 것입니다.
문: 피의자가 전에 조경업체로 학교와 거래할 때 성실히 일을 하였던 사람인가요.
답: 저는 이번 건으로 처음 김명의를 보았고 사업체 명이 장금이로 되어 있길래
　　장금이가 사장인 줄 알았는데 알고 보니 장금이의 남편 김명의였습니다.
　　처음부터 전화를 했을 때 불량하게 나오고 전화를 자꾸 피하기만 했습니다.
문: 피의자와 연락하였던 연락처는 알고 있나요.
답: 사업체는 폐업을 하였다고 하여 연락처는 모르고 김명의의 핸드폰 번호로
　　010−0000−7673입니다. 지금은 신호는 가지만 연락이 되지 않고 있습니다.
문: 참고로 더 할 말 있나요.
답: 피의자가 너무 괘씸하고 제가 마음 고생한 거 생각하면 정말 강력한 처벌을
　　원합니다.
문: 지금까지의 진술이 사실인가요.
답: 예 사실입니다.

: 이 사례는 일선 경찰서에서 담당 수사관이 실제 작성한 진술조서 중 그 문답 내용만을 발췌한 것이다. 경제범죄수사팀 사건의 경우 대부분 법무사, 변호사 등이 사건을 청취하고 이를 토대로 고소장, 진정서 등을 작성하게 되는데 전문가들이 작성한 문서이기 때문에 범죄사실이 잘 정리되어 있게 된다. 수사관은 이를 근간으로 피해자 등에 대한 보충조서를 작성하게 되는데 이러한 방식에는 다소 문제가 있다.

첫째, 피해자의 진술 역시 100% 신뢰할 수 없어 조사를 진행하면서 이에 대한 신빙성 판단을 해야 함에도 불구하고 이미 법무사, 변호사 등 제3자에 의해 각색이 되었고 수사관 역시 이를 토대로 조사를 한다는 점, 둘째, 정리된 범죄사실을 토대로 조사를 하기 때문에 범죄사실과 관련성 있는 사건 전반에 대한 이해를 게을리 하게 된다는 점, 셋째, 피조사자 역시 정리된 문서를 토대로 진술하기 때문에 거짓말하는 피조사자를 확인하기 위해서는 별도의 노력이 필요하다는 점 등의 문제가 발생하게 된다.

반면에 구두로 고소를 하거나 스스로 고소장 등의 문서를 작성해 왔지만 정리가 되어 있지 않은 경우, 오히려 조사를 통해 사실관계에 더 근접하게 접근할 수 있음에도 불구하고 조사와 동시에 범죄사실을 구체화시켜야 한다는 부담 때문에 이를

부정적으로 바라보는 현상이 많다.

　이는 사건에 대한 이해와 그로부터 범죄되는 내용을 추출해 내는 능력이 다소 부족한데에서 오는 것으로 판단된다. 수사관은 잘 정리된 고소장이 없어도 위 진술조서의 내용만으로도 범죄사실을 구현해 낼 수 있어야 한다. 정리된 고소장 내용이 없다고 가정하고 위 조서의 내용을 토대로 범죄사실을 구현해 보면 처음에는 어렵게 느껴질 수 있으나 범죄의 구성요건을 자연스럽게 고민하게 되며 이를 토대로 어떠한 것들을 증거로 삼을 수 있는지, 그리고 그러한 증거들을 확보하기 위해서는 관련자들 또는 관련 사실들을 어떤 방식으로 확인해야 하는지가 머릿속에 은연 중에 구현될 것이며 이러한 사실들을 확인하기 위해서 피해자로부터 구체적인 진술을 청취하려는 노력을 하게 된다.

　또한 진술조서로부터 범죄사실을 추출해 내는 실습을 하다보면 어떠한 내용이 추가로 필요하다는 점을 발견하게 되고 그 점이 진술조서에서 결략된 내용이 될 것이다. 실습을 하면서 위에서 언급한 내용들을 상기하기 바란다.

▌(실습4) 인터넷을 이용한 물품사기 사건

문: 진술인이 홍길동 본인이 맞나요.
답: 네, 제가 홍길동입니다.
이때, 진정인이 진정서를 임의 제출하므로 확인한 후 사본하여 조서말미에 첨부하다.
문: 이 진정서가 진정인이 작성하여 서울 연수경찰서에 접수한 진정서가 맞나요.
이때, 진정인에게 서울연수경찰서 즉일사건번호 2020 − 2036호로 접수된 진정서를 보여주다.
답: 네, 맞습니다. 제가 작성하여 서울연수경찰서로 접수한 진정서가 맞습니다.
문: 본 건과 동일한 내용으로 다른 수사기관에 진정이나 고소를 한 적이 있나요.
답: 없습니다. 오늘 진정 접수한 것이 처음입니다.
문: 진정의 요지를 말씀해 주세요.
답: 제가 2020. 3. 16. 인터넷 네이버 중고나라 사이트 상 중고 스마트폰(옵티머

스 LTE)을 판매한다는 글을 보았습니다. 그래서 판매자와 연락을 하게 되었는데 판매자가 사이트 결제를 이용하지 않고 직거래를 하면 물품가격을 싸게 해준다고 하며 택배거래를 하기로 하였고, 가격은 20만원으로 10만원은 선불로 보내고, 10만원은 물품을 받은 뒤 보내주기로 했습니다. 그 후 저는 바로 인터넷뱅킹으로 판매자가 이야기하였던 OO금고 573709-00-35000호 계좌로 10만원을 입금하여 주었고요. 그런데 돈을 입금받은 뒤에는 연락이 되지 않고 물품도 오지 않았습니다. 그래서 아무래도 사기당한 것 같아서 진정하게 되었습니다.

문: 인터넷 사이트 중고나라를 통하여 중고 휴대전화를 구입하려 하였는데 판매자가 금원만을 입금받은 뒤 중고 휴대전화를 보내지 않고 연락이 두절되어서 사기당한 것 같다는 진술인가요.

답: 네, 그렇습니다.

문: 당시 판매자가 중고나라 사이트에 게재하였던 글이 있나요.

답: 네, 여기 있습니다.

이때 진정인이 화면 캡쳐 내역을 제출하므로 이를 조서말미에 편철하다.

문: 진정인이 금원을 송금한 송금영수증이 있나요.

답: 네, 여기 있습니다. 제 어머니인 강OO 명의 계좌에서 OO금고 573709-00-35000호 계좌로 우선 10만원을 입금하였습니다. 계좌 명의인은 권준우라는 사람이었습니다.

이때, 진정인이 송금영수증을 제출하므로 확인 후 사본하여 조서말미에 편철하다.

문: 입금일자가 2020. 3. 16. 입금금액은 10만원으로 총 피해금액은 10만원이 맞나요.

답: 네, 그렇습니다.

문: 위 물건의 판매자 정보 등을 알 수 있는 다른 자료가 있을까요.

답: 연락하였던 휴대전화 번호가 010-1000-0116 입니다. 그리고 중고나라 사이트 아이디인 'xxxx89' 이고요.

문: 지금까지의 진술을 요약하면 피진정인은 인적사항을 알 수 없는 사람인데 2020. 3. 16. 인터넷 네이버 카페 중고나라의 중고 판매글을 보고 피진정인에게 연락한 진정인에게 "중고나라상 결제를 하지 말고 나에게 직접 돈을 송금하면 20만원의 가격으로 중고 휴대전화 '옵티머스 LTE'를 택배로 보내주겠

다. 우선 선불금으로 OO금고 573709-00- 35000호 계좌로 10만원을 송금해 달라."고 거짓말하여 이를 믿은 피진정인은 같은 날 위 계좌로 10만원을 송금하였지만 중고 휴대전화 '옵티머스 LTE'는 오지 않고 연락이 두절되었다는 것이지요.

답: 네, 그렇습니다. 꼭 찾아 주시기 바랍니다.

문: 피진정인을 조사하여 혐의가 인정되면 처벌을 원하나요.

답: 네, 처벌을 원합니다.

문: 이상의 진술이 사실인가요.

답: 네 모두 사실입니다.

문: 더 할 말이 있나요.

답: 없습니다.

: 이 사례는 전형적인 인터넷 물품사기 사건이다. 이 진술조서는 매우 간략하게 작성되어 있다. 이는 피해자와 피의자가 서로 지인이 아니며 1회에 걸쳐 알게 되고 그때 사기를 당하게 되었기 때문에 확인되어야 할 사항이 대부분 객관적인 사실들이기 때문에 이 점을 중점으로 조사를 한 것이다(판매글이 게시된 URL을 기재하고, 정상 결제를 하지 않게 된 구체적인 경위와 상대방의 말투와 추정되는 나이, 남성인지 여성인지, 상대방이 전화를 꺼 놓은 것인지 해지된 것인지 등에 대해서도 조사가 이루어지면 더 좋을 것 같다). 이런 사건을 처리할 때는 용의자의 인적사항을 확인할 수 있는 단서를 피해자로부터 확인하여야 하며 객관적인 증거관계를 수집하는데 집중하게 될 것이다. 이 진술조서를 근간으로 1) 사기의 범죄사실을 작성하고, 조서의 내용 중 2) 증거되는 부분이 무엇이며 3) 용의자를 향후 어떤 방식으로 추적을 할지 고민해 보기 바란다.

▌ (실습5) 부동산 지분을 넘겨주기로 약속하고 금전 차용한 사건

문: 본인의 이름이 무엇이나요.

답: 정강이입니다.

이때 피해자 정강이으로부터 주민등록증을 제출받아 복사한 후 그 사본을 조서 말미에 편철하다.

문: 피의자 김연수와 친, 인척 관계가 있나요.

답: 아니요. 없습니다.

문: 동일한 사건으로 타 수사기관에 고소한 적이 있나요.

답: 없습니다.

문: 피의자 김연수를 어떻게 알게 되었나요.

답: 건 외 박필병(박필석으로 불리움)으로부터 소개받았습니다.

문: 본 건 고소하게 된 경위가 어떻게 되나요.

답: 2011. 7. 21. 건 외 박필병의 소개로 피의자 김연수를 알게 되었는데 당시 피의자가 안산시 단원구 선부동 1번지 런던프라자 지하 1층 6필지를 매수하려고 하는데 자금이 없으니 한 달만 5000만원을 빌려 달라고 요구를 하였습니다. 당시 빌려주는 조건으로 원금을 한 달 안에 변제하고 공동투자계약서를 보여주며 건물에 대한 매매가 성사되면 그 건물에 대한 지분 3분의 1을 저에게 주기로 하면서 5,000만원을 빌려간 것입니다. 그런데 한 달이 지나도 제게 빌려간 원금은 커녕 오히려 잔금이 지불되지 않아 원금마저 잃을 수 있으니 추가로 금전을 더 요구하여 2011. 11. 16. 1천만원, 같은 해 11. 18. 3천만원을 추가로 입금하였습니다. 그 후 제게 빌려간 금전에 대해 변제를 독촉하자 2012년 구정 전날 현금으로 천만원을 받았고 그 후 지금까지 제 전화를 회피하면서 만나주지도 않고 빌려간 돈을 갚지도 않고 있어서 고소를 하게 된 것입니다.

문: 그렇다면 현재 선부동 1 소재 런던프라자 건물은 6필지는 누구의 소유인가요.

답: 김연수입니다.

문: 피의자가 고소인에 대해 어떤 부분을 속였다고 생각하는 것인가요.

고소인이 직접 가져온 등기사항전부증명서를 본 수사관에게 보여주며

답: 첫 번째로 제게 금전을 빌려서 갚기로 한 날인 2011. 11. 30. 선부동 런던프라자 6필지에 대한 소유권이전이 완료가 됐음에도 불구하고 채무를 변제하지 않은 것이고, 둘째로 최초 등기 시 모든 일은 서로 합의하에 의논한 후 결정하기로 하였었는데 피의자 김연수가 저와 아무런 상의도 없이 자기 독단적으로 선부동 서울 프라자에 근저당권을 설정하여 자기의 개인적인 채무를 갚는

데 금전을 사용한 것입니다. 원래 대출을 받으면 저한테 우선적으로 채무를 변제하기로 약속했었거든요. 그리고 세 번째로 2011. 11. 30. 등기완료 당시 저랑 통화하면서 제게 받은 4,000만원과 선부동 런던프라자건물 228평을 70만원에 팔아서 1억 5천 9백 60만원을 마련했고 군자농협으로부터 동 건물에 근저당권을 설정하고 9,000만원을 대출받아 등기를 완료했다고 제게 설명했었는데 생각해 보니 군자농협으로부터 3000만원을 더 대출받아서 개인적인 용도로 사용한 것 같습니다. 그리고 마지막으로 2012. 1. 19. 건 외 윤주환으로부터 근저당권 설정계약을 하고 1억을 빌렸다고 했었는데 이것은 제가 처음부터 몰랐던 것이고 추후 제가 등기사항전부증명서를 떼어 보면서 확인한 사실입니다. 그전까지 피의자 김연수는 그 부분에 대해서 아무말도 없었고 제가 추궁을 하니 저에게 대답해 준 것입니다.

문: 고소인 진술관련 제출할 증거자료나 서류가 있나요.

답: 네, 여기 녹취록하고 등기사항전부증명서를 따로 떼어 왔습니다.

문: 현재 피의자 김연수와 통화가 되나요.

답: 통화는 가끔 되었고 통화할 때마다 매일매일 추후 변제하겠다고 변명합니다.

이때 고소인이 가져온 녹취록 서류를 보여주며

문: 녹취록 2012. 1. 31. 통화내용(－녹취록 5p)을 살펴보면 그날 통화한 내역에 2. 6. 채무를 변제하겠다고 피의자가 계속 장담을 하는데 변제는 되었나요.

답: 안 되었습니다.

문: 왜 안 되었나요.

답: 대출신청을 했었는데 안 나왔다고 했습니다.

문: 현재까지 빌려준 9천만원 중에서 얼마가 변제가 되었나요.

답: 1천만원이 변제가 되었습니다.

문: 언제 변제가 되었나요.

답: 구정 전날 저녁경에 중앙역 근처 도로변에서 저에게 현금으로 1천만원을 주었습니다.

문: 더 이상 하실 말씀이 있나요.

답: 네. 제가 중도금을 준 2011. 11. 16.과 18일에 총 금 4천만원을 피의자에게 송금해 주고 피의자에게 차용증을 써 주라고 했었는데 당시 피의자 김연수가 자신이 변호사 사무실가서 9천만원에 대해서 공증을 서주겠다고 해 놓고서는

해 주지 않았습니다. 만약 그때 공증을 세웠더라면 경매순위에서 3순위로 밀
리지 않았을 것 같습니다.

문: 그렇다면 공증이 있었더라면 몇 순위가 되었을 것 같나요.

답: 군자농협 다음으로 2순위가 되었을 것입니다.

문: 피의자와 합의한 적 있나요.

답: 아니요.

문: 피의자의 형사처벌을 원하나요.

답: 만약 제게 빌려 간 금전을 모두 변제한다면 고소를 취하할 의향은 있습니다.

문: 이상의 진술이 사실인가요.

답: 예 사실입니다.

: 진술조서의 내용을 보면 알겠지만 주로 차용금을 갚지 않은 부분에 집중되어
있다. 차용사기를 조사할 때는 차용 이전의 상황에 집중하여 조사가 이루어져야 한
다(녹취록을 제출받을 때는 녹취를 하게 된 시간과 장소, 왜 녹취를 하게 되었는지 녹취하는
방법, 녹취한 원본의 소재를 상세히 물어서 조서에 남겨 두어야만 한다).

| (실습6) 대출빙자 사기 사건

고 소 장

진정인 이경미(710325 − 2000000)
주   소 경기도 시흥시 거모동 OO 아파트 402동 401호
휴대폰 010 − 0000 − 0000

피진정인 불상
휴 대 폰 010 − 0000 − 0000
fax 번호 051 − 0000 − 0000

고소내용

문자가 와서 전화를 했었는데 저 신용자, 연체자도 대출이 가능하다고 해서 신청하였습니다. fax로 주민등록등본, 원·초본 통장사본, 주민등록증을 보내고 대출 된다고 해서 신청했는데 연대 보증인이 필요하다고 해서 없다고 했는데 그럼 대출금의 12%를 입금하면 대출이 된다고 해서 돈을 입금하였습니다. 1000만원에 대해서요. 그런데 3,500만원이 대출되니까 그 금액의 12%로 입급하고 1,000만원 쓰시고 나머지는 다시 돌려주면 된다고 해서 2,500만원의 12%를 입금하였는데 대출도 안 해주고 전화도 받지 않습니다.

문: 본인의 이름이 무엇인가요.

답: 이경미입니다.

이때 피해자 이경미가 불상의 피의자에게 보내준 증거서류들을 제출하여 조서말미에 편철하다.

문: 왜 진정을 넣게 되었나요.

답: 2012. 6. 1. 회사에 업무를 보고 있었는데 최미경(불상의 피의자)이라는 사람으로부터 문자가 와서 제가 다시 정말 대출해 주시는 거냐고 되묻는 문자를 보냈습니다. 그러자 다시 전화가 와서 신분증하고 주민등록증 사본하고 원초본을 보내주면 자기가 얼마까지 대출이 되는지 알아보고 연락을 주겠다고 했습니다. 그래서 다음 날인 6. 2.에 필요한 서류들을 팩스로 보내고 6. 3. 최미경으로부터 전화가 다시 왔습니다. 그러면서 3,500만원까지 대출이 되는데 얼마가 필요하시느냐라고 묻길래 제가 1,000만원이 필요하다고 말을 한 후 일단 전화을 끊었습니다. 그리고 나서 두시간 뒤에 전화가 다시 와서 1,000만원이 대출이 되는데 당신이(진정인) 신용이 좋지 않으니 연대보증이나 대출금액의 12%를 입금하라고 하는 것입니다. 그래서 제가 다음 날인 6. 4. 다시 문자로 연대보증인은 안 되니 12%를 해 주겠다고 하여 6. 5. 제가 120만원을 입금하고 최미경과 통화를 한 후 전화를 끊었습니다. 그리고 다시 다음 날인 6. 7. 최미경으로부터 연락이 와서 한도가 3,500만원인데 1,000만원만 따로 대출이 안 되니 일단 3,500만원을 다 대출받고 2,500만원을 바로 갚는 형식으로 해서 대출을 할테니 대출금액의 12%인 250만원을 더 임금하라고

해서 6. 7. 250만원을 입금하고 기다리고 있는데 연락이 오지 않아 6. 8. 오후 5시쯤에 연락을 해 보니 연락이 되지 않아 경찰서에 신고를 하게 된 것입니다.

문: 경찰이나 검찰 등 타 수사기관에 동일 건으로 신고한 적이 있나요.

답: 없습니다.

문: 증거자료가 있나요.

답: 네, 방금 전에 수사관님에게 제출하였습니다.

문: 왜 대출을 받으려고 하였나요.

답: 제가 전에 대출을 받은 게 있는데 그게 이자가 너무 쎄서 대환대출을 하려고 대출을 받으려고 한 것입니다.

문: 대출을 받으려고 통화를 할 당시 뭔가 의심스럽지는 않았나요.

답: 처음에 돈을 120만원을 입금하려고 했을 때 뭔가 수상하기는 했는데 그냥 최미경(불상의 피의자) 측에서 법무팀을 통해 확실하게 대출받을 수 있도록 도와준다고 하여 믿고 보내줬죠.

문: 최미경과 통화한 휴대폰 번호가 어떻게 되나요.

답: 010-0200-2043입니다.

문: 목소리가 여자였나요.

답: 네, 여자였습니다.

문: 외국인 같았나요.

답: 한국인 목소리였습니다.

문: 최미경의 회사가 어디에 있다고 하던가요.

답: 그런 것은 물어보지 않았습니다.

문: 팩스번호가 어떻게 되나요.

답: 051-000-1366입니다.

문: 형사처벌을 원하나요.

답: 네, 원합니다.

문: 더 이상 할말 있나요.

답: 없습니다.

문: 이상의 진술이 사실인가요.

답: 예 사실입니다.

: 이 사건 역시 피해자로부터 객관적인 사실을 물어야 할 사건이며 피의자를 추적하기 위한 자료를 획득하는 데 조사가 집중되어야 한다. 그러나 중요한 추적단서인 상대방의 계좌에 대해선 문답이 없는 점이 아쉽다. 범죄사실을 작성해 보고 향후 어떻게 수사를 할지 계획서를 작성해 보기 바란다.

▌(실습7) PC방 스마트폰 절도 사건

문: 위 스마트폰을 잃어버리게 된 경위를 상세히 진술하시오.

답: 2012. 1. 9. 19:53경 친구 1명과 함께 위 OO피씨방 17번에 앉아 접속하면서 제 스마트폰을 테이블 왼쪽에 세워 두고 게임을 하다가 접속이 잘 되지 않아 20분 후에 13번으로 옮겼는데 22:10경 스마트폰이 없어진 것을 알고 제가 앉았던 17번에서 게임을 하고 있던 30대 중반의 남자에게 물어보니 본 적이 없다고 하여 제 스마트폰으로 전화를 하면서 주위를 찾다가 찾지 못해 재차 카운터 종업원 아가씨에게 피씨방 CCTV를 확인해 보자고 하니 사장님이 안 계셔서 안 된다고 해 할 수 없이 피씨방을 나갔습니다.

문: 진술인이 스마트폰을 17번 테이블 왼쪽에 세워 둔 것은 맞나요.

답: 같이 게임을 하러 간 친구 김주주 24세(010−0000−3691)가 제가 스마트폰을 17번 테이블 위에 세로로 세워 둔 것을 봤습니다.

문: 진술인이 피씨방 내 17번 자리에 앉았다가 13번으로 옮겨간 후 다른 손님이 앉은 사실이 있나요.

답: 13번 좌석으로 옮긴 후 17번 좌석에 20대 중반으로 보이는 남자 1명이 친구 1명과 함께 게임을 하고 있었고 제가 스마트폰이 없어진 것을 알고 그 자리에 갔을 때는 20대 중반의 남자가 없고 30대 중반의 다른 남자 손님 한 분이 앉아 계셨습니다.

문: 피씨방 내 CCTV는 확인하지 못하였나요.

답: 피씨방 사장님이 피씨방에 출근을 하지 않고 저하고 시간이 맞지 않아 아직 확인을 하지 못했습니다.

문: 그래서 어떻게 하였나요.

답: 잃어버린 다음 날 제가 KT의성지점에 들러 휴대폰위치찾기에 가입해서 바로 확인해 보니 1. 11. 19:02경 영천시 북안면 유하리 부근으로 위치가 표시되

어 있었습니다.

문: 그러면 진술인은 스마트폰을 누가 가지고 갔다고 생각하나요.

답: 제가 자리를 옮긴 후 곧 바로 17번 좌석에 앉았던 20대 중반의 남자가 가지고 간 것 같습니다.

문: 그렇게 생각하는 이유가 있나요.

답: 제가 앉았던 자리에서 20대 중반의 남자와 같이 온 친구 1명이 의성읍에 거주하는 사람으로 보이지 않았고 좌석에서 계속 수군거리다가 온지 10분도 되지 않아 피씨방을 나간 것으로 보아 제 스마트폰을 가지고 나간 것으로 의심됩니다.

문: 잃어버린 스마트폰의 특징, 수량, 시가는 얼마나 되나요.

답: 아이폰 4 블랙으로 제가 보험회사에 물어보니 810,000원 정도 된다고 하였습니다.

문: 피의자 검거 시 처벌을 원하나요.

답: 처벌해 주십시요

문: 이상 진술한 내용이 모두 사실인가요.

답: 예 사실입니다.

: 전형적으로 추적을 요하는 사건이다. 위 진술조서의 내용을 토대로 범죄사실을 작성하고 추적할 수 있는 모든 사항을 유추해 보기 바란다.

▌(실습8) 단전조치로 인한 업무방해 사건

문: 진술인이 고소인 이업무 맞나요.

답: 제가 고소인 이업무입니다.

문: 이 고소장은 진술인이 제출한 것이 맞나요.

이때, 2012. 3. 21. 우리경찰서에 임시접수번호 1153호로 접수된 고소장을 보여주자

답: 제가 제출했던 고소장이 맞습니다.

문: 이건으로 타 수사기관에 진정. 고소한 사실은요.

답: 처음입니다.

문: 진술인은 언제 어디에서 피해를 보았는가요.

답: 2012. 1. 8.부터 같은 달 10.까지(3일간) 경남 창원시 진해구 용원동에 있는 OOO 주점 내입니다.

문: 어떤 피해를 보았는가요.

답: 피고소인은 건물 주인으로서 제가 관리비 4개월분(금 400만원 정도)를 연체하였다는 이유로 가게에 들어와 영업을 하지 못하도록 하기 위하여 영업장 내에 설치된 전기 콘센트를 사용하지 못하도록 전기를 차단시켜 전기가 들어오지 않아 냉장고에 들어 있는 냉동식품, 제빙기, 카드 단말기가 작동을 못하여 약 3일간 영업을 하지 못하여 약 500만원 정도 손해를 보았다고 생각이 듭니다.

문: 피의자가 어떤 방법으로 업무를 방해하였는가요.

답: 저의 가게 영업시간이 오후 19:00부터 04:30까지 영업을 하고 있는데 피고소인이 낮에 시정된 저의 가게 문을 열고 들어와 전기를 사용하지 못하게 콘센트에 연결된 단자기를 풀어 놓고, 어떻게 조작했는지 전기가 들어오지 않게 하는 등 업무를 방해를 하였습니다.

문: 피의자가 위와 같이 전기를 차단시켰고, 또한 콘센트 단자기를 풀어 놓았다고 입증할 근거는요.

답: 같은 건물 당구장 주인(성명 불상)이 낮에 건물 주인이 문을 열고 들어가는 것을 보았다고 저에게 알려준 바 있고, 당시 전기가 들어오지 않고, 콘센트 단자기가 풀어져 있는 것을 직원으로부터 전화 연락을 받고 이렇게 할 사람은 피고소인 뿐이라고 생각이 들어 피고소인에게 전화하여 왜 이렇게 했느냐고 묻자 피고소인은 전기를 차단한 것은 아니고 단지 가게에 들어와 콘센트를 풀어 놓은 것은 사실이라고 통화한 내역을 녹음한 사실이 있는데 필요하면 언제든지 제출하겠습니다.

문: 피의자가 왜 그랬다고 생각하는가요

답: 조금 전에 진술했듯이 관리비를 약 4개월간 연체했다는 이유로 차단하였다고 생각합니다.

문: 피의자는 어떻게 위 가게에 출입할 수 있었나요

답: 제가 2011. 5. 12.부터 2012. 1. 10.까지 영업을 하게 되었는데 제가 피고소

인으로부터 위 가게를 임차받을 때 피고소인으로부터 열쇠를 받았는데 피고
소인 복사분 출입문 열쇠를 1개 더 가지고 있었다는 것으로 생각이 들며 열
쇠를 가지고 있었다는 사실도 이 사건 이후에 알게 되었습니다.

문: 그렇면 피의자가 전에도 임의로 시정된 가게 문을 열고 들어온 사실이 있나요.

답: 이번이 처음이라고 생각합니다.

문: 피의자가 시정된 가게문을 열고 들어오게끔 승낙한 사실은 있었나요.

답: 그런 사실은 없습니다.

문: 피의자는 현재도 영업하고 있는가요.

답: 2012. 1. 10. 이후로 영업을 하지 않고 있으며 다른 사람이 영업하고 있는
것으로 알고 있습니다.

문: 진술인은 피의자와 위 가게 계약관계는요.

답: 보증금 없이 월세 320만원을 지급하는 조건이였습니다.

문: 월세 연체된 사실은요.

답: 월세는 모두 지불하였는데 관리비 약 4개월분을 지급하지 못하였을 뿐입니다.

문: 피의자의 인적사항은 어떻게 되나요.

답: 나이는 55세 가량의 남자이고, 주소는 경남 창원시 진해시 용원동에 거주하
고 있는 것으로 알고 있는데 정확한 번지는 모릅니다.

문: 피의자에 대하여 처벌을 원하는가요.

답: 처벌을 원합니다.

문: 참고로 하고 싶은 말은요.

답: 없습니다.

문: 이상 진술한 내용은 사실입니까.

답: 예 사실입니다.

: 이러한 유형의 업무방해사건은 상세한 조사가 이루어져야 하는데 다소 조서의
내용이 짧은 면이 있다. 특히 이런 사례의 경우 건물주와의 임대계약서나 기타 상
가위원회 등에서 만든 규약이 있기 때문에 그러한 특약사항의 유무를 묻거나 관련
서류를 제출받아야 한다. 또한 집주인으로부터 이러한 경고를 받았는지 여부, 관리
비 독촉을 어떤 방식으로 받았는지 여부, 집주인이 가게에 들어왔다고 하는데 어떤
방법으로 들어왔으며 전기를 차단한 구체적인 방법 등에 대해서도 상세히 물어야

하며 관리비에 포함된 항목(수도, 전기 등)과 전기세는 각 가구별로 독립적으로 부과가 되는 것인지 아니면 건물 전체에 대한 전기사용료가 부과가 되고 이를 각 세입자별로 나누어서 내게 되는데 만약 관리비가 미납이 되면 한전으로부터 단전조치는 누가 감수하게 되는지 등을 물었어야 한다. 이 사건에 대한 범죄사실을 작성해 보고 형법 교과서를 통해 업무방해죄를 공부한 후 이와 유사한 판례를 찾아 학습하기 바란다.

▌(실습9) 출판물에 의한 명예훼손 사건

문: 진술인이 임OO 맞나요.

답: 예 제가 임OO(47세, 여) 맞습니다. 여기 주민등록증을 제출하겠습니다.

문: 이것이 진술인이 접수한 고소장이 맞나요.

이때 진술인에게 고소장을 열람케 하다.

답: 예 제가 접수한 고소장이 맞습니다.

문: 고소인 김OO은 진술인과 어떤 관계인가요.

답: 김OO은 제 아들입니다. OO관광 명의가 아들 명의로 되어있습니다.

문: 진술인과 OO관광의 관계는 어떻게 되나요.

답: 제가 OO관광을 실질적으로 운영하고 있으며 법인등기부등본에 이사로 등재되어있고 아들 김OO은 법인 대표자로 되어 있습니다.

문: 누구를 고소하는 것인가요.

답: 오OO을 고소하는 것입니다.

문: 오OO과 고소인은 어떤 관계인가요.

답: 오OO은 2011. 10. 30.까지 OO관광에서 기사로 일을 하던 사람이였습니다. 현재는 아무런 관련이 없습니다.

문: 고소내용을 말해 보세요.

답: 피고소인 오OO이 허위의 사실을 신문기자에게 제보를 해서 신문기사로 보도되게 한 것입니다. 고의적으로 허위의 사실을 기자에게 알려준 것입니다.

문: 기사로 보도된 내용은 고소장에 첨부된 2011. 11. 3. 뉴욕일보 사회면에 이기자 기자가 보도한 신문기사가 맞나요.

답: 예 맞습니다.

문: 신문기사 내용중 어떤 것이 허위 인가요.

답: (주)OO관광이 속칭 '스페어기사(일용직 기사)'를 고용해서 초등학생들 체험학습을 관광버스로 운행을 한다는 내용과, OO관광이 버스운전자들의 재직증명서를 허위로 작성해서 학교 측에 보냈다는 보도입니다.

문: 신문기사가 잘못된 것이 확인이 되었나요.

답: 보도를 낸 기자 이기자가 2011. 11. 8. 뉴욕일보에 정정보도문 기사를 냈습니다. 고소장에 첨부되어 있습니다.

이때 고소장에 첨부된 뉴욕일보 정정보도문을 확인하다.

문: 뉴욕일보 이기자 기자를 고소하지 않고 오OO을 고소하는 이유는 무엇인가요.

답: 오OO이 허위로 이기자 기자에게 제보를 하였습니다. 오OO이 기자에게 말한 내용이 모두 허위라는 사실을 알면서도 고의로 기자에게 제보를 한 것입니다. 그리고 이기자 기자는 우리에게 사과를 했기 때문에 고소를 하지 않는 것이고 오OO은 사과도 하지 않고 연락도 없습니다.

문: 이기자 기자에게 오OO이 제보를 한다는 것은 어떻게 입증이 되나요.

답: 연OO은 OO관광 직원인데 2011. 11. 2. 오OO이 연OO에게 전화를 해서 뉴욕일보에 보도된 기사가 오OO 자신이 기자에게 제보한 것이라고 말을 했다고 했습니다. 그래서 연OO에게 진술서를 받아서 고소장에 첨부한 것입니다. 그리고 이기자 기자가 우리에게 사과를 할 때 이기자 기자에게 허위제보를 오OO이 한 것이 맞다고 말을 해 주었습니다.

문: 오OO은 그러면 왜 뉴욕일보에 허위로 제보를 해서 기사를 나가게 한 것인가요.

답: OO관광을 명예훼손시켜서 나쁜 소문을 퍼트려 영업을 하지 못하게 하려고 한 것입니다.

문: 오OO은 왜 OO관광에게 나쁜 감정을 가지고 있는 것인가요.

답: 오OO이 우리 회사에서 기사로 일을 할 때 1년에 한 번씩 사고가 났는데 자기 스스로 회사를 나갔습니다.

문: 오OO의 형사처벌을 원하나요.

답: 예 형사처벌을 원합니다.

문: 추가로 다른 증거자료가 있나요.

답: 아니요 없습니다.
문: 이상 진술한 내용이 모두 사실인가요.
답: 예.

: 사실관계에 대한 조사는 어렵지 않으나 법률적 판단이 가장 어려운 사건 중의 하나가 명예훼손 사건이다. 명예훼손 사건을 잘 이해하기 위해서는 형법 각 법조를 정확히 이해하고 형법 교과서를 통해 개괄적 사항을 숙지한 후 각종 판례와 사례를 통해 해법을 찾는 것이 가장 좋다.

(실습10) 강간미수 사건

문: 진술인이 이ㅁㅁ인가요
답: 예.
문: 경찰서에 오게 된 이유가 있는가요.
답: 그날(3. 3. 밤 10:50경) 있었던 성폭력사건에 대한 가해자가 검거되었다는 연락을 받고 피해진술 및 처벌을 하고자 오게 되었습니다.
문: 그날 어떤 일이 있었나요.
답: 2012. 3. 3. 토요일 밤 10시 50분경에 서초15 마을버스를 타고 OO아파트 정문에서 내려 음악을 들으며 귀가 중에 있었습니다. 제가 내릴 때는 가해자가 반대편에서 보고 있었고 저는 자기 길로 가겠지 하고 평상시처럼 음악을 들으며 OO아파트 정문에서 코너를 돌아 걷고 있었습니다. 남도주차장 앞 가로등 부근이었는데 뒤에서 그림자 하나가 보였는데 제 그림자가 불빛에 두개로 보이는 걸로 생각하던 중 누군가 뒤에서 저의 왼쪽 엉덩이를 손으로 살포시 잡았습니다. 제가 놀라서 이어폰을 빼고 뒤를 돌아보며 '아 뭐야?'라고 하자 가해자가 뒤로 한발짝 물러서며 오른손에 핸드폰을 든채로 '어 뭐야 진숙이 아냐?' 라고 확인하는 척하며 제가 얼굴을 찡그리자 '죄송합니다 죄송합니다.'라며 등을 돌리는 것 같아 '아 뭐야'라며 저도 돌아서 다시 집을 향했습니다.
문: 그 일이 있은 후 가해자가 다시 나타났나요.
답: 예, 기분은 나빴지만 여자친구와 약속을 했는데 저와 착각할 수도 있겠다는

생각을 하며 음악을 들으며 방배3동 OO아트빌라 뒤쪽 코너 골목을 지나 저의 집에 도착 골목으로 들어서는데 뒤에서 저의 오른손을 확 끄는 사람이 있어서 이어폰을 빼고 뒤를 돌아보니 좀 전의 그 가해자가 "저기요 아까 미안해서 그런데 사례할께요."라고 말하였습니다. 그래서 제가 "무슨사례에요? 됐으니까 그냥가세요."라고 하자 가해자가 "진짜 죄송해서 그래요 사례할테니 연락처 좀 가르쳐 주세요."라고 하여 사례 같은 거 필요없고 됐으니까 그냥 가세요라고 큰소리로 말하기를 몇 번 반복하였습니다. 그러다가 가해자가 마음에 들어서 그러는데 핸드폰 번호 좀 가르쳐 주세요라며 계속된 실랑이 중에 저의 오른쪽 가슴을 만지기 위해 손이 제 쪽으로 오는 것을 살짝 몸을 틀어 저지하자 상체 브래지어 부분까지 잡아 올려 자기쪽으로 끌어 안으려고 하였습니다. 손으로 쥐는 힘이 엄청 쎄서 제가 반항을 해도 쉽게 풀려날 수가 없었습니다. 계속 자기를 한 번 보라며 끌어 안으려고 했습니다. 저는 이런 상황에서 벗어나기 위해 계속해서 실랑이를 했고 가해자는 저의 손목을 잡고 놓아주지를 않았습니다. 제가 등을 돌리고 달아나려고 하자 뒤에서 저의 배부분을 안으면서 "잠깐 저기가서 얘기 좀 해요."라며 끌고 가려하였습니다. 제가 뿌리치고 코너쪽으로 돌아 우리집 베란다 아래쪽에서 가해자가 저의 오른쪽 다리를 걸고 저의 왼손을 눌러 뒤로 넘어지게 하였습니다. 그때부터 저의 비명은 시작되었고 넘어진 저를 가해자가 상의를 올리려고 했고 저는 계속 해서 올리지 못하게 몸부림을 쳤습니다. 그러자 가해자는 제가 입고 있던 하의 추리닝을 살짝 내리고 한 손을 저의 팬티 속으로 넣어 저의 음부에 손가락을 넣으려고 했고 손가락이 저의 질쪽에 살짝 들어오는 느낌이 있어 제가 다리를 꼬고 하체를 비틀고 소리를 지르자 손을 엉덩이쪽으로 옮겨 항문에 손가락을 집어넣었습니다. 너무 무섭고 두려워 "사람 살려달라."고 소리를 질렀습니다. 그러자 가해자가 볼일을 다 본 듯 도망갔습니다.

문: 목격자가 있는가요.

답: 제가 아무리 살려달라고 소리를 질러도 아무도 나오는 사람도 없었고 그 시간이 워낙 짧은 시간이었습니다. 나중에 형사들이 보여준 골목에 설치된 CCTV영상은 가해자가 저를 뒤따라오는 모습이 있었습니다.

문: 그 시간이 얼마 정도 되었나요.

답: 제가 너무 당황하고 무서워서 정확히 알 수는 없지만 그 시간이 순간이었다

는 생각이 듭니다. 그럼에도 불구하고 저는 제가 지를 수 있는 비명은 다 질 렀고 그 비명소리를 들으면서도 가해자는 당황하는 기색도 없이 제가 비명을 지르던 말던 그 짧은 시간에 저를 계속해서 추행하였습니다.

문: 가해자의 인상착의가 어떠하였나요.

답: 검은색 긴팔 후드에 모자를 뒤집어쓰고 앞머리는 눈썹이 보일 정도 내린 상 태였고 라임색에 방수재질의 방한조끼를 입고 있었고 바지는 스키니 어두운 계열을 입고 운동화를 신고 있었던 것으로 기억합니다. 안경은 쓰지 않았고 몸은 왜소한 편이었습니다. 입주변에 수염자국이 있어 20대 초반에서 30대 초반 징도의 성인으로 보였습니다.

문: 피해자 진술 전 진술녹화실에서 조사를 받던 가해자가 맞던가요.

답: 글쎄요. 상대방이 저를 보고 있는 것 같아서 무서워서 정확하게 확인할 수는 없었지만 체형적 모습, 그때의 분위기, 눈매 같은 게 맞는 거 같습니다. 다시 보면 확실히 알 수 있을 것 같습니다.

문: 경찰서에 신고는 바로 하셨나요.

답: 예, 밤 11시 10분경에 집에 도착한 저에게 이상함을 느낀 아버지가 무슨 일 있냐고 물으셨고 제가 강간을 당할 뻔 했다고 하자 아버지가 바로 경찰에 신고를 하셨습니다. 이제까지 너무 당황스럽고 뭐가 뭔지 모른 상태에서 아 버지가 신고하는 것을 보고 정신이 들면서 눈물이 났습니다.

문: 성폭력으로 인해 다친 곳이 있는가요.

답: 왼손에 멍이 들고 왼쪽 허벅지가 며칠 지나자 욱씬거리고 오른쪽 허벅지에는 멍이 들어 있었습니다. 가해자가 잡고 놓아주지 않았던 왼쪽 손목은 며칠 동 안 아팠습니다. 그때는 너무 무서웠지만 시간이 흐른 지금까지도 안정이 되 지 않고 불안하고 너무 화가 납니다.

문: 가해자의 죄가 인정된다면 처벌을 원하는가요.

답: 예, 저에게 그런 짓을 하고 다른 여자들에게도 그런 짓을 하고 다닐 꺼라 생 각하니 너무 화가 나고 감옥에 가서 반성을 하면 좋겠습니다.

문: 이상의 진술이 사실인가요.

답: 예 사실입니다.

문: 참고로 더 하고 싶은 말이 있는가요.

답: 없습니다.

: 성폭력 사건이다. 성폭력 사건을 맡게 되면 피해자에 대한 조사 시점부터 매우 신중하게 접근해야 한다. 시간이 허락된다면 피해자 조사 전에 관련 법 규정을 다시 한번 검토하여 절차상 흠결이 없도록 하기 바란다. 형법, 성폭력범죄의 처벌 등에 관한 특례법, 아동청소년의 성보호에 관한 법률을 동시에 검토하여야 할 것이다.

3. 법리분석

가. 법리분석의 의의

대부분의 초보 수사관들은 사례가 주어지면 사례를 풀고 그에 맞는 법리를 적용하려고 하기보다는 이미 자신이 알고 있는 지식에 사례를 끼워 맞추려고 하는 경향이 있다. 충분한 지식과 판례, 법률이론을 겸비한 경우 끼워 맞추기식 해석을 하더라도 그리 잘못된 해석을 하지는 않을 것이다. 그러나 수사관은 늘 법률의 변화만을 주시하고 있을 수만은 없다. 범죄수사의 역할이 법률보다는 사실관계 재구성에 무게가 실려 있고 법률적용보다 더 어렵고 복잡한 용의자 특정과 검거활동을 해 나가기 때문에 아무리 부지런한 수사관이라도 모든 법률적 변화를 알고 있을 것을 기대하기는 무리다. 더군다나 수사관은 법조인처럼 이미 확인된 사실관계에 법률을 적용, 해석하는 정적인 일을 하는 것도 아니다. 변화하는 사회현상도 이해해야 하며 수사에 사용되는 기법에도 적응해야 하며 수시로 제정, 개정되는 법률까지 적용해 나가야 한다. 따라서 알고 있는 사례나 판례에서 판단한 사건에 대한 해석을 현재 발생한 범죄에 그대로 적용하는 것이 아니라 법의 원리를 이해하고 법적용방법을 이해한 후에 해당 사건을 스스로 풀이해 나가는 법리분석 능력을 개발하여야 한다.

법리분석은 간단히 말해 주어진 사실관계를 기반으로 법률적인 해석을 해 나가는 과정이다. 이는 얼핏 보면 기존의 판례연습이나 케이스해설 등과 유사하게 보이지만 기존의 것은 이미 사실관계가 확정되었다는 전제에서 출발하지만 수사관이 하는 법리분석에는 최초 알고 있는 조건만으로 여러 가지 법리를 검토해야 하며 수사 중 변화하는 증거관계나 사실관계에 따라 다시 재검토가 되어야 하는 어려움이 있으며 이러한 법리분석 과정에서 도출되는 빈 공백을 향후 '수사를 해야 할 대상'으로 선정하여 수사계획서에 포함시키기도 해야 하며 그 대상을 확인하기 위한 요소 또는 그 대상 자체의 증거가치도 판단해 나가야 하는 어려운 과정으로 살아 있는 생물을 다루는 것과 같다.

다음 '법리분석 예시'에서는 법리분석의 과정을 이해하기 위해 확정된 사실관계라는 전제에서 해설을 하고자 하며 각 사례마다 이를 분석하는 순서는 사안에 따라 각기 달리하였다(법리분석을 할 때 문서로 정리하면 사건으로부터 쟁점이 되는 요소를 뽑고 진행된 수사를 각 쟁점에 어떻게 대입시키는지 훈련이 되며 종국에는 이를 수사결과보고서에 반영할 수 있다. 또한 이러한 법리분석이 선행되면 필요한 수사와 불필요한 수사가 무엇인지 자연스럽게 구분할 수도 있게 된다).

나. 법리분석 예시

1) 광업권의 반환거부

> A는 사금채취를 업으로 하는 자이다. 그는 사금을 채취할 수 있는 광업권을 이수탁의 명의로 등록하여 놓았었다. 그 후 A는 이수탁에게 명의를 다시 자신에게 돌려 달라고 하였으나 이수탁은 이를 거부하였다.

가) 기초지식

어떠한 사건을 취급하던지 처음 접하게 된 법률용어, 관행, 사실, 문화, 현상이 있다면 이에 대한 이해가 선행되어야 한다. 이 사례에서처럼 영업에 관련되어 있고 어떠한 권리가 개입되어 있다면 이는 반드시 법제도권 내에 있으며 제도권 내에 있다는 이야기는 이를 운영하는 행정부처가 있다는 것이며 행정부처가 개입되어 있다는 것은 인터넷 등 오픈소스를 통해 배경지식을 확인할 수 있다는 것을 의미한다. 이 사례를 검토하기 위해서는 먼저 광업권, 신탁관계에 대한 이해가 필요하다.

(1) 광업권에 대하여[29]

광업법 제2조는 "국가는 미채굴 광물에 대하여 이를 채굴하고 취득할 권리를 부여할 권능을 갖는다."라고 규정하면서 동법 제3조에서 광업권(탐사권, 채굴권) 설정

---

29) 광업권에 관하여 자세한 사항을 알고 싶으면 지식경제부 광업등록사무소 홈페이지를 방문하면 된다. http://branch.motie.go.kr

대상이 되는 광물, 즉 법정광물을 59종으로 정하고 있고, 제4조에는 미채굴 광물은 채굴권의 설정 없이는 이를 채굴할 수 없다고 규정하고 있으므로 광업권을 "국가에서 부여한 '법정광물'을 채굴하고 취득할 수 있는 배타적 권리"라고 정의할 수 있다. 따라서 광업을 영위하기 위해서는 반드시 광업권이 있어야 한다는 것을 알 수 있다. 이러한 광업권을 취득하는 데는 크게 두 가지 길이 있다고 한다.

하나는 광업권 설정출원 → 허가 → 등록의 절차를 밟아 광업권을 직접 취득하는 방법이 있고, 또 하나는 타인이 가지고 있는 광업권을 매매 등을 통하여 이전받는 방법이다. 물론 광업권도 물권이기 때문에 일반 부동산처럼 상속에 의해 이전을 받는 것도 가능하며 설정 출원을 해 놓은 상태에서 명의변경도 가능하다.

광업권을 취득했다고 바로 광물생산에 들어갈 수 있는 것은 아니다. 채광에 앞서 반드시 별도로 광구소재 관할 시·도에서 채굴계획인가를 받아야 광물의 채굴 및 취득이 가능한데, 채굴계획은 광물을 생산하기 위한 구체적인 계획이라고 할 수 있다. 중간에 타인으로부터 광업권을 매입하는 경우에도 이전 광업권자가 채굴계획인가를 받지 않았으면 동 인가를 받아야하고, 채굴계획인가를 받은 광업권을 매입한 경우에는 이전 광업권자의 행위가 광업권 이전과 함께 승계되기 때문에 다시 채굴계획인가를 받을 필요 없이 광물을 생산하면 된다.

(2) 신탁에 대하여

일반적으로 신탁이란 위탁자가 특정한 재산권을 수탁자에게 이전하거나 기타의 처분을 하고 수탁자로 하여금 수익자의 이익 또는 특정한 목적을 위하여 그 재산권을 관리·처분하게 하는 법률관계를 말한다.[30]

위 사례에서는 광업권을 이름만을 다른 사람으로 등록해 두었는데 이는 신탁과 구분하여 '명의신탁'이라고 한다. 명의신탁이란 소유관계를 공시하도록 되어 있는 재산에 대하여 소유자 명의를 실소유자가 아닌 다른 사람 이름으로 해 놓는 것을 말하고 실제 소유자를 신탁자, 명의상 소유자로 된 사람을 수탁자라고 한다. 부동산의 명의신탁은, 그 부동산에 관하여 소유권 등기를 다른 사람 이름으로 해 놓고, 신탁자와 수탁자 사이에서 공증을 거친 소유권 확인증서를 따로 만들어 놓음으로써 이루어진다.

부동산 신탁은 일제강점기에 주로 종중(宗中) 토지의 소유권 문제를 해결하기 위

---

30) 출처: 두산백과

한 방도로 이용되어 왔지만, 실정법적인 근거가 있던 것은 아니고 대법원 판례에 의하여 확립된 것이기 때문에 명의신탁이 법적 구속력을 갖고 있는 것은 아니었다.

이 제도가 근래에 와서는 취득세나 양도소득세 등의 조세부과를 회피하거나 토지거래허가제 등 각종 규제를 피하기 위한 수단으로 악용됨으로써 명의신탁을 규제할 필요성이 높아졌다. 그동안 몇 차례 명의신탁을 규제하는 각종 법이 제정되었으나 규제의 강도가 높지 못해 실효를 거두지 못하였으나 1995년 3월 '부동산 실권리자 명의 등기에 관한 법률'이 법률 제4944호로 제정되어 명의신탁이 그 효력을 인정받지 못하게 되었다.

다만, 예외적으로 종중이 보유한 부동산에 관한 물권을 종중 외의 자의 명의로 등기한 경우와 배우자 명의로 부동산에 관한 물권을 등기한 경우에, 이것이 조세포탈이나 강제집행의 면탈 또는 법령상 제한의 회피를 목적으로 한 것이 아닌 경우에는 명의신탁을 인정하고 있다(부동산실권리자명의등기에 관한 법률 8조).

나) 검토할 적용법률

형법 제355조 ① 타인의 재물을 보관하는 자가 그 재물을 횡령하거나 그 반환을 거부한 때에는 5년 이하의 징역 또는 1천500만원 이하의 벌금에 처한다.
형법 제359조 미수범은 처벌한다.

다) 쟁점

횡령죄의 주체는 '위탁관계에 의해 타인의 재물을 보관하는 자'이며 객체는 타인의 재물이다. 이 사건에서 쟁점이 되는 것은 '광업권'이 횡령죄의 객체인 재물에 해당할 수 있는지의 여부이다.

라) 쟁점에 대한 해결

재물에는 유체물만 포함된다는 학설과 관리가 가능한 것이면 무체물도 재물이 된다는 학설이 있는데 후자가 다수설이다. 현행 민법 제98조는 유체물 및 전기 기타 관리할 수 있는 자연력을 물건이라고 정의하고 있기 때문에 다수설의 입장이 타당하다.

그러나 여기서 관리의 의미는 무엇인가? 관리에 법적, 사무적 관리를 포함시킬 경우에는 재물과 재산상의 이익을 구별할 수 없기 때문에 여기서의 관리는 물리적 관리만을 의미한다는 것이 통설과 판례의 입장이다.

따라서 사무적으로 관리가 가능한 채권이나 그 밖의 권리 등은 재물에 포함된다고 해석할 수 없기 때문에 결국 위 사례를 횡령죄로 의율할 수는 없다.

마) 참조판례: 대법원 1994.3.8. 선고 93도2272 판결

"광업법 제5조 제1항의 규정에 의하면, 같은 법에서 광업권이라 함은 등록을 한 일정한 토지의 구역(광구)에서 등록을 한 광물과 이와 동일 광상(광상) 중에 부존하는 다른 광물을 채굴 및 취득하는 권리라고 정의하고 있는 바, 따라서 광업권은 재물인 광물을 취득할 수 있는 권리에 불과하지 재물 그 자체는 아니므로 횡령죄의 객체가 된다고 할 수 없을 것이고, 광업법 제12조가 광업권을 물권으로 하고 광업법에서 따로 정한 경우를 제외하고는 부동산에 관한 민법 기타 법령의 규정을 준용하도록 규정하고 있다 하여 광업권이 부동산과 마찬가지로 횡령죄의 객체가 된다고 할 수는 없을 것이다."

2) 오토바이 날치기

이날쌘은 어느 날 밤 차털이를 할 생각으로 차량이 주차된 골목길을 지나게 되었다. 차량에 혹시 경보장치나 블랙박스가 있는지 확인하려고 기웃거리고 있었다. 그때 순찰차가 지나가는 것을 보고 멈칫하다가 옆에 놓인 125cc 오토바이에 열쇠가 꽂힌 걸 발견하고 오토바이를 번화가 쪽으로 몰고 갔다.

이날쌘은 갑자기 날치를 하겠다고 맘을 먹고 지나가던 A녀의 핸드백을 낚아챘는데 그때 그녀는 중심을 잃고 쓰러져서 팔에 골절상을 입게 되었다.

쏠쏠히 재미를 본 이날쌘은 한 시간 쯤 후에 다른 동네로 가서 범행대상을 물색하다가 B녀를 발견하고 역시 같은 방법으로 날치기를 하였으나 평소 운동신경이 좋은 B녀는 반사적으로 핸드백을 잡고 놓지 않았다. 그럼에도 불구하고 이날쌘은 오기가 생겨서 계속 핸드백을 잡아 끌었고 이렇게 20여 미터를 진행하다가 결국 이날쌘은 핸드백을 낚아채서 도주하였고 한강고수부지에 가서 오토바이를 버리고 유유히 집으로 향했다.

집으로 향하는 길에 이날쌘은 핸드백 안에서 금목걸이를 발견하였는데 마침 사촌누나인 C의 집 근처를 지나게 되었다. 이날쌘은 C에게 금목걸이를 싸게 팔아야겠다고 마음을 먹고 사촌누나에게 시가보다 약간 싼 금액으로 금목걸이를 팔았다.

가) 사실관계 분석

하나의 범죄사실이 개입된 경우에는 관련 요소의 시간 순 배열을 먼저 하게 된다. 두 개 이상의 행위가 복잡하게 얽혀 있고 여러 사람이 등장할 경우에는 이야기식으로 나열하게 되면 분석하기가 쉽지 않기 때문에 우선 시간 순으로 나열을 해보고 이후에 관련성 있는 사실관계를 범주별로 묶는 것이 법리분석에 도움이 된다.

(1) 시간 순 정렬

① 이날쌘은 차털이를 할 생각으로 차 안을 기웃거렸다.

② 차털이는 포기하고 열쇠가 꽂힌 오토바이를 훔쳤다.

③ 날치기를 하다가 A녀를 넘어뜨리고 그녀에게 골절상을 입혔다.

④ 날치기를 하다가 B녀가 핸드백을 놓지 않자 계속 잡아 끌어 20미터 진행한 후에 날치기에 성공했다.

⑤ 오토바이를 한강고수부지에 버렸다.

⑥ 훔친 B녀의 금목걸이를 사촌누이에게 팔았다.

(2) 관련 사건 정렬(역순으로 정렬)

시간 순으로 나열한 것을 서로 관련성이 있는 행위끼리 묶게 되는데 이는 결합범을 파악하거나 죄수를 확인하는 데 도움이 된다. 이를 역순으로 정렬해 보는 것은 마지막에 발생한 사실로부터 내려오는 것이 경우의 수를 줄이는 데 효과적이며 인과관계의 처음과 끝을 연결하는 데 편리하기 때문이다.

① 훔친 금목걸이를 사촌누이에게 처분 – B녀로부터 금목걸이가 들어간 핸드백을 날치기 – 20미터를 잡아 끌고 감

② 오토바이를 버린 사실 – 오토바이를 훔친 사실

③ A에게 골절상을 입히다 – A녀의 핸드백을 날치기 하다

④ 차털이를 할 생각으로 차 안을 기웃거리다

나) 사건 검토

(1) 차털이를 할 생각으로 차 안을 기웃거린 행위

(가) 쟁점

이날쌘은 차량 안에 있는 물건을 절취할 생각으로 차 안을 기웃거렸다. 이 부분에서의 쟁점은 절도죄의 실행의 착수시기가 언제인지 여부이다.

(나) 검토할 법률

형법 제329조(절도) 타인의 재물을 절취한 자는 6년 이하의 징역 또는 1천만원 이하의 벌금에 처한다. (미수범처벌, 예비음모 처벌 안함, 상습죄 처벌)

> ※ 법조항을 찾을 때는 해당 조항만을 찾을 것이 아니라 그와 유사한 조항들과 그 범죄가 미수범, 예비음모를 처벌하는지 상습범을 처벌하는지 여부, 친고죄 또는 반의사불벌죄인지 여부까지도 확인하는 습관을 들여야 한다. 매번 법조항 검토과정에서 이러한 과정을 반복하다 보면 자연스럽게 지식이 쌓이게 되며 법을 찾고 검토하는 시야까지 넓어진다.

(다) 해설

절도죄는 타인의 점유를 배제하는 데 밀접한 행위를 개시하거나 목적물을 물색한 때 실행의 착수가 있다는 것이 통설과 판례의 입장이다. 이러한 입장에 의해 해석한다고 할지라도 실제 사례에 있어서 명확하게 구분하기 어렵기 때문에 관련 판례들을 살펴볼 필요가 있다. 위 사례와 같은 일명 '차털이' 사건과 관련한 판례들만을 살펴보고자 한다.

"노상에 세워 놓은 자동차 안에 있는 물건을 훔칠 생각으로 자동차의 유리창을 통하여 그 내부를 손전등으로 비추어 본 것에 불과하다면 비록 유리창을 따기 위해 면장갑을 끼고 있었고 칼을 소지하고 있었다 하더라도 절도의 예비행위로 볼 수는 있겠으나 타인의 재물에 대한 지배를 침해하는 데 밀접한 행위를 한 것이라고는 볼 수 없어 절취행위의 착수에 이른 것이었다고 볼 수 없다."(대법원 1985. 4. 23. 선고 85도464 판결)

"절도죄의 실행의 착수시기는 재물에 대한 타인의 사실상의 지배를 침해하는 데 밀접한 행위가 개시된 때라 할 것인바 피해자 소유 자동차 안에 들어 있는 밍크코트를 발견하고 이를 절취할 생각으로 공범이 위 차 옆에서 망을 보는 사이 위 차 오른쪽 앞문을 열려고 앞문손잡이를 잡아당기다가 피해자에게 발각되었다면 절도의 실행에 착수하였다고 봄이 상당하다."(대법원 1986. 12 .23. 선고 86도2256 판결)

"피고인이 야간에 소지하고 있던 손전등과 박스 포장용 노끈을 이용하여 도로에 주차된 차량의 문을 열고 그 안에 들어 있는 현금 등을 절취할 것을 마음먹고 이 사건 승합차량의 문이 잠겨 있는지 확인하기 위해 양손으로 운전석 문의 손잡이를 잡고 열려고 하던 중 경찰관에게 발각된 사실이 인정되는데, 이러한 행위는 승합차량 내의 재물을 절취할 목적으로 승합차량 내에 침입하려는 행위에 착수한 것으로 볼 수 있고, 그로써 차량 내에 있는 재물에 대한 피해자의 사실상의 지배를 침해하는 데에 밀접한 행위가 개시된 것으로 보아 절도죄의 실행에 착수한 것으로 봄이 상당하다."(대법원 2009. 9. 24. 선고 2009도5595 판결)

첫 번째 판례는 실행의 착수를 인정하지 않고 나머지 판례는 실행의 착수를 모두 인정하였다. 위 사례의 경우 육안으로 차량 안을 살펴본 것에 불과하므로 실행의 착수 단계에 이르렀다고 볼 수 없고 절도죄는 예비, 음모를 처벌하지 않으므로 절도죄로 의율할 수 없게 된다.

(2) A녀의 핸드백을 날치기 하고 A에게 골절상을 입힌 행위

(가) 쟁점

우선 날치기 행위가 절도에 해당하느냐 강도에 해당하느냐의 문제부터 살펴보아야 한다. 날치기의 경우 오토바이를 타고 진행을 하면서 핸드백을 낚아채는 과정이 개입되고 피해자 모르게 재물을 가지고 나오는 일반적인 절도와는 다른 면이 있기 때문이다. 특히 낚아채는 과정에서 피해자가 재물의 이탈을 막기 위해 강하게 핸드백을 가지고 있다면 이를 낚아채는 과정은 폭행에 해당할 수도 있기 때문에 강도와 절도사이의 경계영역에 있게 된다. 즉, 날치기하는 행위가 폭행으로 평가받는다면 이날쌘은 강도죄로 처벌받게 된다. 이러한 논리에 접근했다면 이를 조사에 결부시키게 되고 피해자나 피의자에게 그저 '날치기 했는지 여부'만을 묻게 되지 않고 그 행위 상황을 구체적으로 조사하려고 할 것이다. 앞서 법리분석의 의의에서 언급할 때 조사방향의 설정에도 법리분석이 도움이 된다는 것은 이러한 의미이다.

두 번째로 검토해야 할 것은 날치기 과정에서 A녀가 넘어져 골절상을 입게 된 부분에 대한 평가이다. 절도에는 치상죄가 없는 반면에 강도에는 치상죄가 존재한다. 만약 강도로 평가된다면 결과적 가중범인 강도치상이 되거나 강도상해가 될 수도 있다. 반대로 절도로 평가된다면 골절상을 입은 부분을 어떻게 평가할지도 고민해야 한다.

(나) 검토할 법률

형법 제329조(절도) 타인의 재물을 절취한 자는 6년 이하의 징역 또는 1천만원 이하의 벌금에 처한다.

형법 제333조(강도) 폭행 또는 협박으로 타인의 재물을 강취하거나 기타 재산상의 이익을 취득하거나 제삼자로 하여금 이를 취득하게 한 자는 3년 이상의 유기징역에 처한다.

형법 제337조(강도상해, 치상) 강도가 사람을 상해하거나 상해에 이르게 한 때에는 무기 또는 7년 이상의 징역에 처한다.

형법 제257조(상해, 존속상해) ① 사람의 신체를 상해한 자는 7년 이하의 징역, 10년 이하의 자격정지 또는 1천만원 이하의 벌금에 처한다.

(다) 해설

날치기 행위는 엄밀히 말해 물건에 대해 유형력의 행사가 이루어지게 되고 이 유형력의 행사는 필연적으로 피해자의 신체에도 영향을 미치게 된다. 날치기 사건의 조사에 있어서는 날치기 당시의 상황에 대한 정확한 조사가 이루어져야만 한다. 만약 핸드백을 순간적으로 날치기 하는 과정에서 넘어진 경우라면 그 유형력의 행사가 피해자의 반항을 억압할 목적에 의한 것은 아니라고 평가할 만하지만 핸드백을 움켜잡는 것을 강제로 빼앗는 경우에는 강도죄의 폭행으로 볼 여지가 충분하기 때문이다. 위 사례에서는 순간적으로 날치기한 경우라고 보여 지고 판례는 "날치기와 같이 강력적으로 재물을 절취하는 행위는 때로는 피해자를 전도시키거나 부상케 하는 경우가 있고, 구체적인 상황에 따라서는 이를 강도로 인정하여야 할 때가 있다 할 것이나, 그와 같은 결과가 피해자의 반항억압을 목적으로 함이 없이 점유탈취의 과정에서 우연히 가해진 경우라면 이는 절도에 불과한 것으로 보아야 한다."는 입장을 보이고 있다.[31]

그러나 이 판결의 공소사실은 "'피고인은 원심 공동피고인 1, 공소외 1과 합동하여 2002. 8. 8. 19:15경 부천시 오정구 여월동 6-1 앞길에서, 공소외 1은 위 승용차를 운전하고, 피고인, 원심 공동피고인 1은 위 승용차에 승차하여 범행 대상을 물색하던 중, 마침 그곳을 지나가는 피해자 권점희(여, 49세)에게 접근한 후 원심 공동피고인 1이 창문으로 손을 내밀어 100만원권 자기앞수표 2장, 현금 25만원, 휴대폰 1개 시가 50만원 상당, 신용카드 3장이 든 피해자 소유의 손가방 1개를 낚아채어 감으로써 이를 절취하고, 이에 피해자가 위 가방을 꽉 붙잡고 이를 탈환하려고 하자, 그 탈환을 항거할 목적으로 원심 공동피고인 1이 피해자가 붙잡고 있는 위 가방을 붙잡은 채 공소외 1이 위 승용차를 운전하여 가버림으로써 피해자로 하여금 약 4주간의 치료를 요하는 좌수 제3지 중위지골 골절상을 입게 하였다."라고 되어

---

31) 대법원 2003. 7. 25. 선고 2003도2316 판결

있다.

위와 같은 상황이라면 강도치상죄로 인정하기에 충분한데 대법원은 "피해자는 경찰에서 이 사건 범인이 자신의 핸드백을 강제로 낚아챌 때 자신의 왼손 가운데 손가락이 상해를 입게 되었다고 진술하고 있을 뿐, 위 범죄사실 기재와 같이 위 손가방의 절취 후 피해자가 위 가방을 붙잡고 탈환하려고 하였는지 여부, 피고인 등이 그 탈환을 항거할 목적으로 피해자를 폭행하였는지 여부 및 탈환 항거 목적의 위 폭행 등으로 인하여 피해자가 위 상해를 입었는지 여부에 관하여는 아무런 진술을 하지 않았고, 수사단계에서 이 부분에 관한 조사가 별도로 이루어지지 않았으며, 원심의 채용 증거들 중 그와 같은 점들을 인정할 별다른 증거도 없는 것으로 판단되고, 오히려 피고인들의 범행 수법, 피해자의 위 진술 내용, 날치기 수법의 위 절도로 인하여 피해자가 다친 것을 알지 못하였다는 취지의 피고인, 원심 공동피고인 1의 검찰에서의 진술 등에 비추어 볼 때 피해자의 위 상해는 차량을 이용한 날치기 수법의 절도시 점유탈취의 과정에서 우연히 가해진 것에 불과하고, 그에 수반된 강제력 행사도 피해자의 반항을 억압하기 위한 목적 또는 정도의 것도 아니었던 것이 아닌가 하는 의문이 든다."고 판시하고 있다. 만약 대법원에서 판결한 대상사건 수사에서 재물탈환 과정에 대한 수사가 치밀하게 이루어져 붙잡고 있던 재물을 강제로 탈환한 것에 대한 입증이 있었다면 당초 공소사실이 인정되었을 것이다.

이날쌘의 날치기 행위가 강도죄에 있어서의 유형력의 행사이며 이로 인해 상해를 입게 한 것이라면 강도치상으로 의율할 수 있겠으나 위 사례에서의 날치기는 절도죄로 의율하게 될 것이며 이렇게 되면 피해자 A녀에게 상해를 입히게 한 행위에 대한 평가가 추가로 이루어져야 한다.

A녀의 상해는 이날쌘의 날치기 행위에 의해 이루어졌고 다른 원인이 개입되지 않았기 때문에 날치기 행위와 상해간에는 인과관계 및 객관적 귀속이 인정된다.

문제는 이날쌘에게 상해에 대한 고의가 있는지 여부이다. 고의가 인정되기 위해서는 구성요건요소에 대한 인식과 그 실현을 의욕하는 것이 필요한데 우선 고의의 인식대상은 행위주체, 실행행위, 행위객체, 결과의 발생, 인과관계, 특수한 행위사정 등 구성요건의 외관을 이루는 모든 표지이다.[32] 고의의 인식대상을 인식하지 못하면 고의는 성립할 수 없다. 이를 인식했다는 전제에서 이를 실현하고자 하는 의욕

---

32) 신동운, 형법총론 제6판, 법문사, 2012, 179면

이 추가적으로 필요한데 이 의욕에는 적극적인 확정적 고의와 소극적으로 용인하는 불확정적 고의로 구분되며 미필적 고의는 불확정적 고의의 대표적인 예시이다. 사실 위 사례만으로는 이날쌘의 고의를 명확하게 판단하기는 어렵다. 그러나 이날쌘은 우선 오토바이를 이용하였고 어느 정도의 속력으로 오토바이를 운행하면서 피해자가 잡고 있는 또는 어깨에 메고 있는 핸드백을 날치기하려 하였고 피해자가 걷는 방향, 피해자의 성별, 오토바이와의 거리 등을 인식하였을 것으로 판단된다(이 상황에 대해서는 명확한 수사가 필요하다). 또한 핸드백을 날치기하는 과정에서 피해자의 손에 찰과상을 입거나 반동에 의해 넘어질 수 있는 상황은 누구에게나 발생할 수 있고 날치기의 목적을 이루기 위해서는 어쩔 수 없다고 용인 내지 감수하였다고 보여 지므로 이날쌘에게 상해죄의 죄책을 물을 수 있다고 보여 진다.

(3) 오토바이를 훔치고 이를 버린 행위

(가) 쟁점

이날쌘은 오토바이를 몰래 가져간 것은 사실이나 이를 지속적으로 운행할 생각이라기보다는 날치기에 사용하기 위해 가져간 것으로 보인다. 절도죄는 영득죄로써 고의 이외에 권리자를 계속적으로 배제하고 해당 재물에 대해 소유권자와 유사한 지배를 행사하려는 불법영득의사가 있어야만 한다. 불법영득의 의사가 없는 사용절도는 일반적으로 불가벌이지만 자동차의 경우에는 자동차등불법사용죄를 별도로 규정하고 있기 때문에 이날쌘에게 불법영득의사가 있었는지에 따라 절도죄 또는 자동차등불법사용죄로 의율할 수 있다.

또한 오토바이는 도로교통법상 자동차에 해당하기 때문에 면허 여부에 따라 그 조치사항이 달라질 수 있으므로 이에 대해서도 검토하여야 한다.

(나) 검토할 법률

형법 제329조 (절도) – 상습, 미수범 처벌
타인의 재물을 절취한 자는 6년 이하의 징역 또는 1천만원 이하의 벌금에 처한다.

형법 제331조의2 (자동차등 불법사용) – 상습, 미수범 처벌
권리자의 동의없이 타인의 자동차, 선박, 항공기 또는 원동기장치자전차를 일시 사용한 자는 3년 이하의 징역, 500만원 이하의 벌금, 구류 또는 과료에 처한다.

도로교통법에 대해서는 아래 각주를 참조.

(다) 해설

판례는[33] "피고인이 강도상해 등의 범행을 저지르고 도주하기 위하여 피고인이 근무하던 인천 중구 항동7가 소재 연안아파트 상가 중국집 앞에 세워져 있는 오토바이를 소유자의 승낙 없이 타고 가서 신흥동 소재 뉴스타호텔 부근에 버린 다음 버스를 타고 광주로 가버린 사안"에서 "자동차등불법사용죄는 타인의 자동차 등의 교통수단을 불법영득의 의사 없이 일시 사용하는 경우에 적용되는 것으로서 불법영득의사가 인정되는 경우에는 절도죄로 처벌할 수 있을 뿐 본죄로 처벌할 수 없다 할 것이며, 절도죄의 성립에 필요한 불법영득의 의사라 함은 권리자를 배제하고 타인의 물건을 자기의 소유물과 같이 이용, 처분할 의사를 말하고 영구적으로 그 물건의 경제적 이익을 보유할 의사임은 요치 않으며 일시사용의 목적으로 타인의 점유를 침탈한 경우에도 이를 반환할 의사 없이 상당한 장시간 점유하고 있거나 본래의 장소와 다른 곳에 유기하는 경우에는 이를 일시 사용하는 경우라고는 볼 수 없으므로 영득의 의사가 없다고 할 수 없다."는 이유로 절도죄에 해당한다고 판시하고 있으며 이 의견에 동의한다.

이와는 별도로 자동차를 운행한 사건에서는 언제나 무면허 운전에 관하여 검토해야 한다. 위 사례에서는 이날쌘이 면허가 있는지 여부가 적시되지 않았으나 면허가 없다면 무면허운전으로[34] 의율하여 기소의견 송치하여야 하며 행정관청에 통보하여 운전면허를 취득할 수 없도록 하여야 한다.[35] 면허가 있다면 운전면허 취소사유

---

33) 대법원 2002. 9. 6. 선고 2002도3465 판결
34) 도로교통법 제152조(벌칙) 다음 각 호의 어느 하나에 해당하는 사람은 1년 이하의 징역이나 300만원 이하의 벌금에 처한다.
  1. 제43조를 위반하여 제80조에 따른 운전면허(원동기장치자전거면허는 제외한다. 이하 이 조에서 같다)를 받지 아니하거나(운전면허의 효력이 정지된 경우를 포함한다) 또는 제96조에 따른 국제운전면허증을 받지 아니하고(운전이 금지된 경우와 유효기간이 지난 경우를 포함한다) 자동차를 운전한 사람
  도로교통법 제43조(무면허운전 등의 금지) 누구든지 제80조에 따라 지방경찰청장으로부터 운전면허를 받지 아니하거나 운전면허의 효력이 정지된 경우에는 자동차등을 운전하여서는 아니 된다.
35) 도로교통법 제82조(운전면허의 결격사유) ② 다음 각 호의 어느 하나의 경우에 해당하는 사람은 해당 각 호에 규정된 기간이 지나지 아니하면 운전면허를 받을 수 없다. 이 경우 제1호부터 제5호까지의 규정은 벌금 이상의 형(집행유예를 포함한다)을 선고받은 사람에게만 적용한다.

에[36] 해당하므로 무면허운전으로는 처벌할 수 없으나 행정관청에 통보하여 면허가 취소되도록 조치하여야 하며 자동차를 이용한 불법행위 중 운전면허 취소사유에 해당하는 것을 평소에 습득해 놓아야 한다.[37]

(4) B녀의 핸드백을 날치기 한 행위

(가) 쟁점

A녀에 대한 날치기와 다른 점은 B녀가 핸드백을 잡고 놓지 않았으며 이날쌘은

---

1. 제43조(무면허운전) 또는 제96조제3항을 위반하여 자동차등을 운전한 경우에는 그 위반한 날(운전면허효력 정지기간에 운전하여 취소된 경우에는 그 취소된 날을 말하며, 이하 이 조에서 같다)부터 1년(원동기장치자전거면허를 받으려는 경우에는 6개월로 하되, 제46조를 위반한 경우에는 그 위반한 날부터 1년). 다만, 사람을 사상한 후 제54조제1항에 따른 필요한 조치 및 제2항에 따른 신고를 하지 아니한 경우에는 그 위반한 날부터 5년으로 한다.
2. 제43조(무면허운전) 또는 제96조제3항을 3회 이상 위반하여 자동차등을 운전한 경우에는 그 위반한 날부터 2년
5. 제44조제1항을 위반하여 술에 취한 상태에서 운전을 하다가 3회 이상 교통사고를 일으킨 경우에는 운전면허가 취소된 날부터 3년, 자동차등을 이용하여 범죄행위를 하거나 다른 사람의 자동차등을 훔치거나 빼앗은 사람이 제43조를 위반하여 그 자동차등을 운전한 경우에는 그 위반한 날부터 3년

36) 도로교통법 제93조(운전면허의 취소·정지) ① 지방경찰청장은 운전면허(연습운전면허는 제외한다. 이하 이 조에서 같다)를 받은 사람이 다음 각 호의 어느 하나에 해당하면 행정안전부령으로 정하는 기준에 따라 운전면허를 취소하거나 1년 이내의 범위에서 운전면허의 효력을 정지시킬 수 있다. 다만, 제2호, 제3호, 제7호부터 제9호까지(정기 적성검사 기간이 지난 경우는 제외한다), 제12호, 제14호, 제16호부터 제18호까지의 규정에 해당하는 경우에는 운전면허를 취소하여야 한다.
  11. 운전면허를 받은 사람이 자동차등을 이용하여 살인 또는 강간 등 행정안전부령으로 정하는 범죄행위를 한 경우
  12. 다른 사람의 자동차등을 훔치거나 빼앗은 경우
37) 도로교통법 시행규칙 별표 28(제93조 1항 11호에서 말하는 행정안전부령으로 정하는 범죄행위의 종류)
  ○ 국가보안법을 위반한 범죄에 이용된 때
  ○ 형법을 위반한 다음 범죄에 이용된 때
   · 살인, 사체유기, 방화
   · 강도, 강간, 강제추행
   · 약취·유인·감금
   · 상습절도(절취한 물건을 운반한 경우에 한한다)
   · 교통방해(단체에 소속되거나 다수인에 포함되어 교통을 방해한 경우에 한한다)

이를 획득하기 위해 20여 미터나 그녀를 끌고 가는 유형력을 행사하였다는 점이다. 이 사례에서는 B녀가 상해를 입었다는 부분이 없으나 상해가 있다면 이에 대해서도 판단해 주어야 한다.

　(나) 검토할 법률

형법 제329조(절도) 타인의 재물을 절취한 자는 6년 이하의 징역 또는 1천만원 이하의 벌금에 처한다.

형법 제333조(강도) 폭행 또는 협박으로 타인의 재물을 강취하거나 기타 재산상의 이익을 취득하거나 제삼자로 하여금 이를 취득하게 한 자는 3년 이상의 유기징역에 처한다.

형법 제337조(강도상해, 치상) 강도가 사람을 상해하거나 상해에 이르게 한 때에는 무기 또는 7년 이상의 징역에 처한다.

　(다) 해설

　A녀의 핸드백을 절취한 것과 다르게 이날쌘은 재물을 강취하기 위해 유형력을 행사한 사실이 명백하므로 절도죄가 아닌 강도죄로 의율하여야 할 것이다. 이 사례에서 B녀의 상해 여부가 나타나지 않았지만 실제 수사에서는 B녀의 상해 여부를 확인하여 상해를 입었다면 강도치상 또는 강도상해로 의율 적용하여야 한다.

　(5) 사촌누나에게 금목걸이를 처분한 행위

　(가) 쟁점

　이날쌘이 날치기한 금목걸이는 장물[38]에 해당한다. 이날쌘은 훔친 물건을 타인에게 팔았는데 물건을 산 사람이 장물임을 안 경우와 모르는 경우를 나누어 검토하여야 하며 장물인 정을 몰랐다면 과연 사기죄에 해당하는지 검토하여야 한다. 사기죄를 검토하게 되면 그 피해자는 사촌누나이기 때문에 친족상도례 적용 여부 또한 고려의 대상이 된다.

　(나) 검토할 법률

형법 제347조 제1항(사기)

형법 제362조(장물의 취득, 알선등) ― 상습 처벌

① 장물을 취득, 양도, 운반 또는 보관한 자는 7년 이하의 징역 또는 1천500만원 이하의 벌금에 처한다.

---

38) 장물이라 함은 재산죄인 범죄행위에 의하여 영득된 물건을 말하는 것으로서 절도, 강도, 사기, 공갈, 횡령 등 영득죄에 의하여 취득된 물건이어야 한다(대법원 2004. 12. 9. 선고 2004도5904 판결).

② 전항의 행위를 알선한 자도 전항의 형과 같다.

형법 제365조(친족간의 범행) ① 전3조의 죄를 범한 자와 피해자간에 제328조제1항, 제2항의 신분관계가 있는 때에는 동조의 규정을 준용한다.

② 전3조의 죄를 범한 자와 본범 간에 제328조 제1항의 신분관계가 있는 때에는 그 형을 감경 또는 면제한다. 단, 신분관계가 없는 공범에 대하여는 예외로 한다.

형법 제328조(친족간의 범행과 고소) ① 직계혈족, 배우자, 동거친족, 동거가족 또는 그 배우자간의 제323조의 죄는 그 형을 면제한다.

② 제1항 이외의 친족간에 제323조의 죄를 범한 때에는 고소가 있어야 공소를 제기할 수 있다.

③ 전2항의 신분관계가 없는 공범에 대하여는 전이항을 적용하지 아니한다.

  (다) 해설

  ① 사촌누나가 장물임을 모르는 경우

  민법 제249조[39]는 선의취득을 규정하고 있으나 제250조에서 도품이나 유실물인 경우의 특례를 규정하여 사촌누나는 선의라고 할지라도 2년간 무상반환의 부담이 있는 선의취득이 인정될 뿐 금목걸이의 소유권을 다툼 없이 취득할 수 없게 된다.[40] 따라서 이날쌘의 매각행위는 새로운 법익을 침해하기 때문에 이날쌘의 강도죄의 불가벌적 사후행위가 될 수가 없어 사기죄로 의율하여야 한다.

  다만, 사기죄는 친족상도례가 적용되는 범죄이며 사촌누나가 이날쌘과 동거하는 친족은 아닌 것으로 보여지므로 형법 제328조 제2항이 적용되어 사촌누나의 고소가 있어야만 기소할 수가 있게 되는 점을 유의해야 한다.

  ② 사촌누나가 장물임을 아는 경우

  사촌누나가 장물임을 알았을 경우에는 기망행위가 존재하지 않기 때문에 이날쌘

---

39) 민법 제249조(선의취득) 평온, 공연하게 동산을 양수한 자가 선의이며 과실없이 그 동산을 점유한 경우에는 양도인이 정당한 소유자가 아닌 때에도 즉시 그 동산의 소유권을 취득한다.

40) 민법 제250조(도품, 유실물에 대한 특례) 전조의 경우에 그 동산이 도품이나 유실물인 때에는 피해자 또는 유실자는 도난 또는 유실한 날로부터 2년내에 그 물건의 반환을 청구할 수 있다. 그러나 도품이나 유실물이 금전인 때에는 그러하지 아니하다.
  민법 제251조(도품, 유실물에 대한 특례) 양수인이 도품 또는 유실물을 경매나 공개시장에서 또는 동종류의 물건을 판매하는 상인에게서 선의로 매수한 때에는 피해자 또는 유실자는 양수인이 지급한 대가를 변상하고 그 물건의 반환을 청구할 수 있다.

을 사기죄로 의율할 수 없으며 사촌누나를 장물취득의 죄로 입건하여야 한다.

만약, 사촌누나와 B녀간에 친족관계가 있을 경우 형이 면제되거나 고소가 있어야 논할 수 있으나 위 사례에서는 그 관계에 해당한다고 볼 수 없고 본범인 이날쌘과 사촌누나가 동거할 경우에는 형법 제365조 제2항에 의해 형을 감경하거나 면제하여야 하나 이는 선고에 의할 수밖에 없기 때문에 수사단계에서는 장물죄로 기소하여야 한다(다만, 이 경우에도 재판에서 본범인 피의자가 형을 감면받을 수 있기 때문에 본범과 피해자 간 친족관계에 있다는 서류를 첨부하기 바라며 이 사실이 확인되면 범죄사실에 그 관계를 기재하여 공소사실에도 그대로 인용될 수 있도록 하여야 할 것이다).

3) 명의신탁과 강제집행면탈

김신탁은 건물주와 직접 매매계약을 체결하고 건물을 매수하려고 하였으나 자신의 명의로 하면 세금문제가 발생할 것 같아 자기 이름으로 등기하지 않고 친구인 박배신에게 이름을 빌려 달라고 한 후 박배신의 명의로 등기해 두었다.

늘 배신을 하던 박배신은 이 건물을 A에게 팔아 버렸다.

김신탁은 얼마 후 좋은 아파트가 있다는 소문을 듣고 아파트를 구입하려고 하였으나 그전에 돈을 빌린 채권자가 본안소송을 제기하고 김신탁의 재산에 강제집행을 할 움직임을 포착하였다. 김신탁은 강제집행을 면탈할 목적으로 이수탁이라는 친구 이름으로 사기로 하고 이수탁에게 아파트 소유자와 만나서 직접 계약을 체결하고 이수탁 명의로 등기를 하라고 하였다.

그 후 1년이 지나자 이수탁이라는 친구 역시 김신탁을 배신하고 아파트를 B에게 팔아 버렸다.

가) 사건 검토

① 김신탁은 부동산을 구입하기 위해 건물주와 매매계약을 체결하였다. 그러나 그 등기는 건물주로부터 박배신에게 이전하였다.

② 박배신은 전항의 부동산을 김신탁의 허락 없이 맘대로 타인에게 매도하고 등기를 이전해 주었다.

③ 김신탁은 아파트를 자기 이름으로 매수하고자 하였으나 자신의 이름으로 등기를 하면 채권자가 아파트에 대해 강제집행을 할 것 같아 이를 타인의 이름으

로 등기하였다.

④ 김신탁은 전항과 같이 등기를 할 때 이수탁이라는 친구에게 아파트 매도자와 계약을 체결하게 하고 이수탁의 이름으로 등기하게 하였다.

⑤ 이수탁은 아파트를 타에 매도하였다.

나) 쟁점

(1) 김신탁의 행위

(가) 스스로 매매계약을 체결하고 등기만을 박배신의 이름으로 해 놓은 사안

김신탁은 박배신과 구두로 명의신탁약정을[41] 하였고 박배신의 명의로 등기를 하였다. 이 행위는 부동산 실권리자명의 등기에 관한 법률위반의 점을 검토해야 한다.

※ 이와 같이 쌍방향 거래관계를 범죄로써 처벌하는 경우에는 한쪽만 처벌하는 지, 양쪽을 모두 처벌하는지 검토해야만 하며 교사, 방조행위는 특별법에 존

---

[41] 부동산 실권리자명의 등기에 관한 법률 제2조(정의) 이 법에서 사용하는 용어의 뜻은 다음과 같다.

1. "명의신탁약정"(名義信託約定)이란 부동산에 관한 소유권이나 그 밖의 물권(이하 "부동산에 관한 물권"이라 한다)을 보유한 자 또는 사실상 취득하거나 취득하려고 하는 자[이하 "실권리자"(實權利者)라 한다]가 타인과의 사이에서 대내적으로는 실권리자가 부동산에 관한 물권을 보유하거나 보유하기로 하고 그에 관한 등기(가등기를 포함한다. 이하 같다)는 그 타인의 명의로 하기로 하는 약정[위임·위탁매매의 형식에 의하거나 추인(追認)에 의한 경우를 포함한다]을 말한다. 다만, 다음 각 목의 경우는 제외한다.
   가. 채무의 변제를 담보하기 위하여 채권자가 부동산에 관한 물권을 이전(移轉)받거나 가등기하는 경우
   나. 부동산의 위치와 면적을 특정하여 2인 이상이 구분소유하기로 하는 약정을 하고 그 구분소유자의 공유로 등기하는 경우
   다. 「신탁법」 또는 「자본시장과 금융투자업에 관한 법률」에 따른 신탁재산인 사실을 등기한 경우
2. "명의신탁자"(名義信託者)란 명의신탁약정에 따라 자신의 부동산에 관한 물권을 타인의 명의로 등기하게 하는 실권리자를 말한다.
3. "명의수탁자"(名義受託者)란 명의신탁약정에 따라 실권리자의 부동산에 관한 물권을 자신의 명의로 등기하는 자를 말한다.
4. "실명등기"(實名登記)란 법률 제4944호 부동산실권리자명의등기에관한법률 시행 전에 명의신탁약정에 따라 명의수탁자의 명의로 등기된 부동산에 관한 물권을 법률 제4944호 부동산실권리자명의등기에관한법률 시행일 이후 명의신탁자의 명의로 등기하는 것을 말한다.

재하지 않더라도 형법의 규정에 따라 처벌할 수 있기 때문에 이에 대한 검토도 하여야 한다. 특히 교사, 방조와 같은 방조행위는 특별법위반으로 의율할 때는 검토하지 않는 경향이 있는데 이에 대한 주의를 요한다.

(나) 강제집행 우려가 있어 매수한 부동산을 타인의 이름으로 등기한 사안

강제집행면탈죄가 성립하기 위해서는 강제집행을 받을 위험이 있는 객관적 상태가 존재해야 하기 때문에 이에 대한 판단을 해야 하고 타인의 이름으로 등기한 사안이 은닉, 손괴, 허위양도, 허위의 채무부담이라는 행위태양에 해당하여야 하며 은닉 등을 한 재산이 민사소송법상 강제집행의 대상이 될 수 있는 것이어야 하며 그 소유가 채무자의 것이어야 한다.

(다) 이수탁에게 매매계약을 체결하게 하고 이수탁의 이름으로 등기한 사안

박배신의 명의로 등기하게 한 경우와 같이 부동산 실권리자명의 등기에 관한 법률위반의 점을 검토해야 한다.

(2) 박배신의 행위

김신탁은 건물의 매매계약을 스스로 체결하였다. 그러나 등기는 박배신 명의로 되어 있다. 이는 매매계약의 당사자인 건물주, 즉 매도인이 김신탁과 박배신의 명의 신탁약정사실을 알고 있다는 것을 뜻한다. 매도인이 박배신의 명의로 등기가 될 수 있도록 이면 계약서를 써 주었을 것이기 때문이다.

수탁을 받은 박배신이 매매계약의 당사자, 즉 매수인이 되었는지 아니면 그저 명의수탁만 받은 것인지 여부는 중요하다. 수탁자가 직접 매매계약의 당사자가 되고 매도인이 명의신탁사실을 몰랐을 경우에 등기명의인인 수탁자가 이를 타에 처분하여도 횡령죄가 성립하지 않을 수 있기 때문이다.

이에 대해서는 해설 부분에서 상세히 설명하고자 합니다.

(3) 이수탁의 행위

이수탁 역시 명의수탁자라는 점과 이를 타에 처분해 버렸다는 점에서는 박배신의 행위와 일치하나 다른 점은 이수탁이 해당 재산의 명의를 이전하기 위해 아파트 매도자와 직접 매매계약을 했다는 점이다. 이때, 아파트 매도자가 명의신탁 약정사실을 알았는지 몰랐는지에 대해서 결론을 달리한다.

다) 검토할 법률

(1) 김신탁

부동산 실권리자명의 등기에 관한 법률 제7조(벌칙) ① 다음 각 호의 어느 하나에 해당하는 자 및 그를 교사(敎唆)하여 해당 규정을 위반하게 한 자는 5년 이하의 징역 또는 2억원 이하의 벌금에 처한다.

1. 제3조[42] 제1항을 위반한 명의신탁자

2. 제3조 제2항을 위반한 채권자 및 같은 항에 따른 서면에 채무자를 거짓으로 적어 제출하게 한 실채무자

② 제3조 제1항을 위반한 명의수탁자 및 그를 교사하여 해당 규정을 위반하게 한 자는 3년 이하의 징역 또는 1억원 이하의 벌금에 처한다.

③ 제3조를 위반하도록 방조한 자는 1년 이하의 징역 또는 3천만원 이하의 벌금에 처한다.

형법 제327조(강제집행면탈) 강제집행을 면할 목적으로 재산을 은닉, 손괴, 허위양도 또는 허위의 채무를 부담하여 채권자를 해한 자는 3년 이하의 징역 또는 1천만원 이하의 벌금에 처한다.

(2) 박배신과 이수탁

부동산 실권리자명의 등기에 관한 법률 제7조 제2항

형법 제355조(횡령, 배임) - 미수범처벌, 친족상도례 적용 ① 타인의 재물을 보관하는 자가 그 재물을 횡령하거나 그 반환을 거부한 때에는 5년 이하의 징역 또는 1천500만원 이하의 벌금에 처한다. <개정 1995.12.29>

② 타인의 사무를 처리하는 자가 그 임무에 위배하는 행위로써 재산상의 이익을 취득하거나 제삼자로 하여금 이를 취득하게 하여 본인에게 손해를 가한 때에도 전항의 형과 같다.

특정경제범죄 가중처벌 등에 관한 법률 제3조(특정재산범죄의 가중처벌) ①「형법」제347조(사기), 제350조(공갈), 제351조(제347조 및 제350조의 상습범만 해당한다), 제355조(횡령·배임) 또는 제356조(업무상의 횡령과 배임)의 죄를 범한 사람은 그 범죄행위로 인하여 취득하거나 제3자로 하여금 취득하게 한 재물 또는 재산상 이익의 가액(이하 이 조에서 "이득액"이라 한다)이 5억원 이상일 때에는 다음 각 호의 구분에 따라 가중처벌한다.

---

42) 제3조(실권리자명의 등기의무 등) ① 누구든지 부동산에 관한 물권을 명의신탁약정에 따라 명의수탁자의 명의로 등기하여서는 아니 된다.
② 채무의 변제를 담보하기 위하여 채권자가 부동산에 관한 물권을 이전받는 경우에는 채무자, 채권금액 및 채무변제를 위한 담보라는 뜻이 적힌 서면을 등기신청서와 함께 등기관에게 제출하여야 한다.

1. 이득액이 50억원 이상일 때: 무기 또는 5년 이상의 징역
2. 이득액이 5억원 이상 50억원 미만일 때: 3년 이상의 유기징역
② 제1항의 경우 이득액 이하에 상당하는 벌금을 병과(倂科)할 수 있다.

라) 해설

(1) 김신탁

(가) 명의신탁행위

김신탁은 박배신과 구두로 명의신탁약정을 한 사실이 인정되며 박배신이 채권의 담보를 목적으로 이를 이전받은 정황은 보이지 않는다. 채권의 담보를 목적으로 채권자 앞으로 등기를 이전하는 것은 명의신탁약정이라고 할 수 없기 때문에 부동산 실권리자명의 등기에 관한 법률 제7조 제1항 제1호에 위반에 해당하지 않기 때문에 이에 대한 확인이 필요하다. 또한 명의신탁에 대한 법률을 적용할 때에는 종중 및 배우자에 대한 특례 규정에[43] 해당하지 않는지 살펴보아야 하는데 이 사례에서는 특례가 적용될 여지는 없다.

따라서 김신탁의 행위는 부동산 실권리자명의 등기에 관한 법률 제7조 제1항 제1호에 위반에 해당한다.

(나) 강제집행면탈행위

① 강제집행을 받을 위험이 있는 객관적 상태 존재 여부

강제집행을 받을 위험이 존재하지 않는다면 채무자가 강제집행을 면탈할 목적으로 은닉 등의 행위를 해도 강제집행면탈죄가 성립하지 않게 된다. 강제집행을 받을 위험이 존재하는 상태란 민사소송에 의한 강제집행, 가압류, 가처분 등의 집행을 받을 구체적 염려가 있는 상태를 말한다.[44] 위 사례에서 김신탁의 채권자는 본안소송

---

43) 부동산 실권리자명의 등기에 관한 법률 제8조(종중 및 배우자에 대한 특례) 다음 각 호의 어느 하나에 해당하는 경우로서 조세 포탈, 강제집행의 면탈(免脫) 또는 법령상 제한의 회피를 목적으로 하지 아니하는 경우에는 제4조부터 제7조까지 및 제12조제1항·제2항을 적용하지 아니한다.
   1. 종중(宗中)이 보유한 부동산에 관한 물권을 종중(종중과 그 대표자를 같이 표시하여 등기한 경우를 포함한다) 외의 자의 명의로 등기한 경우
   2. 배우자 명의로 부동산에 관한 물권을 등기한 경우
44) "제1심판결은 피고인은 1980.5.말경 피고인 명의로 발행한 어음수표상의 채무액이 모두 120,880,000원이나 되고 그 지급기일 내에 이를 변제치 못하여 머지않아 강제집행을 받을 우려가 있음을 알게 되자 이를 면탈할 목적으로 자기 소유의 부동산에 대한 등기명의

을 제기하려 하고 있고 김신탁은 이러한 사실을 이미 알고 있었다.45) 따라서 김신탁에게는 강제집행을 당할 객관적 상태가 존재한다.

② 은닉, 손괴, 허위양도, 허위의 채무부담이라는 행위태양 해당 여부

은닉에는 재산의 발견을 불가능하게 하거나 곤란하게 하는 경우와 그 소유관계를

를 이전하여 허위양도할 것을 결의하고 동년 6.2경 여주읍 소재 합동사법서사사무실에서 그 정을 모르는 사법서사로 하여금 자기 소유의 여주읍 상리 296 소재 대지499평방미터를 자기 장남 공소외인에게 매도하는 내용의 매도증서, 위임장 등 이전등기에 필요한 서류를 작성케 하고 같은 달 7 수원지방법원 여주지원 등기계 직원에게 제출 동일자로 이전등기를 경료함으로써 위 부동산을 허위로 양도하였다는 사실을 단정하여 형법 제327조에 문죄하고 원심판결은 이를 지지하였다.

형법 제327조에 규정된 강제집행면탈죄는 행위자에 있어 주관적으로 강제집행면탈의 의도가 있어야 할 뿐 아니라 객관적으로 강제집행을 면탈할 상태라야 할 것인 바(당원 1974.10.8. 선고 74도1798 판결 참조) 여기서 강제집행을 면탈할 상태라 함은 민사소송법에 의한 강제집행 또는 이를 준용하는 가압류 가처분 등의 집행을 당할 구체적인 염려가 있는 상태를 말한다 할 것이다(당원 1971. 3. 9. 선고 69도2345 판결 참조).

기록에 의하면 피고인이 발행한 수표들이 부도가 난 것은 1980.6.20 이후이며 본건 소유권이전등기를 할 당시인 같은 해 6.7을 전후하여 채권자들에 의하여 수표금 등 청구소송이 제기되었거나 가압류나 가처분을 신청하려는 기세에 있었다고 볼 자료가 없으니 강제집행을 면탈할 상태에 있었다고 보기 어려울 뿐 아니라 주관적인 면에서 피고인은 자기가 그 장남의 토지를 매각한 대토로 본건 토지의 소유권이전등기를 한 것이라고 변소하고 있는 외에는 강제집행을 면탈할 의도가 있었다고 볼 자료를 찾아볼 수 없다."(1981.6.23. 선고 81도588)

45) "원판결은 그 이유명시에서 강제집행은 민사소송법에 의한 강제집행 또는 동법을 준용하는 가압류, 가처분등의 집행을 지칭하는 것으로서 면탈죄가 되려면 채권자가 가처분, 가압류를 한 사실이 있거나 최소한 지급명령신청이나 민사소송을 제기한 일이 있어서 구체적으로 강제집행을 받을 우려가 있는 상태하 그 강제집행을 면할 목적이 있어야 하는 바, 피해자는 본건 부동산이 피고인 2 명의로 소유권이전등기가 될 당시 이러한 신청이나 가압류등을 한 사실이 없다는 이유로 본건 공소사실은 결국 범죄의 증명이 없음에 귀착된다고 판단하였다. 그러나 강제집행면탈죄는 채권자가 채권확보를 위하여 소송을 제기할 듯 한 기세를 보이자 채무자가 강제집행을 면할 목적으로 자기소유재산을 타인에게 허위양도한 경우에는 구체적으로 강제집행이 사실상 일어나고 있었던 것이 아니었어도 강제집행을 면할 목적으로 재산을 허위양도한 것이라 할 것임에도 불구하고 원판결이 이와는 달리 사실상 강제집행, 가처분, 가압류사실이나 지급명령신청 또는 민사소송제기사실이 없었다는 이유로 강제집행을 당할 염려있는 상태가 아니라고 하여 강제집행면탈의 허위양도죄에 해당하지 아니한다고 판단하였음은 법령을 오해한 것이라 할 것으로서 상고 논지는 이유있고 원판결은 파기를 면치 못할 것이다."(대법원 1973. 10. 31. 선고 73도384 판결)

불명하게 하는 경우도 포함된다. 따라서 아파트를 매수하면서 제3장의 명의로 등기해 두는 것도 은닉행위에 해당한다고 판단된다.

③ 은닉한 재산이 민사소송법상 강제집행의 대상이 될 수 있는 것인지 여부

강제집행면탈의 객체는 재산으로써 재물만 해당하는 것이 아니고 동산, 부동산, 채권, 산업재산권 등을 포함한다.

다만, 그 재산은 채무자의 재산에 제한된다. 만약 해당 재산이 채무자의 소유가 아니라면 이에 대해 강제집행을 할 수 없기 때문에 강제집행면탈죄의 구성요건 중 객체의 요건을 결하기 때문에 본죄에 해당하지 않게 된다. 따라서 위 사례에서 은닉한 아파트가 과연 누구의 소유인지 살펴볼 필요가 있다.

부동산 실권리자명의 등기에 관한 법률은 명의신탁약정을 무효라고 규정하고 있으며 원칙적으로 그에 따라 이루어진 등기를 무효라고 규정하고 있다. 해당 규정을 토대로 자세히 살펴보면 부동산 실권리자명의 등기에 관한 법률 제4조 제1항은 "명의신탁약정은 무효로 한다."고 규정함으로써 김신탁과 박배신, 김신탁과 이수탁 사이에 이루어진 명의신탁약정은 애초에 없었던 것과 같게 된다.

그리고 같은 조 제2항은 "명의신탁약정에 따른 등기로 이루어진 부동산에 관한 물권변동은 무효로 한다."고 규정함으로써 김신탁과 박배신간의 명의신탁약정에 의해서 박배신 앞으로 이루어진 건물에 대한 등기 또한 애초에 없었던 것으로 되어 버린다. 결국 건물에 대한 소유는 원래 매도자였던 건물주에게 귀속된다는 결론에 이르게 된다.

그러나 김신탁과 이수탁 사이의 약정에 따라 아파트 매도인으로부터 이수탁에게 이전된 등기는 다르게 해석된다. 위 법 같은 조 제2항 단서는 "다만, 부동산에 관한 물권을 취득하기 위한 계약에서 명의수탁자가 어느 한쪽 당사자가 되고 상대방 당사자는 명의신탁약정이 있다는 사실을 알지 못한 경우에는 그러하지 아니하다."고 규정하고 있기 때문이다. 이수탁 앞으로 등기가 된 아파트의 매수인은 이수탁이었다. 즉, 아파트에 대한 매매계약에서 명의수탁자인 이수탁이 매수인(어느 한쪽 당사자)이 되었고 그 상대방 당사자인 아파트 매도인은 김신탁과 이수탁 사이에 이루어진 명의신탁약정을 모르고 있었다. 그렇게 되면 아파트의 이전등기는 무효가 아니다. 다시 말하면 이수탁 앞으로 이전된 등기는 효력이 있으며 반면에 김신탁과 이수탁 사이의 명의신탁약정은 없는 것이 되므로 이수탁이 소유자가 되어 버린다는

것이며 이는 곧 김신탁이 은닉하기로 했던 재산이 김신탁의 재산이 아니라는 결론에 이르게 된다.

따라서 강제집행면탈죄의 객체가 된 재산이 채무자인 김신탁의 소유가 아니기 때문에 구성요건요소를 결하게 되어 강제집행면탈죄가 성립하지 않는다.

그럼 만약 김신탁이 박배신 앞으로 등기한 건물이 강제집행을 면탈하기 위한 것이었을 때는 어떠할까? 결론적으로 이 경우에도 역시 강제집행면탈죄가 성립하지 않는다. 왜냐하면 김신탁과 박배신의 명의신탁약정이 무효이고 건물주로부터 박배신에게 이전된 등기 또한 무효이기 때문에 결국 그 건물의 소유는 원래 상태인 건물주의 소유가 되기 때문이다.[46]

여기서 한 가지 주의해야 할 점이 있다. 앞서 설명한 해설은 그 강제집행면탈의 객체가 "건물 또는 아파트"라는 전제에서 출발하였다. 만약 강제집행을 면탈하고자 하는 객체를 현금이라고 보고 이를 은닉하기 위한 방법으로 부동산 구입대금으로 사용하고 이를 명의신탁해 놓은 것이라고 한다면 강제집행면탈죄로 의율하여 기소할 수 있다고 판단된다.

다른 경우로써 부동산 매수대금을 우선 수탁자인 이수탁이 지급을 하고 김신탁은 이수탁으로부터 위 대금 상당액을 차용한 것으로 하거나 부동산 담보대출을 통해 은행에서 대금을 전 소유자에게 지급하는 방식을 사용하였다면 이를 강제집행면탈

---

46) "형법 제327조는 "강제집행을 면할 목적으로 재산을 은닉, 손괴, 허위양도 또는 허위의 채무를 부담하여 채권자를 해한 자"를 처벌함으로써 강제집행이 임박한 채권자의 권리를 보호하기 위한 것이므로, 강제집행면탈죄의 객체는 채무자의 재산 중에서 채권자가 민사집행법상 강제집행 또는 보전처분의 대상으로 삼을 수 있는 것이어야 한다. 한편, 명의신탁자와 명의수탁자가 이른바 계약명의신탁 약정을 맺고 명의수탁자가 당사자가 되어 명의신탁 약정이 있다는 사실을 알지 못하는 소유자와 부동산에 관한 매매계약을 체결한 후 그 매매계약에 따라 당해 부동산의 소유권이전등기를 명의수탁자 명의로 마친 경우에는, 명의신탁자와 명의수탁자 사이의 명의신탁 약정의 무효에도 불구하고 부동산 실권리자명의 등기에 관한 법률 제4조 제2항 단서에 의하여 그 명의수탁자는 당해 부동산의 완전한 소유권을 취득하게 되고(대법원 2005. 1. 28. 선고 2002다66922 판결 참조), 이와 달리 소유자가 계약명의신탁약정이 있다는 사실을 안 경우에는 수탁자 명의의 소유권이전등기는 무효로 되어 당해 부동산의 소유권은 매도인이 그대로 보유하게 되는데, 어느 경우든지 명의신탁자는 그 매매계약에 의해서는 당해 부동산의 소유권을 취득하지 못하게 되어, 결국 그 부동산은 명의신탁자에 대한 강제집행이나 보전처분의 대상이 될 수 없는 것이다."(대법원 2009. 5. 14. 선고 2007도2168 판결)

죄로 의율할 수는 없을 것으로 판단된다.

(2) 박배신

(가) 명의수탁행위

부동산 실권리자명의 등기에 관한 법률 제7조 제2항에 의해 명의수탁자도 처벌받는다. 만약 박배신이 김신탁을 교사하여 명의신탁하게 하였다면 같은 조 제1항에도 위배된다. 이러한 경우 형량이 높은 명의신탁교사죄 일죄로만 의율할지, 상상적 경합으로 의율할지, 실체적 경합으로 의율할지 검토해 보아야 하나 교사행위를 하면서 자신이 명의수탁자가 되는 조건까지 포함시켰다면 일련의 행위를 하나의 행위로 보아 상상적 경합으로 의율하는 것이 타당하다.

(나) 횡령

횡령죄의 객체는 '자기가 보관하는 타인의 재물'이다. 재물에는 부동산도 포함하며 보관은 사실상의 지배뿐만 아니라 법률상의 지배까지 포함하게 되고 특히 부동산에 대해서는 보관자의 지위는 점유가 아니라 부동산을 유효하게 처분할 수 있는 권능의 존부를 기준으로 결정하게 된다.[47] 위 사례와 같이 박배신은 명의신탁약정에 의해 부동산을 보관하는 자의 위치에 있다.

특히 문제되는 부분은 위 부동산의 '타인성'이다. 소유권의 귀속은 민법에 의해 결정하게 되고 김신탁의 강제집행면탈죄 해석 부분에서 설명한 바와 같이 명의신탁에 의한 등기는 부동산 실권리자명의 등기에 관한 법률에 의해 소유관계에 변화가 있기 때문이다. 위에서 이미 살펴본 바와 같이 박배신은 소유권을 취득할 수 없기 때문에 해당 건물의 타인성은 인정되며 이를 처분한 경우 횡령죄가 성립한다.

다만, 그 소유권이 김신탁에게 귀속되는 것이 아니라 건물주에게 돌아가기 때문에 횡령죄의 피해자가 누구인지가 문제될 수 있는데 판례는 신탁자인 김신탁에 대한 횡령죄가 성립한다는 입장이다.[48]

---

47) "부동산에 관한 횡령죄에 있어서 타인의 재물을 보관하는 자의 지위는 동산의 경우와는 달리 부동산에 대한 점유의 여부가 아니라 부동산을 제3자에게 유효하게 처분할 수 있는 권능의 유무에 따라 결정하여야 하므로(대법원 1987. 2. 10. 선고 86도1607 판결; 대법원 1989. 12. 8. 선고 89도1220 판결 등 참조), 부동산을 공동으로 상속한 자들 중 1인이 부동산을 혼자 점유하던 중 다른 공동상속인의 상속지분을 임의로 처분하여도 그에게는 그 처분권능이 없어 횡령죄가 성립하지 아니한다."(대법원 2000. 4. 11. 선고 2000도565 판결)

아울러 주의해야 할 점은 건물은 그 가액이 고가이기 때문에 늘 특정경제범죄 가중처벌 등에 관한 법률위반의 점도 고려해야 한다는 것이다. 따라서 건물을 처분한 매각하고 받은 이득액이 5억원 이상일 경우에는 특경법을 적용해야 한다.

(3) 이수탁

(가) 명의수탁행위

박배신의 명의수탁행위에 대한 해석과 같다.

(나) 횡령

김신탁의 강제집행면탈 해석에 관한 부분에서 설명한 바와 같이 이수탁은 소유권을 취득하게 되고 횡령죄의 '재물의 타인성' 요건을 충족하지 못하게 된다. 따라서 이수탁에게 횡령죄의 죄책을 물을 수 없다.

주의해야 할 것은 명의수탁자가 매매계약에서 매수인이 되었다고 하여 무조건 횡령죄가 성립하지 않는다고 섣불리 판단하면 안 된다. 매수인이 되었다고 할지라도 명의신탁자와 명의수탁자 사이의 신탁관계를 매도인이 알았다면 횡령죄가 성립하기 때문이다. 따라서 이러한 수사를 할 때에는 해당 부동산을 물색하는 과정과 매도인과 신탁자, 수탁자와의 관계, 어떻게 서로 알게 되었는지에 대해 상세한 조사가 이루어져야 한다.

※ 주의할 점

부동산 실권리자명의 등기에 관한 법률위반을 수사할 때 통상적으로 명의신탁자와 명의수탁자에 대한 처벌만을 고려하게 되는데 이는 옳지 못하다. 김신탁과 박배신의 계약에서 매매계약은 분명 김신탁이 건물주와 하였으나 박배신의 명의로 등기를 하게 되었기 때문이다. 등기를 할 때에는 매매계약서가 필요하기 마련인데 이를 위해 건물주는 이면계약서를 작성해 주었을 것이고 계약을 중개한 부동산업자 또한 이를 알고 중개를 해 주었을 가능성이 있다. 어떠한 경우든 명의신탁약정이 있다는 사실을 알고 계약서를 작성 또는 중개한 건물주나 부동산업자도 부동산 실권리자명의 등기에 관한 법률 제7조 제3항의 방조죄로 입건해야 할 것이다.

---

48) "부동산을 그 소유자로부터 매수한 자가 그의 명의로 소유권이전등기를 하지 아니하고 제3자와 맺은 명의신탁약정에 따라 매도인으로부터 바로 그 제3자에게 중간생략의 소유권이전등기를 경료한 경우, 그 제3자가 그와 같은 명의신탁 약정에 따라 그 명의로 신탁된 부동산을 임의로 처분하였다면 신탁자에 대한 횡령죄가 성립하고..."(대법원 2001. 11. 27. 선고 2000도3463 판결)

4) 습득과 명의도용

이범인은 어느 날 버스를 타게 되었다. 비어 있는 자리에 앉으려고 한 순간 앞서 내린 손님 A가 놓고 간 듯한 지갑을 보게 되었고 이를 습득하였다. 그는 바로 다음 정류장에 내려 지갑을 확인했더니 후불식 공중전화 카드가 있어 미국에 있는 애인에게 후불식 카드를 이용하여 전화를 걸어 1시간 정도 여유 있게 통화를 하였다.

이범인은 A의 주민등록증 사진이 자신과 비슷하다는 것을 이용하여 핸드폰을 하나 내릴 생각을 하였다. 이범인은 인근에 있는 홈플러스 매장의 도장파는 곳에서 A 명의로 목도장을 하나 판 후에 바로 KT 대리점에 가서 A 행세를 하면서 주민등록증을 제시하고 갤럭시 핸드폰을 하나 구입할 의사를 밝히고 휴대전화 가입신청서를 A 명의로 작성하고 핸드폰을 구입한 후 1개월간 사용하였다.

가) 사실관계 분석

(1) 시간 순 정렬

① 이범인은 버스에서 다른 손님이 놓고 간 지갑을 습득하였다(지갑에는 후불식 공중전화 카드와 A의 주민등록증이 들어 있다).

② 지갑 속에 있는 후불식 전화카드를 이용하여 국제전화를 걸었다.

③ A 명의로 목도장을 하나 팠다.

④ 휴대전화 대리점에 가서 휴대전화를 구입하기로 하고 휴대전화 가입신청서를 A 명의로 작성하였다.

⑤ A 행세를 하며 그의 주민등록증을 제시하고 이를 사본하도록 하였다.

⑥ 갤럭시 쓰리 핸드폰을 교부받아 왔다.

⑦ 핸드폰을 한 달간 맘대로 썼다.

(2) 관련 사건 정렬

① 갤쓰리 핸드폰을 한 달간 맘껏 사용 – 갤쓰리 핸드폰을 교부받음 – 가입신청을 위해 A 주민등록증을 제시함 – KT 휴대전화 가입신청서를 A 명의로 작성함 – A 명의로 목도장을 마련함

② 후불식 공중전화카드를 사용하여 국제전화를 함

③ 후불식 공중전화카드와 주민등록증이 들어 있는 지갑을 습득함

나) 법리분석

(1) 대상행위

① 지갑을 습득한 행위

② 습득한 후불 공중전화카드로 전화를 사용

③ A 명의로 목도장을 새기고 그의 주민등록증을 이용하여 휴대전화 대리점에서
   KT 이동전화서비스에 가입하고 삼성 스마트폰을 구입한 후 한 달간 휴대전화
   를 사용

(2) 지갑 습득

(가) 적용 가능 법조

형법 제329조(절도) 타인의 재물을 절취한 자는 6년 이하의 징역 또는 1천만원 이하의 벌
금에 처한다.

형법 제360조(점유이탈물횡령) ① 유실물, 표류물 또는 타인의 점유를 이탈한 재물을 횡
령한 자는 1년 이하의 징역이나 300만원 이하의 벌금 또는 과료에 처한다.
② 매장물을 횡령한 자도 전항의 형과 같다.

(나) 쟁점

절도죄의 객체는 "타인이 점유하는 타인 소유의 재물"이다. 반면에 점유이탈물횡
령죄의 객체는 "유실물, 표류물, 매장물 기타 점유이탈물"이며 점유이탈물이란 점유
자의 의사에 의하지 않고 그 점유를 떠난 타인 소유의 재물을 말한다. 아울러 절도
죄는 미수범을 처벌하지만 점유이탈물횡령죄는 미수범을 처벌하지 않는다.

이 사건에서 지갑의 소유자가 버스 안에 두고 온 지갑의 점유가 소유자로부터 이
탈을 했다고 해석하게 되면 점유이탈물횡령으로 의율을 하게 될 것이고 소유자로부
터 이탈한 것이 아니라고 하거나 이탈한 지갑이 버스 운전사의 새로운 점유가 개시
된 것이라고 본다면 절도죄로 의율하게 될 것이다.

(다) 해설

우선 습득한 지갑이 타인의 소유임에는 명백해 보인다. 그럼 과연 위 지갑이 점
유를 이탈한 것인지만 살펴보면 되고 점유를 이탈했는지 여부의 판별은 버스기사에
게 새로운 점유가 이전이 되었는지의 문제로 귀결된다.

이에 대해 대중교통 운전사는 수시로 바뀌기 때문에 운전사에게 새로운 점유가

이전된다고 볼 수 없어 점유이탈물횡령죄로 의율해야 한다는 견해가 있으며 대중교통이라고 할지라도 그 공간에 있는 모든 물건에 대한 사실적 지배 의사가 있기 때문에 운전사에게 새로운 점유가 발생한다고 보는 입장에서는 절도죄로 의율하려고 할 것이다.

판례는[49] 대중교통의 승무원은 유실물법상[50] 승객이 잊고 내린 유실물을 교부받을 권능을 가질 뿐 그 안의 물건을 점유한다고 할 수 없다고 하면서 점유이탈물횡령죄에 해당한다고 판시하였다.

판례의 의견이 타당하다고 보여지므로 점유이탈물횡령죄로 의율하되 만약 지갑 소유자가 지갑을 자리에 두고 버스에서 내리기 전에 놓고 내리려 했다는 사실을 인식한 경우 그 막간을 이용하여 지갑을 숨겼다면 이는 아직 그 소유자의 점유를 이탈했다고 볼 수 없기 때문에 절도죄를 검토해야 할 것이다.

(3) 습득한 후불 공중전화카드로 전화를 사용

(가) 적용 가능 법조

형법 제236조(사문서의 부정행사) 권리·의무 또는 사실증명에 관한 타인의 문서 또는 도화를 부정행사한 자는 1년 이하의 징역이나 금고 또는 300만원 이하의 벌금에 처한다.

형법 제347조의 2(컴퓨터등 사용사기) – 상습, 미수범 처벌
컴퓨터등 정보처리장치에 허위의 정보 또는 부정한 명령을 입력하거나 권한 없이 정보를 입력·변경하여 정보처리를 하게 함으로써 재산상의 이익을 취득하거나 제3자로 하여금 취득하게 한 자는 10년 이하의 징역 또는 2천만원 이하의 벌금에 처한다.

형법 제348조의 2(편의시설부정이용) – 상습, 미수범 처벌
부정한 방법으로 대가를 지급하지 아니하고 자동판매기, 공중전화 기타 유료자동설비를

---

49) 대법원 1999. 11. 26. 선고 99도3963 판결
50) 유실물법 제10조(선박, 차량, 건축물 등에서의 습득) ① 관리자가 있는 선박, 차량, 건축물, 그 밖에 일반인의 통행을 금지한 구내에서 타인의 물건을 습득한 자는 그 물건을 관리자에게 인계하여야 한다.
　　② 제1항의 경우에는 선박, 차량, 건축물 등의 점유자를 습득자로 한다. 자기가 관리하는 장소에서 타인의 물건을 습득한 경우에도 또한 같다.
　　③ 이 조의 경우에 보상금은 제2항의 점유자와 실제로 물건을 습득한 자가 반씩 나누어야 한다.
　　④ 「민법」 제253조에 따라 소유권을 취득하는 경우에는 제2항에 따른 습득자와 제1항에 따른 사실상의 습득자는 반씩 나누어 그 소유권을 취득한다. 이 경우 습득물은 제2항에 따른 습득자에게 인도한다.

이용하여 재물 또는 재산상의 이익을 취득한 자는 3년 이하의 징역, 500만원 이하의 벌금, 구류 또는 과료에 처한다.

(나) 쟁점

'습득하였다는 점'으로부터 해당 카드를 사용할 권한이 없으며 범인의 명의 또는 범인 소유의 것이 아니라는 것을 추론할 수 있어야 한다. '빌려서', '잠시 보관하다가', '부탁을 받고' 등의 정보로부터는 차용, 위탁, 위임 등의 법률적인 의미로 전환해야 하는데 이는 법리분석과 범죄수사에 있어서 매우 중요한 요소이다.

후불식 공중전화카드가 어떠한 성격을 가지고 있으며 어떠한 역할을 하는 도구인지 특정할 수 있어야 한다. 또한 후불식 공중전화카드라는 후불식 결제수단 가지고 공중전화라고 하는 매체를 사용하였다는 점에서 전화가 정보처리장치이며 편의시설이라는 점을 추론할 수 있어야 한다. 무단으로 전화서비스를 이용하였다는 점은 재산상의 이익을 취득한 것이라는 사실도 추론해 내야 한다.

이러한 과정을 거치게 되면 전항에서 열거한 사문서부정행사, 컴퓨터등사용사기, 편의시설부정이용죄에 해당하는지 검토해 볼 수 있다.

① 사문서부정행사

이는 후불식 공중전화카드의 성격을 먼저 검토해 보아야 한다. 후불식 공중전화카드가 사문서라고 한다면 이를 권한 없이 사용한 행위가 사문서부정행사에 해당하는지도 검토해야 한다.

② 컴퓨터등사용사기

③ 공중전화가 컴퓨터등사용사기죄에 있어서의 정보처리장치에 해당하는지도 검토해야 한다.

④ 편의시설부정이용

공중전화는 편의시설부정이용죄에 있어서의 전형적인 편의시실에 해당하며 타인 명의 후불식 공중전화카드를 사용하여 결제하는 행위가 부정이용에 해당하는지가 관건이 된다.

(다) 해설

판례는[51] "사용자에 관한 각종 정보가 전자기록되어 있는 자기띠가 카드번호와 카드발행자 등이 문자로 인쇄된 플라스틱 카드에 부착되어 있는 전화카드의 경우

---

51) 대법원 2002. 6. 25. 선고 2002도461 판결

그 자기띠 부분은 카드의 나머지 부분과 불가분적으로 결합되어 전체가 하나의 문서를 구성하므로, 전화카드를 공중전화기에 넣어 사용하는 경우 비록 전화기가 전화카드로부터 판독할 수 있는 부분은 자기띠 부분에 수록된 전자기록에 한정된다고 할지라도, 전화카드 전체가 하나의 문서로서 사용된 것으로 보아야 하고 그 자기띠 부분만 사용된 것으로 볼 수는 없으므로 절취한 전화카드를 공중전화기에 넣어 사용한 것은 권리의무에 관한 타인의 사문서를 부정행사한 경우에 해당한다."고 판시하고 있다. 판례에 의하여 해석하자면 타인의 후불식 전화카드로 전화를 사용한 것은 사문서부정행사로 의율하게 될 것이다.

　　그런데 공중전화카드가 사문서에 해당한다는 사실 이외에 유가증권에 해당할 수도 있다. 따라서 다음 판례를 통해 공중전화카드, 신용카드에 대한 대법원의 해석을 살펴볼 필요가 있다.

▮ 비교판례

1) 폐공중전화카드의 자기기록 부분에 전자정보를 기록하여 사용가능한 공중전화카드를 만든 행위가 유가증권위조죄에 해당한다(대법원 1998. 2. 27. 선고 97도2483 판결).

"형법 제214조에서 유가증권이라 함은, 증권상에 표시된 재산상의 권리의 행사와 처분에 그 증권의 점유를 필요로 하는 것을 총칭하는 것인바(대법원 1995. 3. 14. 선고 95도20 판결 등 참조), 공중전화카드는 그 표면에 전체 통화가능 금액과 발행인이 문자로 기재되어 있고, 자기(자기)기록 부분에는 당해 카드의 진정성에 관한 정보와 잔여 통화가능 금액에 관한 정보가 전자적 방법으로 기록되어 있어, 사용자가 카드식 공중전화기의 카드 투입구에 공중전화카드를 투입하면 공중전화기에 내장된 장치에 의하여 그 자기정보가 해독되어 당해 카드가 발행인에 의하여 진정하게 발행된 것임이 확인된 경우 잔여 통화가능 금액이 공중전화기에 표시됨과 아울러 그 금액에 상당하는 통화를 할 수 있도록 공중전화기를 작동하게 하는 것이어서, 공중전화카드는 문자로 기재된 부분과 자기기록 부분이 일체로써 공중전화 서비스를 제공받을 수 있는 재산상의 권리를 화체하고 있고, 이를 카드식 공중전화기의 카드 투입구에 투입함으로써 그 권리를 행사하는 것으로 볼 수 있으므로, 공중전화카드는 형법 제214조의 유가증권에 해당한다고 봄이 상당하다."

2) 신용카드는 그 자체에 경제적 가치가 화체되어 있거나 특정의 재산권을 표창하는 유가증권이라고 볼 수 없다(대법원 1999. 7. 9. 선고 99도857 판결).

"신용카드업자가 발행한 신용카드는 이를 소지함으로써 신용구매가 가능하고 금융의 편의를 받을 수 있다는 점에서 경제적 가치가 있다 하더라도, 그 자체에 경제적 가치가 화체되어 있거나 특정의 재산권을 표창하는 유가증권이라고 볼 수 없고, 단지 신용카드회원이 그 제시를 통하여 신용카드회원이라는 사실을 증명하거나 현금자동지급기 등에 주입하는 등의 방법으로 신용카드업자로부터 서비스를 받을 수 있는 증표로서의 가치를 갖는 것이다."

⇨ 유사판례 — 신용카드는 유가증권이다(대법원 1984. 11. 27. 선고 84도1862 판결)

"형법 제214조의 유가증권이란 증권상에 표시된 재산상의 권리의 행사와 처분에 그 증권의 점유를 필요로 하는 것을 총칭하는 것이므로 그것이 유통성을 반드시 가질 필요는 없는 것이나 재산권이 증권에 화체된다는 것과, 그 권리의 행사처분에 증권의 점유를 필요로 한다는 두가지 요소를 갖추어야 하는 것이고, 위 두 가지 요소 중 어느 하나를 갖추지 못한 경우에는 형법 제214조에서 말하는 유가증권이라 할 수 없다 할 것인바, 한국외환은행 소비조합이 그 소속조합원에게 발행한 신용카드는 그 카드에 의해서만 신용구매의 권리를 행사할 수 있는 점에서 재산권이 증권에 화체되었다고 볼 수 있으므로 유가증권이라 할 것이다."

이 유사판례는 위에서 본 것과 배치되는 판례는 아닌 것으로 보인다. 이 판결의 공소사실은 공소사실은 "피고인은 1980.12.9. 18:30경 서울 중구 명동 소재 엘칸토 양화점에서 행사할 목적으로 친구인 한국외환은행 본점근무의 피해자 박대균으로부터 동인가입의 동 은행소비조합이 발급한 엘칸토(주)제품 대금 30,000원짜리 구두 2족을 구입할 수 있는 유가증권인 신용카드1매를 차용함을 기화로 자신이 마치 위 박대균 본인인 것으로 가장하고 동 신용카드 1매상의 금액란에 "30,000"원으로 되어 있는 것을 볼펜으로 지우고 그 위에 "47,200＋39,000원"으로 고쳐써서 동 신용카드의 금액이 "47,200(공소장의 47,000원의 기재는 오기임)＋39,000원"인 것처럼 신용카드 1매를 변조하고, 그 시경 동 소에서 위 양화점 근무의 성명불상 종업원에게 그것이 진정하게 성립한 유가증권인 "신용카드"

인 것처럼 가장하고 제시하여 이를 행사한 것"으로 되어 있는 바, 당시의 신용카드의 기재방법이나 용도가 요즈음의 신용카드와 다르고 상품권과 같은 형식에 그 지급방법이 할부판매방식이 결합되었던 것으로 보여진다.

이상의 판례들을 정리해 보면

신용카드, 후불식 공중전화카드, 선불식 카드와 정액제 카드 모두 사문서에 해당한다고 판단되며 이 중 선불식 카드와 정액제 카드는 유가증권으로써의 성격도 가지고 있다고 보아야 한다. 후불식 공중전화카드가 유가증권인지 여부에 대해서는 판례는 없으나 신용카드에 대한 해석을 유추해 보면 후불식 공중전화카드가 유가증권에 해당한다고 판단하기에는 무리가 있어 보인다.

(4) 타인명의 휴대전화 가입

(가) 적용 가능 법조

형법 제239조(사인등의 위조, 부정사용) - 미수범 처벌

① 행사할 목적으로 타인의 인장, 서명, 기명 또는 기호를 위조 또는 부정사용한 자는 3년 이하의 징역에 처한다.

② 위조 또는 부정사용한 타인의 인장, 서명, 기명 또는 기호를 행사한 때에도 전항의 형과 같다.

형법 제231조(사문서등의 위조 · 변조) - 미수범 처벌

행사할 목적으로 권리 · 의무 또는 사실증명에 관한 타인의 문서 또는 도화를 위조 또는 변조한 자는 5년 이하의 징역 또는 1천만원 이하의 벌금에 처한다.

형법 제234조(위조사문서등의 행사) - 미수범 처벌

제231조 내지 제233조의 죄에 의하여 만들어진 문서, 도화 또는 전자기록등 특수매체기록을 행사한 자는 그 각 죄에 정한 형에 처한다.

형법 제230조(공문서등의 부정행사) - 미수범 처벌

공무원 또는 공무소의 문서 또는 도화를 부정행사한 자는 2년 이하의 징역이나 금고 또는 500만원 이하의 벌금에 처한다.

주민등록법

제37조(벌칙) 다음 각 호의 어느 하나에 해당하는 자는 3년 이하의 징역 또는 1천만원 이하의 벌금에 처한다.

1. 제7조제4항에 따른 주민등록번호 부여방법으로 거짓의 주민등록번호를 만들어 자기 또

는 다른 사람의 재물이나 재산상의 이익을 위하여 사용한 자

2. 주민등록증을 채무이행의 확보 등의 수단으로 제공한 자 또는 그 제공을 받은 자

3. 제10조제2항을 위반한 자나 주민등록 또는 주민등록증에 관하여 거짓의 사실을 신고 또는 신청한 자

4. 거짓의 주민등록번호를 만드는 프로그램을 다른 사람에게 전달하거나 유포한 자

5. 제29조제2항부터 제4항까지의 규정을 위반하여 거짓이나 그 밖의 부정한 방법으로 다른 사람의 주민등록표를 열람하거나 그 등본 또는 초본을 교부받은 자

6. 제30조제5항을 위반한 자

7. 제31조제2항 또는 제3항을 위반한 자

8. 다른 사람의 주민등록증을 부정하게 사용한 자

9. 법률에 따르지 아니하고 영리의 목적으로 다른 사람의 주민등록번호에 관한 정보를 알려주는 자

10. 다른 사람의 주민등록번호를 부정하게 사용한 자. 다만, 직계혈족·배우자·동거친족 또는 그 배우자 간에는 피해자가 명시한 의사에 반하여 공소를 제기할 수 없다.

형법 제347조(사기) - 상습처벌, 미수범 처벌, 친족상도례 적용

① 사람을 기망하여 재물의 교부를 받거나 재산상의 이익을 취득한 자는 10년 이하의 징역 또는 2천만원 이하의 벌금에 처한다.   <개정 1995.12.29>

② 전항의 방법으로 제삼자로 하여금 재물의 교부를 받게 하거나 재산상의 이익을 취득하게 한 때에도 전항의 형과 같다.

　(나) 쟁점

　① 타인 명의 도장을 파고 이를 이용하여 문서를 작성한 경우

　인장을 위조한 것이 사문서위조의 수단이 된 경우 사인위조와 사문서위조죄와의 관계

　② 타인 행세를 하면서 타인의 주민등록증을 제시한 경우

　휴대전화를 개통하기 위해 주민등록증을 제시한 것이 형법상 공문서부정행사에 해당하는지와 주민등록법위반죄의 성립 여부

　③ 타인 명의로 휴대전화를 구입하고 휴대전화를 개통한 경우

　휴대전화 기기에 대한 사기죄 및 휴대전화 서비스 요금에 대한 사기죄 성립 여부

　④ 각 행위간의 죄수관계

(다) 해설

① 타인 명의 도장을 파고 이를 이용하여 문서를 작성한 경우

타인 명의로 도장을 새긴 행위는 형법 제239조 제1항과 제2항에 위반되는 것은 사실이다. 그러나 위조한 도장으로 사문서를 위조한 경우에는 사문서위조죄에 모두 흡수된다.[52] 따라서 A의 명의로 가입신청서를 작성하고 이를 통신사 직원에게 주었기 때문에 사문서위조 및 동행사죄에 해당한다.

② 타인 행세를 하면서 타인의 주민등록증을 제시한 경우

(a) 공문서부정행사죄 적용 여부

주민등록증이 공문서라는데는 이견이 없다. 또한 타인의 것을 사용하였기 때문에 사용권한이 없는 자가 사용한 것도 이견이 없다. 다만 부정행사의 개념과 관련하여 공문서 본래의 용도에 따른 사용과 용도 이외의 곳에 사용한 경우 각 어떻게 처리를 할지가 관건이다.

판례는 타인의 운전면허증을 이용하여 자동차 렌트를 한 경우와[53] 폭력행위 등 처벌에 관한 법률 위반죄의 피의자가 신분을 확인하려는 경찰관에게 타인의 운전면허증을 제시한 경우,[54] 타인의 명의로 발급받은 주민등록증(주민등록증 발행 시 타인

---

52) 대법원 1978. 9. 26. 선고 78도1787 판결

53) 자동차운전면허증은 운전면허시험에 합격하여 자동차의 운전이 허락된 자임을 증명하는 공문서로서 운전중에 휴대하도록 되어 있고, 자동차대여약관상 대여회사는 운전면허증 미소지자에게는 자동차 대여를 거절할 수 있도록 되어 있으므로, 자동차를 임차하려는 피고인들이 자동차 대여업체의 담당직원들로부터 임차할 자동차의 운전에 필요한 운전면허가 있고 또 운전면허증을 소지하고 있는지를 확인하기 위한 운전면허증의 제시 요구를 받자 타인의 운전면허증을 소지하고 있음을 기화로 자신이 타인의 자동차운전면허를 받은 사람들인 것처럼 행세하면서 자동차 대여업체의 직원들에게 이를 제시한 것이라면, 피고인들의 위와 같은 행위는 단순히 신분확인을 위한 것이라고는 할 수 없고, 이는 운전면허증을 사용권한이 없는 자가 사용권한이 있는 것처럼 가장하여 부정한 목적으로 사용한 것이기는 하나 운전면허증의 본래의 용도에 따른 사용행위라고 할 것이므로 공문서부정행사죄에 해당한다(대법원 1998. 8. 21. 선고 98도1701 판결).

54) 운전면허증은 운전면허를 받은 사람이 운전면허시험에 합격하여 자동차의 운전이 허락된 사람임을 증명하는 공문서로서, 운전면허증에 표시된 사람이 운전면허시험에 합격한 사람이라는 '자격증명'과 이를 지니고 있으면서 내보이는 사람이 바로 그 사람이라는 '동일인 증명'의 기능을 동시에 가지고 있다. 운전면허증의 앞면에는 운전면허를 받은 사람의 성명·주민등록번호·주소가 기재되고 사진이 첨부되며 뒷면에는 기재사항의 변경내용이 기재될 뿐만 아니라, 정기적으로 반드시 갱신교부되도록 하고 있어, 운전면허증은 운전면허를

이라고 속여 자신의 사진이 부착된 타인 명의의 주민등록증을 말함)을 검문경찰관에게 제시한 경우[55] 공문서부정행사죄가 된다고 판단하였다. 반면에 습득한 타인의 주민등

받은 사람의 동일성 및 신분을 증명하기에 충분하고 그 기재 내용의 진실성도 담보되어 있다. 그럼에도 불구하고 운전면허증을 제시한 행위에 있어 동일인증명의 측면은 도외시하고, 그 사용목적이 자격증명으로만 한정되어 있다고 해석하는 것은 합리성이 없다. 인감증명법상 인감신고인 본인 확인, 공직선거및선거부정방지법상 선거인 본인 확인, 부동산등기법상 등기의무자 본인 확인 등 여러 법령에 의한 신분 확인절차에서도 운전면허증은 신분증명서의 하나로 인정되고 있다. 또한 주민등록법 자체도 주민등록증이 원칙적인 신분증명서이지만, 주민등록증을 제시하지 아니한 사람에 대하여 신원을 증명하는 증표나 기타 방법에 의하여 신분을 확인하도록 규정하는 등으로 다른 문서의 신분증명서로서의 기능을 예상하고 있다. 한편 우리 사회에서 운전면허증을 발급받을 수 있는 연령의 사람들 중 절반 이상이 운전면허증을 가지고 있고, 특히 경제활동에 종사하는 사람들의 경우에는 그 비율이 훨씬 더 이를 앞지르고 있으며, 금융기관과의 거래에 있어서도 운전면허증에 의한 실명확인이 인정되고 있는 등 현실적으로 운전면허증은 주민등록증과 대등한 신분증명서로 널리 사용되고 있다. 따라서, 제3자로부터 신분확인을 위하여 신분증명서의 제시를 요구받고 다른 사람의 운전면허증을 제시한 행위는 그 사용목적에 따른 행사로서 공문서부정행사죄에 해당한다고 보는 것이 옳다(대법원 2001. 4. 19. 선고 2000도1985 전원합의체 판결).

[55] 피고인이 호적이 없어 주민등록증을 발급받지 못하고 있다가 원심공동피고인과 공동하여 6.25사변중 행방불명된 원심공동피고인의 형 공소외인의 명의로 주민등록증을 발급 받고자 그 정을 모르는 주민등록 담당공무원에게 자신이 공소외인인 양 허위의 신고를 하여 착오를 일으킨 위 공무원으로부터 피고인의 사진이 부착되고 피고인의 지문이 찍힌 공소외인 명의의 주민등록증을 발급받은 사실을 인정하면서도, 피고인이 위 허위의 주민등록증을 소지하고 있다가 1981.12.1 검문경찰관에게 제시한 행위가 공문서부정행사죄에 해당한다는 검사의 공소부분에 대하여는 공문서부정행사죄는 진정하게 성립된 공무소의 문서를 권한없는 자가 행사하는 경우라야 할 것인데, 이 사건 주민등록증은 피고인 자신의 사진이 첨부되고 그자신의 지문이 찍힌 피고인의 주민등록증이므로 피고인이 이를 사용하였다 하여 공문서부정행사죄가 성립되는 것은 아니라고 하여 무죄를 선고하였다. 살피건대, 공문서부정행사죄는 그 사용권한자와 용도가 특정되어 작성된 공문서 또는 공도화를 사용권한 없는 자가 그 사용권한 있는 것처럼 가장하여 부정한 목적으로 행사한 때 또는 형식상 그 사용권한이 있는 자라도 그 정당한 용법에 반하여 부정하게 행사한 때에 성립한다고 해석할 것인바, 이 사건에서 원심이 인정한 바에 의하면, 피고인은 문제된 주민등록증은 허위사실이 기재되어 발행되었다는 사실을 잘 알고 있는 것이므로 비록 그 문서가 형식상으로는 그 사용목적이 그에 부착된 사진상의 인물이 공소외인의 신원사항을 가진 사람임을 증명하는 용도로 작성되어 있기는 하나 주민등록증의 발행목적상 피고인에게 위와 같은 허위사실을 증명하는 용도로 이를 사용할 수 있는 권한이 없다는 것을 충분히 인식하고 있었다고 인정되며, 그럼에도 불구하고, 이를 이와 같은 부정한 목적을 위하

록증을 자신의 가족이라고 속이고 타인의 명의로 휴대전화 가입신청을 한 경우 본래의 사용용도인 신분확인용으로 사용한 것이라고 볼 수 없다고 하면서 공문서부정행사죄를 부정하였다.[56]

이상 판례의 입장에 비추어 보면 타인의 주민등록증을 사기업체인 이동통신 회사 대리점에 제시한 행위가 부정행사에 해당한다고 보기 어렵고 사기업체가 계약을 하면서 상대방의 인적사항을 확인하는 것은 계약을 위해 필요한 인증 또는 지속적인 영업을 영위하기 위해 주민등록증의 기능을 이용한 것에 불과하기 때문에 주민등록증 본래의 용도라고 보기는 어렵다고 판단된다. 따라서 이범인의 위 행위는 공문서부정행사에 해당하지 않는다.

(b) 주민등록법위반 여부

이범인의 주민등록증 행사 행위는 공문서부정행사죄뿐만 아니라 주민등록법상 부정사용행위에 해당하는지도 검토해 보아야 한다.

판례는 타인 명의로 할부금융을 받거나 신용카드를 발급받기 위하여 타인의 주민등록증을 제시한 행위가 주민등록증 본래의 사용용도인 신분확인용으로 사용한 것으로 볼 수 없어 주민등록법 위반죄가 성립하지 않는다고 판단하고 있으며[57] 대법

여 행사하였다면 이는 공문서부정행사죄를 구성한다고 하여야 할 것이다(대법원 1982. 9. 28. 선고 82도1297 판결).

56) 사용권한자와 용도가 특정되어 있는 공문서를 사용권한 없는 자가 사용한 경우에도 그 공문서 본래의 용도에 따른 사용이 아닌 경우에는 형법 제230조의 공문서부정행사죄가 성립하지 아니하는바, 주민등록법 제17조의8 제1항, 제2항, 제17조의9 제1항 등에 의하면, 주민등록증은 시장·군수 또는 구청장이 관할구역 안에 주민등록이 된 자 중 17세 이상의 자에 대하여 주민의 성명, 사진, 주민등록번호, 주소, 지문 등을 수록하여 발급하는 문서로서 국가기관·지방자치단체·공공단체·사회단체·기업체 등에서 그 업무를 수행함에 있어 대상자의 신분을 확인하기 위하여 사용할 수 있도록 한 것이므로, 기록에 의하여 알 수 있는 바와 같이 피고인이 이동전화기대리점 직원에게 기왕에 습득한 김씨의 주민등록증을 내보이고 김씨가 피고인의 어머니인데 어머니의 허락을 받았다고 속여 동인의 이름으로 이동전화 가입신청을 하거나, 습득한 강씨의 주민등록증을 내보이면서 강씨가 피고인의 누나인데 이동전화기를 구해오라고 하였다고 속이고 피고인의 이름을 가명으로 하여 이동전화 가입신청을 하면서 그때마다 이동전화기를 교부받았다고 하더라도, 피고인이 김씨 또는 강씨의 주민등록증을 사용한 것이 타인의 주민등록증을 그 본래의 사용용도인 신분확인용으로 사용한 것이라고 볼 수 없어 공문서부정행사죄가 성립하지 아니한다(대법원 2003. 2. 26. 선고 2002도4935 판결).

57) 다른 사람의 주민등록증을 부정사용한 자를 처벌하고 있는 주민등록법 제21조 제2항 제8

원 2007. 10. 11. 선고 2006도7821 판결에서는 "구 주민등록법(2007. 5. 11. 법률 제 8422호로 전부 개정되기 전의 것, 이하 같다)이 제21조 제2항 제8호에서 "다른 사람의 주민등록증을 부정사용한 자"를 처벌하는 것과 별도로 같은 항 제9호에서 "다른 사람의 주민등록번호를 부정사용한 자"를 처벌하는 규정을 마련한 취지, 위 제9호 규정내용의 문언상의 의미 및 개정연혁, 형벌법규의 확장해석을 금지하는 죄형법정주의의 일반원칙 등에 비추어 보면, 구 주민등록법 제21조 제2항 제9호는 공적·사적인 각종 생활분야에서 주민등록증이나 운전면허증과 같이 명의인의 주민등록번호가 기재된 유형적인 신분증명문서를 제시하지 않고 성명과 주민등록번호 등만으로 본인 여부의 확인 또는 개인식별 내지 특정이 가능한 절차에 있어서 주민등록번호 소지자의 허락 없이 마치 그 소지자의 허락을 얻은 것처럼 행세하거나 자신이 그 소지자인 것처럼 행세하면서 그 주민등록번호를 사용하는 행위를 처벌하기 위하여 규정된 것으로 보아야 하므로, 다른 사람의 주민등록번호를 그 소지자의 허락 없이 함부로 이용하였다 하더라도 그 주민등록번호를 본인 여부의 확인 또는 개인식별 내지 특정의 용도로 사용한 경우에 이른 경우가 아닌 한 위 조항 소정의 주민등록번호 부정사용죄는 성립하지 아니한다."고 하고 이를 토대로 보험회사 총무과장이 이미 퇴사한 직원의 주민등록번호를 기재한 명부를 작성하여 보험회사에 제출한 행위를 주민등록법상 주민등록번호 부정사용행위에 해당하지 않는다고 판시하고 있다.[58] 이상 열거한 판례의 일관된 태도에 비추어 보면 이범인의 주민등록증 행사는

호의 입법경위, 입법취지 및 구성요건의 내용 등에 비추어 보면, 위 조항은 다른 사람의 주민등록증을 부정사용한 자를 형법상의 공문서부정행사죄보다 가중처벌하기 위하여 규정된 것으로 보아야 할 것이므로, 공문서부정행사죄와 마찬가지로 다른 사람의 주민등록증을 그 명의자의 허락 없이 함부로 사용하였다고 하더라도 주민등록증 본래의 사용용도인 신분확인용으로 사용한 경우가 아닌 한 주민등록법 제21조 제2항 제8호 소정의 주민등록증부정사용죄가 성립하지 않는다고 봄이 상당하다(대법원 2004. 3. 26. 선고 2003도 7830 판결).

58) 피고인은 보험 상품을 판매하는 법인 보험대리점 업체인 (명칭 생략)의 총무과장으로서, (명칭 생략)가 흥국생명보험 주식회사와 보험모집 법인대리점 계약을 체결하는 과정에서 흥국생명보험 주식회사로부터 법인대리점의 임원 및 보험 모집 유자격자의 명단 제출을 요구받자 공소외인의 동의를 받지 않은 채 공소외인이 이미 (명칭 생략)에서 퇴사하였음에도 마치 공소외인이 (명칭 생략)에서 근무하고 있는 것처럼 공소외인의 주민등록번호를 기재한 (명칭 생략) 법인대리점 임원 및 유자격자 명부를 작성하여 흥국생명보험 주식회사에 제출하였다는 것인바, 피고인이 위와 같은 경위로 공소외인의 주민등록번호가 기재

주민등록법위반으로도 의율할 수 없게 된다.

그러나 이범인이 주민등록증으로 동사무소에서 주민등록등본이나 인감증명서를 발급받기 위해 제시하거나 이범인의 얼굴사진으로 A 명의의 주민등록등록증을 재발급받거나 여권을 발급받기 위한 용도 등으로 사용하였다면 이는 명백한 주민등록법위반행위가 될 것이다. 판례의 입장이라면 실무상 주민등록법상 부정사용은 형법상 공문서부정행사죄와 특별법관계에 있다고 판단하면 족할 것으로 보인다.

③ 타인 명의로 휴대전화를 구입하고 휴대전화를 개통한 경우

이범인은 타인 행세를 하고 타인 명의 문서를 위조하여 이동통신 대리점 직원을 기망하여 휴대전화 기기를 교부받았다. 따라서 기기에 대한 사기죄가 성립하게 된다.

그러나 실무에서 간과하는 부분은 통신서비스에 대한 가입부분이다. 이범인은 통신회사로부터 1개월에 해당하는 통신서비스요금 상당의 재산상의 이익을 득하였기 때문에 이 부분에 대해서도 사기죄를 적용하여야 한다. 다만 국내에서 휴대전화 판매는 기기대금을 통신회사에서 제공하는 서비스 요금에 할부판매의 형식으로 이루어지고 있기 때문에 이를 별도의 사기죄로 각 범죄사실을 구성(상상적 경합 내지 실제적 경합관계)하기보다는 단일한 하나의 사기죄로 구성하되 서비스요금에 대한 이득부분을 범죄사실에 표현하는 것으로 족할 것으로 판단되며 이에 대해서는 구체적인 판례가 형성된 부분이 아니라는 점을 밝혀 둔다.

④ 각 행위 간의 죄수관계

판례에 의하면 사문서위조와 동행사는 실체적 경합 관계에 있다는 판례의 입장을 고려하면 이범인은 사문서위조, 동행사, 사기죄가 성립하고 이들 죄는 실체적 경합 관계에 있게 된다(문서죄와 사기죄는 그 보호법익을 달리하기 때문에 실체적 경합이라고 판단된다).

된 법인대리점 보험모집 유자격자 명단을 제출한 행위만으로는 타인의 주민등록번호를 신분확인과 관련하여 사용한 것으로 볼 수 없어 주민등록번호 부정사용행위에 해당한다고 볼 수 없다(대법원 2009. 9. 10. 선고 2009도4574 판결).

4. 수사계획서

가. 수사계획서의 의의

1. 경동시장 상인 A와B 여사가 상권을 두고 말다툼을 하다가 상호 폭행을 하였는데 사건 직후 A여사가 경찰서로 찾아와 폭행을 당하였다며 신고를 하였다.
2. 피해자 A는 늘 급전이 필요하였다. 어느 날 소액대출 문자를 받아 상대방에게 전화를 해 보니 휴대전화를 개통하여 지정하는 주소로 보내면 30만원을 지급한다고 하여 자신명의로 휴대전화 2대를 개통하여 배송하고 30만원을 자신의 은행계좌로 지급받았다.
3. A는 OO아파트 재건축 조합의 전 조합장이며 B는 새로운 조합장이다. 어느 날 A는 아파트 주변에서 문서를 하나 발견하였는데 그 문서의 명의가 자신으로 되어 있음을 발견하였다. 실제 자신은 그 문서를 만든 사실이 없으며 그 문서를 B가 위조하였다고 생각하여 고소장을 제출하였다. B의 연령은 67세이며 조합사무실에는 경리 여사원 한 명만 있을 뿐이라고 한다.

위에서 제시한 세 가지 사건을 어떻게 수사하겠는가? 피해자 또는 고소인을 소환하여 보충진술을 청취하고 피의자를 소환하여 조사를 받거나 피의자 불상인 경우 피해자로부터 확보한 일반적인 전화번호 정보의 가입자정보를 확인한 후 그 명의자를 조사하고 그 와중에 원하는 진술이 확보되지 않으면 대질을 하고 증거불충분이나 수사불능으로 종결하겠는가?

판례에 따른 법리는 같을 수 있으나 이 세상 어떠한 사건도 같을 수 없다. 따라서 수사는 매번 다르게 진행되어야 한다. 간혹 피해자로부터 조사 없이 진술만을 청취한 후 즉시 용의자에 대한 체포행위로 나아갈 수도 있으며 피의자 조사 전 관련 참고인이나 객관적인 징후부터 포착한 후에 피의자를 조사할 필요가 있는 사건도 있으며 피의자와 피해자가 접촉하지 않은 사건의 경우 피의자의 인적사항을 알기 위한 정보를 취득하거나 피의자가 허위 정보를 사용하였을 경우를 예상하면 가입자정보 이외에 압수수색을 통한 수사가 선행될 수도 있다.

각양각색의 사실에 대한 수사를 어떻게 진행할 것인가는 미리 계획이 되어 있어야 하고 이 계획에서 사실관계, 법률관계, 증거관계, 신병관계가 모두 고려되어야 한다. 이런 활동이 수사계획서 작성이라고 하며 수사계획서 작성은 수사가 진행되는 과정 중 계속 변동될 수 있다.

노련한 수사관은 이러한 계획서 작성이 머릿속에서 진행되겠지만 수사입문자에게는 수사계획서를 의도적으로 작성하는 것이 수사에 많은 도움이 된다. 이때, 단순히 검거 측면에서만 바라볼 것이 아니라 범죄사실의 구성, 해당 법의 적용, 관련자 진술의 순서와 관련자로부터 확보해 내야 할 정보의 양과 종류, 각 구성요건요소를 입증하는 데 필요한 객관적인 정보들과 이를 취득하는 방법과 순서, 피의자를 소환하는 방식과 피의자에게 증거를 취득할 것인지 아니면 취득한 증거를 제시하여 자백을 이끌 것인지, 그로부터 증거를 찾을 수 있는 단서만을 얻어 낼 것인지 등도 모두 고려되어야 하며 신병을 확보하는 방법과 추적하는 방법 등도 고려되어야 한다.

나. 무엇을 고려할 것인가?

1) 왜 수사하는가?

가) 혐의를 가지고 시작하라

온 세상에 A와 B만 있을 경우 A가 아니면 B라는 결론이 도출되지만 현실에서는 A가 아니면 A를 제외한 모든 현상들이 고려해야 할 대상으로 남게 된다. '혐의를 가지고 출발하여 혐의를 찾지 못했을 때 혐의가 없는 것'이라는 논리를 선택할지 '혐의가 없는 자료들을 찾아 혐의 없음을 증명하는 것'을 택할지 생각해 보아야 한다. 의외로 많은 수사입문자들이 후자의 방식을 택함으로써 풀숲을 헤매는 경우가 있다. 없는 것을 증명하는 것은 불가능하다. 반드시 전자로부터 출발하여 사건을 바라보는 훈련이 필요하며 이를 위해서는 어떠한 경우에 범죄, 즉 수사기관이 취급할 수 있는 사건이 되는지를 알아야 하며 결국 형사법에 대한 학습이 전제가 되어야만 방황하지 않는 수사를 하게 될 것이다. 혐의를 가지고 수사하라는 것을 피의자가 범인일 것이라는 예단을 가지라는 것이 아님을 주의해야 한다. 수사는 범죄되는 사항을 수사하기 때문에 '이 사람이 범인이다.'라는 예단을 가지라는 것이 아니라 '범죄가 발생했다는 사실'을 가정하고 수사를 시작하라는 것이다.

나) 기소의 증거를 찾아라

혐의를 가지고 출발했으면 관계인들의 말에 휩쓸릴 것이 아니라 증거될 것이 무엇인지 계획서에 정리를 하고 이를 확보하기 위해서는 관계인들로부터 어떤 말을 도출할지 어떠한 자료를 찾을지 고민해야 한다. 이런 기준이 없다면 그저 관계인들이 했던 말과 자료에만 급급하게 접근하게 되는 오류를 범하게 된다. 기소의 증거를 찾는 것이 수사관의 가장 현실적인 이유가 됨을 잊지 말기 바란다. 같은 말인 것 같지만 "애초에 혐의가 없는 것"이라고 출발하는 것이 아니라 "기소의 증거가 없거나 찾을 수 없기 때문에 혐의가 없는 것"이라고 인식하는 것이 수사를 하는 데 도움이 되며 특히 복잡한 사건일 경우에는 더욱 그러하다.

수사대상자의 무고함을 밝혀주는 것도 역시 수사관의 임무 중 하나이다. 그러나 이 임무와 '기소의 증거를 찾아라.'는 말을 혼동해서는 안 된다. '기소의 증거를 찾아라.'라는 말은 수사의 방향성에 관한 것이다. 존재하는 것, 존재했던 것은 찾기 어려워도 반드시 찾아지지만 존재하지 않는 것은 아무리 찾아도 찾을 수 없다. 따라서 하지 않았음을 입증하는 것보다 했음을 입증하되 그 입증이 어려운 경우 하지 않았다는 평가를 해 주는 방향성이 적절하다는 것이다.

2) 무엇을 확인하고자 하는가?

가) 궁금한 사항을 정리하라

고소장, 진정서, 피해자의 진술 등 최초 여러분이 접하게 되는 최소한의 정보만으로 이해가 되지 않는 모든 정보를 계획서에 적어야 한다. 그런 후에 그 정보를 확보할 방법을 생각한다. 만약, 그 정보가 관계인의 기억 속에만 있다면 진술로써 확인하고자 할 것이며 그 정보가 외부에 존재한다면 그 외부의 정보를 획득하고자 할 것이다. 그런 후에 그 정보들의 가치에 순위를 매긴다. 그 가치의 기준은 기소하는 데 결정적인 것인지에 따른다. 그런 후에 정보를 획득할 수 있는 방법을 나열한다. 임의수사에 의할 것인지, 강제수사에 의할 것인지를 정리하고 만약 동가치의 증거라면 확보하기 쉬운 증거를 선택하게 될 것이다(주의해야 할 것은 관계인의 기억 속에서 정보를 획득한다는 것은 그 기소되는 정보를 직접 획득하는 것이 아니라 기소되는 정보를 찾아갈 수 있는 어떤 특정한 사실도 포함된다. 예를 들어 폭행을 당했다는 진술도 의미가 있지만 폭행을 한 사람이 어느 술집에서 술을 마신 것 같다는 기억 또한 그 술집을 상대로 한 탐문, 그리고 그 술집에서 계산한 방식 등을 추적할 수 있는 단초를 제공하게 된다).

나) 무엇을 먼저 할 것인가?

아무리 간단한 사건이라도 수사할 사항이 많을 수 있다. 그러한 수사사항 중 무엇을 먼저 할 것인지 순위를 정해야만 한다.

지금하지 않으면 절대로 확보할 수 없는 정보, 지금하지 않으면 확보하는 데 어려움이 있게 되는 정보에 우순순위를 부여하는 것이 바람직하다. 물론 중요도에 따라 다를 수 있겠으나 수사에는 많은 변수가 있기 때문에 지금 확보하지 않으면 안 되는 정보를 유실할 경우 차후에 다시 되돌릴 수 없다.

다음의 질문을 대해 스스로 답을 해 보자.

1. 피해자 조사를 먼저 하는 이유가 무엇인가? 피해자 조사를 완료한 후 피의자부터 조사해야 할까? 관계인이 여러 명일 경우 조사하는 순서는 어떻게 정하는가?
2. 방금 전에 강간을 당했다면서 구두로 신고를 하였다. 이러한 사건일 경우 피해자의 진술조서를 받는 것이 우선일까?
3. 피해자 A는 휴대전화 문자메시지로 협박을 받았다. 문자를 받은 것은 3일 전이라고 한다. 이런 사건의 경우 제일 먼저 해야 할 일은 무엇일까?

3) [수사의 효율성 문제] 어떻게 수사할 것인가? 어디까지 수사할 것인가?

동가치 정보일 경우 가장 취득하기 쉬운 방법을 선택하게 된다. 이에 대해서는 이미 앞에서 언급하였다. 이를 위해서는 다양한 정보접근방법을 알고 있어야 한다. 가장 쉬운 예를 들자면 용의자 얼굴을 확인하기 위해 운전면허 사진, 주민등록 사진, SNS에 올려진 사진, 가족들이 운영하는 블로그의 사진, 가족의 집에 보관된 앨범 등을 확보하는 많은 방법들이 있지만 이 중 경찰에서 보관한 데이터인 운전면허 사진부터 검색하게 될 것이다. 그런데 만약 정보의 가치가 변하여 용의자의 최근 사진을 확보하고자 하거나 현재의 두발, 의상을 확인하기 위해서는 SNS나 예금인출 CCTV로 방향을 돌리게 될 것이다.

수사입문자들이 가장 어려워하는 것은 어디까지 수사할 것인가이다.

원론적으로 말하자면 1) 기소하는 사건: 기소하기에 충분한 증거를 수집한 시점까지 수사를 하여야 하며, 2) 기소할 수 없는 사건은 동일한 정도의 사건에서 기소하기에 충분한 증거를 수집했어야 하는 시점까지 수사를 했으나 기소할 증거를 찾지 못했을 경우까지 수사를 하게 된다. 전자나 후자 모두 너무 막연한 기준인 것은 사실이다.

이해를 위해 예를 들면, 동일한 유형의 사건 A에서 1, 2, 3, 4, 5의 증거를 찾아 기소를 하였다. 그리고 B에서는 1, 2, 3, 4를 찾았다. 이 두 사건 모두 유죄이다. 그리고 C사건에서는 1, 2, 3을 찾았는데 유죄였고 D사건에서 1, 2, 3을 찾았는데 이는 무죄를 받게 되었다(조건이 모두 같은 경우를 상정한다). 그렇다면 이러한 유형의 사건은 1, 2, 3, 4까지의 증거를 찾았을 때 비로소 수사를 마무리할 수 있게 된다. 그런데 같은 기간, 같은 노력을 기울인 상태에서 동일한 유형의 사건 E에서 1, 2, 3이나 1, 2까지의 정보를 획득했어야 하는데 하나도 획득하지 못하였을 때 기소할 수 없다고 결론을 내리게 될 것이다.

이 예시는 폭행과 살인사건을 비교하는 것이 아님을 유의하기 바란다. 변수 없는 동일한 유형의 사건이라는 극단적인 전제에서 설명할 것일 뿐이며 이 정도까지밖에 묘사할 수 없는 것은 "자유심증주의에서 판사의 판단의 정도"를 수치화시킬 수 없는 것과 같은 이치이다.

또 하나 수사입문자가 반드시 피해야 할 것은 의미 없는 수사방향이다. 예를 들어 A라는 범죄를 재구성해야 할 때 A′, A″, A‴에 관한 사항을 수사하여야 하나 민원인이 원하는 수사사항인 B, B″.....에 대한 확인을 해 나가는 데 불과한 수사를 하는 경우이다. 이러한 수사는 아무리 진행을 해서 절대로 결론이 나지 않는다. 구체적으로 말하자면 2012년 1월에 발생한 차용사기 사건을 조사하여 이를 사기의 죄로 인정하기 위해서는 2012년 1월 이전, 즉 사기의 범행이 기수에 이르지 전의 상황에 대해 수사를 하여야 하는데 피해자가 2012년 6월 돈을 갚기로 한 날 돈을 갚지 않은 상황, 돈을 갚지 않고 도주한 상황, 돈이 있으면서도 갚지 않는 상황에 대한 주장을 하고 수사관 역시 피해자가 제시한 상황을 확인하려고 하는 경우이다. 이 경우 우선 2012년 1월 이전의 A에 해당하는 사항에 대한 수사방향을 설정하지 않고서는 아무리 2012년 6월 이후의 B 상황을 수사한들 이 수사는 끝나지 않게 된다. 운이 좋게 B부터 시작했으나 수사대상자의 진술에 의해 A의 상황이 자연스럽게 재구성된다면 모르겠으나 이 수사는 방향을 잘못 잡은 것이 된다. 범죄수사는 과거의 사실을 재구성하는 것임을 잊지 말아야 한다. 이때 과거의 사실이란 범죄가 일어나게 된 것을 기점으로 한 과거의 사실이다. 범죄가 일어난 이후의 상황은 그 범죄 이전의 상황을 추론하거나 발견하기 위해 필요하기도 하고 범죄 입증에 필요한 자료의 가치를 높여주는 등의 목적으로 사용된다.

4) 경우의 수를 모두 상상하라

$f(x+y.....)=z$의 값을 계산할 때 세 가지 변수를 모르면 그 답을 구할 수 없지만 우리는 사망한 피해자를 발견했을 때(피해자의 사망원인이 타살인 경우) z라는 결론을 얻게 된다. 그러면 우리가 생각할 변수는 x와 y가 남게 되며 그중 살해 도구를 찾게 되면 x를 얻게 되고 그 다음 CCTV나 족적 등의 자료를 통해 경우의 수를 줄여가게 된다. 이러한 경우의 수는 매 수사계획을 작성하면서 변하게 되는데 모든 경우의 수를 상상하도록 노력해야 한다. 수사가 진행되면서 이 경우의 수가 눈에 띄게 줄어들게 되는 것을 발견하게 될 것이다.

다. 수사계획서 작성 예제

아래 수사계획서는 수사입문자들이 실제 사건을 기준으로 작성해 본 것이다. 이를 두고 어느 하나가 올바르게 작성 되었다든지 잘못 작성되었다는 판단을 하지 않기를 바란다. 이를 소개하는 이유는 계획서를 한 번도 작성해 보지 않은 수사관들에게 계획서 작성의 필요성을 느끼도록 하는데 있다. 아래 계획서를 보면서 과연 바람직한 계획을 세운 것인지 평가를 해 보면서 그 요소를 취사선택하기 바란다.

다만, 계획서 작성에서 주의해야 할 것은 ① 범죄사실별로 작성하여야 한다는 점(범죄수사의 최종적인 목적인 각 범죄를 재구성하는데 있기 때문이다), ② 계획서 작성 당시 확인된 사항을 나열해야 한다는 점(확인된 사항이 독립변수인지 종속변수인지 파악해야 한다. 독립변수란 그 사실의 존재가 다른 사실에 영향을 받지 않는 것을 말하며 종속변수란 그 사실이 다른 사실의 존부에 따라 변경될 수 있는 것을 말한다. 예를 들어 살인사건 현장에서 발견된 지문에 대해 그 현장이 타인의 접근이 불가능한 장소라면 용의자의 지문일 가능성이 있지만 공공장소라면 지문이 남은 시간과 그 장소에 출입한 사유라는 변수에 따라 지문의 가치가 다르게 된다), ③ 인적인 요소와 물적인 요소를 구분하고 증거로써 이미 확보되어 있는 것을 구분해야 한다는 점(확보된 증거나 자료에 대해 점수를 부여해 놓는 것도 좋은 방법이다. 증거가치가 큰 것은 5점, 가장 작은 것은 1점으로 부여해 놓는다), ④ 법률적으로 쟁점이 되는 사항은 쟁점을 명시해 두어야 한다는 점, ⑤ 최종적으로는 향후 확인해야 할 점을 도출해 내야 하고 이를 범주별, 즉 사람에 대한 조사를 통해야 할 것과 자료로써 제공받을 것, 그리고 그 방법과 취득의 우선순위 등을 구분해 두어야 한다는 점을 명심하면서 작성해야 한다.

※ 수사계획서에 작성될 모든 사항들에는 반드시 사람, 시간, 공간의 기준이 적용되어야 한다. 이런 사항이 부기되거나 이 기준에 의해 나열되지 않으면 수사계획서의 양이 늘어날수록 점점 복잡하게 되고 나중에는 작성자 스스로도 이해하지 못하는 결과를 초래한다.

수사계획서

1) 적용법조: 형법 제347조 제1항

2) 범죄사실

피의자들은 법적으로 부부사이인 자들이다. 피의자들은 피해자로 부터 금원을 차용하더라도 이를 갚을 의사나 능력이 없었다. 그럼에도 불구하고 상호 공모하여,

2)피의자는 2010. 2. 15. 09:30경 불상지에서 피해자 ○○○에게 전화하여 "1억3천만원을 빌려주면 3천만원은 3개월 후에 바로 주고, 나머지는 6개월만 쓰고 갚겠다. 3천만원에 대한 이자는 3%, 1억에 대한 이자는 첫 두달은 5%, 이후 4달은 3%로 주고 원금도 갚겠다. 공증은 어음으로 주기 때문에 현금이랑 같은 효력을 가지고 있으니 가지고만 있으면 된다. 지금 너무 급하고 힘들다."고 거짓말 하였다. 피의자들은 이에 속은 피해자로 부터 피의자 2)정○○의 ○○은행(00020104086000)계좌로 2010. 2. 27. 4,650만원(기존에 있던 채무 350만원 포함, 실제 차용해 주기로 한 금원은 5천만원임), 같은 해 3. 3. 2천8백만원, 같은 달 4. 2백만원, 같은 달 11. 5천만원을 송금받아 총 1억 3천만

원을 편취하였다.

3) 고소인 조사사항

- 피고소인을 알게 된 경위
- 피고소인이 언제 어디에서 무어라 하며 얼마의 금원을 차용해 줄 것을 요구 하였는지
- 변제는 어떤 방식으로 해 준다고 하였는지
- 이를 입증할 자료 및 참고인이 있는지(금원을 주었다는 증빙자료로 이체내역 이나 영수증, 차용증이 있는지 및 이를 목격하거나 현장에 함께 있던 참고인)
- 피의자의 어떠한 점을 보고, 믿고 금원을 빌려주게 된것인지, 피의자는 무엇 을 하는 사람이었는지
- 피의자에게 빌려준 자금은 어떻게 마련된 자금인지
- 피의자를 소개해 준 사람 또한 피해를 입은 사실이 있는지, 본건 피해내용에 대해 소개해 준 사람이 알고 있는지, 안다면 무어라 반응하였는지, 피해자 본 인 말고 다른 피해자가 있는지, 있다면 그 이름과 연락처를 아는지, 어떻게 알게된 것인지 등
- 피의자에게 금원을 빌려줄 당시 피의자의 재산상태나 수입 등에 대해 알고 있는지
- 그러한 점들을 보고 믿고 빌려주었는데 사기를 당했다고 생각하게 된 경위나 고소하게 된 경위
- 피의자가 금원을 어디에 어떻게 사용했는지 아는지
- 총 00원 빌려준 대금 중 받은 금원은 얼마인지, 피의자가 약정한 금원 변제 계획대로 갚아 온 것인지(이자는 몇 회 얼마를 받아왔는지 등 구체적으로)
- 변제받은 금원에 대한 입증자료는 있는지
- 변제요구는 얼마나 어떤 방식으로 해 왔는지
- 2)피의자의 남편 1)피의자는 금원을 차용해 달라고 요구한 사실이 있는지. 없 다면 고소한 이유는 무엇인지. 단지 남편이라는 이유로 고소한 것인지
- 피의자에 대하여 지금까지 진술한 것 외 수사에 참고될 만한 다른 사항이나 정보가 있는지

4) 관계인 조사(피의자를 피해자에게 소개해 준 사람 피의자의 직원이었던 조○○)

- 무엇을 하는 사람이며, 피해자 및 피의자를 알게 된 경위, 피의자는 구체적으

로 무엇을 하는 자인지
- 피해자를 피의자에게 소개한 사유와 경위
- 본건 피해자의 고소내용에 대해 알고 있는지, 어떻게 생각하는지
- 피의자가 피해자로부터 금원을 차용할 당시 피의자의 재산상태나 수입 등은 어떠했는지
- 피의자를 피해자에게 소개할 당시 및 진술인이 피의자가 운영하는 보험대리점에 근무할 당시부터 피의자가 피해자의 금원을 차용할 당시 및 그외 지금까지의 보험대리점 운영상태는 어떠했는지 구체적으로.
- 피의자의 보험대리점 운영상태가 어려웠다고 하는데 이를 입증할 자료를 가지고 있는 것이나 그 외 참고인이 있는지
- 보험대리점 운영이 어려웠던 이유와 채권자들이 늘어나고 사무실에 찾아오는 채권자들이 늘어났던 이유는 무엇인지
- 피의자의 채무가 어느 정도인지 아는지, 생활태도와 소비경향 등은 어떠한지
- 평소 영업할 때 같이 다녔다면 피의자가 금원을 차용할 때 어떤 방식, 또는 피해자들에게 무어라 하면서 어떤 사유들로 금원을 빌리거나 보험을 가입시켜 왔었는지
- 찾아오는 채권자들의 금원을 변제해 주려고 노력하는지
- 피의자의 남편은 보험대리점 운영을 함께하는지
- 피의자가 피해자에게 금원을 차용해 달라고 할 때 함께 있거나 이를 목격하거나 사후 피해자나 피의자로부터 본건에 대해 이야기를 들은 사실이 있다면 구체적으로 진술할 것
- 피의자가 피해자에게 말했던 해외투자건 및 크라제버거 건에 대해 아는 것이 있는지. 실제 피의자가 진행하고 있는 사업들인지. 그 사업자금은 어떻게 조달하였으며 사업은 어떻게 진행중인지 아는지
- 피의자의 보험대리점에 근무하였고, 이와 같은 내용을 잘 아는 다른 참고인(직원)이 있는지
- 보험고객 중 다른 피해자가 있는지
- 사실 그대로 진술하지 않고, 피의자나 피해자 어느 한쪽에게 유리한 진술을 한 것은 아닌지

4) 입증자료 수집 및 추적할 사항

- 피의자의 재산상태 및 변제능력 확인을 위해 피해자와 참고인의 진술대로 채무자들이 많고, 보험대리점 운영상태가 적자상태인지 확인
- 관할 세무서를 통해 체납된 세금 확인, 피의자의 회사 세무사를 통해 경영상태 확인
- 피해자가 금원을 사용한 피의자의 통장 거래내역을 통하여 피해자로부터 받은 금원의 소비내역 확인
- 피해자와 피의자를 연결해 주었던 참고인을 통해 보험고객 중 다른 피해자가 있는지 확인하고 그 피해자를 참고인으로 조사하여 동일수법의 피해자가 있는지 확인하고 그 피해자를 통해 지인 중 다른 피해자가 더 있는지 확인
- 피의자와 크라제버거 관련 동업자 상대 참고인 조사(피의자의 경제적 능력, 동업 경위, 현재상태 등 자세히 조사)
- 피의자의 주 거래 보험사를 통해 보험 실적 및 환수되어야 할 금원, 설계사와 보험대리점 간의 수익분배 및 영업구조 문의, 피의자의 보험대리점 운영상태 등에 대해 조사
- 피의자가 금원변제 대신 고소인에게 주겠다고 하였던 아파트의 등기부등본 사항 확인 등

5) 피의자 조사사항

- 피의자의 보험대리점 운영기간, 영업상태, 운영구조, 주판매 및 계약 보험사와의 현재 상황 등
- 피의자의 재산상태(채권, 채무, 수입 및 소유 동산 부동산 등)
- 총 채무상태(소유 재산상태와 비교하여 확인)
- 피의자가 피해자에게 금원을 차용한 사유
- 변제하였는지, 변제하지 못하였다면 그 이유
- 차용이 아닌, 해외투자금 유치를 위한 투자를 받은 것이라고 주장하는데 이에 대한 근거가 있는지. 실제 해외투자가 이루어지고 있는지 관련 자료가 있는지
- 그렇다면 피해자로부터 받은 금원을 해외투자유치를 위해 사용한 증빙자료가 있는지. 이를 입증하기 위해 피해자로부터 금원을 송금받은 계좌의 거래내역서를 제출할 것
- 피해자가 제출한 피의자와의 대화 녹음 CD에서 차용한 금원을 왜 변제하지

않는지 주장하는 것에 대해 차용이 아니라고 왜 부인하지 아니하였으며, 차용이 아닌 투자라고 주장하면서 차용금에 대해 차용증을 작성해 준 사유는
- 피해자로부터 금원을 차용할 당시 재산상태, 월수입 및 보유 자산 등은 어떻게 되는지
- 피해자와 참고인들의 진술과 같이 채권자들이 사무실에 찾아오는 이유는
- 보험사에 환급해야 할 OOO 금원들이 있는 사유는
- 세금을 납부하지 못하고 있는 이유는
- 피의자의 OO기간 동안의 수입, 남편의 수입내역을 입증할 자료와 한 달 생활비는 구체적으로 얼마나 드는지, 현재 어느 집에서 거주하며 월세는 얼마나 되는지
- 피의자 소유 아파트 등기부등본상의 OO캐피탈 대출은 왜 있는 것이며 이자는 얼마나 납부하고 있으며 밀리지 않고 있는지
- 해외투자건은 어떻게 진행되고 있는지
- 크라제버거 건은 동업자의 진술에 의하면 피의자가 동업자금도 빚을 내고 현재 사업은 계속 적자라고 하는데 맞는지
- 피의자의 이와 같은 상황을 종합하면, 피의자는 수입보다 지출이 많고 채무도 많으며, 피해자의 금원을 차용할 당시를 기준으로 보더라도 매월 제시한 이자를 주기도 어려울 뿐 아니라 제시한 기간 내 금원을 변제하기 어려웠던 것으로 판단되는데 어떻게 생각하는지

수사계획서

1. 사건개요

피해자 이업무가 피의자 소유 창원시 진해구 용원동 소재 멋져빌딩 상가 1000호의 임대를 받아 현재 자신이 주점으로 운영을 하고 있던 중, 영업점에 대한 관리비 및 임대료를 약 4달간 지급을 하지 않던중 피의자가 무단으로 가게 내로 침입하여 영업점 내 전기 시설에 대한 전기단자를 차단하여 약 4일간 가게 운영을 하지 못하게 하는 등 위력으로 영업을 방해하여 약 500만원 상당의 영업 피해를 입었다고 주장을 한다.

2. 적용법조

　형법 제314조(업무방해)

3. 범죄사실

피의자는 경남 창원시 진해구 용원동 소재 멋져빌딩 상가 1000호의 임대인이다.

　2012.01.08일부터 같은달 10일 까지 창원시 진해구 용원동 멋져빌딩 상가 1000호 잘놀아 주점에서 고소인 이업무가 연체된 관리비 금 400만원을 납부하지 않는 다는 이유로 가게로 무단으로 침입을 하여 정상적인 영업을 하지 못하게 할 마음으로 영업점 내 공급되는 전기단자함의 전기선을 차단하는 등 단전조치를 하는 등의 위력으로 약 3일 동안 고소인의 단란주점 업무를 방해하였다.

4. 수사계획서

　가. 피해자에 대한 조사

　－ 피해자가 현재까지 실제영업을 해 왔는지 여부

　－ 관리비 및 임대료 연체된 사실 확인

　－ 관리비등을 연체하게 된 이유

　－ 피의자가 관리비 등의 연체의 이유로 단전조치 통보 여부

　－ 단전조치 이후 정상적인 영업을 하지 못하였는지

　－ 피의자가 어떻게 단전조치를 하였는지

　－ 가게 내로 무단으로 들어 왔는지 여부

　－ 전기차단함의 위치

　－ 목격자 여부

　－ 전기차단 이후 영업을 하지 못해 피해를 입었다는 입증자료

　－ 건물 내 CCTV 녹화 자료 확인

　나. 피의자에 대한 수사

　－ 전기단전 조치를 하게 된 이유

　－ 관리비 연체된 사실 및 관련 자료

　－ 피해자에게 관리비 미납 시 단전조치하겠다고 통보한 사실이 있는지

　－ 단전조치를 한 방법

　－ 가게내로 무단으로 출입한 사실 여부

　－ 단전조치 이후 정상적인 영업을 하였다고 주장하는 이유

- 건물 임대 규약상 규칙 여부
- 피해자 임대차 계약시 고지 여부
- 단전조치에 대한 사전 구두 통보한 사실과 관련 자료
- 다른 위력으로 영업방해한 사실 여부
- 정당행위 여부

다. 기타관련 증빙자료 수집
- 피해자와 피의자가 주장하는 전기단자함 위치(가게 내에 있는 전기단자함? 가게 외부 복도에 있는 전기단자함인지? - 주거침입 여부도 함께 수사)
- 건물 복도상에 설치된 CCTV 입증 자료
- 당시 일을 하였던 종업원의 진술(실제영업 여부)
- 임대차 계약서 및 관리규약 인지 여부 확인
- 현장조사를 통한 전기단자함 위치 사진 촬영
- 현장 관련 목격자 여부 조사
- 관리비 연체에 대한 통장거래내역서 확인

5. 종합의견

　이 사건의 쟁점은 피해자가 관리비 등을 연체한 사실에 대해서는 인정을 하고 있으나, 피의자가 단전조치를 한다는 사전예고 없이 무단으로 가게 내로 침입하여 가게 내 전기시설 등에 대한 단전조치를 하였다고 주장을 하고 있으며, 두 당사자간의 영업점 내부 침입 여부 및 단전조치한 전기시설의 위치 여부 등을 정확히 소명을 하여야 하며,

　고소 당시 피해자는 피의자가 가게 내로 침입을 하여 단전조치를 하였다고 피의자가 전화상으로 시인을 하였다고 하였고, 가게 주변 당구장을 운영하는 사람이 피의자가 가게 내로 출입을 한 것을 보고 종업원에게 말해 주었다고 진술을 하였으나 위 진술에 대한 관련 증거자료를 제출하지 못하였고, 당시 가게에서 종업원으로 일을 하였던 참고인의 진술과 대질조사 이후 단전조치를 한 전기시설이 있는 위치가 가게 내부가 아닌 외부에 있는 전기 단자함이라고 서로가 인정을 함으로 영업방해 및 주거 침입에 대한 확인이 쟁점으로 부각된 사건임.

수사계획서

1. 사건개요

2011. 11. 7.부터 2011. 12. 20.까지 인터넷 중고물품 사기
(총 13회, 합계 1,708,500원 편취함)

2. 적용법조: 사기

3. 범죄사실

피의자는 2011. 11. 7. 인터넷 사이트 뽐뿌(ppomppu.co.kr)의 휴대폰장터 게시판에 피해자 서○○(41세, 남)이 게시한 "LG갤럭시탭을 구매한다."는 내용의 글을 보고 피해자에게 연락하여 휴대전화를 180,000원에 판매한다고 거짓말을 하였다.

그러나 사실은 피해자에게 휴대전화를 팔 의사나 능력이 없었다.

피의자는 이와 같이 피해자를 기망하여 이에 속은 피해자로부터 임○○ 명의의 신한은행 계좌 000−277−745283으로 180,000원을 입금받는 등, 2011. 11. 7. 부터 2011. 12. 20. 까지 총 13회에 걸쳐 합계 1,708,500원을 입금받아 이를 편취하였다.

4. 수사계획

가. 사전조사내용

- 피의자가 피해자들과 거래 시 사용한 휴대전화 010−1234−6000 상대 통신자료제공요청(가입자 특정)
- 피의자의 메일 주소 koj9012@polmail.kr 상대 통신자료제공요청(가입자 특정)
- 피의자가 인터넷 중고나라, 쇼핑나라 및 중고물품 사이트에 게시한 글 및 피해자들과 거래 시 주고받은 메일을 캡쳐한 후 출력(추후 증거로 사용)
- 피의자가 피해자들에게 돈을 입금 받은 임○○ 명의의 ○○은행 계좌 "000−277−745283" 상대 압수수색영장(거래내역 및 개설자 인적사항 파악)
- 피해자들에게 돈을 입금 받은 후 출금한 은행 상대로 CCTV자료제공요청 수사

나. 진정인 상대 수사(총 13명)

- 사기를 당하게 된 경위
    (인터넷 사이트 주소, 구입하고자 한 물건, 시중 중고가격 등 자세한 피해경

위 청취)
- 피의자를 특정할 수 있는 자료 제출토록 함
  (인터넷 사이트에 게시한 글, 피의자와 주고받은 문자메시지, 메일 등 증거
  자료 제출토록 함)
- 입금 계좌 및 입금 일시 확인
  (거래명세표, 입금확인증 제출받음)
- 사기 당한 것을 알게 된 경위
  (돈을 입금한 이후 피의자와 연락이 되지 않은 것이 언제인지, 더치트, 네탄
  사이트에 동일 피해자가 있는지를 확인하였는지에 대한 수사)
다. 증거 확보
- 피의자가 돈을 입금받은 신한은행 계좌 "000-277-745283" 상대로 거래내
  역 및 계좌주 인적사항 특정 후 해당 은행에 CCTV자료 요청(계좌주의 주민
  등록증 사진과 CCTV에 찍힌 용의자의 인상착의 일치 여부 확인)
- 피의자가 사용한 메일 주소 koj9012@polmail.kr 가입자 인적사항 파악 후
  계좌주 및 휴대전화 가입자 인적사항 일치 여부 확인
라. 강제 수사(통신수사 등)
- 돈을 입금받은 계좌주 인적사항 및 피의자가 사용한 메일 주소의 가입자 인
  적사항이 일치하고, 출금 당시 CCTV 사진에 찍힌 용의자의 인상착의 일치
  여부 확인
- 피의자 명의로 가입되어 있는 주요 인터넷 사이트, 게임사이트 등(다음 외
  10곳)에 통신자료제공요청(아이디 파악하기 위함)
- 피의자가 계속하여 범행을 시도하고 계좌 압수수색영장 회신받아 확인한 결
  과, 거래내역서상 피해자로 추정되는 자가 다수로 확인되어 체포영장 및 통
  신사실확인자료제공요청 신청
  (접속 로그 IP 추적, 실시간 위치추적)
- 회신받은 실시간 로그 IP자료를 토대로 네탄에서 IP조회 및 미확인 시 해당
  인터넷회사에 통신자료제공요청
  (회신받은 자료는 엑셀로 정리하여 PC방 등 장소가 특정되면 바로 현장 출
  동하여 체포영장 집행하도록 함)

마. 피의자 상대 수사
  − 피의자 범죄경력 조회(사기 등 10범)
  − 이전에 유사한 범행을 한 사실이 있는지 여부
  − 범죄사실 인정 여부 및 범행을 한 이유 수사
  − 주민등록상 주소지에 거주하지 않는 이유
  − 판매하고자 한 물건을 실제 가지고 있었는지 여부 조사(소설책, 휴대전화,
    PMP, MP3, 컨테이너 등)
  − 돈을 입금받은 후 피해자들과 연락을 두절한 이유
  − 공범 여부 조사
  − 돈을 어디에 사용했는지

수사계획서

1. 사건개요

　고소인이 OO시 OO동 소재 한결병원(소유자 권OO)을 2009. 11월경 건 외 권OO 한결병원장으로부터 인수를 하면서 한결병원이 타인에게 지고 있던 채무도 같이 인수하기로 권OO과 약정을 하고 고소인이 한결병원의 채권자들에게 채권내역을 확인하고 채무정산을 하는 과정에서 고소인이 1)피의자 강동우에게도 채권내역을 제시해 달라고 하였음에도 1)피의자가 증빙자료를 제출하지 못하고 한결병원 토지와 건물에 1)피의자 명의로 근저당설정등기가 경료되어 있음을 기화로 4억원의 피담보채권이 있다고 고소인을 기망하였다는 내용으로, 고소인은 등기부등본에 나타난 내용만 확인하고 실제로 채권이 있다고 생각하고 1)피의자에게 4억원 중 2억원을 주고 나머지 2억원은 한길병원(한결병원 인수 후의 상호)과 1)피의자가 지속적으로 약품거래를 하는 조건으로 1)피의자 명의의 근저당설정등기를 해제하기로 약정을 하였다.

　고소인은 1. 1)2)피의자는 서로 동업하는 관계로 사업자명만 다를 뿐 별개의 사업체가 아니라 같은 주소지에서 운영되는 하나의 회사로서 이미 2)피의자가 건외 권OO과 금전소비대차공정증서(2009. 3월경 2)피의자를 채권자, 권OO을 채무자로 하는 10억원의 차용증서 작성)에 의해 건강보험공단에 강제집행을 하여 요양급여 등의 명목으로 6억 7천만원을 이미 교부받았음에도 불구하고 1)2)피의

자들은 본인의 채권 충당에 사용하지 않고 이 중 일부(약 4억원 가량)를 병원측에 돌려주었다는 것은 1)2)피의자가 권OO에게 실제로 채권이 없음에도 불구하고 허위로 10억원의 금전소비대차차용증서를 작성하여 공증을 받고 허위의 근저당 설정등기를 경료받은 것이라고 주장하고 있으며, 2. 1)피의자가 권OO에게 실제로 돈을 차용해 주거나 약품대금 등의 채권이 있는지를 입증하는 자료를 전혀 제시하지 못하고 있다고 주장하였다.

2. 범죄사실

피의자 강동우과 2)피의자는 매부 처남 관계로 OO시 OO구 북면 872−1번지 소재에서 각각 OX약품과 XX약품이라는 상호로 사실상 동업으로 운영을 하면서 피해자가 2010. 11월경 매입한 OO시 OO구 도계동 소재 한결병원에 2006. 12월 말경부터 2009. 6월까지 약품을 공급한 사람들로서 서로 공모하여,

2011. 11월경 피해자가 위 병원을 인수하면서 한결병원이 피의자 강동우에게 지고 있던 근저당권의 피담보채무까지 인수하는 과정에서, 피의자들은 건외 한결병원 병원장 권OO에게 4억원의 채권이 없었음에도 불구하고 허위로 한결병원 토지 및 건물에 관하여 근저당설정등기를 경료한 것을 기화로 피해자에게 마치 한결병원에 4억원의 채권이 있는 것처럼 거짓말하였다.

그로 인해 피의자는 2010. 1. 13. 피의자의 거짓말에 속은 피해자로부터 근저당설정을 해지해주는 조건으로 피의자 강동우의 수협 통장(901−02−000661)으로 2억원을 교부받았다.

3. 적용법조

형법 제347조 제1항, 제30조

4. 수사계획

가. 사전조사내용

- 고소인은 원래 본 건을 고소할 의사가 없었지만 1)피의자가 고소인을 상대로 나머지 채권 금액 1억 3천만원(7천만원은 1)피의자가 고소인으로부터 2억원을 받기 전에 국민건강보험공단으로부터 받아서 채권 금액에서 제외함)을 고소인에게 돌려 달라고 민사소송을 제기함으로써 고소인이 재판과정에서 2)피의자가 권OO과 10억원의 금전소비대차공정증서를 작성하였다는 사실을 알게 되었다고 진술하기에 민사소송 1심 재판자료 일체를 제출받고,

재판에 제출한 증거자료를 제출해달라고 피의자들과 고소인 측에 요청함.
나. 피해자 상대조사
　－ 피의자들과의 관계
　－ 피의자들의 관계
　－ 피의자들이 권OO에 갖는 채권이 동일한 것인지 여부
　－ 1)피의자와 약정(1)한결병원에 대한 피의자 명의의 근저당설정등기을 해제
　　하기로 하는 약정을 하게 된 경위
　－ 왜 약정 당시에는 실제로 1)피의자가 권OO에게 4억원의 채권이 있었다고
　　믿었는지
　－ 피의자들로부터 속은 점이 무엇인지
　－ 참고인 권OO의 소재를 아는지
다. 1) 피의자 상대조사
　－ 피의자들의 관계(동업관계인지, 실제 하나의 회사인지, 피의자들의 채권은
　　동일한 것인지 여부)
　－ 권OO에게 갖는 채권의 실체
　－ 실제로 권OO에게 돈을 차용해주거나 약품대금 미회수금이 있는지 여부
　－ 권OO에게 돈을 차용해주었다면 그 방법 및 차용사유, 변제기일, 변제방법,
　　차용 후 담보제공받았는지 여부
　－ 권OO과 근저당설정계약을 한 경위
　－ 권OO과의 연락 여부
라. 2) 피의자 상대조사
　－ 1)피의자와의 관계
　－ 권OO에 대한 채권의 내용
　－ 1)피의자를 대신하여 고소인과 1)피의자의 채무 정산에 관하여 협상한 경위
　　에 대하여
마. 참고인 권OO 상대조사
　－ 피의자들과 고소인이 참고인 권OO의 소재를 모른다고 진술하기에 권OO
　　상대 소재파악
　－ 소재파악될 경우
　　피의자들과의 관계

1)2)피의자들에 대한 채무의 실체

1)피의자에게 근저당설정등기를 경료해 준 경위에 대하여

1)피의자로부터 차용한 내용 등

바. 계좌추적

1)피의자의 거래내역을 임의제출받고 불가시 영장발부받아 집행

사. 통신수사

본 건의 중요 참고인인 권OO의 진술이 확보하기 위해 권OO 및 그 가족 대상 통신자료제공요청(우선 권OO의 가족관계증명서 확보)

아. 증거자료

1)2)피의자가 각각 운영하는 회사의 사업자등록증, 매출처별세금계산서합계표

라. 수사계획서 작성 실습

아래에 4가지 사건을 제시하였다. 고소장, 진정서, 진술조서의 내용만 주어진 상태에서 각 사건에 대한 적용 법조를 찾고 그에 따라 범죄사실을 구성한 후 앞의 수사계획서 작성 예제를 참고하여 향후 수사계획을 작성해 보기 바란다.

▎(실습1) 택시 감금 사건

고 소 장

1. 고소인 인적사항

성 명: 나 피 해

주민번호: 850101 - 2345678

주 소: 서울 동대문구 장안 벚꽃로 279

전화번호: 010 - 123 - 4567

2. 피고소인 인적사항

나쁜운수 12콩3456호 택시 운전자

3. 고소내용

　저는 한국대학교에 재학 중인 학생입니다.

　어제 저녁 학교 앞 주점에서 후배들을 불러 술을 마시고 오늘 새벽 3시쯤에 집으로 돌아가기 위해서 택시에 탔습니다. 우선 택시에 타서 뒷문을 닫지 않은 상태에서 휘경동 수사마트 앞에서 내려 달라고 했더니 혼자서 뭐라고 궁시렁 대면서 한참을 기다렸는데 너무 가까운 데 간다면서 짜증을 냈습니다. 저도 기분이 나쁘지만 너무 새벽이라 좀 부탁한다고 했더니 안간다고 다른 택시를 잡으라고 했습니다. 그래서 제가 여자인데 이 새벽에 걸어갈 수도 없고 하니 부탁한다고 하자 저에게 기지배가 이 새벽까지 술먹는 게 성상이냐는 식으로 말을 하여 제가 짜증을 내면서 '방금 뭐라고 했어요'라고 말하자마자 갑자기 '알았다. 알았어' 하면서 택시를 출발시키는 것이었습니다. 그러면서 외대 지하차도 쪽으로 가는게 아니라 경희대 방면으로 갔습니다. 그래서 제가 어디로 가는 거냐면서 소리를 쳤습니다. 그래서 제가 112로 전화를 해서 택시가 승차거부를 해서 탔는데 엉뚱한 방향으로 가니 와 달라고 요청을 했고 그런데도 불구하고 그 기사는 경희대 쪽으로 우회전하더니 고대 쪽으로 계속 가는 거였습니다. 그래서 어딘지는 모르지만 또다시 112로 전화를 해서 도움을 요청을 하였고 계속 소리를 질렀습니다. 그러다가 결국 고려대 정문 앞 신호등에서 차가 한 번 서길래 거기서 제가 문을 열고 내렸습니다. 그러자 그 택시는 바로 출발을 했고 그때 번호를 기억해 두고 다시 112신고를 하였습니다. 나중에 112 경찰관 아저씨들이 출동을 해서 제가 위치를 알려드렸는데 결국 못 잡았다고 했습니다. 그래서 고소장을 제출하게 되었으며 운전을 너무 과격하게 하여 제가 손잡이를 잡고 버티면서 어깨에 무리가 간 것 같아 병원에서 치료를 받는데 외상성 승모근막염이라고 합니다. 그냥 참고 있으려고 하다가 너무 억울해서 고소를 한 것입니다. 엄히 처벌해 주시기 바랍니다.

2012. 2. 2.

위 고소인 나 피 해

동대문경찰서장 귀하

진 정 서

1. 진정인 인적사항

성 명: 나 분 실

주민번호: 880101－2345678

주 소: 서울 동대문구 장안 벚꽃로 279

전화번호: 010－223－4567

2. 피진정인 인적사항

일체불상

3. 진정내용

저는 평범한 가정주부입니다.

저는 지난 1월 8일 16:30경 대구에 놀러갔다가 대구 동구 효목1동 소재 동구 문화체육회관 앞 대구은행 현금자동지급기에 돈을 뽑으러 갔을 때 그만 제 휴대전화를 현금인출기에 놓아두고 왔습니다. 집에 돌아오는 길에 친구에게 전화를 하려고 핸드폰을 찾았는데 없어서 다시 지급기로 돌아갔지만 핸드폰이 보이질 않았습니다. 그래서 대구은행에 있는 공중전화기로 제 핸드폰에 전화를 했는데 처음에는 전화가 울렸는데 받지 않더니 다시 전화를 하니까 휴대전화를 꺼 버렸습니다. 그런데도 지금까지 혹시 돌려줄까 싶어서 기다리고 있는데도 연락이 없어서 진정을 하게 되었습니다. 휴대전화를 가지고 간 사람을 찾아 처벌해 주시기 바랍니다.

2012. 1. 20.

위 진정인 나 분 실

경찰서

진 정 서

1. 진정인 인적사항

성 명: 김선달

주민번호: 700102 — 1345678

주 소: 대구광역시 가나동 12번지

전화번호: 010 — 3456 — 7890

2. 피진정인 인적사항

성 명: 김제비(35세 가량의 남자)

3. 진정내용

　피진정인은 2012년 초순경 저의 처인 이아무개(74년생)와 대구에 있는 ○○나이트에서 만나 처와 몇 번에 걸쳐 사적인 만남을 가진 사이입니다.

　피진정인은 2012년 3월 초순경 제가 없을 때 저희 집 앞에서 처에게 전화를 걸어 1,000만원을 빌려달라고 하였으나 처가 돈이 없다고 하자 "젊은 놈하고 놀았으면 대가를 치러야지 아줌마야 자꾸 이러면 남편한테 말한다."고 협박하면서 돈을 갈취하려고 했다고 합니다. 그 일이 있고부터 밤에 자꾸 전화가 오면 처는 안절부절하지 못하면서 잘못 걸려 온 전화라고만 하였습니다. 그래서 제가 낌새가 이상하여 처에게 사실을 말하라고 하자 나이트에서 만난 남자가 돈을 뜯으려고 협박을 한 사실이 있다고 하였고 저는 처의 잘못도 문제가 되지만 가정이 깨질까 걱정이 되고 혹시 처에게 해를 끼치지나 않을까 걱정을 하고 있었습니다. 그 이후 한동안 뜸하더니 3. 15. 18:31경 제 핸드폰으로 "남편은 좆 빠지게 일하고 있는데 여자는 바람이나 피우고 있는 것이 안타깝다. 오르가즘을 느끼고 흥분하면서 혼전관계가 있었다고 고백하는 영자, 춤바람이 나서 젊은 남자와 지내고 있는 것을 모르고 있는 것이 불쌍하군요"라는 문자가 오더니 그날 21:46까지 3회에 걸쳐 비슷한 내용의 문자가 왔습니다. 당시 핸드폰 번호는 0000으로 찍혀서 왔기 때문에 처를 협박한 놈과 같은 인물인지는 모르지만 그 놈이 보낸 것으로 추정하고 있습니다. 가정을 파괴하려는 김제비를 잡아서 처벌해 주시기 바랍니다. (이름은 본명인지 알 수 없습니다.)

2012. 3. 17.

위 진정인 김 선 달

경찰서

▌ (실습4) 스마트폰 절도 사건

문: 위 스마트폰을 잃어버리게 된 경위를 상세히 진술하시오.
답: 2012. 01. 09. 19:53경 친구 1명과 함께 위 OO피씨방 17번에 앉아 접속하면서 제 스마트폰을 테이블 왼쪽에 세워 두고 게임을 하다가 접속이 잘 되지 않아 20분 후에 13번으로 옮겼는데 22:10경 스마트폰이 없어진 것을 알고 제가 앉았던 17번에서 게임을 하고 있던 30대 중반의 남자에게 물어 보니 본 적이 없다고 하여 제 스마트폰으로 전화를 하면서 주위를 찾다가 찾지 못해 재차 카운터 종업원 아가씨에게 피씨방 CCTV를 확인해 보자고 하니 사장님이 안 계셔서 안 된다고 해 할 수 없이 피씨방을 나갔습니다.
문: 진술인이 스마트폰을 17번 테이블 왼쪽에 세워 둔 것은 맞나요.
답: 같이 게임을 하러 간 친구 김주주 24세(010 – 0000 – 3691)가 제가 스마트폰을 17번 테이블 위에 세로로 세워 둔 것을 봤습니다.
문: 진술인이 피씨방 내 17번 자리에 앉았다가 13번으로 옮겨간 후 다른 손님이 앉은 사실이 있나요.
답: 13번 좌석으로 옮긴 후 17번 좌석에 20대 중반으로 보이는 남자 1명이 친구 1명과 함께 게임을 하고 있었고 제가 스마트폰이 없어진 것을 알고 그 자리에 갔을 때는 20대 중반의 남자가 없고 30대 중반의 다른 남자 손님 한 분이 앉아 계셨습니다.
문: 피씨방 내 CCTV는 확인하지 못하였나요.
답: 피씨방 사장님이 피씨방에 출근을 하지 않고 저하고 시간이 맞지 않아 아직 확인을 하지 못했습니다.
문: 그래서 어떻게 하였나요.

답: 잃어버린 다음 날 제가 KT의성지점에 들러 휴대폰위치찾기에 가입해서 바로 확인해 보니 1. 11. 19:02경 영천시 북안면 유하리 부근으로 위치가 표시되어 있었습니다.

문: 그러면 진술인은 스마트폰을 누가 가지고 갔다고 생각하나요.

답: 제가 자리를 옮긴 후 곧 바로 17번 좌석에 앉았던 20대 중반의 남자가 가지고 간 것 같습니다.

문: 그렇게 생각하는 이유가 있나요.

답: 제가 앉았던 자리에서 20대 중반의 남자와 같이 온 친구 1명이 의성읍에 거주하는 사람으로 보이지 않았고 좌석에서 계속 수군거리다가 온 지 10분도 되지 않아 피씨방을 나간 것으로 보아 제 스마트폰을 가지고 나간 것으로 의심됩니다.

문: 잃어버린 스마트폰의 특징, 수량, 시가는 얼마나 되나요.

답: 아이폰 4 블랙으로 제가 보험회사에 물어보니 810,000원 정도 된다고 하였습니다.

문: 피의자 검거시 처벌을 원하나요.

답: 처벌해 주십시오.

문: 이상 진술한 내용이 모두 사실인가요.

답: 예 사실입니다.

5. 수사서류의 작성

가. 관련 근거

많은 수의 수사입문자들은 수사부서에 배치받은 후 즉시 사건을 취급하다 보니 서류 작성의 형식적인 요건들에 대한 근거를 알지 못하고 업무를 시작하는 경우가 있다. 간혹 어떤 수사관은 서류작성의 요건들이 수사의 관행 정도로 생각하기도 하는데 수사서류작성의 근거는 아래 표에 정리한 형사소송법과 경찰청 훈령에 있다. 아래 규정만 이해하고 있으면 서류작성의 형식적인 요건들을 이해하게 된 것이며 이로써 충분하다.

형사소송법

제57조(공무원의 서류) ①공무원이 작성하는 서류에는 법률에 다른 규정이 없는 때에는 작성 연월일과 소속공무소를 기재하고 기명날인 또는 서명하여야 한다.

②서류에는 간인하거나 이에 준하는 조치를 하여야 한다.

제58조(공무원의 서류) ①공무원이 서류를 작성함에는 문자를 변개하지 못한다.

②삽입, 삭제 또는 난외기재를 할 때에는 이 기재한 곳에 날인하고 그 자수를 기재하여야 한다. 단, 삭제한 부분은 해득할 수 있도록 자체를 존치하여야 한다.

제59조(비공무원의 서류) 공무원 아닌 자가 작성하는 서류에는 연월일을 기재하고 기명날인하여야 한다. 인장이 없으면 지장으로 한다.

범죄수사규칙

제37조(수사서류의 작성) ① 경찰관이 범죄수사에 사용하는 문서와 장부는 「경찰수사규칙」별지 제1호서식부터 제140호서식 그리고 본 규칙의 별표 3 및 별지 제1호서식부터 제174호서식에 따른다.

② 경찰관이 수사서류를 작성할 때에는 다음 각 호의 사항에 주의하여야 한다.

1. 일상용어로 평이한 문구를 사용

2. 복잡한 사항은 항목을 나누어 적음

3. 사투리, 약어, 은어 등을 사용하는 경우에는 그대로 적은 다음에 괄호를 하고 적당한 설명을 붙임

4. 외국어 또는 학술용어에는 그 다음에 괄호를 하고 간단한 설명을 붙임

5. 지명, 인명의 경우 읽기 어렵거나 특이한 칭호가 있을 때에는 그 다음에 괄호를 하고 음을 적음

제38조(형사사법정보시스템의 이용) 경찰관은 「형사사법절차 전자화 촉진법」제2조제1호에서 정한 형사사법업무와 관련된 문서를 작성할 경우 형사사법정보시스템을 이용하여야 하며, 작성한 문서는 형사사법정보시스템에 저장·보관하여야 한다. 다만, 형사사법정보시스템을 이용하는 것이 곤란한 다음 각 호의 문서의 경우에는 예외로 한다.

1. 피의자, 피해자, 참고인 등 사건관계인이 직접 작성하는 문서

2. 형사사법정보시스템에 작성 기능이 구현되어 있지 아니한 문서

3. 형사사법정보시스템을 이용할 수 없는 경우에 불가피하게 작성해야 하는 문서

제39조(기명날인 또는 서명 등) ① 수사서류에는 작성연월일, 경찰관의 소속 관서와

계급을 적고 기명날인 또는 서명하여야 한다.

② 날인은 문자 등 형태를 알아볼 수 있도록 하여야 한다.

③ 수사서류에는 매장마다 간인한다. 다만, 전자문서 출력물의 간인은 면수 및 총면수를 표시하는 방법으로 한다.

④ 수사서류의 여백이나 공백에는 사선을 긋고 날인한다.

⑤ 피의자신문조서와 진술조서는 진술자로 하여금 간인한 후 기명날인 또는 서명하게 한다. 다만, 진술자가 기명날인 또는 서명을 할 수 없거나 이를 거부할 경우, 그 사유를 조서말미에 적어야 한다.

⑥ 인장이 없으면 날인 대신 무인하게 할 수 있다.

제40조(통역과 번역의 경우의 조치) ① 경찰관은 수사상 필요에 의하여 통역인을 위촉하여 그 협조를 얻어서 조사하였을 때에는 피의자신문조서나 진술조서에 그 사실과 통역을 통하여 열람하게 하거나 읽어주었다는 사실을 적고 통역인의 기명날인 또는 서명을 받아야 한다.

② 경찰관은 수사상 필요에 의하여 번역인에게 피의자 그 밖의 관계자가 제출한 서면 그 밖의 수사자료인 서면을 번역하게 하였을 때에는 그 번역문을 기재한 서면에 번역한 사실을 적고 번역인의 기명날인을 받아야 한다.

제41조(서류의 대서) 경찰관은 진술자의 문맹 등 부득이한 이유로 서류를 대신 작성하였을 경우에는 대신 작성한 내용이 본인의 의사와 다름이 없는가를 확인한 후 그 확인한 사실과 대신 작성한 이유를 적고 본인과 함께 기명날인 또는 서명하여야 한다.

제42조(문자의 삽입·삭제) ① 경찰관은 수사서류를 작성할 때에는 임의로 문자를 고쳐서는 아니 되며, 다음 각 호와 같이 고친 내용을 알 수 있도록 하여야 한다.

1. 문자를 삭제할 때에는 삭제할 문자에 두 줄의 선을 긋고 날인하며 그 왼쪽 여백에 "몇자 삭제"라고 적되 삭제한 부분을 해독할 수 있도록 자체를 존치하여야 함

2. 문자를 삽입할 때에는 행의 상부에 삽입할 문자를 기입하고 그 부분에 날인하여야 하며 그 왼쪽 여백에 "몇자 추가"라고 적음

3. 1행 중에 두 곳 이상 문자를 삭제 또는 삽입하였을 때에는 각 자수를 합하여 "몇자 삭제" 또는 "몇자 추가"라고 기재

4. 여백에 기재할 때에는 기재한 곳에 날인하고 "몇자 추가"라고 적음

② 피의자신문조서와 진술조서의 경우 문자를 삽입 또는 삭제하였을 때에는 "몇자 추가" 또는 "몇자 삭제"라고 적고 그곳에 진술자로 하여금 날인 또는 무인하게 하여야

한다.

제43조(서류의 접수) 경찰관은 수사서류를 접수하였을 때에는 즉시 여백 또는 그 밖의 적당한 곳에 접수연월일을 기입하고 특히 필요하다고 인정되는 서류에 대하여는 접수 시각을 기입해 두어야 한다.

나. 수사서류의 중요성

"수사는 기록으로 말해 준다."라는 말과 같이 아무리 범인을 검거하는 기술이 뛰어나도 증거를 수집하고 수집된 증거와 범인의 진술을 연관지어 서류화시킬 수 있는 능력이 없다면 투자한 노력의 결과가 허사가 될 것이며 범죄피해자나 국민들로부터 비난의 대상이 될 것이다.

위와 같이 수사서류는 구체적으로 사건의 실마리, 수사의 진행 경과 및 수사의 각종 절차 등을 기록한 중요한 서류로서 서류에 기재된 내용이 범죄의 증명에 가치가 있을 뿐만 아니라 수사의 절차나 수단이 적정하게 이루어졌다는 것을 증명하는 데 사용된다.

다. 수사서류를 바라보는 관점

수사입문자가 가장 빠지기 쉬운 오류는 수사서류를 작성하기 위해 수사를 하는 듯 한 행동을 하는 것이다. 예를 들어 긴급체포를 하게 되면 긴급체포를 하는 절차를 먼저 숙지한 후에 이를 사후적으로 표현하는 도구가 수사서류임에도 불구하고 긴급체포 시 작성해야 할 수사서류 목록을 암기하려는 태도를 보이는 것을 말한다.

반면에 실제 수사를 했음에도 불구하고 이를 서류로 구현하지 않아 오류를 남기는 경우도 있다. 수사서류는 수사활동을 기록하는 매체라는 것을 잊지 말아야 한다(현행범인을 추격하여 체포한 후 현행범 체포서를 작성할 때 범죄사실의 시간, 장소와 체포한 시간, 장소가 다를 수밖에 없다. 그런데 만약 현행범 체포서에 이러한 추격과정을 기재하지 않는다면 피의자 측 변호인은 현행범의 요건을 갖추지 않고 체포하였다고 이의를 제기하게 될 것이다. 수사서류를 작성할 때는 반드시 의문을 남기지 않도록 신중하게 사실대로 기재하여야 한다).

수사서류 자체만 보아도 모순점이 드러나거나 서류를 읽는 사람이 추가적인 질문을 하게 된다면 이 수사서류는 미흡하게 작성된 것이거나 충분한 수사가 이루어지지 않은 것이 될 것이다.

라. 수사서류의 종류

수사서류는 내사단계, 수사단계, 송치단계에 따라 구분하는 경우도 있고 수사방법에 따라 임의수사, 강제수사에 따른 구분도 있으나 실무상 문서의 성격에 따라 다음과 같이 구분하는 것이 도움이 될 것으로 판단된다.

1) 소송행위 또는 의사표시적 문서

출석요구서, 고소고발장, 고소고발 취소장, 각종 영장 및 허가신청서, 환부요청서, 임의제출서, 확인서, 범죄인지서, 각종 사실조회를 위한 공문서, 촉탁서, 의견서, 송치서 등이 있다.

2) 보고서

수사보고서, 수사결과보고서, 검거보고서 등이 있습니다.

3) 증거서류

진술서, 진술조서, 피의자신문조서, 진단서, 전과조회서, 가족관계증명서 등 증거에 공하게 될 서류가 있다.

소송행위 또는 의사표시적 문서의 경우 상대방이 그 취지를 정확히 알 수 있도록 객체 지향적으로 작성하여야 하며 요구하는 내용이 법적 근거가 필요하면 이를 제시하여야 할 것이다. 보고서의 경우에는 책임자 또는 결재권자에게 보고하는 성격도 있지만 수사관의 수사행위를 정리하고 각 수사행위마다의 연결고리 역할을 하기도 하므로 일목요연하게 작성하는 것이 중요하며 증거서류의 경우에는 증거능력을 잃지 않도록 각종 법률에 정한 사항을 철저히 지키면서 작성하여야 한다.

마. 수사보고서

1) 수사보고서의 의의

수사보고서는 수사관이 가장 많이 작성하게 되는 보고서이다. 수사보고서란 '수사기관이 임의수사의 한 방법으로 수사 중 필요한 경우에 수사상 필요한 사항을 조사·확인하여 보고서 형식으로 작성한 수사서류'라고 정의[59]할 수 있겠다.

수사보고서는 실제 수사를 통해 확인된 사실을 정리하는 데도 필요하며 수사 중에 첨부되는 서류에 대한 접수경로와 서류가 입증하고자 하는 내용들을 정리할 때도 사용된다. 사람에 대한 조사내용을 기재하는 조서, 강제수사에 필요한 법정서식, 관계인이 제출하는 서류를 제외한 나머지 모든 수사과정을 수사보고서를 통해 구현한다고 생각하여야 한다. 수사보고서는 시간적으로 진행되는 수사과정을 상호 연결해 주기도 하며 산발적으로 수집되는 정보들을 이해하기 쉽도록 해 주기도 한다.

수사보고서는 아래에서 보는 바와 같이 수사기록의 윤활유 역할을 하고 수사에 직접 참여하지 않은 사람에게도 수사의 흐름을 파악할 수 있도록 도와주는 등의 순기능을 가지고 있으나, 한편 수사기관의 편의에 따라 쉽게 작성할 수 있다는 점에서 수사보고서를 읽는 이로 하여금 왜곡된 사실관계나 편향된 의견을 접하게 함으로써 부당한 편견이나 예단을 갖게 하는 등으로 악용될 위험성도 무시할 수 없다는 견해[60]도 있다.

2) 수사보고서의 증거능력

수사관은 수사보고서를 통해 사건의 전반적인 흐름이나 수사활동상황을 기재하기도 하지만 증거로 획득한 자료를 첨부할 때도 사용하고 검증이나 실황조사에 해당하는 내용을 기재하거나 사건 관계자와 전화 통화 내용 등의 진술을 기재하기도 한다. 따라서 수사관이 작성하는 수사관의 증거능력에 대해 일률적으로 증거능력 유무를 따질 수는 없고 수사보고서에 의해 입증하려고 하는 요증사실, 수사보고서에 담긴 내용과 형식에 따라 개별적으로 증거능력을 검토해야 한다.

---

59) 한상규, "수사보고서의 증거능력", 강원법학 제40권, 2013, 409면
60) 한상규, "수사보고서의 증거능력", 강원법학 제40권, 2013, 407면

가) 의견진술형 수사보고서

수사보고서의 내용이 수사보고서 작성자의 단순한 의견 또는 추측을 기재하여 수사기관 내부에서의 의사소통을 위한 것인 때에는 그 수사보고서는 단순히 의사표시를 담은 문서(의사표시적 문서)에 불과하여 증거능력이 없다. 수사기관이 수사에 착수하면서 작성되는 범죄인지보고서도 수사기관의 의사표시에 불과한 것으로서 범죄사실 자체를 오관의 작용에 의하여 인식한 것이 아니어서 증거능력이 없다.[61]

나) 관찰의 결과를 기재한 수사보고서

폭행이나 상해사건에서 피해자의 상태를 수사보고서에 기재하는 경우가 있다. 이러한 수사보고의 증거능력에 관하여 대법원은 "원심이 인용한 제1심판결의 채용증거 중 수사보고서(수사기록 제9장)는 수신을 경찰서장, 참조를 형사과장, 제목을 수사보고로 하여, 그 내용이 "1998. 2. 23. 02:00경 안양시 동안구 관양2동 소재 백운나이트 앞 노상에서 발생한 폭력행위등처벌에관한법률위반 피의사건에 대하여 다음과 같이 수사하였기 보고합니다. 1. 견적서 미첨부에 대하여, 피고인 1이 날이 밝으면 견적서를 제출한다 하고, 2. 진단서 미제출에 대하여, 피고인 1, 2 서로 왼쪽 눈 부위에 타박상이 있고, 피고인 1은 무릎에도 찰과상이 있는데 현재 심야인 관계로 날이 밝으면 치료 후 진단서 제출한다 하기에 이상과 같이 수사보고합니다."라고 되어 있고, 그 밑에 작성경찰관인 경장 조○○이 자신의 소속 및 계급과 이름을 타자한 후 날인한 것으로서, 피고인들은 위 수사보고서에 대하여 증거로 함에 동의하지 않았고 제1심 법정에서 증인 조○○이 위 수사보고서를 진정하게 작성하였다고 진술하고 있으나, 위 수사보고서는 전문증거이므로 형사소송법 제310조의2에 의하여 같은 법 제311조 내지 제316조의 각 규정에 해당하지 아니하는 한 이를 증거로 할 수 없는 것이다."라고 판시[62]하였다.

다) 수사보고서에 첨부된 자료의 존재를 증명하는 경우

증거가 문서로 되어 있어 이를 수사보고에 첨부하는 경우가 있다. 이러한 경우 그 첨부된 자료에 관하여 대법원은 "위 증거들 중 수사보고(기초교양자료집 및 감정서), 수사보고(CD; 현대조선역사, 조선로동당 4, 5차 대회, 주체사상 총서 등), 수사보고

---

61) 한상규, "수사보고서의 증거능력", 강원법학 제40권, 2013, 417면
62) 대법원 2001. 5. 29. 선고 2000도2933 판결

(CD; 공소외 1 - 북(조선)의 선군정치와 한(조선)반도의 정세 등), 수사보고(피고인 2 주거지에서 전국회의 관련 문건 입수)의 경우, 원심판결 이유 및 제1심이 적법하게 채택하고 원심이 유지한 증거에 의하면, 각 첨부 자료는 그 내용의 진실성을 요증사실로 하는 것이 아니라, 그 자료 자체가 이적표현물에 해당한다는 점 또는 수사기관이 피고인 2의 주거지에서 입수한 해당 첨부 자료가 전국회의 ○○지부 사무실 등에서 발견된 기존 증거와 동일한 것이라는 점을 증명하기 위한 것으로서, 그와 같은 내용을 담은 자료의 존재 자체가 요증사실인 증거에 해당하고, 위 각 수사보고의 작성자인 경찰관 공소외 2가 제1심 공판기일에 증인으로 출석하여 그 성립의 진정에 관하여 진술한 사실이 인정된다. 이를 앞서 본 증거능력에 관한 법리에 비추어 살펴보면, 위 각 첨부 자료는 전문법칙이 적용되는 증거라고 할 수 없고 달리 그 증거능력을 배척할 사유가 없으며, 위 각 수사보고는 이러한 첨부 자료의 입수경위와 내용 등을 요약·설명한 서류로서 그 작성자의 공판기일 진술에 의하여 그 성립의 진정함이 증명되었으므로, 형사소송법 제313조 제1항에 의하여 증거로 할 수 있다고 할 것이다."라고 판시[63]하였다.

대법원은 수사보고서에 첨부된 자료 내용의 진실함을 요증사실로 하는 경우에도 전문법칙이 적용되므로 제313조 제1항에 따라 증거능력이 판단되어야 할 것이고, 증거능력이 없는 증거의 내용을 요약, 설명한 데 불과한 수사보고 역시 유죄의 증거로 삼을 수 없다고 한다. 이에 대하여는 요증사실이 수사보고서에 첨부된 자료의 입수경위와 그 첨부자료의 내용을 단순히 요약, 정리한 것이라면 별다른 문제가 되지 않을 것이나, 그 내용 중에 수사기관의 주관적 판단이나 추측 등의 표현이 있을 경우에는 의사표시적 문서로서 아무런 증거능력이 없는 경우에 해당할 수 있으므로 세심한 주의를 요한다.[64]

라) 피의자의 진술을 내용으로 하는 수사보고서

피고인이 된 피의자가 수사과정에서 범행을 자백하였다는 내용으로 수사기관이 작성한 수사보고서의 증거능력에 대하여 대법원은 "형사소송법 제312조 제2항은 검사 이외의 수사기관이 작성한 피의자신문조서는 그 피의자였던 피고인이나 변호

---

63) 대법원 2013. 2. 15. 선고 2010도3504 판결
64) 한상규, "수사보고서의 증거능력", 강원법학 제40권, 2013, 423면

인이 그 내용을 인정할 때에 한하여 증거로 할 수 있다고 규정하고 있는바, 피고인이 검사 이외의 수사기관에서 범죄혐의로 조사받는 과정에서 작성하여 제출한 진술서는 그 형식 여하를 불문하고 당해 수사기관이 작성한 피의자신문조서와 달리 볼 수 없고(대법원 1987. 2. 24. 선고 86도1152 판결 등 참조), 피고인이 수사 과정에서 범행을 자백하였다는 검사 아닌 수사기관의 진술이나 같은 내용의 수사보고서 역시 피고인이 공판 과정에서 앞서의 자백의 내용을 부인하는 이상 마찬가지로 보아야 하며(대법원 1979. 5. 8. 선고 79도493 판결 등 참조), 여기서 말하는 검사 이외의 수사기관에는 달리 특별한 사정이 없는 한 외국의 권한 있는 수사기관도 포함된다고 봄이 상당하다."고 판시[65]하였고 다른 사건에서는 "이 사건 수사보고서 중 피고인의 진술을 기재한 부분은 전문증거에 해당하는데 이 사건 수사보고서가 진술자인 피고인의 자필이거나 서명 또는 날인이 없어 전문증거의 증거능력에 대한 예외를 규정하고 있는 형사소송법 제313조 소정의 진술을 기재한 서류에 해당하지 아니하므로 증거능력이 없다."고 판시[66]한 바 있다.

마) 피의자 아닌 자의 진술을 기재한 수사보고서

피의자 아닌 자의 진술을 수사보고서에 기재한 것에 대해 대법원은 "이 사건 각 수사보고서는 검사가 참고인인 피해자 공소외 1, 2와의 전화통화 내용을 기재한 서류로서 형사소송법 제313조 제1항 본문에 정한 '피고인 아닌 자의 진술을 기재한 서류'인 전문증거에 해당하나, 그 진술자의 서명 또는 날인이 없을 뿐만 아니라 공판준비기일이나 공판기일에서 진술자의 진술에 의해 성립의 진정함이 증명되지도 않았으므로 증거능력이 없다."고 판시[67]하였다. 다만, 반의사불벌죄에서 피고인 또는 피의자의 처벌을 희망하지 않는다는 의사표시 또는 처벌희망 의사표시 철회의 유무나 그 효력 여부에 관한 사실은 엄격한 증명의 대상이 아니라 증거능력이 없는 증거나 법률이 규정한 증거조사방법을 거치지 아니한 증거에 의한 증명, 이른바 자유로운 증명의 대상이기 때문에 수사보고서를 피해자들의 처벌희망 의사표시 철회의 효력 여부를 판단하는 증거로 사용한 것 자체는 정당하다고 판단하였다.

---

65) 대법원 2006. 1. 13. 선고 2003도6548 판결
66) 대법원 2011. 9. 8. 선고 2009도7419 판결
67) 대법원 2010. 10. 14. 선고 2010도5610 판결

바) 신용할 만한 정황에 의하여 작성한 문서의 여부

수사보고서 첨부 자료와 관련하여 형사소송법 제315조 제3호[68]에 의해 증거능력을 인정할 수 있는지가 문제된다. 이에 관하여 대법원은 국가보안법위반사건에서 사법경찰관이 작성한 수사보고서에 대해 "피고인이 검찰에서 소지 및 탐독사실을 인정한 '새세대 16호'라는 유인물의 내용을 분석하고 이를 기계적으로 복사하여 그 말미에 그대로 첨부한 문서로서 그 신용성이 담보되어 있어 형사소송법 제315조 제3호 소정의 '기타 특히 신용할 만한 정황에 의하여 작성된 문서'에 해당되는 문서로서 당연히 증거능력이 인정된다는 원심판결은 정당한 것으로 수긍할 수 있다."고 판시[69]하였다.

3) 수사보고서 예시

아래 수사보고서는 실제 절도사건 수사 중에 작성한 것으로 '제목'란에 반드시 어떠한 내용에 대한 수사보고인지 부기를 하여야 하며 내용이 많을 경우 항목을 나누어 주어야 하며 첨부물이 있다면 첨부목록을 기재한 후 첨부한 서류와 함께 간인을 해 주어야 한다.

제 목: 수사보고(판매일보 작성요령, 포스등록, 가매출 관련)

피의자 임XX에 대한 절도 사건에 관하여 아래와 같이 수사하였기에 보고합니다.

○ 수사사항
  본건 관계자들의 진술과 증거자료를 종합적으로 검토한 결과 피의자가 OOOO 군산 OO점에 근무하며 작성한 판매일보의 작성요령, 포스등록, 가매출 사항을 파악할 수 있었다.

---

68) 형사소송법 제315조(당연히 증거능력이 있는 서류) 다음에 게기한 서류는 증거로 할 수 있다.
  1. 가족관계기록사항에 관한 증명서, 공정증서등본 기타 공무원 또는 외국공무원의 직무상 증명할 수 있는 사항에 관하여 작성한 문서
  2. 상업장부, 항해일지 기타 업무상 필요로 작성한 통상문서
  3. 기타 특히 신용할 만한 정황에 의하여 작성된 문서
69) 대법원 1992. 8. 14. 선고 92도1211 판결

1) 판매일보 작성원칙

　판매일보는 당일 상품의 판매, 반품 등 모든 거래사항을 정리하고 그 금액을 정산하는 일종의 회계 장부와 같은 역할을 한다.

2) 판매일보 작성요령

　먼저 날짜와 전날 현금 잔액(전잔)을 기재한 후 당일 판매한 상품의 택(TAG)을 일보에 붙이고 현금으로 계산했으면 '현' 또는 '현금'이라고 택 위에 표기하고 신용카드 결제했을 경우 'CD'라고 표기하였다. 고객이 기 구매한 물건을 반품이나 교환 또는 취소할 경우 일보 뒷장에 기재하였는데 상품 택을 붙이고 표기하거나 택이 없으면 상품번호와 사이즈 가격을 기재하고 반품사항 등을 표시하였다. 또한 교환시 차액이 발생할 경우 차액으로 받은 금액을 현금과 CD로 나눠서 기재해 두었다.

　한편 양말판매 대금과 같이 소액으로 입금되는 경우와 지출 금액은 일보 맨위에 수기로 표기하였고 판매가 끝나면 정산을 하여 정산금을 일보 뒷장에 작성하고 그날 판매를 마무리 하였다. 판매가 잘되어 일보를 여러 장 작성할 경우 매장 후면에 현금과 CD판매 대금을 따로 정리하기도 하였다.

　때때로 정산 마감 후(보통 21시 이후)에 판매한 상품의 경우 다음 날 판매일보에 택을 붙이고 익일 판매로 정산하는 경우도 있었다.

3) 정산방식

　　전: 전날잔액

　　현: 현금판매액

　　CD: 신용카드 판매액

　　지: 당일 지출금액

　　현: 마감 후 사장에게 납부한 현금액(만원 단위로만 가져감)

　　전: 당일 최종 남은 금액(다음 날 일보 전날잔액으로 이어짐)

4) 용어정리

① 완(완불권): 손님이 먼저 대금을 지불하고 상품을 나중에 보내줄 경우 '완' 또는 '완불권'이라고 기재 후 그 대금을 작성.

② 보관증: 상품 교환 후 차액이 발생하여 손님에게 차액만큼 보관증을 작성해 주어 향후 상품권처럼 쓸 수 있게 해 주는 전표로 그날 매출금은 아니기 때문에 그 금액을 정산에 포함시키지 않음.

③ 기타
 – 판매택 위에 종업원 이름을 기재한 경우: 종업원이 대금 결제 없이 물건만 가져갈 경우 가불장에 상품의 종류와 금액을 따로 작성하고 물건만 가져가는 경우로 정산에 포함하지 않음(단 결제하고 가져갈 경우 20% 할인금액으로 가져가며 택위에 '현' 또는 'CD'라고 표기함).
 – 판매택 위에 '빈치스', '스케쳐스', 'ENC'라고 기재한 경우: 위 매장들은 피해자가 스프리스 외에 함께 운영한 다른 매장으로 스프리스 매장과 나란히 위치하고 있어 가끔 카드체크기가 작동되지 않을 때 옆매장에서 결제하고 택위에 결제매장 이름을 기재하고 정산에서 제외하고 따로 표기하였다.

5) 포스 등록 요령

판매 및 반품 사항을 전산프로그램인 포스에 등록하여야 본사에서 매출관리가 되기 때문에 평소 판매 도중 또는 마감후 그날 판매 및 반품사항을 점장 역할을 하던 피의자가 포스에 등록하였다. 원칙은 당일 판매한 상품만 등록해야 하나 마감 후 판매상품은 다음 날 등록하기도 하였으며 가매출 상품의 경우 실제 거래사항은 없지만 포스에만 등록하기도 하였다.

6) 가매출 여부

가매출이란 인기상품을 미리 확보하기 위해 실제 팔리지 않았음에도 팔린 것처럼 포스에 판매등록하여 해당상품을 미리 확보하는 것을 말한다. 실제 매출이 아닌 가공의 매출이기 때문에 판매일보에 표기하지는 않고 포스에만 판매 등록한 후 향후 가매출 상품을 판매하게 되면 이미 포스에 등록했기 때문에 판매일보에만 사실대로 기재하고 포스에는 이중으로 등록하지 않는다.

참고인 이XX 등의 진술에 의하면 피의자는 실제 가매출을 발생케 한 것으로 판단된다.

7) 첨부 판매일보, 포스, 카드결제내역 관련 설명(09. 11. 18~20, 08. 12. 8)

① 09. 11. 18~20 판매일보 등 관련 설명

09. 11. 18. 첫 번째 CD 판매택 REFLEX999(260)의 경우 카드결제내역을 보면 전날 21:49:18에 결제된 것으로 보아 마감 후 판매상품이라 다음날 택을 붙인 것이며 CD정산에는 포함 하였다. 5번 칸 떨어진 택의 경우 포스를 검토한 결과 49,000원 짜리 HERA10CS(230) 상품으로 현금결제 된 것으로 현금, CD정산 정확하게 일치 하였다. 17번 칸 109,000원 짜리 AHD9491(100) 상품의 경우 포스

에 등록되지 않은 것을 볼때 뒷장에 AHD9492(105)와 사이즈 교환을 한 것이고, 27번 칸의 39,000원 짜리 RICH10(235)의 경우 다음 날 카드 취소하고 19일 일보 두 번째 장 뒷면에 취소사항을 표기하고 포스상에도 반품 등록하였다.

② 08. 12. 8, 12. 15 판매일보 등 관련 설명

　09. 12. 8.자 판매일보 역시 현금, CD 판매액이 모두 정확하게 정산되었고 포스도 판매하고 반품으로 털어 낸 5건의 상품을 제외하고는 판매일보상 판매 반품 내역이 정확하게 입력되었다. 특히 마지막으로 CD 판매된 304,000원 짜리 상품 5개는 신용카드 거래내역상 12. 15일에 카드 취소되어 일보를 확인해 보니 카드 취소하고 현금으로 결제한 사실을 확인할 수 있었다. 이렇듯 정상적인 판매일보의 경우 그날 판매·반품 사항이 정확하게 표기되고 특히 현금 정산의 경우 매일 업주에게 판매대금을 만원 단위로 납부해야 하므로 한치의 착오도 발생할 수 없음이 증명되었다.

첨부: 09. 11. 18~20 판매일보, 신용카드 거래내역서, 포스내역 1부,
　　　08. 12. 8, 15 판매일보, 신용카드 거래내역서, 포스내역 1부,　끝.

6. 압수수색검증

가. 압수수색의 합법성 기준

1) 성질형상불변론의 폐기

　과거 강제수사 중 압수수색영장의 발부의 요건과 영장주의의 예외에 대한 논의는 세심하게 이루어지지 않은 면이 있다. 대물적 강제처분이 가져오는 프라이버시 침해에 대해 둔감한 반응기제가 형성되어 있었고 실무상 압수수색영장은 사실상 일반영장(또는 일괄영장, general warrant)과 다를 바 없었다. 2007. 6. 1. 형사소송법 제308조의2가 위법수집증거의 배제라는 표제하에 "적법한 절차에 따르지 아니하고 수집한 증거는 증거로 할 수 없다."고 선언함으로써 대물적 강제처분에 대한 논의가 집중되기 시작하였다. 물론 이 규정 이전부터 판례는 위법하게 수집한 진술증거에 대한 증거능력을 배제해 왔다. 변호인과의 접견교통권이 침해된 상황에서 작성된 피의자신문조서에 대한 증거능력,[70] 진술거부권을 고지하지 않고 촬영된 비디오

테이프의 녹화내용에 대한 증거능력,[71] 위법한 긴급체포 중에 작성된 피의자신문조서의 증거능력[72]을 배제하였다. 그러나 비진술증거에 대하여는 "압수물은 압수절차가 위법하다 하더라도 물건자체의 성질, 형태에 변경을 가져오는 것은 아니고, 형태, 성질 등에 관한 증거가치에는 변함이 없으므로 그 증거의 증거능력은 인정되어야 한다."[73]는 이른바 '성질형상불변론'의 입장이었다. 그러나 형사소송법에 명문으로 위법수집증거배제법칙이 신설된 후 대법원은 일명 제주지사실 압수수색사건에서 성질형상불변론 입장을 변경하였다. 해당 사건에서 대법원은 "기본적 인권 보장을 위하여 압수수색에 관한 적법절차와 영장주의의 근간을 선언한 헌법과 이를 이어받아 실체적 진실 규명과 개인의 권리보호 이념을 조화롭게 실현할 수 있도록 압수수색절차에 관한 구체적 기준을 마련하고 있는 형사소송법의 규범력은 확고히 유지되어야 한다. 그러므로 헌법과 형사소송법이 정한 절차에 따르지 아니하고 수집된 증거는 기본적 인권 보장을 위해 마련된 적법한 절차에 따르지 않은 것으로서 원칙적으로 유죄 인정의 증거로 삼을 수 없다 할 것이다. 무릇 수사기관의 강제처분인 압수수색은 그 과정에서 관련자들의 권리나 법익을 침해할 가능성이 적지 않으므로 엄격히 헌법과 형사소송법이 정한 절차를 준수하여 이루어져야 한다. 절차 조항에 따르지 않는 수사기관의 압수수색을 억제하고 재발을 방지하는 가장 효과적이고 확실한 대응책은 이를 통하여 수집한 증거는 물론 이를 기초로 하여 획득한 2차적 증거를 유죄 인정의 증거로 삼을 수 없도록 하는 것이다."라고 판시[74]하였다.

2) 영장발부의 필요성 판단[75]

헌법은 영장주의가 압수수색에서의 대원칙임을 선언하고 있고 형사소송법도 이를 확인하고 있다. 그러나 형사소송법은 대인적 강제처분과는 달리 대물적 강제처분을 위한 영장발부 사유에 대해서 명시적으로 규정하지 않고 있다. 형사소송법 제

---

70) 대법원 1990. 8. 24. 선고 90도1285 판결
71) 대법원 1992. 6. 23. 선고 92도682 판결
72) 대법원 2008. 3. 27. 선고 2007도11400 판결
73) 대법원 1968. 9. 17. 선고 68도932 판결; 대법원 1987. 6. 23. 선고 87도705 판결; 대법원 1994. 2. 8. 선고 93도3318 판결; 대법원 1996. 5. 14.자 96초88 결정; 대법원 2002. 11. 26. 선고 2000도1513 판결; 대법원 2006. 7. 27. 선고 2006도3194 판결
74) 대법원 2007. 11. 15. 선고 2007도3061 전원합의체 판결
75) 조국, "압수수색의 합법성 기준 재검토", 비교형사법연구 제5권 제2호, 2003, 746-751면

215조는 "범죄수사에 필요한 때에는 피의자가 죄를 범하였다고 의심할 만한 정황이 있고 해당 사건과 관계가 있다고 인정할 수 있는 것에 한정하여" 압수수색검증을 할 수 있다고 다소 추상적인 요건을 규정하고 있고 2011. 7. 18. 개정 전에는 단지 "범죄수사에 필요한 때"라고 규정하고 있었다. 압수수색검증영장을 신청하기 위해서는 필요성, 관련성, 대상물이 존재할 개연성, 그리고 강제처분 비례의 원칙 등이 고려되어야 한다.

가) 범죄혐의의 정도

인신구속에 관하여는 죄를 범하였다고 의심할 만한 상당한 이유를 명시적으로 요구하고 있음에 반하여 압수수색검증영장을 신청할 때에는 범죄혐의의 정도에 대한 명문의 규정이 없다. 이에 대해 대물적 강제처분에서 말하는 범죄혐의는 최초의 혐의 또는 단순한 혐의로 족하다는 견해도 있으며 대인적 강제처분이건 대물적 강제처분이건 동일하게 헌법상의 기본권을 침해하는 것이기 때문에 대물적 강제처분의 경우에도 상당한 이유 요건이 필요하다는 견해도 있다.

비록 신체를 직접 구속하는 대인적 강제처분에 비해 대물적 강제처분이 인권침해의 정도가 상대적으로 낮다고 평가를 하더라도 수사의 단서로서의 역할을 하며 임의처분에 해당하는 불심검문의 경우에도 "어떠한 죄를 범하였거나 범하려고 하고 있다고 의심할만한 상당한 이유"(경찰관직무집행법 제3조 제1항)가 요구되는 것을 고려하면 강제처분인 압수수색검증영장의 신청을 위해서 최초의 혐의 또는 단순한 혐의 이상의 요건이 필요하다고 판단된다. 미국법상 'Terry 원칙(Terry v. Ohio, 392 U.S. 1(1968)'도 불심검문을 위해서는 상당한 이유가 필요하지는 않지만 막연한 혐의로는 부족하고 객관적 사실에 기초한 합리적 의심(reasonable suspicion)이 필요하다고 본다. 따라서 대물적 강제처분인 압수수색검증의 경우 상당한 이유는 요구되지 않는다고 해도 단순한 혐의를 넘어서 피의자가 죄를 범하고 있다 또는 범하였다는데 대한 객관적이고 합리적인 의심은 요구된다고 해야 한다. 부정확하거나 모호한 또는 의심스러운 사실을 기초로 한 영장발부는 방지되어야 하기 때문이다.

나) 정보의 신선도

대인적 강제처분의 경우 과거의 범해진 범죄사실과 관련이 있다면 대물적 강제처분에서 영장발부의 필요성은 현재의 상황, 즉 특정한 시점에 특정한 장소에 범죄와 관련된 증거를 수집할 수 있는지의 여부와 연관된다. 따라서 대인적 강제처분과는 달리 대물적 강제처분에서는 영장 발부의 근거가 되는 정보의 신선도 문제가 논의되어야 한다.

영장을 신청해야 할 필요성에 관한 정보를 획득한 시점과 영장을 신청할 때까지의 시간적 간극이 길어졌다는 이유만으로 자동적으로 정보의 신선도가 떨어지는 것은 아니지만 증거 수집의 필요성이 있는 시점으로부터 영장을 신청할 때까지의 시간이 길어지면 정보의 신선도, 즉 증거 수집의 필요성이 떨어지는 것은 사실이다.

미국의 경우 피의자가 3주 전에 호텔에서 불법 주류를 구입했다는 영장신청서에 근거한 영장의 발부,[76] 3개월 전에 발생한 강도의 피의자가 돈 가방을 자신의 주거에 지니고 있다는 정보에 기초한 영장 발부[77] 등은 위법하다는 판결이 있으며 피의자가 수색 6주 전에 자신의 집에서 소량의 대마초를 1회 판매하였다는 정보 역시 '상한 것(stale)'이라는 평가를 한 판결[78]도 있으므로 참고할 만하다.

다) 제3자가 제공한 피의사실에 관한 정보

영장을 신청하기 위해 제3자가 제공한 피의사실에 대한 정보를 기초로 영장을 신청할 수 있는지 문제된다. 미국 연방대법원은 정보의 제공자가 신뢰할 만한 사람인가, 그 정보를 뒷받침하는 지식의 근거가 존재하는가를 기초로 상당한 이유의 존재 여부를 판단해 왔다.[79] 보통 범죄 피해자이거나 목격자에 의해 제공된 정보, 동료 경찰관에 의한 정보, 경찰부서 차원에서 보유하고 있는 정보 등은 영장발부를 위한 상당한 이유를 충족한다고 평가된다. 정보의 신빙성에 대한 판단은 규격화된 규칙의 틀로 환원될 수 없으며 정보를 둘러싼 다양한 사실을 종합적으로 평가하여야 한다.

나. 임의제출물의 압수

임의제출물의 압수절차는 주로 수사의 초기부터 일상적으로 진행이 되지만 수사 실무 중에 절차상의 하자를 가장 많이 일으키는 부분이기도 하다. 수사경험이 있는

---

76) Sgro v. United States, 287 U.S. 206(1932)
77) United States v. Steeves, 525 F.2d 33(8th Cir. 1975)
78) United States v. Wagner, 989 F.2d 69(2d Cir. 1993)
79) Auguilar v. Texas, 378 U.S. 108(1964)

수사관들 역시 임의제출물은 강제수사에서 이루어지는 압수와 다른 절차라는 인식이 팽배하다. 이는 영장에 의한 압수가 아니기 때문에 벌어지는 오해이다.

임의제출물 압수 역시 영장만 없을 뿐 압수와 같은 절차로 진행되어야 하므로 절차상 하자가 없도록 하여야 한다. 특히 임의제출자에게 압수와 같은 효력이 있음을 고지하지 않고 "임의제출하시겠습니까"라고 설명하게 되면 민원인의 경우 대부분 언제든지 쉽게 돌려받을 수 있다고 생각하고 제출하게 되고 사후에 환부를 거부당했을 때 항의를 하게 된다. 임의제출은 압수라는 사실을 잊지 말아야 한다.

수사입문자가 자주 하는 실수 중의 하나는 서면과 증거 되는 서류를 잘 구분하지 못한다는 데 있다. 만약, 민원인이 저작권법으로 고소를 하면서 저작권법을 위반하여 만들어진 1,000페이지 분량의 책자를 제출하였을 경우 어떻게 처리를 하는가? 저작권법을 위반하여 출판된 책은 증거물이다. 따라서 압수물로 분류하여야 하며 이를 임의제출하였다면 임의제출에 관한 근거서류를 작성한 후에 사건과는 별개로 압수물로 관리하여야 한다. 그런데 간혹 어떤 수사관들은 이러한 증거물이 서류로 되어 있다는 이유로 수사서류와 함께 철하는 경우가 있는 데 주의를 요한다.

1) 관련 근거

> **형사소송법**
> 제108조(임의제출물등의 압수) 소유자, 소지자 또는 보관자가 임의로 제출한 물건 또는 유류한 물건은 영장없이 압수할 수 있다.
>
> **범죄수사규칙**
> 제142조(임의 제출물의 압수 등) ① 경찰관은 소유자, 소지자 또는 보관자(이하 "소유자등"이라 한다)에게 임의제출을 요구할 필요가 있을 때에는 별지 제61호서식의 물건제출요청서를 발부할 수 있다.
> ② 경찰관은 소유자등이 임의 제출한 물건을 압수할 때에는 제출자에게 임의제출의 취지 및 이유를 적은 별지 제62호서식의 임의제출서를 받아야 하고, 「경찰수사규칙」제65조제1항의 압수조서와 같은 조 제2항의 압수목록교부서를 작성하여야 한다. 이 경우 제출자에게 압수목록교부서를 교부하여야 한다.
> ③ 경찰관은 임의 제출한 물건을 압수한 경우에 소유자등이 그 물건의 소유권을 포기

한다는 의사표시를 하였을 때에는 제2항의 임의제출서에 그 취지를 작성하게 하거나 별지 제60호서식의 소유권포기서를 제출하게 하여야 한다.

2) 압수절차

가) 물건제출요청서의 발부

수사관이 임의제출을 요청할 때는 범죄수사규칙 제61호 서식을 사용하여 물건제출요청서를 발부하게 되는데 실무상 잘 쓰지 않고 있다. 임의제출의 성격상 구두에 의해 요청하기 때문이다. 다만, 기업을 상대로 할 때 기업 내부의 검토를 거쳐야 한다거나 많은 수의 증거물 제출을 요청할 때는 그 필요성에 의해 사용할 수 있다는 점을 참고하여야 한다.

■ 범죄수사규칙 |별지 제61호서식|

소 속 관 서

제 0000-00000 호   0000.00.00.

수 신 : 수신

제 목 : 물건제출요청

아래 물건은 대상자에 대한 죄명 사건에 관하여 압수할 필요가 있으니 20 .
    . . 안으로 제출하여 주시기 바랍니다.

연번	품 종	수 량	비 고

소속관서

사법경찰관 계급

나) 임의제출서의 수령

임의제출자가 물건을 제출할 때는 임의제출서를 작성하도록 되어 있으나 이 또한 실무에서 많이 사용되지 않고 있다. 이 역시 임의제출의 성격 때문인데 임의제출서는 소유권 포기서를 대체하여 소유권 포기 여부를 기재할 수도 있기 때문에 임의제출서의 작성을 권장한다.

■ 범죄수사규칙 [별지 제62호서식]

임 의 제 출

[제 출 자]

성 명	제출자	주민등록번호	주민등록번호
직 업	직업	연락처	연락처
주 거	주거		

다음 물건을 임의로 제출합니다. 사건처리 후에는 처분의견란 기재와 같이 처분해 주시기 바랍니다.

0000.00.00.

제 출 자 : 제출자 ㊞

[제출물건]

연번	품 종	수량	제출자의 처분의견 (반환의사 유무)	비 고

소속관서장 귀하

다) 압수조서와 목록의 작성

(1) 압수경위의 작성방법

압수경위는 상세하고 구체적으로 기재해야 한다. 압수 당시 물품이 있던 장소, 소지하고 있던 사람, 소유관계, 임의제출여부, 압수의 필요성 등을 명시해야 한다.

예시 1)

피해자가 피의자로부터 구입한 위조 구찌 가방으로 소유자인 피해자 박아무개가

임의제출하므로 압수함

예시 2)

피의자가 피해자의 주거에서 이 사건 범행을 하면서 피해자에게 휘두른 피해자 소유의 우산을 임의제출하므로 압수함

예시 3)

피의자가 이건 범행에 의해 취득한 승용차량(16버1234)을 피의자와 애인사이인 사건외 김아무개에게 "나중에 가지고 갈테니 가지고 있어라"고 하며 보관의뢰한 것을 점유자인 최아무개가 임의제출하므로 압수함

압 수 조 서 (임의제출)

피의자 ○○○에 대한 **죄명** 피의사건에 관하여 0000.00.00 00:00 집행장소에서 사법경찰관 작성자성명 *작성자성명*은 사법경찰리 참여자계급 참여자성명을 참여하게 하고, 별지 목록의 물건을 다음과 같이 압수하다.

압 수 경 위

※ 물품을 임의제출 받아 압수하게 된 경위를 6하 원칙에 따라 정확히 기재

참여인	성 명	주민등록번호	주 소	서명 또는 날인

연월일

소속관서
    사법경찰관 *작성자계급* *작성자성명* ㉑
    사법경찰리 참여자계급 참여자성명 ㉑

(2) 조서로써 갈음

물건을 압수하였을 때에는 반드시 압수조서와 압수목록을 작성하여야 하지만 피의자신문조서, 진술조서 또는 실황조사서, 검증조서에 압수의 취지를 기재함으로써 압수조서의 작성을 대체할 수 있다. 예컨대 다음과 같이 작성한다.

> 문: 더하고 싶은 말이나 유리한 증거가 있는가요.
> 답: 다 솔직히 말씀을 드리고 나니 가슴이 후련합니다. 피해자에게 너무 죄송하고 어떠한 처벌도 달게 받겠습니다. 그리고 피해자에게 훔친 돈 20만원을 지금 가지고 있는데 이를 제출하겠습니다.
> **이때, 진술인이 임의로 제출하는 피해자 소유의 현금 20만원을 압수하고 압수목록 작성하여 조서 말미에 첨부하다.**

다만, 이때에도 압수목록을 작성하여 조서말미에 첨부하는 것을 잊어서는 안 된다.

(3) 수색조서와의 차이

수색조서는 임의제출물을 압수할 때 사용되지 않으나 당사자의 동의를 얻어 임의로 장소를 수색하거나 압수수색영장을 발부받아 수색 후에 압수하게 되는 경우에는 수색조서가 활용된다. 실무적으로 압수조서만을 사용하고 있고 압수조서에는 수색하게 된 경위에 대해 상세히 기재하지 않으므로 압수하는 경우에도 그 전에 수색이 이루어졌다면 수색조서를 작성하여야 한다.

국가인권위원회 19진정0752000 ('20. 6. 22.)에서 영장 없이 이해관계자의 동의를 받아 수색하는 경우 그 임의성을 확보할 수 있는 절차를 마련할 것과, 소속 경찰관들이 수색조서 작성 등의 절차를 준수할 수 있도록 소속 경찰관서에 전파할 것을 권고한다는 취지로 결정을 하여 범죄수사규칙[80])에도 명문화되었다.

라) 압수증명서의 발부

압수수색영장을 활용한 경우는 물론이지만 임의제출을 한 경우에도 임의제출자에게 압수목록을 발부해 주어야 한다. 그러나 압수증명서를 발부하는 경우 증명서

---

80) 범죄수사규칙 제140조(수색조서) ② 경찰관은 주거주 또는 관리자가 임의로 승낙하는 등 피처분자의 동의를 얻어 영장 없이 수색하는 경우에도 수색조서에 그 취지와 이유를 명백히 적어야 한다.

에 압수목록이 포함되어 있기 때문에 압수목록보다는 압수증명서를 발부해 주는 것을 권장한다. 수사 현장에서 간이로 압수목록 등을 교부하는 경우에도 날짜와 소속, 계급을 부기함으로써 문서의 확실성을 기해주어야 한다(비교: 압수수색영장을 집행했으나 압수할 물건이 없었을 경우에도 이에 대한 증명서를 발부해 주어야 하는데 이때 발급하는 증명서와 압수증명서를 혼동하는 일이 없어야 한다).

소 속 관 서

제 0000-00000호   연   월   일

수 신: 수신자

제 목: 압수증명

다음과 같이 압수하였음을 증명합니다.

연 번	품 종	수 량	비 고
1	2012년형 맥북에어 노트북 컴퓨터	1대	가환부 요청
2	센디스크 8기가 메모리카드	1개	소유권포기

소속관서

사법경찰관 계급

마) 임의제출하는 참고서류의 처리

관련자를 조사할 때 자신들에게 유리한 서류를 첨부하거나 증거로 사용해 달라고 수사관에게 요청하는 경우가 있는데 이때 특별한 사유 없이 수령을 거부하게 되면 이의제기를 받기 쉽다. 따라서 서류를 반드시 검토하고 증거로써 가치가 있다면 이를 접수하도록 하여야 하며 그렇지 않은 것은 그 사유를 설명한 후에 반려시켜야 한다.

이때, 앞서 설명한 증거물인지 증거되는 서면인지 확인하고 증거물일 경우 압수절차에 의해 압수를 하고 주민등록등초본, 가족관계증명서, 호적등록초본, 법인등기부등본 등 참고가 되는 서면일 경우 수사기록에 첨부하도록 한다.

다. 압수·수색 및 검증

1) 영장주의의 본질 – 일반영장의 금지

우리나라에 영장제도가 처음 도입된 것은 1948년 미군정법령 제176조에 의해서였다. 미국 연방헌법 수정 제4조가 우리나라의 초기 영장제도에 영향을 미쳤다.[81] 이렇듯 미국의 영장주의는 우리나라의 영장주의 도입과정에서 영향을 주었을 뿐만 아니라 제정 후에도 지속적으로 우리나라의 영장주의의 해석론에 영향을 주고 있기 때문에 미국 연방헌법상 영장주의에 관한 비교법적 연구는 필요하다.

18세기 중반까지 미국의 각 식민지에서는 치안판사의 일반영장에 의한 압수수색이 널리 이루어졌다. 이에 대한 비판이 거세지면서 1776년 버지니아 권리장전(Virginia Bill of Rights)에 일반영장을 금지하는 조항이 처음으로 반영되었으며 1789년 연방의회를 통과하여 1791년 비준된 수정헌법 제4조는 일반영장을 금지하는 것을 주요 목적으로 하였다.[82]

미연방헌법 수정 제4조[83]는 "신체, 주거, 서류 및 소유물에 대한 불합리한 수색

---

81) 김용세, "형사절차상 기본권 보장을 위한 형소법규정 및 실무현실에 관한 연구", 형사정책연구 통권 제75호, 2008, 72면
82) 김종현, 영장주의에 관한 헌법적 연구, 헌법이론과 실무, 헌법재판연구원, 2019, 7−8면
83) The right of the people to be secure in their persons, houses, papers, and effects, against unreasonable searches and seizures, shall not be violated, and no Warrants

및 체포·압수로부터 안전해야 할 사람의 권리는 침해되어서는 안 되고 어떠한 영장도 선서 또는 확약에 의하여 지지된 상당한 이유에 기초하지 않거나 수색될 장소나 체포·압수될 사람 내지 물건을 특정하여 표시하지 않고 발부되어서는 안 된다." 고 규정하고 있다.

미국의 영장주의는 무엇보다도 일반영장의 남용에 따른 폐해를 방지하는 데 도입 목적이 있었다. 일반영장은 사람, 장소, 물건에 대한 대상을 제한하지 않고 수사기관이 원하는 만큼 무제한적으로 수색하는 것을 가능하게 하였기 때문에 영장이라는 형식과 제도의 존재만으로는 기본권 보호에 충실할 수 없다는 반성이 수정헌법 제4조에 반영된 것이다.

우리 헌법은 수정헌법 제4조와 같이 명시적으로 일반영장을 금지하는 내용을 가지고 있지 않지만 헌법의 연혁에 비추어 보면 우리의 영장주의도 일반영장의 금지를 그 본질적인 내용으로 삼고 있다고 해야 한다. 헌법재판소도 통신비밀보호법(1993. 12. 27. 법률 제4650호로 제정된 것, 이하 '법'이라 한다) 제5조 제2항 중 '인터넷회선을 통하여 송·수신하는 전기통신'에 관한 부분이 과잉금지원칙을 위반하여 헌법에 합치하지 않는다는 결정을 하면서 "'패킷감청'의 방식으로 이루어지는 인터넷회선 감청은 수사기관이 실제 감청 집행을 하는 단계에서는 해당 인터넷회선을 통하여 흐르는 불특정 다수인의 모든 정보가 패킷 형태로 수집되어 일단 수사기관에 그대로 전송되므로, 다른 통신제한조치에 비하여 감청 집행을 통해 수사기관이 취득하는 자료가 비교할 수 없을 정도로 매우 방대하다는 점에 주목할 필요가 있다. 불특정 다수가 하나의 인터넷회선을 공유하여 사용하는 경우가 대부분이므로, 실제 집행 단계에서는 법원이 허가한 범위를 넘어 피의자 내지 피내사자의 통신자료뿐만 아니라 동일한 인터넷회선을 이용하는 불특정 다수인의 통신자료까지 수사기관에 모두 수집·저장된다. 따라서 인터넷회선 감청을 통해 수사기관이 취득하는 개인의 통신자료의 양을 전화감청 등 다른 통신제한조치와 비교할 바는 아니다."라고 판시[84]함으로써 패킷감청 등의 새로운 수사기법이 일반영장금지원칙에 반한다는 지

shall issue, but upon probable cause, supported by Oath or affirmation, and particularly describing the place to be searched, and the persons or things to be seized.

84) 헌법재판소 2018. 8. 30. 선고 2016헌마263 전원재판부 결정

적을 하였다.

2) 압수수색의 개념

증거물 또는 몰수할 것으로 예상(사료)되는 물건의 점유를 취득하는 강제처분(형사소송법 제106조)을 압수라고 하고, 압수할 물건이나 사람을 발견하기 위하여 사람의 신체, 물건, 주거 기타 장소에 강제력을 행사하는 처분(형사소송법 제109조)을 수색이라고 한다. 압수와 수색은 별개의 처분이지만, 실무에서는 동시에 이루어지기 때문에 구분 없이 압수수색영장 1통만을 발부받아 사용하고 있다.

최근 압수수색영장을 발부와 집행의 사례를 보면 압수수색이 강제처분이라고 단정할 수 없게 되었다. 신용카드회사에 공문을 발송하여 매출전표의 거래명의자가 누구인지 확인한 것에 관하여 대법원은 "수사기관이 범죄 수사를 목적으로 금융실명거래 및 비밀보장에 관한 법률 제4조 제1항에 정한 '거래정보 등'을 획득하기 위해서는 법관의 영장이 필요하고, 신용카드에 의하여 물품을 거래할 때 '금융회사 등'이 발행하는 매출전표의 거래명의자에 관한 정보 또한 금융실명법에서 정하는 '거래정보 등'에 해당하므로, 수사기관이 금융회사 등에 그와 같은 정보를 요구하는 경우에도 법관이 발부한 영장에 의하여야 한다. 그럼에도 수사기관이 영장에 의하지 아니하고 매출전표의 거래명의자에 관한 정보를 획득하였다면, 그와 같이 수집된 증거는 원칙적으로 형사소송법 제308조의2에서 정하는 '적법한 절차에 따르지 아니하고 수집한 증거'에 해당하여 유죄의 증거로 삼을 수 없다."고 판시[85]하고 있다. 임의적인 방법에 의해 자료를 제공받은 사안에 대해서도 우리의 판례는 영장을 요구하고 있는 것이다. 가입자정보를 확인하기 위한 통신자료제공요청서는 압수수색영장으로 대체되고 있으며 이메일, 금융자료 등도 압수수색영장에 의해 제공받고 있으나 어떠한 경우에도 집행에 있어 강제력의 행사는 없다. 정보, 데이터에 대한 압수수색이 등장하면서 '강제처분'이라는 기존의 공식에 변화가 있다.

'압수수색'이라는 용어에 대해서도 재검토가 필요하다. 수색의 압수에 선행되기 때문에 미국의 경우 search and seizure라는 표현을 쓰는 데 반해 우리는 압수수색이라는 용어를 사용함으로써 '압수'에 방점을 두고 '수색'이 가지는 문제점에 대해서는 깊게 생각하지 않는 면이 있다. 영장 실무에서도 수색조서보다는 압수조서를 작

---

85) 대법원 2013. 3. 28. 선고 2012도13607 판결

성하는 것도 이러한 현상의 예시가 될 수 있다. 수색과 압수가 침해하는 본질은 프라이버시이지 압수되는 물건에 대한 소유권과 점유권의 침탈은 부수적인 것이다. 특히, 정보와 데이터에 대한 압수수색이 일상화가 되는 시대에서는 수색이 가지는 문제점에 대해 더욱 깊은 성찰이 필요하다.

3) 압수수색의 요건

압수수색이 허용되고 적법하기 위해서는 ① 피의자에게 범죄혐의가 있어야 하며, ② 압수수색이 범죄의 수사에 필요하여야 하며, ③ 압수수색할 대상이 해당 사건과 관계가 있어야 하며, ④ 압수수색영장의 집행에 있어서 비례성의 원칙이 요구된다.

가) 범죄혐의

체포 또는 구속에서는 '피의자가 죄를 범하였다고 의심할 만한 상당한 이유'를 요건으로 하는데 압수수색의 경우에는 어느 정도의 범죄혐의가 필요한지가 관건이다. 이에 대하여 압수수색으로 인해 침해되는 재산권이나 프라이버시보다는 인신의 자유에 대한 침해의 위험이 더 크다는 점, 통상 대물적 강제수사가 대인적 강제수사에 앞서 행하여지는 점, 형사소송법이 '상당한 이유'와 '정황'을 구별하여 규정하는 점 등을 종합하여, 체포 또는 구속에서 요구되는 범죄혐의의 정도는 유죄판결을 받을 '고도의 개연성' 또는 '현저한 범죄혐의'를 의미하는 데 반하여 압수수색에서 요구되는 그것은 '특정한 범죄를 범하였을 개연성'[86] 또는 최초의 혐의, 단순한 혐의로 충분하다고 보아야 한다[87]는 견해가 있다. 그러나 과연 프라이버시에 대한 침해가 체포에 따르는 신체의 자유침해보다 덜 하다는 근거가 있는지 의문이다. 특히 요즘과 같은 시대에서 모든 정보가 개인의 저장매체에 함축되어 있는 경우에는 프라이버시의 요청이 일시적인 신체의 자유에 대한 갈망에 비해 같거나 더 클 수도 있다는 것이다. 요구되는 범죄의 혐의의 정도에 대해서는 앞의 학자들의 견해에 동의하지만 압수수색에서의 범죄혐의가 체포나 구속의 경우에서 요구되는 요건에 비하여 약화되는 것은 압수수색이 체포, 구속, 기소, 재판 등의 절차에 선행되고 범죄수사를 위해서 반드시 필요한 절차이기 때문이다.

---

86) 신동운, 신형사소송법 제5판, 법문사, 2014, 415면
87) 이재상·조균석, 형사소송법 제11판, 박영사, 2017, 427면.

나) 수사의 필요성

수사는 범죄의 혐의가 있어야 개시되는 것이므로 비록 그 혐의가 수사기관의 주관적 혐의일 수밖에 없더라도 구체적 사실에 근거를 둔 것이어야 한다. 따라서 단순한 추측에 의하거나 탐색적 의미로는 수사가 허용되어서는 아니 될 것이므로 공소시효가 완성되었음이 명백한 경우라든가 친고죄에 있어서 고소권이 소멸하였음이 명백하여 공소권 없음이 분명한 경우 등에는 압수수색이 허용되지 않는다. 물론 위 제215조의 '범죄수사에 필요한 때'라 함은 이러한 수사의 필요성 외에도 더 나아가 강제처분으로서 압수 등을 행하지 않으면 수사의 목적을 달성할 수 없는 경우를 말하며 그 여부는 범죄의 형태나 경중, 압수물의 증거가치 및 중요성, 증거인멸의 우려 유무, 압수로 인하여 피압수자가 받을 불이익의 정도 등 제반 사정을 종합적으로 고려하여 판단하여야 할 것이다.[88]

다) 관련성

과거 수사실무에서 압수수색은 상당히 광범위하게 이루어졌다. 이러한 방식의 영장집행은 영장주의의 도입배경이 되었던 일반영장과 다를 바가 없는 것이다. 2011. 7. 18. 개정된 형사소송법은 "해당 사건과 관계가 있다고 인정할 수 있는 것에 한정하여" 압수수색할 수 있도록 명시함으로써 그간 해석상 인정되어 오던 사건 관련성 요건을 명시하였다. 관련성은 앞서 언급한 수사의 필요성과는 독립된 요건이다.

해당 사건과의 관련성이 있다는 것은 당해 영장에 기재된 혐의사실과의 객관적 관련성과 압수수색 대상자와 피의자 사이의 인적 관련성이 있다는 것을 의미한다. 객관적 관련성이란 "압수수색영장에 기재된 혐의사실 자체, 또는 그와 기본적 사실관계가 동일한 범행과 직접 관련된 경우는 물론, 범행 동기와 경위, 범행수단과 방법, 범행 시간과 장소 등을 증명하기 위한 간접증거나 정황증거 등으로 사용될 수 있는 경우"를 말한다. 인적 관련성이란 "압수수색영장에 기재된 대상자와의 공동정범이나 교사범, 간접정범은 물론 필요적 공범 등에 대한 피고사건에 대한 관련성"을 말한다.[89]

---

88) 대법원 2004. 3. 23.자 2003모126 결정
89) 대법원 2017. 12. 5. 선고 2017도13458 판결

영장의 집행과정에서 범죄혐의와 관련이 없는 부분을 압수수색한 것은 영장주의 등 원칙에 반하는 위법한 집행이다. 대법원은 "저장매체 자체를 수사기관 사무실 등으로 옮긴 후 영장에 기재된 범죄혐의 관련 전자정보를 탐색하여 해당 전자정보를 문서로 출력하거나 파일을 복사하는 과정 역시 전체적으로 압수·수색영장 집행의 일환에 포함된다고 보아야 한다. 따라서 그러한 경우 문서출력 또는 파일복사 대상 역시 혐의사실과 관련된 부분으로 한정되어야 하는 것은 헌법 제12조 제1항, 제3항, 형사소송법 제114조, 제215조의 적법절차 및 영장주의 원칙상 당연하다. 그러므로 수사기관 사무실 등으로 옮긴 저장매체에서 범죄혐의 관련성에 대한 구분 없이 저장된 전자정보 중 임의로 문서출력 혹은 파일복사를 하는 행위는 특별한 사정이 없는 한 영장주의 등 원칙에 반하는 위법한 집행이다."라고 판시[90]하고 있다.

관련성 원칙에 위반하여 수집한 증거는 증거능력이 없다. 대법원은 "이 사건 영장의 '압수할 물건'란에는 위와 같은 범죄사실과 관련하여 공소외 1이 소유하거나 보관 중인 제1호부터 제7호까지의 물건들이 열거되어 있는데, 그중 제1호에는 '공소외 2 법인, 공소외 3 법인의 설립 및 운영에 관련된 보고서류, 회계서류, 결재서류, 업무일지, 수첩, 메모지, 명함 등 관련 문서 일체'라고 기재되어 있다. 그런데 이 사건 영장으로 압수한 이 사건 전자정보는 '청와대 인사안', '청와대 및 행정 각부의 보고서', '대통령 일정 관련 자료', '대통령 말씀자료', '외교관계자료' 등으로서, 이 사건 영장 기재 범죄사실에 대한 직접 또는 간접증거로서의 가치가 있다고 보기 어렵다. 또한 이 사건 전자정보는 검사의 주장과 달리 이 사건 영장의 '압수할 물건'란에 기재된 제1호를 포함하여 어느 항목에도 해당된다고 보기 어렵다. – 중략 – 따라서 이 사건 전자정보 출력물은 형사소송법 제308조의2에서 정한 위법수집증거에 해당하여 유죄의 증거로 쓸 수 없고, 그와 같은 절차적 위법은 헌법에 규정된 영장주의 내지 적법절차의 실질적 내용을 침해하는 경우에 해당하므로, 예외적으로 증거능력을 인정할 수도 없다."라고 판시[91]하였다.

라) 비례성

압수수색의 필요성이 인정되는 경우에도 무제한적으로 허용되는 것이 아님은 당

---

90) 대법원 2011. 5. 26.자 2009모1190 결정
91) 대법원 2018. 4. 26. 선고 2018도2624 판결

연하다. 즉, 강제수사로서 압수를 행하지 않으면 수사의 목적을 달성할 수 없는 경우 등 그 필요성이 인정되는 경우에도 ① 다른 방법이 없는 경우로서 증거물이나 범인확보 등 수사목적을 달성하는데필요한 최소한에 그쳐야 하고(최소침해의 원칙), ② 기본권 침해의 정도와 비교하여 그 대상과 범위가 제한되어 허용되어야 하며(적합성 원칙), ③ 압수를 필요로 하는 요건이 모두 갖추어진 경우에도 혐의의 중대성에 비추어 기본권의 침해 정도가 큰 경우에는 압수가 허용되지 아니한다(균형성 원칙).[92]

4) 압수수색영장의 종류

수사기관이 신청, 청구하는 압수수색영장은 형사소송법 제215조를 근거로 하고 있으나 금융실명거래 및 비밀보장에 관한 법률(이하 '금융실명법'), 통신비밀보호법 등 특별법에도 관련 정보를 취득할 때 압수수색영장에 관한 특칙이 있으므로 압수수색영장은 크게 형사소송법에 의한 일반영장, 금융실명법에 의한 금융계좌추적용 영장, 형사소송법과 통신비밀보호법에 의한 전기통신 영장으로 구분할 수 있다.

가) 일반영장

금융계좌추적용 영장 또는 전기통신 영장을 제외하고 모든 압수수색에 사용되는 영장이다. 전기통신사업법에 의한 통신자료제공요청으로 포털 사이트 가입자정보를 제공받아 왔으나 해당 가입자정보의 제공에 따라 가입자와 포털 사이트 업체 간 민사상의 분쟁이 발생한 사건이 발생한 이후로 대형 포털 사이트에서는 통신자료제공요청서에 의한 자료제공을 거부하였다. 이와 같이 일정한 정보의 제공을 거부하는 경우에는 일반영장을 발부받아 집행하여야 한다.

나) 금융계좌추적용 영장

금융실명법 제4조 제1항은 "금융회사등에 종사하는 자는 명의인의 서면상의 요구나 동의를 받지 아니하고는 그 금융거래의 내용에 대한 정보 또는 자료를 타인에게 제공하거나 누설하여서는 아니 되며, 누구든지 금융회사등에 종사하는 자에게 거래정보등의 제공을 요구하여서는 아니 된다."라고 선언하고 다만, 법원의 제출명령 또는 법관이 발부한 영장에 따른 거래정보 등의 제공은 예외로 한다고 규정하고 있다.

---

92) 신동운, 신형사소송법 제5판, 법문사, 2014, 419면

또한 같은 조 제2항은 "거래정보등의 제공을 요구하는 자는 다음 각 호의 사항이 포함된 금융위원회가 정하는 표준양식에 의하여 금융회사등의 특정 점포에 이를 요구하여야 한다."라고 함으로써 금융계좌추적용 영장을 제시할 것을 요구하고 있다.

신용카드 가입자 인적사항, 카드 사용내역, 은행 고객정보, 거래내역 등은 금융계좌추적용 영장에 의해 확보해야 하며 영장을 신청하는 단계에서 집행의 대상, 즉 압수수색할 장소가 될 "금융회사"에 해당하는지 확인한 후 신청을 하여야 한다. "금융회사 등"은 금융실명법 제2조 제1호와 시행령 제2조에 명시되어 있다.[93][94]

금융실명거래 및 비밀보장에 관한 법률
제2조(정의) 이 법에서 사용하는 용어의 뜻은 다음과 같다.
1. "금융회사등"이란 다음 각 목의 것을 말한다.
   가. 「은행법」에 따른 은행
   나. 「중소기업은행법」에 따른 중소기업은행
   다. 「한국산업은행법」에 따른 한국산업은행
   라. 「한국수출입은행법」에 따른 한국수출입은행
   마. 「한국은행법」에 따른 한국은행
   바. 「자본시장과 금융투자업에 관한 법률」에 따른 투자매매업자·투자중개업자·집합투자업자·신탁업자·증권금융회사·종합금융회사 및 명의개서대행회사
   사. 「상호저축은행법」에 따른 상호저축은행 및 상호저축은행중앙회
   아. 「농업협동조합법」에 따른 조합과 그 중앙회 및 농협은행
   자. 「수산업협동조합법」에 따른 조합과 그 중앙회 및 수협은행
   차. 「신용협동조합법」에 따른 신용협동조합 및 신용협동조합중앙회
   카. 「새마을금고법」에 따른 금고 및 중앙회
   타. 「보험업법」에 따른 보험회사
   파. 「우체국예금·보험에 관한 법률」에 따른 체신관서

---

93) 교통카드 기능을 수행하는 티머니 카드의 운영기업은 금융실명법상의 금융회사에 해당하지 않기 때문에 해당 회사로부터 관련 정보를 취득하기 위해서는 일반 압수수색영장을 발부받아야 한다.
94) 금융회사인지 여부가 불분명한 경우에는 해당 기업의 홈페이지를 통해 회사의 법적 성격을 파악하거나 금융감독원에서 제공하는 제도권금융회사조회 서비스를 통해 확인하여야 한다.

하. 그 밖에 대통령령으로 정하는 기관

금융실명거래 및 비밀보장에 관한 법률 시행령
제2조(금융회사등) 「금융실명거래 및 비밀보장에 관한 법률」(이하 "법"이라 한다) 제2조제1호하목에서 "대통령령으로 정하는 기관"이란 다음 각 호의 것을 말한다.
1. 삭제 <2019. 6. 25.>
2. 「여신전문금융업법」에 따른 여신전문금융회사 및 신기술사업투자조합
3. 「기술보증기금법」에 따른 기술보증기금
4. 「대부업 등의 등록 및 금융이용자 보호에 관한 법률」제3조에 따라 대부업 또는 대부중개업의 등록을 한 자
5. 「벤처투자 촉진에 관한 법률」제2조제10호 및 제11호에 따른 중소기업창업투자회사 및 벤처투자조합
6. 「신용보증기금법」에 따른 신용보증기금
7. 「산림조합법」에 따른 지역조합·전문조합과 그 중앙회
8. 「지역신용보증재단법」에 따른 신용보증재단
9. 삭제 <2008. 7. 29.>
10. 「자본시장과 금융투자업에 관한 법률」에 따른 거래소(「자본시장과 금융투자업에 관한 법률」제392조제2항에 따라 같은 법 제391조제2항제1호의 신고사항과 같은 항 제3호에 따른 신고 또는 확인 요구사항에 대하여 정보의 제공을 요청하는 경우만 해당한다)
11. 「한국주택금융공사법」에 따른 한국주택금융공사
12. 「외국환거래법」제8조제3항제2호에 따라 등록한 소액해외송금업자
13. 그 밖에 사실상 금융거래를 하는 개인 또는 법인으로서 총리령으로 정하는 자

다) 전기통신 영장

이메일과 같이 송수신이 이미 완료된 전기통신에 관하여는 전기통신 압수수색영장을 발부받아 집행하게 된다. 전기통신 영장에는 전기통신의 작성기간을 명시해야 하며,[95] 전기통신 영장을 집행한 경우에는 공소제기 또는 불기소처분을 한 때 수사

---

95) 형사소송법 제114조(영장의 방식) ① 압수·수색영장에는 피고인의 성명, 죄명, 압수할 물건, 수색할 장소, 신체, 물건, 발부년월일, 유효기간과 그 기간을 경과하면 집행에 착수하

대상이 된 가입자에게 영장집행 사실을 통지해야 한다.[96]

최근 카카오톡과 같은 메신저가 활용됨에 따라 메신저의 대화내용에 대해 통신비밀보호법상 감청허가서를 발부받아 집행했었으나 카카오톡 대화는 서버에 저장된 메시지 내역을 수사기관에 송부하는 것이므로 이는 전송 중인 전기통신에 해당하지 않는다는 판결[97]에 따라 카카오톡 메신저 대화내용은 전기통신 압수수색영장으로 집행해야 한다.

5) 금융, 전기통신영장의 집행방법에 관한 논의

대법원은 이메일에 대한 압수수색에서는 전기통신사업자에게 영장을 모사전송으로 제시한 행위에 대해 영장 제시 절차를 위반하였다고 판결[98]하였고 금융거래자료

지 못하며 영장을 반환하여야 한다는 취지 기타 대법원규칙으로 정한 사항을 기재하고 재판장 또는 수명법관이 서명날인하여야 한다. <u>다만, 압수·수색할 물건이 전기통신에 관한 것인 경우에는 작성기간을 기재하여야 한다.</u>

96) 통신비밀보호법 제9조의3(압수·수색·검증의 집행에 관한 통지) ① 검사는 송·수신이 완료된 전기통신에 대하여 압수·수색·검증을 집행한 경우 그 사건에 관하여 공소를 제기하거나 공소의 제기 또는 입건을 하지 아니하는 처분(기소중지결정을 제외한다)을 한 때에는 그 처분을 한 날부터 30일 이내에 수사대상이 된 가입자에게 압수·수색·검증을 집행한 사실을 서면으로 통지하여야 한다.
② 사법경찰관은 송·수신이 완료된 전기통신에 대하여 압수·수색·검증을 집행한 경우 그 사건에 관하여 검사로부터 공소를 제기하거나 제기하지 아니하는 처분의 통보를 받거나 내사사건에 관하여 입건하지 아니하는 처분을 한 때에는 그날부터 30일 이내에 수사대상이 된 가입자에게 압수·수색·검증을 집행한 사실을 서면으로 통지하여야 한다.

97) "수사기관으로부터 집행위탁을 받은 카카오는 통신비밀보호법이 정한 감청의 방식, 즉 전자장치 등을 사용하여 실시간으로 이 사건 대상자들이 카카오톡에서 송·수신하는 음향·문언·부호·영상을 청취·공독하여 그 내용을 지득 또는 채록하는 방식으로 통신제한조치를 집행하여야 하고 임의로 선택한 다른 방식으로 집행하여서는 안 된다고 할 것이다. 그런데도 카카오는 이 사건 통신제한조치허가서에 기재된 기간 동안, 이미 수신이 완료되어 전자정보의 형태로 서버에 저장되어 있던 것을 3~7일마다 정기적으로 추출하여 수사기관에 제공하는 방식으로 통신제한조치를 집행하였다. 이러한 카카오의 집행은 동시성 또는 현재성 요건을 충족하지 못해 통신비밀보호법이 정한 감청이라고 볼 수 없으므로 이 사건 통신제한조치허가서에 기재된 방식을 따르지 않은 것으로서 위법하다고 할 것이다. 따라서 이 사건 카카오톡 대화내용은 적법절차의 실질적 내용을 침해하는 것으로 위법하게 수집된 증거라 할 것이므로 유죄 인정의 증거로 삼을 수 없다."(대법원 2016. 10. 13. 선고 2016도8137 판결)

98) 대법원 2017. 9. 7. 선고 2015도10648 판결

에 대한 영장집행에서도 영장을 직접 제시하지 않아 적법절차를 위반하였다고 판결[99]하였다. 최근 법원은 사업자가 보관하고 있는 데이터의 취득에 관하여도 기존 형사소송법 규정을 엄격히 적용하는 모습을 보이고 있다.

형사소송법 제정 당시의 압수수색은 특정 장소에 대한 강제력 행사를 통해 주거의 평온을 침해하고 물건에 대한 압류를 통해 재산권을 침해하는 행위를 수반한 것이었으나, 사업자가 보관하고 있는 데이터에 대한 취득은 법관의 심사를 거쳐야 한다는 점을 제외하면 임의적인 자료제출의 모습을 그대로 유지하고 있다는 점이 간과되어서는 안 된다.

금융자료 등 개인에 관한 데이터에 대한 헌법적 가치의 변화에 따라 해당 데이터에 대한 무차별적인 취득을 견제하기 위해 까다로운 요건을 도입하거나 기존 형사소송법에서 규정된 영장을 추가로 요구하는 등 그 절차를 엄격하게 하는 것은 바람직한 입법방향이나 이를 획득하는 절차적 방법에 관하여 물리적인 압수수색에 적합한 과거의 것을 그대로 적용하는 것이 타당한지에 대해서는 재고해 보아야 한다.[100]

6) 압수수색의 절차

가) 영장 신청 및 청구

① 범죄혐의가 있다고 인정되는 자료와 압수의 필요성을 인정할 수 있는 자료를 제출하여야 한다.

② 피의자 아닌 자의 신체 물건 주거 기타 장소에 관하여 압수영장 신청하는 경우 압수할 물건이 있음을 인정할 수 있는 상황을 소명할 자료를 첨부하여야 한다.

나) 영장의 발부

영장의 기재 사항(피의자의 성명, 죄명, 압수할 물건, 수색할 장소·신체·물건, 발부연월일, 유효기간 등)과 대상은 명시적이고 개별적으로 표시하여야 하며 영장의 유효기간은 통상 7일이다.

---

99) 대법원 2019. 3. 14. 선고 2018도2841 판결
100) 이관희·이상진, "데이터 보관 사업자에 대한 영장집행 절차의 현실화 방안에 관한 연구: 피의자에 대한 사전 통지 생략 및 영장 사본제시 필요성을 중심으로", 형사정책연구 제31권 제1호, 2020, 129-130면

➡ '피의자가 보유하고 있는 범죄 관련 모든 물건' 등과 같이 추상적으로 기재해서는 안 된다. 유효기간 내라고 하더라도 동일한 영장으로 수 회 같은 장소에서 압수수색할 수는 없지만, 동일 장소가 아니면 가능하다(금융계좌 등).

다) 영장의 집행

① 영장의 집행은 검사의 지휘에 의해 사법경찰관리가 집행한다(형사소송법 제115
　조, 제219조).

➡ 영장 집행과 관련한 조항 형사소송법 제81조, 제115조 등은 경찰의 입장에서는 대표적인 독소조항이다. 그리고 이 조항으로 인하여 형집행장, 구속영장, 검사 수배자 검거 시 인계 등의 문제가 발생한다.

② 사법경찰관이 압수수색검증할 때 사법경찰관리를 참여하게 해야 한다(형사소
　송법 규칙 제110조).

➡ 따라서, 단독으로 피의자신문조서를 작성할 수 없는 것처럼 영장의 집행도 마찬가지이다.

③ 제시: 압수수색영장은 처분을 받는 자에게 반드시 제시되어야 한다.(형사소송
　법 제118조).

➡ 제시에 대해서는 표지만을 제시하여 판사의 영장 발부 사실을 고지하는 수준에 이를 것인지, 별지까지 같이 제시할 것인지, 나아가 열람·등사까지 허용할 것인지 견해의 대립이 있으나, 별지도 영장의 일부분이기 때문에 영장 전체를 제시하여야 하며 피대상자가 그 내용을 정확히 인식할 수 있도록 해야 한다.

➡ 다만, 검찰에서 법원으로 청구할 시 영장 기재를 요하지 않는 '범죄사실'이 같이 기재되는 경우가 많으므로 신청단계에서 범죄사실에 관련자의 개인정보 등이 자세하게 기재되지 않도록 주의를 해야 한다. 또한 영장은 장소의 관리자에게 제시하는 것 외에 물건 소지자에게도 개별적으로 영장을 제시하는 것이 원칙이다(대법원 2009. 3. 12. 선고 2008도763 판결).

④ 출입 금지 등 조치: 압수 수색 영장 집행 중에는 타인의 출입을 금지할 수 있고 이에 위배한 자에게는 퇴거하게 하거나 집행 종료 시까지 간수자를 붙일 수 있으며, 필요하다면, 잠금 장치 등을 열거나 개봉할 수도 있다.

⑤ 참여: 피의자, 변호인은 압수·수색 영장의 집행에 참여할 수 있으며, 미리 집

행의 일시와 장소를 피의자와 변호인에게 통지하여야 한다. 단, 피의자, 변호인이 참여하지 아니한다는 의사를 명시한 때 또는 급속을 요하는 때에는 예외로 한다(형사소송법 제121조, 제122조).

➡ 타인의 주거, 간수자 있는 가옥, 건조물, 항공기 또는 선차 내에서 압수영장 집행시에는 주거주, 간수자 또는 이에 준하는 자를 반드시 참여시켜야 하며, 이들을 참여시키지 못하는 경우에는 인거인(이웃집) 또는 지방공공단체의 직원을 참여시켜야 한다(형사소송법 제123조).

⑥ 기타: 여자의 신체 수색 시에는 성년의 여자 참여, 공무소 등을 상대로 할 때는 그 책임자에게 참여할 것을 통지하여야 한다.

⑦ 야간 집행 제한: 일출 전, 일몰 후 집행을 위해서는 영장에 별도의 기재 필요, 다만 도박 기타 풍속을 해하는 행위에 상용된다고 인정하는 장소, 여관 음식점 기타 야간에 공중이 출입할 수 있는 장소는 공개한 시간 내에 행할 수 있다(형사소송법 제125조, 제126조).

라) 조서 작성 및 증명서 교부

① 수색결과 증거물 또는 몰수할 물건을 발견하지 못한 때에는 그 취지의 증명서를 작성하어 수색을 받은 자에게 교부하여야 한다(형사소송법 128조). ― 수색증명서 교부[101]

② 증거물 등을 발견한 때에는 이를 압수하고 압수목록을 작성한 후 소유자, 소지자, 보관자 기타 이에 준할 자에게 교부하여야 한다(형사소송법 129조).

➡ 압수 직후 목록 교부 등이 이루어져야 함에도 경찰은 일단 모두 사무실로 가지고 온 후 사무실에서 분류 작업을 거쳐 압수할 것, 반환할 것, 애매한 것 등으로 분류하였다가 차후에 추가 압수 또는 임의제출 압수할 것으로 분류해서 처리하는 잘못된 관행이 있다. 공무원인 수사기관이 작성하여 피압수자 등에게 교부해야 하는 압수물 목록에는 작성연월일을 기재하고, 그 내용은 사실에 부합해야 한다. 압수물 목록은 피압수자 등이 압수물에 대한 환부·가환부 신청을 하거나 압수처분에 대한 준항고를 하는 등 권리행사절차를 밟는 가장 기초적인 자료가 되므로, 이러한

---

101) 실무상 수색증명서를 발부하는 수사관을 거의 본 적이 없을 정도로 지키고 있지 않으므로 주의해야 한다.

권리행사에 지장이 없도록 압수 직후 현장에서 바로 작성하여 교부해야 하는 것이 원칙이다(대법원 2009. 3. 12. 선고 2008도763 판결).

③ 압수한 이후에는 압수의 경위를 기재한 압수조서, 압수물건의 특징을 구체적으로 기재한 압수목록을 작성하여야 하고 압수목록을 교부하여야 하며 교부하는 압수목록에는 연월일과 피교부자의 서명을 함께 받도록 한다.

7) 디지털 증거에 대한 압수수색

가) 디지털 증거의 증거능력

사진, 녹음, 영상녹화물은 기록되는 것의 일부이다. 디지털이라는 저장방식은 사진, 녹음, 영상녹화물뿐만 아니라 다양한 데이터를 처리할 수 있도록 설계되었다. 사진, 녹음, 영상녹화물 등 사람에 의해 의도적으로 작성되어 저장매체에 보관된 증거 이외에도 부지불식간에 프로그램에 의해 자동적으로 생성된 메타데이터, 로그데이터, 보조데이터 등 다양한 종류의 데이터가 디지털 방식으로 존재한다.[102] 편지를 대신하여 이메일을 보낼 수 있으며 SNS를 통해 각종 파일을 전송할 수도 있다. 디지털 방식으로 저장, 전송되는 데이터들은 이제 모든 범죄사건에서 필수적인 증거로 자리매김을 하고 있고 디지털 증거의 증거능력을 인정하기 위한 요건에 관하여 많은 논의들이 있다.

디지털 증거가 출현하기 이전 우리의 형사사법은 조서재판에 치중한 나머지 전문법칙에 관심이 많았고 물적 증거에 대해서는 심지어 위법하게 수집한 경우에도 성질형상불변론에 입각하여 증거능력을 넉넉히 인정해 주는 태도를 취했었다. 그러나 디지털 매체에는 각종 데이터가 혼재되어 있고 비록 손바닥만 한 스마트폰이 압수되는 것이기는 하나 그 안의 데이터 수색의 양은 방대하여 디지털 매체에 대한 압수수색의 방법이 과도하다는 비판이 일어나게 되었고 이를 계기로 과거 수사기관의 포괄적 압수수색 관행에 대해 반성적으로 고려하는 계기를 마련하였다. 우리 법원은 디지털 매체에 대한 압수수색의 문제점을 판례를 통해 지적하였으며 입법부는 형사소송법의 개정을 통해 디지털 매체에 대한 새로운 압수수색방법을 제시하였다.

현재 법원은 디지털 증거의 증거능력의 요건으로 1비트도 변경되지 않았음을 증

---

102) 이상진, 디지털 포렌식 개론 개정판, 이룬, 2015. 11, 76－77면

명하는 해시값의 확인을 통한 무결성, 동일성, 기존의 '과학적 증거'에서 요구되던 신뢰성, 정확성 등을 다소 획일적으로 제시하고 있고 이러한 요건들은 과거 다른 증거들에 대해서는 요구되지 않던 새로운 것이다. 휴대전화기에 있는 문자정보를 촬영한 사진을 증거로 제출한 사안에서는 "이를 증거로 사용하기 위해서는 문자정보가 저장된 휴대전화기를 법정에 제출할 수 없거나 그 제출이 곤란한 사정이 있고, 그 사진의 영상이 휴대전화기의 화면에 표시된 문자정보와 정확하게 같다는 사실이 증명되어야 할 것이다."라고 판시[103]하고 있음에 반하여 디지털 증거에서는 더욱 엄격한 요건을 제시하는 것으로 보여진다.

(1) 영남위원회 사건[104]

영남위원회 사건은 디지털 증거에 대한 법적 논의가 처음 제기한 사건이다. 이 사건에서 대법원은 컴퓨터 디스켓에서 출력한 문건의 내용의 진실성에 관하여 증거로 제출된 경우 전문법칙을 적용하여 원작성자 또는 진술자가 인정하지 않은 디지털 증거에 관해 증거능력을 부인하였고 문건의 존재가 증거가 되는 경우 적법한 검증 절차를 거친 경우에 증거능력을 인정하였다.

수사기관에서는 컴퓨터 디스켓을 압수할 때 디스켓 등을 한꺼번에 모아놓고 사진촬영을 한 후 압수목록을 작성하고, 위 압수목록 말미에 피압수자의 서명, 무인을 받았고 이에 대해 피고인들은 "압수된 디스켓의 경우 그 자체가 증거물이 아니라 디스켓에 수록된 내용이 증거가 되는 것이기는 하나 그것은 여전히 증거물이지 증거서류는 아니라 할 것이므로, 디스켓을 압수할 당시 그 속에 저장되어 있는 파일명, 생성일시, 용량 등을 확인시킨 후 봉함을 하거나, 그럴 만한 시간적 여유가 없을 경우에도 우선 그 디스켓을 봉함하여 피압수자의 확인을 받은 후 동인의 입회하에 봉함을 뜯어 디스켓의 내용을 동인에게 확인시키는 절차를 취하는 것이 압수물에 대한 위조 또는 변조의 의심을 배제할 수 있다."고 주장하면서 압수방법의 위법하다고 주장하였으나 대법원은 "컴퓨터 디스켓을 압수함에 있어 위조, 변조 등의 위험을 피하기 위하여 피고인들이 주장하는 바와 같은 방법을 취하는 것이 바람직하다 하더라도 이는 단지 압수방법의 적정 여부에 관한 것일 뿐 그와 같은 조치를 취하지 않은 것이 반드시 위법한 것이라고는 할 수 없다."고 판시하였다.

---

103) 대법원 2008. 11. 13. 선고 2006도2556 판결
104) 대법원 1999. 9. 3. 선고 99도2317 판결

컴퓨터 디스켓에 들어 있는 문건이 증거로 제출된 것에 대해서는 "컴퓨터 디스켓은 그 기재의 매체가 다를 뿐 실질에 있어서는 피고인 또는 피고인 아닌 자의 진술을 기재한 서류와 크게 다를 바 없고, 압수 후의 보관 및 출력과정에 조작의 가능성이 있으며, 기본적으로 반대신문의 기회가 보장되지 않는 점 등에 비추어 그 기재 내용의 진실성에 관하여는 전문법칙이 적용된다고 할 것이고, 따라서 형사소송법 제313조 제1항에 의하여 그 작성자 또는 진술자의 진술에 의하여 그 성립의 진정함이 증명된 때에 한하여 이를 증거로 사용할 수 있다 할 것이다."라고 판시하면서 컴퓨터 디스켓에 수록된 문건들에 대하여는 그 작성자 또는 진술자에 의하여 성립의 진정함이 증명된 바 없기 때문에 증거능력을 인정할 수 없다고 하였다. "다만, 이적 표현물을 컴퓨터 디스켓에 저장, 보관하는 방법으로 이적표현물을 소지하는 경우에는 컴퓨터 디스켓에 담긴 문건의 내용의 진실성이 아닌 그러한 내용의 문건의 존재 그 자체가 직접 증거로 되는 경우이므로 적법한 검증 절차를 거친 이상 이적표현물 소지의 점에 관하여는 컴퓨터 디스켓의 증거능력이 인정된다고 할 것이다."고 판시하였다.

이 사건의 대법원 판결에서는 "동일성"에 대한 직접적인 언급은 없으나 "적법한 검증 절차"를 거쳤다는 원심 판결[105])을 인용한 것으로 보아 문건의 존재 자체가 직접 증거가 되는 경우에도 동일성 요건을 충족하는 조건에서 증거능력을 인정해 준 것으로 보아야 한다.

원심은 압수한 디스켓의 파일에 대한 위조, 변조 여부를 검증을 통해 확인하였으며 압수된 디스켓의 파일에 대한 출력물의 동일성 여부에 관하여는 "압수된 디스켓, 노트북컴퓨터의 출력물인 각 문건들이 과연 위 디스켓 또는 노트북컴퓨터에서 적법하게 출력된 것이지, 또 그 내용이 위 디스켓 등의 파일과 일치하는지 여부에 대하여 당심에 이르러 검증 및 감정절차를 통하여 동일성 여부 등이 확인되었으므로 그 증거능력에 관한 의문의 여지는 없게 되었다."고 판시하였다.

(2) 일심회 및 왕재산 판결

2007. 12. 13. 대법원은 일명 일심회 사건 판결[106])을 통해 디지털증거의 증거능력 인정요건을 최초로 구체적으로 언급하였으며 2013. 7. 26. 일명 왕재산 사건 판

---

105) 부산고등법원 1999. 5. 17. 선고 99노122 판결
106) 대법원 2007. 12. 13. 선고 2007도7257 판결

결107)에서는 무결성이라는 용어를 도입하고 그 증명 방법을 더욱 구체화하였는데 두 판결은 디지털 증거에 대한 증거능력 인정요건을 정리하였다. 요지는 다음과 같다.108)

일심회 사건	왕재산 사건
(1) 압수물인 디지털 저장매체로부터 출력한 문건을 증거로 사용하기 위해서는 디지털 저장매체 원본에 저장된 내용과 출력한 문건의 동일성이 인정되어야 하고,	(1) 압수물인 컴퓨터용 디스크 그 밖에 이와 비슷한 정보저장매체(이하 '정보저장매체'라고만 한다)에 입력하여 기억된 문자정보 또는 그 출력물(이하 '출력 문건'이라 한다)을 증거로 사용하기 위해서는 정보저장매체 원본에 저장된 내용과 출력 문건의 <u>동일성</u>이 인정되어야 하고,
– (a) 이를 위해서는 디지털 저장매체 원본이 압수시부터 문건 출력시까지 <u>변경되지 않았음이 담보</u>되어야 한다.	– (a) 이를 위해서는 정보저장매체 원본이 압수 시부터 문건 출력 시까지 <u>변경되지 않았다는 사정</u>, 즉 <u>무결성</u>이 담보되어야 한다.
– (b) 특히 디지털 저장매체 원본을 대신하여 저장매체에 저장된 자료를 '하드카피' 또는 '이미징'한 매체로부터 출력한 문건의 경우에는 디지털 저장매체 원본과 '하드카피' 또는 '이미징'한 매체 사이에 자료의 동일성도 인정되어야 할 뿐만 아니라,	– (b) 특히 정보저장매체 원본을 대신하여 저장매체에 저장된 자료를 '하드카피' 또는 '이미징'한 매체로부터 출력한 문건의 경우에는 정보저장매체 원본과 '하드카피' 또는 '이미징'한 매체 사이에 자료의 동일성도 인정되어야 할 뿐만 아니라,
– (c) 이를 확인하는 과정에서 이용한 컴퓨터의 기계적 정확성, 프로그램의 신뢰성, 입력·처리·출력의 각 단계에서 조작자의 전문적인 기술능력과 정확성이 담보되어야 한다.	– (c) 이를 확인하는 과정에서 이용한 컴퓨터의 기계적 정확성, 프로그램의 신뢰성, 입력·처리·출력의 각 단계에서 조작자의 전문적인 기술능력과 정확성이 담보되어야 한다.
(2) 그리고 압수된 디지털 저장매체로부터 출력한 문건을 진술증거로 사용하는 경우, 그 기재 내용의 진실성에 관하여는 전문법칙이 적용되므로 형사소송법 제313조 제1항에 따라 그 작성자	(2) 이 경우 출력 문건과 정보저장매체에 저장된 자료가 동일하고 정보저장매체 원본이 문건 출력 시까지 변경되지 않았다는 점은, 피압수·수색 당사자가 <u>정보저장매체 원본과 '하드카피' 또는 '이미징'한 매</u>

---

107) 대법원 2013. 7. 26. 선고 2013도2511 판결

108) 이관희·김기범, "디지털증거의 증거능력 인정요건 재고", 디지털포렌식연구 제12권 제1호, 2018, 4−5면

| 또는 진술자의 진술에 의하여 그 성립의 진정함이 증명된 때에 한하여 이를 증거로 사용할 수 있다. | 체의 해쉬(Hash) 값이 동일하다는 취지로 서명한 확인서면을 교부받아 법원에 제출하는 방법에 의하여 증명하는 것이 원칙이나, 그와 같은 방법에 의한 증명이 불가능하거나 현저히 곤란한 경우에는, 정보저장매체 원본에 대한 압수, 봉인, 봉인해제, '하드카피' 또는 '이미징' 등 일련의 절차에 참여한 수사관이나 전문가 등의 증언에 의해 정보저장매체 원본과 '하드카피' 또는 '이미징'한 매체 사이의 해쉬 값이 동일하다거나 정보저장매체 원본이 최초 압수 시부터 밀봉되어 증거 제출 시까지 전혀 변경되지 않았다는 등의 사정을 증명하는 방법 또는 법원이 그 원본에 저장된 자료와 증거로 제출된 출력 문건을 대조하는 방법 등으로도 그와 같은 무결성·동일성을 인정할 수 있으며, 반드시 압수·수색 과정을 촬영한 영상녹화물 재생 등의 방법으로만 증명하여야 한다고 볼 것은 아니다. |

두 판결 모두 (1)항 부분에서는 법정에 제시한 증거가(출력한 문건) 그 증거가 당초 존재했던 원본(디지털 저장매체)에서 나왔는지를 확인해야 함을 설명하고 있으며 일심회 사건에서의 (2)는 전문법칙의 예외요건, 왕재산 사건에서의 (2)에서는 '변경되지 않았다는 점(무결성)'을 입증하는 원칙과 예외에 대해 설명하고 있음을 알 수 있다. 두 사건 모두 증거신청의 대상은 압수 당시 존재했던 원본매체를 복제하고 복제한 매체에 존재하는 문서 파일을 인쇄한 출력물이었다. 왕재산 사건의 경우 비록 요지에는 일심회 사건의 (2)와 같이 전문법칙의 적용에 관한 내용은 기재되지 않았으나 판결의 이유에 동일하게 판단하였다.

나) 디지털 증거 압수수색절차

(1) 참여권 보장

수원지검에서 종근당 회장의 배임 혐의와 관련 압수영장을 받아 저장매체를 반출하였는데, 반출 이후 복제·탐색 과정에 참여권을 보장하지 않고, 배임 혐의와 무관한 약사법위반 혐의 관련 별건 압수수색을 진행하여 전체 압수처분이 취소된 사례가 있다. 디지털 증거의 경우 저장매체 또는 저장매체를 이미징하여 최종적으로 혐의와 관련된 부분을 출력, 복제하기 전까지 전체적으로 압수수색의 과정에 해당하므로 전 과정에서 참여권이 보장되어야 한다. 이 서건에서 대법원은 "검사가 압수·수색영장을 발부받아 甲 주식회사 빌딩 내 乙의 사무실을 압수·수색하였는데, 저장매체에 범죄혐의와 관련된 정보(이하 '유관정보'라 한다)와 범죄혐의와 무관한 정보(이하 '무관정보'라 한다)가 혼재된 것으로 판단하여 甲 회사의 동의를 받아 저장매체를 수사기관 사무실로 반출한 다음 乙 측의 참여하에 저장매체에 저장된 전자정보파일 전부를 '이미징'의 방법으로 다른 저장매체로 복제(이하 '제1 처분'이라 한다)하고, 乙 측의 참여 없이 이미징한 복제본을 외장 하드디스크에 재복제(이하 '제2 처분'이라 한다)하였으며, 乙 측의 참여 없이 하드디스크에서 유관정보를 탐색하는 과정에서 甲 회사의 별건 범죄혐의와 관련된 전자정보 등 무관정보도 함께 출력(이하 '제3 처분'이라 한다)한 사안에서, 제1 처분은 위법하다고 볼 수 없으나, 제2·3 처분은 제1 처분 후 피압수·수색 당사자에게 계속적인 참여권을 보장하는 등의 조치가 이루어지지 아니한 채 유관정보는 물론 무관정보까지 재복제·출력한 것으로서 영장이 허용한 범위를 벗어나고 적법절차를 위반한 위법한 처분이며, 제2·3 처분에 해당하는 전자정보의 복제·출력 과정은 증거물을 획득하는 행위로서 압수·수색의 목적에 해당하는 중요한 과정인 점 등 위법의 중대성에 비추어 위 영장에 기한 압수·수색이 전체적으로 취소되어야 한다."고 판시[109]하였다.

(2) 압수방법의 제한

2011. 7. 18. 개정 형사소송법에서는 제106조 제3항(법원은 압수의 목적물이 컴퓨터용디스크, 그 밖에 이와 비슷한 정보저장매체(이하 이 항에서 "정보저장매체등"이라 한다)인 경우에는 기억된 정보의 범위를 정하여 출력하거나 복제[110]하여 제출받아야 한다. 다만, 범

---

109) 대법원 2015. 7. 16.자 2011모1839 전원합의체 결정
110) 사이버안전국 디지털포렌식센터, 현장 수사관을 위한 디지털증거 압수수색 길라잡이, 2017, 6면

형소법	영장별지	정의	사용도구
출력	출력	-파일 내용을 문서출력 등과 같이 정보처리기기(컴퓨터 등)의 사용 없이 전자정보 처리기기 외부로 내보내는 행위	프린터 등
복제	범위를 정한 복제(파일복사)	-컴퓨터에 저장되어 있는 전자정보를 USB 저장매체 등 외부로 저장하는 행위(ex. 파일복	CIP 등

위를 정하여 출력 또는 복제하는 방법이 불가능하거나 압수의 목적을 달성하기에 현저히 곤란하다고 인정되는 때에는 정보저장매체등을 압수할 수 있다)을 신설하였다. 정보저장매체에 대한 압수수색에서는 매체 자체에 대한 압수는 예외적인 상황에서만 정당화되며 사건과 관련된 부분만을 출력, 복제하는 방법으로 영장을 집행하여야 한다. 디지털 저장매체에 대한 영장을 신청하는 경우 법원에서는 압수수색영장에 다음과 같은 별지를 첨부하여 발부하므로 별지에 기재된 절차를 준수하여 압수수색하여야 한다.

▌ 디지털 증거에 대한 압수수색영장 별지

압수 대상 및 방법의 제한

1. 문서에 대한 압수

가. 해당 문서가 몰수 대상물인 경우, 그 원본을 압수함.

나. 해당 문서가 증거물인 경우, 피압수자 또는 참여인1)(이하 '피압수자 등'이라 한다)의 확인 아래 사본하는 방법으로 압수함(다만, 사본 작성이 불가능하거나 협조를 얻을 수 없는 경우 또는 문서의 형상, 재질 등에 증거가치가 있어 원본의 압수가 필요한 경우에는 원본을 압수할 수 있음).

다. 원본을 압수하였더라도 원본의 압수를 계속할 필요가 없는 경우에는 사본 후 즉시 반환하여야 함.

2. 컴퓨터용 디스크 등 정보저장매체에 저장된 전자정보에 대한 압수 · 수색 · 검증

가. 전자정보의 수색 · 검증

형소법	영장별지		정의	사용도구
			사)	
	복제본 (전체 복제)	하드카피	−A하드디스크의 삭제된 정보까지 포함하여 완전히 동일한 상태의 B하드디스크를 만드는 행위	Falcon 등
		이미징	−하드카피와 효과는 같으나 원본의 내용을 분석용 일(이미지 파일)로 만드는 행위	

<u>수색·검증만으로 수사의 목적을 달성할 수 있는 경우, 압수 없이 수색·검증만 함.</u>

나. 전자정보의 압수

(1) 원칙: 저장매체의 소재지에서 수색·검증 후 혐의사실과 관련된 전자정보만을 범위를 정하여 문서로 출력하거나 수사기관이 휴대한 저장매체에 복제하는 방법으로 압수할 수 있음.

(2) 저장매체 자체를 반출하거나 하드카피·이미징 등 형태로 반출할 수 있는 경우

  (가) 저장매체 소재지에서 하드카피·이미징 등 형태(이하 "복제본"이라 함)로 반출하는 경우

   − 혐의사실과 관련된 전자정보의 범위를 정하여 출력·복제하는 위 (1)항 기재의 원칙적 압수방법이 불가능하거나, 압수 목적을 달성하기에 현저히 곤란한 경우2)에 한하여, 저장매체에들어 있는 전자파일 전부를 하드카피·이미징하여 그 복제본을 외부로 반출할 수 있음.

  (나) 저장매체의 원본 반출이 허용되는 경우

   1) 위 (가)항에 따라 집행현장에서 저장매체의 복제본 획득이 불가능하거나 현저히 곤란할 때3)에 한하여, 피압수자 등의 참여하에 저장매체 원본을 봉인하여 저장매체의 소재지이외의 장소로 반출할 수 있음.

   2) 위 1)항에 따라 저장매체 원본을 반출한 때에는 피압수자 등의 참여권을 보장한 가운데 원본을 개봉하여 복제본을 획득할 수 있고, 그 경우 원본은 지체 없이 반환하되, 특별한 사정이 없는 한 원본 반출일로부터 10일을 도과하여서는 아니 됨.

  (다) 위 (가), (나)항에 의한 저장매체 원본 또는 복제본에 대하여는, 혐의사실과 관련된 전자정보만을 출력 또는 복제하여야 하고, 전자정보의 복구나 분석을 하는 경우 신뢰성과 전문성을 담보할 수 있는 방법에 의하여야 함.

(3) 전자정보 압수 시 주의사항

  (가) 위 (1), (2)항에 따라 혐의사실과 관련된 전자정보의 탐색·복제·출력이 완료된 후에는 지체없이, 피압수자 등에게 ① 압수 대상 전자정보의 상세목록을 교부하여야 하고, ② 그 목록에서 제외된 전자정보는 삭제·폐기 또는 반환하고 그 취지를 통지하여야 함(위 상세목록에 삭제·폐기하

였다는 취지를 명시함으로써 통지에 갈음할 수 있음).

(나) 봉인 및 개봉은 물리적인 방법 또는 수사기관과 피압수자 등 쌍방이 암호를 설정하는 방법 등에 의할 수 있고, 복제본을 획득하거나 개별 전자정보를 복제할 때에는 해시 함수값의 확인이나 압수·수색과정의 촬영 등 원본과의 동일성을 확인할 수 있는 방법을 취하여야 함.

(다) 압수·수색의 전체 과정(복제본의 획득, 저장매체 또는 복제본에 대한 탐색·복제·출력 과정 포함)에 걸쳐 피압수자 등의 참여권이 보장되어야 하며, 참여를 거부하는 경우에는 신뢰성과 전문성을 담보할 수 있는 상당한 방법으로 압수·수색이 이루어져야 함.

---

1) 피압수자 — 피의자나 변호인, 소유자, 소지자 // 참여인 — 형사소송법 제123조에 정한 참여인.
2) ① 피압수자 등이 협조하지 않거나, 협조를 기대할 수 없는 경우, ② 혐의사실과 관련될 개연성이 있는 전자정보가 삭제·폐기된 정황이 발견되는 경우, ③ 출력·복제에 의한 집행이 피압수자 등의 영업활동이나 사생활의 평온을 침해하는 경우, ④ 그 밖에 위 각 호에 준하는 경우를 말한다.
3) ① 집행현장에서의 하드카피·이미징이 물리적·기술적으로 불가능하거나 극히 곤란한 경우, ② 하드카피·이미징에 의한 집행이 피압수자 등의 영업활동이나 사생활의 평온을 현저히 침해하는 경우, ③ 그 밖에 위 각 호에 준하는 경우를 말한다.

(3) 임의제출물의 압수

저장매체를 임의제출 받더라도 관련성 있는 정보만을 추출하고 참여권의 보장, 전자정보 상세목록의 교부 등 형사소송법에 요구하는 절차를 준수하여야 하며 이러한 절차를 준수하지 않고 취득한 증거는 증거능력이 배제된다. 일명 보은군수 사건(대법원 2017. 9. 21. 선고 2015도12400 판결)의 원심에서는 "형사소송법 제218조에서 규정하는 임의제출에 의한 압수의 경우 법원이 발부한 영장이 아니라 임의제출자의 의사에 기하여 압수물이 제출된다는 점에서 차이가 있을 뿐 그 법적 효과는 영장에 의한 압수의 경우와 동일하므로, 임의제출의 방식을 취함으로써 영장주의와 적법절차의 원칙이 잠탈되는 결과가 발생하지 아니하도록 제출자가 자유로운 의사에 따라 임의로 제출하였는지 여부를 엄격하게 판단할 필요가 있다. 나아가 형사소송법 체계상 임의제출에 의한 압수의 경우에도 형사소송법 제219조, 제106조가 적용되므로 압수물이 정보저장매체인 경우 기억된 정보의 범위를 정하여 출력하거나 복제하여 제출받아야 하고, 예외적으로 저장매체 자체를 수사기관의 사무실 등으로 옮긴 후 전자정보를 탐색하여 출력하거나 파일을 복사하게 되는 경우에도 그 전체 압수·수색과정에 피압수자 등의 참여권이 보장되어야 하므로, 수사기관은 임의제출된 전자정보 압수물을 탐색하여 출력하거나 복사하는 일련의 압수·수색 과정에 피압수자가 참여하는 절차적 참여권을 보장함으로써 포괄적·탐색적 압수·수색이 이루어지지 않도록 적절한 조치를 취하여야 한다. 또한, 정보저장매체에 저장된 전자정보를 압수하기 위해 임의제출이 이루어졌다면, 임의제출의 대상물은 외장 하드디스크 등 저장매체 자체가 아니라 거기에 저장된 전자정보라고 할 것이므로, 압수목록의 교부는 압수한 전자정보의 목록을 교부하는 방식으로 이루어지는 것이 원칙이다."라고 판시[111]하였다.

---

111) 대전고등법원 2015. 7. 27. 선고 2015노101 판결

8) 영장 신청서 작성요령

가) 일반영장(사전)

○ ○ ○ ○ 경 찰 서

제 0000－00000 호
. . .
수 신: ○○지방검찰청 검사장(지청장)
제 목: **압수 · 수색 · 검증영장 신청(사전)**

다음 사람에 대한 ○○○○○○피의사건에 관하여 아래와 같이 압수·수색·검증하려 하니 . . .까지 유효한 압수·수색·검증영장의 발부를 청구하여 주시기 바랍니다.

피의자	성 명	
	주 민 등 록 번 호	－ (세)
	직 업	
	주 거	
변 호 인		
압 수 할 물 건	①	
수 색 · 검 증 할 장 소, 신 체 또 는 물 건	②	
범죄사실 및 압수·수색· 검 증 을 필 요 로 하 는 사 유	③	
7 일 을 넘 는 유 효 기 간 을 필 요 로 하 는 취 지 와 사 유	④	
둘 이 상 의 영 장 을 신 청 하 는 취 지 와 사 유		
일 출 전 또 는 일 몰 후 집 행 을 필 요 로 하 는 취 지 와 사 유	⑤	
신 체 검 사 를 받 을 자 의 성 별 · 건 강 상 태		

○○○○경찰서

사법경찰관   ○○   (인)

210mm×297mm일반용지 60g/㎡(재활용품)

(1) 압수할 물건

수사 초기단계에서 압수할 물건을 정확하게 특정하는 것은 불가능하지만 가급적 구체적으로 특정해서 기록할 수 있도록 노력해야 한다. 따라서 관련자 등을 상대로 수사할 때 압수수색할 대상에 대한 세부적인 정보를 확인하는 것이 중요하다. '이 사건에 관한 일체의 증거', '관련 자료 일체'라는 식의 포괄적 기재는 허용되지 않는다. 또한 아무리 구체적으로 기재한다고 하여도 영장신청서의 범죄사실과 비교하여 압수할 물건이 지나치게 많아도 안 되므로 범죄사실을 입증하는 데 필요한 한도 내에서 기재한다.

> 피의자 ○○○에 대한 진료 기록 사본 / 입주자 관리카드 / 문자 수신 · 발신 내역 / 이메일 보관함에 보관 중인 메일 수 · 발신 내용 / 메신저상 친구로 등록한 계정의 가입자 정보

(2) 수색 · 검증할 장소, 신체 또는 물건

압수수색할 장소의 위치는 명확해야 하므로 가급적 행정구역상의 번지를 포함하여 자세하게 기재하여야 한다. 법인의 명칭을 쓰는 경우에도 회사의 공식명칭을 사용하고 압수할 물건이 존재하는 장소를 기재하여야 하며 관련성이 없는 장소를 지나치게 넓게 설정하여 기재해서는 안 된다.

> 겁나멋진 아파트 관리사무소, 서울시 서대문구 미근동 ○○○번지 / NHN, 경기도 성남시분당구 정자동 178-1 / ○○○주식 회사, 서울시 서대문구 미근동 ○○번지 등

(3) 범죄사실 및 압수수색검증을 필요로 하는 사유

- 압수수색영장을 신청할 때에는 범죄사실을 기재하여야 한다. 그러나 발부되는 압수 영장에는 범죄사실이 없다. 압수수색은 피의자를 상대로 하는 것이 아니라 압수할 물건이 있는 곳에 대한 강제처분이기 때문에 통상 피의자가 아닌 사람들을 상대로 집행된다. 만약, 영장에 범죄사실이 기재되는 경우 피의자가 아닌 사람이 피의사실에 공표하는 결과가 된다. 특히, 금융권이나 대기업에 대한 압수수색영장을 집행할 때 영장의 사본을 남겨 두는 경우가 있기 때문에 본의 아니게 피의사실이 유포될 수도 있다. 영장을 신청할 때 범죄사실과 압수수색검증을 필요로 하는 사유를 별지로 작성해서 신청하는 경우 검찰과 법원에서 별지 기재 데이터를 그대로 영장

원본에 붙여 넣음으로써 영장에 범죄사실이 기재되는 경우가 있는데 이럴 가능성에 대비하여 영장 범죄사실을 작성할 때에는 지나치게 자세하게 작성하거나 피해자 등의 개인정보가 포함되지 않도록 유의해야 한다.

– 압수수색을 필요로 하는 사유는 구체적으로 적시해야 한다. 범죄혐의의 정황, 압수수색의 필요성, 해당 사건과의 관련성을 구분하여 작성해야 한다.

범죄혐의의 정황을 인정하기 위해서는 단순히 피해자의 진술에 의해서라고 작성하지 말고 피해자의 진술을 포함하여 범죄혐의가 있다는 점을 뒷받침할 보강자료가 있음을 설명하여야 한다.

압수수색의 필요성은 영장의 집행을 통해 해당 장소에 대한 수색과 증거물에 대한 압수를 하지 않으면 범죄혐의를 구증할 수 없다는 점, 아울러 피의자 또는 피압수자로부터의 협조나 임의제출을 기대하기 어렵다는 점 등을 소명해야 한다.

해당 사건과의 관련성은 압수할 물건이 혐의사실과 객관적 관련성, 인적 관련성이 있다는 점을 서술해야 한다.

(4) 7일을 넘는 유효기간을 필요로 하는 취지와 사유

> 피의자들이 다수이며, 피의자들의 주거지 및 근거지가 서울, 인천, 수원 등 여러 도시에 있고 / 공범인 피의자들의 인적사항이 명확히 특정되지 않아 / 피의자들이 이미 도주 중이며 체포와 압수수색영장 집행이 동시에 이루어져야 하는 본 사건의 특성상

(5) 일출 전 또는 일몰 후 집행을 필요로 하는 취지와 사유

> 피의자들이 주로 야간에 활동을 하고 있으며 / 해당 업체가 야간에 영업활동을 하고 있으므로 / 자료를 보관 중인 업체관계자 참고인 ○○○는 자신의 사정상 …

나) 금융계좌 추적용

○ ○ ○ ○ 경 찰 서

제 0000 - 00000 호   .   .   .

수 신: ○○지방검찰청 검사장(지청장)

제 목: 압수·수색·검증영장 신청(금융계좌추적용)

다음 사람에 대한 ○○○○○○○ 피의사건에 관하여 아래와 같이 압수·수색·검
증하려 하니 .   .   .까지 유효한 압수·수색·검증영장의 발부를 청구하여 주시기
바랍니다.

피의자	성 명	
	주 민 등 록 번 호	– (세)
	직 업	
	주 거	
변 호 인		
대상 계좌	계 좌 명 의 인	[ ] 피의자 본인 [ ] 제3자(인적사항은 별지와 같음)
	개설은행 · 계좌번호	
	거 래 기 간	①
	거래정보 등의 내용	
압 수 할 물 건		
수 색 · 검 증 할 장 소 또 는 물 건		②
범죄사실 및 압수·수색· 검증을 필요로 하는 사유		
7 일 을 넘 는 유 효 기 간 을 필 요 로 하 는 취 지 와 사 유		
둘 이 상 의 영 장 을 신 청 하 는 취 지 와 사 유		
일출 전 또는 일몰 후 집행을 필 요 로 하 는 취 지 와 사 유		

○○○○경찰서

사법경찰관 ○○   (인)

210mm×297mm일반용지 60g/㎡(재활용품)

(1) ①, ② 대상계좌 정보 및 압수 대상 정보

수사과정에서 확인된 계좌 정보를 기재한다. 모르는 경우에는 "불상" 내지 공란으로 처리해야 하는데 대상계좌와 압수할 물건 항목을 혼동해서는 안 된다.

대상계좌를 기재할 때에는 대상계좌를 압수수색할 근거를 소명해야 하는데 계좌번호 또는 카드번호 등을 특정하게 된 객관적인 근거를 반드시 제시해야 한다.

'대상자 명의로 개설된 계좌 전부' 등으로 기재하게 되면 포괄영장의 발부에 다름없을 수 있기 때문에 해당 명의인으로 가입된 계좌 전부를 대상으로 하는 경우에는 압수수색의 필요성을 상세하게 묘사해야 한다. 또한 요구하는 거래기간이 길거나 거래정보 등의 내용이 방대한 경우에는 왜 그러한 범위에 대한 압수수색이 필요한지에 대해 소명해야 한다.

집행지휘

압 수 수 색 검 증 영 장

【금융계좌 추적용】 　　　　　　　　　　　　　　　서울중앙지방법원

영 장 번 호	2011- ██████		죄 명	정보통신망이용촉진및정보보호등에관한법률위반
피 의 자	성 명	공████	직 업	공무원
	주민등록번호	84████		
	주 거	서울 서초 ████████		
청구한 검사	김 ████		변 호 인	
압수, 수색, 검증을 요하는 사유	별지 기재와 같다		유효기간	2011 . 12. 16. 　까지

대상계좌	계좌명의인	□ 피의자 본인　■ 제3자(인적사항은 별지와 같음)
	개설은행·계좌번호	별지 기재와 같다
	거래기간	별지 기재와 같다
	법적근거	형사소송법 제215조, 금융실명거래및비밀보장에관한 법률 제4조 제1항
	사용목적	위 사건 범죄 수사를 위하여
	거래정보등의내용	별지 기재와 같다

압수, 수색, 검증할 장소, 물건 등	별지 기재와 같다
일부기각의 취지	□대상계좌　□물건　□장소　□기타 (　　　　　　　)

위 사건의 범죄수사에 필요하므로, 위와 같이 압수, 수색, 검증을 한다.
유효기간을 경과하면 집행에 착수하지 못하며, 영장을 반환하여야 한다.

집 행 일 시	20
통 보 유 예	유예
	유예
집 행 불 능 사 유	
처리자의 소속 관서, 관직	

주: 1.계좌명의인이 제3자인 경우
　　간략히 표시한다. 2.일부기

O 압수할 물건

1. 대상자 명의 ██████████████ 해 가입자 인적사항 및 아래 사항
2. 아래 압수수색장소의 금융기관에 김태경 명의로 개설된 계좌들에 대하여
   2011. 1. 1부터 2011. 12. 7까지의

   ① 입출금 거래내역
   · 거래일시, 입출금 상대 계좌번호, 상대은행(코드 등 포함), 상대예금주명
   · 입출금중 전표, 계좌 개설 및 입출금 당시 CCTV 자료

   ② 자기앞수표가 사용되었을 경우
   · 자기앞수표 제시정보(전산자료 포함), 입금전표, 입출금된 계좌정보

   ③ 인터넷 뱅킹 및 폰뱅킹 정보
   · 접속일시, 접속아이피, 접속시 MAC주소, 하드디스크 일련번호 및 전화번호

   ④ 연결계좌(직전 및 직후) 예금주 인적사항 등
   · 성명, 주민등록번호, 주소, 연락처, 전화, 이메일, 직접, SMS등록정보
   · 계좌신청서 및 예금주 신분증 사본

   ⑤ 가상계좌와 연결되었을시
   · 가상계좌 및 연결된 본계좌에 대한 위 ④항에 해당하는 정보

O 수색 · 검증할 장소 또는 물건

위 대상은행계좌, 대상카드의 압수 · 수색할 금융거래의 자료 또는 정보를 보관 · 관리하고 있는 금융기관의 점포 또는 부서, 예금계좌의 고객정보 전산자료 등 금융거래 전산자료를 공유하고 있는 금융기관 점포, 연결계좌 해당은행 전산실 및 계좌개설 지점, 입 · 출금 거래의 거래 상대 계좌에 대한 자료를 보관하고 있는 해당 회사 부서 및 전산실, CCTV 보관소

7. 체포와 구속

가. 사전질문

1) 외국인에 대한 미란다원칙 고지는 우리말로 해도 효력이 있을까?

형사소송법 제200조의5는 "검사 또는 사법경찰관은 피의자를 체포하는 경우에는 피의사실의 요지, 체포의 이유와 변호인을 선임할 수 있음을 말하고 변명할 기회를 주어야 한다."고 규정하고 있다. 이 조항은 피의자가 체포되는 사유를 알고 이에 대해 항변하거나 권리를 행사할 수 있도록 하는 취지이다. 즉, 피의자의 실질적 방어권을 보장하는 것에 의미가 있다. 하지만, 경찰관이 모든 언어를 습득하여 현장에서 피의자가 이해할 수 있는 언어로 미란다원칙을 고지하는 것을 기대할 수는 없다. 따라서 피의자의 모국어로 고지하면 더 바랄 게 없지만, 위 취지에 맞게 적어도 한국어 또는 국제적 공용어의 하나인 영어로 고지하며 피의자가 가능한 한 이해할 수 있도록 적극적인 설명을 해야 한다.

▮ 영문 미란다원칙의 내용

가. 체포의 사유

1) 현행범

As a flagrant offender(현행범) of Larceny(절도죄) crime, you are under arrest without a warrant pursuant to(-에 따른) Article 212 of the Criminal Procedure. (당신은 절도죄의 현행범이므로 형소법 제212조에 따라 영장없이 체포됩니다.)

2) 긴급체포

You are under the suspicion of Murder Crime in Korea Police Investigation Academy committed on 01-24-2013. (당신은 2013년 1월 4일 경찰수사연수원에서 발생한 살인사건에 대한 혐의가 있습니다.)

As you are subject to one of the elements of Emergency Arrest, you

---

are under arrest without a warrant pursuant to Article 200−3 of the Criminal Procedure. (당신은 긴급체포의 사유에 해당하여 형소법 제200조3에 따라 영장 없이 체포됩니다.)

3) 영장에 의한 체포

You are under the suspicion of Rape Crime in Korea Police Investigation Academy committed on 01−24−2013. (당신은 2013년 1월 4일 경찰수사연수원에서 발생한 강간사건에 대한 혐의가 있습니다.)

As you are subject to one of the elements for arrest(구속영장의 경우 detention), you are under arrest(detention) with this warrant pursuant to Article 200−2(구속의 경우 201) of the Criminal Procedure. (당신은 체포(또는 구속)의 사유에 해당하여 형소법 제200조의2(구속의 경우 제201조)에 따라 체포(또는 구속)하겠습니다.)

※ 범죄용어

유괴(abduction), 방화(arson), 폭행(assult), 강도(robbery), 상해(bodily harm, injury), 사기(fraud), 손괴(destruction), 횡령(embezzlement), 도박(gambling), 위조(forgery), 뇌물(bribery), 침입강도(burglar), 음주운전(drunk driving), 살인(homicide), 소매치기(pickpocket), 명예훼손(slander), 불법침입(trespass), 협박(threat, blackmail)

나. 변호인 선임권과 변명의 기회

You have the right to appoint a lawyer and have him/her present with you while you are being questioned. (당신은 변호사를 선임할 권리가 있으며 조사시 입회시킬 수 있습니다.)

You have the right to speak for yourself. (당신은 변명할 기회가 있습니다.)

다. 진술거부권

You have the right to remain silent. (당신은 묵비권이 있습니다.)

2) 체포할 때도 진술거부권을 고지하여야 할까?

가) 관련 형사소송법 규정

제200조의5(체포와 피의사실 등의 고지) 검사 또는 사법경찰관은 피의자를 체포하는 경우에는 피의사실의 요지, 체포의 이유와 변호인을 선임할 수 있음을 말하고 변명할 기회를 주어야 한다.

제244조의3(진술거부권 등의 고지) ① 검사 또는 사법경찰관은 피의자를 신문하기 전에 다음 각 호의 사항을 알려주어야 한다.

1. 일체의 진술을 하지 아니하거나 개개의 질문에 대하여 진술을 하지 아니할 수 있다는 것
2. 진술을 하지 아니하더라도 불이익을 받지 아니한다는 것
3. 진술을 거부할 권리를 포기하고 행한 진술은 법정에서 유죄의 증거로 사용될 수 있다는 것
4. 신문을 받을 때에는 변호인을 참여하게 하는 등 변호인의 조력을 받을 수 있다는 것
② 검사 또는 사법경찰관은 제1항에 따라 알려 준 때에는 피의자가 진술을 거부할 권리와 변호인의 조력을 받을 권리를 행사할 것인지의 여부를 질문하고, 이에 대한 피의자의 답변을 조서에 기재하여야 한다. 이 경우 피의자의 답변은 피의자로 하여금 자필로 기재하게 하거나 검사 뚜는 사법경찰관이 피의자의 답변을 기재한 부분에 기명날인 또는 서명하게 하여야 한다.

나) 제시의견

대한민국 헌법은 형사상 자기에게 불리한 진술을 강요받지 않으며[112] 변호인을 선임할 권리를 가진다[113]고 규정함으로써 미란다원칙의 핵심내용인 진술거부권과 변호인선임권을 같은 조문에서 열거하는 반면, 형사소송법은 사법경찰관과 검사는 피의자 신문 전 피의자에게 진술거부권과 변호인 선임권을 고지하여야 하며[114] 체포 시에는 피의사실의 요지, 체포의 이유, 변호인 선임권을 고지하여야 한다[115]고 규정함으로써 미란다원칙의 내용 중 진술거부권과 변호인선임권에 대한 고지를 체포 시와 신문 시 별도조문으로 규정하고 있고 체포 시에 고지되어야 할 권리 중 진

---

112) 헌법 제12조 제2항 후단
113) 헌법 제12조 제4항
114) 형사소송법 제244조의3
115) 형사소송법 제200조의5

술거부권은 포함되지 않는 것처럼 규정하고 있다.

문제는 수사실무에서 피의자신문이라 함은 피의자를 상대로 조서를 작성하는 것으로 해석하고 있으며 피의자를 상대로 한 구두신문이 제244조의3에서 규정하는 '피의자 신문'에 포함되지 않는다고 해석한다면 피의자를 체포한 시점부터 피의자신문조서를 작성하기 전의 구두조사 과정에서 피의자는 헌법에서 보장된 '불리한 진술을 강요받지 않을 권리'가 침해될 우려가 있는 상태[116]에 놓이게 된다는 것이다.

수사실무에서 위와 같이 피의자신문조서 작성 전의 구두조사 과정은 예외적인 경우가 아니라는 데 더 큰 문제가 있다. 특히, 현행범인으로 체포된 용의자에 대한 체포현장에서의 즉시 신문, 수사관서로부터 격지에서 체포된 피의자에 대한 호송 중 구두신문은 체포 직후 피의자의 불안한 심리를 이용하여 자백을 이끌어 낼 수 있기 때문에 더욱더 적극적으로 이루어질 가능성을 내포하고 있다. 이와 같은 과정에서 이끌어낸 자백이나 2차적인 증거물의 발견이 재판의 화두가 되었을 경우 헌법상 보장된 '불리한 진술을 강요받지 않을 권리'가 침해되었음을 항변하여 이로부터 얻은 자백이나 증거물의 증거능력에 대해 다툴 여지가 남아 있겠으나 형사소송법에 명문의 규정을 통해 체포시점에 고지되는 미란다원칙에 진술거부권을 포함시켜 피체포자에게는 그 권리를 확인시켜 주고 선의의 수사기관에게는 '진술거부권 고지 없이 체포상태의 불안을 이용하여 피체포자의 진술을 강요하였다.'는 불필요한 논쟁을 제거할 필요성이 있다. 체포 시에도 반드시 진술거부권을 설명해 주어야 하며 이러한 입장을 반영하여 경찰청에서도 경찰관들이 체포 시 진술거부권을 고지할 수 있도록 지침을 마련한 바 있다.

---

116) 진술을 거부할 권리를 고지해야 한다는 것과 진술을 강요한다는 것은 명백히 구분되어야 한다. 진술거부권을 고지하게 되면 이에 대한 권리 유무를 모르고 있는 피체포자에게 진술을 거부할 수 있는 권리를 확인시켜 주며 이 권리를 알고 있던 피체포자에게도 자신의 권리를 재차 확인시켜 주는 기능을 하게 되며 이를 고지하는 수사기관의 입장에서도 상대방 권리 보호에 신중을 기하게 되는 기능도 하게 된다. 헌법에서 명시적으로 선언하고 있는 것은 진술을 강요당하지 않을 권리를 보호하고 있는 것이며 이를 제도적으로 뒷받침하기 위해서 판결과 법률로써 거부권 고지를 의무화해 놓은 것으로 해석해야 할 것이다. 진술거부권 고지가 없음에도 불구하고 스스로의 결정에 의해 범죄를 자백하는 경우도 있을 수 있으며 진술거부권을 고지한 후에도 고문 등에 의해 진술을 강요할 수도 있다는 것이다.

3) 체포, 구속 후 통지는 지체 없이 서면으로 하기만 해도 될까?

가) 관련 형사소송법 규정

형사소송법 제87조(구속의 통지) ① 피고인을 구속한 때에는 변호인이 있는 경우에는 변호인에게, 변호인이 없는 경우에는 제30조제2항에 규정한 자중 피고인이 지정한 자에게 피고사건명, 구속일시·장소, 범죄사실의 요지, 구속의 이유와 변호인을 선임할 수 있는 취지를 알려야 한다.
② 제1항의 통지는 지체 없이 서면으로 하여야 한다. (제200조의6에서 준용)

나) 제시의견

수사관들이 피의자를 체포하게 되면 진행해야 할 수사사항에 매몰되어 피체포자의 가족 등에게 즉시 체포사실을 고지하는 것에 소홀하게 되는 경향이 있다. 피체포자의 가족 등에게 이 사실을 즉시 통지하게 되면 면회를 요청하거나 주변인을 통해 수사관을 압박하는 등의 문제에 시달리기 싫다는 이유를 들어 형사소송법의 관련 규정에 따라 서면으로 통지하는 데 그치기도 한다.

그러나 체포사실의 통지는 피체포자의 입장뿐만 아니라 그 가족의 입장도 고려해야 할 중요한 업무 중 하나이다. 생활을 같이 하던 가족 구성원이 하루 이틀 연락이 되지 않는다는 것은 가족에게 상당한 고통을 준다. 또한 피의자의 변호인 선임권, 체포구속적부심사청구권 등을 실질적으로 행사할 수 있도록 하기 위해서 가족에 대한 즉시 통지는 필수적인 요소이다. 따라서 피의자를 체포한 경우에는 가장 빠른 통지 방법을 강구하고 서면에 대한 통지도 반드시 병행하여야 한다.

4) 경미사건에 있어서 신분증 제시를 거부하는 경우 현행범체포가 가능할까?

가) 관련 형사소송법 규정

형사소송법 제214조(경미사건과 현행범인의 체포) 다액 50만원 이하의 벌금, 구류 또는 과료에 해당하는 죄의 현행범인에 대하여는 범인의 주거가 분명하지 아니한 때에 한하여 제212조 내지 제213조의 규정을 적용한다.

나) 제시의견

경미사건에 있어서 범죄혐의자가 신분증 제시를 거부하는 경우에 체포가 가능한

지에 대해 물으면 의외로 '가능할 것 같다.'는 의견이 많다.

이러한 판단의 기저에는 대부분 '그것이 허용되지 않으면 어떻게 처벌을 할 것이냐'라는 주장이 선행된다. 그러나 체포라고 하는 것은 강제수사이며 강제수사는 대단히 예외적인 상황에서 엄격하게 해석, 적용되어야 하는 것이다.

경미사건에서 현행범인 체포를 제한하는 것은 체포라는 처분이 범행에 대해 비교우위에 있지 않기 때문이다. 따라서 '경미사건의 범인은 체포라는 조치까지 필요하지 않다.'는 인식부터 시작되어야 한다.

두 번째로 생각해야 할 것은 '신분증 제시를 하지 않은 것'이 과연 위 조문에서 규정한 '주거가 분명하지 아니한 경우'에 해당 하는가이다.

'신분증을 제시하기 않은 경우에 현행범으로 체포할 수 있나요?'라는 물음에는 '네'라고 답변하는 수사관들도 '신분증 제시 거부가 주거가 불명한 경우인가요?'라는 물음에는 대부분 '아니오'라고 답변을 합니다. 이제 결론은 분명해 보인다. 경미사건의 현행범이 신분증을 제시하지 않았다는 이유로 현행범 체포를 할 수는 없다.

아래 관련 판례를 근거로 실무상의 체포가 가능하다는 의견을 제시하는 경우가 있으나 아래 관련 판결은 신분증 제시 거부가 주거부정이라는 태도가 아니라 신분증의 내용으로 주거부정여부를 판별할 수 있다는 점을 보여주고 있을 뿐이므로 주의를 요한다.

현행범인은 누구든지 영장 없이 체포할 수 있으나(형사소송법 제212조), 다액 50만원 이하의 벌금, 구류 또는 과료에 해당하는 죄의 현행범인에 대하여는 범인의 주거가 분명하지 아니한 때에 한하여 체포할 수 있으므로(형사소송법 제214조), 경찰관이 경범죄처벌법위반 범행을 저지른 사람을 현행범 체포함에 있어 특별한 사정(현행범인의 도주 등으로 주거확인을 하기 어려운 경우 등) 없이 그의 주거가 분명한지 여부를 확인하지 아니한 채 현행범인으로 체포하였다면 적법한 공무집행이라고 할 수 없다.

살피건대, 원심이 적법하게 채택하여 조사한 증거들에 의하면, ① 피고인은 2011. 8. 13. 3:30경 수원시 장안구 조원동 755 앞길에서 술에 취해 소리를 질러 주위를 시끄럽게 한 사실, ② 신고를 받고 출동한 경찰관이 피고인에게 신분증 제시를 요구하였으나, 피고인은 신분증을 제시하지 않은 사실, ③ 이에 경찰관이 피고인을 주거가 불명한 경범죄처벌법위반 범행의 현행범으로 체포한다고 고지한 후 순찰차에 타라고 말을 한 사실, ④ 그러자 피고인은 주머니에서 지갑을 꺼내 그 안에 들어 있던 운전면허증을 경찰관에게 내민 사실, ⑤ 그러나 경찰관은 이미 현행범 체포가 되었다면서 피고인의 운전면허증을 제대로 확인하지 아니한 채 현장을 떠나려고 하는 피고인을 붙잡아 강제로 순찰차에 태운 사실이 각 인정되는바(위 ③, ④, ⑤의 사실은 수사기록 58면에 편철되어 있는 동영상을 주로 참조함), 이에 의하면, 경찰관이 피고인의 운전면허증을 통하여 그의 주거가 분명한지 여부를 확인할 수 있었음에도 이를 확인하지 아니한 채 피고인을 순찰차에 강제로 태우는 현행범 체포행위를 하였음이 인정된다.[117]

나. 체포

1) 의의

범죄혐의가 상당히 인정이 되고 일정한 사유가 존재하는 경우 일정한 시간 동안 피의자의 인신의 자유를 제한하는 수사절차상 처분으로 현행범인의 체포, 긴급체포, 영장에 의한 체포가 있다. 형사소송법이 체포제도를 규정하고 있다고 하여 피의자의 구속이 반드시 체포를 거쳐서 이루어져야 하는 것은 아니다. 이런 점에서 우리나라의 체포제도는 체포전치주의를 채택하여 체포된 피의자에 대해서만 구속영장을 신청할 수 있는 일본의 제도나 체포된 피의자에 대한 치안판사의 실질심사를 거쳐 구속 여부가 결정되는 미국의 제도와 다르다.[118]

2) 현행범 체포

가) 의의

헌법 제12조 제3항은 체포, 구속, 압수수색에 관하여 영장주의를 천명하면서도 단서에서 "다만, 현행범인인 경우와 장기 3년 이상의 형에 해당하는 죄를 범하고 도피 또는 증거인멸의 염려가 있을 때에는 사후에 영장을 청구할 수 있다."고 함으로써 긴급체포와 함께 현행범인의 체포를 영장주의의 예외로써 인정하고 있다.

---

117) 수원지방법원 2013. 3. 28. 선고 2012노5294 판결
118) 이은모, 형사소송법 제5판, 박영사, 2015, 242면

이에 따라 형사소송법 제212조는 현행범인 경우 누구나 영장 없이 체포할 수 있도록 규정하고 있다. 범죄의 실행하고 있거나 실행의 직후인 경우에는 범인과 범죄의 결합이 명백하여 오인체포의 염려가 거의 없다는 점과 초동수사에서 긴급성이 있다는 점을 고려하여 예외가 인정되는 것이다. 현행범에 대해서는 영미법에서는 물론 대륙법에서도 체포에 있어서 영장주의의 엄격성을 완화하여 그 예외가 인정된다는 절차법적인 의미로 전환하여 발전되어 왔다.[119]

형사소송법은 범죄의 실행 중 또는 실행의 직후인 자를 의미하는 고유한 현행범인과 현행범으로 간주되는 준현행범인으로 나누어 규정하고 있다.[120]

나) 현행범 체포의 요건

(1) 가벌성

현행법상 범죄를 구성하지 않거나 가벌성이 없는 경우 현행범으로 체포할 수 없다. 구성요건해당성이 없는 경우, 위법성조각사유나 책임조각사유가 명백한 경우에는 현행범으로 체포할 수 없다. 결국 구성요건에 해당하고 별다른 위법성조각사유나 책임조각사유가 없어야 체포할 수 있다는 것이다.[121] 체포 시점에서 형사미성년자인지 명백한 사안의 경우, 정당방위가 명백한 상황인 경우에는 현행범으로 체포해서는 안 된다.

(2) 범죄의 현행성, 시간적 접촉성

고유한 현행범인 경우에는 범죄의 현행성 내지 시간적 접착성이 체포의 요건이 됨은 법률의 규정상 명백하다. 그러나 준현행범인의 경우 범인의 장소적 이동으로 인해서 범죄의 현행성은 그 요건이 되지 않는다. 그런데 문제는 준현행범인에 있어

---

119) 신이철, "현행범 체포의 요건과 절차에 대한 올바른 해석과 입법론", 법학논총 제31권 제 2호, 2018, 252면
120) 제211조(현행범인과 준현행범인) ① 범죄의 실행 중이거나 실행의 즉후인 자를 현행범인이라 한다.
   ② 다음 각 호의 1에 해당하는 자는 현행범인으로 간주한다.
   1. 범인으로 호창되어 추적되고 있는 때
   2. 장물이나 범죄에 사용되었다고 인정함에 충분한 흉기 기타의 물건을 소지하고 있는 때
   3. 신체 또는 의복류에 현저한 증적이 있는 때
   4. 누구임을 물음에 대하여 도망하려 하는 때
121) 신이철, "현행범 체포의 요건과 절차에 대한 올바른 해석과 입법론", 법학논총 제31권 제 2호, 2018, 260면

서 범죄 실행행위의 종료와의 시간적 접착성인데 일본 형사소송법 제212조 제2항은 "다음 각 호의 1에 해당하는 자가 죄의 실행을 마친 직후라고 명백하게 인정되는 경우에는 이를 현행범인으로 본다."는 명문의 규정을 두고 있지만 우리는 그러한 명문의 규정이 없다. 그러나 준현행범에는 현행범인인 '범죄 실행 즉후인자'보다 시간적으로 완화된 개념을 사용할지라도 일정 시간적 단계에 있는 범인을 가르킨다는 점을 고려해 보면 범죄의 실행행위와 시간적인 접착성이 전혀 없는 경우에는 준현행범이라고 할 수는 없을 것이다.[122]

(3) 범죄, 범인의 명백성

현행범은 체포 당시의 상황에 비추어 특정범죄의 범인임이 범죄혐의와 관련하여 명백하여야 한다. 나중에 해당범죄사실이 무죄로 판명된다고 할지라도 체포 당시의 상황을 기준으로 범죄, 범인의 명백성을 판단한다.

판례 사안 중에서 피고인이 운영하는 식당에서 사업자등록증상 명의자 피고인의 누나와 식당운영권 양도·양수합의존재와 그 효력에 대해 다투고 있는 상황에서 누나가 112 신고를 해서 경찰관이 출동하였고 경찰관은 신고자로부터 영업방해자로 피고인을 지목하자 피고인은 자신이 가게사장인데 무슨 영업방해냐고 하면서 항의하면서 욕설을 하며 소란을 피우자 경찰관이 업무방해 현행범으로 체포하려 하였고 이에 상해를 가한 사안에서 1, 2심은 무죄를 선고했다. 그러나 대법원은 "피고인이 상황을 설명해 달라거나 밖에서 이야기하자는 경찰관의 요구를 거부하고 경찰관 앞에서 소리를 지르고 양은그릇을 두드리면서 소란을 피운 당시 상황에서는 객관적으로 보아 피고인이 업무방해죄의 현행범인이라고 인정할만한 충분한 이유가 있으므로 비록 그 소란행위가 업무방해죄의 구성요건에 해당하지 않아 사후적으로 무죄판단이 된다고 하더라도 경찰관이 피고인을 체포하려고 한 행위는 적법한 공무집행이라고 보아야하고 그 과정에서 피고인이 체포에 저항하며 피해자들을 폭행하거나 상해를 가한 것은 공무집행방해죄를 구성한다."고 판시[123]한 바 있다.[124]

---

122) 신이철, "현행범 체포의 요건과 절차에 대한 올바른 해석과 입법론", 법학논총 제31권 제2호, 2018, 261면

123) 대법원 2013. 8. 23. 선고 2011도763 판결

124) 신이철, "현행범 체포의 요건과 절차에 대한 올바른 해석과 입법론", 법학논총 제31권 제2호, 2018, 263면

(4) 체포의 필요성

긴급체포는 피의자가 증거를 인멸할 염려가 있거나 피의자가 도망하거나 도망할 우려가 있을 때, 즉 체포의 필요성을 요건으로 하고 있다.[125] 현행범의 체포에 있어서도 이러한 체포의 필요성이 있는지에 관하여 견해의 대립이 있는데 우리의 판례는 "현행범인은 누구든지 영장 없이 체포할 수 있는데(형사소송법 제212조), 현행범인으로 체포하기 위하여는 행위의 가벌성, 범죄의 현행성·시간적 접착성, 범인·범죄의 명백성 이외에 체포의 필요성, 즉 도망 또는 증거인멸의 염려가 있어야 하고, 이러한 요건을 갖추지 못한 현행범인 체포는 법적 근거에 의하지 아니한 영장 없는 체포로서 위법한 체포에 해당한다. 여기서 현행범인 체포의 요건을 갖추었는지는 체포 당시 상황을 기초로 판단하여야 하고, 이에 관한 검사나 사법경찰관 등 수사주체의 판단에는 상당한 재량 여지가 있으나, 체포 당시 상황으로 보아도 요건 충족 여부에 관한 검사나 사법경찰관 등의 판단이 경험칙에 비추어 현저히 합리성을 잃은 경우에는 그 체포는 위법하다고 보아야 한다."고 판시[126]함으로써 현행범의 체포에 있어서도 체포의 필요성이 있어야 한다고 보고 있다.

그런데 이러한 판례의 태도는 피의자의 인권보장에는 도움이 될지 모르나, 현장에서의 정당한 법집행을 위축시킬 우려가 있어, 수사의 목적달성은 물론 추가 범행의 방지 및 피해자 보호에 악영향을 미칠 우려가 있다는 견해가 있다. 이러한 견해는 비록 현행범체포가 행정목적이 아닌 사법목적에 따른 제도라 하더라도, 그것이 현재 벌어지고 있는 위법을 제지하고 피해자를 보호하기 위한 효과적인 수단 중 하나라는 점은 부정할 수 없으며 특히, 가정폭력 현장이라면 문제는 더욱 심각해진다고 본다. 통상 가정폭력사건의 피의자는 주거 및 신원이 분명하므로, 증거인멸이나 도주의 우려가 있다고 단언하기 어려운 경우가 대부분일 것이기 때문에 범죄의 실

---

125) 제200조의3(긴급체포) ① 검사 또는 사법경찰관은 피의자가 사형·무기 또는 장기 3년이상의 징역이나 금고에 해당하는 죄를 범하였다고 의심할 만한 상당한 이유가 있고, 다음각 호의 어느 하나에 해당하는 사유가 있는 경우에 긴급을 요하여 지방법원판사의 체포영장을 받을 수 없는 때에는 그 사유를 알리고 영장없이 피의자를 체포할 수 있다. 이 경우 긴급을 요한다 함은 피의자를 우연히 발견한 경우등과 같이 체포영장을 받을 시간적여유가 없는 때를 말한다.
   1. 피의자가 증거를 인멸할 염려가 있는 때
   2. 피의자가 도망하거나 도망할 우려가 있는 때
126) 대법원 2011. 5. 26. 선고 2011도3682 판결

행 중인 범인에 대해 체포를 할 수 없게 된다. 이러한 점에서 피의자의 인권보장을 위해 법문에도 없는 체포의 필요성을 현행범체포의 적극적 요건으로 해석하는 것이 과연 타당한지에 관한 근본적인 검토가 필요하다.[127]

이와 같은 우려는 실제로 발생하였다. 2014. 2. 20. 피해자가 "남편이 나를 폭행한다. 빨리 와 달라"는 내용으로 112 신고를 하였고 현장에 출동한 경찰관들이 피고인을 "현행범인으로 체포하겠다."고 하자 피고인은 경찰관에게 욕설을 하고 주먹을 휘둘렀고 경찰관은 피고인을 공무집행방해의 현행범으로 체포를 하였다. 이에 대해 1, 2심은 모두 피고인에게 증거인멸의 우려와 체포의 필요성이 없기 때문에 경찰관의 현행범체포가 적법하다고 볼 수 없다면서 피고인에게 무죄를 선고하였고 대법원도 원심의 판단이 정당하다고 판결하였다.

법문 상 체포의 필요성 요건을 요구하지 않음에도 현행범 체포 시에 동 요건이 필요하다고 해석하는 것은 현행법의 문리해석에도 반한다. 또한 현행범인은 범죄를 실행한 것이 명백하여 오인체포의 위험성이 거의 없다. 다른 체포제도의 경우 사후에 수집한 증거를 토대로 범죄혐의 유무를 판단해야 하지만 현행범인의 경우 범죄의 실행 중이거나 실행의 즉후이므로, 체포자가 범인이 범행을 하였음을 직접 목격하거나 그 상황으로 미루어 보아 죄증이 명백함을 확인할 수 있기 때문이다. 더욱이 현행범인은 다른 범인에 비하여 체포의 긴급성 내지 필요성이 높다는 특성을 가지고 있다. 즉, 현행범인은 범행에 사용한 증거를 소지하거나 증적이 의복 등에 남아있는 경우가 많고, 시간이 지남에 따라 희미해지는 기억의 특성상 사건 초기에 관련 진술을 확보할 필요성이 인정된다. 일반인에게도 현행범인을 체포할 수 있도록 한 것 역시 이러한 체포의 긴급성 내지 필요성을 고려하였기 때문이다.[128]

필자도 현행범 체포의 요건으로 체포의 필요성이 필요하다는 판례의 태도가 타당하다고 생각하지 않는다. 특히, 최근 피해자에 대한 보호가 형사소송의 주요한 이념으로 부각되고 있는 시점에서는 더욱 그러하다.

---

127) 김혁, "현행범체포에서의 체포의 필요성요건에 관한 비판적 고찰 — 울산지법 2015. 9. 11. 선고 2014노1113 판결(대법원 2015. 11. 27. 선고 2015도15185 판결)을 중심으로 —", 법학연구 제26권 제3호, 2016, 150면
128) 김혁, "현행범체포에서의 체포의 필요성요건에 관한 비판적 고찰 — 울산지법 2015. 9. 11. 선고 2014노1113 판결(대법원 2015. 11. 27. 선고 2015도15185 판결)을 중심으로 —", 법학연구 제26권 제3호, 2016, 168 — 169면

다) 현행범 체포 절차

(1) 체포된 현행범인 체포서의 작성

현행범을 경찰관이 직접 체포한 경우 범죄사실 및 체포의 사유 등을 기재한 현행범인체포서를 작성하고 체포보고서를 작성하여야 하는데 앞서 언급한 바와 같이 현재 대법원은 증거인멸, 도주의 우려 등 체포의 필요성을 요건으로 삼고 있기 때문에 이에 대한 근거를 상세히 작성하는 것이 필요하다.

일반인으로부터 현행범인을 인수한 경우에는 현행범인인수서를 작성[129]하여야 한다. 이때, 체포자의 개인정보와 체포경위 등을 상세히 작성할 필요가 있다.

(2) 고지

현행범인을 체포하는 경우 미란다원칙(피의사실 요지, 체포의 이유와 변호인 선임권, 변명할 기회, 진술거부권, 체포적부심)을 고지하고 확인서를 징구하여야 한다. 확인서에 날인을 거부하는 경우에는 확인서 끝 부분에 사법경찰관리가 그 사유를 적고 기명날인 또는 서명을 한다. 미란다원칙의 고지 시기와 관련하여 대법원은 "이와 같은 고지는 체포를 위한 실력행사에 들어가기 이전에 미리 하여야 하는 것이 원칙이나 달아나는 피의자를 쫓아가 붙들거나 폭력으로 대항하는 피의자를 실력으로 제압하는 경우에는 붙들거나 제압하는 과정에서 하거나 그것이 여의치 않은 경우에라도 일단 붙들거나 제압한 후에는 지체 없이 행하여야 한다."고 판시[130]하였다.

(3) 통지

현행범인을 체포한 경우 문자, 전화 등을 통해 피체포자의 변호인 또는 가족에게 체포사실과 체포적부심사청구권을 통지한 후 24시간 이내에 서면으로 다시 통지를 한다. 통지 대상자가 없는 경우 그 취지를 적은 수사보고서를 작성하여 첨부한다. 피체포자가 변호인 선임을 요청한 경우[131]에도 변호인 또는 가족 등에게 그 취지를

---

129) 범죄수사규칙 제116조(현행범인의 체포) ① 경찰관은 「경찰수사규칙」제53조제2항에 따라 현행범인인수서를 작성할 때에는 체포자로부터 성명, 주민등록번호(외국인인 경우에는 외국인등록번호, 해당 번호들이 없거나 이를 알 수 없는 경우에는 생년월일 및 성별, 이하 "주민등록번호등"이라 한다), 주거, 직업, 체포일시·장소 및 체포의 사유를 청취하여 적어야 한다.
130) 대법원 2000. 7. 4. 선고 99도4341 판결
131) 범죄수사규칙 제130조(변호인 선임의뢰의 통지) 경찰관은 「형사소송법」제200조의6 및

통지해야 한다.

(4) 피의자의 석방

형사소송법은 피의자를 현행범인으로 체포한 때로부터 48시간 이내에 구속영장이 청구되도록 규정하고 있다. 여기서 말하는 48시간 이내라 함은 구속영장을 신청 또는 청구를 할 필요성이 있는 경우의 상한을 이야기하는 것이지 피의자에 대한 구속영장을 신청하지 않거나 필요한 조사를 완료한 이후에도 피의자를 체포의 상태로 두는 것을 허용하는 것은 아니다. 피의자에 대한 필요한 수사가 완료되었음에도 불구하고 석방하지 않거나 체포한 직후 특별한 사유 없이 지연하여 조사를 하는 행위는 등은 불법체포에 해당할 여지가 크다. 따라서 피체포자에 대한 범죄혐의를 인정할 다른 증거가 충분하거나 석방 후 조사가 가능한 상태라면 조속히 석방하여야 한다.

3) 긴급체포

가) 의의

긴급체포는 수사의 실효성과 합목적성을 이유로 영장주의에 대한 예외를 인정하는 것으로 긴급을 요하는 경우 중대한 범죄의 혐의를 받고 있는 피의자를 영장 없이 체포하는 것을 말한다.

나) 긴급체포의 요건

(1) 범죄의 중대성

사형·무기 또는 장기 3년 이상의 징역 또는 금고에 해당하는 범죄를 범하였다고 의심할 만한 상당한 이유가 있어야 한다.

(2) 체포의 필요성

피의자가 증거를 인멸할 염려가 있는 때, 피의자가 도망하거나 도망할 우려가 있는 때에 긴급체포가 허용된다.

(3) 긴급성

피의자를 우연히 발견한 경우 등과 같이 긴급을 요하여 판사로부터 영장을 발부

제209조에서 준용하는 같은 법 제90조제2항에 따라 체포·구속된 피의자가 변호인 선임을 의뢰한 경우에는 해당 변호인 또는 가족 등에게 그 취지를 통지하여야 하며 그 사실을 적은 서면을 해당 사건기록에 편철하여야 한다.

받을 시간적 여유가 없는 때에 한단다. 2000년도 초반까지만 해도 지명수배를 하는 경우에 체포영장을 발부받지 않고 수배를 하고 수배자를 발견하면 긴급체포를 하는 관행이 있었다. 이러한 관행은 체포영장을 발부받을 시간적 여유가 있는 경우에도 긴급체포를 하게 된 위법한 것이었다.

또한, 특단의 사정이 있지 않는 한 임의동행 피의자와 자진출석한 피의자에 대한 긴급체포는 긴급성이 부정될 여지가 많다. 자진출석하여 조사를 받는 경우에도 조사과정을 통해 죄가 무겁다고 인식하는 등의 사정에 따라 추후 도망할 우려가 있기 때문에 긴급체포가 가능하다는 의견[132]이 있다.

그러나 긴급체포는 판사의 사후 승인절차가 없고 구속영장을 청구할 수 있는 48시간 동안은 법원의 어떠한 통제로부터 자유로운 무영장체포가 수사기관에게 보장되어 있는 특이한 절차임을 인식해야 한다. 긴급체포는 예외적으로 허용되어야 하지만 수사실무에서는 피의자가 출석요구에 응할 수 있는 상황임에도 불구하고 긴급체포를 남용하는 일이 자주 발생하고 있다. 그중 가장 흔한 예로는 참고인으로 조사한다는 명목으로 소환을 한 후 긴급체포하는 경우이다. 참고인이나 고소인에게 임의출석을 요청한 후 출석하면 진술조서를 받은 후 즉시 피의자신문을 개시하고 이에 항의하거나 범죄를 부인하면 긴급체포하는 관행은 사라져야 한다.

다음 판결[133]을 유념하여 살펴볼 필요가 있다.

"수사검사는 1999. 11. 29. 피고인 1에게 뇌물을 주었다는 피고인 3 및 관련 참고인들의 진술을 먼저 확보한 다음, 현직 군수인 피고인 1을 소환·조사하기 위하여 검사의 명을 받은 검찰주사보 서진학이 1999. 12. 8. 16:40경 경기 광주읍 소재 광주군청 군수실에 도착하였으나 위 피고인이 군수실에 없어 도시행정계장인 박종인에게 군수의 행방을 확인하였더니, 위 피고인이 검사가 자신을 소환하려 한다는 사실을 미리 알고 자택 옆에 있는 초야농장 농막에서 기다리고 있을 것이니 수사관이 오거든 그곳으로 오라고 하였다고 하므로, 같은 날 17:30경 서진학이 위 박종인과 같이 위 초야농장으로 가서 그곳에서 수사관을 기다리고 있던 위 피고인을 긴급체포하고, 그 후 같은 달 11. 구속영장을 발부받을 때까지 위 피고인을 유치하면서 검사가 같은 달 9.과 10.에 이 사건 각 피의자신문조서를 작성한 사실을 알 수 있는바

---

132) 이은모, 형사소송법 제5판, 박영사, 2015, 250면
133) 대법원 2002. 6. 11. 선고 2000도5701 판결

(이 사건 긴급체포서에는 긴급체포의 사유로서 '긴급체포치 않으면 증거인멸 및 도주우려 있음'이라고만 기재되어 있을 뿐, 왜 그러한 결론에 이르게 되었는지에 대하여는 아무런 설명이 없다), 사정이 그와 같다면, 위 피고인은 현직 군수직에 종사하고 있어 검사로서도 위 피고인의 소재를 쉽게 알 수 있었고, 1999. 11. 29. 피고인 3의 위 진술 이후 시간적 여유도 있었으며, 위 피고인도 도망이나 증거인멸의 의도가 없었음은 물론, 언제든지 검사의 소환조사에 응할 태세를 갖추고 있었고, 그 사정을 위 서진학으로서도 충분히 알 수 있었다 할 것이어서, 위 긴급체포는 그 당시로 보아서도 형사소송법 제200조의3 제1항의 요건을 갖추지 못한 것으로 쉽게 보여져 이를 실행한 검사 등의 판단이 현저히 합리성을 잃었다고 할 것이므로, 이러한 위법한 긴급체포에 의한 유치중에 작성된 이 사건 각 피의자신문조서는 이를 유죄의 증거로 하지 못한다고 할 것이다."

다) 긴급체포의 절차

(1) 승인요청

경찰관이 피의자를 긴급체포한 경우 12시간 내에 검사에게 긴급체포의 승인을 요청해야 한다. 다만, 수사중지 결정 또는 기소중지 결정이 된 피의자를 소속 경찰관서가 위치하는 특별시, 광역시, 특별자치시, 도 또는 특별자치도 외의 지역이나 바다에서 긴급체포한 경우에는 24시간 내에 승인을 요청해야 한다.

(2) 기타 절차

체포서의 작성, 고지, 통지, 석방은 현행범 체포와 같다.

4) 체포영장에 의한 체포

가) 체포의 요건

(1) 범죄의 혐의

체포영장을 발부하기 위해서는 피의자가 죄를 범하였다고 의심할 만한 상당한 이유가 있어야 한다. 이때의 혐의란 수사기관의 주관적 혐의로는 부족하며 소명자료에 의하여 입증되는 객관적, 합리적 혐의가 있어야 한다.

(2) 출석불응 또는 출석불응 우려

출석요구에 불응했는지에 대한 판단은 구체적인 사건에 따라 여러 가지 사정을 종합적으로 고려하여 판단하여야 한다. 천재지변이 발생하거나 질병 또는 중요한 사업상의 용무가 있어서 출석하지 못하는 것은 정당한 이유가 있다고 보아야 한다. 출석에 불응할 우려란 피의자가 도망하거나 지명수배 중에 있는 경우 등을 의미한다. 다만, 다액 50만원 이하 벌금, 구류, 과료에 해당하는 사건에 관하여는 피의자가 일정한 주거가 없거나 출석에 불응한 경우에 한하여 체포영장을 발부할 수 있으며 출석요구에 응하지 아니할 우려는 체포사유에 해당하지 않음을 주의하여야 한다.

(3) 체포의 필요성

형사소송법 제200조의2 제2항은 "제1항의 청구를 받은 지방법원판사는 상당하다고 인정할 때에는 체포영장을 발부한다. 다만, 명백히 체포의 필요가 인정되지 아니하는 경우에는 그러하지 아니하다."라고 규정하고 있다. 형사소송규칙 제96조의2는 "체포영장의 청구를 받은 판사는 체포의 사유가 있다고 인정되는 경우에도 피의자의 연령과 경력, 가족관계나 교우관계, 범죄의 경중 및 태양 기타 제반 사정에 비추어 피의자가 도망할 염려가 없고 증거를 인멸할 염려가 없는 등 명백히 체포의 필요가 없다고 인정되는 때"에는 청구를 기각하도록 규정하고 있다. 형사소송법이나 규칙은 피의자 체포를 위해 구속사유인 증거인멸이나 도망의 우려가 있어야 하는지에 대한 규정은 두지 않고 소극적으로 체포영장을 발부하지 않을 수 있는 요건만을 두고 있다. 따라서 체포영장을 발부하기 위한 요건으로 구속사유인 증거인멸, 도주의 우려는 해당하지 않는다. 다만, 체포영장을 신청하는 단계에서 피의자의 연령, 신분, 직업, 경력, 가족상황, 교우관계, 전과, 집행유예, 누범가중, 자수, 합의 여부 등 개인적인 사정과 사건의 정황 등을 모두 종합적으로 고려하여 신청하는 것이 바람직하다.

나) 체포영장에 의한 체포절차

(1) 소명자료의 제출

체포영장을 신청할 때는 체포의 요건 및 필요성을 인정할 수 있는 자료를 제출하여야 한다. 이러한 자료에는 출석요구서 사본, 출석요구통지부, 소재수사보고, 범죄경력자료 등이 포함된다.

(2) 체포영장 신청

체포영장을 신청할 때에는 피의자의 성명(분명하지 아니한 때에는 인상, 체격, 그 밖에 피의자를 특정할 수 있는 사항), 주민등록번호 등, 직업, 주거, 피의자에게 변호인이 있는 때에는 그 성명, 죄명 및 범죄사실의 요지, 7일을 넘는 유효기간을 필요로 하는 때에는 그 취지 및 사유, 여러 통의 영장을 청구하는 때에는 그 취지 및 사유, 인치구금할 장소, 형사소송법 제200조의2 제1항에 규정한 체포의 사유, 동일한 범죄사실에 관하여 그 피의자에 대하여 전에 체포영장을 청구하였거나 발부받은 사실이 있는 때에는 다시 체포영장을 청구하는 취지 및 이유, 현재 수사 중인 다른 범죄사실에 관하여 그 피의자에 대하여 발부된 유효한 체포영장이 있는 경우에는 그 취지 및 그 범죄사실을 기재하여야 한다(형사소송규칙 제95조).

(3) 영장의 집행

유효기간 내에 체포영장을 제시하여야 하며 체포영장을 소지하고 있지 않은 경우, 급속을 요하는 경우 등은 범죄사실의 요지, 체포영장이 발부되었음을 고지하고 집행을 완료한 직후에 영장 원본을 반드시 제시하여야 한다. 피의자 또는 그 변호인, 법정대리인, 배우자, 직계친족, 형제자매나 가족, 동거인 또는 고용주가 체포영장의 등본을 요구하면 체포영장을 등본하여 교부해야 한다.

유효기간 내에 체포영장의 집행에 착수하지 못하였거나 그 밖의 사유로 영장의 집행이 불가능하거나 불필요하게 된 경우 해당 영장을 법원에 반환하여야 한다. 체포영장을 발부 받은 후 피의자가 자진출석한 경우, 구속영장을 신청할 것이 아닌 때에는 체포영장을 집행할 필요성이 상실되었으므로 체포영장을 반환하는 것이 바람직하다.

(4) 인치와 구금

피의자를 영장에 의해 체포한 경우 즉시 영장에 기재된 인치·구금 장소로 호송하되, 호송과정에서 필요한 때에는 인접 경찰서 유치장 등을 이용할 수 있다. 다만, 인치와 구금 장소는 특정되어 있으므로 이 장소를 임의적으로 변경하는 것은 피의자의 방어권이나 변호인 접견교통권을 제한할 수 있으므로 주의해야 한다.

(5) 석방 등

고지, 통지, 석방 등의 절차는 현행범 체포와 같다.

다. 구속

1) 의의

신체의 자유는 가장 기본적인 자유로서 모든 사회적·경제적·정신적 자유의 뿌리가 되는 중요한 기본권이다. 신체의 자유가 제한되는 경우는 가정과 사회에서의 행복추구권이 상실되고, 고용관계와 사업관계 등 경제생활은 물론이요 사회적·정신적인 모든 생활면이 파괴되며, 세인으로부터 유죄의 추정을 받아 개인의 명예와 장래의 취업에도 지울 수 없는 낙인이 찍히게 되는 수도 있고, 형사소추에 관련하여서는 자기에게 유리한 증거수집 등 방어준비를 충분히 할 수 없게 되고, 유·무죄의 판단에 있어서 법원으로 하여금 편견을 가지게 할 우려가 있으며, 수사나 재판과정에서도 빨리 신체의 자유를 얻기 위하여 본의 아닌 자백을 함으로써 공정한 재판을 저해하는 수도 있고, 가족의 생활도 곤궁에 빠지게 되는 등 그 손실이 크다.[134]. 따라서 구속은 반드시 필요한 경우에 한하여 최소한으로 이루어져야 한다.

2007. 6. 1. 형사소송법은 제198조 제1항에 "피의자에 대한 수사는 불구속 상태에서 함을 원칙으로 한다."라고 규정함으로써 불구속수사 원칙을 천명하였다.

2) 요건

가) 범죄의 혐의

죄를 범하였다고 의심할 만한 상당한 이유 즉 유죄판결에 대한 고도의 개연성이 있어야 한다. 범죄혐의는 객관적 사실에 근거한 구체적인 자료로 소명해야 하며 수사과정에서 수집된 물증, 서증, 인증 등을 구체적으로 적시하여야 한다.

나) 일정한 주거가 없는 때

일정한 주거가 없는 것을 실질적으로 확인하여야 하므로 주민등록상 주소와 실제 주거지의 동일 여부, 동거인 여부 등도 조사하여야 한다. 주거부정은 주거 자체의 안정성뿐만 아니라 피의자 생활의 안정성 등도 종합해서 판단해야 한다.

구속수사 기준에 관한 지침은 아래와 같이 주거부정의 판단 요소를 다음과 같이

---

134) 헌법재판소 1993. 12. 23. 선고 93헌가2 전원재판부 결정

규정하고 있다.

제5조(주거 부정) ① 피의자가 일정한 주거가 없는 때라고 함은 당해 피의자에게 일정한 주소나 거소가 없는 때를 말한다.
② 피의자에게 일정한 주거가 없는지 여부를 판단할 때에는 다음 각 호의 요소를 고려하여야 한다.
1. 주거의 종류(집, 여관, 여인숙, 고시원, 기숙사, 직장 임시 숙소 등)
2. 거주 기간
3. 주민등록과 주거의 일치 여부 및 주민등록 말소 여부
4. 거주 형태(임차 계약의 형태·기간, 임료의 지급 방법·상황 등)
5. 가족의 유무
6. 가재 도구의 현황
7. 피의자의 성행, 조직·지역 사회 정착성
③ 가족, 변호인 등 신원보증인에 의하여 피의자의 출석을 담보할 수 있는 경우에는 이를 참작하여야 한다.

다) 증거를 인멸할 염려가 있는 때

증거물이나 증거서류 등 물적 증거를 위조, 변조, 은닉, 손괴, 멸실하거나, 인적 증거(공범, 참고인, 증인 등)에게 허위 진술을 부탁하거나 부정한 영향력을 행사하는 경우에 증거를 인멸할 우려가 있다고 판단한다. 증거를 인멸할 우려 역시 구체적인 자료에 의하여 뒷받침되는 개연성이 필요하다. 따라서 피의자와 인적, 물적 증거 간에 관련이 있는지, 실질적인 인멸의 위험성이 있는지, 증거인멸을 방지하기 위해 구속이 불가피한지 판단해야 하며 이미 유죄의 판결에 이를 정도로 확실한 증거들이 수집된 상태에서는 피의자가 증거를 인멸하는 경우에도 형사재판에는 영향이 없으므로 이러한 경우에는 구속의 필요성이 약해짐을 유의해야 한다.

증거인멸 염려의 유무는 범죄의 성격에 따른 증거인멸, 왜곡의 용이성, 사안의 경중, 증거수집 정도, 공범의 존재, 피해자 등 사건 관계인과의 관계, 범죄 전력 등을 모두 고려하여야 한다. 피의자가 범행을 자백하지 않거나 범죄사실을 다투는 경우 그 자체만으로는 증거인멸의 염려가 있다고 단언해서는 안 된다. 만약 진술거부권

의 행사, 범행 부인도 증거인멸의 염려가 있다고 한다면 진술거부권의 취지가 망각될 수 있으니 유의해야 한다.

증거인멸의 염려에 관한 고려사항은 다음 예규와 지침을 참고할 수 있다.

인신구속사무의 처리에 관한 예규

제48조(증거를 인멸할 염려) 구속의 사유 중 증거를 인멸할 염려는 다음 각호의 요소를 종합적으로 고려하여 판단한다.

1. 인멸의 대상이 되는 증거가 존재하는지 여부
2. 그 증거가 범죄사실의 입증에 결정적으로 영향을 주는지 여부
3. 피의자측에 의하여 그 증거를 인멸하는 것이 물리적·사회적으로 가능한지 여부
4. 피의자측이 피해자 등 증인에 대하여 어느 정도의 압력이나 영향력을 행사할 수 있는지 여부

구속 수사 기준에 관한 지침

제6조(증거 인멸의 염려) ① 피의자가 증거를 인멸할 염려가 있는지 여부를 판단할 때에는 다음 각 호의 요소를 고려하여야 한다.

1. 범죄의 성격에 따른 증거 인멸·왜곡의 용이성
2. 사안의 경중
3. 증거의 수집 정도
4. 피의자의 성행, 지능과 환경
5. 물적 증거의 존재 여부와 현재 상태
6. 공범의 존재 여부와 현재 상태
7. 피해자, 참고인 등 사건 관계인과 피의자와의 관계
8. 수사 협조 등 범행 후의 정황
9. 범죄 전력

② 다음 각 호의 1에 해당하는 경우에는 증거인멸의 염려에 유의하여야 한다.

1. 증거서류와 증거물을 파기, 변경, 은닉, 위조 또는 변조한 때
2. 대향적, 조직적, 집단적 범행 등 공범이 있는 경우 공범에 대해 통모·회유·협박하거나 그와 같은 우려가 있는 때
3. 사건 관계인의 진술이 범죄사실의 입증을 위한 중요한 증거인 경우 그 진술을 조작·번복시키거나 그와 같은 우려가 있는 때

---

4. 피해자, 당해 사건의 수사와 관련된 사실을 알고 있다고 인정되는 자, 감정인 등에게 부정한 방법으로 영향을 미치거나 미칠 우려가 있는 때
5. 피해자, 당해 사건의 수사와 관련된 사실을 알고 있다고 인정되는 자 또는 그 친족의 생명·신체나 재산에 해를 가하거나 가할 우려가 있는 때
6. 제3자에게 제1호 내지 제5호에 해당하는 행위를 사주·권유한 때
7. 그 밖의 제1호 내지 제6호에 준하는 사정으로 피의자가 증거를 인멸할 우려가 있다고 판단될 때
③ 피의자가 범행을 부인하거나 진술거부권을 행사한다는 이유만으로 증거인멸의 염려가 있다고 보아서는 아니된다.

라) 도망하거나 도망할 염려가 있는 때

피의자가 도망한 때란 피의자가 수사를 피할 의사로 주거를 이탈할 때, 연락이 되지 않을 때, 국외로 도피한 때 등을 말하며 도망의 염려가 있는 때는 피의자가 수사, 공판, 형집행 등 일련의 형사절차를 피하여 영구히 또는 장기간 숨으려 할 염려가 있는 깃을 의미한다.

도망 또는 도망할 염려에 관하여는 다음 예규와 지침을 참고할 수 있다.

인신구속사무의 처리에 관한 예규
제49조(도망할 염려) 구속의 사유 중 도망할 염려는 다음 각호의 요소를 종합적으로 고려하여 판단한다.
1. 범죄사실에 관한 사정
(1) 범죄의 경중, 태양, 동기, 횟수, 수법, 규모, 결과 등
(2) 자수 여부
2. 피의자의 개인적 사정
(1) 직업이 쉽게 포기할 수 있는 것인지 여부
(2) 경력, 범죄경력, 범죄에 의존하지 아니하고도 생계를 유지하였는지 등 그 동안의 생계수단의 변천
(3) 약물복용이나 음주의 경력, 피의자의 도망을 억제할 만한 치료 중인 질병이 있는

지 또는 출산을 앞두고 있는지 여부

(4) 다른 곳 특히 외국과의 연결점이 있는지 여부, 여권의 소지 여부 및 여행 특히 해
　　외여행의 빈도

3. 피의자의 가족관계

(1) 가족간의 결속력

(2) 가족 중에 보호자가 있는지 여부

(3) 배우자 또는 나이가 어리거나 학생인 자녀가 있는지 여부

(4) 연로한 부모와 함께 거주하거나 부모를 부양하고 있는지 여부

(5) 피의자에 대한 가족들의 의존 정도

(6) 가족들이 피의자에게 양심에 호소하는 권고나 충고를 하여 피의자를 선행으로 이
　　끌만한 능력과 의사가 있는지 여부

4. 피의자의 사회적 환경

(1) 피의자의 지역사회에서의 거주기간 및 지역사회에서의 정착성의 정도

(2) 피의자 가족의 지역사회와의 유대의 정도

(3) 교우 등 지원자가 있는지 여부

구속 수사 기준에 관한 지침

제7조(도망 또는 도망할 염려) ① 피의자가 도망한 때라고 함은 피의자가 수사를 피할
의사로 주거를 이탈한 때를 말한다. 다음 각 호의 1에 해당하는 경우에는 피의자가
도망한 것으로 본다.

1. 피의자가 정당한 사유 없이 주거를 이탈하여 일정한 주거로 연락이 어려운 때

2. 피의자가 형사처분을 면할 목적으로 국외에 있는 때

3. 피의자가 정당한 사유 없이 소재불명되어 이미 체포영장이 발부되어 있는 때

② 피의자가 도망할 염려가 있는지 여부를 판단할 때에는 다음 각 호의 요소를 고려
하여야 한다.

1. 사안의 경중

2. 범행의 동기, 수단과 결과

3. 전문적·영업적 범죄 여부

4. 피의자의 성행, 연령, 건강 및 가족 관계

5. 피의자의 직업, 재산, 교우, 조직·지역 사회 정착성, 사회적 환경

6. 주거의 형태 및 안정성

7. 국외 근거지의 존재 여부, 출국 행태 및 가능성

8. 수사 협조 등 범행 후의 정황

9. 범죄 전력

10. 자수 여부

11. 피해자와의 관계, 피해 회복 및 합의 여부

③ 다음 각 호의 1에 해당하는 경우에는 도망할 염려에 유의하여야 한다.

1. 사형·무기 또는 장기 10년이 넘는 징역이나 금고에 해당하는 죄를 범한 때

2. 누범에 해당하거나 상습범인 죄를 범한 때

3. 범죄를 계속하거나 다시 동종의 죄를 범할 우려가 있는 때

4. 집행유예 기간 중이거나 집행유예 결격인 때

5. 피의자가 인적 사항을 허위로 진술하거나 인적 사항이 판명되지 아니한 때

6. 피의자가 도망한 전력이 있거나 도망을 준비한 때

7. 사안의 경중, 범죄 전력, 범행의 습성, 피해 회복 여부 등 여러 사정에 비추어 중형의 선고 가능성이 높은 때

8. 그 밖의 제1호 내지 제7호에 준하는 사정으로 피의자가 도망할 염려가 있다고 판단될 때

④ 피의자가 범행을 부인하거나 진술거부권을 행사한다는 이유만으로 도망할 염려가 있다고 보아서는 아니된다.

마) 필요적 고려사항

형사소송법 제70조 제2항은 "법원은 제1항의 구속사유를 심사함에 있어서 범죄의 중대성, 재범의 위험성, 피해자 및 중요 참고인 등에 대한 위해우려 등을 고려하여야 한다."고 규정하고 있다. 이 규정의 입법취지는 유전무죄, 무전유죄를 방지하고 중대범죄를 저지른 피의자가 부당하게 방면되는 것을 막겠다는 것이다.[135]

제70조 제2항의 사유는 기존의 구속사유를 신설하거나 추가한 것이 아니라 구속사유를 심사할 때 고려해야 할 사항을 명시한 것이므로 구속의 요건은 우선 제70조 제1항에서 열거한 사항이 되어야 한다. 이에 대해 헌법재판소는 "법 제70조 제2항

---

[135] 국회법제사법위원회(2007. 4. 26.) 회의록 제4호 11면

신설의 일차적인 계기는 사회적 영향력이 있는 피의자가 법률 외적인 이유로 방면되는 것을 막으려는 데에 있었지만, 이러한 표면상의 이유 외에도 기존에 명문의 규정이 없음에도 불구하고 범죄의 중대성, 재범의 위험성, 사회적 파급효과 등의 실체적 요소 및 형사정책적 요소를 구속사유 판단의 보조요소로 고려해 왔던 영장실무를 형사소송법에 반영토록 하여 법과 현실과의 간격을 해소하려는 것 또한 배경이 되었다. 법 제70조 제1항에서는 주거부정, 증거인멸의 우려, 도주우려 등의 구속사유를 규정하고 있는데, 법 제70조 제2항은 여기에 새로운 '구속사유'를 신설하거나 추가한 것이 아니라, 이러한 '구속사유를 심사할 때 고려해야 할 사항'을 명시한 것이다. 범죄의 중대성, 재범의 위험성이나 피해자·중요 참고인 등에 대한 위해우려는 구속사유를 판단함에 있어 고려하여야 할 구체적이고 전형적인 사례를 거시한 것이다. 따라서 구속사유가 없거나 구속의 필요성이 적은데도 이 같은 의무적 고려사항만을 고려하여 구속하는 것은 허용되지 않으며, 반면에 구속사유가 존재한다고 하여 바로 구속이 결정되는 것이 아니라 거기에 더하여 의무적 고려사항인 범죄의 중대성, 재범의 위험성, 중요 참고인 등에 대한 위해우려를 종합적으로 판단하여 구속 여부를 결정하여야 한다."[136]라고 결정하였다.

구 분		검 토
필요적 고려 사항	범죄의 중대성	소명된 범죄의 종류, 죄질, 동기, 피해의 정도, 범행 후의 정황 등을 종합적으로 고려하였을 때 피의자 또는 피고인의 신병확보의 필요가 우선시되는 심각한 범죄
	재범의 위험성	피의자 또는 피고인이 당해 사건으로 구속되지 않으면 장래에 다시 범죄를 저지를 위험이 경험적으로 추정
	위해 우려	피의자 또는 피고인의 태도 및 피해자를 포함한 중요 참고인과의 관계, 범행 후의 정황, 피해자와 참고인의 반응 등을 종합하여 판단

3) 구속의 제한

경미사건의 경우 일정한 주거가 없는 경우에 한하여 구속할 수 있다.[137] 국회의

---

136) 헌법재판소 2010. 11. 25. 선고 2009헌바8 결정
137) 형사소송법 제70조 제3항 다액 50만원이하의 벌금, 구류 또는 과료에 해당하는 사건에 관하여는 제1항제1호의 경우를 제한 외에는 구속할 수 없다.

원은 회기 중 국회의 동의 없이 체포 또는 구속할 수 없다.[138] 공직선거 후보자는 후보자 등은 일정한 요건하에 구속이 제한된다.[139] 근로자는 쟁의기간 중 노동조합법 위반을 이유로 구속되지 않는다.[140] 소년에 대한 구속은 부득이한 경우에 한한다.[141] 따라서 소년에 대한 구속영장을 신청할 때에는 부득이한 사유에 대한 소명이 필요하다. 구속의 부득이한 사유란 소년의 범죄경력, 성행, 범행 동기, 범행 후의 태도, 소년 개인의 특성과 가정환경, 선도 가능성 등을 종합적으로 고려하여 그를 구속하지 않으면 수사와 재판상 중대한 지장을 초래하는 경우를 의미한다.

---

138) 헌법 제44조 제1항 국회의원은 현행범인인 경우를 제외하고는 회기중 국회의 동의없이 체포 또는 구금되지 아니한다.

139) 공직선거법 제11조(후보자 등의 신분보장) ① 대통령선거의 후보자는 후보자의 등록이 끝난 때부터 개표종료시까지 사형·무기 또는 장기 7년 이상의 징역이나 금고에 해당하는 죄를 범한 경우를 제외하고는 현행범인이 아니면 체포 또는 구속되지 아니하며, 병역소집의 유예를 받는다.

② 국회의원선거, 지방의회의원 및 지방자치단체의 장의 선거의 후보자는 후보자의 등록이 끝난 때부터 개표종료시까지 사형·무기 또는 장기 5년 이상의 징역이나 금고에 해당하는 죄를 범하였거나 제16장 벌칙에 규정된 죄를 범한 경우를 제외하고는 현행범인이 아니면 체포 또는 구속되지 아니하며, 병역소집의 유예를 받는다.

③ 선거사무장·선거연락소장·선거사무원·회계책임자·투표참관인·사전투표참관인과 개표참관인(예비후보자가 선임한 선거사무장·선거사무원 및 회계책임자는 제외한다)은 해당 신분을 취득한 때부터 개표종료시까지 사형·무기 또는 장기 3년 이상의 징역이나 금고에 해당하는 죄를 범하였거나 제230조부터 제235조까지 및 제237조부터 제259조까지의 죄를 범한 경우를 제외하고는 현행범인이 아니면 체포 또는 구속되지 아니하며, 병역소집의 유예를 받는다.

140) 노동조합 및 노동관계조정법 제39조(근로자의 구속제한) 근로자는 쟁의행위 기간중에는 현행범외에는 이 법 위반을 이유로 구속되지 아니한다.

141) 소년법 제55조(구속영장의 제한) ① 소년에 대한 구속영장은 부득이한 경우가 아니면 발부하지 못한다.

② 소년을 구속하는 경우에는 특별한 사정이 없으면 다른 피의자나 피고인과 분리하여 수용하여야 한다.

라. 구속을 필요로 사는 사유 및 필요적 고려사항 기재례

1) 구속을 필요로 하는 사유 기재례

가) 일정한 주거가 없을 때

피의자는 불법인 환치기업 외에 일정한 직업이 없는 점, 체포 시까지 수회에 걸쳐 주거를 이전한 점, 또한 그 주거의 계약 관계도 보증금 없는 월세방으로 경찰 단속 시 언제든지 주거이전이 용이한 방을 구해 살아 온 점 등으로 보아 피의자의 주거가 일정하다고 볼 수 없다.

나) 증거를 인멸할 염려가 있을 때

범행현장 단속 당시 피의자들은 사이트 운영에 사용하던 컴퓨터의 하드디스크를 분리하여 물에 침수시키고 사용하던 휴대전화를 조각내는 등 증거 인멸을 시도하였으며, 단속 당시 다른 장소에 있던 공동 피의자에게 연락하여 서버 접속을 차단하도록 지시한 점 등으로 보아 증거를 인멸할 우려가 있다.

다) 도망하거나 도망할 염려가 있을 때

계좌에서 9천만원을 출금하려고 시도한 점, 여권이 없던 피의자가 피의자 乙과 함께 여권을 만들어 항공권까지 모두 구매한 후 인천공항을 통하여 OO으로 출국을 시도한 점, 수사기관에서 추적 중임을 알고 휴대전화 배터리를 분리하고 OO시 소재 호텔로 도피하여 숙박을 하였던 점으로 보아 도망할 염려가 있다.

라) 피해자 및 중요 참고인 등에 대한 위해 우려

옆에서 조사를 받던 피해자를 향해 소리치며 윽박지른 점, 피해자에게 찾아가 "니가 신고했지"라고 위협을 하였던 점 등으로 보아 불구속 수사 시 참고인 및 피해자에게 위해를 가할 우려가 매우 높은 자이다.

2) 사건별 기재례

가) 대출빙자 사기사건

- 구속을 필요로 하는 사유

(1) 범죄혐의의 상당성

피의자는 조사중에도 "나는 바지 사장일 뿐이다."라며 혐의를 부인하나 ○○의 진술, 압수한 대포폰 등으로 그 범죄혐의가 충분히 인정된다.

(2) 증거인멸 우려

피의자는 현행범인으로 체포되었음에도 계속 "나는 ○○지검에서 담당하는 대출빙자사기 수사사건의 중요 제보자로, 대출빙자사기단을 잡기 위해, 허위로 내가 사기행각을 벌이고 있다."라며 자신의 혐의사실을 강하게 부인하였다.

또한, 피의자는 체포된 후, 인출책과 접선할 수 있다며 수사관들을 기망, ○○에서 인출책을 기다리며, 자신의 대포폰에 저장되어 있던 문자 발신 및 수신 내역을 삭제하는 등 증거를 인멸하려고 하였다.

피의자는 조사를 받으며, 혐의를 강하게 부인하였고, 범행을 시인한 하위 직원인 김○○등이 피의자와 대질하기를 꺼리고 있어, 피의자가 석방되면 영향력 행사 등으로 위 직원들의 진술을 번복시키거나 증거를 인멸할 가능성이 높다.

(3) 도망할 염려

피의자는 수사기관의 추적을 피하기 위해 대포폰을 사용하고, 범행에 사용하는 계좌도 수시로 변경하며, 공범자들끼리 '최사장, 김실장, 최장2' 등과 같이 암호 같은 명칭을 사용하는 등 그 범행 수법이 교묘하며, 사기 전과 4범(실형 1회)을 포함 범죄경력 14회, 수사경력 9회인 점, 피해자가 다수이며, 피해액이 큰 점을 고려, 엄중한 처벌이 예상되어 도망의 우려가 높다.

- 필요적 고려사항

(1) 범죄의 중대성

수사에 착수한 후, 압수한 자료(○월 말부터 ○월 초까지)만으로 확인된 피해자가 16명이며 그 피해금액은 5천여만원에 달하고 있다. ○○센터 접수내용을 분석해 보면, 본 건과 동일 범죄인 대출빙자사기는 불법사금융 범죄의 43% 정도로 큰 비중을 차지하고 있어, 반드시 엄벌해야 하는 대표적인 범죄이다.

대출빙자사기는 그 특성상 신용불량자 등 금융권의 도움을 받지 못해 급전이 필요한 서민들의 심리를 이용, 전화 등을 수단으로 돈을 편취하는 방법을 사용하며, 범죄의 비대면적 특성으로 인해, 단기간내에 다수의 피해자가 발생될 가능성이 많고, 실제 본 사건에서는 16명의 피해자가 발생한 점을 보면, 범죄는 중하다고 볼 수 있다.

(2) 기타 사유

피의자는 대출사기 매뉴얼까지 직접 작성하였을 뿐만 아니라, 경찰 수사에 대비하여 자신의 수첩에 대응요령까지 자세히 기재하고 다니는 등 치밀하게 범행을 계획하였다.

나) 인터넷 쇼핑몰 사기사건

- 구속을 필요로 하는 사유
(1) 범죄혐의의 상당성

피의자는 쇼핑몰 개설·운영 사실과 주문을 받고도 상품을 배송하지 않은 사실에 대해 인정하고 있고, 피의자들이 소지하고 있던 쇼핑몰 개설 및 운영에 쓰였던 서류, 장부 및 쇼핑몰 명의의 통장과 해당계좌 입출금 내역으로 보아 피의자들이 위 범죄사실의 죄를 범하였다고 볼 만한 상당한 이유가 있다.

(2) 증거인멸의 염려

피의자는 중국에 있는 ○○실장으로부터 지시 받은대로 하였을 뿐 본 범행에 사용된 사이트가 사기 사이트라는 것을 인식하지 못하였고, 수익금도 ○○이 지시하는대로 현금으로 출금하여 40대 여자에게 전달하여 피의자가 취득한 것은 없다고 진술하면서 그 근거로 ○○과 문자메시지 내용과 전화통화 녹취록을 제출하고 범행을 부인하고 있다.

하지만 사건 담당 경찰관이 주소지와 사무실로 발송한 출석요구서를 받았음에도 아무런 연락 없이 출석에 불응하였고, 사건 담당 경찰관이 본 범행 사이트 사무실로 전화하여 또 다른 피의자 ○○ 및 직원과 통화하여 출석요구한 사실도 알고 있었기 때문에 설령 피의자의 진술처럼 중국에 있는 ○○의 지시를 받아서 사이트를 운영하였다 하더라도 본 사건 담당 경찰관의 전화통화 및 서면 출석요구서를 받아 사기 사이트로 의심하였을 미필적 고의가 있었다고 판단되고, 출석에 불응한 점으로 보아 피의자에 대하여 불구속 상태에서 수사를 진행하면 주변인들과 사실관계 조작행위 등 증거인멸 우려가 있다.

(3) 도망할 염려

피의자는 출석요구서를 받았음에도 아무런 연락 없이 출석하지 않았고, 피해금액이 입금된 계좌에서 현금으로 ○○억원을 출금한 후 본 건 사이트 직원들에게 '피의자 ○○과 함께 중국으로 출장을 가므로, ○○부터 출근을 하지 않는다고 하여 일정기간 피의자들의 행적을 파악하지 못하도록 하였다.

또한 피의자는 본 건 범행에 사용된 계좌에서 9천만원을 출금하려고 시도한 점, 여권이 없던 피의자가 피의자 乙과 함께 여권을 만들어 항공권까지 모두 구매한 후 인천공항을 통하여 OO으로 출국을 시도한 점, 수사기관에서 추적 중임을 알고 휴대전화 배터리를 분리하고 OO시 소재 호텔로 도피하여 숙박을 하였던 점으로 보아 도망할 염려가 있다.

- 필요적 고려사항

(1) 범죄의 중대성

20○○년 1/4분기 전자상거래 규모는 115조 9,970억원으로 매분기 꾸준히 증가하고 있는 추세로(통계청), 이와 같이 인터넷 물품거래(전자상거래)는 이미 우리 생활에서 일상화되었으며, 비대면성을 무기로 하는 인터넷 물품 거래에서의 사기행위는 사회 신뢰의 근간을 해하는 범죄행위다.

특히 본 건 피의자들의 경우는 지상파 방송 프로그램을 협찬하고, 유명 연예인을 모델로 기용하는 등 적극적이고 치밀한 방법을 사용하여 다수의 피해자를 양산하였고 다액의 피해금이 발생하였다.

(2) 재범의 위험성

피의자가 본 건 범행 이전에는 안정적이고 일정한 직업이 없었던 사실, 본 건 범행 당시 약 2개월이라는 단기간에 36억이라는 거액의 이익을 취한 사실, 본 건 범행과 관련하여 취득한 이익의 행방에 대해 밝히지 않는 사실 등으로 보아 불구속 상태에서 수사하고 그 이후의 형사소송절차를 진행한다면, 피의자는 범죄로 인한 수익과 처벌 사이에서 망설임 없이 재범의 길을 택할 것이다.

다) 강간사건

- 구속을 필요로 하는 사유

피의자는 범행사실 모두 시인하고 이에 부합하는 피해자의 진술, 압수조서 및 목록(범행시 착용하였던 의류, 피해자 ○○의 휴대폰 및 신용카드), 버스 CCTV에 촬영된 피의자 사진, 강취한 피해자 ○○의 휴대폰 통화내역 사진으로 보아 범죄혐의가 상당하고, 피의자는 강간을 하기 위한 목적으로 아침 출근 또는 야간에 귀가하는 여성을 상대로 폭행하고 협박하여 강간하였고, 통신매체이용음란의 죄로 처벌을 받았음에도 동일한 범죄를 저질렀으며 계속하여 수회에 걸쳐 야간에 여성을 상대로 주거지 및 노상, 화장실 등에서 강간 및 추행을 일삼는 등 죄질이 아주 불량하고 중한 처벌이 예상되며 피의자가 일정한 직업이 없고 주거 및 생활습성으로 볼 때 도주할 우려가 매우 높은 자이다.

- 필요적 고려사유

피의자는 야간에 귀가하는 여성을 뒤쫓아가거나 주거지에 침입하여 강간하려 하였고, 화장실이나 노상에서 여성의 가슴을 만지며 강제로 추행하는 등 여러 차례 걸쳐 범행을 하여 죄질이 불량하고 계속하여 범죄를 가능성 배제키 어려우며 '범죄 일람표'와 같이 피해자가 확인된 사건 외에 다른 범행이(11건) 더 있다고 자백하고 있어 피해자를 밝히기 위한 수사를 계속할 필요성이 있다.

라) 살인사건

- 구속을 필요로 하는 사유
(1) 범죄혐의의 상당성

피의자는 범행사실 전면 부인하면서, 사건 전날(1. 13, 목) 17:45경 피해자인 아내와 같이 귀가한 후 다음 날(1. 14, 금) 새벽 03:00경까지 게임을 한 뒤 05:40경 일어난 다음 피해자로부터 외출복장에 대한 코디를 받고 06:41경 집을 떠났으며, 이후 ○○대학교 학술정보관(도서관)에서 공부를 하다 장모로부터 피해자가 출근을 하지 않고 연락도 되지 않는다는 전화를 받고 1. 14. 17:05경 혼자 귀가하여 보니 안방에 딸린 욕조에 피해자가 쓰러져 숨져 있는 것을 발견하고 119에 신고하였을 뿐 일체 피해자와 부부싸움을 했거나 다툰 적도 없고 나아가 살해하지도 않았다고 주장하고 있다.

그러나 다음에서 보는 바와 같이 피의자는 아내인 피해자를 살해하고도 범행을 은폐하였다.

가) 피해자의 사고사 또는 타살 여부

　(1) 피의자와 변호인의 주장

　　　기재 생략(피의자와 변호인은 …라고 주장하였다.

　(2) 국과수의 부검감정 결과

　　　기재 생략

　(3) 소결론

피의자는 최초 사고사를 주장하다, 경찰에서 여러 증거에 의해 '다툼에 의한 목눌림질식사'로 판단하고 수사를 진행하자 타살로 주장을 바꾸었다가, 영장실질심사 과정에서 변호인이 주장한 사고사 개연성이 일부 받아들여지고, 만약 타살일 경우 본인 외에 혐의자가 없다는 것을 인식하고 다시 사고사를 주장하고 있으나 위에서 보는 바와 같이 전문감정기관인 국과수의 부검결과와, 아래에서 보는 바와 같이 수사 결과를 종합하여 판단하여 보면, 피해자는 '손에 의한 목눌림질식사'로 사망한 것이 분명하고, 이는 곧 '타살'이다.

[중략]

바) 범죄혐의의 상당성에 대한 소결론

(1) 피의자는 피해자와의 일체의 물리적 접촉이 없었기 때문에 피해자의 상의에 묻는 피의자의 혈흔 DNA형 증거, 피의자의 트레이닝복에 남겨진 피해자의 혈흔 DNA형 증거, 피해자의 왼쪽 손톱에서 발견된 피의자의 DNA형 증거 등에 대해 인정할 수 없고, 거짓말탐지기 검사 시스템에 대해서는 신뢰한다고 하면서도 거짓반응으로 나온 국과수의 피의자에 대한 거짓말탐지기 검사 결과는 믿을 수 없다고 강변하고 있다. 아울러 초기 조사에서 외부침입 흔적은 발견할 수 없었다고 진술하였고, 이후 조사에서도 피해자가 원한을 샀거나 금품관계 등에 있어 문제가 될 만한 근거도 없다고 하였다. 처음엔 피해자가 사고사로 숨졌을 것으로 진술하였다가 나중에는 타살로 바꾸었으며 마지막 제3회 피의자 신문에서는 최종적으로 다시 사고사로 변경하는 등 진술에 일관성이 없다.

(2) 이와 더불어 국과수의 부검감정서와 추가 회보서에 피해자의 얼굴과 목부위 등에 상처와 멍 등이 발견되고 피해자는 '손에 의한 목눌림 질식사'로 사망하여 타

살로 확인된다고 한 점, 영장실질심사에서 구속영장을 기각한 판사도 피의자와 피해자 간에 몸싸움이 있었을 것으로 보이는 소명이 있다고 한 점, 피의자는 피해자와 자신의 혈흔이 발견된 트레이닝복을 평상시 안방 장롱에 보관한다고 하였으나 피의자의 집을 7개월 가까이 청소해 주고 있는 가사도우미는 평소 피의자의 트레이닝복이 침대 위에 널려져 있어 마치 "몸만 빠져 나간 상태"라고 진술한 점에 비추어 피의자가 피해자를 폭행하고 살해한 증거를 감추기 위해 장롱 속에 숨겼다고 판단되는 점, 범행시간이 피의자가 컴퓨터를 종료한 03:00경부터 외출을 한 06:41에 이루어졌고 이 시간대에 외부인의 침입이 없고 피의자와 피해자만이 같이 있었던 점, 피의자가 외출한 이후 피해자가 발견된 시점까지 외부인의 침입흔적이 없고 기타 금품, 원한, 치정 등 외부인이 피해자를 살해할 만한 동기가 발견되지 않는다고 피의자도 인정하고 있는 점, 피의자가 새벽 3시까지 컴퓨터 게임을 하고 바로 잔 뒤 2시간 40분 후 일어나 시험이 끝났음에도 평소보다 더 빨리 시험공부를 핑계로 현장을 떠났고 이후 하루 종일 도서관에서 있었다는 진술이 사회 통념상 받아들여지기 어려운 점, 이후 하루 종일 도서관에서 시험공부를 한다는 이유로 피의자에게 온 전화와 문자를 44건이나 받지 않은 점, 전화를 받지 못한 이유가 "가방 속에 휴대폰이 머플러 감겨 있어 진동소리를 듣지 못했다."고 진술하였으나 피의자의 도서관 행적에 대한 CCTV분석 결과 피의자가 중간에 도서관을 빠져나갈 때 머플러를 착용하고 있었던 것이 확인된 점, 피해자의 상처와 멍 등의 위치를 보면 태아에 대한 직접적 공격 흔적은 보이지 않는 점 등을 종합하면, 피의자가 임신부인 피해자와 몸싸움을 하면서 순간적으로 격분하여 피해자의 목을 손으로 눌러 살해한 범죄 혐의를 충분히 인정할 수 있다.

(2) 증거인멸의 염려

가) 피의자는 다툼에 연속하여 목눌림 질식으로 피해자를 살해하고도 이를 회피하기 위하여 다음과 같이 증거인멸을 시도하였고 앞으로도 증거를 인멸할 염려가 크다.

나) 피의자는 유족으로 최초 진술 시... (하략)

다) 이러한 피의자의 사후 행동은 증거인멸의 시도로 보이고, 현재의 진술 태도와 부인하는 진술로 보면 다음에서 보는 바와 같이 차후에도 증거인멸을 시도할 우려가 크다...(하략)

라) 위와 같은 정황을 종합하여 보면, 피의자는 혐의를 입증한 증거자료에 대하여 끊임없이 증거인멸을 시도할 가능성이 매우 크다. 더구나 만약 피의자가 구속되지 않으면, 원칙적으로 주거권이 피의자에게 있기 때문에 문제의 주거지 아파트에 들어가 그 주거공간과 환경 등에 대하여 남아있는 정황 등을 조작할 가능성이 높다.

(3) 도망할 염려

피의자가 현재는 경찰의 출석요구를 거부하지 않고 있다고 하나 추후 검찰 수사과정이나 재판과정에서 추가로 혐의가 입증되고 유죄판결이 예견될 때 살인범죄에 대한 중형이 구형되거나 선고될 가능성이 있어 도망할 염려가 크다.

– 필요적 고려사항

(1) 범죄의 중대성

피의자는 의사로서 임산 여성의 신체, 건강에 대한 지식 외에도 태아와 유아에 대한 전문적 지식과 평소 그에 대한 배려를 가지고 있고, 있어야 하는 자일 뿐만 아니라 인체의 위험한 부위를 잘 알고 있는 자이다. 그러함에도 불구하고 임신한 아내를 폭행하였고, 아내가 살해되면 곧 태어날 것으로 예정된 태아까지 사망할 것을 인식할 수 있었음에도 피해자를 계속 공격하여 사망에 이르게 하였다. 아울러 살인은 최고 법정형이 사형까지 가능한 중죄이다.

(2) 중요 참고인에 대한 위해 우려

피해자의 부모는 피의자의 살인행위로 인해 아끼던 딸과 외손자(태아)를 잃은 슬픔에 격앙되어 있다. 피해자의 아버지는 제1회 영장실질심사를 마친 후 우연히 만난 피의자에게 인간정리를 호소하면서 공박한 적이 있는데, 이에 대해 피의자측은 언론을 상대로 한 보도자료를 통해 차후 문제제기를 다짐하고 있다.

이런 상황에서 피의자 측은 피해자의 가족과 충돌을 할 개연성이 높고 이 과정에서 살해동기 등에 대해 진술하려는 피해자의 가족과 다툼을 할 수 있으며, 피해자의 직장동료와 가사도우미를 상대로 피의자에게 불리한 증언을 하지 못하게 하거나 번복하게 할 목적으로 위해를 가할 우려도 매우 높다.

(3) 기타 필요적 고려사항

가) 본건은 사안이 중대한 점 외에 피의자에게 개전의 정이 전혀 없다. 경찰수사가 진행 중임에도 피의자 측은 언론을 통해 현장사진을 유출했을 뿐만 아니라 담당

수사팀에 대해 … 라고 하여 명예를 훼손하였고 이로 인해 사실상 담당 수사팀의 수사를 방해하였다.

나) 구속영장을 신청함에 있어 피해자의 가족 입장을 고려하지 않을 수 없다. 피해자가 사망하여 피해회복이 전혀 될 수 없는 상황에서 … 이처럼 피해 유가족에 대한 법적 고려가 충분히 있어야 한다.

마) 보복폭행 사건

- 구속을 필요로 하는 사유

(1) 범죄혐의의 상당성

피의자는 범행사실 전면 부인하면서 … 했을 뿐 일체 폭력을 행사하거나 사주한 사실이 없다고 주장하고 있으나, 다음과 같은 점에서 그 주장을 인정할 수 없다.

① 피의자의 알리바이(현장부재증명) 존재 여부

피해자 조○○ 등은 한결같이 'ㄱ주점'에 피의자가 있었으며, 피의자의 지시에 의해 카니발 승합차에 강제로 태워져 청계산까지 끌려갔고, 그곳에서 주로 피의자로부터 심한 폭행을 당했다고 일관되게 진술하면서, 그 이동과정과 경로 등에 대해 매우 소상하게 설명하고 있어 그 진술을 믿을 수 있는 점,

[기재생략]

이러한 사실과 판단을 종합해 보면 피의자가 'ㄱ주점' 및 청계산에 가지 않았다고 인정할 증거는 전혀 없으며, 오히려 피의자가 그 각 범행장소에 모두 있었음을 인정할 수 있다.

② 청계산 빌라신축공사장에서의 범행 존재 여부

통화내역조회에 의하면 … 점 등이 인정된다.

이러한 사실들과 위 조○○에 대한 소견서 및 상해부위 사진 등을 종합해 보면 공포스런 분위기에서 강제로 빌라신축공사장까지 끌려가서 심한 폭행을 당했다는 피해자들의 진술을 믿을 수 있으며, 이와는 달리 청계산에 가지 않았다는 피의자의 진술은 거짓임이 명백하다.

[이하 기재생략]

(2) 증거인멸의 염려

피의자는 국내 굴지의 거대 재벌기업 회장으로서 그룹 내 최고 권력자일 뿐 아니

라 일반인으로선 상상하기 어려운 엄청난 재력과 영향력을 보유한 자이다. 자식을 때린 자에 대한 보복을 위해 자신의 권력, 재력과 영향력을 헤프게 사용할 수 있다면, 그것들을 자신의 안전을 위해서도 얼마든지 사용할 수 있을 것이라고 보는 것이 합리적이다.

이미 피의자의 부하직원들을 비롯한 이 사건 관련자들은 피의자를 위해 노골적으로 말을 맞추거나 진술을 번복하는가 하면 아예 행방을 감추는 등 조직적으로 증거를 인멸하고 있음 .. 등은 조직적으로 기획된 증거인멸의 사례라 할 것이다.

이 사건 수사에 있어서 아직 확인하지 못한 사실과 확보하지 못한 증거가 적지 않게 남아 있다.

이와 같이 아직까지 수사가 마무리되지 않은 측면이 있음에도 불구하고 피의자의 구속을 늦출 수 없는 이유는 지금까지의 수사결과만으로도 피의자들의 주장을 배척하고 범죄혐의를 인정하기에 충분할 뿐 아니라, 피의자를 구속치 아니할 경우 계속해서 증거를 인멸할 가능성이 현저하기 때문이다.

- 필요적 고려사항

(1) 범죄의 중대성

범죄의 중대성을 판단함에는 해당 형벌법규에서 정하고 있는 법정형의 상한과 하한 및 법익이 침해된 구체적인 정도와 함께 그 범죄가 사회에 미치는 영향까지 종합적으로 검토해야 할 것이다. 우선 폭력행위등처벌에관한법률 제3조 제1항, 제2조 제1항 제3호가 적용되는 이 사건은 "3년 이상의 유기징역"으로 처벌하는데, 이는 형법 제333조 소정의 강도죄와 법정형이 동일한 중죄이다.

아울러 이 사건 피해자들이 비록 신체적으로 치유 불능한 피해를 입지는 않았을지라도 일사불란하게 움직이는 조직화된 거대 폭력에 의해 짓밟힌 그들 인간의 존엄성과, 특히 평소 가깝게 지내던 주변 사람들과 국가 공권력마저도 위기에 처한 자신들에게 아무런 도움을 줄 수 없었던 상황에서 그들이 겪었을 정신적 공황은 쉽게 치유되기 어려울 것이다.

사적 보복은 국가 존립의 근간인 '법의 지배'를 위태롭게 하는 반사회적 행위임. 나아가 일반인으로서는 도저히 넘볼 수 없는 엄청난 부와 사회적 지위를 지닌 재벌그룹 회장이, 그 부와 지위에 걸맞은 사회적 책임에 헌신하기는커녕 오히려 외부세력과 회사의 직원들을 마치 사병처럼 동원하여 사적인 보복을 감행한 일탈은 사회지도층이 저지른 규범파괴라는 점에서 규범에 대한 일반의 신뢰라는 사회적 법익에 대한 중대한 침해이다.

(2) 재범의 위험성

일부에서 이 사건을 "부정(父情)에 의한 우발적인 실수" 쯤으로 선해하는 시각이 있으나, 피의자는 지난 2005년 3월에도 룸싸롱 여종업원의 접대가 마음에 들지 않는다며 사장을 불렀는데 대신 종업원이 왔다는 이유로 무릎을 꿇게 하고 술병으로 그의 머리를 때리고 소화기를 분사하는 등 폭력을 휘두른 의혹이 언론에 보도된 데서 알 수 있듯이, 애당초 부정(父情)의 애틋함과는 아무 상관이 없는 폭력의 습벽이 발현된 것으로 파악해야 하고, 따라서 재범의 위험성이 매우 높다 하겠다.

(3) 피해자·중요 참고인에 대한 위해 우려

피의자가 자기에 대한 불리한 증언을 하는 피해자와 중요 참고인에게 보복할 가능성을 배제하기 어렵다. 재벌기업 회장은 그 엄청난 부와 영향력만으로도 일반인들에겐 선망의 대상이자 두려움의 대상이다. 실제로 이 사건 피해자들은 아무도 경찰에 신고하지 않았으며 경찰이 수사에 착수한 이후에도 한동안 피해진술을 꺼렸는데 그 이유는 다름아닌 '보복의 두려움'이었다. 또한 자신에게 불리한 증언을 하지 못하게 하거나 번복하게 할 목적으로 피해자나 참고인에게 위해를 가할 우려도 매우 높다.

8. 출석요구

가. 출석요구 준비

간혹 대상자에 대한 출석요구 전 사전자료를 파악하지 않고 만연히 출석요구부터 하는 경우가 있다. 이런 경우 오히려 조사시간이 길어지고 치밀한 질의응답이 이루어지지 않아 수사방향과는 맞지 않게 진행되는 경우가 생기고 조사가 주도적으로 이루어지지 않음으로 인해 불필요한 수사사항이 추가될 수도 있다.

또한, 수사관이 주도적으로 사건을 해결하는 모습이 보이지 않기 때문에 대상자로부터 불신을 받게 되는 계기가 되기도 한다. 고소장에 참고자료가 첨부되어 있음에도 불구하고 민원인에게 참고자료에 대해 재차 물어 '고소장조차 읽어 보지 않고 조사를 받는구나'라는 불신을 주게 된다.

대상자에 대한 출석을 요구하기 전에 사건에 대한 이해가 완벽하게 이루어져야 하며 출석 시 지참해야 할 사항들도 사전에 파악하여 알려주어야 한다.

다음 사항들은 출석요구 전에 살펴보아야 할 기초 조사사항들이다.

1) 수사개시 시 고려해야 할 사항을 파악할 수 있는 자료

범죄경력조회, 출입국조회, 수용자검색을 통해 대상자들의 기초정보를 수집해 두어야 하며 친족관계가 구성요건인 사건에서의 증빙서류, 친고죄의 경우 고소장, 고소를 대리한 경우 대리인임을 입증할 서류, 친고죄의 고소를 대리하는 경우의 가족관계증명서 등이 갖추어졌는가를 확인하여야 한다.

2) 피해자로부터 추가로 받아야 할 서류

사실관계의 이해를 위해 필요한 서류 또는 범죄사실의 구성요건을 입증할 수 있는 서류 등을 살펴보아야 한다. 예를 들어 상해죄로 고소된 사건에 있어서 상해의 결과를 입증할 수 있는 상해진단서, 법인에 대한 양벌규정으로 고발된 사건에 있어서 피의자로부터 법인등기부등본이나 대표의 법인 인감 등이 첨부될 수 있도록 조치해야 한다.

※ 진단서의 증명대상

폭행이나 상해사건에서 늘 진단서부터 요구하는 경우가 있는데 상해진단서는 일반진단서에 비해 발급 비용이 매우 비싸다. 따라서 모든 폭행, 상해사건에서 진단서를 습관적으로 요청하는 것은 지양해야 한다. 일반진단서 또는 진료기록으로 정황을 입증할 수 있다면 이러한 기록을 제출받는 것을 검토하는 것이 좋다. 피해자 입장에서 폭행을 당한 후 치료비를 지불하고 상해진단서까지 제출하였는데 증거가 불충분하다는 등의 사유로 기소되지 않는다면 피해자로서는 이중의 피해를 입었다고 생각할 수 있다.

진단서는 상해 사실 자체에 대한 직접적인 증거가 되는 것은 아니다. 다른 증거에 의해 상해에 대한 가해행위가 인정될 때 그에 대한 상해의 부위나 정도에 대한 정황증거가 될 뿐이다.

실무적으로 폭력행위가 있다는 것을 진술을 통해 확인하고 피해자가 제출한 상해

진단서가 있다고 하자. 수사관은 폭행의 진술과 상해진단서로 해당사건을 폭행치상 또는 상해의 죄로 곧바로 의율해서는 안 된다. 수사관은 그 폭행으로 인하여 상해가 발생했다는 것을 추가로 입증해야만 한다. 그 인과관계의 입증은 구성요건의 또 다른 요소이며 이는 진술로써 확보할 수도 있고 상황으로도 판단할 수 있다. A부위를 때렸고 A위치에 상해가 있었다는 사실, 만약 A를 때린 사실만 인정받았는데 상해 부위는 A가 아니거나 A를 때렸는데 A라는 부위의 상해진단을 뒤늦게 받은 경우, A부위를 때렸고 A부위에 상해가 있었으나 그때리는 정도가 그 정도 상해를 일으키기에 부족한 경우에는 인과관계가 인정되기 어렵다는 점을 유의하여야 한다.

진단서가 재판에 있어 어떠한 역할을 하는지 아래 판례를 참조하기 바란다.

대법원 1995. 9. 29. 선고 95도852 판결【특정경제범죄가중처벌등에관한법률위반(횡령),무고,위증,업무방해】

【판시사항】

가. 상해 피해자를 진찰한 의사의 진술과 상해진단서의 증거 범위

나. 상해에 관한 무고의 공소사실을 인정할 증거가 없다고 판단한 원심판결에 사실 인정을 잘못한 위법이 있다고 한 사례

다. 상해교사에 관한 무고 사실에 대하여 무죄를 선고한 원심판결에 채증법칙에 위배하여 사실을 오인하였거나 무고죄의 요건에 관한 법리를 오해한 잘못이 있다고 한 사례

라. 위증의 공소사실에 대하여 무죄를 선고한 원심판결에 채증법칙 위배로 인한 사실 오인이나 위증죄의 범의에 관한 법리 오해의 위법이 있다고 한 사례

【판결요지】

가. 상해사건 발생 직후 피해자를 진찰한 바 있는 의사의 진술 및 상해진단서를 발행한 의사의 진술이나 진단서는 가해자의 상해 사실 자체에 대한 직접적인 증거가 되는 것은 아니고, 다른 증거에 의하여 상해의 가해행위가 인정되는 경우에 그에 대한 상해의 부위나 정도의 점에 대한 증거가 된다.

나. 일부 목격자의 진술만으로도 무고 피고인의 상해 피해 신고 사실이 허위라는 점은 그 증명이 없는 것으로 볼 수 없는데도, 위 각 진술을 함부로 믿을 수

없다고 배척하고 오히려 신빙성이 의심스러운 다른 목격자의 진술을 믿은 나머지 무고의 공소사실을 인정할 증거가 없다고 판단한 원심판결에는 채증법칙에 어긋나는 증거취사로 사실 인정을 잘못한 위법이 있다고 한 사례.

다. 상해교사에 관한 진정 내용이 허위라고 인정할 만한 자료를 찾아볼 수 없고 무고의 범의도 있었다고 보기 어렵다고 하여 피고인에 대한 무고 사실에 대하여 무죄를 선고한 원심판결에 채증법칙에 위배하여 사실을 오인하였거나 무고죄의 요건에 관한 법리를 오해한 잘못이 있다고 한 사례.

라. 가해자로 지목된 자들이 피해자에게 상해를 가한 행위가 인정되지 않으므로, 피고인이 동일한 사건현장을 직접 목격한 자로서 증언을 함에 있어 그와 반대로 가해자로 지목된 자들이 피해자를 폭행(상해)하였다고 증언을 하였다면, 피고인의 그와 같은 증언은 허위의 진술이라 할 것이고 피고인에게는 그 증언이 허위라는 인식 또한 있었다고 보아야 할 것인데도, 그와 달리 피고인의 증언이 허위의 진술이라고 볼 수 없거나 피고인에게 허위의 인식이 있었다고 볼 수 없다는 이유로 위증의 공소사실에 대하여 무죄를 선고한 원심판결에 채증법칙을 위배하여 사실을 잘못 인정하였거나 위증죄의 범의에 관한 법리를 오해한 위법이 있다고 한 사례.

【참조조문】
가. 형사소송법 제307조 / 나.다. 형법 제156조 / 나.다.라. 형사소송법 제308조 / 다.라. 형법 제13조 / 라. 제152조

【참조판례】
가. 대법원 1983.2.8. 선고 82도3021 판결(공1983,552), 1983.11.8. 선고 83도2407 판결(공1984,62)

【전 문】
【피 고 인】 피고인 1 외 1인
【상 고 인】 검사(피고인들에 대하여)
【원심판결】 서울고등법원 1995.2.28. 선고 93노1959, 2527(병합) 판결

【주 문】

원심판결 중 피고인 1에 대한 무고의 점, 피고인 2에 대한 무고의점 및 위증의 점에 관한 부분을 파기하고, 이 부분 사건을 서울고등법원에 환송한다.

검사의 피고인들에 대한 나머지 상고는 이를 모두 기각한다.

【이 유】

상고이유를 본다.

1. 피고인들의 특정경제범죄가중처벌등에관한법률위반(횡령)의 점에 대하여 기록에 의하면, 공소외 1은 피고인 1에게 동 피고인이 가지고 있는 동업재산에 대한 지분을 다른 사람에게 처분하여 예식장 동업계약에서 탈퇴하는 것을 사전에 승낙하였다고 봄이 상당하므로, 동 피고인이 위 동업재산에 대한 지분을 피고인 2에게 양도하였다고 하여 피고인들이 공모 공동하여 이를 횡령하였다고 할 수는 없다.

    원심이 이와 같은 취지에서 피고인들의 특정경제범죄가중처벌등에관한법률위반(횡령)의 점에 대하여 무죄를 선고하였음은 옳고, 거기에 소론과 같은 잘못이 있다고 할 수 없다. 논지는 이유가 없다.

2. 피고인 1의 업무방해의 점에 대하여

    원심이 그 판시 사실을 인정한 다음, 피고인의 소위는 동업자로서 가지고 있는 장부열람권, 이익배당권 및 경영참여권을 보전하려는 행위로서 그것이 타인의 업무를 방해하였다거나 업무의 방해를 초래할 정도의 위력을 행사한 것으로 보기 어렵다고 판단하였음은 옳고, 거기에 소론과 같은 잘못이 있다고 할 수 없다. 논지도 이유가 없다.

3. 피고인 1의 무고의 점에 대하여

가. 피고인의 무고의 점에 관한 공소사실은, 피고인이 1991.4.4. 서울 종로구 경운동 소재 종로경찰서에서 실은 같은 달 2. 12:40경 종로구 (이하 생략) 소재 예식장 지하 예약접수실에서 예식장 관리이사인 공소외 2에게 덤벼들던 중 한쪽 다리가 불편한 관계로 중심을 잃고 쓰러졌다가 다시 일어나서 자신의 이마로 예약접수용 책상을 2, 3회 들이받았을 뿐 공소외 2, 공소외 유병태로부터 구타당한 바가 없는데도 공소외 2, 유병태로 하여금 각 형사처분을 받게할 목적으로 한국병원 의사 한윤경에게 두통, 구역증, 이명 등을 강하게 호

소하여 전치 10일간의 뇌진탕증을 입었다고 하는 상해진단서를 발급받은 후 위 일시·장소에서 유병태가 피고인을 양팔로 잡고 공소외 2가 이마로 머리를 1회 들이받아 피고인에게 위와 같은 상해를 가하였다고 하는 내용의 고소장을 위 상해진단서와 같이 제출하는 등 허위의 사실을 신고하여 공소외 2, 유병태를 각 무고하였다는 것이다.

나. 이에 대하여 제1심은 위 공소사실을 유죄로 인정하면서 이에 대한 증거로 피고인의 법정에서의 진술, 검사 작성의 피고인에 대한 피의자신문조서의 기재, 검사 작성의 임명숙, 김석주, 함성환, 홍현철, 오광근에 대한 각 진술조서 및 공소외 2에 대한 피의자신문조서의 각 기재 등을 내세웠다.

다. 그런데 원심은, 제1심 판시와 같이 피고인이 위 공소외 2에게 덤벼들다가 바닥에 쓰러지자 다시 일어나서 고의로 예약접수용 책상을 2, 3회 들이받았다는 공소사실 부분에 관하여 이에 부합하는 증거로는 제1심이 든 위 각 증거 이외에 피해자 유병래의 경찰 및 검찰에서의 각 진술 등이 있으나, 피고인은 수사기관 이래 원심 법정에 이르기까지 일관하여 이를 부인하고 있으므로 제1심이 든 각 증거 중 피고인의 법정진술과 검사 작성의 피고인에 대한 피의자신문조서의 기재를 제외한 나머지 증거들에 관하여 살펴 보건대, 먼저 예식장 손님으로서 현장을 목격한 함성환의 진술내용에 의하면 자신은 당시 예식장 예약을 위하여 신혼예식장 예약실에 있었는데 피고인과 공소외 2 서로 언쟁을 하다가 공소외 2가 구타한 사실이 없는데도 피고인이 스스로 먼저 자기의 앞이마로 책상을 2회 들이받고 일어나면서 공소외 2에게 '너 나를 때렸어'라고 말하고 다시 자기의 주먹으로 코를 쳤다는 것이고, 같은 손님인 홍현철의 진술내용은 피고인과 공소외 2가 서로 언쟁하다가, 공소외 2가 달려드는 피고인을 저지하면서 손바닥으로 밀자 피고인은 '네가 나를 치는구나'라고 말하고 스스로 자신의 주먹으로 안면을 2, 3회 구타한 뒤 코피가 나지 않으니까 앞이마로 책상을 3, 4회 들이받았다는 것이고, 112신고를 받고 출동한 경찰관 김석주의 진술내용은 피고인이 공소외 2에게 덤빌려고 하는데 한쪽 다리가 불편하여서인지 책상에 넘어지면서 이마를 찧었고, 넘어지니까 화가 났는지 자기가 넘어졌다고 하면서 이마를 두어번 정도 찧었을 뿐 공소외 2가 피고인에게 박치기를 한 일이 전혀 없다는 것이고, 예식장 직원으로서 뒷쪽으로 현장을 목격한 임명숙의 진술내용에 의하면 한쪽으로 밀리던 공소외 2

가 벽에 부딪쳐 튕겨나오면서 그의 손이 피고인의 몸에 닿은 것 같으니까 피고인이 갑자기 '이놈이 나를 때린다'고 하면서 앞에 있는 예약접수용 책상에 이마를 2,3번 정도 스스로 박았으며 코피가 난다고 하여 보니까 코피가 나지도 않았고 공소외 2가 피고인에게 박치기를 하지도 않았다는 것이고, 공소외 2가나 유병래의 각 진술내용에 의하면 공소외 2는 위 예식장 예약실에서 소란을 피우고 그에게 달려드는 피고인을 피하기만 하였을 뿐이고 피고인이 입은 상처는 스스로 자기의 코를 주먹으로 때리고 앞이마로 책상을 들이받는 등 자해하여 발생한 것이라는 것인 바, 우선 위 각 진술내용은 동일한 시간, 장소에서 동일한 현장을 목격하였으면서도 그 내용이 서로 상이하고, 또한 그들이 목격하였다고 주장하는 바와 같이 피고인이 스스로 주먹으로 코를 치고 앞이마로 책상을 들이받은 경우에는 그 부위에 상흔이 있어야 하는데 피고인을 사건 당일 진료하고 상해진단서를 작성한 의사 한윤경 및 의사 박시영의 원심에서의 각 진술내용에 의하면 피고인이 자해하였다는 부위인 앞이마와 코부위에는 상흔이 없었다는 것이고, 더우기 기록에 의하면 공소외 2도 그 당시 피고인과 자신의 얼굴부위가 서로 맞부딪힌 사실이 있다고 진술하고 있으므로, 이러한 증거들만을 가지고 피고인이 입은 상해가 오로지 피고인의 자해행위에 의하여서만 생긴 것이라고 단정하기에 부족하고(오히려 현장을 같이 목격했던 피고인 2, 공소외 3의 각 진술내용에 의하면 그 당시 순간적으로 공소외 2가 이마로 피고인의 관자놀이를 들이받은 것으로 인정된다), 위 오광근의 진술내용은 현장을 목격하지 아니하였다는 것으로서 위와 같은 피고인의 자해사실을 인정하기에 부족하며, 그 밖에 달리 이를 인정할 만한 증거가 없다고 판단한 다음, 공소사실은 증거에 의하여야 하고 의심스러운 증거나 사실은 피고인에게 유리하게 해석하여야 할 것인바, 제1심이 채택한 위 각 증거와 그 밖에 검사가 들고 있는 나머지 증거들을 종합하여도 피고인이 제1심 판시와 같이 허위의 사실을 신고하여 공소외 2 등을 무고하였음을 인정하기에 부족하므로 위 공소사실은 범죄의 증명이 없는 때에 해당한다고 하여 위 공소사실을 유죄로 인정한 제1심판결을 파기한 다음 위 공소사실에 대하여 무죄를 선고하였다.

라. 살피건대, 무고죄는 타인으로 하여금 형사처분이나 징계처분을 받게 할 목적으로 신고한 사실이 객관적 진실에 반하는 허위사실인 경우에 성립되는 범죄

이므로, 위 무고 공소사실에 대한 피고인의 유·무죄 여부는 피고인이 신고한 사실 즉, 유병래가 피고인을 양팔로 잡고 공소외 2가 이마로 머리를 1회 들이받아 피고인에게 상해를 가하였다는 내용이 객관적 진실에 반하는 허위사실인지 여부에 따라 가려진다 할 것인바(따라서 원심이 판시한 바와 같이 피고인이 입은 상해가 오로지 피고인의 자해행위에 의하여서만 생긴 것이라는 사실이 입증되지 않는다고 하여 반드시 피고인의 신고사실이 허위가 아니라고 단정할 수는 없다), 결국 원심은 피고인 2, 공소외 3의 각 진술에 의하여 공소외 2 이마로 피고인의 관자놀이를 들이받은 사실을 인정함으로써 피고인의 신고사실이 객관적 진실에 부합한다고 보고, 이와 상반되는 증거들 즉, 임명숙, 김석주, 함성환, 홍현철, 공소외 2, 유병래의 진술은 이를 믿을 수 없다고 배척하였음이 분명하다.

그러나 이 사건 증거 관계를 기록과 대조하여 검토하여 보면, 원심의 위와 같은 증거 취사는 선뜻 납득하기 어렵다.

먼저 원심이 진재홍의 상해사실을 인정한 증거로 쓴 상피고인 2, 공소외 3의 진술에 대하여 살펴보면, 상피고인 2은 피고인으로부터 예식장의 지분 일부를 양수하여 예식장 경영에 참여하고 이익배당을 받으려고 하였으나 공소외 1측의 저지로 배제된 사람이고, 공소외 3 역시 그동안 예식장을 경영하여 온 피고인의 친아들로 모두 피고인과 이해관계를 같이 하고 있는 사람들이고, 또한 공소외 3은 공소외 2의 상해행위 당시 유병래가 피고인을 붙잡았다고 진술하여 유병래의 가담사실을 인정하고 있는 반면에 피고인 2은 유병래가 공소외 2의 상해행위에 가담하지 않았다고 진술하여 그 진술내용에 있어서도 서로 모순되는 바가 있으며, 또 공소외 3으로서는 연로한 아버지인 피고인이 공소외 2로부터 폭행을 당하는 것을 목격하였다면 아들 입장에서 거센 항의를 하는 등 가만히 있지 않았을 것으로 예상되는데도 기록상 이러한 흔적을 찾을 수가 없는 점 등에 비추어 동인들의 진술이 신빙성이 있다고 보기는 어렵다고 하겠다.

이에 반하여, 원심이 배척한 증거들 중 김석주, 함성환, 홍현철의 각 진술에 관하여 보건대, 김석주는 원심이 인정한 바와 같이 예식장으로부터 112 범죄신고를 받고 이 사건 현장에 출동한 경찰관인바, 동인이 공무집행 중에 직접 경험한 상황에 관하여 한 진술은 동인이 거짓 진술을 한다거나 그 진술 내용에 합리성을 결하고 있다는 등의 특단의 사정이 없는 한 배척되어서는 안 될 것이며, 함성환, 홍현철 또한 예식 예약을 하기 위하여 예약사무실에 왔다가 우연히 현장을 목격한 자들로서 기록상 피고인 또는 공소외 1과의 이해관계에 따라 사실을 왜곡할 처지에 있다고 보이지 아니하므로, 동인들의 진술 역시 신빙성이 있는 것들로서 함부로 배척될 수 없다 할 것이다(더구나 위 피고인은 제1심 공판정에서 변호인을 통하여 위 진술들을 모두 증거로 함에 동의하고 있다).

나아가 동인들의 진술내용을 살펴 보더라도, 그 진술 사이에 원심이 지적하는 바와 같이 사소한 차이가 있긴 하지만 그 전체적인 취지에 비추어 볼 때 피고인이 자해행위를 하였고 공소외 2와 유병래가 공동하여 피고인에게 상해를 가한 바가 없다는 점에서는 서로 일치되고 있어 굳이 위 진술에 서로 모순되는 바가 있다고 할 수 없으며, 또 원심이 들고 있는 유력한 반증 사유 즉, 의사의 진단 당시 피고인의 코와 이마에 아무런 상흔이 없었다거나 공소외 2도 그 당시 피고인과 자신의 얼굴부위가 서로 맞부딪친 사실이 있다고 진술한 적이 있다는 점만으로 반드시 동인들의 진술이 합리성을 결한다고 볼 수도 없고 달리 그 진술의 신빙성을 의심할 만한 아무런 사유도 찾아볼 수 없다.

한편 위 사건발생 직후 피고인을 진찰한 바 있는 의사 박시영의 진술 및 피고인에게 상해진단서를 발행한 의사 한윤경의 진술이나 진단서는 공소외 2의 상해 사실 자체에 대한 직접적인 증거가 되는 것은 아니고, 다른 증거에 의하여 상해의 가해행위가 인정되는 경우에 그에 대한 상해의 부위나 정도의 점에 대한 증거가 된다 할 것인바(당원 1983.2.8. 선고 82도3021 판결 참조), 기록에 의하면 위 의사들이 피고인을 진찰한 결과 외부적으로 아무런 상처가 없었으나 피고인이 좌측두부 압통, 이명, 구역증 등을 심하게 호소하는 바람에 좌측두부에 외력이 가하여진 것이 아닌가 보고 10일간의 관찰을 요한다는 의미에서 그와 같은 내용의 상해진단서를 발급하여 준 것으로 엿보이는 점에 비추어 위 의사들의 진술이나 진단서 기재가 김석주, 함성환 및 홍현철의 진술의 신빙성 판단에 장애가 된다고 볼 수도 없다.

마. 그렇다면 김석주, 함성환 및 홍현철의 위와 같은 진술만으로도 피고인의 신고사실이 허위라는 점은 그 증명이 없는 것으로 볼 수는 없다 할 것인데도,

원심이 위 각 진술을 함부로 믿을 수 없다고 배척하고 오히려 신빙성이 의심스러운 공소외 3, 피고인 2의 진술을 믿은 나머지 공소외 2의 상해사실을 인정하고 달리 위 공소사실을 인정할 증거가 없다고 판단하였으니, 결국 원심판결에는 채증법칙에 어긋나는 증거취사로 사실인정을 잘못한 위법이 있다고 아니할 수 없으므로 이 점을 탓하는 논지는 이유가 있다.

4. 피고인 2의 무고의 점에 대하여

가. 먼저 조세포탈에 관한 무고의 점에 대하여 본다.

원심은, 제1심이 적법하게 확정한 사실관계에 비추어 공소외 1도 예식장 경영에 따른 수입, 지출, 세무처리 등에 관하여 그 내용을 소상히 알고 있었고, 따라서 피고인 1이 실제 예식건수보다 적게 세무서에 신고한다는 것도 충분히 알고 있었음에도 이를 묵인한 것으로 보인다고 판단하였는바, 기록에 비추어 보면 원심의 위와 같은 사실인정 및 판단은 옳고, 거기에 소론과 같은 채증법칙 위배로 인한 사실오인이나 심리미진 또는 법리오해의 위법이 있다고 할 수 없다. 이 부분에 관한 상고논지는 이유가 없다.

나. 다음 상해교사에 관한 무고의 점에 대하여 본다.

(1) 원심은, 피고인이 피해자 공소외 1로 하여금 형사처분을 받게 할 목적으로, 사실은 1991.4.2. 위 예식장 접수실에서 공소외 2 등이 피고인 1을 구타한 사실이 없는데도, 공소외 1이 공소외 2로 하여금 피고인 1을 구타하여 전치 10일의 상해를 입게 하였다는 내용의 진정서를 작성하여 등기우편으로 청와대 민원실에 발송하여 공소외 1을 무고한 것이라는 공소사실에 대하여, 무고죄는 타인으로 하여금 형사처분이나 징계처분을 받게 할 목적으로 신고한 사실이 객관적 진실에 반하는 허위사실이라는 요건은 적극적인 증명이 있어야 하고 신고사실의 진실성을 인정할 수 없다는 소극적인 증명만으로 곧 그 신고사실이 객관적 진실에 반하는 허위사실이라고 단정하여 무고죄의 성립을 인정할 수는 없다고 전제하고, 공소외 1이 고용한 공소외 2가 이마로 상피고인 피고인 1을 들이받은 사실이 인정되므로 피고인의 소위가 무고죄를 구성하는 것으로 보기 위하여는 공소외 2가 피고인 1을 구타한 것이 공소외 1의 지시에 따른 것이라는 피고인의 진정내용이 객관적 진실에 반하는 허위사실이라는 점 즉, 공소외 1은 그와 같은 지시를 한 바 없는데 이에 반하는 허위사실이라는 점과 피고인이 그와 같은 자신의 진정내용이 허위라는 점에 대하

여 인식을 하고 있었다는 증명이 있어야 할 것인데, 검사가 제출한 여러 증거들 중 위와 같은 점에 부합하는 증거로는 공소외 1의 제1심 법정에서의 진술과 공소외 2의 수사기관이래 원심법정에 이르기까지의 각 진술이 있으나, 우선 공소외 2는 시종 자신이 피고인 1을 구타한 것이 아니라 피고인 1이 자해한 것이라고 주장하면서 자신이 피고인 1을 들이받은 사실조차 부인하고 있어 이를 믿기 어렵고, 공소외 1의 진술내용도 진정서의 기재내용과 같이 폭력배를 동원하여 피고인 1에게 불법을 자행한 일이 있느냐는 질문에 대하여 그러한 일이 없다고 단순히 부인하는 취지의 진술에 불과하며, 그 밖에 전기록을 살펴 보아도 더 나아가 공소외 1이 실제로 위 상해를 교사했는지의 점을 규명하기 위한 조사는 전혀 이루어지지 않았음을 알 수 있는 바, 그렇다면 이 사건에 있어 검사는 공소외 2의 상해행위가 공소외 1의 지시에 의한 것이라는 피고인의 고발내용이 객관적 진실에 반하는 허위사실이라고 단정하기에 충분한 적극적 증명을 하였다고 볼 수 없을 뿐만 아니라 위에서 본 여러 가지 객관적 상황은 공소외 2의 구타행위를 현장에서 본 피고인으로서 그것이 공소외 1의 지시에 의한 것이라고 믿을 만한 충분한 이유가 된다고 할 것이므로 피고인에게 무고의 범의가 있었다고 볼 여지도 없다는 이유로 이 부분 공소사실에 대하여 피고인에게 무죄를 선고하였다.

(2) 그러나 공소외 2, 유병래가 공동하여 상피고인 1에게 상해를 가한 행위가 인정되지 않음은 위에서 살펴본 바와 같고, 원심도 인정하고 있듯이 공소외 1이 원심법정에서 공소외 2나 유병래에게 상해를 지시한 바가 없다는 취지로 증언하고 있으며, 피고인은 원심 재판장의 신문에 공소외 1의 상해교사 사실에 대하여는 별다른 근거가 없다고 답변함으로써 피고인 스스로도 상해교사 사실이 진실하다는 확신이 없이 진정한 것임이 분명하다.

사정이 이와 같다면 피고인의 위 진정내용이 객관적 진실에 반하는 허위사실이라는 점과 피고인이 그와 같은 자신의 진정내용이 허위라는 점에 대하여 인식을 하고 있었다는 점에 대하여는 충분한 증명이 있다고 보아야 할 것이다. 그런데도 원심이 이와 달리 피고인의 위 진정내용이 허위라고 인정할 만한 자료를 찾아볼 수 없고 무고의 범의도 있었다고 보기 어렵다고 하여 피고인에 대한 위 무고 사실에 대하여 무죄를 선고하였으니, 원심판결에는 채증법칙에 위배하여 사실을 오인하였거나 무고죄의 요건에 관한 법리를 오해한 잘못이 있다 할 것이므로 원심의 피고인에 대한 무고죄 부분 전부가 그대로 유지될 수 없다 할 것이다.

5. 피고인 2의 위증의 점에 대하여

가. 원심은, 피고인이 상피고인 1에 대한 서울지방법원 91노5132 무고 등 사건에 증인으로 선서한 후 증언을 함에 있어, 피고인이 1991.4.2. 피고인 1과 공소외 2간에 벌어진 싸움을 목격하였기 때문에 공소외 2 피고인 1에게 전혀 폭행을 행사한 바가 없고 피고인 1의 상처는 동인이 스스로 자해하여 발생한 것임을 알고 있었는데도 그 기억에 반하여 공소외 2 이마로 피고인 1을 들이받았다고 증언하여 위증한 것이다는 공소사실에 대하여, 피고인은 위와 같이 증언한 사실이 있으나 이는 자기가 목격한 대로 증언하였을 뿐이라고 그 범의를 극구 부인하고 있고, 공소외 3 및 피고인 1의 각 진술 내용도 피고인의 위 변소에 부합하고 있으며, 위 공소사실에 부합하는 증거로는 함성환, 홍현철, 임명숙, 김석주, 및 오광근 등의 진술 또는 진술기재 등이 있으나 그 증거들만을 가지고 피고인에 대한 위증의 범의를 인정하여 위 공소사실을 유죄로 하기에 부족하고 그 이외에 달리 이를 인정할 만한 증거자료가 없다는 이유로 피고인에 대하여 무죄를 선고한 제1심의 증거취사와 판단과정에 아무런 위법이 있다 할 수 없고, 원심 증인 김석주, 오광근, 유병래의 각 진술내용 또한 신빙성이 없거나 증거로 하기에 부족하다 하여 피고인에게 무죄를 선고한 제1심의 판단을 유지하였다.

나. 위에서 살펴본 바와 같이 공소외 2, 유병래가 공동하여 상피고인 1에게 상해를 가한 행위가 인정되지 않으므로, 피고인이 동일한 사건현장을 직접 목격한 자로서 증언을 함에 있어 이와 반대로 공소외 2 등이 공동하여 상피고인 1을 폭행(상해)하였다고 증언을 하였다면, 피고인의 이와 같은 증언은 허위의 진술이라 할 것이고 피고인에게는 그 증언이 허위라는 인식 또한 있었다고 보아야 할 것이다.

그런데도 원심이 이와 달리 피고인의 이 사건 증언이 허위의 진술이라고 볼 수 없거나 피고인에게 허위의 인식이 있었다고 볼 수 없다는 이유로 위 공소사실에 대하여 무죄를 선고한 제1심의 판단을 그대로 유지하였으니, 원심판결에는 채증법칙을 위배하여 사실을 잘못 인정하였거나 위증죄의 범의에 관한 법리를 오해한 위법이 있다 할 것이므로 이 점을 지적하는 논지 역시 이유가 있다.

6. 그러므로 원심판결 중 피고인 1에 대한 무고의 점, 피고인 2에 대한 무고의 점 및 위증의 점에 관한 부분을 파기하고, 이 부분 사건을 다시 심리·판단케 하기 위하여 원심법원에 환송하고, 검사의 피고인들에 대한 나머지 상고는 이를 모두 기각하기로 관여 법관의 의견이 일치되어 주문과 같이 판결한다.

대법관   김형선(재판장) 박만호(주심) 박준서 이용훈

3) 공문에 의한 요청 또는 경찰 수사시스템으로 쉽게 확인되는 사항

대상자의 인적사항이 확인되지 않은 경우 민원인으로부터 이를 확인할 수 있는 자료들을 사전에 준비토록 하거나 민원서류에 이미 포함이 되어 있을 경우 통신자료제공요청이나 공문 등으로 사전에 파악해 두는 것이 좋다. 수사진행 중 이 과정이 생략될 수 있는 것이 아닌 이상 그 확인 시점만이 문제될 뿐인데 이를 대상자 조사 전에 파악해 두면 대상자 조사 시 이를 활용할 수 있다는 이점이 있다. 또한, 이름이나 생년월일만 알고 있는 경우에는 특정 조회나 운전면허증 사진 조회 등을 통해 용의선상에 있는 사람들의 얼굴사진을 확보하여 피해자 조사 시 특정하는 데 활용한다면 피해자로부터 신뢰를 얻은 상태에서 수사를 진행할 수 있어 매우 유용하다.

> **Tip** | 공문집행 시의 태도
>
> 타 기관에 공문을 집행할 때 공문처리 부서의 팩스번호만 확인하여 팩스를 전송하는 것은 결례이다. 늘 담당자를 확인하여 양해를 구하고 추가적인 질문을 대비하여 수사관의 전화번호를 알려주는 등 배려가 필요하다. 만약 이런 절차를 거쳐 공문의 취지를 이해시켰다면 오히려 공문의 내용에 요점만을 적어도 될 것이며 사정이 여의치 않다면 구체적으로 어떤 사항을 요구하는지 공문에 상세히 기재하는 것이 좋다.
>
> 특히, 직전, 직후계좌에 대한 거래내역을 요구하는 금융계좌추적용 압수수색영장을 집행할 때 최초의 금융기관은 어떤 계좌를 대상으로 조회를 해 주어야 하는지 알게 되지만 직전, 직후계좌를 관리하는 금융기관은 대상계좌조차 알 수 없는 것이 당연하다. 그럼에도 불구하고 영장만을 막연히 팩스로 전송해 두는 수사관이 있는데 이는 지양해야 할 태도 중에 하나이다. 반드시 별도의 문서(공문일 필요는 없다)에 직전,

직후계좌가 나오게 된 원천계좌의 거래내역을 기재하거나 첨부하고 구체적으로 어떤 방식으로 회신을 해 줄지를 기재하여 보내야 한다. 그리고 팩스를 잘 받았는지 혹시 더 물어볼 것이 없는지를 전화하여 확인하여야 한다. 수사관이 업무 중에 접촉하는 모든 사람이 수사관의 협조자임을 잊지 말아야 한다. 같은 공문을 집행해도 어떤 수사관은 빠르고 정확하게 회신을 받는 반면 어떤 수사관은 늘 늦게 회신을 받거나 잘못된 정보를 받기도 한다. 이러한 차이가 왜 발생하는지 다시 한번 생각해 볼 필요가 있다.

나. 출석요구

1) 피해자에 대한 출석요구

출석요구는 원칙적으로 출석요구서의 발부에 의하여야 한다. 이때, 우편물이 배달이 된 후 출석할 수 있는 여유시간을 두고 출석일을 정하여야 하며 간혹 출석 예정일 이후에 우편이 도착함으로 인해 민원을 야기하는 사례가 있으니 반드시 유의하기 바란다.

관련 문서에 민원인의 연락처가 기재된 경우 전화를 통해 출석일을 정하게 되는데 통화 시 소속과 담당자 이름, 전화번호를 알려주고 지리감이 없는 민원인에게 위치를 상세히 알려주는 것이 좋다. 최근에 민원인들은 이메일 등을 사용하고 있기 때문에 민원인에게 보내 줄 자신만의 약도와 연락처가 기재된 양식을 만들어 송부해 주는 것도 신뢰를 얻기 위한 방법이 될 수 있으니 적극적으로 활용하기를 권장한다.

민원인에게 출석요구한 근거를 남겨 두지 않는 수사관도 있으나 추후 출석불응을 사유로 한 각하처리를 하거나 민원인의 비협조 등이 수사진행에 참고가 될 수 있으므로 전화로 출석요구를 했을지라도 반드시 그 내역을 기록해 두어야 하며 출석일에 출석하지 않았을 경우 재차 전화를 하여 그 사유를 기록해 두어야 한다. 간혹, 어떤 민원인은 민사사안임을 알고 있음에도 불구하고 피고소인을 압박할 용도로 먼저 고소해 두거나 합의에 악용하는 사례가 있기 때문에 그 의도를 간파하기 위해서라도 이 점을 유념하여야 한다.

출석요구 시 전항에서 살펴본 추가적인 서류 등이 있을 경우에는 이를 지참하도록 사전에 고지하고 주민등록증 등 신분증과 도장을 지참하라는 내용까지 알려주어야 한다.

2) 피의자(또는 피내사자)에 대한 출석요구

피민원인에게 출석요구 할 때는 유의할 사항이 더 많다. 피민원인에게 출석요구하기 전에 반드시 관련된 증거자료가 확보되었는지 확인하여야 하며, 만약 피민원인이 부인부터 할 것이 우려되는 경우라면 이를 방지할 수 있는 추가 증거를 미리 확보해 두고 출석요구를 하는 것이 바람직하다. 관련 증거에 대한 수사가 없이 피민원인부터 소환하는 경우 민원인과의 진술이 상호 부합하지 않아 여러 번 소환해야 하는 불편을 야기할 수 있다. 피민원인에게 출석요구 하는 모든 자료는 기록해 두고 출석요구서도 사본으로 첨부하고 반송된 경우 반송되었다는 것도 남겨야 한다.

출석일을 정할 때는 피민원인의 직업과 거주지의 거리 등에 따라 합리적인 시간대에 출석요구를 하여야 하며 불가능한 시간대에 출석요구를 한 후 막연히 출석을 거부하였다고 판단해서는 안 된다.

더 한 가지 주의할 점은 피의사실이 개인의 명예나 사생활에 침해를 받을 우려가 있는 경우에는 출석요구서 발송에 신중을 기해야 하며 수사관이 직접하지 않고 고소인이나 지인을 통해 출석요구를 하는 일이 없도록 유의해야 한다.

인권보호를 위한 경찰관 직무규칙
제50조(출석요구할 때 유의사항) ① 경찰관은 피해자 등에 대한 출석요구를 할 때에는 사전에 준비를 철저히 하여 잦은 출석으로 인한 피해를 주지 않도록 1회 조사를 원칙으로 한다.
② 출석요구를 할 때에는 장시간 대기하는 일이 없도록 조사시간을 고려하여 시간적 차이를 두고 출석을 요구하여야 한다.
③ 출석 요구의 방법 및 출석 시간, 장소 등을 정할 때에는 사생활이 침해되거나 명예가 훼손되지 않도록 하여야 하며, 가능한 한 상대방의 의견을 존중하여야 한다.

---

9. 관계인 조사

가. 수사기관이 작성한 조서의 증거가치

수사기관이 작성한 조서는 전문증거이기 때문에 증거능력의 심사를 통과해야 증거로 사용할 수 있다. 그러나 일단 증거능력을 통과한 다음 조서는 수사관의 신문방법과 작성 방법에 따라 다양한 증거가치를 가지게 된다. 다음 소개하는 판결은 수사기관에서 작성한 조서의 증명력(증거능력이 아님을 주의)의 한계와 조서의 증명력을 높이기 위한 방법을 설시하였다. 이 판결에서 설시하는 사실관계와 그 판단내용을 끝까지 읽어 보면 조서를 어떻게 작성해야 하는지 그 대강의 취지를 이해할 것이다.

대법원 2006. 12. 8. 선고 2005도9730 판결【윤락행위등방지법위반】

우리 형사소송법이 채택하고 있는 공판중심주의는 형사사건의 실체에 대한 유죄·무죄의 심증 형성은 법정에서의 심리에 의하여야 한다는 원칙으로, 법관의 면전에서 직접 조사한 증거만을 재판의 기초로 삼을 수 있고 증명 대상이 되는 사실과 가장 가까운 원본 증거를 재판의 기초로 삼아야 하며 원본 증거의 대체물 사용은 원칙적으로 허용되어서는 안된다는 실질적 직접심리주의를 주요 원리로 삼고 있다.

수사기관이 원진술자의 진술을 기재한 조서는 원본 증거인 원진술자의 진술을 대체하는 증거 방법으로, 원진술자의 진술을 처음부터 끝까지 그대로 기재한 것이 아니라 그중 공소사실과 관련된 주요 부분의 취지를 요약하여 정리한 것이어서 본질적으로 원진술자의 진술을 있는 그대로 전달하지 못한다는 한계를 가지고 있고, 경우에 따라 조서 작성자의 선입관이나 오해로 인하여 원진술자의 진술 취지와 다른 내용으로 작성될 가능성도 배제하기 어렵다. 또, 조서에 기재된 원진술자의 진술 내용의 신빙성을 판단하는 데 불가결한 요소가 되는 진술 당시 원진술자의 모습이나 태도, 진술의 뉘앙스 등을 법관이 직접 관찰할 수 없다는 점에서 조서에 기재된 원진술자의 진술 내용은 그 신빙성 평가에 있어 근본적인 한계가 있을 수밖에 없다. 결국, 수사기관이 원진술자의 진술을 기재한 조서는 원본 증거인 원진술자의 진술에 비하여 본질적으로 낮은 정도의 증명력을 가질 수밖에 없다는 한계를 지니는 것이고, 특히 원진술자의 법정 출석 및 반대신문이 이루어지지 못한 경우에는 그 진술이 기재된 조서는 법관의 올바른 심증 형성의 기초가 될 만한 진정한 증거가치를 가진 것으로 인정받을 수 없는 것이 원칙이라 할 것이다.

따라서 피고인이 공소사실 및 이를 뒷받침하는 수사기관이 원진술자의 진술을 기재한 조서 내용을 부인하였음에도 불구하고, 원진술자의 법정 출석과 피고인에 의한 반대신문이 이루어지지 못하였다면, 그 조서에 기재된 진술이 직접 경험한 사실을 구체적인 경위와 정황의 세세한 부분까지 정확하고 상세하게 묘사하고 있어 구태여 반대신문을 거치지 않더라도 진술의 정확한 취지를 명확히 인식할 수 있고 그 내용이 경험칙에 부합하는 등 신빙성에 의문이 없어 조서의 형식과 내용에 비추어 강한 증명력을 인정할 만한 특별한 사정이 있거나, 그 조서에 기재된 진술의 신빙성과 증명력을 뒷받침할 만한 다른 유력한 증거가 따로 존재하는 등의 예외적인 경우가 아닌 이상, 그 조서는 진정한 증거가치를 가진 것으로 인정받을 수 없는 것이어서 이를 주된 증거로 하여 공소사실을 인정하는 것은 원칙적으로 허용될 수 없다 할 것이다. 이는 원진술자의 사망이나 질병 등으로 인하여 원진술자의 법정 출석 및 반대신문이 이루어지지 못한 경우는 물론 수사기관의 조서를 증거로 함에 피고인이 동의한 경우에도 마찬가지이다.

이 사건 기록에 의하면, 아래와 같은 사실을 알 수 있다.

이 사건 공소사실의 요지는, 유흥주점 업주들인 피고인들이 2002. 7. 하순 내지 8. 초순 그들이 운영하는 유흥주점을 방문한 (상호 생략) 보도방 소속 접객원인 공소외 1 또는 공소외 2로 하여금 부근 숙박업소에서 각 윤락행위를 하도록 직접 알선하였다는 것인데, 피고인들은 이 사건 수사 초기부터 일관하여 평소 (상호 생략) 보도방 소속 접객원들을 불러 접객행위를 하도록 한 사실은 있지만 윤락행위를 알선한 사실은 없고, 특히 공소사실 일시경 공소외 1, 2를 피고인들 운영 유흥주점에 접객원으로 부른 사실이 있는지조차 분명하지 않다고 주장하였다.

검사가 제출한 증거들 중 공소외 1, 2가 공소사실 일시경 피고인들 운영 유흥주점에 접객원으로 불려 간 사실을 뒷받침할 만한 증거는 공소외 1, 2가 수사기관에서 한 진술이 사실상 유일한 증거인데, 위 각 진술은 공소외 1, 2가(상호 생략) 보도방에 대하여 압수수색 영장을 집행하던 경찰에 의하여 느닷없이 임의동행 형식으로 경찰서에 출석한 상태에서 단순히 기억에만 의존하여 약 보름 동안의 행적에 관하여 개괄적으로 언급한 것으로, 그 내용 중 일부 유흥주점 방문 시기는 서로 일치하지 않을 뿐 아니라, 방문 업소의 위치나 구체적으로 윤락행위를 알선한 자에 대하여는 다소 추상적으로 언급하고 있을 뿐이다. 그 외 수사기관에서 공소외 1, 2가 지적한 유흥주점, 윤락행위 알선자 및 윤락행위가 이루어진 숙박업소를 확인하는 등의 방법으로 공소외 1, 2의 진술의 신빙성이나 증명력을 보강할 만한 증거자료를 수집한 바는 없다.

피고인들은 재판 과정에서 줄곧 공소외 1, 2가 수사기관에서 한 진술의 모호성을 지적하며 두 사람의 법정 출석과 피고인들에 의한 반대신문 기회 보장을 강력히 요구하였지만, 소재불명 등으로 인하여 결국 두 사람의 법정 출석 및 반대신문은 성사되지 못하였고, 피고인들은 재판의 장기화에 따라 9회 또는 10회 공판기일에 가서야 부득이 수사기관이 작성한 조서를 증거로 함에 동의하기에 이르렀다.

앞서 본 법리에 위 인정 사실을 비추어 보면, 수사기관이 공소외 1, 2의 진술을 기재한 조서는 법관의 올바른 심증 형성의 기초가 될 만한 진정한 증거가치를 가진 것으로 인정받을 수 없는 것이어서, 이를 사실상 유일한 증거로 하여 이 사건 공소사실을 인정하는 것은 허용될 수 없다 할 것이다.

이와 달리, 수사기관이 공소외 1, 2의 진술을 기재한 조서를 사실상 유일한 증거로 삼아, 그 증명력을 배척한 제1심을 뒤집고, 공소사실을 인정한 원심에는 수사기관이 작성한 조서의 증명력에 관한 판단을 그르친 채증법칙 위반의 위법이 있어, 그대로 유지될 수 없다 할 것이다.

나. 조서를 바라보는 시각

1) 조서는 듣기 위해 작성하는 것이다

통상 수사입문자에게 조서를 작성한다는 것은 조서를 작성하는 형식적인 면을 의미한다. 조서를 작성하면서 수사를 한다는 생각이 아니라 조서에 글을 채워 넣어야 한다는 강박관념을 가지고 있기 때문에 조서의 흐름이 논리에 맞지 않기도 하며 가끔은 필수적으로 물어야 할 사항이 결략되기도 한다.

조서를 작성할 때는 '질문하고 추궁하여야 한다.'가 아니라 '상대의 말을 잘 들어준다.'라는 기본적인 마음가짐을 가지고 있어야 조서 전체가 여유로워지고 그로부터 수사관 역시 생각하고 판단할 기회가 많아지게 된다.

만약, 이러한 마음가짐을 가지지 않고 '필요한 사항에 대해서만 묻고 빨리 조사를 마무리해야지'라고 한다면 생각만큼 상대로부터 얻을 수 있는 자료는 많지 않을 것이며 오히려 수사방향을 상대에게 노출시키기만 하는 형국을 맞이하게 된다.

조서는 묻기 위해 작성하는 것이 아니라 듣기 위해 작성하는 것이라는 것을 잊지 않기 바란다.

2) 조사는 속기가 아니다

상대방의 진술을 그대로 받아 적기만 한다면 속기사의 업무와 다를 바가 없다. 조서를 듣기 위해 작성한다고 하여 상대의 말을 그대로 받아 적는다는 생각보다는 조서를 작성하는 자체가 수사행위이며 증거를 취득하는 과정이라는 사실을 잊으면 안 된다.

수사를 일종의 정형화된 과정이라고만 생각한다면 기계적으로 민원인을 조사하고 피민원인을 소환하고 상호 틀린 부분이 있으면 대질하고 그러함에도 불구하고 증거가 없다면 혐의 없음을 이유로 불송치하는 절차를 반복하게 된다.

조서를 작성하기 위해 피대상자를 소환하는 때부터 치밀한 수사행위라는 점을 잊어서는 안 되며 이러한 이유 때문에 조서를 작성하기 전 수사계획을 세우고 확인할 사항을 점검하는 것이다.

일률적인 조서작성의 목적이 있는 것이 아니다. 대상자마다 조서작성의 목적이 다르다. 피해자를 조사할 때는 ① 수사방향을 설계하기 위한 것이 목적이 될 때도 있고 ② 설계한 수사방향을 확인하기 위한 경우도 있으며 ③ 현재까지의 사실들을 확인하기 위한 목적도 있고 ④ 수사의 결과를 검증하기 위해 작성할 때도 있으며 ⑤ 증거를 찾아내기 위해 작성하는 경우도 있고 ⑥ 대상자 진술의 신빙성을 높일 목적으로 작성하는 경우도 있는 등 각기 다른 목적을 가지고 있다. 따라서 피대상자를 조사할 때는 과연 이 진술인을 통해 어떠한 수사목적을 이루려고 하는지에 대해 고민해 보아야 한다.

> – 초기, 참고인이나 피해자에 대한 조사는 수사방향을 설계하는 데 초점을 맞춘 초기의 활동이며

- 수사과정에서 조사되는 용의자에 대한 조서, 참고인에 대한 조서는 수사방향을 주로 확인하는 중기의 작업이며
- 피의자에 대한 신문조서는 수사의 결과를 검증하는 종합 수사활동이며 주로 후기에 작성한다.

위 표에 있는 순서와 역할은 그때그때마다 변화하며 어떤 부분에 초점을 맞춰야 할지 지속적으로 생각해야 하며 어떤 경우는 조사하는 과정에서 이 상황이 변화할 수도 있다.

즉, 조사는 그 대상으로 인해 방향을 단순화하여 결정하는 것이 아닌 만큼 수사관이 알고 있는 정보, 알아야 할 정보, 앞으로의 수사방향과 그 결과물에 대해 머릿속으로 정확히 인지한 상태에서 피조사자의 역할, 신분, 태도 등에 따라 다각적인 방향으로 판단이 되어야 한다. 특히, 순간순간 실시간으로 그 정보에 대한 판단을 하여야 하므로 매우 어려운 작업 중 하나이다.

수사관은 이러한 조사의 특성을 잊고 단순히 필수적으로 작성해야 하는 요건쯤으로만 여기고 무의미하거나 또는 실익 없는 또는 수사에 혼선을 가중하는 조서를 작성하기도 한다.

막상 사람을 앉혀 놓고 조사를 하는 것이 쉬운 일이 아니다.

상대방의 성향에 대해 파악을 해야 하며 갑자기 어떠한 말과 내용으로 수사관을 곤혹스럽게 할지 알 수도 없으며 피대상자가 가끔은 일정 부분에서 수사관보다 전문적인 지식을 가지고 있는 경우도 있으며 사건이 복잡한 경우에는 무엇부터 물어야 할지 막막할 때도 있다.

이야기를 들어야 하고 이를 타이핑해야 하며 가끔은 서류의 내용을 검토도 해야 하고 이에 대해 즉각적인 후속 질문을 하기도 해야 한다.

정작 조사를 다 했다고 생각했을지라도 빠진 부분도 있으며 같은 질문을 두 번 이상 하는 경우도 있다. 상황이 이렇게 진행될 때 잠시 휴식시간을 가지는 것도 좋으며 상대방에게 하고 싶은 말을 할 수 있도록 유도하여 정리를 하는 것도 좋다.

조서를 작성하는 내내 잊지 말아야 할 것은 수사관이 상대방을 왜 조사를 하며 무엇을 조사할 것인가이다. 조사할 목적을 수행했다고 판단되면 괜한 시간을 끌

면서 의미 없는 조사를 받기보다는 양해를 구하고 추후 출석일을 다시 잡은 후 세세히 사건기록을 다시 검토하고 재조사를 하는 것이 좋다.

다. 신뢰관계에 있는 자의 동석

헌법은 사회의 각 분야와 각 영역에서의 존재하고 있는 다양성을 국가적 범주로 끌어들여서 사회통합을 이룰 수 있도록 하는 지향점과 가치를 규정하고 있는데 그 것이 바로 인간으로서의 존엄과 가치이다. 그러나 사회적 현실에서는 인종, 연령, 성별, 종교, 성적성향, 사회적 배경 및 신체적 능력의 차이로 인하여 그 존엄과 가 치를 제대로 누리지 못하는 계층과 집단이 있을 수밖에 없다. 특히, 신체적·정신적 능력면에서 열악한 지위에 있는 장애인과 아직 정신적으로 미성숙 상태에 있는 아 동 또는 청소년의 경우, 오래도록 인간으로서의 존엄과 가치의 보장과 그 실현에 있어서 소외되거나 제외되어 왔다.[142]

경찰조사를 받는다는 것은 피해자나 피의자가 상관없이 매우 고된 일이다. 그런 데 사회적, 신체적, 정신적으로 열악한 지위나 상황에 처해 있는 경우에는 더욱더 어려운 일이 될 것이다. 특히 강력사건의 피해자는 평상 시의 신체적, 정신적 능력 의 유무에도 불구하고 피해자로써는 열악한 상황에 놓여 있다는 점을 잊지 말아야 한다. 형사소송법이 개정되기 이전에도 피해자의 2차 피해 및 법정에서의 진술권을 보장하기 위해서 성폭력이나 노인·아동학대사건에서 피해자를 증인으로 신문하거 나 수사기관이 조사하고자 하는 경우에는 신청 등에 의하여 신뢰관계자의 동석을 허용하고 있었다. 그러나 일반적인 범죄피해자에 대해서는 신뢰관계인의 동석이 일 반적으로 허용되지는 않았다. 이에 개정 형사소송법은 종래 성폭력피해자 등에게만 인정되었던 신뢰관계 있는 자의 동석제도를 일반범죄의 경우에까지 확장하였다. 하 였다. 일반범죄의 피해자도 수사기관에서 조사를 받게 되는 경우에 불안감이나 긴 장감을 느껴 소위 제2차적 피해를 야기할 가능성이 크기 때문에 이를 방지하고 하 는 취지에서 비롯된 것이다.[143]

---

142) 김헌진, "경찰수사절차에서 신뢰관계자 동석에 대한 연구", 법학연구 제23권 제1호, 2012, 313-314면
143) 김헌진, "경찰수사절차에서 신뢰관계자 동석에 대한 연구", 법학연구 제23권 제1호, 2012,

이러한 취지를 고려하여 인권보호를 위한 경찰관 직무규칙 제67조 제1항은 "경찰관은 범죄피해자에게 불필요한 질문으로 수치심 또는 모욕감을 유발하지 않도록 유의하고, 범죄피해자의 진술에 일관성이 없다는 이유만으로 무혐의 처리하는 것을 지양하여야 한다."고 규정하고 있으며 제3항은 "범죄피해자에게 신뢰관계에 있는 자가 참여할 수 있음을 고지하고, 범죄피해자가 원할 경우에는 신뢰관계에 있는 자를 참여시켜 조사하여야 한다."고 규정하고 있다.

신뢰관계에 있는 자의 동석에 관한 세부조항은 형사소송법, 성폭력범죄의 처벌 등에 관한 특례법, 아동청소년의 성보호에 관한 법률, 범죄수사규칙 등에 명시되어 있다. 사실상 규정이 상세히 존재함에도 불구하고 피해자 또는 참고인에 대한 조사를 하기 전에 이 규정이 잘 검토되지 않고 있는 현실이다. 어떤 수사관들은 피대상자 이외의 제3자가 조사에 동석하는 경우 조사가 방해된다는 인식을 가지는 경우가 있는데 이러한 인식은 강압적 조사, 일방적 조사 등의 잘못된 수사관행을 양산할 수 있는 위험한 인식이라는 점을 유념해야 한다. 특히, 성폭력 피해자, 주요 강력사건의 피해자, 아동에 대한 조사를 할 때에는 관련 규정을 면밀히 검토하고 반드시 이행하여야 한다. 이러한 고려는 진술조서를 작성하기 위해 대상자에게 출석을 요구할 때부터 이루어져야 하며 동석이 필요한 대상자일 경우 적극적으로 이를 고지하여 처음 출석할 때부터 동석이 이루어지도록 조치하여야 한다.

다음 관련 규정들을 숙지하도록 하자.

형사소송법

제163조의2(신뢰관계에 있는 자의 동석) ① 법원은 범죄로 인한 피해자를 증인으로 신문하는 경우 증인의 연령, 심신의 상태, 그 밖의 사정을 고려하여 증인이 현저하게 불안 또는 긴장을 느낄 우려가 있다고 인정하는 때에는 직권 또는 피해자 · 법정대리인 · 검사의 신청에 따라 피해자와 신뢰관계에 있는 자를 동석하게 할 수 있다.

② 법원은 범죄로 인한 피해자가 13세 미만이거나 신체적 또는 정신적 장애로 사물을 변별하거나 의사를 결정할 능력이 미약한 경우에 재판에 지장을 초래할 우려가 있는 등 부득이한 경우가 아닌 한 피해자와 신뢰관계에 있는 자를 동석하게 하여야 한다.

③ 제1항 또는 제2항에 따라 동석한 자는 법원 · 소송관계인의 신문 또는 증인의 진술

324-325면

을 방해하거나 그 진술의 내용에 부당한 영향을 미칠 수 있는 행위를 하여서는 아니된다.

④ 제1항 또는 제2항에 따라 동석할 수 있는 신뢰관계에 있는 자의 범위, 동석의 절차 및 방법 등에 관하여 필요한 사항은 대법원규칙으로 정한다.

제221조(제3자의 출석요구 등) ③제163조의2제1항부터 제3항까지는 검사 또는 사법경찰관이 범죄로 인한 피해자를 조사하는 경우에 준용한다.

형사소송규칙

제84조의3(신뢰관계에 있는 사람의 동석) ① 법 제163조의2에 따라 피해자와 동석할 수 있는 신뢰관계에 있는 사람은 피해자의 배우자, 직계친족, 형제자매, 가족, 동거인, 고용주, 변호사, 그 밖에 피해자의 심리적 안정과 원활한 의사소통에 도움을 줄 수 있는 사람을 말한다.

② 법 제163조의2제1항에 따른 동석 신청에는 동석하고자 하는 자와 피해자 사이의 관계, 동석이 필요한 사유 등을 명시하여야 한다.

③ 재판장은 법 제163조의2제1항 또는 제2항에 따라 동석한 자가 부당하게 재판의 진행을 방해하는 때에는 동석을 중지시킬 수 있다.

성매매알선 등 행위의 처벌에 관한 법률

제8조(신뢰관계에 있는 사람의 동석) ① 법원은 신고자등을 증인으로 신문할 때에는 직권으로 또는 본인·법정대리인이나 검사의 신청에 의하여 신뢰관계에 있는 사람을 동석하게 할 수 있다.

② 수사기관은 신고자등을 조사할 때에는 직권으로 또는 본인·법정대리인의 신청에 의하여 신뢰관계에 있는 사람을 동석하게 할 수 있다.

③ 법원 또는 수사기관은 청소년, 사물을 변별하거나 의사를 결정할 능력이 없거나 미약한 사람 또는 대통령령으로 정하는 중대한 장애가 있는 사람에 대하여 제1항 및 제2항에 따른 신청을 받은 경우에는 재판이나 수사에 지장을 줄 우려가 있는 등 특별한 사유가 없으면 신뢰관계에 있는 사람을 동석하게 하여야 한다.

④ 제1항부터 제3항까지의 규정에 따라 신문이나 조사에 동석하는 사람은 진술을 대리하거나 유도하는 등의 행위로 수사나 재판에 부당한 영향을 끼쳐서는 아니 된다.

성폭력 범죄의 처벌 등에 관한 특례법

제34조(신뢰관계에 있는 사람의 동석) ① 법원은 제3조부터 제8조까지, 제10조 및 제15조(제9조의 미수범은 제외한다)의 범죄의 피해자를 증인으로 신문하는 경우에 검사, 피해자 또는 법정대리인이 신청할 때에는 재판에 지장을 줄 우려가 있는 등 부득이한 경우가 아니면 피해자와 신뢰관계에 있는 사람을 동석하게 하여야 한다.

② 제1항은 수사기관이 같은 항의 피해자를 조사하는 경우에 관하여 준용한다.

③ 제1항 및 제2항의 경우 법원과 수사기관은 피해자와 신뢰관계에 있는 사람이 피해자에게 불리하거나 피해자가 원하지 아니하는 경우에는 동석하게 하여서는 아니 된다.

아동청소년의 성보호에 관한 법률

제28조(신뢰관계에 있는 사람의 동석) ① 법원은 아동·청소년대상 성범죄의 피해자를 증인으로 신문하는 경우에 검사, 피해자 또는 법정대리인이 신청하는 경우에는 재판에 지장을 줄 우려가 있는 등 부득이한 경우가 아니면 피해자와 신뢰관계에 있는 사람을 동석하게 하여야 한다.

② 제1항은 수사기관이 제1항의 피해자를 조사하는 경우에 관하여 준용한다.

③ 제1항 및 제2항의 경우 법원과 수사기관은 피해자와 신뢰관계에 있는 사람이 피해자에게 불리하거나 피해자가 원하지 아니하는 경우에는 동석하게 하여서는 아니 된다.

범죄수사규칙

제13조(수사 진행상황의 통지) ① 경찰관은 「경찰수사규칙」제12조제1항의 통지대상자가 사망 또는 의사능력이 없거나 미성년자인 경우에는 법정대리인·배우자·직계친족·형제자매 또는 가족(이하 "법정대리인등"이라 한다)에게 통지하여야 하며, 통지대상자가 미성년자인 경우에는 본인에게도 통지하여야 한다.

② 제1항에도 불구하고 미성년자인 피해자의 가해자 또는 피의자가 법정대리인등인 경우에는 법정대리인등에게 통지하지 않는다. 다만, 필요한 경우 미성년자의 동의를 얻어 그와 신뢰관계 있는 사람에게 통지할 수 있다.

제184조(장애인에 대한 특칙) ① 경찰관은 성폭력 피해자가 신체적 또는 정신적 장애 등으로 사물을 변별하거나 의사를 결정할 능력이 미약한 때에는 본인이나 법정대리인 등에게 보조인을 선정하도록 권유하고, 선정된 보조인을 신뢰관계에 있는 사람으로 동석하게 할 수 있다.

인권보호를 위한 경찰관 직무규칙

제75조(장애인 수사) ① 경찰관은 장애인을 상대로 수사를 할 때에는 수사 전에 장애인 본인 또는 관련 전문기관으로부터 장애유무 및 등급 등을 미리 확인하고 장애 유형에 적합한 조사방법을 선택·실시하여야 한다.

② 정신적 장애 또는 언어장애로 인해 의사소통에 어려움이 있는 장애인을 조사할 때에는 의사소통이 가능한 보조인을 참여시켜야 하며, 이해관계가 상충되는 장애인들이 관련된 사건은 각 이해당사자별 1인 이상의 보조인 참여를 원칙으로 한다.

③ 장애인 피해자가 동성(同姓) 통역사의 참여를 원할 경우 이에 응하여야 한다.

④ 경찰관서의 장은 장애인의 불편을 최소화하도록 수사 또는 민원 사무실 위치·구조 및 편의시설, 장애유형에 적합한 의사소통 장비 등의 마련과 개선을 위해 지속적으로 노력하여야 한다.

라. 통역인의 사전섭외

1) 필요성

2020년 1월 말 기준 체류외국인은 2,426,433명이다. 체류외국인 중 외국인등록자는 1,279,412명, 외국국적동포 국내거소신고자는 461,535명, 단기체류외국인은 685,486명이다. 국적별 체류외국인은 중국 44.2%(1,073,554명), 베트남 9.3%(226,157명), 태국 8.3%(200,951명), 미국 6.3%(152,993명), 우즈베키스탄 3.1%(75,908명) 등의 순이다. 외국인등록자(1,279,412명)는 권역별로 수도권에 773,870명(60.5%)이 거주하고 있으며, 영남권 231,756명(18.1%), 충청권 136,924명(10.7%), 호남권 91,985명(7.2%) 순으로 거주하고 있다. 국민의 배우자(결혼이민자)는 167,521명, 외국인유학생은 182,679명으로 증가 추세이다.[144] 이로 인해 외국인 범죄도 많이 발생하고 있으며 검거된 피의자를 기준으로 2016년 이후 3만 명을 넘기고 있다.[145]

---

144) 출입국·외국인정책 통계월보(2020년 1월호)
145) e-나라지표, 외국인 피의자 검거현황

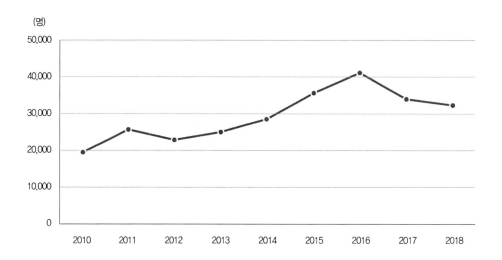

(명)

수사관이면 누구나 한 번쯤은 외국인에 대한 조사를 경험하게 되며 청각 장애인에 대한 조사를 할 경우도 있다. 이러한 경우 통역인이 필요하게 되는데 피조사자가 외국인이거나 청각 장애인일 경우 사전에 통역인을 섭외해 두는 것이 매우 중요하다. 특히, 일반적으로 잘 사용되지 않는 외국어의 경우 통역인 섭외가 쉽지 않고 통역인의 자격에 대해서도 검증하기 어렵기 때문에 조사 전에 피조사자의 사용언어를 미리 확인하여야 한다. 통역에 관한 근거는 형사소송법 제221조 제2항(검사 또는 사법경찰관은 수사에 필요한 때에는 감정·통역 또는 번역을 위촉할 수 있다)이다.

2) 통역인의 자격

통역인을 섭외할 때에는 통역인의 자격을 면밀히 살펴야 하며 통역인이 피조사자와 개인적인 친분이나 안면이 있는지 확인하는 것이 중요하다. 특히 소수의 외국인이 한 지역에 머무는 경우 해당 국가의 외국인 간에는 특수관계에 있는 경우가 많기 때문에 의도치 않게 통역을 신뢰할 수 없는 경우가 발생하기 때문이다.

통역, 번역 및 외국인 사건 처리 예규는 통역, 번역인 후보자의 선정과 관리에 관한 상세 규정을 마련해 두고 있다. 수사과정에서 통번역인을 섭외할 때 아래 규정을 참고할 만하다.

제7조(통역·번역인 후보자의 선정 및 관리) ① 각급법원은 통역·번역인 후보자를 선정할 때 다음 각 호의 절차를 거친 후 통역경력·성실성 등을 고려하여 후보자를 선정하여야 한다.

1. 공공단체, 교육기관, 연구기관, 그 밖의 적당하다고 인정되는 기관 또는 단체에 추천을 의뢰하거나 법원 홈페이지에 공고를 하는 등의 방법으로 통역·번역인 후보자 명단에 등재할 사람을 물색한다.
2. 통역·번역인 후보자를 정할 때에 추천되거나 신청한 사람이 통역·번역인으로 지정될 만한 외국어 능력과 법률 지식, 경험 등을 가지고 있는지 여부를 이력서, 자격증, 재직증명서(재학증명서, 졸업증명서) 등에 대한 서면 조사, 면접 등의 적절한 방법으로 조사한다.
3. 피추천인 또는 신청인의 동의를 받아 관련 기관에 범죄경력조회 등을 실시한다.
4. 특별한 사정이 있는 경우 제1호부터 제3호까지의 절차 중 전부 또는 일부를 생략할 수 있다.

② 각급법원은 선정된 통역인·번역인 후보자에 대하여 주기적으로 소송절차 전반에 관한 소양교육 및 전문법률용어의 통역·번역에 관한 교육을 실시하여야 한다.

③ 법원행정처는 각급법원의 통역·번역인 후보자 물색, 조사, 교육 등을 위하여 필요한 지원을 하고 각급법원의 통역·번역인 후보자의 통역·번역의 균질성과 전문성을 높이기 위한 교육을 실시할 수 있다.

3) 통역인 조사방법

통역인 조서는 아래 표와 같이 별도의 조서로 작성할 수도 있으며 해당 피조사자를 조사하면서 통역인에 대한 아래 조사 내용을 삽입할 수도 있다. 그러나 중요사건에 있어서 혹 추후에 피해자 또는 피의자가 자신의 조서를 열람하면서 통역인의 인적사항을 알게 되는 경우를 대비하여 별도의 통역인 조사를 받는 것이 바람직하다. 실무적으로는 피해자 조사를 할 경우에는 피해자 조사를 하면서 통역인 조사를 포함하게 된다. 이때에는 반드시 통역인이 통역의 자격이 있는지와 객관적으로 통역을 할 것이라는 내용을 포함시켜야 한다. 피의자신문조서를 작성할 때는 통역인에 대해 별도의 진술조서를 작성하시기 바란다.

1. 저는 ... 에 있는 농아학교에서 교사로 재직중인 ... 입니다.
1. 저는 .. 부터 위 학교에서 농아자들에게 수화를 가르치고 있습니다.
1. 저는 ..경 "수화강습"이라는 책을 발간하기도 하고 ...부터 ...까지 수사기관에서 농아자 조사시 통역을 한 경험이 있습니다.
1. 이번에 수사관님으로부터 ... 에 대한 통역을 위촉받아 오게 되었습니다.
1. 오늘 조사를 받게 될 ... 는 오늘 처음 만났으며 저와 전혀 관계가 없는 사람이며 잠시 대화를 나누어 본 결과 통역에 지장이 없었습니다.
1. ...을 통역할 때 질문과 답변 내용을 사실과 다름이 없이 통역을 할 것입니다.

조서는 국문으로 작성하기 때문에 이를 열람시킬 수는 없고 통역인을 통하여 읽어 주게 된다. 간혹 통역인이 허위의 통역을 하는 경우도 있으니 이런 점이 걱정될 경우에는 조사의 내용이 녹화, 녹음되고 있음을 사전에 알려주어 허락을 득한 후 녹화나 녹음을 해 두는 것도 좋은 방법이다.

마. 조사설계

1) 정보의 수집과 확인

주어진 정보에 대해서만큼은 일단 정확히 확인해야 한다. 고소사건의 경우 1차적으로 고소장과 그 첨부물이 될 것이며 쉽게 확인이 가능한 부분이 있다면 추가로 고소인이나 관계인으로부터 필요자료를 요청하여야 한다.

1차적인 원인관계가 있는 2차적인 사건의 경우(무고, 위증, 이의신청, 공무집행방해 사건 등)는 1차적인 원인관계로부터 작성된 서류나 조서, 기록 등을 수집, 확인하여야 한다. 조사 전에 자료가 많이 확보되고 사전에 검토되어야 관계인 조사에서 범죄사실과 이를 입증할 증거관계가 확정될 수 있다.

2) 조사대상과 순서의 확정

여러 관계인들 중에 먼저 조사를 해야 할 사람, 최종적으로 조사할 사람, 조사할 시기와 장소를 사전에 정해 두어야 한다. 물론, 조사를 하던 중에 그 조사 순서가 바뀔 수도 있다.

범죄 관련 증거가 확보된 상태에서 피의자들을 조사할 때에는 자백을 할 가능성이 있는 피의자부터 조사를 하는 경우도 있고 가장 혐의가 없는 피의자부터 조사를 하는 경우도 있겠지만 관계인 조사에서는 관련 증거에 대한 정보를 가장 많이 알고 있는 사람부터 조사하는 것을 원칙으로 한다. 그렇지 않을 경우 먼저 조사를 받은 사람이 조사한 내용을 다른 관계인에게 전달하는 등으로 수사에 혼선을 야기하는 경우가 발생할 수 있기 때문이다.

고소사건의 경우 고소인조사 이후에 중요한 참고인을 확인하였으나 그 참고인이 피의자와 통모 가능성이 있다면 피의자 조사 전 참고인부터 소환하여 개괄적인 사항을 먼저 탐지하는 것도 좋은 방법이 될 수 있다.

회사에 대한 횡령사건 등을 조사함에 있어서도 내부 고발자의 진술을 먼저 청취하고 즉시, 경리과장, 부장 등 사건의 핵심 참고인부터 소환하여야 조사하여야 하며 이들을 조사할 때 강력한 부인이 예상된다고 하면 그 사무실의 파견직 사원 등 회사와의 연결고리가 약한 사람도 함께 조사가 이루어질 수 있도록 조사시기와 장소, 방법을 고려하여야 한다.

※ 조사를 할 때 범죄사실의 구성요건에 나오는 법률용어를 단 한마디도 쓰지 않고 조사를 해 보려는 노력을 해야 한다. 범죄의 구성요건이라는 것은 범죄인이 저지른 행위에 대한 법률적 평가이다. 그 법률적 평가는 조사 대상자가 하는 것이 아니라 수사관이 관련 사실에 관하여 법률적인 평가를 하는 것이다. 예를 들어 '어떻게 기망하였는가요?'가 아니라 '뭐라고 말씀하셨나요?', '왜 그렇게 말씀하셨나요?'라는 물음이 있어야 하며 그러한 답변과 그 답변의 기초되는 사실들에 대한 수사 후에 수사관이 '이러이러한 정황과 사실은 기망의 요소가 된다.'라고 평가를 하는 것이다.

3) 조사목적 설정

가) 의의

피대상자를 왜 조사하는가, 피대상자로부터 얻어 내야 할 것이 무엇인가를 사전에 확인해야 한다. 노련한 수사관은 사건을 한 번 읽는 것만으로도 무엇을 조사를 해야 할 줄 알며 조사가 진행되는 와중에 후속 질문과 확인할 내용들을 현재까지 조사된 진술과 증거들로부터 복합적으로 뽑아낼 수 있다. 그러나 수사입문자로서는 조사를 하기 전 반드시 조사의 목적과 확인해야 할 항목을 정리해 두어야 한다.

나) 범죄 피해자의 경우

피해자의 경우 첫째, 범죄의 구성요건에 대한 특정, 둘째, 범죄에 대한 증거자체, 셋째, 범인을 특정하거나 범인을 추적할 단서를 찾는 데 주목적이 있을 것이다. 진술의 전후맥락을 통해 신빙성 여부를 판별하는 것은 모든 조사에 있어서 공통의 목적이 된다.

수사계획으로부터 도출된 항목과 존재할 것으로 예상되는 증거들을 나열한 후 위세 가지 목적에 비추어 피해자로부터 확보할 수 있는 것들을 항목으로 만들어 두어야 한다.

다) 범죄 목격자의 경우

범죄용의자 및 피해자와의 관계, 범죄를 목격하게 된 경위 등이 기본적인 조사상황이 될 것이며 목격자 조사는 범죄 자체를 증명하는 기능, 범인 또는 피해자의 진술의 신빙성을 가늠하는 기준 또는 피의자를 특정하거나 추적할 단서를 찾는 기능 등을 가지고 있다.

똑같은 상황을 조사하더라도 피의자와의 관계가 가깝다면 이에도 불구하고 신빙성이 있는 진술이라는 점을 강조하기 위해 그 관계나 피의자에게 불리한 진술을 하게 된 경위 등에 대해 치중하여 조사가 이루어져야 할 것이다.

만약, 피해자의 지목을 받아 출석하는 경우 출석하게 된 경위, 피해자로부터 부탁받은 사항이 있는지 여부 등도 확인사항에 포함되어야 한다.

라) 기타 참고인의 경우

범죄의 피해자, 목격자로서가 아니라 법률적인 해석의 문제나, 다툼의 원인이 된 어떠한 사실에 관한 문제에 대해 조사하는 경우로 이러한 사람을 조사할 때는 통상, 피해자, 범죄, 피의자와 인간적 교류가 없는 경우가 많으므로 그가 입증할 법률적인 문제 등에 대해 객관적인 지식이 있는지, 그 상황에 대해 알게 된 경위가 어떤지가 중점이 되어야 할 것이며 이러한 사람을 조사할 때 군이 피의자 등 주변인과의 안면식에 대해 자세히 물을 필요는 감소하게 될 것이다.

4) 조사내용의 추출예시

예시1) 신용카드를 절취하여 돈을 인출한 경우 무엇을 확인할 것인가?

　피해자로부터는 사건의 전말에 대해 상세히 들으면서 피해사실을 추출해 내어야 한다. 카드에는 신용카드, 현금카드, 체크카드, 직불카드 등이 있으며 신용카드에 현금카드의 기능과 교통카드 등의 기능도 융합되어 있으므로 어떤 기능을 사용하여 돈을 인출하였는지도 확인하여야 하며 신용카드를 어떻게 절취당하였는지, 신용카드의 현금카드 기능을 이용하여 은행 ATM기에서 돈이 인출된 것인지 신용카드의 현금서비스 기능을 이용하여 인출된 것인지 확인해야 할 것이다. 특히, 현금을 인출하기 위해서는 비밀번호가 반드시 필요한데 어떤 경위로 비밀번호까지 피의자가 알게 된 것인지도 피해자에게 질문하여야 한다. 피해자 조사 시 처음부터 이러한 사실을 구분하여 질문하기보다는 피해자가 스스로 진술하도록 유도한 후에 궁금한 세부사항을 후속 질문하는 것이 좋다. 신용카드의 경우 지인에게 빌려주었으나 이를 갚지 않아 카드회사로부터 독촉을 받아 이를 모면하기 위해 사기가 아닌 절도라고 거짓으로 신고하는 경우도 많기 때문에 이를 판별하기 위해서는 일단 피해자의 포괄적 진술을 청취하는 것이 원칙이다.

　이때, 피해자는 막연히 신용카드를 절취당하였고 피의자가 현금을 인출했다는 구조로 진술하겠지만 수사관의 입장에서는 신용카드에 대한 절도, 신용카드의 현금카드 기능을 이용하여 은행에서 돈을 인출했다면 은행에 대한 절도 또는 컴퓨터등사용사기, 신용카드를 이용하여 현금서비스를 이용했다면 여신전문금융업법위반 등 다양한 범죄사실을 구성해야 하기 때문에 이를 고려하여 질문을 해야 한다는 것이다. 질문을 하면서 이에 대한 구증자료가 있다면 이를 확보하거나 검토하면서 진행하여야 한다.

　피해자 조사가 상세히 이루어진 경우에는 기초자료가 많기 때문에 피의자에 대한 조사에 있어서도 질문할 사항이 정리가 되기 마련이다. 우선 피의자로부터 포괄적인 진술을 요청한 후에 피해자 조사내용 중 객관적인 사실들과 비교할 수 있기 때문에 설사 피의자가 범행경위에 대해 상세히 기억하지 못한다고 할지라도 피해자의 진술로부터 그 경위를 유추해 낼 수 있고 피의자의 기억을 환기하는 데도 도움이 된다.

예시2) 차용사기의 경우

차용사기 피해자를 조사할 때 가장 크게 하는 실수는 피해자가 돈을 빌려주게 된 계기와 동기에 대해서 상세히 조사하지 않는다는 것이다. 요즘 세상에서 돈의 거래는 매우 신중하게 하는 것이 일반적인 현상이다. 그런데도 대부분 고소장에 피의자가 의사와 능력 없이 피해자를 기망하여 돈을 편취했다는 막연한 취지로만 기재되하게 되고 수사관 역시 그 내부적인 사실 관계에 대한 조사 없이 막연히 고소장에 기재된 대로만 피해자 진술조서를 작성한다면 피의자의 진술을 제외하고는 이 사건을 규명할 수 있는 자료가 많지 않게 된다.

따라서 차용사기의 경우 피해자를 조사할 때 피해자와 피의자의 관계, 피의자에 대해 알고 있었던 사실(가족관계, 정황, 친분관계, 직업, 재산관계 등), 돈을 빌려 달라고 했을 때 어떤 느낌이었는지, 어떤 방식으로 갚을 것을 기대했는지, 피해자가 그만한 돈을 쉽게 빌려줄 수 있는 여유가 있었는지, 그렇지 않다면 굳이 그 돈을 빌려 주게 된 계기는 무엇인지 … 등 세밀한 조사를 하여야 한다.

이렇게 조사를 하다 보면 분명 민사적인 사안임에도 고소를 하였는지가 구분이 되며 피의자에게 혐의가 있는 경우에는 그를 입증하기 위한 제반 사항들이 도출되게 될 것이다.

범죄가 기수에 이르기 전의 상황에 조사의 초점이 맞춰져야 하는데 수사입문자의 경우 간혹 범죄가 종료된 이후 돈을 갚지 않게 된 사정과 돈을 갚지 않기 위해 연락처를 바꾼다든지, 이사를 간 상황에 대해서만 초점을 맞추게 된다. 엄밀히 말하면 이는 초점을 맞추는 것이 아니라 민원인이 토로하는 속상함(그리고 채무자의 괘씸함에 대한 표현)을 그대로 받아 주는 것에 불과하다. 민원인의 억울함을 들어주는 것과 조사를 하는 것과는 분명 구분되어야 한다.

예시3) 위조된 사문서로 사기를 한 경우

전항과 같이 같은 사기의 죄명으로 의율하지만 위조된 사문서를 이용한 경우 피의자의 주관적인 의사보다는 그 기망요소가 된 객관적 사실, 즉 사문서가 위조되었다는 것에 초점이 맞추어지게 된다. 피해자의 경우 그 위조된 사문서가 피해자의 처분행위에 미친 영향 등에 대해 조사를 하여야 할 것이며 수사의 방향은 위조사문서를 확보하고 이를 입증하는 데 치중하여야 한다.

이렇듯 조사라는 것은 조사 자체의 스킬보다는 전체적인 현상을 이해하고 그 현상 중 범죄되는 부분을 추출하며 이를 입증하기 위해 필요한 요소들을 이해해야 하는 것이다.

바. 진술조서 일반적 작성요령

> ▶ 일반적 조서작성 순서
> ① 출석요구
> ② 수사과정 확인서 기재시작
> ③ 출석요구한 이유와 조사배경을 간략히 설명
> ④ 진술조서 갑지 작성 및 신분확인
> ⑤ 진술조서 을지 작성
> ⑥ 갑지, 을지, 수사과정 확인서 인쇄
> ⑦ 말미조서 인쇄
> ⑧ 간인 및 서명날인

1) 일상적인 용어의 사용

조사를 할 때는 일상생활에서 사용하는 문구를 써야 한다. 만약, 법률적인 용어를 사용하게 되면 상대방으로 하여금 조사를 받고 있다는 느낌을 강하게 주게 되며 상대방은 진술하는데 신중해야 한다는 생각을 하기 때문에 다양한 사실에 대한 의견을 진술하지 않을 가능성이 크다. 따라서 '편취 당하였는가요?'라는 질문보다는 '피해를 보았는가요?'라고 물어야 범죄사실 이외의 일상적인 과정을 진술하게 할 수 있다.

2) 적절한 호칭의 사용

피해자에 대한 호칭은 "진술인, 고소인" 등으로 하여야 하며 아저씨, 아줌마, 학생 등의 용어를 쓰는 경우는 절대 자제하여야 한다. 수사관으로부터 무시를 당한다는 느낌을 받게 되면 수사에 대한 비협조적인 태도를 보일 수밖에 없고 조사가 부드럽게 진행되기가 어렵다. 선생님, 여사님이라는 용어의 경우 사회적 약자라고 생각하는 대상자에게는 존중받는다는 느낌을 갖게 하여 순영향이 있을 수도 있으나 지나치게 공손한 어투는 자칫 피조사자가 조사자보다 우위에 있다는 생각을 할 수도 있게 하므로 수사입문자는 이러한 점을 경계하여야 한다.

청소년들에게 친밀감의 표현이 아닌 이상 하대하는 일을 삼가야 한다. 자아를 형성해 가고 있는 청소년들에게 동의 없는 하대, 나무라는 식의 하대를 하게 되면 자신의 잘못을 인정하기 전에 경찰에 대한 불신이 쌓여 평생 잘못된 인식이 바뀌지 않을 수 있기 때문에 청소년들을 대할 때는 늘 주의를 하고 그들의 입장을 먼저 이해하려고 노력해야 한다.

3) 6하 원칙 또는 8하 원칙에 따른 항목 분류

조서를 작성할 때 상대방이 말한 그대로를 녹취하듯이 작성하지는 않는다. 상대방의 진술을 듣고 주어와 목적어 등을 바꾸어 말하거나 시간과 장소의 순서를 바꾸어 진술을 하게 되면 이를 정리하여 기재하게 된다. 단, 그 본질적 내용은 바꾸어서는 안 되며 두서없이 이야기하는 상대방의 진술을 읽기 쉽게 정리하는 수준에서 작성해야 한다. 정리하는 수준이 아니라 진술의 내용을 바꾸어 작성하는 것은 조서를 왜곡하는 것이 되므로 주의해야 한다.

수사관은 상대 진술의 내용을 6하 원칙, 8하 원칙에 따라 분류하여 이해하려는 노력을 하여야 결략된 항목을 다시 물어 그 내용을 정확히 확인할 수 있다. 만약, 이러한 원칙이 없이 그 내용을 그대로 기재하기만 하면 진술의 내용을 비판적으로 분석하지도 못할 뿐만 아니라 조사가 끝난 이후에 비로소 피해나 범죄의 일시, 장소 등을 확인하지 못했다는 것을 깨달을 때가 있다.

4) 질문은 짧게, 대답은 길게

질문을 길게 하는 경우 피조사자는 상대적으로 짧게 대답을 할 수밖에 없으며 긴 질문은 피조사자의 답변을 유도하는 신문으로 오인케 할 수도 있다. 따라서 짧은 질문을 통해 상대로부터 자연스런 답변을 유도하여야 한다. 피조사자가 질문의 내용을 이해하지 못한다면 이에 대한 부연설명은 가능하며 질문의 내용에 비해 답변을 짧게 하는 경우 후속질문을 통해서 그 답변을 받아야 한다.

질문을 짧게 하라고 한다고 해서 그 질문의 취지를 이해하지 못하는 사람에게 막연하게 질문해서는 안 된다. 질문의 취지를 이해하지 못하는 경우에는 상세하게 설명해야 할 때도 있으며 조사의 말미에 현재까지의 상황을 정리해 주고 이에 대한 이해와 동의를 받아야 할 경우도 있음을 고려해야 한다.

5) 전후 모순 없는 작성

조서 내용에 모순이 있을 경우 진술의 일관성이 인정되지 않아 조서 전체가 신빙성이 없다고 판단될 우려가 있다. 따라서 진술에 모순점이 있는 경우 왜 그렇게 진술했는지도 물어 확인하여야 하며 특히, 수회 거짓진술을 하다가 이를 번복한 경우에는 왜 그렇게 번복하게 되었는지에 대해서 상세히 조사를 해야 한다. 또한 답변을 확인할 수 있는 서류가 이미 확보되어 있거나 타인의 조사내용과도 비교할 수 있다면 당해 조사에서 이를 확인해야 한다. 비교정보가 있음에도 피조사자가 그와 상반되는 진술 또는 다소 다른 진술을 하게 되면 향후 증거로 취사선택할 때 어떤 것을 써야 할지 곤혹스럽게 된다. 이러한 이유들 때문에 조사 전에 반드시 기존의 증거자료를 검토하고 정리해야 한다.

사. 진술조서 구체적 작성요령

1) 수사과정확인서의 작성

개정 형소법은 제244조의4(수사과정의 기록)을 신설하여 피의자 아닌 자를 조사하는 경우에도 진술자가 조사장소에 도착한 시각, 조사를 시작하고 마친 시각, 그 밖에 조사과정의 진행경과를 확인하기 위하여 필요한 사항을 진술조서에 기록하거나 별도의 서면에 기록한 후 수사기록에 편철하도록 하였다.

이 수사과정 확인서는 대상자가 장시간 수사관서에 대기하는 동안 발생할 수 있는 인권침해 등을 방지하는 목적도 있으며 조서 작성의 전반적인 신빙성을 확보하는데도 활용될 수 있는 만큼 신중히 작성하여야 한다.

수 사 과 정 확 인 서

구 분	내 용
1. 조사 장소 도착시각	2020. 3. 19. 14:00경
2. 조사 시작시각 및 종료시각	☐ 시작시각: 2020. 3. 19. 14:10경 ☐ 종료시각: 2020. 3. 19. 15:00경
3. 조서열람 시작시각 및 종료시각	☐ 시작시각: 2020. 3. 19. 15:13경 ☐ 종료시각: 2020. 3. 19. 15:20경
4. 기타 조사과정 진행경과 확인에 필요한 사항	특이사항 없음
5. 조사과정 기재사항에 대한 이의제기나 의견진술 여부 및 그 내용	*없습니다.* (진술인이 자필로 기재토록 함)

2020. 3. 19.

사법경찰관 경위 문건봉은 박아무개를 조사한 후, 위와 같은 사항에 대해 박아무개로부터 확인받음

확 인 자 : *정 현 진* ㊞
사법경찰관 : 경위 *문 건 봉* ㊞

조사장소 도착시간, 조사시간, 열람시간은 사실대로 기재하면 될 것이고 4번 항목의 경우 조사를 하면서 중간에 장시간의 휴게시간이 있었거나 돌발적인 상황으로 중지된 경우 등 그 내용을 작성하고 조사장소 도착시간과 조사 시작 시간의 간극이 비정상적일 경우 그 사유를 쓰면 된다. 마지막 5번 항목은 1항부터 4항까지의 조사과정 기재사항에 대한 이의제기나 의견을 묻는 란이다. 진술인으로 하여금 그 취지를 설명하고 자필로 기재하게 한다.

2) 갑지의 작성

가) 피의자와의 관계

'저는 피의자 ....와 같은 회사에 근무하는 사람이며 친인척관계는 없습니다.'

　(친인척관계는 상투적으로 물어보아야 한다. 이는 재산범죄에서 중요하게 작용할 수 있기 때문이다. 만약, 친인척관계이며 이것이 재산범죄에서 처벌을 조각하는 사유일 경우 어떤 법률상 친인척관계인지 명백히 하여야 하고 관련 서류를 받아 첨부하여야 한다.)

나) 피의사실과의 관계

'저는 피의자로부터 폭행을 당한 피해자의 자격으로 출석하였습니다.'

3) 을지의 작성

가) 일반적인 사항

　진술조서 을지는 피조사자가 피해자인지, 참고인인지 등에 따라 기재내용에 차이가 있게 된다. 그러나 앞서 언급한 것과 같이 6하 원칙 또는 8하 원칙에 기하여 작성을 하게 되며 구체적인 내용은 다음과 같다.

(1) 구성요건에 관한 사항
- 주체: 반드시 공범관계까지 확인한다.
- 일시, 장소: 범죄일시와 장소는 가능한 구체적으로 특정되어야 한다. 일시, 장소에 따라 적용법조와 죄명, 사건의 관할이 결정될 수 있다.
- 객체: 피해품에 관해서는 종류, 수량, 가격 등을 구체적으로 특정하여야 하며 이를 입증할 수 있는 서류 등이 있으면 첨부하여야 한다.
- 수단, 방법: 조서 작성에 있어 가장 핵심적인 부분이라고 할 수 있는 범행 실행의 수단, 방법에 대해서는 가장 구체적이고도 상세하게 기재를 한다.
- 결과: 피해상황, 범행으로 인한 파급효과와 범행 후 피의자의 태도 등에 대해서도 명확히 하여야 한다.

(2) 범행 후의 상황
　피해자 진술조서의 경우, 범행 피해를 당한 후 피의자가 행한 조치 등에 대해 확인해 두는 것이 필요하며 범행 후 연락을 취하거나 합의노력을 했거나 협박을 하였거나 종적을 감추었다는 등의 사실을 확인하여야 하고 피해자가 스스로 피의자를 찾기 위한 노력을 한 경우도 이를 조사해 두면 후일 참고자료로 활용할 수 있다.

(3) 기타

피해자의 경우, 피의자에 대한 처벌의사가 있는지, 피해회복이 되었는지, 피해 내용에 대한 증거자료는 있는지 등에 대해 조사를 하여야 한다. 특히, 피의자의 인적사항이 특정되지 않은 사건의 경우 이를 확인할 수 있는 모든 사실들에 대해 조사하여야 한다.

참고인일 경우, 당해 사건 관련자(피의자, 피해자) 등과의 관계, 목격 및 인지하고 있는 사실에 대한 증거자료가 있는지, 직접 목격한 것인지, 전해 들은 것인지 등에 대해 조사를 하여야 한다. 특히, 참고인 조사에 나오게 된 경위는(수사관의 출석요구에 의한 것인지, 피해자나 피의자의 부탁을 받고 나온 것인지, 스스로 목격자를 자처하여 오게 된 것인지 등) 매우 중요하다. 어느 한쪽의 부탁을 받고 편을 들기 위해 진술하러 온 것이라면 수사의 방향에 혼선을 줄 염려가 있다는 점을 유념해야 한다.

▌ 진술조서(피해자) 올지 작성례

문 진술인이 박아무개인가요.

답 예. 제가 박아무개입니다.

이때, 진술인이 주민등록증을 제시하므로 이를 사본하여 조서 말미에 편철하다.

문 이 고소장과 첨부한 서류가 진술인이 제출한 것이 맞는가요.

이때, OO 경찰서 제OOOO호로 접수된 고소장을 보여주고 확인하게 하다.

답 예 제가 OOO 변호사 사무실에 의뢰하여 작성하고 OOO 변호사가 제출한 것입니다.

문 고소하신 내용과 같은 내용 또는 이와 관련된 내용으로 수사기관이나 타기관에 고소나 진정 등을 한 사실이 있나요.

답 (중복된 신고, 이미 처분된 사실에 대한 신고 등 여부를 확인)

문 진술인은 피의자 이아무개를 알고 있나요.

답 (친족상도례 적용여부 등을 확인하고자 피의자와 피해자의 관계를 파악)

문 피의자 이아무개를 어떻게 알게 되었는가요.

답 (알게 된 경위에 대해 상세히 조사)

문 진술인이 피해를 당한 것은 언제인가요.

답 (피해 일시를 구체적으로 확인)

문 어디서 피해를 당하였나요.

답 (피해 장소를 구체적으로 확인)

문 피해를 당한 경위에 대해 자세히 진술하시오.

답 (피해자가 피해를 입을 당시의 경위, 상황을 확인하여 피의자의 범행 수단, 방법 등을 구체적으로 특정하고, 피해발견 경위, 피해품 등도 명백히 확인한다)

문 그 외 다른 피해를 입은 것은 없는가요.

답 (진술한 것 이외의 피해사항에 대해 확인)

문 진술인의 피해사실을 확인해 줄 자료나 목격자가 있는가요.

답 (피해내용을 뒷받침할 만한 자료 및 참고인 등에 대해 확인)

문 피의자에 대해 처벌을 원하나요.

답 (처벌희망의사를 확인. 특히 반의사불벌죄나 친고죄의 경우엔 필수적임)

문 이상 진술이 사실인가요.

답 (대답을 자필로 기재하도록 할 수 있다.)

문 더 할 말 있나요.

답 (대답을 자필로 기재하도록 할 수 있다.)

고소고발 취소 조서의 작성

피해자와 피의자 간 합의나 고소취소가 되는 경우, 고소취소장 및 합의서를 수사기록에 첨부시키는 것과 별도로 고소인 및 피해자를 상대로 고소취소를 내용으로 하는 진술조서를 작성하여야 한다. 고소인 진술조서를 작성하다가 고소취소 의사를 밝힌 경우 별도의 진술조서를 작성하지 않고 고소인 진술조서에 고소취소에 관한 취지의 내용을 작성하면 된다. 이러한 진술조서에 기재해야 할 내용은 다음과 같다.

- 정당한 고소취소권자(피해자) 여부 확인
- 고소취소 및 합의를 한 사유
- 합의나 고소취소를 함에 있어 외부의 강압이나 강요 또는 기망은 없었는지 여부
- 고소취소를 하면 동일 건으로 다시 고소하지 못한다는 사실을 알고 있는지 여부

나) 피해자에 대한 조사요령

- 고소의 요지를 물어 포괄적으로 상대가 진술할 수 있도록 한다.
- 고소의 요지를 근거로 구체적인 사실에 대해 다시 질문하고 답변을 얻어낸다. 이때, 직접 경험한 것인지, 들은 것인지 등을 명백히 하여야 하며 말을 돌리려고 하거나 중점이 되는 사실을 벗어나려고 할 경우 다시 질문하거나 기억을 더듬을 수 있는 시간을 준다. 사람의 기억은 한계가 있으므로 이에 대해 정확히 이야기하기만을 독촉하지 말고 상대로 하여금 기억할 수 있도록 도움을 주어야 한다.

예를 들어 '그때가 더울 때였나요. 추울 때였나요.'

'시간을 기억하려고 하지 말고 그 전후에 고소인이 무엇을 하였는지 말씀하세요.' 등으로 질문한다.

- 피해자는 간혹 자신이 범죄의 원인을 제공하였다는 자책감에 사로잡혀 있는 경우도 있어서 범죄의 전제되는 사실을 숨기려고 하는 경우가 있는데 이러한 정황을 간파하여야 한다. 예를 들어 나이트클럽에서 만난 남성으로부터 강간을 당한 사건에서 피해자는 본인이 나이트클럽에 가서 그런 피해를 당한 것이라는 자책감을 가지면서 나이트클럽에서 남성을 알게 된 경위에 대해서는 소극적으로 진술하는 경우도 있다. 수사관으로서는 범인의 인적사항 등을 확인할 흔적을 찾기 위해 강간의 범죄사실 이전의 사정에 대해서도 확인해야 하기 때문에 피해자가 자책감을 느끼지 않도록 설득한 후에 관련 사실에 대해서 진술을 받아야만 한다.

- 피해자는 법률전문가가 아니기 때문에 어떠한 점이 수사에 도움이 되는지 알지 못한다. 따라서 고소인을 조사할 때는 막연히 상대가 아는 대로 진술하기만을 바랄 것이 아니라 수사에 도움이 될 수 있는 진술을 할 수 있도록 구체적인 후속질문을 이어 나가야 한다.

- 사건 이후 피의자의 행동이나 합의노력 등에 대해서도 확인해야 한다. 이를

통해서 피의자에 대한 출석요구를 먼저 할 것인지 다른 참고인에 대한 조사 또는 정황증거의 수집을 먼저 할 것인지 판별할 수 있다.

만약, 피의자의 부인이 예상되는 사건이라면 고소인을 통해 관련 증거들을 확보할 자료 등에 대해 추가적으로 물어야 하며, 참고인이 있다면 이에 대해서도 언급해야 한다.

만약, 그 참고인의 성향이 시간 경과 시 번복하거나 소환에 응하지 않을 우려가 있다면 이에 대해서도 그 사유를 물어야 하며 즉시, 통화하여 그 내용을 진술조서에 기재할 수도 있다.

이러한 방식은 피의자에게도 적용된다. 피해자에 대한 조사 중 피의자에게 전화를 하여 대화의 내용을 조서에 남기거나 그 통화내용에 대해 진술인이(고소인) 조서에 진술할 수 있도록 하는 방법도 있다.

– 끝날 때는 반드시 처벌의사가 있는지, 더 할 말이 있는지, 이상 진술이 사실인지에 대해 묻는다. 이는 상투적인 형식이므로 결략하지 않도록 한다. 이때 어떤 피해자는 피의자를 끝까지 잡아 달라고 청하거나 꼭 구속시켜 달라고 청하게 되는데 이런 진술을 했다고 하여 '요즘은 그런 시대가 아닙니다. 혐의가 있어야 수사를 하지요.'라는 등의 말을 하여 신뢰를 깨트리지 않기 바란다. '확인해 보도록 하겠습니다.', '필요한 사항은 언제든 전화주세요.'라는 식의 긍정적인 대답을 하되 '꼬옥 구속시켜 드리겠습니다. 빨리 잡아 드리겠습니다.' 등 막연한 약속은 하지 않아야 한다.

4) 말미조서의 작성

말미조서에는 진술자, 참여자(변호인, 신뢰관계 동석자), 작성자가 서명날인하게 되고 열람 및 청취에 대한 사항이 들어간다. 수사관들 대부분 일상적으로 처리하는 것이기 때문에 그 내용에 대해 진지하게 생각하지 않고 서명날인만 하는 경우가 있는데 열람을 한 것이라면 '읽어 들려 준 바'를 삭제하고 통역을 통한 조서는 '통역인을 통하여 읽어 들려 준 바'라는 것으로 정정하는 등 사실관계를 명확히 하여야 한다.

위 조서를 진술자에게 **열람하게 한 바**(또는 **읽어 들려 준 바**) 진술한 대로 오기나 증감변경할 것이 전혀 없다고 말함으로 간인한 후 서명 **날인**(또는 **무인**)케 하다.

진술자   김혜경

2020년 3월 19일

○○경찰서

사법경찰관

총경 이은애

※ 기타 변호인 등이 참여할 경우, 변호인의 서명날인도 받는다.
※ 진술자가 서명을 할 수 없을 때에는, 경찰관이 대서할 수 있으며 날인할 수 없을 때에는 무인도 가능하다. 단, 대서한 이유를 반드시 기재하고 경찰관이 서명날인을 해야 한다.

- 한글을 모르는 경우: 위 조서를 진술자에게 읽어준 바, 진술한대로 오기나 증감, 변경한 것이 전혀 없다고 말하였으나, 한글을 알지 못하여 서명불능하므로 본직이 대서 기명하고 간인한 후 날(무)인 하게 하다.
- 질병, 중상 등의 경우: 위 조서를 진술자에게 읽어준 바, 진술한대로 오기나 증감, 변경한 것이 전혀 없다고 말하였으나, 중상으로 서명 불능하므로 본인의 요청에 따라 본직이 대서 기명하고 간인한 후 날(무)인 하게 하다.
- 참여인을 두었을 경우: 위 조서를 최아무개를 참여하게 하고 진술자에게 읽어준 바, 진술한대로 오기나 증감, 변경할 것이 전혀 없다고 말하므로 간인한 후 서명 날(무)인하게 하다.
- 통역인을 두었을 경우: 통역인을 통하여 진술인에게 읽어주었던 바, 진술한 대로 오기나 증감, 변경할 것이 전혀 없다고 말하므로 통역인과 같이 간인한 후 서명 날(무)인 하게 하다.

5) 문서의 완성 및 편철

조서를 작성하게 되면 이를 인쇄하여 진술자에게 확인을 시키게 된다. 그런데 진술인이 정정할 부분이 있다고 하면 문서를 다시 수정하여 인쇄하는 것보다는 그대로 인쇄한 후에 수기로 수정토록 하는 것이 바람직하다. 진술인의 확인 후 서명날인 또는 무인을 받고 간인(진술인과 작성자)까지 완료한 후에 서류에 편철하게 된다.

10. 피의자 조사

가. 허위자백

형사사법제도가 완벽하지 않다. 형사사법제도에 오류가 있을 가능성을 인정하고 오류의 피해자가 생겨나지 않도록 주의하여야 한다. 이러한 오류 중 문제가 되는 것 중 하나가 허위자백이다. 허위자백이란 자신이 범하지 않은 범죄를 시인하는 진술을 의미한다. 그런데 죄를 짓지 않은 사람이 자백할 리가 없다는 것은 그릇된 통념이다. 연구결과에 따르면 허위자백을 하는 사람의 30%가 미성년자라는 점은 주의 깊게 봐야 할 대목이다.

자신이 범죄를 저질렀다는 진술은 상당히 높은 신용성을 가지게 된다. 그래서 허위자백일지라도 유죄의 확신을 가지게 할 위험이 높다. 미국의 연구에서는 형사절차에서 허위자백을 하여 기소된 경우 유죄판결을 받을 확률이 81%에 달한다는 결과가 있다. 국내의 연구에서도 오판사례 중 20.4%가 허위자백에 의한 것이라는 점이 확인되었다. 무고한 사람이 허위자백을 하여 유죄의 판결을 받는다는 것은 진짜 범인은 계속해서 거리를 활보한다는 것을 의미한다.[146]

1) 허위자백의 사례

가) 수원 노숙소녀 상해치사 사건

2007. 5. 14. 새벽 05:30 경기 수원시의 한 고등학교에서 신원불상의 10대 소녀

---

146) 이기수·이진아, "미성년자의 허위자백 사례와 수사절차상 개선방안", 법학논총 제39권 제2호, 2015, 287－289면

가 사망한 채 발견되었다. 온 몸에 심하게 구타의 흔적이 있는 것으로 보여 경찰은 살인사건으로 보고 수사에 착수하였고 인근에서 노숙생활을 하던 29세 정 모 씨 등 2명을 검거하였다. 이들은 피해자가 자신들의 돈을 훔친 것으로 알고 마구 때리다가 의식을 잃자 도망쳤다고 진술하였다. 이 사건으로 정 모 씨는 1심에서 징역 7년 항소심에서 5년을 선고받았고 공범 강 모 씨는 벌금형을 선고받고 형이 확정되었다. 그런데 2008년 1월 검찰은 위 사건의 진범이 따로 있다는 제보를 바탕으로 재수사를 하여 최 모 군을 비롯한 10대 가출 청소년 5명이 진범으로 밝혀졌으며 그들의 자백을 받아 상해치사 혐의로 기소를 하였다. 1심 재판부는 이들에게 유죄를 선고하였으나 항소심은 무죄를 선고했고 대법원은 2010. 7. 22. 검사의 상고를 기각함으로써 무죄판결이 확정되었다. 1심 판결을 보면 피고인들은 처음에는 범행을 모두 부인하다가 모두 그 범행을 자백하였다고 하면서 "자백에 의한 유죄 인정의 위험성 및 검찰이 피고인 등을 불러서 몇 시간을 대기하게 하고 자백을 할 때부터 비로소 영상녹화를 시작한 절차적 부적법성을 감안하고, 피고인들이 부모 등은 물론 변호인의 충분한 도움을 받지 못하고 심리적 안정을 갖기 힘든 노숙자들이었다는 점까지 감안하여도 … 검사의 회유만으로 5명이 일치하여 함부로 거짓 진술을 하였다고 인정하기 어렵고"라고 하는 등 자백이 갖는 위력을 여실히 보여주고 있다. 이에 비하여 2심[147] 재판부는 자백진술의 신빙성에 대해 심도 있는 판단을 하였다. 2심 재판에서 피고인이 자백을 하였으나 그 뒤 "다른 사람의 진술이 있는 상태에서 아무리 아니라고 해도 검사님이 말한 것처럼 상식적으로 빠져나갈 길도 없는데 아니라고 해봤자 죄만 더 커지니까 그냥 거짓으로 진술한 것이다.", "거짓으로라도 이야기하면 조금이라도 처벌을 덜 받지 않을까 해서 거짓으로 진술했던 것이다.", "제가 아무리 아니라도 해도 빠져나갈 수 없다는 생각이 들어서 그랬다."고 하면서 범행을 부인하며 계속하여 억울하다고 하였다."고 한다. 2심 재판부는 피고인들의 주장을 수긍하면서 "피고인들은 아직 나이가 어리고, 가족이나 보호자의 도움을 받지 못하였던 점, 특히 피고인 2는 검찰에서의 영상녹화 당시 할머니와 통화를 하였으나 할머니가 검찰청에 올 수 없다고 하자 자신을 변호해 줄 사람이 전혀 없다고 여겼을 것으로 보이는 점, 피고인들 가운데는 다른 피고인들이 이미 범행을 자백한 것으로 오인하고 검찰 조사를 받은 경우도 있는 점, 검사가 실제로 수사과정에서

---

147) 서울고등법원 2009. 1. 22. 선고 2008노1914 판결

피고인들에게 범행을 자백하면 선처받을 수도 있다고 말한 적이 있는 점 등을 고려하면, 피고인들의 검찰에서의 자백진술은 그 경위에 비추어 볼 때 신빙성에 의심이 든다."고 판단하였다.

미국에도 이와 유사한 사건이 있다.

1989년 뉴욕 센트럴 파크에서 피해자가 사망 직전까지 간 잔혹한 강간사건이 발생하였다. 현장에서 정액이 검출되었으나 당시 유전자 분석을 신속하게 할 정도의 기술은 존재하지 않았다. 사건 발생 이후 10대 5명이 검거되었고 조사가 이루어졌다. 신문은 장시간 계속되었고 피의자들은 잠도 잘 수 없었고 음식도 제공되지 않았다. 조사과정에서 '다른 공범이 이미 자백했다. 너도 공범이라 했다.'는 기망이 있었고 '자백하지 않으면 평생 감옥에서 썩게 하겠다.'는 협박도 있었다. 결국 '집에 보내주겠다.'는 말에 피의자들은 자백을 시작했고 자백을 하는 상황들이 영상녹화되었다. 이들은 잔혹한 범죄자로 낙인찍혔는데 4개월 뒤 유전자 검사 결과 5명 중 아무도 일치하는 사람이 없다는 사실이 확인되었다. 그러나 수사기관에서는 다른 피의자가 또 있을 것이라고 주장을 하였다. 이들 모두 유죄판결을 받아 교도소에서 형기를 거의 마칠 무렵인 13년 후 마티어스 레이어스라는 진범이 검거되면서 5명의 무죄가 인정되었다.[148]

나) 수원 영아유기치사 사건

2007년 5월 수원역 부근에서 발생한 영아유기치사 사건을 수사하던 중 노숙인 A는 "노숙인 B(당시 17세, 정신지체2급)가 아이를 낳았는데 B와 함께 아이를 버렸다."는 진술을 확보하고 노숙인 B를 긴급체포했다. 1차 피의자조사에서 노숙인 B는 자백을 하였고 이를 토대로 그녀를 구속했다. 그러나 며칠 후 경찰은 국립과학수사연구소로부터 사망한 영아와 노숙인 B의 유전자 분석결과 모자관계가 아니라는 통보를 받고 그녀를 석방하였다. 이 사건은 기소되지 않아서 형사판결문은 없으나 수사기관의 과잉수사와 인권침행 대한 국가손해배상청구소송의 1심 판결문은 다음과 같이 밝히고 있다.

"수사기관은 장애인인 피의자를 수사함에 있어 보호자 등의 동석을 요구할 권리

---

148) 이기수, "형사절차상 허위자백의 원인과 대책에 관한 연구", 서울대박사학위논문, 2012, 124−145면

가 있음을 사전에 고지해야 함은 물론 나아가 장애인에 대한 조사 전에 장애의 유무나 정도 등을 적극적으로 확인해 장애인이 비장애인과 비교해 진술의 임의성이 실질적으로 확보될 수 있는 여건이 마련된 상황에서 조사를 시행해야 한다. (중략) 조사를 담당한 경찰관이 B양이 지적장애인이라는 사실을 알았거나 조금만 주의를 기울이면 쉽게 이를 알 수 있었음에도 불구하고 신뢰관계자 동석 등의 법적절차를 전혀 취하지 않은 채 사건 관련자의 허위자백에 기초해 B양의 자백을 유도한 뒤 구속에 이르게 했다면 조사과정에서 폭행, 협박 등의 물리력 행사가 없었더라도 수사절차상 적법절차를 위반한 것이다."[149]

다) 보령 여중생 폭행치사 허위자백 사건

2007년 5월 30일 21시경 보령시에서 사는 14세 A양은 일을 나간 어머니를 찾아 나가던 중 납치범인 B에게 납치를 당해 B의 집에 감금당한 상태에서 성폭행을 당했다. 6월 20일 15시경 B는 이웃인 김모씨 일가를 찾아가 가족 3명을 모두 살해한 후에 감금했던 A양을 풀어준 사건이 발생하였다. A양이 납치당한 후 A양의 가족은 수사기관에 A양에 대한 실종신고를 하였는데 이와 관련된 수사 중 2007년 6월 8일 A양의 여동생인 10세 C양이 '실종 당일 저녁 무렵 집에서 큰 언니 D(17세)가 작은 언니(A양)을 아빠 방으로 불렀는데 잠시 후 쿵 소리가 나서 가보니 작은 언니(A양)이 죽어서 누워 있는 것 같았다. 엄마와 아빠가 귀가한 후에 큰 언니 D가 엄마에게 작은 언니(A양)이 죽었다고 이야기를 했고 엄마가 죽은 작은 언니를 들고 밖으로 나가 차에 싣고 큰 언니 D와 함께 나가는 것을 목격했다.'는 진술을 하였다.

경찰은 C양을 조사할 때 여경을 입회시켰으며 남동생인 8세 E군을 조사할 때에는 담임교사를 입회하였는데 E군도 C양과 비슷한 진술을 했다. 같은 날 저녁 큰 언니 D양은 자신이 실종된 동생을 말다툼 끝에 밀어서 벽에 머리를 부딪쳤고 의식을 잃었으며 부모님이 자신을 위해 A를 숨겼다는 자술서를 작성하였다.

다음 날 모친에 대해 조사하였으나 모친은 터무니없는 이야기라고 범행을 부인한 반면, 큰 언니 D양은 피의자신문을 받으며 자술서에 쓴 내용과 같이 자백을 하였다. 경찰은 자녀들의 범행진술과 이를 부인하는 모친의 진술을 두고 고민하던 와중

---

149) 이기수, "형사절차상 허위자백의 원인과 대책에 관한 연구", 서울대박사학위논문, 2012, 175-176면

에 A를 납치했던 B가 검거되고 A양이 귀가하면서 자녀들 3명의 진술이 모두 허위였음이 밝혀졌다.[150]

라) 안성 강도살인 사건

2009년 5월 19일 새벽 경기도 안성시에서 불상자들에 의해 전신을 구타당하고 쓰러져 있는 피해자가 발견되어 병원에 후송되었으나 결국 사망하는 사건이 발생하였다. 구조 당시 피해자는 "동료들과 술을 마신 후 자신의 차량이 주차된 곳을 걸어가던 중 20-30대 가량의 남자 세 명이 나타나 금품을 요구하여 없다고 하자 무엇인가로 얼굴을 내리쳐 의식을 잃었다."는 진술을 하였다.

경찰은 범행현장에서 담배꽁초 4개를 발견하고 유전자 검사를 진행하던 중 2010년 1월 인근 고등학교에 재학 중이던 A군의 유전자와 일치하는 것을 확인하고 A군을 추궁하였는데 A군은 자신의 친구들과 함께 퍽치기 범행을 하였다는 자백을 하였다. 경찰은 공범까지 체포하여 모두 자백을 받고 구속송치하였다. 그러나 검찰에 송치된 후 피의자들은 범행을 부인하였고 담배꽁초가 발견된 장소는 평소에 자신들이 숨어서 담배를 피는 장소일 뿐이라고 하였다. 서로 다른 학교에 다니던 피의자들은 범행 일시경 서로 통화한 사실도 없었으며 자백조서를 작성하던 과정에서 공범으로 지목된 B군은 친구에게 억울하다는 문자를 보낸 사실이 있고 다른 피의자는 범행 추정시간 대에 인터넷에 접속하여 글을 게시한 것이 확인되었다. 또한 피의자들은 거짓말탐지기 조사에서 범행을 하지 않았다는 진실반응을 받게 되고 무혐의 처분을 받고 석방되었다.[151]

2) 수사과정의 문제점[152]

가) 예단수사

허위자백은 객관적 수사의 불비와 미리 피의자의 범죄를 단정해 버리는 잘못된

---

150) 이기수, "형사절차상 허위자백의 원인과 대책에 관한 연구", 서울대박사학위논문, 2012, 182-183면
151) 이기수, "형사절차상 허위자백의 원인과 대책에 관한 연구", 서울대박사학위논문, 2012, 197-198면
152) 이기수, "형사절차상 허위자백의 원인과 대책에 관한 연구", 서울대박사학위논문, 2012, 233-258면

수사에서 시작된다. 수사의 장기화와 이에 따른 조직 내부와 언론의 압박도 수사관을 초조하게 만들면서 잘못된 수사의 배경이 될 때도 있다.

수사관이 일단 피의자가 진범이라는 확신을 가지게 되면 그 방향으로만 짜맞추기식 수사가 진행되고 결국 객관적 증거에 대한 수사는 결략되어 결국 진범은 못잡고 억울한 사람에게 누명을 씌우는 결과만을 초래한다. 대부분의 허위자백 사건에서 수사관은 자신의 예단에 빠져 다른 객관적인 수사를 등한시했고 피의자에게 유리한 증거들과 피의자가 주장하는 알리바이를 무시하기도 했다. 특히 살인사건이나 대중의 이목을 끄는 중요사건에서 언론과 조직 내부의 압력을 많이 받게 되고 그러한 압력은 수사관이 합리적이고 적절한 절차를 벗어나 무리한 수사를 하게 하는 요인으로 작용한다. 그런 과정에서 객관성을 상실하고 사건해결 의욕만이 앞서 예단을 토대로 수사를 진행한다.

나) 강압적인 피의자신문

임의수사의 일종인 피의자신문 과정에서 강압수사 논란이 끊이지 않는 것은 피의자신문이 범죄를 부인하는 피의자를 어떤 형태로든 압박을 하여 자백을 받아내는 수단이라는 잘못된 인식에서 기인한다. 출석요구를 통해 소환할 수 있는 사안도 체포영장을 받거나 갑작스럽게 찾아가 임의동행 방식으로 연행을 하는 등 공포감과 고립감을 극대화시키고 조사 전 불편한 의자에서 장시간 대기토록 하는 등 심리적 압박을 주는 방법도 사용되었다. 피의자에 대해 유죄의 심증을 형성한 수사관은 피의자가 순순히 자백을 하지 않을 경우 피의자를 대상으로 협박, 기망, 회유 등 외부적 압박을 가해 자백을 강요하는 경향을 보인다. 이러한 방식의 신문이 허위자백을 낳을 위험이 크다.

다) 진술거부권 보장의 형해화

형사소송법은 진술을 하지 아니하더라도 불이익을 받지 않는다는 것을 진술거부권 고지의 내용으로 규정하고 있음에도 불구하고 실무에서 진술거부권의 행사는 유죄의 인정이라는 잘못된 인식이 있다. 이러한 인식은 진술거부권의 형해화를 초래한다.

'죄를 짓지 않았는데 왜 말을 안 하는가.'라는 인식은 수사관뿐만 아니라 일반인에게도 지배적인 것이다. 진술거부권의 중요성이나 보장의 의미에 대해 충분히 이해를 하지 못하는 수사관은 '진술거부권을 행사한다면 곧 죄를 인정하는 것 아닌가.', '진술을 거부한다는 것은 곧 증거를 인멸할 가능성이 있다는 것이다.'라는 사고로 접근하기 때문에 피의자가 진술거부권을 행사하기가 사실상 매우 어려운 여건을 조성한다. 또한 진술거부권을 행사하려는 시도를 죄질불량에 따른 중형 선고 등의 내용으로 위협하기도 하고 피의자신문조서에 그러한 정황을 기재하거나 수사보고 등을 통해 수사기록에 첨부해 법정에서 불리한 인상을 받도록 조치하는 경우도 있다.

무고한 피의자가 범인으로 몰려 자백을 추궁당하고 빠져나갈 수 없는 절망적 상태에서 피의자가 할 수 있는 방어권의 핵심은 진술거부권이다. 피의자가 진술거부권을 행사하는 것을 무시하고 불이익을 주려는 실무상 관행이 존재하는 한 허위자백을 막아내기를 어렵다고 보여진다.

라) 피의자에게 유리한 증거의 무시

수사과정에서 가장 크게 오류를 범하는 것 중의 하나가 피의자에게 유리한 증거를 무시하는 것이다. 피의자가 범인이라고 예단하는 경우 피의자가 범인이 아니라는 것을 입증할 증거들은 모조리 무시하는 경향을 가지게 되며 피의자가 범인이라는 것을 뒷받침하는 증거에만 집착하게 된다.

앞서 살펴본 수원 노숙소녀 상해치사 사건에서 현장 CCTV에 피의자들이 찍히지 않은 사실, 피의자들의 알리바이 주장의 무시, 현장에서 발견된 안경 등이 피의자들이 범인이 아니라는 점을 강하게 시사하였지만 모두 무시되었다. 허위자백은 반드시 구체적인 범행을 진술하는 과정에서 허위자백의 표식이 나타나게 마련이다. 객관적인 사실과의 모순, 피의자의 머뭇거림, 현장의 상황과 동떨어진 이야기 등이 그것이다. 이런 객관적인 표식이 다수 발견됨에도 불구하고 수사기관은 이를 무시하고 오히려 앞뒤가 맞지 않는 자백진술을 강압적인 방법을 통해 객관적 범죄사실과 맞추어 가는 조서작성 작업을 통해 허위자백을 완성시키게 된다.

마) 조서의 조작

피의자신문조서의 작성과정에서 피의자에게 유리한 부분이나 범행을 부인하는 부분은 생략하거나 영상녹화를 하는 경우에도 사실을 인정하는 부분만을 녹화하는 등의 사례가 확인된다. 특히 조서의 경우 신문자가 피신문자의 자연스러운 진술을 청취하기보다는 이미 자신이 생각하고 있던 가설에 부합하는 질문만을 하고 피신문자는 이에 대해 예나 아니오식으로 단답식 답변을 하도록 유도받는 경우가 많다. 그럼에도 불구하고 실제 작성되는 조서에는 마치 피신문자가 자의로 진술을 장황하게 하는 것처럼 기재하는 사례가 많다. 피신문자의 입장에서는 조서의 전체적인 기재내용은 어느 정도 자신이 진술한 내용에 부합하는 것이기 때문에 문장 하나하나를 반박하거나 세밀히 다투기 어렵다. 조서를 작성하는 사람은 수사관이기 때문에 수사관은 피의자가 말하는 모든 내용을 기재하지 않고 수사관에게 유리하게 피의자에게 불리하게 작성할 수 있도 있다는 점을 충분히 인식할 필요가 있다.

나. 조서의 위험성

1) 조서재판의 연혁

주로 서면으로 심리를 하는 조서재판은 규문주의 소송절차에 그 뿌리를 두고 있다. 규문주의하에서는 소추기관과 소송의 주체로서 피고인이 존재하지 않고 오직 조사, 심리하는 법관과 그 심리의 대상이 되는 피고인만 존재한다. 규문주의하에서 소송절차는 비공개에 의한 서면에 의해 이루어졌고 자백을 얻어내기 위한 고민도 행해졌다. 이러한 서면을 중심으로 한 조서재판은 수사 및 재판에 있어서 효율성과 합목적성을 강조한 것으로 계몽주의 이전의 전근대적인 산물이다.153)

1954년 형사소송법 제정 당시 형사소송법 초안은 검사, 수사관, 사법경찰관이 피의자의 진술을 기재한 조서는 공판준비 또는 공판기일에 피고인의 진술에 의해 그 성립의 진정함이 인정된 때에는 증거로 인정할 수 있도록 함으로써 수사기관이 작성한 피의자신문조서의 증거능력을 폭넓게 인정하였다. 그러나 국회 심의과정에서 검사 이외의 수사기관이 작성한 조서는 피고인이 그 내용을 인정할 때에 한하여 증거로 할 수 있도록 하였다. 조서의 증거능력을 쉽게 인정할 경우 조서재판이 될 우려가 있기 때문에 증거능력을 제한하여야 함에도 불구하고 우리 형사소송법은 검사가 작성한 피의자신문조서의 증거능력은 쉽게 인정해 주는 태도를 보여 왔고 제312조 제2항에 "제1항에도 불구하고 피고인이 그 조서의 성립의 진정을 부인하는 경우에는 그 조서에 기재된 진술이 피고인이 진술한 내용과 동일하게 기재되어 있음이

---

153) 권영법, 형사증거법 원론, 세창출판사, 2013, 6-7면

영상녹화물이나 그 밖의 객관적인 방법에 의하여 증명되고, 그 조서에 기재된 진술이 특히 신빙할 수 있는 상태 하에서 행하여졌음이 증명된 때에 한하여 증거로 할 수 있다."고 추가함으로써 심지어 피고인이 성립의 진정을 부인해도 다른 방법으로 그 진정을 인정시킬 수 있는 요건을 마련해 두었다.154) 다행히 2020. 2. 4. 형사소송법 개정을 통해 제312조 제2항은 삭제되었으나 여전히 검사가 작성한 피의자신문조서의 증거능력은 다른 수사기관이 작성한 것보다 우월하다.

2) 문답식 조서의 문제점

우리나라 수사기관은 문답식 조서를 작성하고 있으며 이러한 조서는 법원에 제출되는 증거의 대부분을 차지하고 있다. 그러나 이러한 문답식 조서는 조사자의 주관이 개입할 수 있고 조작될 수 있다. 영국, 미국, 독일은 이러한 문답식 조서 자체가 없고 진술서나 수사관의 조사보고서 형식의 조서가 작성되고 있다. 문답식 조서방식은 일제 시대의 신문방식을 답습한 것인데 현재 일본에서도 문답식 조서가 작성되지 않고 피의자나 참고인에 대한 공술조서라고 하여 사건순서대로 상황을 그대로 진술하는 형태를 취하고 있다.155)

표 **해외 주요국의 피의자신문조서 작성 방식156)**

일본	미국(연방)	프랑스	독일	한국
원칙적으로 이야기식으로 작성하나, 필요할 경우 문답식으로 작성	보고서에 진술의 개요가 기재되는 등 진술자의 진술 외의 증거로 판명된 사실에 대해서도 진술 내용의 이해에 도움이 되는 것이면 기재하는 경우가 있음	범죄사실에 대해서는 문답식으로 작성, 신상관계 등에 대해서는 이야기식으로 작성	문답식과 이야기식 병용	문답식 원칙 (실무 관행)

---

154) 권영법, 형사증거법 원론, 세창출판사, 2013, 8-9면
155) 권영법, 형사증거법 원론, 세창출판사, 2013, 43-44면
156) 조균석·김영기, "조서 작성 방식의 개선방안에 대한 연구-문답식 조서를 중심으로-", 법조 제68권 제3호, 2019, 184면

일본의 신문조서는 원칙적으로 문답식이 아닌 서술식으로 작성되었다. 이와는 달리 식민지 조선에서는 문답식조서가 작성되었다. 1919년 독립선언서 사건에서 손병희에 대한 검사 및 사법경찰관 작성의 신문조서는 모두 문답식으로 되어 있고 1940년 문태순에 대한 치안유지법위반사건의 검사작성 신문조서도 문답식으로 되어 있었다. 현재의 문답식 조서 작성은 각종 규칙에 근거한다. 이들 규칙이나 규정은 모두 행정규칙으로서 대외적 규범력을 갖는다기보다는 내부업무지침이기 때문에 문답식이 아닌 이야기식 형태로 작성하더라도 잘못되었다고 할 수 없고 조서의 증거능력인정에도 아무 문제는 없다. 그럼에도 근거되는 실무에 관한 규칙과 규정들이 문답식조서를 상정하고 있어 마치 문답식 조서가 조서형식의 원칙적인 모습인 것처럼 받아들여지고 있다. 현재의 문답식 조서는 그 장단점에 관한 깊은 고민의 결과라기보다는 과거의 실무관행에 대한 비판 없는 답습이라고 볼 수 있다.[157]

문답식 조서에 대해 ① 실제 있었던 신문과정과 내용을 완전하게 재현하지 못한다는 근본적인 한계, ② 조사자의 의도에 따라 피조사자의 답변이 왜곡될 수 있고, ③ 과학적인 방법을 동원한 증거확보는 소홀히 한 채 무리하게 자백을 강요하는 등 인권침해가 발생할 여지가 있으며, ④ 공판절차가 수사기관의 조서 중심으로 진행되어 공판중심주의에 반한다는 등의 비판이 있다.[158] 수사관은 이러한 비판과 문제점을 겸허히 수용하고 수사 시 이러한 문제점들이 발생하지 않도록 유념하여야 할 것이다.

다. 피의자의 심적 상황과 진술의 신빙성 확보

1) 피의자의 심적 상황

조사를 받는다는 것은 피해자나 피의자 모두에게 매우 부담스러운 일이다. 특히 피의자의 경우 조사환경과 수사관의 태도에 따라 억압감, 피로감, 모욕감을 느끼기 쉽다. 이러한 피의자의 억압된 심리상황을 악용하여 자백을 받으려고 하는 경우 허

---

157) 조균석·김영기, "조서 작성 방식의 개선방안에 대한 연구-문답식 조서를 중심으로-", 법조 제68권 제3호, 2019, 179-181면
158) 조균석·김영기, "조서 작성 방식의 개선방안에 대한 연구-문답식 조서를 중심으로-", 법조 제68권 제3호, 2019, 186면

위자백에 따라 수사의 방향에 혼선이 오거나 자백의 신빙성에 의문을 초래하기 때문에 증거로써의 효력도 상실할 위험이 크다. 조사자는 조사를 받는 피의자의 심정이 어떤지 헤아릴 필요가 있다.

① 일상으로부터의 차단: 범죄 용의자로써 조사를 받는 일 자체는 일상으로부터의 차단을 전제로 한다. 차단으로부터의 고립감은 사람을 권위에 순응하고 복종하도록 만든다. 이런 상황에서 피의자는 수사관의 추궁에 부응하여 허위자백을 하는 경우도 있는데 이러한 현상은 직접적인 고문이나 폭력과 같은 압력이 가해지지 않는 경우에도 발생한다.

② 인격적인 존엄의 박탈: 조사자가 피의자의 유죄를 확신하는 경우, 피의자는 뻔한 거짓말을 하는 나쁜 인간으로 여겨지고 범죄를 추궁하는 과정에서 피의자에 대한 인격적 비난이 가해질 여지가 있다. 이런 경우 피의자는 모멸감을 벗어나기 위해 허위자백을 할 수도 있다.

③ 변명의 공허함: 아무리 변명을 해도 조사자가 납득하지 않고 반복적인 추궁을 하게 되면 공허함에 빠진 나머지 자포자기 상태에서 자백하는 경우도 있다. 대법원 판례도 "범죄혐의를 받은 자는 임의로운 상태에서도 진실에 합치하지 않거나 또는 진실에 반하는 자백을 하는 경우가 왕왕 있으며 특히 범죄혐의를 받은 자가 외부와 격리되어 가족이나 변호인의 면접, 선임 등 방어방법이 차단된 채 위법된 장기구속 상황 하에서 자기를 진범이라고 확신하는 경찰관원들로부터 교대하여 집중적이며 야간에도 잠을 재우지 않는 등 방법으로 범행 당일의 피고인의 행적에 대하여 12회나 진술을 번복하는 등 조사를 받은 이 건에 있어서와 같은 경우에는 통상인으로서는 스스로 방어의 의사를 포기하고 될 대로 돼라는 심리가 형성되어 경찰관원의 의도에 수순하는 허위자백을 하는 경우가 있을 수 있다."고 판시[159]하고 있다.

④ 시간적 전망의 상실: 사람이 괴로움이나 고통을 참을 수 있는가 없는가를 결정하는 가장 중요한 조건은 시간적인 전망이다. 무고한 자로서는 언제까지 이런 고통스런 상황이 지속될지 알 수 없는 상황에 놓여 있다. 그 결과 시간적인 전망감각을 잃게 되는 경우가 있다. 결국 고통이 끝나기만을 바라는 마음에서 조사관의 신문에 부응하여 허위자백을 하게 되는데 이것이 무고한 자가 허위자백으로 가는 가장 중요한 요인이 된다. 이런 상황을 방지하기 위해 조사자는 피조사자에게 충분한

---

159) 대법원 1985. 2. 26. 선고 82도2413 판결

휴식을 보장하고 장시간의 조사는 피해야 한다.

⑤ 지금 경험하고 있는 고통과 장래 예상되는 고난: 현재의 고통과 장래의 고통을 냉정하게 비교하기란 곤란하다. 조사자의 추궁에서 벗어나기 위해 일단 자백을 해 두고 나중에 무죄를 받자는 심산에서 허위자백을 하는 경우도 발견된다.

⑥ 처벌의 비현실감: 죄를 실제 저지른 사람은 자백하는 경우 그 범행의 대가로 중죄에 처해질 수도 있다는 실감을 할 수 있다. 그런 실감은 두려움 때문에 자백을 억제하는 방향으로 작용한다. 그러나 반대로 무고한 사람의 경우 그러한 실감을 가질 수 없다. 자백을 형식적으로 했다고 해도 어떻게 죄 없는 사람을 처벌할 수 있겠는가라는 믿음이 더 강하게 작용하는 한에서는 고통을 우선 모면하고자 허위자백으로 나아갈 수 있다는 역설적 상황이 발생할 수도 있다.

⑦ 부인이 초래하는 불이익: 무고한 사람에게는 혹독한 조사가 진행되면서 부인으로 인한 불이익이 자백의 이익에 비하여 사소하게 느껴질 수도 있다. 부인해 봐도 결국 유죄판결을 받게 될 것인데 공연히 괘씸죄에 걸려 무겁게 처벌되느니 억울하지만 자백을 통해 합의라도 이끌어내고 당장 풀려나고 가볍게 처벌되는 것이 더 낫지 않겠나 하는 착각이 들 수도 있다.[160]

2) 자백의 신빙성 판단의 방법과 기준

자백의 신빙성 유무를 판단하는 기준으로 직감적, 인상적 판단방법과 객관적, 분석적 판단방법이 있다. 전자는 자백내용의 구체성, 상세성, 진지성 등에 착안하여 판단하는 것이고 후자는 자백내용이 변천해 가는 상황의 분석이나 객관적 정황증거와의 대비를 통해 분석적, 이론적으로 신빙성 유무를 판별한다. 판례는 후자의 입장을 따르고 있다. 윤노파 살인 무죄판결에서 대법원은 "피고인의 자백진술의 신빙성 측면을 신중하고 면밀하게 검토하여야 할 것이다. 그렇기 때문에 이 건에서 피고인이 검찰에서 한 자백진술의 신빙성을 구체적으로 판단하기에 앞서 첫째로, 자백의 진술내용 자체가 객관적인 합리성을 띠고 있는가 둘째로, 자백의 동기나 이유 및 자백에 이르게 된 경위가 어떠한가 셋째로, 자백 외의 정황증거 중 자백과 저촉되거나 모순되는 것이 없는가 하는 여러 점등을 심사숙고하여 판단하여야 한다."고 판시[161]하였다. 이 판례는 자백의 신빙성을 판단하는 기준이 되었다.[162]

---

160) 최정열, "피의자 자백의 임의성과 신빙성", 재판자료 110집, 법원도서관, 2006, 234−239면

자백의 신빙성을 판단할 때 고려할 요소를 열거해 보면 다음과 같다.[163)

① 자백의 성립과정 및 경과

② 자백내용의 변경

③ 범행 동기 등에 관한 자백 내용의 합리성

④ 직접 경험한 자가 아니라면 도저히 진술할 수 없는 내용을 말하고 있는지 여부

⑤ 비밀의 폭로

⑥ 객관적 증거와의 일치 여부

⑦ 변명의 합리성

3) 진술의 신빙성 확보 방법

가) 구체적이고 상세하게 작성한다

진술의 내용은 막연하고 추상적으로 작성하면 안 된다. 이럴 경우 신빙성에 의심을 받게 되므로 가급적 구체적이고 상세하게 작성하여야 한다. 반면에 피의자의 교육정도가 매우 낮음에도 불구하고 법률적인 용어를 많이 사용하거나 그 진술을 너무 논리적으로 기재하는 것은 수사관이 조서를 왜곡했다는 반증이 될 수 있다.

나) 진술이 합리적이어야 한다

진술내용의 전후 정황이 합리적으로 설명될 수 있어야 한다. 객관적으로 표출된 사실관계나 증거를 놓고 진술의 내용과 대조해 보았을 때 합리적으로 이해할 수 없다면 신빙성을 결하게 된다. 특히, 팀 단위로 수사를 하는 부서의 경우 팀원 각자가 별도의 조서를 작성하게 되면 사건 전체의 흐름과 맞지 않게 되는 경우가 있으니 유의해야 한다.

다) 자백한 이유에 대한 확인한다

수사를 하다 보면 처음에는 피의자가 일관되게 부인을 하다가 중간에 이루어지는 수사의 내용과 확보되는 증거의 유무 또는 수사관의 설득 등에 따라 마음을 바꾸어

---

161) 대법원 1985. 2. 26. 선고 82도2413 판결

162) 김상준, 무죄판결과 법관의 사실인정, 서울대 법학연구소 법학연구총서, 경인문화사, 161면

163) 최정열, "피의자 자백의 임의성과 신빙성", 재판자료 110집, 법원도서관, 2006, 243-261면

자백을 하는 경우가 있는데 자백조서를 빨리 받아야겠다는 생각에 매우 간략하게 조서를 작성하는 경우가 있다. 한 번 자백한 피의자는 재판을 받으면서 언제라도 번복할 수 있음을 인식하고 그 전의 진술에서는 부인한 이유와 이를 번복하여 자백한 경위를 상세히 작성해 두어야 한다.

아래 판결은 누구나 알고 있는 판결이다. 여기서 중점적으로 보아야 할 것은 그 결론이 아니라 조서에 어떤 기재가 되어 있으며 그러한 기재사실이 어떠한 사실을 추론케 하는가이다.

대법원 1997. 6. 27. 선고 95도1964 판결

피고인이 검찰에서 자백을 한 과정을 살펴보면, 1994. 7. 18. 부산지방검찰청 제363호 검사실에서 담당검사에 의하여 위 피고인에 대하여 처음으로 진술조서가 작성되었는데 그 당시 위 피고인은 위 특정경제범죄가중처벌등에관한법률위반(수재등)의 공소사실을 모두 부인하였고, 같은 달 19. 같은 검사에 의하여 제1회 피의자신문조서가 작성될 때에도 위 피고인은 이를 부인하였는데, 같은 날 수사검사가 교체되어 제2회 피의자신문조서가 작성되면서 위 피고인은 그때까지 부인하였던 공소사실을 모두 자백하였고, 다시 같은 날 원래의 담당검사에 의하여 제3회 피의자신문조서가 작성될 때에도 이를 자백하고 있음을 알 수 있다. 그리고 한편 위 각 서류의 증거조사시에 피고인은 위 제2, 3회 각 피의자 신문조서의 임의성을 부인하였음이 기록상 명백하다.

그런데 이 사건에서와 같이 동일한 피의자에 대하여 하루 동안에 3회의 피의자신문조서가 작성된 것과 뚜렷한 이유 없이 같은 날 중간에 검사가 교체되었다가 다시 원래의 담당검사에 의하여 수사가 진행된 것은 지극히 이례적이라 할 것인바, 이러한 이례적인 수사과정과, 비록 위 제2회 피의자신문조서에는 위 피고인이 그때까지의 진술을 번복하는 이유를 "사실대로 진술을 하고 선처를 바라는 마음에서 바른대로 진술을 하는 것"이라고 기재되어 있지만, 그러한 사정만으로 그 동안 공소사실을 부인하여 오던 위 피고인이 진술을 갑자기 번복하게 된다는 것은 선뜻 수긍이 되지 아니하는 점, 또한 기록에 의하여 인정되는 바와 같이 위 피고인이 위 제2회 피의자신문조서 작성시에 "마음이 괴로워서 조사를 빨리 끝내고 싶다"는 심경을 밝히고 있고, 위 제3회 피의자신문조서 작성시에도 "전회의 진술이 사실인가"라는 검사의 신문에 대하여 처음에는 묵묵부답을 한 다음, 그 이유를 "진술조서와 제1회 피의자신문조서 작성시에는 극구 부인을 하였다가 나중에 순순히 자백을 하고 보니 오히려 마음이 허전하고 자책감에서 아무런 말도 못하고 침묵을 지켰다"라고 자백을 후회하는 듯한 진술을 하였으며, "달리 유리한 진술이나 증거가 있는가"라는 검사의 신문에 대하여도 괴로운 듯 얼굴을 찡그리고 아무런 말을 하지 아니하는 태도를 보인 점, 그 이후 제1심 법정에서부터는 다시 위 공소사실을 일관하여 부인하고 있는 점 등에 비추어 보고 특히 피의자에게는 진술거부권이 있는 점을 감안하면, 위 피고인의 검찰에서의 자백은 위 피고인의 자유로운 의사에 의하여 임의로 되었다기보다는 위 상고이유의 주장과 같이 검사 2명이 위 피고인을 잠을 재우지 아니한 채 교대로 신문을 하면서 회유한 끝에 받아낸 것이 아닌가 하는 강한 의심을 가지게 한다.

그렇다면, 검사 작성의 위 피고인에 대한 제2, 3회 피의자신문조서에 기재된 위 피고인의 자백은 위 피고인을 잠을 재우지 아니한 상태에서 이루어진 것으로 임의로 진술한 것이 아니라고 의심할 만한 이유가 있는 때에 해당한다 할 것이므로 형사소송법 제309조의 규정에 의하여 위 각 피의자신문조서는 증거능력이 없다고 보아야 할 것이다.

라) 정황증거를 확보한다

피의자가 혐의를 인정했을 경우 피의자만이 알고 있는 어떠한 사실을 청취하여 기록하고 이를 근간으로 새로운 증거를 확보했을 경우 그 조서의 신빙성은 매우 높아지게 된다.

예를 들어 절도범으로부터 범행도구를 유류한 장소를 확인하거나 살인 피의자가 사체를 은닉한 장소를 알려주고 사체를 찾아내는 등의 경우를 말한다. 따라서 피의자가 어떠한 사실을 진술하였을 경우 이를 확인할 수 있는 자료나 증거를 확보하는 것이 신빙성 확보차원에서 매우 중요하다.

라. 피의자 조사 관련 규정

피의자신문과 관련된 아래 규정은 하나도 빠짐없이 숙지하고 있어야 한다. 피의자신문조서 작성의 법정 절차를 결략한 경우 증거능력을 상실하기 때문이다. 특히 신뢰관계자의 참석과 관련한 부분과 변호인의 참여권에 관련된 부분은 잘 지켜지지 않을 수 있으니 더욱 유의해야 한다.

형사소송법

제200조(피의자의 출석요구) 검사 또는 사법경찰관은 수사에 필요한 때에는 피의자의 출석을 요구하여 진술을 들을 수 있다

제221조(제3자의 출석요구 등) ① 검사 또는 사법경찰관은 수사에 필요한 때에는 피의자가 아닌 자의 출석을 요구하여 진술을 들을 수 있다. 이 경우 그의 동의를 받아 영상녹화할 수 있다.

② 검사 또는 사법경찰관은 수사에 필요한 때에는 감정·통역 또는 번역을 위촉할 수 있다.

③ 제163조의2제1항부터 제3항까지는 검사 또는 사법경찰관이 범죄로 인한 피해자를 조사하는 경우에 준용한다.

제241조(피의자신문) 검사 또는 사법경찰관이 피의자를 신문함에는 먼저 그 성명, 연령, 등록기준지, 주거와 직업을 물어 피의자임에 틀림없음을 확인하여야 한다.

제242조(피의자신문사항) 검사 또는 사법경찰관은 피의자에 대하여 범죄사실과 정상에 관한 필요사항을 신문하여야 하며 그 이익되는 사실을 진술할 기회를 주어야 한다.

제243조(피의자신문과 참여자) 검사가 피의자를 신문함에는 검찰청 수사관 또는 서기관이나 서기를 참여하게 하여야 한고 사법경찰관이 피의자를 신문함에는 사법경찰관리를 참여하게 하여야 한다.

제243조의2(변호인의 참여 등) ① 검사 또는 사법경찰관은 피의자 또는 그 변호인, 법정대리인, 배우자, 직계친족, 형제자매의 신청에 따라 변호인을 피의자와 접견하게 하거나 정당한 사유가 없는 한 피의자에 대한 신문에 참여하게 하여야 한다.

② 신문에 참여하고자 하는 변호인이 2인 이상인 때에는 피의자가 신문에 참여할 변호인 1인을 지정한다. 지정이 없는 경우에는 검사 또는 사법경찰관이 이를 지정할 수 있다.

③ 신문에 참여한 변호인은 신문 후 의견을 진술 할 수 있다.

④ 제3항에 따른 변호인의 의견이 기재된 피의자신문조서는 변호인에게 열람하게 한 후 변호인으로 하여금 그 조서에 기명날인 또는 서명하게 하여야 한다.

---

⑤ 검사 또는 사법경찰관은 변호인의 신문참여 및 그 제한에 관한 사항은 피의자 신문조서에 기재하여야 한다.

제244조(피의자신문조서의 작성) ① 피의자의 진술은 조서에 기재하여야 한다.

② 제1항의 조서는 피의자에게 열람하게 하거나 읽어 들려주어야 하며 진술한대로 기재되지 아니하였거나 사실과 다른 부분의 유무를 물어 피의자가 증감 또는 변경이 청구 등 이의를 제기하거나 의견을 진술한 때에는 이를 조서에 추가로 기재하여야 한다. 이 경우 피의자가 이의를 제기하였던 부분은 읽을 수 있도록 남겨두어야 한다.

③ 피의자가 조서에 대하여 이의나 의견이 없음을 진술한 때에는 피의자로 하여금 그 취지를 자필로 기재하고 조서에 날인한 후 기명날인 또는 서명하게 하여야 한다.

제244조 2(피의자 진술의 영상녹화) ① 피의자의 진술은 영상녹화할 수 있다. 이 경우 미리 영상녹화 사실을 알려 주어야 하며 조사의 개시부터 종료까지의 전과정 및 객관적 정황을 영상녹화 하여야 한다.

② 제1항에 따른 영상녹화가 완료된 때에는 피의자 또는 변호인 앞에서 지체없이 그 원본을 봉인하고 피의자로 하여금 기명날인 또는 서명하게 하여야 한다.

③ 제2항의 경우에 피의자 또는 변호인의 요구가 없는 때에는 영상녹화물을 재생하여 시청하게 하여야 한다. 이 경우 그 내용에 대하여 이의를 진술하는 때에는 그 취지를 기재한 서면을 첨부하여야 한다.

제244조의5(장애인 등 특별히 보호를 요하는 자에 대한 특칙) 검사 또는 사법경찰관은 피의자를 신문하는 경우 다음 각 호의 어느 하나에 해당하는 때에는 직권 또는 피의자·법정대리인의 신청에 따라 피의자와 신뢰관계에 있는 자를 동석하게 할 수 있다.

1. 피의자가 신체적 또는 정신적 장애로 사물을 변별하거나 의사를 결정·전달할 능력이 미약한 때

2. 피의자의 연령·성별·국적 등의 사정을 고려하여 그 심리적 안정의 도모와 원활한 의사소통을 위하여 필요한 경우

제245조(참고인과의 대질) 검사 또는 사법경찰관이 사실을 발견함에 필요한 때에는 피의자와 다른 피의자 또는 피의자 아닌 자와 대질하게 할 수 있다.

범죄수사규칙

제62조(수사관서 이외의 장소에서의 조사) ① 경찰관은 조사를 할 때에는 경찰관서 사무실 또는 조사실에서 하여야 하며 부득이한 사유로 그 이외의 장소에서 하는 경우에

는 소속 경찰관서장의 사전 승인을 받아야 한다.

② 경찰관은 치료 등 건강상의 이유로 출석이 현저히 곤란한 피의자 또는 사건관계인을 경찰관서 이외의 장소에서 조사하는 경우에는 피조사자의 건강상태를 충분히 고려하여야 하며, 수사에 중대한 지장이 없으면 가족, 의사, 그 밖의 적당한 사람을 참여시켜야 한다.

③ 경찰관은 피의자신문 이외의 경우 피조사자가 경찰관서로부터 멀리 떨어져 거주하거나 그 밖의 사유로 출석조사가 곤란한 경우에는 별지 제18호서식의 우편조서를 작성하여 우편, 팩스, 전자우편 등의 방법으로 조사할 수 있다.

제63조(임의성의 확보) ① 경찰관은 조사를 할 때에는 고문, 폭행, 협박, 신체구속의 부당한 장기화 그 밖에 진술의 임의성에 관하여 의심받을 만한 방법을 취하여서는 아니 된다.

② 경찰관은 조사를 할 때에는 희망하는 진술을 상대자에게 시사하는 등의 방법으로 진술을 유도하거나 진술의 대가로 이익을 제공할 것을 약속하거나 그 밖에 진술의 진실성을 잃게 할 염려가 있는 방법을 취하여서는 아니 된다.

제64조(조사 시 진술거부권 등의 고지) 「형사소송법」제244조의3에 따른 진술거부권의 고지는 조사를 상당 시간 중단하거나 회차를 달리하거나 담당 경찰관이 교체된 경우에도 다시 하여야 한다.

제71조(피의자에 대한 조사사항) 경찰관은 피의자를 신문하는 경우에는 다음 각 호의 사항에 유의하여 「경찰수사규칙」제37조제1항의 피의자신문조서를 작성하여야 한다. 이 경우, 사건의 성격과 유형을 고려하였을 때, 범죄 사실 및 정상과 관련이 없는 불필요한 질문은 지양하여야 한다.

1. 성명, 연령, 생년월일, 주민등록번호, 등록기준지, 주거, 직업, 출생지, 피의자가 법인 또는 단체인 경우에는 명칭, 상호, 소재지, 대표자의 성명 및 주거, 설립목적, 기구
2. 구(舊)성명, 개명, 이명, 위명, 통칭 또는 별명
3. 전과의 유무(만약 있다면 그 죄명, 형명, 형기, 벌금 또는 과료의 금액, 형의 집행유예 선고의 유무, 범죄사실의 개요, 재판한 법원의 명칭과 연월일, 출소한 연월일 및 교도소명)
4. 형의 집행정지, 가석방, 사면에 의한 형의 감면이나 형의 소멸의 유무
5. 기소유예 또는 선고유예 등 처분을 받은 사실의 유무(만약 있다면 범죄사실의 개

요, 처분한 검찰청 또는 법원의 명칭과 처분연월일)

6. 소년보호 처분을 받은 사실의 유무(만약 있다면 그 처분의 내용, 처분을 한 법원명과 처분연월일)

7. 현재 다른 경찰관서 그 밖의 수사기관에서 수사 중인 사건의 유무(만약 있다면 그 죄명, 범죄사실의 개요와 해당 수사기관의 명칭)

8. 현재 재판 진행 중인 사건의 유무(만약 있다면 그 죄명, 범죄사실의 개요, 기소 연월일과 해당 법원의 명칭)

9. 병역관계

10. 훈장, 기장, 포장, 연금의 유무

11. 자수 또는 자복하였을 때에는 그 동기와 경위

12. 피의자의 환경, 교육, 경력, 가족상황, 재산과 생활정도, 종교관계

13. 범죄의 동기와 원인, 목적, 성질, 일시장소, 방법, 범인의 상황, 결과, 범행 후의 행동

14. 피해자를 범죄대상으로 선정하게 된 동기

15. 피의자와 피해자의 친족관계 등으로 인한 죄의 성부, 형의 경중이 있는 사건에 대하여는 그 사항

16. 범인은닉죄, 증거인멸죄와 장물에 관한 죄의 피의자에 대하여는 본범과 친족 또는 동거 가족관계의 유무

17. 미성년자나 피성년후견인 또는 피한정후견인인 때에는 그 친권자 또는 후견인의 유무(만약 있다면 그 성명과 주거)

18. 피의자의 처벌로 인하여 그 가정에 미치는 영향

19. 피의자의 이익이 될 만한 사항

20. 제1호부터 제19호까지의 각 사항을 증명할 만한 자료

21. 피의자가 외국인인 경우에는 제216조 각 호의 사항

제73조(피의자신문조서 등 작성 시 주의사항) ① 경찰관은 피의자신문조서와 진술조서를 작성할 때에는 다음 각 호의 사항에 주의하여야 한다.

1. 형식에 흐르지 말고 추측이나 과장을 배제하며 범의 착수의 방법, 실행행위의 태양, 미수·기수의 구별, 공모사실 등 범죄 구성요건에 관한 사항에 대하여는 특히 명확히 기재할 것

2. 필요할 때에는 진술자의 진술 태도 등을 기입하여 진술의 내용뿐 아니라 진술 당

시의 상황을 명백히 알 수 있도록 할 것

② 경찰관은 조사가 진행 중인 동안에는 수갑·포승 등을 해제하여야 한다. 다만, 자살, 자해, 도주, 폭행의 우려가 현저한 사람으로서 담당경찰관 및 유치인 보호주무자가 수갑·포승 등 사용이 반드시 필요하다고 인정한 사람에 대하여는 예외로 한다.

제78조(변호인의 선임) ① 경찰관은 변호인의 선임에 관하여 특정의 변호인을 시사하거나 추천하여서는 아니 된다.

② 경찰관은 피의자가 조사 중 변호인 선임 의사를 밝히거나 피의자신문 과정에서의 변호인 참여를 요청하는 경우 즉시 조사를 중단하고, 변호인 선임 또는 변호인의 신문과정 참여를 보장하여야 한다.

마. 피의자신문조서 작성의 순서

1) 조사설계

피의자 조사의 경우에도 관계인 조사에서 설명한 조사설계의 방식에 따라 조사설계를 하고 이와 더불어 피해자 및 참고인 등의 조사내용도 모두 숙지하여야 하고 그 요지를 정리해 두어야 한다.

이때, 범죄사실에 비추어 이미 확보된 증거가 무엇이 있는지 나열하고 피의자 진술의 여부와 관계없이 인정될 수 있는 증거, 피의자로부터 그 증거의 진실성 여부를 판별해야 할 증거, 피의자로부터 직접 들어야 하는 진술증거 등으로 조사할 사항들을 구분해 두어야 한다. 그리고 이러한 증거들의 사실관계, 존부를 확인하기 위해 어떠한 방식의 조사를 할 것인지 대질신문을 예정하여야 하는지, 조사 중 피의자에게 증거는 어느 선까지 제시할 것인지를 결정해 둔다.

여기서 가장 중요한 부분은 피의자를 조사하기 이전에 이미 확보된 증거를 나열하는 것이다. 피의자의 진술이 없이도 이미 확보된 증거가 충분한 경우에는 그 증거와 피의자와의 관련성을 위주로 조사를 시작하여야 하고 만약 피의자가 사실을 시인할 경우 확보한 증거에 근거하여 범죄사실을 재구성하고 이를 확인하는 조사가 될 것이다. 충분한 증거에도 불구하고 피의자가 부인할 경우에는 확보한 증거를 일일이 피의자에게 확인하여 그 증거의 가치를 떨어뜨리기보다는 먼저 피의자로부터 부인하는 진술을 획득해 놓고 증거의 일부를 제시하여 이를 확인하는 과정에서 부인하는 피의자 진술의 신빙성을 떨어뜨리는 방법을 사용할 수도 있다.

이와는 반대로 조사설계 시점에서 범죄사실을 취득할 증거들이 확보되어 있지 않고 피의자의 부인이 예상되는 사건이라면 피의자를 섣불리 조사하기 전에 다른 방법을 통해서 증거들을 취득해 두는 것으로 수사방향을 변경하여야 한다. 이러한 과정을 거쳤음에도 불구하고 증거가 확보되지 않을 경우에만 비로소 피의자에 대한 조사를 하게 되며 이때에는 피의자로부터 가급적 많은 정보를 취득할 수 있도록 면담 시부터 치밀하게 피의자를 관찰하고 포괄적인 질문을 통해 세부적인 답변을 이끌어 내야 할 것이다. 이런 조사에서 피의자로부터 시인하는 진술을 얻어내지 못하였다고 하여 수사관이 가지고 있는 많은 정보를 나열하면서 일일이 확인하게 되면 변명의 여지를 지속적으로 제공할 뿐이므로 신중을 기하여야 한다.

수사입문자는 고소인 조사를 하고 피의자를 통해 고소인의 진술을 하나씩 확인하는 과정을 거쳐 피의자가 이를 부인하면 다시 고소인과 대질하는 수순을 거치게 되는데 가장 초보적 수준의 조사방법이다. 대질신문은 신중을 기하여야 하며 진술 이외에는 다른 증거를 확보하기 곤란할 때 또는 상호 엇갈리는 진술들을 확인하고자 할 때 주로 사용한다. 대질신문을 할 때에는 반드시 무엇을 확인하고자 하는지, 대질신문을 통해 그 목적이 달성될 수 있는지를 명확히 하여야 하며 상대방의 진술들이 막연히 다르다는 이유만으로 대질신문을 하게 되면 얻는 것도 없이 상호 싸움만을 가중시키는 결과를 야기하게 된다.

2) 출석요구방법 설정

피의자에 대한 출석요구 방법은 매우 신중하여야 한다. 이들은 대부분 현업에 종사하는 사람들이며 범죄사실의 내용에 따라 명예에 심한 타격을 입는 경우도 있다. 간혹 일용직으로 근무를 하여 한 번 출석하기도 쉽지 않은 피의자도 분명 존재한다는 사실을 잊어서는 안 된다.

경제적으로 여유가 없는 사람은 늘 돈에 이끌려 다니게 된다. 돈 때문에 가족과 떨어져서 근근이 생활하기도 하며, 출석하지 않아 수배당하는 것보다 겨우 얻어 놓은 직장에서 해고당하지 않는 것이 더 다행이라고 생각하는 사람도 있다. 돈을 갚지 못해 도망다니는 피의자의 경우 그것이 죄가 되지 않더라도 채무자라는 것 때문에 늘 의기소침하기도 한다. 이런 심리 때문에 당장 일터에 나가야 함에도 불구하고 수사관이 요청하는 시간에 출석하기 위해 무리를 해 애를 쓸 때도 있다. 출석요구의 방법과 시기를 정할 때는 이러한 사항을 모두 고려하여야 한다.

3) 출석요구 근거자료의 보관

피의자에 대한 출석요구사항은 모두 기록하여야 한다. 또한 전화 등으로 출석요구를 할 때 피의자가 전화에서 진술한 내용 등도 수사보고를 통해 기재해 두는 것이 좋다.

4) 참여자 여부 확인

피의자신문을 할 때에는 반드시 참여경찰관이 있어야 한다. 매일 같은 업무를 처리하는 수사관의 입장에서는 이를 소홀히 생각하는 경우도 있으니 유의하여야 한다.

앞서 설명한 바와 같이 피의자에 대한 조사 시에 신뢰관계에 있는 자를 동석시킬 수 있다. 통상의 피의자는 신뢰관계자 동석제도를 인식하지 못하기 때문에 조사자는 적극적으로 동석이 필요한지 여부를 판단해야 하며 필요한 경우 피의자에게 이러한 제도에 대해 설명해 주어야 한다.

피의자 조사 시 변호인이 참여[164]하는 경우가 있다. 피의자에 대한 조사 도중 피의자가 변호인을 선임하겠다고 하면 조사를 즉시 중지하여야 한다.[165][166] 변호인이

---

164) 형사소송법 제243조의2(변호인의 참여 등) ① 검사 또는 사법경찰관은 피의자 또는 그 변호인·법정대리인·배우자·직계친족·형제자매의 신청에 따라 변호인을 피의자와 접견하게 하거나 정당한 사유가 없는 한 피의자에 대한 신문에 참여하게 하여야 한다.
　② 신문에 참여하고자 하는 변호인이 2인 이상인 때에는 피의자가 신문에 참여할 변호인 1인을 지정한다. 지정이 없는 경우에는 검사 또는 사법경찰관이 이를 지정할 수 있다.
　③ 신문에 참여한 변호인은 신문 후 의견을 진술할 수 있다. 다만, 신문 중이라도 부당한 신문방법에 대하여 이의를 제기할 수 있고, 검사 또는 사법경찰관의 승인을 얻어 의견을 진술할 수 있다.
　④ 제3항에 따른 변호인의 의견이 기재된 피의자신문조서는 변호인에게 열람하게 한 후 변호인으로 하여금 그 조서에 기명날인 또는 서명하게 하여야 한다.
　⑤ 검사 또는 사법경찰관은 변호인의 신문참여 및 그 제한에 관한 사항을 피의자신문조서에 기재하여야 한다.
165) 국가인권위원회 19진정0429400('20. 5. 6.) 피의자가 수사기관 조사 중 변호인 선임의사

참여할 때는 변호인 선임계를 제출받아 첨부하여야 한다. 다만, 변호인 선임계를 먼저 제출하여야 변호인 접견권이 인정되는 것이 아니다. 변호인이 되기 위해 접견을 하는 것이며 그 시점에서는 당연히 선임계는 존재하지 않는다. 간혹 일선에서는 무조건 선임계부터 내놓으라고 요청하는 경우가 있는데 이는 매우 상식에 반한 행동이다. 또한 변호인이 되려는 변호사는 변호인이 되려는 의사를 표시함에 있어, 수사기관이 그 의사를 인식하는 데 적당한 방법을 사용하면 되고, 반드시 문서로서 그 의사를 표시하여야 할 필요는 없다는 것이 판례[167]의 입장이다.

외국인을 조사하거나 농아자를 조사할 때에는 통역을 할 통역인을 사전에 섭외해 두어야 하며 작성 방법과 유의사항은 관계인 조사에서 설명한 내용을 참고하면 된다.

▶ 변호인에 대한 태도
통상 수사관들은 유독 변호인이 되려고 하는 변호사의 입장을 잘 고려하지 않는 것 같다. 오히려 변호인은 피의자 조사를 방해하는 자로 인식하는 것 같다. 변호사들은 고객인 피의자 또는 피해자를 변호하는 사람이다. 피의자 조사에 참여하려는 변호사를 조사장소에서 격리시키려고 하거나 실질적으로 변호인으로 지정된 것을 알면서도 변호인선임계를 받아야 한다는 핑계로 여러 번 조사 참여를 방해하는 행동들은 매우 위험하다.
법을 잘 모르는 민원인, 수사기관의 설명을 납득하려 하지 않는 민원인에게 변호인은 오히려 수사기관의 설명을 대변해 줄 메신저 역할을 할 수도 있으며 반대로 복잡한 사건에서 변호인을 통해 상대방의 취지를 일목요연하게 정리하여 제출토록 협조를 구할 수도 있다.

를 밝힌 경우 관련된 수사를 즉시 중단하고, ① 피의자에게 상당시간을 제공하여 피의자가 변호인 선임을 위하여 노력할 수 있도록 하는 등 조치를 취할 수 있도록 해야 하며 ②피의자가 상당시간 이내에 변호인을 선임한 후 자신의 피의자신문 과정에 변호인의 참여를 요청하겠다고 한다면, 정당한 사유 없이 이를 제한하거나 방해하는 행위 등 진정인의 변호인 조력권을 부당하게 침해하는 행위를 자제하도록 권고
166) 범죄수사규칙 제78조(변호인의 선임) ② 경찰관은 피의자가 조사 중 변호인 선임 의사를 밝히거나 피의자 신문과정에서의 변호인 참여를 요청하는 경우 즉시 조사를 중단하고, 변호인 선임 또는 변호인의 신문과정 참여를 보장해야 한다.
167) 대법원 2003. 1. 10. 선고 2002다56628 판결

변호인과 고객 간에는 계약관계이지만 수사기관과 변호인의 관계는 공법관계임을 잊어서는 안 되며 괜한 트집을 잡아 수사기관의 위상을 깍아 내리지 않도록 품위 있고 여유 있게 행동하여야 한다.

5) 수사과정 확인서 기재시작

진술조서 작성과 같이 수사과정 확인서를 기재하여야 하며 피의자의 경우에는 더욱더 정확하게 작성하도록 노력하여야 한다.

6) 진술거부권 등의 고지

인정신문이 이루어지기 전에 진술거부권 등을 고지하고 고지받은 사실에 대해 자필로 기재하도록 한다. 통상적으로 전체 조서가 작성된 후에 일괄적으로 인쇄하여 최초 고지한 부분에 자필로 기재토록하거나 고지 여부를 답변한 부분에 날인한다. 그러나 간혹 최초에는 진술거부권 등을 고지받았다고 하였으나 조사의 흐름이 피의자 본인에게 불리하게 되자 조사 종료 후에 고지받지 않았다고 하면서 자필 기재를 거부하는 경우도 있다. 이러한 것을 우려한다면 전체 조사를 받은 후에 인쇄하지 말고 처음 진술거부권을 고지하는 조서 부분을 즉시 인쇄하여 자필 기재를 받아 놓은 후에 질의응답을 시작하는 것을 고려해야 한다.

7) 조사 전 의견청취

피의자가 출석하자마자 조사를 시작하는 것은 바람직하지 않다. 출석요구한 이유와 조사배경을 간략히 설명해 주고 자연스러운 면담을 통해 피의자의 심정과 성향을 파악하여야 한다. 이러한 사전고지나 면담 없이 즉시 조사를 할 경우 상당한 불쾌감을 표시하게 되는데 이렇게 반감을 가지게 하고 조사를 하게 되면 원활한 조사를 할 수가 없다. 수사관은 해당 사건의 관련자가 아니라 객관적인 제3자라는 인식을 준 후에 조사를 시작하여야 한다. 어떤 피의자들 특히 무고하다고 생각하는 피의자는 담당 수사관이 고소인 또는 피해자의 사주를 받아 일을 처리하는 사람이라는 인식을 가지게 된다. 이런 경우일수록 수사절차에 대해 설명해 주고 면담을 통해 불쾌감을 감소시켜 주어야 한다. 면담할 때는 늘 메모를 함으로써 상대방의 말을 경청하고 있다는 점을 인식시켜야 하며 절대로 수사관이 필요한 것만 들으려 한다는 인상을 주어서는 안 된다.

수사관들이 하는 실수 중 하나는 수사면담을 피의자로부터 자백을 획득하거나 증인들로부터 범죄사실에 관해 입증할 진술을 끌어내는 목적으로 수행하는 경우이다. 수사면담은 사건에 관한 진실하고 정확한 정보를 획득해 내는 것이다. 사건은 해당 범죄사실만을 의미하는 것이 아니라 범죄사실의 전후 과정을 포함하는 경우도 있으며 범죄사실과는 관계가 없지만 정황증거가 될 만한 사건에 대한 확인까지도 확대될 수 있다. 만약, 수사관이 자백의 획득과 범죄사실에 관계된 사실의 입증에만 집중하여 면담에 임하게 될 경우 수사관의 목적을 이룬다는 보장도 없을 뿐만 아니라 진술을 유도함으로써 신빙성 없는 면담을 이끌게 될 위험이 발생하게 된다. 수사는 범인을 찾아 기소하는 데에만 국한된 행위가 아니라 범인이 아닌자를 처벌하지 않도록 하는 것도 중요한 목적이라는 점을 잊지 말고 객관적 견지에서 면담을 하여야 한다.

8) 인정신문

인정신문을 통해 피의자가 본인이 맞는지 엄격하게 확인하여야 하며 주민등록지의 주소와 현주소가 다를 경우 모두를 기재하고 사후를 대비하여 연락처도 확보해 두어야 한다. 혹, 피의자가 거소를 자주 옮기거나 연락처가 마련되지 않은 경우에는 지인의 연락처라도 확보해 두어야 한다.

9) 유리한 진술기회 부여

조서의 끝부분에 반드시 유리한 진술이나 증거가 있는지를 물어보아야 한다. 이는 형사소송법 규정에[168] 의해서 피의자 신문 시 의무적으로 이행해야 할 부분이다. 이를 결략한 경우 사실상 진술의 기회를 부여했다고 할지라도 조서 작성의 신빙성에 영향을 끼칠 수 있으므로 신경써야 할 부분이다. 조서 작성 내 상대방에게 유리한 진술기회를 주었다면 위 형사소송법 규정에 위배되지는 않겠지만 관행적으로 조사 말미에 "이외 진술인(또는 피의자)에게 유리한 진술이나 증거가 있는가

---

168) 제242조(피의자신문사항) 검사 또는 사법경찰관은 피의자에 대하여 범죄사실과 정상에 관한 필요사항을 신문하여야 하며 그 이익되는 사실을 진술할 기회를 주어야 한다.

요."라고 되물어 만약의 경우에 대비하여야 한다.

10) 말미조서의 작성

말미조서에는 진술자, 참여자, 조사자, 참여경찰관의 서명날인이 모두 포함되어야 하며 읽어 주었는지, 열람하였는지 명확히 구분하여야 한다. 이외에도 동석한 신뢰관계자, 참여한 변호인, 통역인의 서명날인이 결략되지 않도록 주의해야 한다.

11) 인쇄 및 열람

인쇄, 편철하고 수사과정확인서 기재(특히 자필부분), 진술거부권 등 고지부분의 자필기재사항, 간인 및 서명날인이 결략되지 않았는지 확인한다. 특히, 참여경찰관의 서명날인을 즉시 받지 않고 결략한 채 송치되지 않도록 조서가 완료된 후 문서를 완성하는 습관을 들여야 한다.

바. 구체적 작성요령

1) 피의자에 관한 사항

가) 진술거부권 등 고지

피의자신문조서의 서식은 갑지 다음에 피의자에게 고지해야 할 권리의 내용들이 인쇄되어 있다. 진술거부권 등의 고지는 인정신문 이전에 이루어져야 함에도 권리의 내용에 대한 기재는 인정신문을 하는 갑지 다음에 위치하기 때문에 간혹 인정신문 후에 진술거부권 등을 고지하는 사례가 있다. 이러한 업무절차가 습관으로 형성될 경우 이의제기를 받는 경우가 있으니 인정신문을 하기 이전에 반드시 진술거부권을 고지하여야 한다. 또한 권리고지를 받았는지 여부에 대해 '답' 란에 피의자가 자필로 기재하거나 날인을 하도록 되어 있으므로 실무상 이 페이지는 여러 장을 인쇄해 두고 인정신문 전 수기로 즉시 작성토록 하는 것도 좋은 방법이 될 것이다.

1. 귀하는 일체의 진술을 하지 아니하거나 개개의 질문에 대하여 진술을 하지 아니할 수 있습니다.
1. 귀하가 진술을 하지 아니하더라도 불이익을 받지 아니합니다.
1. 귀하가 진술을 거부할 권리를 포기하고 행한 진술은 법정에서 유죄의 증거로 사용될 수 있습니다.
1. 귀하가 신문을 받을 때에는 변호인을 참여하게 하는 등 변호인의 조력을 받을 수 있습니다.

나) 인정신문

피의자 신문조서에는 모두(冒頭)에 성명, 연령, 생년월일, 주민등록번호, 등록기준지, 주거, 직업을 기재하게 되어 있다. 이것은 진술하는 사람, 즉 피의자를 특정하고 본인이 출석하였는지를 확인하기 위한 절차이다. 따라서 피조사자가 당연히 피의자 본인일 것이라고 단정하지 말고 타인이 대리하여 출석했을 가능성도 배제하지 말고 신분확인을 철저하게 하여야 한다.

피의자가 진술거부권을 행사하여 묵비하는 경우에는 성별, 추정연령, 인상, 몸집, 특징 기타 피의자를 특정할 수 있는 사항을 기재해 두어야 한다.

1) 성명은 호적에 기재된 이름을 기재하되 이명·별명 등이 있는 경우에는 괄호를 하고 표시한다(예: 김아무개(이명 김모모, 별명 쌍칼)).
2) 연령은 '몇 세'라고 기재한다.
3) 주민등록번호는 주민등록증에 정해진 번호를 기재하며 등록된 외국인일 경우에는 외국인등록번호나 생년월일과 함께 여권번호를 기재한다.
4) 등록기준지란 호적의 소재장소를 말한다.
5) 주거란 민법의 이른바 주소 또는 거소의 뜻이며, 어떠한 경우에도 현재의 그것을 기재하여야 한다.
6) 직업은 조사 당시의 직업을 되도록 구체적으로 기재하여야 한다.

다) 전과관계, 학력, 경력, 가족상황, 재산정도, 병역, 상훈관계 등

범죄수사규칙 제71조에는 전과관계, 병역사항, 환경, 교육, 경력, 가족상황, 재산과 생활정도, 종교관계 등 피의자를 상대로 조사해야 할 사항을 적시해 놓고 있다.

과거 피의자신문조서 서식에는 이 사항을 물을 수 있는 질문사항이 인쇄되어 있었으나 모든 피의자에 대해 개인의 사생활과 연관된 것을 다 묻는 것에 대한 문제가 제기되었고 조사 도중에 항의를 받는 것 중에 하나가 "굳이 그런 것까지 대답을 해야 하나요?"였다.

만약, 상습사건이나 누범 등 전과관계가 구성요건인 경우, 사안이 중대하여 구속해야 할 사건 등의 경우에는 전과관계를 매우 상세히 기재하여야 할 것이며 차용사기 사건과 같이 재산상의 능력이 중요한 경우에는 재산 정도를 물어야 하나 모든 사건에 있어서 제71조의 기재사항을 전부 묻는 것은 바람직하지 않다. 결국, 수사와 관련된 사항이거나 피의자에게 유리한 항목에 대해 묻는 것을 원칙으로 해야 한다.

2) 범죄사실에 관한 사항

가) 주체(누가)

반드시 공범관계를 확인하여야 한다. 또한, 신분관계가 구성요건인 경우에는 피의자 자신의 신분과 담당하고 있는 업무에 대해서 구체적으로 질의해야 한다.

문: 피의자는 남의 물건을 훔친 사실이 있는가요.
답: 네. 있습니다.
문: 혼자서 훔쳤는가요.
답: 아닙니다. 친구인 김○○과 둘이서 훔쳤습니다.
문: 친구 김○○과는 어떻게 알게 된 사이인가요.
답: 고등학교 동창인데 작년 겨울 길에서 우연히 만나서 그 이후로 친하게 지내고 있습니다.
문: 김○○의 연락처나 인적사항을 아는 것이 있는가요.
답: 예 전화번호, 집주소 모두 알고 있습니다.

나) 일시, 장소(언제, 어디서)

일시, 장소에 따라 죄명과 적용법조가 달라지는 경우가 있고(야간 주거침입 절도와 절도), 일시는 공소시효의 기산, 누범 기간의 계산을 위하여 특정시켜야 하며, 장소는 법원, 수사기관의 관할과도 관계가 있다. 예컨대 "○○○○년 1월 중순 저녁에 동대문 상가에서 훔쳤습니다."라고 기재하면 일몰 전인지, 일몰 후인지 어느 점포에서인지, 점포 안인지 밖인지 알 수 없다.

> 문: 언제 어디서 훔쳤는가요.
> 답: 2012. 3. 19 03:00 동대문 상가에서 훔쳤습니다.
> 문: 구체적으로 동대문 상가 어디인지 기억하는가요.
> 답: 예 동대문 평화시장 A동에 있는 똘이신발가게 안으로 들어가서 훔쳤습니다.
> 문: 상호를 정확히 기억하는 데는 다른 이유가 있는가요.
> 답: 그날 밤부터 계속 주시하고 있었기 때문에 기억하고 있습니다.

다) 객체(누구에게, 무엇을)

재산과 관계된 것일 때에는 종류, 수량, 가격을 물어 구체적으로 작성해야 한다. 가격은 구입가격, 감정가격을 구분하여 기재한다.

> 문: 누구의 물건을 얼마나 훔쳤는가요.
> 답: 가게에 들어가서 선반 아래 놓여진 5만원짜리 지폐 두 장을 훔쳤고 신발장에 진열되어 있던 나이키 운동화 두 켤레를 훔쳤는데 운동화 가격은 잘 모르겠습니다. 그 물건의 주인은 똘이신발가게 사장님으로 알고 있습니다.

라) 수단, 방법(어떻게)

범행을 준비한 과정으로부터 범행에 사용한 물건, 범죄대상에의 접근 또는 침해한 방법, 실행방법에 이르기까지 상세하게 신문하여야 한다. 또 범행을 위하여 어떠한 준비를 하였는가, 범행용구의 입수경위는 어떠한가, 범행당시 및 그 이전의 행동사항은 어떤가 등을 파악하는 것도 중요하다.

> 문: 어떤 방법으로 훔쳤는지 말하세요.
> 답: 그냥 친구 김○○가 가게 사장님한테 말을 시키고 제가 돈을 훔쳤고 신발은 일단 사는 것처럼 해서 사이즈에 맞는 걸로 신어본 다음에 신발을 신은채로 도망하였습니다.
> 문: 앞의 진술에서 밤부터 피해자의 가게를 눈여겨 봤다고 하는데 그 시점부터 상

세히 진술하세요.

답: 저희가 새벽에 훔쳤으니까 그 전날 밤의 일입니다. 그 친구랑 8시에 밀리오레 앞에서 약속을 잡아 만났습니다. 그 근처에서 간단히 저녁을 먹고 동대문 상가 구경을 가자고 해서 저희가 훔친 신발가게를 지나가게 되었는데 사장님이 나이가 드셔서 다른 손님이 오면 다른 곳에는 신경을 잘 쓰지 못했습니다. 더군다나 저희가 신발 구경을 하려고 하니까 귀찮은 듯이 대해서 조금 화가 났었습니다. 그러다가 다시 나와서 포장마차에서 술을 마시는데 친구가 그 집을 털자고 해서 제가 동의를 했습니다. 그래서 친구가 신발을 신어보고 사장님한테 말을 거는 동안 제가 현금 10만원을 먼저 훔쳐서 주머니에 넣었고 그 다음에 각자 맞는 사이즈의 신발을 신어보는 척 하면서 바로 도망을 간 겁니다.

마) 결과

피해상황, 위험 정도, 기타 범행으로 인하여 파급된 효과 등을 명확히 하여야 한다. 특히, 미수 여부 판단에 신중하여야 하며 상해사건에 있어서는 상해의 정도에 이르게 된 것인지 여부도 판단할 수 있도록 조사를 해야 한다.

문: 피의자는 피해자를 때린 적이 있나요.

답: 회사 동료인 박○○과 포장마차에서 말다툼을 하다가 갑자기 화가 치밀어서 오른 손바닥으로 뺨을 한 대 때리고 다시 주먹으로 그 친구 얼굴을 한 번 세게 때린 적이 있습니다.

문: 피해자가 어느 정도 다쳤는지 아는가요.

답: 바로 코피를 흘리는 것을 봤는데 같은 자리에 있던 동료인 이아무개가 저를 바로 밖으로 데리고 나가서 택시를 태워 보내는 바람에 그 이후 상황은 모르고 그 다음날 들어 보니 코뼈가 뿌러져서 입원해 있다는 말만 들었고 몇주의 진단을 받았는지는 잘 모르겠습니다.

바) 원인 · 동기(왜)

이는 정상에 관련된 문제일 뿐만 아니라 근본적으로 범죄를 예방하는 데 필요한 기초자료가 되기도 하며, 나아가서는 피의자의 진술에 대한 신빙성을 부여할 수 있는 중요한 자료가 되므로 반드시 그 원인과 동기에 대하여 명확히 신문해 두어야 한다. 동기는 결국 피의자 본인만이 알기 때문에 이를 조사를 통해 확보하면 신문조서의 가치를 높이는 데 도움이 된다.

일정한 동기로 범행을 결의한 것은 언제이며, 어떠한 수단 방법을 선택하였는가, 생활비 유흥비 등의 조달 또는 부채정리, 물욕 등의 동기인가, 개인적 또는 집단적 관계에 원인이 있는 원한에 의한 동기는 아닌가, 남녀관계가 얽힌 치정관계 또는 생리적 욕망에 의한 동기는 아닌가 등 광범위하게 파악해야 한다.

사) 범행 후의 상황

범행으로 인하여 얻은 물건의 소비여부 또는 처분 등 증거인멸방법 등을 반드시 물어야 한다. 이는 그 진술에 따라 객관적인 보강증거를 수집함으로써 범행을 입증할 수도 있으며 아직 소비하지 않은 것은 이를 압수하여 피해회복에도 도움을 주기 때문이다. 따라서 범행후의 행동, 유류품의 유무와 그 특징, 유기장소, 범행용구 또는 장물의 처분상황을 상세히 파악하여야 하며 장물의 경우 이를 처분하거나 보관한 자들도 역시 다른 범죄가 있는 것이기 때문에 장물범의 추적자료로도 사용할 수 있다. 또한, 피해자에 대한 태도와 변상의 내용도 조사가 되어야 향후 신병처리나 형량을 결정하는 데도 도움을 줄 수 있다.

아) 소추요건 등에 관한 사항

친족상도례(재산범), 소추요건 소멸 여부(친고죄, 반의사불벌죄) 등도 조사하여야 한다. 친족관계를 주장할 때에는 가족관계증명서 등 서면을 통해 반드시 확인하여야 한다.

자) 유리한 증거나 진술

피의자에게 유리한 내용을 진술하거나 제출할 수 있는 기회를 반드시 부여해 주어야 한다. 다음 작성례는 모든 피의자신문의 말미 부분에 물어야 할 내용이다.

> 문: 피의자에게 유리한 증거나 진술이 더 있는가요.
> 답: 없습니다. 면목이 없을 뿐입니다.

3) 경우에 따른 작성례

가) 부인할 경우

부인할 경우에는 부인하는 내용의 진술을 조서에 그대로 기재한 다음 모순점을 추궁하거나 증거를 제시하여야 하며 피의자가 굴복하여 자백하거나 횡설수설하는 내용을 생생하게 기재하여야 한다.

자백한 경우 또는 명백한 증거가 있는 현행범인인 경우는 별개로 하고, 일반적으로 피의자는 조사에 대하여 일단 범행을 부인하고 조사관의 설득에 의하여 자백하게 되는 것이 보통이다.

조사관으로서는 냉정하게 이에 대처하여 우선 무엇보다도 그 부인의 원인을 참작하여, 이것을 제거하도록 연구하는 동시에 피의자의 처지에 서서 그 심정을 참작하며, 사회적 책임을 설명하는 등의 방법에 의하며, 자연스러운 진술이 얻어지도록 하는 것이 필요하다. 다만, 수사의 기본원칙은 자백 이외에 객관적인 증거에 의해 범죄사실을 증명하는 것이 우선이므로 자백을 강요하지 않도록 유의한다.

(1) 부인의 원인

① 형벌에 대한 공포 혹은 불안

② 사회적 지위나 명예를 잃게 된다는 고통

③ 가족의 생활상의 불안 및 가족·친척 지인 등에의 배려

④ 은혜를 입었던 사람 또는 공범자에 대한 의리 등

(2) 부인 피의자의 조사

부인하는 피의자에 대하여는 그 부인하는 원인을 짐작하여 이것을 제거하도록 배려하는 동시에 설득해서 진실한 진술을 얻을 수 있도록 할 필요가 있다. 이러한 조사를 하기 위해서는 사건의 내용 전부를 머릿속에 숙지하고 있어야 하며 획득한 증거의 종류와 가치를 전부 알고 있어야 하며 피해자의 진술 내용 또한 분석해 두어야 한다. 결국, 사실을 기준으로 피의자가 진술하는 내용과의 차이를 줄여 나가는 것이 조사의 목적이 될 것이다. 만약, 피의자의 자백이 없이도 명백한 증거들이 존재하는 경우에는 부인한다는 사실을 확인하는 데 그쳐야지 무리하게 자백을 강요하지 않아야 한다. 설사, 범증이 존재하지 않는다고 할지라도 피의자로부터 자백을 얻어 내는 데에만 수사역량을 다하는 오류를 범하지 말아야 한다. 특히, 자백을 얻어

내는 데 치우치게 되면 피의자로부터 수사관의 의도가 간파되어 향후의 수사에도 지장을 초래하므로 이 점을 유의하기 바란다.

피의자의 성향에 따라서는 거짓진술을 하기 전에 설득을 하여 처음부터 자백을 하도록 유도하는 경우도 있고(이러한 피의자는 자존감이 강하여 거짓진술이 들통나는 것 자체를 걱정하여 거짓진술을 계속 유지하려는 성향이 있다) 부인하도록 방치한 후 증거를 제시함으로써 피의자로 하여금 모면할 수 있는 상황이 아니라는 것을 깨우치게 하는 방법도 있다.

문: 피의자는 피해자의 주거에 한 번도 간 사실이 없다는 것인가요.

답: 예 저는 피해자를 전혀 알지도 못하고 그 근처에 갈 일도 없습니다.

문: 피의자가 운전하는 차량이 있는가요.

답: 예 아반떼 승용차량을 하나 가지고 있습니다.

문: 차량 번호가 어떻게 되는가요.

답: 16버5022번입니다.

문: 그 차량은 피의자만 운전을 하는가요.

답: 예 저만 운전하는 차량입니다.

이때, 피해자의 주택 현관에 설치되어 있는 CCTV에 촬영된 피의자 차량의 정지화상 사본을 제시하고

문: 이 사진속의 차량의 피의자의 차량이 맞는가요.

답: 예 맞습니다.

문: 전의 진술에서 피의자는 범행일에 회사에만 있었다고 하지 않았는가요.

답: 예 그렇게 진술하였습니다.

문: 이 사진은 범행 당일 피해자의 주택 앞에 설치된 CCTV의 촬영사진입니다. 어떻게 된 것인가요.

답: (묵묵부답)

문: 피의자는 분명 피해자의 집 근처에는 가지도 않았다고 하는데 사실인가요.

답: 잠시 생각할 시간을 주시면 좋겠습니다.

이때, 피의자에게 휴식을 취하게 하고 10분에 신문을 계속하다.

문: 이 차량사진에 대해 할 말이 있는가요.

답: 예 사실은 그날 제 차를 가지고 그 근처를 배회하다가 그 집 앞 도로에 차를

> 주차시켜 놓고 피해자를 만나기 위해 근처 커피숍에 간 사실이 있습니다.

나) 수사관이 증거물, 현장도면 등을 제시할 경우

> 문: 피의자는 이 영수증을 본 적이 있는가요.
> 이때, 고소인이 제출한 차용증 사본을 피의자에게 지시하다.
> 답: 예, 제가 작년에 고소인에게 돈을 빌리면서 작성해 준 차용증이 맞습니다.

다) 피해자 또는 참고인과 대질할 경우

> 문: 피의자는 당시 목격자인 참고인 ○○○와 대질조사에 응할 수 있는가요
> 답: 예 물론입니다. 대질시켜 주세요.
> 이때, 참고인 ○○○을 입실케 하고 그에게,
> 문: 진술인이 ○○○인가요
> 답: 예 맞습니다.
> 문: 범행 당시 참고인도 그 자리에 있었는가요.
> 답: 예 그 싸움이 있을 당시 옆 테이블에서 제 친구들과 술을 마시고 있었기 때
>   문에 싸움 전부를 목격하였습니다.
> 문: 진술인은 옆에 있는 피의자 ○○○를 본 적이 있는가요.
> 답: 예 이 사람이 그 당시 술에 취해서 다른 테이블에 있던 여성을 주먹으로 때
>   린 사람입니다.
> 이때, 피의자에게,
> 문: 방금 참고인이 진술한 내용을 잘 들었는가요.
> 답: 예 잘 듣긴 하였지만 이 사람의 말을 믿을 수 없습니다.

라) 피의자가 자료를 제출할 경우

> 문: 더 이상 유리한 진술이 있는가요.
> 답: 고소인은 저한테 이자 한 푼 안받았다고 하는데 제가 이자를 지급했다고 하

는 것을 증명하기 위해 제 통장사본을 제출하겠으니 참고해 주시기 바랍니다. 이때, 피의자가 피의자 명의의 제일은행 000-00-00000 통장 사본 5장을 제출하므로 이를 교부받아 그 내용을 살펴본 다음 이 조서 뒤에 편철하다.

11. 수사결과보고서

가. 의의 및 중요성

수사결과보고서는 수사사항 및 결과에 대한 내부보고, 구속영장의 신청에 활용될 경우 의사결정의 자료, 기소되는 자료의 경우 사건기록 전반에 대한 요약서, 의견이 첨예하게 대립되는 사건 또는 법률적으로 논쟁이 예상되는 사건에서 수사관이 원하는 논점을 잘 이끌어 낼 수 있는 도구로써도 활용되는 문서이다.

특히, 수사는 한 방향으로만 진행되는 것이 아니고 여러 각도로 진행되기 때문에 여러 방향으로 진행된 수사의 내용을 유죄(또는 무죄)의 일관된 시각으로 그 결과를 정리, 이해시키는 데 주요한 목적이 있다.

※ 의견서, 불송치결정서와의 구분

통상의 사건의 경우 의견서 또는 불송치결정서의 내용과 수사결과보고의 내용이 같은 경우가 많지만 의견서와 불송치결정서는 주로 외부인을 독자로 하지만 수사결과보고는 우선적으로 내부결재선상에 위치하는 서류이며 영장을 신청하는 용도와 함께 사용할 경우 검사와 판사를 독자로 하기도 한다.

따라서 수사결과보고서는 사건의 성향에 따라 그 형식이나 내용의 흐름이 다소 유동적일 수 있다는 점을 명심하여야 할 것이며 의견서의 경우 기소, 불송치결정서는 불송치의견 중심의 서술이 핵심이 됨에 반하여 수사결과보고는 기소, 불기소를 이해하기 위해 필요한 수사사항이 나열될 가능성도 상존하며 살인사건과 같이 수사를 통해 용의자를 검거하는 과정 전체가 증거의 신빙성과 증거 간 연결성을 높일 수 있는 경우 각 수사기법 항목을 배열하여 전체적으로 브리핑하는 방법을 채택하기도 한다.

1. 수사결과보고서는 사건을 취급하는 순간부터 작성하는 것이다. 실제 보고서를 작성한다는 의미보다는 수사를 진행하는 매 순간마다 결과를 예상한 큰 틀에서 사고하라는 의미이다. 이 의미를 알게 되면 '수사 따로 보고서작성 따로'가 아니라 수사가 완료되는 순간 결과보고서가 당연히 도출될 것이다.

2. 필요한 수사가 마무리되자마자 보고서를 작성하여야 한다. 대부분의 수사관은 어느 정도 수사가 마무리(결과보고서를 예정하지 않으면 사실 마무리가 되었는지 잘 알 수도 없다)되었다고 생각하는 순간 사건을 책상서랍에 넣어 두고 후일에 결과보고서를 작성한다. 그러나 이는 매우 비효율적인 업무처리 방식이다. 시간이 흐른 뒤 결과보고서를 작성하게 되면 사건 기록 전부를 다시 읽어야 한다. 마침 마무리된 수사라면 그나마 다행이지만 수사결과보고서를 써 내려가면서 부족한 수사가 눈에 확연히 들어오게 된다. 수사를 더 진행해야 함에도 불구하고 스스로 수사가 마무리된 시점이라고 생각했기 때문에 그 상태에서 보고서를 완성하고 일단 사건을 마무리 하자고 마음을 먹기 쉽다. 오늘 어떤 수사를 했는데 이 정도면 충분히 기소가 가능하거나 불송치결정이 가능하다고 생각되는 순간 바로 수사결과보고서를 작성하여야 한다. 그렇게 하면 사건기록을 다시 뒤져 볼 필요가 없으며 스스로 어떤 수사가 더 필요한지 깨닫게 된다. 그러면 다시 필요한 수사를 진행하고 역시 그 수사가 끝나자마자 결과보고서를 작성해 두어야 한다. 수사결과보고서를 수사가 완료된 후에 작성하기 시작하는 것은 무조건 비효율적이라는 점을 명심하기 바란다. 인간의 기억은 시간이 지남에 따라 왜곡될 수밖에 없기 때문에 수사의 과정 중간중간에 이를 문서로 기록해 두지 않는다면 수사에 오류가 발생할 가능성이 크다.

3. 사건기록을 보지 않고 결과보고서를 작성하는 습관이 필요하다. 기록을 보지 않고 작성할 수 있을 정도가 되어야 사건을 종합적으로 이해했다는 뜻이다. 또한 이런 방식으로 결과보고서 작성연습을 하게 되면 결과를 도출하는 흐름을 잃지 않고 쓰게 되는데 사건기록을 보면서 작성하게 되면 중언부언하게 되는 경우가 많다. 수사결과보고서는 사건기록을 보지 않고 개략을 특을 작성한 후에 세부적인 수치나 인용구 등은 기록을 통해 보정하여 마무리하여야 한다.

나. 목표

― 읽는 사람으로 하여금 고개를 끄덕이게 하라 ―

수사결과보고서에 일률적이고 명백한 예시는 있을 수가 없다. 피의자가 혐의사실을 인정하고 모든 증거가 명백한 사건이 있는 반면, 피의자가 다수이며 범죄사실이

다수이고 각 범죄사실 별로 기소할 범죄와 불기소할 범죄가 나뉘며 기소되는 범죄사실 역시 증거관계가 복잡한 사례가 있을 수 있으며 범죄사실이 간단하더라도 살인사건처럼 수사의 과정과 각 증거의 입증관계가 중요한 사건의 경우에는 증거취득의 수사과정 자체가 상세히 묘사되어야 할 필요한 경우도 있고 일반적인 형사사건처럼 물적 증거 중심의 수사가 진행된 사건이 있고 경제사건처럼 사회현상이나 인증이나 서증을 중심으로 수사가 진행된 사건이 있기 때문에 결국 각 사안별로 수사결과보고서를 쓰는 구성이 다르게 마련이다.

다만, 수사결과보고서는 ① 범죄사실을 인식하고 ② 수사하여 ③ 증거를 기준으로 ④ 수사결과를 도출해 내는 큰 틀은 유지가 되어야 하며 수사결과보고서에 작성된 모든 사항은 서류상 인정되는 근거를 바탕으로 하여야 하며 주관적인 판단은 어떠한 자료를 신빙성 있게 바라볼 것이냐의 문제를 선택하는 데에만 사용되어야 하며 엄밀히 말해 이 또한 법률상 인정되는 증거판단에 속하는 문제이다. 결국, 수사결과보고서에 묘사되는 모든 기재사항에 수사관의 막연한 주관이 개입되어서는 안된다.

다. 기본원칙

1) 읽는 사람으로 하여금 다시 되돌아보게 하지 마라

간단한 사건의 경우 결과보고의 내용을 읽지 않더라도 사건을 용이하게 이해할 수 있으나 복잡한 사건은 수사사항별로 기록에 편철, 정리되는 것이 아니라 시간별로 작성되기 때문에 전체적인 사건의 이해를 위해서는 결과보고서의 내용뿐만 아니라 작성방식이 매우 중요하게 작용한다.

따라서 수사결과보고서를 작성하는 방식을 결정할 때는 읽는 사람으로 하여금 수사기록을 재차 반복해서 읽도록 하거나 읽는 도중 사건기록을 되짚어 보지 않도록 일정한 흐름을 고려하여야 한다.

2) 객체지향형으로 작성하라

수사결과보고서는 일기가 아니다. 수사결과보고서는 모든 요소가 독자를 중심으로 이루어져야 한다. 수사결과보고서의 내용이 길어져서 앞의 내용을 상기시킬 필요가 있다고 하면 이에 대한 중간 정리가 필요할 때도 있으며 용어에 대한 이해가 필요하면 주석을 달아야 할 때도 있다. 보고서의 모든 수요자는 작성자 본인이 아니라 이를 읽는 독자가 되어야 한다.

- 색인, 별지, 도표, 인용, 기록면수 부기 등 활용: 포괄일죄에서 범죄태양은 같으나 일시와 장소만을 달리할 때 하나의 범행에서 수회 금원을 받았을 때 등 표가 필요한 경우에는 범죄일람표를 만들어야 하며 범인의 이동 동선과 휴대전화 기지국의 이동 동선을 비교할 필요가 있을 때에는 지도 파일에 점과 선으로 표현을 할 때도 있으며 보고서의 내용 중 기록에 첨부된 사항을 검토해야 할 경우에는 참조해야 할 기록면수와 그 요지를 부기해야 할 때도 있다.

- 조서와 증거서면, 증거물의 경우 각 쪽수 내지 압수번호를 명기: 수사결과보고서를 읽어 내려가면서 해당 범죄사실에 관련된 주요한 증거를 명시함에 있어 각 증거의 압수번호, 증거되는 진술내용이 포함된 조서의 쪽수를 명기하면 수사결과보고서를 기준으로 사건 기록 전체를 이해하는 데 용이하다. 만약 이를 결략하게 되면 수사결과보고서를 읽었다고 하더라도 사건기록을 처음부터 다시 읽어 내려가면서 증거되는 내용을 재검토하게 된다.

- 진술증거 중 사건의 이해에 핵심이 되는 내용은 진술내용을 인용: 통상 진술내용은 이를 요약하여 기재하게 되지만 진술의 신빙성을 강조하고 싶거나 조서의 앞 뒤 내용의 모순점을 설명할 때에는 진술내용을 직접인용하기도 한다.

- 전문용어 등은 참조를 활용: 통상적으로 사용하는 법률용어나 이론에 대해서는 결론만을 취하고 그 법리해석의 과정은 생략해도 되지만 널리 알려지지 않은 전문용어나 형법 이외의 분야에 대한 법리를 토대로 결과보고서를 써 내려간다면 참조를 통해 해당 용어나 법리를 설명하기도 한다.

- 법률 해석에 인용되는 중요한 판례나 학설은 사건번호와 그 판결 및 학설의 내용을 인용: 자신의 주장을 보강하거나 새롭게 선고된 판결 등을 인용하기 위해서는 해당 판결 전체를 인용하여 장황하게 설명하기보다는 주요한 법리만을 보고서에 현출시키고 그 판결의 선고일자와 사건번호를 참조를 통해 표시해 준다.

3) 근거를 중심으로 기술하라

- 증거관계는 모두 객관적인 사항이어야 한다: 수사결과보고에 적시한 모든 내용은 객관적인 사항이어야 하며 보고서에 언급한 증거관계는 하나도 빠짐없이 사건기록 또는 압수물에 존재해야 한다. 용어의 선택에 있어서도 '어떠한 증거가 존재한다.', '어떠한 진술이 피의자의 진술과 상반된다.' 또는 '고소인의 진술이 피의자의 진술과 일치한다.'는 어법을 사용해야 하며 아무런 근거 없이 누구의 진술이 더 옳다 그르다를 평가해서는 안 된다. 피의자의 진술이 믿기 어렵다는 것을 표현하고 싶을 때는 '피의자의 1회 진술과 2회 진술이 각 상반되어 어느 하나의 진술을 믿기 어렵다.'는 식으로 그 근거가 존재해야 한다.
- 설시된 증거는 모두 서류나 압수물에 근거가 있어야 한다.
- 구속영장을 신청하기 위한 보고서일 경우 구속의 사유를 정확히 설시한다.
※ 통상 구속의 필요성을 언급할 때 막연히 '피의자는 도주할 우려가 있고 증거를 인멸할 우려가 있다.'는 식으로 기술하나 보고서란 이러한 종국의 결과를 판단하기 위한 자료를 제공하는 것이기 때문에 위와 같이 근거 없는 막연한 문구의 사용은 지양하여야 하며 '범죄 직후 주거를 이탈한 점, 평소 사용하던 휴대전화를 폐기하고 현재까지 가족과도 연락을 취하지 않은 점, 검거되기 전까지 여관이나 찜질방에서 숙식을 해결하였다는 점, 검거 당시 검문경찰관의 검문에 타인의 인적사항을 제시하였던 점 등으로 보아 언제든지 도주할 우려가 상당하고 횡령 당시 회사에서 자금담당업무를 맡고 있었던 경리 사원 김개똥에게 지속적으로 통화를 시도하여 출석에 불응해 줄 것을 부탁하였던 점으로 보아 증거를 인멸할 우려도 상당한 자이므로…..' 또는 '피의자는 범행 이후 주변으로부터 자수를 권유받았음에도 수사기관으로부터의 추적을 피하기 위해 휴대전화를 꺼 놓고 집에도 들어오지 않아 지명수배된 점, 피의자를 체포하기 위해 출동한 경찰관으로부터 도망하기 위해 2층 창문을 넘어 도주하는 과정에서 다리가 부러지는 상해를 입기까지 한 점 등으로 보아 도주할 우려가 상당하여….'라는 식으로 근거와 사실 중심의 서술이 필요하다.

4) 사족을 달지 말고 '결과 중심으로 과정을 인용'하라

- 증거 또는 무혐의 입증 등과 전혀 관계가 없는 수사사항은 배제하는 것이 원칙이다.
- 수사한 과정 전부를 나열식으로 서술한 후, 결과부분에서 막연히 기소, 불송치의견이라는 판단만을 기재하는 방식 철저히 지양하여야 한다.
- 한 사람의 수회 진술이 서로 다를 경우 각 진술의 내용을 모두 명기할 필요가 없이 '진술이 계속 번복되는 등 그 진술의 취지를 믿기 어렵고'라는 표현 등을 통해 타당한 변명이 없음을 함축하여 표현한다.
- 수회 진술 중 진술증거로써 활용할 만한 최후 진술이 있을 경우 그 진술이 신빙성 있다는 사유를 기재하고 최종 진술만을 원용한다.

라. 좋은 논증의 조건

1) 관련성

퍼즐 조각을 맞추어 보면 조각 하나하나는 관련성이 없어 보이지만 네 면을 우선 맞추다 보면 전체 그림이 떠오르는 경험을 하게 된다. 퍼즐 조각 맞추기의 전제는 모든 퍼즐 조각이 전체 그림과 관련이 있다는 것이다. 퍼즐 조각 게임을 하는 사람은 각 조각이 전체 그림과 관련이 있는지 없는지 고민할 필요가 없으나 일반적인 논증은 퍼즐 맞추기와 다르다. 결론을 내기 위해 동원되는 전제가 결론을 이끌어 내는 것과 관련이 있는 것인지 따져 보는 것이 우선이다.[169]

수사결과보고서를 작성하는 수사관 중 해당 조사내용이 결론과 아무런 관련이 없음에도 불하고 본인이 조사한 모든 내용을 열거하는 사람이 있는데 범죄사실을 대한 유무죄를 이끌어 내는 논증과 관련이 없는 사항은 나열하지 않는 것이 좋다.

그러면 관련성이 있는가는 것은 무엇일까? 전제의 참이나 거짓이 결론의 참이나 거짓에 영향을 끼치는 것은 관련성이 있다고 말한다. A가 B에게 돈을 빌리기 위해 여러 가지 거짓말을 하였다고 하자. 그리고 B에게 돈을 빌리고 나서 제때 갚지 못

---

169) 탁석산, 오류를 알면 논리가 보인다, 책세상, 2003, 42면

하자 여러 가지 거짓말을 하게 되었다. 이 두 가지 거짓말 중에 B를 속이기 위했던 거짓말은 돈을 빌리기 전의 거짓말이다. 돈을 빌리기 위한 거짓말을 했다는 점을 논증하기 위해 돈을 갚지 않는 이유를 전제로 사용해서는 안 된다. 뒤의 거짓말은 B에게 돈을 빌리기 위해 사용된 거짓말이 아니기 때문에 관련성이 없다.

일상적인 예를 하나 더 들어보자.

전제 1. 나는 연로하신 모친을 모시고 있다.

    2. 딸린 애도 셋이나 된다.

    3. 생활비가 떨어진 지 벌써 3개월 째다.

결론 4. 나는 이 회사에 취직할 수 있다.

입사를 위한 면접에서 "당신은 무엇을 할 수 있습니까"라는 질문을 받고 이러한 논증을 제시했다면 잘못된 것이다. 자신이 회사에 취직할 자격이 있다는 점을 제시하는 것이 아니라 면접관의 동정심에 호소하고 있을 뿐이다. 관련성이 있으려면 전제의 참이나 거짓이 결론의 참이나 거짓에 반드시 영향을 미쳐야 한다.170)

2) 전제의 참

관련성이 있는 전제도 전제가 참이 아닐 경우 그 전제에 바탕을 둔 결론도 흔들리게 된다.

범죄사실을 충족하는 여러 가지 증거들을 나열할 때 관련자의 진술내용을 전제로 제시하는 경우가 많다. 그런데 한 가지 사실을 두고 관련자들의 진술내용이 모두 일치하지 않는 경우가 대부분이다. A가 B에 대해 어떤 시점에 어떤 범행을 했다는 사실에 관하여 그 시점에 둘은 서로 만났어야 한다.

전제 1. A의 진술에 의하면 범행시간 D와 커피를 마시고 있었다고 한다.

    2. B는 범행시간 A를 길거리에서 우연히 마주쳤다고 한다.

결론 3. A와 B는 범행시간에 함께 있었다.

결론에 이르기 위한 전제 사실이 두 가지가 있다. 그런데 1과 2는 서로 상반된다. 3이라는 결론에 이르기 위해 1과 2에 대한 전제 사실만 확인했다면 전제 사실이 참인지 거짓인지 확인되지 않기 때문에 전제 1과 2만 가지고는 논증을 할 수 없게 된다.

---

170) 탁석산, 오류를 알면 논리가 보인다, 책세상, 2003, 44면

추가적인 조사를 통해 '범행시간 1시간 전 D와 A는 만나기로 문자를 주고받았다. 범행시간 A는 D와 만났다고 하는 커피숍에서 카드를 결제하였다. 범행 장소와 A가 커피를 마신 장소는 차로 30분 이상 떨어진 거리에 위치한다.'는 사실을 확인하였다. 추가적인 조사는 앞서 제시한 'A의 진술에 의하면 범행시간 D와 커피를 마시고 있었다고 한다.'에 대한 참인 전제가 된다. 결국 참인 전제 1을 사용한 결론은 "A와 B는 범행시간 함께 있지 않았다."가 된다.

3) 충분한 근거[171]

전제가 결론과 관련이 있다는 것만으로 좋은 논증이 되는 것은 아니다. 또한 전제가 참이거나 수용 가능하다고 해서 좋은 논증이 되는 것이 아니다. 전제와 결론은 관련이 있어야 하고 전제가 참이어야 할 뿐만 아니라 전제는 결론을 위한 충분한 근거가 되어야 한다.

전제 1. 코로나 백신을 맞으면 코로나를 예방할 수 있다.
  2. 홍길동은 코로나 백신을 맞았다.
결론 3. 홍길동은 코로나에 걸리지 않을 것이다.

"요즘 코로나가 유행인데 홍길동은 괜찮을까?"에 대해 "응 괜찮을 거야. 백신을 맞았거든. 백신을 맞으면 코로나에 걸리지 않는다고 하잖아."라는 답을 했을 때 보통 묻는 사람은 이에 수긍을 하게 될 것이다. 홍길동이 코로나에 걸리지 않는다가 참이 되기 위해 제시한 전제들이 충분한 근거가 되기 때문이다. 백신을 맞으면 코로나에 걸릴 확률이 크게 낮아진다는 사실은 공지의 사실이므로 이에 대한 재검증은 필요가 없는 것을 전제로 한다.

다른 예시를 들어보자.

전제 1. 언론사도 기업이다.
  2. 기업은 예외 없이 세무조사를 받는다.
  3. 따라서 언론사도 세무조사를 받아야 한다.
  4. 세무조사를 통해 투명한 경영을 이룰 수 있다.
  5. 투명한 언론사 경영은 언론 개혁으로 이어진다.
결론 6. 언론사 세무조사는 언론 개혁을 위한 것이다.

---

171) 탁석산, 오류를 알면 논리가 보인다, 책세상, 2003, 59-60면

세무조사와 언론 개혁이 연결되는가? 세무조사에 불순한 정치적 의도가 없어야 하는 것이 아닌가? 투명한 경영과 언론개혁은 별개의 문제가 아닌가?라는 질문에 대한 답이 없다. 전제 5는 결론을 뒷받침하기에 충분한 근거가 못된다. 전제 1부터 5까지 다 합쳐도 결론 6에 이르는 충분한 근거가 제시되지 않아 이 논증은 좋은 논증이 아니다.

결론을 이끌기 위해서는 전제되는 사실을 꼼꼼히 살펴보아야 한다. 전제 하나 하나가 의심의 여지가 없어야 한다. 전제에 의심이 들면 충분한 근거를 제공하지 못한 것이다.

4) 반박 잠재우기

예상 가능한 반론을 필자가 스스로 제기하고 이를 해소해 주어야 한다. 반박 잠재우기를 하려면 스스로 제기한 전제와 결론을 비판적인 시각으로 돌아보아야 한다. 필자가 쓴 글에 대해 제3의 눈으로 보아 어떠한 반박이 가능한지 검토하고 당초 그러한 반박을 잠재울 수 있다면 좋은 논증이 될 것이다.

전제 1. 이 접착제는 한 번 붙으면 절대 안 떨어진다.

　　　2. 가격은 단 돈 천원이다.

　　　3. 시범을 통해 효능을 증명한다.

　　　4. 집에 가서 해 보면 안 붙을까 걱정하는 사람들을 위해 애프터서비스를 해 주는 전화번호를 즉석에서 불러 줌과 동시에 제품에 쓰여 있다고 말한다.

결론 5. 이 접착제를 하나씩 구입하세요.

이 논증은 지하철에서 접착제를 판매하는 행상의 논증법이다.

이 논증은 매우 효과적이다. 전제 3의 시범을 통해 제품의 신뢰성을 높였으며 전제4를 통해 반박을 잠재웠다. 지하철에서 물건을 구입하는 사람은 "집에 가서 붙여 보았는데 안 붙으면 어디에 하소연을 하지?"라는 의문, 즉 반박을 할 것이기 때문이다. 이러한 반박에 대해 "비록 행상을 통해 물건을 샀지만 물건에 이상이 있으면 애프터서비스를 받을 수 있다."라는 반박잠재우기를 했다.[172]

범인의 자백을 범죄사실에 대한 근거로 제시할 때 쉽게 나오는 반박은 그 자백을

---

172) 탁석산, 오류를 알면 논리가 보인다, 책세상, 2003, 67면

믿을 수 있느냐이다. 그러면 범인이 자백을 한 경위나 자백이 신빙성 있음을 미리 제시하는 것은 자백이 임의적으로 이루어진 것이냐에 대한 반박을 잠재우는 것이다.

마. 구성

수사결과보고서의 기본형식은 피의자인적사항, 범죄경력, 범죄사실, 수사결과 및 의견 순이나 범죄사실 및 피의자가 많거나 의율할 적용법조가 많은 경우, 수사한 과정이 중요시되거나 이를 정리할 필요가 있는 경우에는 적용법조, 수사사항, 증거 관계를 별도로 항목을 나눌 수가 있으며 수사사항의 경우 세부항목을 재구성하기도 한다. 이러한 사항을 반영하더라도 전체적인 틀은 다음과 같다.

가. 피의자 인적사항

나. 범죄경력 및 수사경력

: 범죄경력과 수사경력을 구분하지 않고 작성하기도 하나 상습전과, 누범전과, 일사부재리 적용 여부 등을 판단할 필요가 있는 사건의 경우 범죄경력과 수사경력을 구분하여 기재하는 것이 좋다.

다. 범죄사실(구성요건요소)

: who—with whom, when, where, why, how, what—result

범죄사실 하나에는 범죄의 구성요건, 미수, 공범, 누범의 관계가 표현되어야 하며 범죄사실 간에는 죄수론에 입각하여 작성되어야 한다.

라. 적용법조

: 통상 수사결과 및 의견 항목의 앞부분에 "피의자의 범죄를 형법 제347조 제1항, 형법 제37조, 형법 제38죄의 죄로 인정하여 수사한 바"라고 기재하는 방법을 사용하나 피의자별 범죄사실의 경합관계가 복잡한 경우에는 적용법조 항목을 별도로 구성하여 범죄사실의 적용법조 및 범죄사실별 경합관계를 서술하기도 하고 수사결과 기재항목 각 범죄사실 판단의 앞부분에 적용법조를 기재하기도 한다(많은 수사관들이 적용법조에 공범에 관한 법조, 죄수에 관한 법조를 기재하지 않는다. 만약, 범죄사실에 공동정범에 대해 묘사가 되거나 각 항목이 실체적 경합관

계에 있다면 이를 의율할 해당 법조도 명기가 되어야 한다).

마. 증거관계

: 증거관계에 막연히 '고소장 등' 또는 '사건 기록 일체'라고 쓰지 말아야 한다. 증거관계에는 위에서 언급한 범죄사실을 입증하는 데 필요한 증거들을 설시하는 것이며 필요에 따라서는 범죄사실별로 나누기도 하며 물적 증거와 인적 증거를 구분하기도 한다. 고소장은 무고 사건을 제외하고는 그 자체로 증거가 되는 경우는 없으므로 막연히 '고소장'이라고 기재하는 것을 피하고 고소장에 첨부된 '어떠어떠한 서류'라고 구체적으로 표현하여야 한다. 수 회의 피의자신문조서 중에 자백한 조서를 증거로 사용하고자 한다면 '2013. 2. 25. 작성 제3회 피의자신문조서' 등으로 표현하여야 한다.

증거가 풍부한 사건의 경우 증거관계를 구체적으로 표현하게 되면 수사결과 부분이 오히려 간략하게 기재될 것이다. 아울러 증거관계가 있다는 것은 기소하는 범죄라는 예측을 가능하게 하므로 기소하는 사건에만 증거관계를 이 부분에 기재하는 것을 원칙으로 하며 불송치 사건은 원칙적으로 증거관계를 기재하지 않는다. 다만, 증거불충분을 사유로 불송치 하는 사건은 이 부분에 증거관계를 설시하기 보다는 아래 수사사항 또는 수사결과 부분에 그 증거 되는 내용을 표현하는 것이 좋다.

바. 수사사항

: 통상 수사결과 및 의견 항목에 수사사항을 포함하여 기술하기도 하나 증거수집 과정이 중요시되는 경우, 사안이 복잡하여 항목을 구분하여 기술하여야 할 경우에는 별도의 수사사항 항목을 구분하여 기술한다(수사사항이 복잡할 경우 각 항목에 제목을 달아 주어 표시를 한다).

사. 수사결과 및 의견

: 불송치 및 수사중지 의견의 종류

  a. 혐의 없음

    범죄가 인정되지 않거나 증거가 불충분한 경우로 나눌 수 있다.

    범죄가 인정되지 않는 경우는 공무원이 아닌 자가 뇌물을 수수했다고 신고된 경우, 증인선서를 하지 않은 자가 위증죄로 고소된 경우, 사기죄에서 기망행위가 없었던 경우, 고의이나 과실범에서 고의 또는 과실이 없음이 명백한 경우 등을 들 수 있고 증거가 불충분한 경우로는 고소나 고발사건에서 고소인 등의 진술과 그에 부합하는 증거들로써는 피의사실을 인정할 증거가 충분하지 않은 경우, 피의자의 자백만 있고 이에 대한 보강증거가 없는 경우 등을 들 수 있다.

b. 죄가 안 됨

구성요건에 해당하나 법률상 범죄의 성립을 조각하는 사유가 있어 범죄를 구성하지 않는 경우를 말한다.

이에는 위법성 또는 책임조각사유, 처벌조각사유(친족 간 특례로 처벌하지 않는 경우 등 형법 조문에 "처벌하지 않는다.", "벌하지 않는다."고 규정한 경우)가 있다.

위법성 조각사유로는 정당방위, 정당행위, 긴급피난, 자구행위, 피해자의 승낙이 있고 책임조각사유에는 형사미성년자의 행위, 심신상실자의 행위, 강요된 행위, 야간 등의 과잉방위행위, 과잉피난행위가 있으며 처벌조각사유로는 친족 등의 범인은닉, 증거인멸, 명예훼손죄의 위법성조각(형법 제310조), 폭력행위등처벌에관한법률 제8조 제1항의 흉기 등 소지 폭력행위에 대한 정당방위가 있다.

실무상 죄가 안 됨으로 송치되었어야 함에도 불구하고 이에 대한 조사가 이루어지지 않아 기소되는 사례가 간혹 있는데 그 조각사유를 면밀히 살펴볼 필요가 있다.

c. 공소권 없음

확정판결, 통고처분이행, 보호처분확정, 사면, 공소시효완성, 형폐지, 법률의 규정에 의해 형면제(형법 제328조 제1항 친족상도례), 재판권 없음, 동일사건 공소제기, 친고죄의 고소고발취소 등, 반의사불벌죄의 처벌불원, 피의자의 사망이 있다.

d. 각하

고소고발사건 중 고소, 고발인 진술 또는 고소, 고발내용으로 보아 혐의 없음, 죄 안 됨, 공소권 없음이 명백한 경우, 동일사건 검사불기소처분 존재(새로운 증거발견된 경우 제외), 고소권자 아닌 자의 고소, 고소고발인 출석 불응, 소재불명으로 고소, 고발사실 청취불능, 고소, 고발사건 중 사안의 경중 등에 비추어 피고소, 피고발인의 책임이 경미하고 수사, 소추의 공익이 없거나 극히 적어 수사 필요성이 인정되지 않는 경우를 말한다(**인지사건은 각하처분이 안됨을 유의**).

e. 기소중지

기소중지는 피의자의 소재불명으로 수사를 종결할 수 없는 경우에 내리는 중간처분이다.

범인이 누구인가 알 수 없는 상태에서는 불상자에 대한 기소중지 처분이 가능하며 피의자가 도피한 경우, 해외여행 또는 질병 등으로 장기간 조사가 어려운 경우에 기소중지 처분을 한다.

피의자의 소재를 알 수 없다는 사유로 기소중지처분을 할 때는 그를 발견할 수 있는 조치를 취해야 하는데 이러한 수사행정조치가 지명수배, 통보제도이다. 지명수배를 하기 위해서는 공소시효 만료일까지 유효한 체포영장을 발부받아야 한다.

주의해야 할 점은 지명수배가 제대로 입력이 되어 있는지 확인하여야 하며 체포영장을 분실하지 않도록 하고 만일을 대비하여 사본을 기록에 첨부해 둔다.

수배자가 검거된 경우 지명수배, 통보를 반드시 해제하여 재체포가 되어 인권을 침해하는 경우가 없도록 신중을 기해야 한다. 석방 이후 수배가 해제될 때까지의 시간 동안 다시 발견될 때를 대비하여 조사확인서를 발부해 주는 경우가 있는데 최근 전산처리가 빠른 점을 감안하면 석방 시점까지 반드시 해제조치될 수 있도록 하는 것이 바람직하다.

또한, 피의자에 대한 조사 없이도 범죄혐의점이 없다고 판단하여 종결할 수 있는 사안에 대해서는 이를 충분히 조사하여 불송치결정하고 단순히 소재불명이라는 이유로 무분별하게 기소중지하는 일이 없도록 해야 한다.

f. 참고인중지

중요 참고인, 고소인, 고발인, 다른 피의자 등을 조사하여야 혐의구증이 가능하나 그들의 소재를 알 수 없어 수사를 종결할 수 없는 경우 그들이 발견될 때까지 참고인중지의견으로 종결한다. 참고인의 경우 소재가 확인되어도 출석을 강제할 수 없고 참고인중지할 경우 정기적으로 그 소재를 확인하여야 하므로 대상자 이외의 자료로 혐의구증이 가능하면 적극적으로 수사할 필요가 있다. 또한, 공범이 있는 사건에서 먼저 검거된 피의자가 혐의를 다른 피의자에게 넘기는 경우 상피의자 소재불명 등의 사유로 참고인중지되는 경우가 있는데 이때에도 다른 피의자가 검거되어도 역시 그전의 피의자에게 혐의를 떠넘기는 사례가 많은 만큼 최초 피의자가 검거되었을 때 적극적인 수사를 통해 혐의를 구증하는 노력을 해야 한다.

: **기소의 보고서에는 반드시 증거관계가 포함**되어야 하며(증거관계가 복잡하거나 중요시 되는 경우에는 '증거관계' 항목을 별도로 구성하기도 함) **불송치의 보고서에는 불송치하게 된 사유와 근거가 명시**되어야 한다.

바. 전체적인 틀잡기(구상)

1) 사건에 대한 완벽한 이해

사건을 이해하지 못하고 결과보고서를 쓰기 시작하면 써 내려가는 도중 큰 흐름을 잃게 된다. 혹 결과보고서를 쓰기 전에 어떤 의견으로 결론을 낼 것인지 확신하지 못한 상태에서 써 내려갈 때 중간에 의견이 바뀐다면 수사가 완벽하게 되지 못했거나 사건에 대해 이해가 되지 못했다는 반증이므로 이때는 결과보고서를 쓰기 전에 한 번 더 사건에 대해 이해를 하기 위해 노력부터 해야 할 것이다. 사건을 이해하지 못하는 경우 법령을 이해하고 적용할 수도 없기 때문에 더 이상 다음 단계로 나아갈 수 없다.

2) 법령의 이해

적용법조를 상세하게 검토하여 구성요건을 타 법률에 위임했는지 여부, 법령의 시행일, 소송조건, 양벌규정, 형벌의 종류, 시효 등을 먼저 파악하고 특히, 특별법의 경우 법의 초반부에 기술된 용어의 정의 부분을 파악하게 되면 사건을 이해하고 법률을 적용하는 데 큰 도움이 된다.

법령을 이해하는 것은 법령을 적용하라는 것과 구분하여야 한다. 법령의 전체 취지를 이해한 후에 다음 단계에서 해당 법조를 적용하게 될 것이다.

※ 고발사건 중 친고죄인 경우가 있는데 친고죄 규정여부는 주로 법령의 후반부

에 규정되므로 특별법으로 입건할 경우 법령 전부를 살펴볼 필요가 있다.

3) 범죄와 형벌에 영향이 있는 요건 추출

- 범죄사실의 경우 구성요건해당성을 살피게 되나 수사결과 및 의견을 도출하기 위해서는 위법성조각사유, 책임조각사유, 처벌조건, 소추조건 등도 모두 고려해야 한다.

- 각 피의자별 범죄사실을 최상위 기준으로 하여 일관되게 작성하여야 하기 때문에 범죄사실을 작성하면서 수사결과까지 예견하여야 한다.

- 수사결과보고서를 작성하기 위해서는 범죄에 영향력이 있는 모든 형법이론을 종합적으로 검토할 수 있는 시선을 잃지 말아야 하며 여러 가지 수사사항 중 범죄를 인정함에 필요한 증거를 추출해 낼 수 있는 형사소송법적 시선 또한 지속적으로 유지하여야 한다. 따라서 다음에 서술할 각 요소들은 수사결과보고를 함에 있어 모두 동시에 고려되어야 할 것들이다.

가. 범죄성립조건
1) 구성요건: 인과관계, 고의(사실의 인식, 미필적 고의 중요), 과실, 부작위범(보증인지위가 핵심), 결과적가중범
2) 위법성: 정당방위의 정도, 사회상규에 위배되지 않는 행위에 대한 이해가 의견을 도출하는 데 많은 도움을 줌
3) 책임: 법률의 착오, 기대가능성(강요된 행위)에 대한 이해

나. 공소제기유효요건
친족상도례(형면제사유 - 공소권 없음), 친고죄, 반의사불벌죄 여부, 공소시효, 동일사건 공소제기, 확정판결, 법령폐지 등 고려

다. 미수
미수범을 처벌규정이 있는지에 관하여 충분히 검토하여야 하며 기수의 범증이 없다고 하여 무심코 불송치결정하는 경우가 없도록 하여야 한다.

라. 공범
공범이 개입된 경우 수사단계부터 공범의 가담 여부 및 가담 정도가 수사되어야 하며 공범이 모두 검거되어 동시 재판받는 경우는 오히려 드문 현상이 될

수 있기 때문에 (공동정범이라 할지라도) 각 공범의 가담 여부가 상이한 경우 수사결과보고상 피의자별 가담정도와 이를 입증할 자료를 별도로 구성해 주는 것이 좋다.

마. 죄수

죄수는 범죄사실 구성의 기본요건으로 작용한다. 기소하는 범죄가 단순일죄인지 포괄일죄인지, 상상적경합인지, 실체적경합인지 판단해야 범죄사실을 항목별로 구분할 수 있으며 재판상 수죄인 경우에는 반드시 각 범죄사실별로 증거관계를 별도로 명시해 주어야 하기 때문에 결과보고 작성에서도 매우 중요하다.

4) 범죄를 인정할 증거의 추출

수사사항에는 관련자에 대한 진술청취, 압수수색 또는 통신수사를 통한 자료의 수집, 범죄현장에 대한 검증 및 압수, 각종 수사활동을 통한 정보의 수집이 병행되나 이 중 범죄사실을 인정하는 데 사용할 수 있는 증거들을 추출해 내어야 하며 이러한 증거들이 직접증거인지 간접증거인지, 인증, 물증, 서증인지, 진술증거인지 비진술증거인지 실질증거인지 보조증거인지 각 구분할 수 있어야 한다.

특히, 실질증거와 대비하여 보조증거의 경우 주요사실에 대한 증거능력을 뒷받침하고 증명력을 강화하거나 그 반대의 경우로 작용하며 실무적으로 피의자의 변명을 탄핵하거나 여러 가지의 수사내용 중 신빙할만한 증거를 찾아내는 데 뒷받침되는 자료로 활용되기 때문에 이를 잘 활용할 수 있어야 할 것이다.

실제로 수사결과보고서를 작성하는 단계에서 증거는 진술증거보다는 비진술증거를 먼저 나열하고 간접증거보다는 직접증거를 먼저 나열하고 보조증거보다는 실질증거를 먼저 나열하여야 한다.

5) 범죄인정에 반대되는 변명의 추출

범죄를 부인하는 피의자의 변명 중 구성요건해당성에 관련된 것뿐만 아니라 위법성, 책임에 관련된 부분들도 모두 고려하여야 하며 기소하는 수사의 경우에는 위 변명들을 탄핵하여야 하며 불송치하는 수사의 경우 위 변명들의 신빙성에 대해 판단해야 하므로 범죄의 불성립에 관여될 수 있는 변명들을 추출해 내는 것이 중요하다.

이러한 변명들 중에 기소에 방해되는 요소들은 이에 대한 반증을 함으로써 기소할 수 있는 증거들을 토대로 기소하게 될 것이며 반면에 이러한 변명이 사실로 인정될 경우에는 불송치하게 될 것이다.

6) 증거의 선택

가) 인정되는 사실 정리

다방면의 수사를 하고 관련자에 대한 조사를 병행하다보면 범죄를 인정하기 위한 실질증거 이외에도 많은 사실들이 나타나는데 이러한 사실 중 인정, 즉 **상호다툼이 없거나 다툼의 여지가 없는 객관적인 사항들을 파악**해 둘 필요가 있다. 인정되는 사실을 정리하게 되면 이 부분은 차후 논의할 필요가 없어지게 되고 다툼이 있는 사실에 대해서만 나열하여 판단하면 되므로 이 절차는 매우 중요하다.

나) 인정되는 사실 중 구성요건을 담보할 증거를 찾아라

가)에서 추출한 다툼이 없는 사실들 중에 범죄혐의를 입증하는 데 사용될 수 있는 증거들을 찾아야 하며 이 추출된 증거들의 신빙성이 높다면 이제부터 수사결과를 도출하는 데 어려움이 없어질 것이다.

다) 기소를 방해하는 요소(다툼이 있는 사실)를 무시할 수 있는 증거를 연결하라

다툼이 있는(상호 다른 진술, 입증되지 않는 진술 등) 사실 중 범죄와 관련이 없거나 정확한 기억에 의존하지 않는 추측성 진술 등은 기소를 방해하지는 않겠지만 범죄현장에 없었다는 피의자의 진술, 기억이 없다는 식의 부인, 계속되는 진술의 번복, 상해사건에서 폭행의 고의가 있었을 뿐이라는 사건축소하기 진술 등은 기소에 사용되는 증거의 가치를 저해하거나 필수적으로 신빙성에 타격을 가해야만 하는 사실들이 있을 것이다.

우선 이러한 방해요소를 선별해 내는 작업을 하게 되며 그 방해요소를 다시 방해(신빙성을 무너뜨릴 수 있는 사실들을 발견)할 수 있는 요소를 추출해 내야 할 것이며 그 방해요소의 거짓을 입증하거나 최소한 방해요소가 진실로서 부각되지 않을 만한 사실들을 연결해야 한다(이는 혐의가 인정되나 피의자가 이를 부인하거나 증거를 인멸하려는 시도를 하는 경우를 전제로 함을 밝혀 둔다).

라) 인정되는 사실 - 증거의 추출 - 반론 탄핵 - 추출된 증거인정

인정되는 사실은 A, B, C, D이며 그중 B와 C가 범죄사실을 입증할 증거인데 그중 피의자는 B를 부인하는 진술을 하나 D라는 사실로 보아 B를 부인하는 피의자의 진술을 신빙할 수가 없으니 결국 피의자는 B와 C를 증거로 하여 범죄혐의가 인정된다는 식의 삼단논법 구조를 선택하게 된다.

7) 기소, 불송치의 결정

위와 같이 사건의 이해부터 증거를 추출하는 과정까지 진행했다면 이제 피의자에 대한 기소, 불송치 판단이 서게 될 것이다. 이 단계까지 기소, 불송치에 대한 판단이 서지 않았다면 수사가 미진하거나 어떠한 것을 증거로 선택할 것인지에 대한 판단이 서지 않은 경우이므로 과감하게 부족한 부분으로 다시 돌아갈 필요가 있다.

8) 보고서 작성방식 결정

범죄의 종류가 다양하고 이를 수사하는 방법도 다양하며 증거를 추출해 내는 과정도 다양할 뿐 아니라 논점이 되는 부분과 이를 해결해 나가는 방법도 다양하기 때문에 **세밀한 부분까지 모두 포섭할 수 있는 수사결과보고서의 모범은 있을 수가 없다.**

따라서, 우리는 보고서의 내용에서 빠져서는 안 될 부분에 대해 이해를 하고 보고서를 써 내려가는 전체적인 흐름을 이해할 뿐이며 결국은 각 사안별로 그 사안이 가지는 가장 핵심적인 쟁점이 무엇이며 그 쟁점을 부각시키고 여러 수사내용을 접목하여 그 쟁점을 해결한 후에 결과를 도출하기에 가장 좋은 서술형식이 무엇인가는 개별적으로 고찰해야 할 것이다.

사. 구체적 작성요령

1) 공통요건

가) 현황, 쟁점, 분석, 결과의 순서로 작성한다

- 현황에서는 인정되는 사실과 다툼이 있는 사실, 진술증거가 중심이 되는 사건

에서는 각 관련자 진술의 요지와 다툼이 되는 진술과 전제된 사실들, 확보된 증거와 이를 보강하는 증거, 반증하는 증거들을 나열하게 될 것이며

- 쟁점에서는 다툼이 되는 사실, 증거들의 인정 여부, 법률적 해석이 필요한 사안에 있어서는 쟁점이 되는 법률적 요소들을 표현하고

- 분석에서는 확보한 진술, 증거들을 통해 쟁점을 풀어나가게 되며

- 결과에서는 분석의 과정을 통해 도출된 결과값과 그 결과값을 인정 또는 부정하게 되는 증거들을 요약, 정리하게 된다.

나) 범죄사실별로 작성하는 것을 원칙으로 한다

범죄사실이 다수일 경우 '피의자의 진술'이라는 항목을 기재한 후 범죄사실 전부에 걸쳐 나열하려고 하는 경우가 있는데 피의자 조사를 한 번만 했더라도 각 범죄사실을 나누어 기재하는 것을 원칙으로 한다. 각 범죄사실에 대한 증거의 판단 역시 범죄사실별로 기재한다.

예외적으로 범죄사실이 상호 연결되어 있는 경우, 예를 들어 뇌물죄와 같이 필연적으로 연관되어 있는 대향범, 사문서위조 및 행사처럼 하나의 행위로부터 기인한 것들이 범죄사실로 구분되어 있다면 통합적으로 작성할 수 있다. 또한 여러 개의 범행을 저질렀으나 그 범행들의 동기가 같거나 범행 준비과정이 동일한 경우에는 범죄사실을 구분하기 전에 '범행의 동기' 또는 '범행 모의 과정'이라는 제목을 제일 앞에 뽑아내어 공통된 사실 관계를 기재할 수도 있다.

다) 근거 없이 개인적인 의견을 기재하지 않아야 한다

결과보고서에 언급된 모든 내용은 근거가 있어야 한다. 특히 증거에 대한 부분은 수사기록에 모두 그 근거를 찾아서 나열해야 한다. 근거가 있는 사실을 나열할 때에는 '... 이다.', '...로 확인되었다.', '2010. 10. 15 선고 2010도XXX 대법원 판결에 의하면 .... 다.'는 등의 단정적인 어조를 사용해도 상관없지만 의견을 도출할 때에는 '....으로 보아 ... 한 것으로 판단된다.', '제1회, 제2회 진술의 내용이 일관되지 않는 것으로 보아 진술의 신빙성을 의심하지 않을 수 없다.'와 같은 어조를 사용하여야 한다.

라) 고소인의 진술부터 나열하는 방식은 탈피해야 한다

보고서의 처음 시작은 범죄되는 사실이고 해당 범죄사실이 인정된다는 혐의를 가

지고 수사를 개시한 것이기 때문에 갑자기 고소인의 진술부터 나열하게 되면 범죄사실의 내용을 반복하여 나열하게 되며 간혹 범죄사실과 관계없는 내용을 중언부언하게 된다. 또한 보고서에 언급한 내용은 반드시 이를 해결해 주어야 하는데 고소인의 진술 중에는 사건의 인정에 의미 없는 것도 있기 때문에 사실상 보고서의 뒷부분에 이러한 쟁점이(고소인이 제기한 주장들) 모두 정리되지도 않는다. 그럼에도 불구하고 반드시 고소인의 진술부터 적어야겠다고 고집을 하는 수사관이 있다면 고소인의 진술 중 범죄사실과 연관된 것들만 기재하기 바란다.

다만, 고소인의 진술이 사건의 쟁점별로 잘 정리되어 있는 사례, 고소가 아닌 진정 또는 탄원으로 범죄되는 내용이 특정되지는 않았으나 범죄의 혐의 여부를 확인하기 위해 민원인(진정, 탄원인)의 진술내용을 토대로 내사가 된 경우에는 고소인, 진정인, 탄원인의 진술을 먼저 기재하기 시작하여야 할 것이다. 이러한 경우가 아님에도 불구하고 고소인 또는 진정, 탄원인을 먼저 조사하였다는 이유로 민원인의 진술을 수사결과보고서의 처음에 나열하는 습관은 결코 바람직하지 않다. 어떠한 방식을 택하든지 범죄되는 사실을 기초로 하여 수사한 사항을 통해 결론을 도출시키고 이를 논리적으로 설명하기에 가장 적절한 방식이 무엇인지 고민하여야 할 것이다.

2) 기소의 결과보고

가) 피의자가 혐의사실을 인정하는 경우

'현황–쟁점–분석–결과'에서 '현황–결과' 중심으로 기술

ex) 피의자는 범죄사실 모두를 일관되게 인정하고 있다. 따라서, 범행을 자백한 피의자신문조서의 내용, 피해경위를 진술한 피해자의 진술조서의 내용, 범행 후 현장에서 도주하는 피의자를 현행범 체포한 아파트 경비원 ○○○의 진술조서의 내용으로 보아 혐의 인정되어 기소의견이다.

나) 피의자가 혐의사실을 부인하는 경우

혐의를 부인하는 경우 각 부인하는 내용 중 쟁점이 되는 부분을 하나하나 탄핵해 나가야 하므로 서술이 길어질 우려가 많다. 따라서 쟁점이 되는 부분이 많다면 '고의가 없었다는 피의자의 주장에 관하여', '범행현장에 없었다고 하는 주장에 관하여'

등의 방식으로 항목을 나누는 것도 좋은 방법이다.

아울러, 다툼이 없는 사실에 대해서는 미리 선별하여 갑론을박이 예상되는 향후 논쟁부분의 앞에 정리, 서술해 주면 사건을 이해하는 기둥 역할을 하게 될 것이다.

ex) 주거침입사건에서 착오에 의한 침입이라고 주장하는 경우

피의자는 범행일시경 열려 있던 피해자의 주거 현관문을 열고 거실까지 인기척을 내지 않고 들어갔던 사실, 안방에서 텔레비전을 시청하고 있던 피해자에게 발각되어 도주하였고 주거로부터 50미터 떨어진 노상에서 피해자에게 현행범으로 체포된 사실, 당시 피의자의 오른쪽 바지주머니에 드라이버 1점을 보관했던 사실은 시인하고 이에 대한 다툼이 없다. 다만, 피의자는 지인의 집으로 착각하여 문을 열고 들어갔으나 타인의 집에 잘 못 들어온 것을 안 순간 겁을 먹고 도주하였을 뿐이라고 하면서 침입의 고의가 없었음을 주장하고 있다.

그러나 피의자가 지인이라고 진술한 김○○이 당일 피의자와 약속을 잡지 않았다는 점, 피해자의 주거는 101동 204호임에 반하여 김○○의 주거는 102동 303호인 점, 피의자가 초인종을 누르지 않고 현관문을 연 후, 6미터 안쪽에 위치한 거실까지 인기척을 내지 않고 들어간 점으로 보아 피의자의 진술은 믿기 어렵다.

따라서 범죄사실에 부합하는 피의자신문조서의 내용, 피해자의 진술조서, 피해자의 변명을 탄핵하는 김00의 진술조서 등으로 보아 혐의인정하기에 충분하므로 기소의견이다.

ex) 폭행사실은 인정하나 상해치사와의 인과관계를 부인하는 경우

1. 피의자의 주장

피의자는 이 사건 당일 피해자의 머리채를 맞잡은 사실은 있으나 주먹과 발로 피해자의 복부 및 전신을 구타한 사실은 없고 따라서, 자신의 행위와 피해자의 사망 사이에 인과관계가 없음을 주장하고 있다.

2. 인정되는 사실

1) 사건 당시의 상황

피해자와 피의자는 동거관계에 있는 사이이며 사건 전일인 2010. 8. 1. 22:00 경부터 피해자가 사망한 2010. 8. 2. 09:00사이 단 둘이 범행장소인 피의자의

주거에 함께 있었던 사실, 피의자가 2010. 8. 1. 22:30경부터 03:00경까지 소주 4병을 마셨던 사실, 폭행을 하기 전 2010. 8. 2. 07:00경부터 30분여분간 상호 욕설을 하면서 말다툼을 하였고 그 무렵 폭행을 하였다는 사실, 피해자가 사망하기 전 갑자기 쓰러져 한시간 가량 신음을 하면서 방에서 뒹굴었던 사실 모두 인정된다.

2) 부검결과 및 의견

- 피해자의 사체 두경부에는 이마 중앙과 이마의 좌측면, 좌측 눈 주위, 입술의 양쪽 가장자리 등에 수개소의 피하출혈 및 찰과성 표피박탈이 관찰되며 각 상해의 시기는 동일한 것으로 추정된다.

- 피해자의 사체 흉복부에는 흉부 중앙과 복부 중앙에 수개소의 피하출혈이 관찰되고 흉부의 피하출혈은 수개소의 손상이 서로 겹친 양상으로 주로 흉골 주위에 분표하는데 우측 3−6 늑골의 골절 및 골절부 주위에는 출혈이 관찰된다.

- 대망, 장간막의 파열 양상은 물리력에 의해 찢어진 것으로서 자연적인 파열의 형태(파열된 부위 주변에 염증이나 괴사의 소견이 있고, 복부절개시 장 내용물이 유출되거나 냄새가 나는 경우)와는 양상에 차이가 있고, 피해자의 사체에서는 물리력에 의한 파열 이외에 다른 파열 사유가 나타나지는 않는다. 피해자의 사체에서 나타난 간 파열은 복부에 외력이 들어와 장기가 밀리면서 횡경막이 밀리게 되어 간과 연결된 분위가 찢어지는 형태의 파열이다.

- 피해자의 사망원인은 부검소견상 관찰된 복부 중앙에 형성된 다발성 좌성과 이로 인한 대망, 장간막 및 간 파열 등의 손상이 치명적이고 복부의 손상은 흔히 발로 차거나 밟은 경우 또는 팔꿈치로 가격하는 경우와 같이 비교적 둔한 둔력에 의한 것이며 우측 팔의 외측면과 하지 대퇴부 후면 및 우측 하지 무릎 외측면에 형성된 박피상은 피부와 근막 혹은 근육의 골질이 벌어지는 형태의 손상으로서 반복적인 강한 둔력에 의해 형성된 것으로 판단된다.

- 피해자의 사체에서 관찰되는 출혈은 비교적 신선한 형태로서 피해자에 대한 외력의 수상 시기는 사망 전 24시간 이내로 추정된다.

- 대망이나 장간막은 피해자가 자신의 배를 움켜쥐는 행위나 피해자 스스 넘어지거나 다른 곳에 부딪히는 정도로는 파열될 수 없고, 장간막이 파열될 정도의 외력은 피해자가 누워있을 때 팔꿈치로 내리찍거나 발로 강하게 차는 정

도의 외력이고 피해자가 서 있을 때 강하게 주먹으로 때리는 정도로는 장간 막이 파열되는 사례가 거의 없다.

3) 주변 목격자 진술

피의자의 주거(1997년에 준공된 다세대 주택의 원룸)와 벽을 사이에 둔 옆집 거주자 김개똥은 범행 전일 23:00경부터 피의자의 집에서 심하게 말다툼하는 소리, 욕설을 하는 소리, '쿵, 쿵' 부딪히는 소리, '퍽 퍽' 때리는 듯한 소리, 여자가 '배 아프다, 아이고 배야'하는 소리가 연이어 났으며 범행당일 새벽(정확한 시간은 기억하지 못함)에 남자가 여자에게 '야 야 일어나'라면서 깨우는 소리가 났고 그 후에 또다시 싸우는 소리를 들었다고 진술함

3. 수사결과 및 의견

부검소견에 따르면 피해자의 사망원인은 외력에 의한 것이며 자살이나 자연적인 충격에 의한 것이 아닌 사실이 인정됨에도 불구하고 피의자는 피해자를 단순히 폭행하였을 뿐이며 사망에 이르게 한 사실은 없다고 진술하나 이 사건 전날 밤부터 이 사건 사고 당시까지 피의자의 집에는 피의자와 피해자 둘만 있었고 다른 사람이 출입한 사실은 없었으며 사망시점 24시간내 피해자가 외출하였다는 사실이 발견되지 않는 점 등으로 보아 피해자의 사망에 타인의 행위가 개입되지 않았다는 점, 피의자의 주장과는 달리 범행 전날부터 폭행와 욕설이 장시간 진행되었다는 옆집 거주자의 진술, 피해자의 사망원인이 된 외력이 사망 24시간 이내에 발생했다고 보여진다는 부검의의 검증의견 등으로 보아 피의자의 변명에도 불구하고 그 혐의 충분히 인정된다고 보아 기소의견이다.

---

ex) 미필적 고의 인정례

피의자는 화가 나서 피해자를 겁주기 위해 찔렀을 뿐(상해의 고의) 살해의 목적이나 계획적인 살해의 의도가 있었던 것은 아니라고 주장하나 ① 피의자가 이 시간 발생 당시 집세 등도 내지 않고 피해자의 집에 거주하고 있었고 피해자의 집에서 나가게 되면 달리 갈 곳도 마땅치 않은 상황에서 점심 무렵 피해자로부터 나가라는 말을 듣고 피해자에 대해 화가 났던 것으로 보이는 점(기록 89쪽), ② 이에 피의자가 저녁 무렵 칼날 길이 20cm인 부엌칼로 피해자를 찔렀는데 두꺼운 잠바를 입고 있던 피해자가 순간 피했음에도 불구하고 그가 입은 상처의 정도는

길이 5cm, 깊이 3cm에 달하는 점(기록 20, 21쪽) ③ 피의자가 찌르려고 한 부위는 피해자의 가슴 또는 복부부위 등으로 보이는데 이러한 부위는 칼에 의해 찔리는 경우 사망 가능성이 높은 치명적인 부위들인 점, ④ 피의자 스스로도 부엌칼로 사람을 찌르게 되면 죽을 수도 있다는 것을 인식하고 있는 점(기록 130쪽) 등을 종합하면 이 사건 발생 당시 피의자에게 최소한 피해자를 살해하려는 미필적 고의가 있었음이 충분히 인정되고...

3) 불송치의 결과보고

불송치결정의 결과보고서를 작성할 때에는 수사미진으로 인한 판단불능사례가 없도록 하여야 한다.

가) 공소권 없음의 경우

객관적 전제사실, 즉 피의자의 사망, 공소시효의 도과, 친고죄에 있어서의 고소취소, 반의사불벌죄에 있어서의 처벌불원 등의 요소가 필요하므로 이러한 사실을 입증할 수 있는 서류나 진술이 확보되어야 하며 이러한 경우 수사사항은 의미가 없기 때문에 현황, 쟁점, 분석의 과정을 생략하고 바로 결과부분을 작성하게 된다.

나) 죄가 안 됨의 경우

실무에서 죄가 안 됨 사례로 의견을 작성하는 경우가 드물기 때문에 이런 사항에 대한 판단력을 상실하는 경우가 많으며 죄가 안 되어 불송치해야 할 사례를 '혐의 없음'이나 '공소권 없음' 의견으로 불송치결정하는 의율착오 사례가 다수 발생하고 있다.

특히, 당직사건 중 쌍방폭행사건에서 명백히 정당방위나 정당행위로 인정하여 죄가 안 됨에도 불구하고 기소의견으로 송치하는 경우가 있으나 이러한 경우는 대부분 결과보고서 작성단계가 아니라 진술조서 내지 피의자신문조서 작성과정에서 세밀하게 조사되었어야 할 부분이므로 만약, 이러한 사항에 대한 조사가 진행되어 있다면 과감하게 정당방위 내지 정당행위를 인정할 수 있는 의견을 제시하는 것이 바람직하다. 다만, 그러한 사실이 인정될 수 있는 근거에 대해 충분히 설명하는 것이 필요하다.

다) 혐의 없음의 경우

(1) 구성요건해당성이 없는 경우

전제된 사실에 다툼이 없는 상태에서 구성요건해당성을 인정할 수 없는 경우가 있고 전제된 사실에 다툼이 있으나 구성요건해당성을 인정할만한 자료가 부족한 경우가 있는데 전자는 구성요건에 해당하지 않는다는 결과로 작성하여야 하며 후자의 경우 구성요건, 즉 범죄혐의를 인정할 자료가 충분치 않아서 혐의가 없다는 의견으로 구분하여 작성하여야 한다.

---

ex) 상해로 주장하나 상해의 결과를 인정할 수 없는 경우

피의자가 손바닥으로 피해자의 뺨을 1회 때리고 주먹으로 피해자의 가슴을 2회 때린 사실은 인정되고 피해자는 ○○병원 의사가 작성한 '2주의 안정을 요한다.'는 내용의 상해진단서를 제출하고 있다.

상해부분에 관하여 살펴보면, 범행당시 피해자는 외상이 없다는 이유로 병원진료를 받지 않다가 그날 저녁 가슴부위에 멍이 든 것을 확인하고 그 다음날 ○○병원으로부터 진료를 받고 상해진단서를 발부받은 사실이 있으며 병원에서 처방한 약을 1회만 복용하고 일상생활을 영위하였다는 사실이 확인되며(기록 32쪽) 이와 같이 일상생활을 영위하는 데 지장이 없을 정도의 상해만이 있을 경우 상해죄에서 말하는 상해의 정도에 이르렀다고 볼 수 없어 상해의 혐의를 인정하기 어렵다(물론 폭행의 혐의가 인정되면 폭행죄로 의율하여야 한다).

---

ex) 사기의 기망행위를 인정할 수 없는 경우

1. 인정되는 사실

피의자가 통닭집을 운영하는 데 필요한 인테리어 비용이 부족하여 피해자에게 3,000만원을 차용한 사실, 위 차용금 중 2,500만원을 인테리어 업자에게 지불하고 나머지 500만원은 생닭 구입비용으로 사용한 사실, 변제기일까지 원금은 한 푼도 변제하지 못하고 12개월간 이자로 매월 20만원씩만 지급하였던 사실은 인정할 수 있다.

2. 다툼이 있는 사실

피의자는 전항과 같은 사실은 인정하면서도 당초부터 그 금원만을 편취하려고

했던 것은 아니라고 혐의를 완강히 부인하고 개업후 1개월만에 조류 인플루엔자가 발병하여 예상했던만큼 영업이 부진하여 원금을 지급하지 못하였을 뿐이라고 주장하고 있는 반면, 고소인은 차용금 중 500만원은 인테리어비용이 아닌 생닭 구입비용으로 사용한 사실, 영업이익이 있었음에도 불구하고 원금은 지불하지 않은채 이자만을 지급하면서 지급기일을 미루려고 했던 사실을 들어 기망이 있었음을 주장하고 있다.

3. 수사결과 및 의견

피의자가 차용금 3,000만원 중 500만원을 인테리어구입비용 이외의 용도로 사용한 사실이 있으나 전체적으로 통닭집을 운영하기 위한 자금으로 소요된 점, '인테리어 비용이 모자라다.'는 피의자의 요구사항은 인테리어 비용으로만 지불하겠다는 의사라기 보다는 통닭집을 운영하기 위한 비용이 필요하다라는 취지였고 고소인으로서도 3,000만원을 차용하고 이후 그 원금과 이자를 분할하여 지급받겠다는 취지로 이해하였던 점이 고소인의 고소인 보충조서에 나타나는 점 등으로 보아 이 점이 이건의 기망요소가 된다고 인정하기 어렵다.

고소인의 진술과 같이 피의자는 매월 평균 200만원 상당의 순이익이 있었으나 고소인의 변제비용을 제외하고서라도 자신의 기초적인 생계비로 사용하기에도 부족하였던 점이 인정되고 설사, 이익금이 있었음에도 불구하고 고의적으로 그 원금을 지급하지 않았다고 하더라도 이는 범행 이후에 발생한 새로운 사실일 뿐 기망행위를 인정할 자료로 원용할 수도 없다.

따라서, 피의자가 금원을 차용한 후 영업의 사정변경으로 인하여 이를 변제하지 못한 사실을 사기죄의 기망행위로 인정하기 어려워 혐의가 없다.

(2) 증거불충분의 경우

ex) 절도사건의 증거가 부족한 경우

피의자는 사건이 발생한 장소가 위치하는 건물의 2층 화장실에 출입했던 사실은 인정하나 범행장소인 ○○호프집에는 전혀 출입한 사실이 없다면서 절취사실을 완강히 부인하고 있다.

반면에 건물 1층 출입문을 감시하고 있는 CCTV 자료에 의하면 피의자는 호프집 영업이 끝나고 30분 후인 02:30경에 건물에 들어와 02:50경 다시 같은 출입문을 이용하여 나간 사실이 확인되며 오전 06:00까지 피의자 이외의 출입자는 보이지 않는 점, 피의자의 주거는 범행장소로부터 10km 이상 떨어진 곳에 위치하며 건물에 진입하기 전 행적에 대해 전혀 진술하지 못하는 점 등으로 보아 혐의를 강하게 의심하게 하고 있다.

　　그러나, 피의자의 주거와 차량 및 사무실에 대한 압수수색을 통해발견된 피해품이 전혀 없고 범행사실을 전면 부인하고 있어 피의자가 범행시간대 범행장소 인근에 위치하고 있다는 사실이외에 피의자의 혐의를 인정할 증거가 충분하지 않아 혐의가 없다.

아. 조언

　　일선에서 '수사기록에 보면 다 나와 있는데 수사결과보고야 군이….'라는 시각이 있기도 하다. 그러나 수사입문자가 수사결과보고서를 작성하다 보면 정확한 결론을 도출하기 위해 인용할 수 있는 수사내용이 결략되었다는 것을 경험하게 된다. 즉, 수사과정에서는 몰랐던 수사미진 사례를 스스로 알아가게 되는 주요한 계기가 된다는 것이다.

　　또한, 수사결과보고서를 작성하다 보면 적정한 시기에 수사를 마무리하는 법을 배우게 된다. 수사를 하더라도 실제 발생했던 모든 사실을 100% 완벽하게 수집할 수 없으며 이렇게 하기 위해서는 무한한 수사방법이 지속적으로 동원되어야 할 것이다. 그러나 수사기관에게 필요한 것은 모든 사실이 아니라 기소의 중심이 되는 사실이 될 것이며 수사결과보고서를 작성하다 보면 '아! 이정도면 충분하다.'라는 적정한 정도를 알아가게 된다. 이때부턴 수사의 효율성, 적정성에 대해 선을 긋는 능력이 생기게 되는 것이다.

　　마지막으로 복잡다단한 사건에 대한 경우이다. 복잡다단한 사건은 수사할 내용도 방대할 뿐만 아니라 수사에 관여한 담당자도 많아지게 된다. 이렇게 많은 수사내용 중에서 갑론을박이 될 수 있는 요소가 무수히 많이 등장하게 되는데 이때가 수사결과보고서 작성능력이 가장 필요할 때이다. 많은 데이터를 기소라고 하는 목적에 걸맞은 시각으로 재정비하고 수사관이 부각시키고자 하는 논점을 설명, 이해시켜 수사기관이 원하는 목적을 달성할 수 있도록 도와주는 중요한 도구로 활용된다. 이러한 종류의 수사결과보고서는 마지막 단계에서 작성하는 것이 아니다. 수사를 하는 내내 수사결과보고서 임시문서를 만들어 두고 지속적으로 수사내용을 정리해 나가는 습관이 매우 중요하다. 이렇게 되면 중간에 중간상황 보고서를 작성하거나 브리핑용 자료를 만들 때에도 매우 유용하다.

특히 살인사건이나 중요사건에서 여러 명 또는 여러 팀이 수사에 개입하는 경우 수사서류 담당자는 매일 각 팀으로부터 취합하는 수사서류를 편철하는 데 그칠 것이 아니라 하나의 문서에 지속적으로 정리해 나가야 한다. 이런 과정을 거치지 않는다면 통신수사를 하거나 각종 영장을 신청할 때마다 별도의 수사보고서를 다시 만들어야 하는 번거로움을 겪게 될 것이다.

수사입문자에게 수사결과보고서는 굳이 작성하지 않아도 되는 형식적인 요소가 아니라 반드시 '잘' 작성할 줄 아는 능력을 키우고 범죄와 수사, 증거를 하나의 선상에서 바라볼 수 있게끔 도와주는 중요한 요소가 됨을 잊지 말아야 한다.

자. 수사결과보고서 작성 사례

1) 작성 연습: 때려봐 때려봐 사건

- 피해자 이름은 김△△이며 40세 여성이다.
- 피의자 이름은 이○○로 잠실야구장에서 '○○인터내셔널'이라는 상호로 매점을 운영하고 있다.
- 사건 발생일시는 2010. 6. 20. 17:30경이다.
- 장소는 서울 송파구 잠실동 10 잠실야구장 1루 출입구 앞이다.
- 당시 피해자는 통닭을 양손에 들고 행상을 하고 있었다.
- 피의자는 행상을 하는 피해자를 발견하고 피해자에게 다가갔다.
- 피의자는 피해자에게 밖으로 나가 달라고 요청하였다.
- 피해자는 '당신이 무슨 근거로 그러느냐'면서 이를 거부하였다.
- 피의자가 다시 밖으로 나가 달라고 요청하였다.
- 피해자는 피의자에게 얼굴과 몸을 들이대며 '나갈 수 없으니 맘대로 해! 때리려면 때려보든지'라고 말하였다.

- 피의자는 피해자의 갑작스런 행동에 당황하여 뒤로 물러서면서 뒤로 돌았는데 이 과정에서 상호 어깨가 부딪히면서 피해자가 넘어지게 되었다.
- 피해자가 넘어지자 피의자는 바로 112로 신고하여 관할지구대가 출동하였으나 피해자는 119에 전화하여 병원으로 후송되었고 2시간 후 관할지구대로 자진출석하였다.

(예제 답안)

피의자는 범죄사실과 같이 자신의 행위로 인하여 피해자가 넘어지게 된 사실에 대해서는 인정하고 있다. 그러나 넘어지게 된 것은 단속을 거부하며 몸을 들이밀던 피해자를 피하는 과정에서 발생한 소극적인 방어행위일 뿐 적극적 공격행위로부터 발생한 것은 아니라고 항변하고 있다.

이에 대해 목격자 성○○은 "당시 이 두 분이 서로 몸이 닿았다가 바로 피해자가 넘어졌고 달리 폭력을 행사한 장면은 없었으며 오히려 피해자 혼자 넘어지는 듯했다."고 진술하고 피해자 역시 "피의자가 밀어서 넘어진 것 같다."는 진술 이외 구체적인 진술을 회피하는 점 등으로 보아 피의자의 적극적 공격행위가 있었음을 인정할 자료는 없어 보인다.

오히려 위와 같은 다툼이 일어나게 된 원인은 피해자가 먼저 제공된 점이 인정되고 불법행상을 중단할 것을 요구하는 피의자의 정당한 요구에 대해 피해자가 "때려봐"라고 하자 피의자가 이를 피하는 과정에서 상호 어깨가 부딪혀 넘어지게 된 것이라면 이는 사회상규상 허용될 만한 정도의 상당성 있는 행위로써 형법 제20조가 정하는 정당행위의 범위에 포함된다고 판단된다.

따라서, 피의자의 행위는 죄가 안되어 불송치(죄가 안 됨) 의견이다.

2) 물품사기와 부정수표단속법위반으로 고소, 고발된 사례

다음 사례는 수사입문자가 작성한 수사결과보고서로 사실감을 더하기 위해 인적사항만 익명처리한 후 가감 없이 그대로 인용하였다. 이 사례는 일반적인 물품사기에 대한 것으로 범죄사실별로 구성된 전형적인 예시로 고소인의 진술보다는 '피의자의 진술'이 먼저 기재된 것이 특징이다. 전술한 바와 같이 고소인의 진술은 여러 증거 중의 하나이기 때문에 고소인의 진술을 증거관점에서 취사선택하지 않은 상태에서 그 진술내용 전부를 요약하여 먼저 기재하게 되면 자칫 수사결과보고의 흐름을 잃게 되므로 주의를 요한다.

다음 사람에 대한 사기, 부정수표단속법위반 피의사건을 아래와 같이 수사하였기 결과 보고합니다.

1. 피의자 인적사항

김 ○ ○ (金 ○ ○)   무직

000000－0000000   만47세

주 거   충남 ○○시 ○○면 ○○2리 산 82번지

본 적   충남 ○○군 ○○읍 ○○리 153번지

2. 형사처벌이나 기소유예처분등을 받은 사실의 유무

93.8.6. 서울서부지청 부정수표단속법위반 기소유예

94.2.24. 경기수원지방검찰청 근로기준법위반 기소유예

3. 범죄사실

피의자는 91.11월경부터 94.7월경까지 경기 부천시 중구 ○○동 ○○번지에서 ○○정밀이라는 상호로 자동차부품제조업을 운영하고 있던 자로,

가. 93.9월 일자불상경 서울 금천구 ○○동 984번지 ○○유통상가 1동 109호에서 고소인 하○○에 대하여 애당초 물건구입대금을 결제하여줄 의사나 능력이 없음에도 불구하고 "스테인레스를 외상으로 공급하여 주면 물건대금은 매월 말일에 결제하여 주겠다."라고 거짓말하여 이를 진실로 믿은 고소인으로부터 금액불상의 스테인레스를 공급받은 것을 비롯하여 94.3월경까지 수회에 걸쳐 총48,177,250원 상당의 스테인레스를 공급받아 편취하고,

나. 93.10.15.경부터 같은 해 12.6.경까지 서울 구로구 ○○동 ○○○－6호에서 가항과 같은 방법으로 고소인 백○○에게 자신은 서울대학교를 나왔고 그 대학 교수로 재직하였던 적이 있는 믿을만한 사람이니 스테인레스를 납품하면 틀림없이 결제하여 주겠다고 말하여 이에 속은 고소인으로부터 1억100만원 상당의 제품을 공급받아 이중 7,800만원 상당만을 결제하여 미결제액 2,300만원 상당의 재산상의 이익을 득하고,

다. 94.3. 초순경 경기 수원시 OO구 OO동 378−8호 고소인의 주식회사 OO전자 사무실에서 고소인 채OO에게 사실은 약속어음 및 당좌수표를 할인해 줄 의사나 능력이 없음에도 불구하고 고소인에게 어음이나 수표가 있으면 할인해 주겠다고 말하여 이를 진실로 믿은 고소인으로부터 고소인이 발행인이고 지급일자가 94.7.2. 액면금 800만원인 약속어음을 교부받아 편취한 것을 비롯하여 94.6.중순경까지 16회에 걸쳐 별지 범죄일람표와 같이 도합 409,100,000원 상당의 약속어음 및 당좌수표를 같은 방법으로 교부받아 편취하고,

라. 93.6.29.부터 농협중앙회 OO지점과 당좌예금계정을 설정하고 수표를 발행하여 오던 중 연월일자불상경 불상지에서 성명불상자등에게 불상명목으로 피의자명의 위 은행지급 수표번호 마가04165036, 발행일 94.7.21. 액면금 2,000만원권 당좌수표를 비롯하여 별지 부정수표일람표(1)과 같이 도합 16매, 합계금 165,757,366원을 작성 발행하여 동 수표 각 소지인등이 그 제시일에 위 은행에 지급요구하였으나 거래정지처분으로 지급되지 아니하게 하고

마. 91.11.27.부터 OO은행 남가좌동지점과 가계종합예금계정을 설정하고 수표를 발행하여 오던 중 연월일자불상경 불상지에서 성명불상자등에게 불상명목으로 피의자명의 위 은행지급 수표번호 아가05354690, 발행일 94.7.13. 액면금 4,383,258원권 가계수표를 비롯하여 별지 부정수표일람표(2)와 같이 도합 9매, 합계금 26,948,078원을 작성 발행하여 동 수표 각 소지인등이 그 제시일에 위 은행에 지급요구하였으나 거래정지처분으로 지급되지 아니하게 하였다.

위 피의자를 형법 제347조 제1항, 부정수표단속법 제2조 제2항, 형법 제37조, 제38조의 죄로 인정 수사한 바,

가.항에 대하여
 피의자는
　　고소인 하OO으로부터 위 물품을 공급받아 외상대금을 결제하지 못한 사실은 인정하나, 94.7.2. 부도로 인해 지급하지 못한 것이지 처음부터 물품만을 편취하려는 것은 아니었다고 진술하고,

고소인 하○○은

피의자와 93년초부터 거래관계에 있었으며 1년동안 총1억2천만원정도의 거래를 했었는데 그중 약4,800만원 상당을 변제받지 못한 것이고, 93년당시 피의자의 회사는 신용도 있었고, 대원광업이라는 회사로부터 도급받아 80%정도의 일을 해 주었기 때문에 믿을 수 있는 회사였는데 그런 회사가 망할 것이라고는 생각하지 않았으며 피의자의 회사에서 현대자동차에 납품하기 위한 신제품도 개발중이었다는 것도 알고 있었다고 진술하는 바,

피의자는 실제 ○○정밀을 운영하고 있었으며 고소인과의 총거래액 1억2천만원중 절반이상을 결제한 점, 당시 피의자의 공장시세만 7억에서 8억정도 되었던 점, 피의자 제출의 납세사실증명에 의하면 93년 매출액이 9억이었던 점등으로 보아 물품공급받을 당시의 편취범의를 인정할 수 없으므로 불송치의견,

나.항에 대하여

피의자는 가항의 변소내용과 같고, 고소인도 피의자와 2회에 걸쳐 1억상당의 거래를 하였으나 그중 2,300만원만을 변제받지 못하였다고 진술하는 것으로, 가항과 같이 피의자는 정상적으로 회사를 운영하는 상태였으며, 3/4이상을 결제한 점이 인정되므로 혐의없어 불송치의견,

다.항에 대하여

피의자는

80년도에 채○○를 알게 되었으며, 94년 부도직전에 고소인 채○○에게 연락이 와 만나게 되었지만 동인과 물품거래한 사실이 없으며 서로 경영이 부실하여 부도위기에 있자 어음과 수표를 교환하여 자금을 융통하여 쓴 적은 있으나, 고소인의 수표, 어음만을 교부받아 사용한 적은 없고, 자신이 발행해 준 어음과 수표가 많이 부도가 났으나 채○○가 발행해 준 수표역시 많이 부도처리가 되었다고 하며 그 액수는 알지 못하고, 고소인 채○○로부터 어음 및 수표를 받으면서 자신의 수표, 어음으로 교환하였고, 채○○로부터 받은 어음, 수표를 현금할인하여 채무변제용으로 사용하였다고 진술하고,

고소인은

94.3월 초순경부터 같은 해 6월 중순경까지 고소인의 사업이 어려워 피의자

에게 어음을 할인하여 달라고 부탁을 하고 피의자에게 액면가 4억상당의 수표 및 어음을 주었으나 피의자가 위 어음을 다른 용도로 사용하고 돌려주지도 않는 것이라고 진술하는 바,

피의자의 변소내용을 확인하고자 고소인에게 출석요구하였으나 출석에 불응하고 있어 조사하지 못했으며, 고소인의 주장대로 94년 3월초순 할인을 부탁한 어음을 돌려받지 못했음에도 불구하고, 같은 해 6월까지 자신 명의의 4억여원상당의 어음, 수표를 계속 할인의뢰하였다는 진술은 믿기 어려우며, 당시 피의자와 고소인 채OO 모두 경영상태가 어려워 부도를 막으려는 상황이었으므로 통상 편법으로 상호 어음, 수표를 교환하여 썼다고 인정할 만하며, 경영이 어려운 고소인 채OO가 결국 자신이 결제하여야 할 수표, 어음들을 4억상당이나 할인의뢰하고 그 일부도 할인금을 받지 않았음에도 불구하고 계속 수표를 지급하였다는 것은 사회통념상 타당한 행위라고 보여지지 않고, 피의자가 고소인 채OO에게 교부한 것중 일부라고 하면서 약속어음과 당좌수표사본를 제출하는 것으로 보아 피의자의 진술대로 고소인과 피의자는 각 명의의 수표, 어음을 교환하여 사용하였다고 볼 수 있고, 이와 같이 교환사용함에 있어 고소인이 피의자에게 교부한 수표, 어음만이 결제되고 피의자가 고소인에게 교부한 수표,어음은 결제되지 않았다고 하면 그 혐의유무를 판단하여야 할 사안이나, 고소인의 진술은 피의자에게 자신의 어음, 수표만을 지급하였다고 하고 진술하는 점, 피의자가 고소인에게 교부하였다는 당좌수표번호 중 마가04165040만 고발된 점으로 보아 피의자가 교부한 수표는 결제되었다고 보여지므로, 피의자에게 편취범의 인정할 수 없어 불송치의견,

라.항과 마.항에 대하여
고발된 부정수표중 수표기재상 발행일이 최후인 것은 94.9.28. 당좌수표로 이미 공소시효 만료로 공소권없어 불송치의견이다.

3) 증거관계 중심의 결과보고1

다음 사건은 사이버경찰청 신고내용 중 메신저 피싱과 관련된 신고내용을 첩보로 하여 진행된 사건이다. 인터넷 관련 범죄의 경우 익명성으로 인하여 검거되면 부인

하는 것이 보통이며 이러한 사건을 취급할 때는 피의자가 행위자라는 것을 명백히 할 수 있는 증거 중심의 기술이 필요하다. 사건의 경중이 높지 않아 치밀하게 작성 되지는 않았으나 증거관계 항목을 상세히 기술했다는 점을 참고하면 좋다.

사기, 정보통신망이용촉진및정보보호등에관한법률위반(정보통신망침해등), 전자 금융거래법위반 피의사건에 관하여 다음과 같이 수사하였기에 결과보고합니다.

1. 피의자 인적사항

  1) 김 O O (金 O O) 무직
    주민등록번호: 790101 − 1000000 만29세
    주 거: 서울 성동구 OO동 232 − 1 OO빌라 1112호
    등록기준지: 부산 서구 OO동 1가 114번지
  2) 주 O O (朱 O O) 무직
    주민등록번호: 860308 − 1000000 만22세
    주 거: 서울 강북구 OO1동 791 − 2050
    등록기준지: 경북 울진군 OO리 291 − 4번지

2. 범죄경력자료 및 수사경력자료

  1) 피의자는
    해당사항없음.
  2) 피의자는
    2007. 4. 2. 서울중앙지방법원 절도등 벌금300만원,몰수
    2008. 3. 28. 서울북부지방법원 전자금융거래법위반 벌금200만원

3. 범죄사실

피의자 1) 김OO, 피의자 2) 주OO는 일정한 직업이 없는 자로

피의자 1) 김OO은

가. 누구든지 정당한 접근권한 없이 정보통신망에 침입하거나 정보통신망에 의하 여 처리, 보관 또는 전송되는 타인의 비밀을 침해, 도용, 누설하여서는 아니 됨에도 불구하고
  2008. 3. 27. 09:53경 불상 장소에서 121.167.27.48 IP를 사용하는 컴퓨터를

이용하여 권명의의 네이트온 메신저 아이디 callina와 비밀번호를 이용하여 접근권한없이 (주)SK커뮤니케이션즈에서 제공하는 네이트온 서버에 로그인함으로써 침입하고 동시에 피해자 권명의의 비밀을 침해하고

나. 같은 날 10:03경 전항의 방법으로 권명의의 아이디로 접속해 있던 중 같은 시각 네이트온에 접속해 있던 권명의의 친구 손XX에게 메신저 대화창을 통해 권명의 행세를 하면서 돈이 급하니 돈을 송금해 달라고 속여 그로부터 김OO 명의의 국민은행 613202-04-029553으로 20만원을 입금받아 편취하고

다. 2008. 7. 15경 서울 성동구 OO동 232-1 신창비바패밀리에서 성명불상의 대포통장 매매상인 일명 '안양사장'으로부터 김지후 명의의 새마을금고 0000-09-013233-9계좌의 공인인증번호, 계좌 비밀번호 등 전자금융에 사용되는 인증자료 일체를 18만원을 주고 양수한 것을 비롯하여 별지 범죄일람표와 같이 17개의 접근매체를 양수,양도하고

피의자 2) 주OO는

라. 2008. 7월 중순경 서울 성동구 OO동 소재 장한평역 인근에서 피의자 1) 김OO이 성명불상의 대포통장 매매상인 일명 '안양사장'으로부터 이종환 명의의 하나은행 000-910329520-07계좌를 비롯하여 별지 범죄일람표 기재 12항부터 16항까지의 5개 계좌의 접근매체를 양수할 수 있도록 대포통장 매매상으로부터 위 계좌를 받아 이를 피의자 1) 김OO에게 전달해 주는 방법으로 접근매체 양도, 양수행위를 방조하고

피의자 1) 김OO, 피의자 2) 주OO는 공모하여

마. 피의자 김OO은 중국에 있는 전화사기단의 사기행위로 인해 입금된 편취금을 현금으로 인출할 다른 계좌에 인터넷 뱅킹을, 피의자 주OO는 위 김OO이 인터넷 뱅킹으로 이체한 통장에서 현금을 인출하는 역할을 담당하기로 하고 2008. 7. 17. 10:00경 중국 콜센타에서 국제전화를 이용 피해자 이장복에게 전화(010-4780-0000)하여 "금융감독원인데 신용카드가 부정발급되었다"는 등의 말로 보안코드를 설정해준다는 명목으로 피해자를 주거지 인근 의정부농협 동호지점으로 유인한 후, 위 사기단이 지정하는 대포계좌인 김지후 명의 새마을금고 통장(계좌번호 0000-09-013233-9)로 5,951,234원을 이체케 하고, 같은 방법으로 2,011,234원을 계좌이체케 하여 2회에 걸쳐 총 7,962,468원을 입금받아 편취하였다.

4. 적용법조

형법 제347조 제1항, 정보통신망이용촉진및정보보호등에관한법률 제71조, 제49조, 전자금융거래법 제49조 5항 1호, 제6조 제3항, 제37조, 제38조, 제30조, 제32조

5. 증거관계

- 다항, 마항의 범죄사실 시인하는 피의자 김OO의 제1회, 제2회 신문조서 일체의 내용(기록2880면, 2920면)
- 라항 범죄사실 중 주OO로부터 계좌를 넘겨받았다고 진술하는 피의자 김OO의 제1회 피의자신문조서 내용 (기록2891면)
- 라항, 마항의 범죄사실을 시인하는 피의자 주OO의 제1회, 제2회 신문조서의 내용 (기록2981면, 3010면)
- 마항의 피해자 이장복의 이메일진술서 내용 (기록3025면)
- 마항 편취금액이 입금된 김지후 명의의 계좌내역 (기록2896면)
- 마항 편취금액을 송금한 피해자 이장복의 농협계좌 거래내역사본 (기록 3027-1면)
- 다항에서 양도양수된 김지후 명의 계좌를 정리한 이메일 화면 캡춰내용 (기록3003면)
- 다항에서 양도양수된 이상완, 곽현석, 우영수, 박준우, 김현준의 계좌 압수물 (압수목록 6,8,9,10,11)
- 다항에서 양도양수된 이종환 명의의 계좌 인터넷뱅킹신청서 압수물 (압수목록 19)
- 다항에서 양도양수된 김OO, 오선경 계좌는 피의자가 관리하였다는 피의자 김OO의 진술내용, 주배준의 농협계좌는 불상자에게 양도하였다는 피의자 김OO의 진술내용

6. 수사결과 및 의견

가항과 나항에 대하여 (피의자 김OO 부인)

피의자 김OO은 나항의 피해자 손XX이 피해금을 입금시킨 김OO의 국민은행계좌를 관리하고 있었으며 피해금 입금된 계좌에서 타계좌로 인터넷뱅킹한 사실이 확인되고 가항에서 해킹에 사용된 IP인 121.167.27.48를 김OO의 국

민은행계좌 인터넷뱅킹 IP로 공유하여 사용한 사실이 있음에도 불구하고 범행사실을 완강히 부인하면서

당시 한사장이라고 하는 사람의 부탁으로 중국 상해에서 성인PC사무실에서 통역을 하기 위해 중국으로 출국한 사실이 있고 그 당시 대포통장 매매를 병행하면서 네이트온을 해킹한 용의자들에게 대포통장을 판매하는 등 관련은 있으나 편취금이 입금된 김○○ 국민계좌의 관리이유에 대해서는 실제 해킹한 용의자들에게 대포통장을 판매하였는데 그들로부터 김○○의 계좌로 통장대금의 일부가 입금되었고 다시 이계좌를 이용하여 국내 대포통장 판매자에게 그 대금을 송금한 것일 뿐 자신이 해킹에 관여한 바는 없다고 변명하고 해킹에 사용한 IP를 자신이 함께 공유한 사실에 대해서는 명확한 설명은 없으나 단지, 자신이 고정IP서비스를 받아 사용하고 있는데 네이트온 해킹 용의자들의 부탁으로 고정IP를 소개해 주었던 것으로 기억하고 있으며 소개해준 그 고정IP를 자신도 함께 공유해서 사용하였을 가능성이 있다고 변명하는 바, (피의자 김○○이 2008. 7. 21. 21:08경 해킹 용의자로 추정되는 adidas.cn@hotmail.com 아이디 소유자와 네이트온 해킹에 관하여 유도하는 대화내용을 캡쳐하여 전송한 내용이 피의자의 변명과 부합함)

피의자 김○○이 여타의 범죄사실에 대해서는 순순히 시인하고 있고 자신과 대포통장 거래한 상대방이 해킹과 관련이 있다는 부분에 관하여 메신저 대화내용을 제출하는 등 피의자의 변명을 반증할 자료가 부족하고 유일한 정황증거인 계좌와 해킹 장소 컴퓨터의 IP 관련성 이외에 혐의 입증할 자료 부족하여 불송치의견

다항, 라항, 마항에 관하여

피의자 김○○, 주○○ 모두 범죄사실 일체를 시인하고 있으며 압수수색을 통해 확보한 각 계좌원본, 인터넷뱅킹신청서 등 전항 증거관계에 명시한 자료들로 보아 모두 혐의인정되어 각 기소의견이다.

※ 참고자료(사건진행상황)

해당 사건은 가항의 피해자 권명의 등의 네이트온 아이디가 해킹당하였다는 첩보를 입수하여 내사진행되었으며 내사 중 나항의 피해자 손XX과 계좌지급정지 과정에서 통화한 대포통장 매매자의 휴대전화(010－8683－0000)를 중심으로 한 수사, 편취금 입금계좌의 명의자인 김○○에 대한 수사, 해킹 피해자 중 호○○의

아이디를 해킹한 용의자 수사가 각 진행되었으며 김OO에 대해서는 전자금융거래법위반으로 별건 분류하여 검거 후 송치(2008-503, 6.16 송치), 호OO 등의 아이디를 해킹한 김X찬, 김X훈을 검거하여 송치(2008-495, 7.15 송치)한 사실이 있으며 해킹 IP를 근거로 피의자 김OO를 추적 검거하였으나 혐의점 구증할 수 없었고 김OO의 대포통장매매행위, 보이스피싱사기행위에 대해서만 기소의견 송치하고 사건 수사 중 확인된 중국내 '바이킹' 도박사이트 운영자들에 대해서는 별건으로 내사진행할 예정임.

4) 증거관계 중심의 결과보고2

다른 사건 수사 중 확인된 대포통장 매매사범에 대한 수사결과보고서이다. 물증이 확실하고 피의자 스스로 시인하는 사건이기 때문에 수사결과내용이 간단하다는 점을 확인하기 바란다.

전자금융거래법위반 피의사건에 관하여 다음과 같이 수사하였기에 결과보고합니다.

1. 피의자 인적사항

   김 O O (金 O O) 홈페이지 제작자

   830000-1000000 만25세

   주 거: 경북 칠곡군 OO읍 OO리 686-23 OO빌 204호

   주 소: 경남 마산시 OO동 1039-2

   등록지: 경남 고성군 OO읍 OO리 182번지

2. 범죄경력자료 및 수사경력자료

1) 범죄경력자료

   03.2.5 창원지방법원 컴퓨터등사용사기 징역6월, 집행유예 2년

   03.10.21 대구지방법원 사기 등 벌금150만원

   06.8.7 창원진주지원 사기 벌금100만원

   06.6.14 대구지방법원 사기 벌금50만원

   06.8.9 대구지방법원 사기 벌금50만원

06.9.15 대구지방법원 사기 벌금50만원

2) 수사경력자료

00.10.30 창원지방검찰청 폭력행위등처벌에관한법률위반 소년보호사건

01.9.10 창원지방검찰청 폭력행위등처벌에관한법률위반 소년보호사건

03.8.28 대구지방검찰청 절도 혐의없음

3. 범죄사실

피의자는 홈페이지제작자인 바, 2008. 3월 초순경 인터넷게시판에 올려져 있던 대포통장 매매광고를 접하고 계좌를 양도하기 위해 같은 달 5일 경북 구미시 원평2동 소재 국민은행 구미역지점에서 자신 명의로 000000-04-029553 계좌를 개설한 것을 비롯하여 별지 범죄일람표와 같이 10여개 은행에서 총11개 계좌를 개설한 후,

2008. 3. 중순경 경북 구미시 원평1동 소재 시외버스터미널에서 위 11개의 개설통장과 이용자번호, 공인인증서 및 비밀번호 등 접근매체를 수원행 버스화물편으로 송달하여 불상의 제3자에게 양도하였다.

4. 적용법조

전자금융거래법 제49조 제5항, 제6조 제3항, 형법 제40조

5. 증거관계

- 피의자신문조서의 내용 (기록 218면)
- 범죄에 이용된 000000-04029553 국민은행 계좌내역 (기록 17면)
- 피의자가 매매한 통장번호를 자필로 기재한 메모사본 (기록 233면)
- 피의자가 양도대가로 150만원 지급받는데 사용한 피의자 명의의 외환은행 000-173447-748계좌의 거래내역 (별첨2)

6. 수사결과 및 의견

피의자는 범죄사실 순순히 시인하고 범행당시 살고 있는 주거의 월세가 밀려 부득이 계좌를 개설하여 팔게 되었다고 진술하는 점, 피의자가 매매한 계좌의 내역을 자필작성하여 보관하고 있는 점, 계좌 매매대가로 지급받은 외환은행계좌거래내역 및 전 5항의 증거관계에 의거 범죄혐의점 명백하여 기소의견 송치하고자 하며 인지전 첩보인 네이트온 해킹사건(우리청 첩보 490호)의 용의자와의 직접적 관련성 인정되지 않음을 보고합니다.

별첨 1.

범 죄 일 람 표

연번	개설일	양도일	개설은행	계좌번호	양도매체
1	2008. 3. 5	2008. 3월 중순	농협	005080 − 56 − 082580	계좌비밀번호, 현금카드, 통장
2	상동	상동	새마을금고	0001 − 10 − 005944 − 0	상동
3	상동	상동	우체국	000765 − 02 − 272940	상동
4	상동	상동	신협	00002 − 13 − 038770	상동
5	상동	상동	제일	002 − 20 − 520690	상동
6	상동	상동	하나	000 − 910182 − 69100	상동
7	이하생략함				

5) 피의자의 주장을 배척하는 논리적 전개사례

성폭력범죄의처벌등에관한특례법위반(통신매체이용음란) 피의사건에 관하여 다음과 같이 수사하였기에 결과보고합니다.

1. 피의자 인적사항

기재생략

2. 범죄경력자료 및 수사경력자료

기재생략

3. 범죄사실

피의자는 자신의 성적 욕망을 만족시킬 목적으로, 2012. 7. 2. 02:38:56경 스마트폰 모바일 메신저의 일종인 '틱톡'을 이용하여 자신의 휴대전화(010 − 0000 − 2947)로 피해자 윤ㅇㅇ(17세,여)의 휴대전화(010 − 0000 − 6261)에 성명을 알 수 없는 여성의 성기 사진을 도달하게 하였다.

피의자는 이를 포함하여 같은 날 02:21:35경부터 03:03:53경까지 다음 범죄일람표에 기재된 것과 같이 8회에 걸쳐 같은 방법으로 피해자에게 성적수치심과 혐오감을 일으키는 글, 영상을 도달하게 하였다.

범 죄 일 람 표

횟수	일시	피의자 휴대전화	전송 글, 사진	피해자 휴대전화
1	2012. 7. 2. 02:22:32	010−0000−2747	니애미년	010−0000−6261
2	2012. 7. 2. 02:22:45	"	너낳고 미역 쳐먹었냐	
3	2012. 7. 2. 02:38:56	"	여성의 성기사진	
4	2012. 7. 2. 02:52:20	"	여성의 성기사진	
5	2012. 7. 2. 02:52:32	"	구멍이라고	
6	2012. 7. 2. 02:52:58	"	한번하는 2마녀	
7	2012. 7. 2. 03:02:32	"	여성의 성기사진	
8	2012. 7. 2. 03:02:38	"	은아 자위중	

4. 적용법조

성폭력범죄의처벌등에관한특례법 제12조

5. 증거관계

피해진술, 피의자의 진술, 피해자 휴대전화에 전송된 사진 및 문자 내용

6. 수사결과 및 의견

○ 인정되는 사실

피의자는 본건 범행 당시 피해자의 친구인 김XX과 사귀는 사이였고, 김XX이 그 즈음 자신을 성폭행한 범인에게 연락올 것을 대비하여 피의자에게 범인이 누구인지 확인해 달라는 부탁을 한 사실이 있다.

피의자는 위와 같은 부탁을 받고 김XX과 함께 지내던 6월말에서 7월초 사이에 김XX으로부터 휴대폰 인증번호를 부여받아 피의자의 핸드폰에 김XX의 아이디로 '틱톡' 메신저를 로그인하여 약 3일간 사용하였다.

○ 고소인의 주장과 이에 부합하는 증거

고소인은 누군가가 위와 같은 내용으로 '틱톡' 메신저를 보내오자 상대방의 프로필을 확인해보자 친구인 김XX 이었고, 범행을 당한 다음날 김XX에게 확인한 결과 당시 피의자가 김XX의 아이디로 틱톡을 사용하였다는 사실을 들었다고 진술하였다.

그리고 성명을 알 수 없는 피의자가 범행 당시 새벽 3시경 피해자에게 자신이 사용하는 번호라고 가르쳐 주어(기록 2-2 14쪽) 010-0000-2947번을 알아낼 수 있었다고 진술하였다.

고소인이 제출한 휴대폰 화상자료에 의하면 피해자가 누군가로부터 위와같은 범행을 당한 사실은 의심의 여지없이 인정된다.

○ 피의자의 변명

피의자는 본건 고소인을 모르고, 위와 같은 범행을 한 사실이 전혀 없다고 진술 하였다. 또한 010-0000-2947번 핸드폰은 2012. 6월경 일시정지 되어 가끔 필요할 때 하루·이틀씩 정지를 풀어서 사용을 하였으며, 스마트폰 모바일 메신저 '틱톡'은 사용한 사실이 전혀 없다고 진술 하였다.

피의자는 위와 같이 진술 하면서도, 본건 범행일시 즈음에 김XX의 부탁을 받고 자신의 핸드폰에 김XX의 계정으로 '틱톡' 메신저를 가입하여 사용한 사실(기록 2-1 ?쪽)은 인정하고 있다.

○ 피의자 주장 배척 이유

현재 사건발생 이후 3개월이 경과하여 위와 같은 메시지를 발송한 휴대폰의 로그기록이나 맥어드레스를 추적할 수 없고, 피의자가 위 핸드폰을 분실하였다고 주장하여 범행에 사용된 휴대폰 단말기를 압수, 디지털 증거분석을 통한 증거 확보도 어려운 실정이다.

그러나 피의자의 주장은 다음과 같은 이유로 인정하기 어렵다.

첫째, 피해자가 제출한 화상자료와 참고인 김XX의 전화진술(기록 2-1 ?쪽)을 종합해 볼 때 범인은 김XX의 '틱톡' 아이디를 사용 하였다. 그런데 위와같이 제3자의 아이디를 사용하기 위해서는 '틱톡' 사이트에서 제3자 명의 핸드폰 단말기로 전송해주는 인증번호를 입력해야 한다. 당시 김XX 명의 아이디로 틱톡 메신저를 사용할 수 있었던 사람은 오로지 피의자 한사람 뿐이므로 피의자 외 다른 자가 범행을 했을 가능성은 김XX의 핸드폰이 해킹 당하는 등의 극히 예외적인 경우가 아니면 합리적으로 상정하기 어렵.

둘째, 피의자는 본건 외에도 유사 범행을 저질러 당서 사건번호 2012-2605, 2012-1922호 건으로 검찰에 기소 의견으로 송치 되었고, 현재 검찰사건번호 2011형제60218호 건으로 기소되어 재판 진행 중에 있다.

위 유사사건들과 본건 범죄시 피의자의 표현 형태를 분석해 보면 다음과 같다. 피의자는 본건 범행시 "니애미년"(기록2-2 27쪽)이라는 표현을 사용하였는데, 유사사건에서도 "니에미년"(기록2-1 ?쪽)이라는 표현을 유사하게 사용하였다. 이 외에도 본건 범행시 "ㅈㄱ뛴다고", "최은아ㅈㄱ 이라고"라는 표현을 사용하여 모음을 빼고 자음으로 구성된 문구를 종종 사용하였는데, 유사사건에서도 "야 ㅅㅂ야", "ㅅㅅ해서"라는 자음으로만 구성된 표현을 사용하였다. 또한 본건 범행시 "너누구냐, 저나햇으면~"이라는 표현을 사용하였는데 유사사건에서도 "저나해줄게"라는 표현을 사용하여 "전화"를 "저나"라고 쓰는 독특한 표현 방식이 동일하게 표출 되었고, 특히 피의자가 주로 문법의 오류를 보였던 ㅆ받침을 ㅅ받침으로 사용하는 특성(올리고잇어, 잇을걸, 잇어서 등) 역시 본건과 유사사건에서 수차례 발견되고 있는 점으로 볼 때 피의자가 위 3건 모두 범행했을 개연성이 매우 높아 보인다. 참고로 피의자는 위 2건이 마치 불기소 처분된 것처럼 검찰처분결과 통지서 사본을 제출하였으나, 피의자가 제출한 사건들은 2012년형제44998호, 2012년형제46113호 건으로 위 유사사건 외 또다른 별건-한건은 공소권 없음 처분된 것으로 볼 때 혐의는 있으나 고소가 취소된 것으로 보임-으로 수사에 혼선을 주기 위한 피의자의 책략으로 보인다.

셋째, 피의자는 본건 휴대폰을 6. 30 일부터 일시정지하여 사용하지 않았다고 진술하였으나 확인결과(기록2-1 ?쪽) 정지 시점은 본건 범행 이후인 12. 7. 4로 거짓 진술임이 밝혀졌다.

○ 의견
결국 위와 같은 사항과 이미 확보된 증거자료, 관계인 진술, 피의자의 범죄경력 등을 종합적으로 판단해볼 때 본건 범죄혐의 충분히 인정되므로 기소 의견이다.

6) 공사계약 관련 증거불충분 사례

사기 피의사건에 관하여 다음과 같이 수사하였기에 결과보고합니다.

1. 피의자 인적사항

기재생략

2. 범죄경력자료 및 수사경력자료

기재생략

3. 범죄사실

피의자 안OO은 'OO방수이엔지'라는 방수 건설업체 대표이사로 재직중인 자이다.

피의자는 2011. 8. 27. ×시경 서울시 중랑구 OO동 410-43호 소재 피해자 천OO(만×세, 여)의 집에서 피해자와 위 피해자의 주택 방수공사 계약을 체결하면서 피해자에게 위 공사와 관련하여 향후 평생 동안 무상 A/S를 해주기로 약속 하였다. 그러나 피의자는 피해자에게 평생 무상 A/S를 해줄 의사나 능력이 없었다. 피의자는 위와 같이 피해자를 속여 2011. ××. ××경 피해자로부터 피의자 본인 명의 새마을금고 계좌(계좌번호: ××)로 계약금을 포함한 250만원을 교부받았다.

4. 적용법조

형법 제347조 제1항

5. 수사결과 및 의견

1) 인정되는 사실
  - 피의자 안OO은 고소인 천OO와 고소인의 집 천장 누수에 대한 방수공사 계약을 체결하고, 고소인으로부터 피의자 명의 새마을금고 계좌로 250만원을 입금 받은 후 두 차례에 걸쳐 방수공사를 해 준 사실이 있다.
  - 또한 피의자가 2차 방수 공사시 공사대금 60만원을 고소인에게 추가로 요구하였으나 고소인이 피의자에게 위 대금을 지불하지 않은 사실이 인정된다.

2) 다툼이 있는 사실

- 고소인 천○○는 같은 장소 누수로 인한 2차 방수공사비용 60만원에 대해 계약서상에 지붕바닥면 평생 무상 A/S 문구가 있음을 제시하여 공사대금을 지불하지 않기로 피의자와 합의했다고 한다. 그러나 재차 누수로 인해 피의자에게 3차 방수공사를 요청하였음에도 불구하고 현재까지 방수공사를 하지 않아 피해를 보고 있다고 주장한다.
- 피의자 안○○은 1차 방수공사는 전혀 하자가 없고, 1차 방수공사한 부분 외 다른 장소 문제로 2차 방수공사를 했기 때문에 공사비용 60만원을 요구하였고, 공사전에 미리 고소인에게 승낙을 받고 시공을 하였기 때문에 문제가 없다고 주장한다. 그러나 고소인에게 2차 방수공사비용 60만원을 받지 않은 상태에서 3차 방수공사를 무상으로 해줄 수는 없기 때문에 현재 방수공사를 하지 않고 있다고 주장한다.

3) 수사결과 및 의견
- 피의자 안○○이 공사대금 250만원을 받고 고소인의 집에 대한 방수공사를 해준 사실은 고소인과 피의자의 진술이 일치하여 명백히 인정된다.
- 다만 1차 방수공사 장소에서 누수가 발생한 것인지, 그와 관계없는 제3의 장소에서 누수가 발생한 것인지 고소인과 피의자의 진술이 엇갈리며 현재까지 고소인이 제출한 자료나 증거에 의하면 위 사실관계에 대해서 명확히 판단하기 어렵다.
- 본건 피의사실의 중요쟁점은 '방수공사 A/S 계약조건 위반'인데, 최초 공사한 지점에서 재차 누수가 발생했는지 여부에 대해서 현실적으로 입증이 곤란하다.(이 부분은 고소인과 피의자 상대 현장사진 촬영 등 보강수사가 필요할 수 있음)
- 또한 설사 고소인의 진술이 사실이라고 하더라도 피의자가 일정한 기간 동안 비용과 인력을 소비하여 성실히 1차 공사를 진행한 사실이 인정되는 만큼(이 부분도 당시 공사인부 등 참고인 진술 확보가 필요할 수 있음) 의도적으로 부실공사를 했다는 사실이 증명되지 않는 한 일부 하자에 대한 A/S 거부 문제를 중대한 기망행위가 있는 사기 피의사건 으로 의율하기 어렵다.
- 결국 피의자가 고소인과 계약조건대로 실제 방수공사를 진행하였고, 위 과정에서 발생한 누수 부분에 대한 A/S 공사에 대한 비용부담 문제는 민사상 손해배상 책임 문제로 귀결 된다.

– 위와 같은 수사사항에 따르면 피의자에게 중대한 기망행위 등 사기 혐의를 인정할 만한 증거가 부족하므로 불송치(혐의없음) 의견이다.

7) 명예훼손에 대한 법리검토 사례

피의자 김XX에 대한 검사 이검사의 수사지휘내용에 대하여 아래와 같이 수사하였기 보고합니다.

1. 피의자 인적사항

김XX (이하 기재생략)

2. 검사지휘내용

1) 김OO가 기소된 이후 재판진행상황 확인하여 수사 보고
2) 고소인이 조합원 제명을 당하게 된 경위에 대해 조합 관계자 상대 확인한 후 재지휘 받을 것.

3. 검사지휘내용에 대한 수사사항

1) 김OO 횡령사건관련 사건번호는 서울북부지방법원 2012고단401로 2012. 3. 8. 공소장접수 이후 현재까지 공판진행중인 상태로 아직 선고 전으로 확인되어 사건진행내용을 본 사건기록에 첨부함.

2) 고소인이 조합원에서 제명을 당하게 된 경위에 대한 수사사항은 다음과 같다.
   먼저 조합관계자로부터 모사전송받은 전축노 회계감사 정감사가 작성한 '한국 XX지부 특별회계감사 결과'(기록 ?쪽)를 보면 본건 피의자와 깊은 관련이 있는 김OO의 횡령 혐의가 매우 구체적으로 기재되어 있어 신빙성이 있는 것으로 판단된다.
   또한 2011. 10. 19자로 시행된 전축노에서 고소인에게 보낸 '노동조합 상벌위원회 개최통보' 공문(기록 ?쪽)에 의하면 피의자가 고소인의 본건 혐의점에 대한 진술서를 작성하여 전축노 사무처장 최OO에게 송부한 2011. 10. 28일보다 약 10일 전에 이미 고소인이 김OO의 사건에 동조, 참여한 혐의로 징계위원회에 회부된 사실을 확인할 수 있었다.
   이에 대하여 2011. 10. 26에 고소인 이고소가 전축노에 소명서를 제출하였고

(기록 몇?쪽), 고소인의 소명에도 불구하고 2011. 10. 27. 상벌위원회가 개최되어 고소인이 ① 김OO를 도와 서류조작 및 회계서류 조작에 가담, ② 김OO와 함께 한국XX지부 노조비 유용, 김OO 비리행위 동참, ③ 한국XX지부를 분열시킨 혐의가 인정 되었고, 그 결과 제명 된 사실이 확인되었다. 당시 심의근거자료로 '전축노 중앙조사 및 한국XX지부의 진술서(피의자 작성 진술서)'가 사용된 것으로 볼 때 단순히 피의자의 진술서만을 기준으로 징계를 결정했던 것이 아니었음을 확인하였다.

위 상벌위원회 관련 회의사항은 '2011년 제7차 중앙집행위원회 회의'(기록 ?쪽) 일지를 보면 자세한 내용을 확인할 수 있고, 고소인이 노조상벌규정에 입각하여 경고, 정권, 제명 이라는 징계 종류중 가장 중한 제명 처분을 당한 사실을 알 수 있다.

한편 당시 전축노 사무처장으로서 피의자로부터 진술서를 모사전송받은 최OO의 진술서(기록 ?쪽)에 의하면 상벌위원회 개최시 전국에서 위원들이 참석하므로 미리 회의자료 검토차원에서 제한된 소수의 위원들만 입장 가능한 중집위 자료방에 피의자 작성 진술서를 게재한 사실을 확인할 수 있다.

4. 수사결과 및 의견

위 추가 수사사항 결과에 따르면 피의자가 진술서를 작성하여 전축노 사무처장 최OO에게 송부하기 전부터 이미 전축노 중집위에서 고소인의 본건 혐의 관련하여 중앙조사 및 징계절차가 진행 되었으며, 피의자의 진술서는 고소인에 대한 징계절차에 심의근거 즉 일부 참고자료로만 활용된 것을 알수 있다. 또한 중집위 자료방에 최OO이 위 진술서를 게재한 이유는 상벌위원회 개최시 전국에서 모이는 위원들이 사전에 회의자료를 검토할 수 있도록 하기 위한 목적이며, 위원들이 자신의 아이디와 비밀번호를 입력하고 입장할 수 있는 제한된 게시판임을 확인하였다.

사안이 위와같다면 일단 피의자가 작성한 진술서 내용의 쟁점인 고소인이 ① 김OO와 동조하여 XX지부 노조비 유용 추정, ② 회계감사직 수행을 소홀히 하여 서울본부비 유용에 가담, ③ 김OO 관련 서류조작 및 회계처리 조작에 가담 혐의는 위 전축노 상벌위원회 심의내용과 중요한 부분이 객관적 사실과 합치되는 경우로 진실한 사실로 판단된다.(99도4757)

또한 전반적인 사건 내용으로 보아 피의자는 공공의 이익을 위해 진실한 사실을 기재한 진술서를 전축노에 제출한 것으로 비방할 목적도 없어 보인다.

위 사안을 종합적으로 판단해볼 때 정보통신망이용촉진및정보보호등에관한법률위반(명예훼손)죄를 적용한다면 피의자가 중집위 자료방에 글을 게시한 것이 아니라 징계절차를 수행하기 위해 행정처리 담당자인 전축노 사무처장 최OO이 게재한 것으로 피의자가 정보통신망을 통하여 공공연하게 사실을 드러내려고 하는 고의도 인정되지 않고, 위에서 살펴본 바와 같이 공공의 이익을 위해 진실한 사실을 적시한 경우로서 비록 정통망법상 명예훼손죄가 형법 제310조(위법성조각사유)를 적용할수 없지만(2004도8484), 적시한 사실이 공공의 이익에 관한 것인 경우에는 특별한 사정이 없는 한 비방 목적은 부인(2003도6036)되어 구성요건 해당성을 인정하기 어렵다.

한편 정통망법위반(명예훼손)죄와 법조경합 중 특별관계에 해당하는 형법 제307조를 적용한다고 하더라도 전파가능성 인정여부도 불분명하며 결국 공익을 위해 진실한 사실을 적시한 것으로 판단되어 구성요건해당성이나 위법성을 인정하기 어렵다.

달리 피의사실을 인정할 증거를 발견할 수 없다.

범죄의 혐의를 인정할 수 없어 불송치의견이다.

8) 일반적인 물품거래 사기 고소사건 사례

사기 피의사건에 관하여 다음과 같이 수사하였기에 결과보고합니다.

1. 피의자 인적사항

   기재생략

2. 범죄경력자료 및 수사경력자료

   기재생략

3. 범죄사실

피의자 이OO은 햇빛난방관리 사업체를 운영하는 자이고, 고소인 박OO은 장뇌삼산을 판매하는 자이다.

(1) 피의자는 2011. 9. 6. 서울 중랑구 OO2동 180-105 자신의 집에서 고소인

이 잘못 보낸 시가 1뿌리당 3만원정도의 장뇌산삼을 5뿌리씩 포장한 물건 11박스를 받고, 피해자에게 "대금결제를 해줄테니 내가 사용하겠다"고 거짓말을 하였다. 피의자는 대금결제를 해줄 의사나 능력이 없음에도 이에 보관 중인 165만원 상당의 물건을 임의로 사용하고 대금 결제를 하지 않았다.

(2) 피의자는 2011. 일자미상경. 불상지에서 피해자에게 전화를 걸어 "장뇌산삼 대금을 결제하여 줄테니 시가 20만원 상당의 쌀 80kg 한가마니를 보내라"고 거짓말을 하였다. 그러나 피의자는 고소인으로부터 물품대금을 결제를 해 줄 의사나 능력이 능력이 없었다.

피의자는 이와 같이 고소인을 기망하여 이에 속은 고소인으로부터 택배로 물건을 받는 방법으로 20만원 상당의 물품을 교부 받았다.

(3) 피의자는 2011. 11. 3. 불상지에서 피해자에게 전화를 걸어 "장뇌산삼 5뿌리식 포장 6박스를 보내라, 대금결제를 해주겠다"라고 속여 이에 속은 고소인으로부터 90만원 상당의 물품을 (2)와 같은 방법으로 교부받았다

(4) 피의자는 2012. 2. 16. (3)같은 방법으로 장뇌산삼 10뿌리식 2박스 60만원 상당의 물품을 교부받았다.

4. 적용법조

형법 제347조 제1항

5. 수사결과 및 의견

○ 인정되는 사실

피의자가 위 범죄사실과 같이 고소인으로부터 2011. 9. 6~2012. 2. 16까지 4차례에 걸쳐 장뇌산삼과 쌀을 교부받아 그 대금을 치르지 않은 사실은 인정된다.

○ 고소인의 주장과 이에 부합하는 증거

고소인은 피의자를 2010년 12월말경 피의자가 운영하는 '햇빛남방관리' 직원인 김○○를 통해 알게 되었고, 11. 9. 6일 김○○에게 보낸 장뇌산삼이 피의자에게 배송되어 우연히 최초 거래를 하게 되었는데 피의자는 물품대금을 지급해주지 않고 있다고 진술하였다.

또한 고소인은 피의자와 첫 번째 거래시 대금을 지불받지 못했지만 밀린 대금을 함께 변제하겠다는 피의자의 약속을 믿고 계속적으로 피의자에게 쌀과

장뇌산삼을 배송해 주게 되었다고 진술하였다.

고소인은 위와 같이 주장하며 11. 9. 6일 피의자와 최초 거래시 고소인이 김OO에게 보낸 물건을 대신 교부받고 그 대금을 치르기로 약속하였다는 내용의 김OO의 진술서를 제출하였다.

○ 피의자의 변명 및 이에 부합하는 증거

피의자는 고소인의 주장과 같이 고소인에게 위 물건들을 구입하고 그 대금을 치르지 못한 사실을 인정하고 있으나 2010. 1월부터 고소인과 거래를 시작하였고 수차례 거래를 하면서 자금난 때문에 일부 대금을 치르지 못한 것이지 처음부터 대금을 지불할 의사가 없었던 것은 아니라고 변명한다.

피의자는 자신이 운영하는 '햇빛남방관리' 직원인 김OO를 통해 고소인과 거래를 하기도 하고 본건 범죄사실과 같이 피의자가 직접 거래를 하기도 하였는데 대금 지불이 연체된 것이기 때문에 정확하게 위 건들에 대한 대금을 지불하지 못한 것이라고 보기는 어렵다고 진술하면서도 변제하지 못한 피해금액에 대해서는 고소인의 주장을 인정 하였다.

그러나 피의자는 고소인과 거래당시 영수증이나 청구서를 작성하지 않아 고소인과 지속적으로 거래를 하였다는 사실을 입증할 특별한 증거나 단서가 없다고 변명하였다. 다만 사건 당시 회사 직원이었던 김OO와 심X숙, 이X섭이 당시 정황을 알고 있을 거라고 진술 하였다.

○ 고소인의 주장 배척이유

고소인은 최초 진술시 피의자를 2010. 12월말경 알았다고 진술 하였음에도 피의자와 대질조사시 2010. 1월경부터 장뇌산삼 거래를 시작하였다는 피의자의 주장에 대하여 "그때 당시에는 아마 그랬을 겁니다."라고 진술(기록 ?쪽)하여 피의자의 주장을 인정하는 취지로 진술하였다.

또한 고소인이 피의자 회사 직원이었던 김OO와 거래를 하면서 피의자가 김OO를 통해 장뇌산삼을 구매한다는 사실은 몰랐지만 김OO가 근무하는 피의자의 회사로 물건을 보낸 사실과 본건 관련하여 피의자에게 정확한 물품대금을 고지하지 않은 사실도 인정하였다.

결국 피의자는 고소인과 이미 2010. 1월경부터 장뇌삼 거래를 여러 차례 해왔으며 경제적 어려움 때문에 최근 몇건의 물품대금을 변제하지 못한 것으로 보인다.

또한 피의자가 고소인으로부터 본건 범죄사실 관련 장뇌삼을 구입하기 전에 갑자기 위 물품대금을 변제할 수 없는 경제적 난관이 있었다거나 그런 사실을 고소인에게 의도적으로 숨겼다거나 하는 등의 기망행위를 발견할 수 없다. 사안이 위와 같다면 다른 증거나 증인을 확인하지 않더라도 본건 범죄사실은 명백한 채권, 채무 관계로 사기 혐의가 있다고 보기 어렵다.

○ 의견
  단순 채권채무 관계로 범죄의 혐의 없어 불송치 의견임

9) 구속영장신청을 위한 수사중간보고서 예시

다음 사례는 수사결과보고 작성 이전에 피의자 중 일부에 대해 구속영장을 신청하고자 하는 용도로 작성된 보고서이다. 이 보고서는 의사결정을 요하는 용도임을 다시 한번 주지한 후에 읽어 보아야 하며 전체적인 흐름이 "이 사건은 일반적인 부동산 매매계약처럼 그 부동산 취급가액의 많고 적음의 문제가 아닙니다."라는 것을 강조하는 구조를 가지고 있다. 또한 피의자에 대한 구속영장을 신청하기 위해서는 많은 노력을 기울여야 한다는 점을 알려주고자 소개한다.

서 울 지 방 경 찰 청

2021. 1. 11.

수 신　　서울지방경찰청장
참 조　　수사과장
제 목　　수사보고 및 구속영장신청

　다음 사람에 대한　**특정경제범죄가중처벌등에관한법률위반(사기)등**
피의사건에 관하여 아래와 같이 수사하였기 보고합니다.

1. 피의자 인적사항
1) 김 석 (한자모름)　직업모름

580000 - 1000000 만44세

주 거 서울 00구 00동 85 - 9 00빌라트 202호

본 적 전북 김제시 00면 00리 519번지

2) 이 갑 (李 甲) 회사원

500000 - 1000000 만53세

주 거 서울 강서구 006동 1099 - 17 000빌 1동 205호

본 적 충남 부여군 00면 00리 139번지

3) 이 우 (李 雨) 회사원

590000 - 100000 만43세

주 거 경기 이천시 00읍 00리 753 00아파트 705 - 1004호

본 적 경북 울진군 00면 00리 108번지

4) 김 구 (한자모름) 직업모름

620000 - 100000 만41세

주 거 전북 익산시 00동 700 - 8 000아파트 202 - 203호

본 적 전북 전주시 00구 00동 474번지

5) 신 근 (申 根) 회사원

620000 - 1000000 만40세

주 거 경기 성남시 00구 00동 100 - 7호 3층

본 적 서울 영등포구 00동 400번지

2. 전과 및 검찰처분관계

- .피의자 1)은

　73.11.8. 전주군산지청 점유이탈물횡령 소년보호사건

　92.8.13. 서울동부지원 사문서위조 징역1년,집행유예2년

　98.10.19. 서울지방검찰청 근로기준법위반 기소유예

- .피의자 2)는

　98.1.5. 서울북부지원 자동차관리법위반 벌금50만원

　99.4.14. 서울북부지원 사기 벌금100만원

　02.4.16. 서울남부지원 교통사고처리특례법위반 벌금200만원

- .피의자 3)은

80.4.22. 서울남부지원 폭력행위등처벌에관한법률위반 벌금10만원

84.10.2. 인천지방검찰청 폭력행위등처벌에관한법률위반 기소유예

87.11.5. 서울남부지원 업무상횡령 벌금100만원

92.10.10. 서울동부지원 상해 벌금50만원

94.10.29. 서울동부지원 상해 벌금50만원

99.3.31. 수원여주지원 사기 징역8월,집행유예2년

99.7.16. 서울동부지원 근로기준법위반 벌금20만원

-.피의자 4)는

90.5.25. 전주군산지원 도로교통법위반 벌금50만원

-.피의자 5)는

해당사항없음

3. 범죄사실

피의자 1) 김석은 그 직업을 알 수 없는 자로 자신을 일명 '김상무'라고 칭하였던 자이고 피의자 2) 이갑은 회사원인 자로 사건외 신이 및 피의자 5) 신근에게는 자칭 (주)○○○아이에스의 전무라 칭하였고 사건외 박채, 채석을 통하여 고소인에게는 청와대에서 이건 대상토지를 관리하기 위해 파견나온 자이며 문교부 국장까지 지냈던 자라고 하면서 사건외 신이 및 피의자 5) 신근을 피의자 1) 김석, 사건외 박채, 채석에게 각 소개하였던 자이고, 피의자 3) 이우는 피의자 2) 이갑과 안면이 있는 사건외 신호로부터 이건 대상토지(경기 안양시 ○○구 ○○동 산 11-5번지등 7필지)가 개발제한구역해제예정지(이하 그린벨트라 칭함.)인지 확인해 주는 역할을 담당하였고 건설교통부 ○○○○과장인 사건외 이영과 선후배 사이로써 개발제한구역해제에 관한 실무부서에 마치 영향력이 있는 것처럼 행세하면서 피의자 2) 이갑에게 그와 관련된 정보를 제공하였던 자이고, 피의자 4) 김구는 그 직업을 알 수 없는 자로 피의자 1) 김석을 따라다니면서 '김사장'이라고 명명되었던 자이고, 피의자 5) 신근은 이건 토지 소유자로부터 매매위임을 받은 사건외 신이의 아들로써 실제로 이건 토지 매매에 관하여 매도인측의 입장을 대리했던 자인 바, 피의자들은 상호공모하여 2002.2월경부터 고소인이 평소 알고 지내던 사건외 채석(고소인 및 불상의 투자자들로부터 자금을 위탁받아 주식을 관리해 주던 관계에 있었던 자임.)과 박채를 통하여 고소인에게 당시 사건외 신

규를 소개하면서 그를 한국전력의 자금담당부장이라고 이야기하고 그는 국가에서 소유하는 토지를 매각하는 업무를 하였던 자이기 때문에 그를 통하여 투자를 하면 국가 소유 토지를 저가에 매입하여 이를 대출을 받거나 일부 매각하는 방식으로 잔금을 치르고 그 나머지 환차이익을 투자자들에게 배분할 수 있으니 위 신규에게 자금을 투자하라고 유인하여 고소인으로 하여금 2002.2.6.경부터 2002.4.초순경사이에 3회에 걸쳐 수억원씩을 투자하게 하였으나 매회 일 추진이 안된다는 핑계를 대고 그 투자금을 다시 반환하는등의 행위를 반복함으로써 고소인의 투자심리를 자극하여 놓은 후,

가. 2002.4. 초순경 서울 송파구 잠실 소재 OO빌딩 15층 불상의 커피숍에서 사건외 박채, 채석을 통하여 위 신규가 진행하던 국가소유의 토지매각이 어렵게 되었으니 사건외 신자 개인이 소유한 이건 대상토지에 대해 소개를 하면서 위 토지는 형식상으로는 개인의 명의이지만 실질적으로는 국가에서 관리하는 토지이기 때문에 매매가 쉽게 이루어지고 그 투자효과는 국가소유토지를 매각하는 것과 같다고 이야기를 하면서 피의자들에 관하여는 피의자 1) 김석이 대전지검에서 계장의 직위로 근무를 하다가 국무총리실 구조조정본부로 발탁되어 간 자이고 권력계층에 영향력이 있는 사람이고 피의자 2) 이갑은 이건 대상토지가 실질적으로 국가에서 관리하는 토지이기 때문에 청와대에서 파견을 나와 토지매매에 관여하는 자이고 위 이갑을 통하지 않고는 이건 토지를 매수할 수 없는 것처럼 전하게 하였고 피의자 3) 이우는 건설교통부에 재직하였으며 현재 건설교통부 OOOO과장으로 근무하고 있는 사건외 이영의 후배로써 이건 토지매매가 이루어지게 되면 개발제한구역이 해제된다는 확인을 받아 올 수 있는 자라고 전하게 하여 자신들이 마치 국가 권력층과 밀접한 관계가 있고 정상적인 절차를 벗어나서 개발제한구역을 임의대로 해제할 수 있을만큼의 권력을 향유하는 자들이라고 믿게 함과 동시에 사실은 개발제한구역이 해제되기 위해서는 시가지 확장압력이 높고 환경관리의 필요성이 큰 7개 도시권에서는 불합리한 지역을 중심으로 부분적으로 개발제한구역을 조정하게 되어 있으며 그 해제를 위해서는 우선 지방자치단체별로 대상지역을 환경평가하여 지역의 보전가치가 낮은 등급인 4-5등급으로 평가받은 대상에 대해 건설교통부와 지방자치단체가 공동으로 광역도시계획을 입안

한 후, 주민,지방의회의 의견을 청취하고 농림부, 환경부, 국방부등 관련부처의 협의 및 중앙도시계획위원회의 심의를 거쳐 광역도시계획을 수립하고 이에 근거하여 다시 지방자치단체별로 도시계획을 입안하고 주민, 지방의회의 의견을 청취, 지방도시계획위원회의 심의, 중앙도시계획위원회의 심의를 마지막으로 건설교통부에서 도시계획을 결정하게 되는데 이러한 기간만 1년여의 시간이 소요되는 것으로 이건 대상토지의 경우 순수 임야지대로써 환경평가가 4－5등급이 나올 수 있는 지역이 아니어서 보전가치가 높은 지역으로 분류되어 있을 뿐 아니라 그에 따른 입안 자체가 계획되거나 논의된 적도 없어 전혀 개발제한구역이 해제될 수 없는 토지임에도 불구하고 2001.12월경 건설교통부에서 "서울,경기,부산지역의 집단 취락 33곳에 대해 2002년 상반기까지 개발제한구역을 해제한다...... 안양시에서는 석수동 삼막마을, 화창마을, 유원지마을, 비산동 내비산마을, 관양동 부림마을 등이다....."(해당지역은 취락지역으로 개발제한구역해제에 관하여 특례가 적용되는 지역이므로 이건 대상토지와는 연관성이 전혀 없음)는 정보를 공개한 것으로 인해 개발제한구역의 해제에 관한 정확한 지식이 없는 일반인들로서는 그 지역에 인근한 토지일대가 곧 해제될 수도 있다는 기대심리가 무성할 것을 예상하고 이를 이용하여 고소인에게 경기 안양시 석수동 삼막마을에 인접한 사건외 신자가 소유하고 있는 경기 안양시 ○○구 ○○동 산11－5번지등 7필지가 그린벨트지역으로 지정되어 있으나 위 토지의 소유자 신자는 전 중앙정보부장 김○○의 미망인이고 사유지인 위 토지를 국가에서 관리를 하고 있는 것으로 국가에서는 이 지역을 개발제한구역에서 해제시키려고 하고 있으니 고소인이 이를 매입하게 되면 도시계획변경을 하여 아파트를 지을 수 있도록 해 주겠으며 고소인이 계약금과 중도금만 제공을 하면 그 이후의 잔금은 피의자 1) 김석이 위 토지의 일부를 매매하는등의 방법으로 처리를 하겠다고 속여 이를 진실로 믿은 고소인이 피의자 5) 신근 및 토지 소유자 신자로부터 매매위임을 받은 사건외 신이(피의자 5) 신근의 아버지)과 위 토지를 95억원에 매수하는 조건의 계약을 하도록 하고 사건외 채석을 통하여 2002.4.20.경 서울 강남구 삼성동 소재 불상의 커피숍에서 가계약금명목으로 3억원, 같은 달 25. 서울 강남구 청담동에 있는 불상의 커피숍에서 계약금명목으로 6억원, 같은 해 5.8. 같은 장소에서 중도금명목으로 19억원, 같은 달 15. 같은 장소에서 중도금명

목으로 11억원 도합 39억원을 토지매매대금으로 교부받아 편취하고

나. 피의자 1) 김석, 2) 이갑, 3) 김구는 상호공모하여
 (1) 2002.4.23.경 서울 송파구 잠실동에 있는 상호불상의 커피숍에서 사건외 박채와 채석으로 하여금 전항의 행위로 인하여 이미 착오에 빠져 있는 고소인에게 부동산중개수수료명목의 금원을 요구하여 고소인으로부터 자금을 입금받아 보관중이던 사건외 채석으로부터 2002.4.25. 피의자 2) 이갑이 현금 2억원을 교부받아 편취하고
 (2) 2002.4.25. 19:00경 서울 강남구 청담동에 있는 일식집에서 피의자 1) 김석이 사건외 박채, 채석, 고소인에게 마치 가항의 토지매입 및 그린벨트를 해제하기 위해서는 광화문쪽(로비자금명목)에 금원을 지급해야 하고 건설교통부 OOOO과장 이영으로부터 그린벨트해제여부 확인을 받는데 자금이 필요한 것처럼 속이고 사건외 채석으로부터 2002.4.26. 한국전력공사 인근 전통찻집에서 로비자금명목으로 피의자 1) 김석이 1천만원권 수표 30매 3억원을 교부받고 2002.5.2. 서울 강남구 삼성역 인근의 커피숍에서 피의자 1) 김석 및 피의자 2) 이갑이 건설교통부 OOOO과장 이영 명의의 그린벨트해제여부확인서를 사건외 채석에게 교부하고 그로부터 1억원권 수표 3억을 교부받아 모두 6억원을 편취하고
 (3) 2002.5.초순경 서울 송파구 잠실에 있는 상호불상의 커피숍에서 피의자 1) 김석, 피의자 4) 김구가 사건외 채석, 박채에게 피의자 2) 이갑이 관계부처에 그린벨트해제업무에 관하여 확인하려면 활동비가 필요하다고 속이고 사건외 채석으로부터 2002.5.10. 한국전력공사 인근 전통찻집에서 피의자 4) 김구가 현금으로 5,000만원을 교부받고 2002.6.14. 같은 장소에서 피의자 4) 김구가 수표로 5,000만원을 교부받아 모두 1억원을 편취하는등 나항 범죄사실에 관하여 합계금 9억원을 편취하였고

다. 피의자 4) 김구는 같은 1) 김석과
 2002.2.중순경 사건외 박채, 채석을 통하여 고소인이 자신들을 서울지방경찰청에 고소하였다는 사실을 전해듣고 광분하여 고소인으로 하여금 고소를 취하게 할 방법을 모색하던 중, 공동하여

야간인 2003. 2.중순경 01:00경 사건외 박채로 하여금 고소인과 사건의 해결 방법을 모색하자면서 서울 송파구 신천역 인근에 위치한 상호불상의 상점내로 유인한 후, 소위 전주 깡패라고 불리는 성명불상의 이사장이라는 사람이 고소인의 주위를 맴돌며 위협적인 분위기를 연출케 하고 피의자 4) 김구가 고소인에게 "이 씨발놈 가만히 두지 않겠다. 너 죽여버린다."고 협박을 하고 피의자 1) 김석은 조용히 자리에 앉아 고소인 및 피의자 4) 김구, 사건외 박채의 대화내용을 관전하다가 고소인에게 "고소한 사건은 취하시켜야 하겠지만 내 윗선에 이미 보고가 되어서 거기서 결정을 받아서 해야 하고 나는 죄가 있으면 죄를 받겠다."는 이야기를 하면서 고소인으로 하여금 고소를 취소할 것을 협박함으로써 의무없는 일을 강요하였으나 고소인이 고소를 취소하지 아니하여 미수에 그쳤다.

피의자 1), 2), 3), 4), 5)의 가항 및 나항의 행위를 특정경제범죄가중처벌등에관한법률 제3조 제1항 2호, 형법 제30조로 피의자 1), 2), 4)의 다항의 행위를 폭력행위등처벌에관한법률 제2조 제2항, 제6조로 피의자 1), 2), 4)의 가,나,다항의 행위를 형법 제37조, 제38조로 각 의율하여 수사한 바,

4. 사건의 경위

○ 고소인이 사건외 채석, 박채와 관계를 갖게 된 경위.

-. 99년경 고소인 친구의 사무실에서 주식 컨설팅 관련 업무를 보는 자로 채석을 소개받아 알게 되었고 2002년 1월경 채석을 통하여 그의 친구인 박채(한국전력 OOO지점 OOO변전소에서 근무, 전국전력노조 OOO을 역임한 사실이 있음.)를 소개받고 같은 해 2월경 채석, 박채를 통하여 신규(한국전력의 OO담당 부장)를 소개받음.

-. 99년 당시 고소인은 사건외 김주가 대표이사인 주)OO코리아에서 근무하면서 위 회사의 상장에 관한 문의를 하고자 사건외 채석을 알게 되었던 것이고 2001.10월경 사건외 채석이 고소인을 통하여 사건외 김주에게 주식에 투자할 것을 권유하여 그때부터 사건외 채석은 사건외 김주외 수인의 주식계좌를 관리하여 오면서 이익을 창출해 주었고 고소인은 그때부터 사건외 채석을 투자의 구심점으로 생각하게 되었음.

○ 고소인이 사건외 신규, 채석, 박채에게 투자하게 된 경위.

－. 2002년 1월경 사건외 박채는 고소인에게 사건외 신규를 소개하면서 그는 정부부동산 매각하는 일을 잘 알고 있는 자인데 그를 통하여 정부에서 매각하는 부동산을 다른 매수인을 내세워 싸게 매수한 후에 대출을 받아 다시 투자자들에게 원금 및 이익금을 나누어 줄 수 있고 그 기간은 투자후 1주일 안에 이루어진다고 하여 고소인은 2002.2.6.경 모집된 투자금 5억원을 송금해 주었으나 위와 같은 매수건이 성사되지 않았다고 하여 다시 위 금원을 반환받고 다른 매수건에 투자하라고 하여 다시 9억을 송금하였으나 역시 성사되지 않았다는 이유로 반환받는등 같은 내용으로 3회가량의 정부 부동산 매각건은 무산되기에 이르렀고 마지막으로 서울 도봉구 OO동 400－3 경기도 교육위원회 기숙사부지 매입건에 투자하였으나(고소인이 신규를 믿을 수 없다고 하여 채석의 OO은행 반포지점 계좌－사건기록 572면 통장 사본 및 1431면 거래내역조회서－에 투자금을 보관하고 진행하였고 이후로 신규는 이건에서 탈락되었음.) 역시 무산되었고 2002.4.15－16.경 이건 경기 안양시 만안구 소재 사건외 신자의 토지매입건이 대두되기에 이르렀음.

○ 고소인이 경기 안양시 OO구 OO동 산11－5, 15－1, 61－1,2, 64－1,5,6. 7 필지 임야(이하 대상토지로 칭함.)에 투자하게 된 경위.

－. 2002.4.15－16.경 서울 잠실 소재 OOO 커피숍에서 사건외 박채와 채석은 그 전에 시도한 정부 소유 부동산 매각건이 한 번도 성사되지 않자 이건 대상토지를 소개하면서 대상토지는 실질적으로는 국가에서 관리하는 토지인에 개인명의로 되어 있으므로 일반계약서에 의해 계약행위가 가능(매매가 쉽게 이루어 짐을 의미)하고 실질적으로는 정부소유의 땅을 매각하는 것고 같은 효과가 있다고 하면서 부동산매매물건현황표(사건기록 27면, 548면)를 보여준 것이고 고소인이 이건 대상토지를 처음으로 접하게 된 것임.

－. 위 자리에서 사건외 박채는 "김석이라는 사람이 그 땅을 직접 사서 개발을 하려고 하였으나 그 전에 우리가 매수하려던 정부의 땅을 성사시키지 못했기 때문에 비록 땅이 아깝기는 하지만 미안한 마음에 우리에게 매수할 수 있게끔 하는 것이다."라고 하면서 그 전에 정부소유부동산 매각건도 피의자 김석이 관련되어 있었음을 시사하였음.

-. 동시에 이건 대상토지에 대해 그 배경을 설명하면서 매매가 180억을 제시하였고 고소인이 그러한 자금이 없다고 하자 토지 매입분의 반을 매도를 해서 그 대금으로 잔금을 처리할 수 있다고 하였음.

○ 고소인이 대상토지의 그린벨트해제여부를 건설교통부등 실무부서에 확인하지 않은 경위.

-. 사건외 채석, 박채는 대상토지 매입건은 공식적인 루트를 통하여 이루어지는 것이 아니기 때문에 통상적인 절차를 통해 확인해 보아도 소용이 없을 것이며 자신들이 관련부서에 직접 동행하여 확인을 시키기 전에는 장관에게 물어보아도 모른다고만 할 것이라면서 확인을 못하도록 하였고 피의자 김석을 알게 되어 그에게 확인을 시켜달라고 항의를 하였으나 그는 단 한 번밖에 확인을 할 수 없고 그 확인을 받게 되면 잔금을 준비해야 하고 그 확인의 대가로 20억원을 지급을 해야 한다고 하여 확인은 계속적으로 미루어 왔던 상황임.

5. 대상토지의 권리관계 및 부동산 실거래매매가 실황조사내용

○ 대상토지의 권리관계

1964.7.15. 이건 대상토지 소유자인 신자의 남편 강태공이 소유권이전.
1988.3.29. 위 강태공의 사망으로 인한 협의분할 재산상속(87.10.5.)에 의해 신자가 소유권이전.
2002.4.19. 서울지방법원동부지원의 가압류결정(2002카합659호)

▶ 채권자 김채권(서울 성동구 ○○동 ○○아파트 5동 1203호 청구금액: 770,000,000원)

▶ 신청원인: 1990.3.9. 사건외 김용모(390000 – 1000000)은 소유자 신자로부터 이건 대상토지를 30억원에 매매계약을 체결하고 같은 날 계약금 1억원, 같은 해 5.9. 중도금 4억원, 같은 해 6.9. 중도금 10억원을 지불하여 도합 15억원을 지불하였으나 1992.12.16. 소유자의 요청으로 매매계약을 합의해지하기로 하고 계약금 및 중도금을 반환받기로 하여 1993.2.28.까지 7억3천만원

을 반환받았으나 나머지 잔금 7억7천만원은 2002.4월까지도 반환이 되지 않고 있어 사건외 김용모는 2002.4.16. 채권자 김채권에게 7억7천만원에 대한 채권양도를 하였고 채권자 김채권은 그 채권에 기해 소유자 신자의 이건 대상토지에 부동산가압류신청을 하게 된 것임.

2002.4.23. 가압류등기.

2002.5.24. 가압류해제원인발생.**(피의자 5)신근**이 채권자 김채권에게 9억원을 변제하여 해제하였다고 함.)

2002.5.31. 가압류등기말소됨.

2002.11.26. 수원지방법원의 가압류결정(2002카단102075호).

▶ 채권자 김주, 문현(청구금액 1,505,000,000원).

▶ 신청원인: 채권자들은 고소인에게 이건 대상토지 매매대금에 공할 자금을 투자한 자들로 계약금 및 중도금으로 지불된 투자금을 회수하기 위해 부동산 가압류신청을 하게 된 것임.

2002.11.29. 가압류등기.

※ 이건 토지에 관하여 가계약된 날이 2002.4.20.경이고 계약된 날이 2002.4.25. 경으로 보아 소유자 및 그 대리인은 부동산가압류된 사실을 알고 매매한 것이며 계약금 및 중도금으로 교부받은 금원으로 채권자 김채권에게 청구금액을 변제하여야 하는 사정에 있었던 것으로 판단됨.

○ 대상토지의 공시지가표

경기 안양시 ○○구 ○○동

연번	소재지	면적 (평방미터)	1990년 공시지가(원/㎡)	2002년 공시지가	공시지가액
1	산11-5	237,421㎡	9,000	6,230	1,479,132,830
2	산15-1	185,752㎡	9,000	6,230	1,157,234,960
3	산61-1	16,959㎡	15,000	13,200	223,858,800
4	산61-2	298㎡	18,000(91년)	13,600	4,052,800
5	산64-1	19,452㎡	12,000	12,800	248,985,600
6	산64-5	1,253㎡	10,000	13,200	16,539,600
7	산64-6	516㎡	12,000	13,200	6,811,200
합계		461,651			3,136,615,790

○ 대상토지 인근 부동산업자 상대 실황조사결과

- . 홈OO 공인중개사사무소 대표 남OO은

대상토지가 매물로 등록된 적은 없으며 2002년 초순경 몇몇 사람들이 방문하여 토지의 위치를 묻고 방문한 적이 있으며 그 불상인들은 위 토지에 아파트가 들어설 것 같다는 등의 이야기를 하였으나 현지를 방문하고 와서는 실망한 표정으로 돌아가곤 하였으며 위 부동산사무소의 대표인 자신은 위 토지에 아파트가 들어선다는 이야기를 들었을 때 속으로 '말도 안되는 소리'라고 생각한 사실이 있다고 하였고 위 대상토지는 이용가치가 있어야 그 시세를 판단할 수 있지만 이용가치가 없기 때문에 평당 가액을 산정할 수 없을 것 같고 당장 이용할 목적이라면 살 필요성이 있을지 의문이라고 진술하였음.(홈OO 공인중개사무소는 대상토지와 가장 가까운 곳에 위치하고 있음.)

- . 새OO 공인중개사무소 및 대대공인중개사사무소 대표는(관악역 인근)

새OO공인중개사사무소 실장 및 대대공인중개사사무소 대표 성OO의 진술에 의하면 작년 초순경 위 토지에 아파트가 들어선다면서 몇몇 불상인들이 찾아 왔던 적이 있고 그자들이 무슨 건교부나 고위층을 통하여 그린벨트를 푼다는 등의 이야기를 한 사실이 있으나 말도 안 되는 이야기라고 생각하였으며 이 땅은 아무런 쓸모가 없는 땅이기 때문에 돈이 있어도 살 필요가 없는 것이며 자신의 경우는 평당 1만원에 팔아도 살 생각이 없다고 진술하였고 특히 안양시장의 경우는 안양시를 확대할 생각이 없는 사람이기 때문에 더 이상 개발을 하지 않는 것을 기본 방침으로 세우고 있는 것으로 알고 있으며 대통령이라 할지라도 그린벨트지역을 마음대로 풀 수는 없는 것으로 알고 있다면서 국가에서 개발하려고 하는 경인교대부지도 그린벨트를 풀기가 힘들었다고 진술하였음.

- . 114부동산 박OO은 (관악역 인근)

이 지역은 그린벨트 지역이며 매물로 등록된 적은 없었고 시세로 따지자면 파는 사람의 경우 얼마에 내 놓으려고 할지는 모르지만 평당 5만원이라도 살 사람이 있을지 의문이라면서 아파트가 들어온다거나 그린벨트가 해제된다는 것은 말도 되지 않는 사실이며 그런 이야기를 한다고 할지라도 믿지도 않을 것이라고 진술하였음.

－. 종합하건데

　　이건 토지 인근 부동산 중개업자들의 일치된 진술은 대상토지가 그린벨트가
　　해제되어 일반이 개발을 할 가능성은 없으며 매물로 등록된 적도 없고 이용
　　가치가 없는 땅이기 때문에 매수할 자도 없을 것이라고 생각되고 <u>평당 5만
　　원에 매물이 나와도 매수자가 있을지 의문이라는 것임.</u>

6. 사건 관련인의 가담정도

사건외 신자는

－. 이건 대상토지의 소유자로 그녀의 배우자 망 강태공으로부터 이건 토지를
　　협의분할상속받았으며

－. 슬하에 김형(470903－1000000), 김영(510000－1******, 국외이주자), 김
　　애(440000 －2******)가 있었던 것으로 확인됨.(신자 및 강태공의 호적등
　　본을 통해 확인된 사항임.)

－. 피의자 5)신근은 신자의 슬하에 김희, 김애, 김형, 김우가 있고 그중 김희,
　　김애, 김형은 미국에 거주하며 김우만 울산에 거주한다고 주장하고 연락처
　　를 알수 있다고는 하나 연락처를 알려주기를 꺼려 하고 있음.

－. 사건외 채석을 1회 만나 사건외 신이에게 매매위임한 사실만을 확인하였
　　을 뿐 전면에 나타나 고소인과 접촉한 사실이 전혀 없음.

－. 2002.7.14. 미국에 방문목적으로 출국하였음.

－. 사건외 신자는 1922년생의 노령으로 슬하에 자녀가 있음에도 불구하고 20
　　년전부터 홀로 생활하였으며 4,5년부터는 피의자 5) 신근과 같이 거주한
　　사실이 있음.(피의자 5) 신근의 진술에 의함.)

사건외 신이는

－. 피의자 2) 이갑을 대단히 영향력 있는 인물로 알고 있으며 스스로도 피의
　　자 및 관련인들에게 그렇게 소개한 사실이 있음.

－. 이건 대상토지를 40여년간 관리하였다고 주장하고 있고 피의자 2) 이갑과
　　여타 관련인들과의 연결고리 역할을 하고 있음.

－. 피의자 5) 신근이 직계혈족임에도 불구하고 홀로 분재원에 기거하고 있으
　　며 반면에 신근은 4,5,년전부터 고모인 신자를 모셔왔다고 진술하고 있음.

－. 10여년전에 이건 대상토지를 신자의 사위측에 매도계약을 했던 사실이 있

음.(사건기록 1146 녹취서의 내용 및 피의자 5)신근의 진술에 근거함.—자세한 경위 파악안됨.)

사건외 신규는

-. 사건외 박채의 진술(고소인이 청취한 내용에 의함.)에 의하면 한국전력의 자금담당 부장인 자로, 정부부동산 매각에 관한 일을 잘 알고 있는 사람으로 그를 통하여 정부매각 부동산을 싸게 매입하는 일을 추진하였음.

-. 2002.2.6.경부터 고소인은 자금을 모아 채석, 박채와 함께 신규에게 투자(사건기록 553면 신규의 외환은행 한전지점 계좌참조)하기 시작하였으나 모든 계획이 무산되었음.

사건외 채석은

-. 2001.10월경 고소인으로부터 소개받은 사건외 김주를 비롯하여 수인의 투자자들의 주식계좌를 관리해 주어 자금의 매집현황 및 그 규모에 대해 가늠할 수 있는 위치에 있었고 마침 투자자들에게 주식에서 생한 이익을 창출시켜 주고 있던 중,

-. 사건외 박채로부터 소개받은 사건외 신규를 알게 되어 주식보다 투자가치가 높다고 판단되는 부동산매각에 관심을 기울여 사건외 박채와 함께 투자자들을 모집하게 되었던 것이고 그중 주요 투자자로 고소인을 선정하게 된 것이고,

-. 위 신규가 진행하는 부동산매각건이 제대로 성사되지 않자 그 이전에 신규에게 정보를 제공한 피의자 1) 김석과 직접적으로 연결되어 스스로 이건 대상토지의 매수인 및 투자자로 자청하게 된 것으로 판단되고

-. 피의자들로부터 청취한 내용을 그대로 고소인에게 전달하고 그에 첨삭하여 자신의 의견을 피력하게 된 것으로 판단됨.

사건외 박채는

-. 사건외 채석과 함께 이건 대상토지의 매매동기, 그린벨트해제가능성 및 피의자들의 각 경력등에 대해 거짓된 사실을 그대로 고소인 최OO에게 전달하여 피의자들의 기망사실을 전달해 주는 역할을 담당하였던 자임.

피의자 1) 김석은

-. 채석, 박채, 고소인등에게 자신을 대전지검 계장의 직위로 근무를 하다가

국무총리실 구조조정본부로 발탁되어 근무한 사실이 있어 권력계층에 영향력이 있으며 정부의 구조조정 물건을 매각하고 매수자를 확인하는 일을 하는 자라고 소개한 사실이 발견되어 대전지검 총무과, 국무총리실, 국무조정실에 확인하여 보았으나 피의자 1) 김석의 주장은 사실무근임을 확인하였음.

－. 피의자는 사건외 채석, 박채를 통하여 이건 대상토지를 설명하기를 '전 중앙정보부장 김OO의 미망인 신자의 토지가 경기 안양시 OO구 OO동에 있는데 그 토지 앞에 부지정리되어 있는 곳은 교육대학이 들어설 예정이며 7필지 총14만평이 현재는 그린벨트로 묶여 있지만 그중 6만평은 일반 주거지역 1,2종으로 나뉘어 풀리고 4만평은 안양시 공원부지로 기부체납을 하게 되면 주변시가를 100만원으로 보더라도 6만평에 600억원정도가 되니 충분히 수익성이 있다.', '이 토지는 정부에서 관리를 하는데 신자의 명의로 가지고 있을 때는 임의로 매도할 수도 없고 그린벨트가 해제될 수도 없기 때문에 명의가 변경되어야 그린벨트를 해제할 수 있다.'는 등 이건 대상토지 및 사건 관련인을 기망한 모든 사실을 주도한 자로 판단됨.

피의자 2) 이갑은
－. 사건외 신호를 통하여 피의자 3) 이우로 하여금 건설교통부 관련자들로부터 이건 대상토지가 그린벨트 해제예정지임을 확인받는 역할을 담당하게 하였고
－. 토지매도자의 대리인인 사건외 신이에게 자신이 권력계층과의 막강한 지연을 가지고 있는 것처럼 행세하여 피의자 5) 신근을 소개받고 피의자 1) 김석, 4) 김구와 사건외 채석, 박채, 고소인을 연결시켜 준 중개인 역할을 담당하였고
－. 사건외 신이 및 피의자 5) 신근에게는 사건외 주)OOO아이에스의 전무라고 소개를 하였고 동시에 사건외 채석, 박채, 고소인에게는 자신이 과거 문교부 국장까지 지낸 자이며 이건 토지의 지주를 관리하기 위해 청와대에서 나온 자라고 기망한 사실이 있어 이건 범행에 있어 피의자 1) 김석과 주도적인 역할을 담당하였던 자로 판단됨.
※ 1998.11.27. 제10000호 사기의 죄명으로 서울OO경찰서에 고소되어 99.1월경 송치된 사건의 의견서에 의하면 피의자 2) 이갑은 99년 당시 서울 강

남구 논현동 소재 법인의 자가용 운전기사였으며 92-94까지 3회에 걸쳐 타인에게 자신의 채무 2,100여만원상당에 대한 연대보증을 서게 한 사실로 인하여 기소되어 처분을 받은 바 있음.

피의자 3) 이우는

- 다른 피의자들 및 채석, 박채, 고소인에게 이건 대상토지가 그린벨트해제 됨을 관계부서에 확인을 받아 주는 역할을 담당하였던 자로,

- "이건 대상토지에 대해 2002.10.30. 이전에 총 면적의 50%이상을 아파트를 건축할 수 있는 일반주거지역으로 용도변경하여 토지이용계획서상 등재시킬 것을 확약하며, 용도변경된 토지 중 5천평에 대한 권리를 행사한다."는 이행각서(사건기록 66면)을 작성한 자이고 건설교통부 이영과장으로부터 "이건 대상지역은 건설교통부 사업계획에 의거 그린벨트 해지 지역임을 확인함. 2002.1.11."이라는 내용의 확인서(사건기록 68면)를 작성받은 자로 알려져 있는 자이나,

- 피의자 3) 이우는 당청 피의자신문을 받는 과정에서 위 이영 명의의 확인서는 자신이 작성한 사실이 없고 다만, 피의자 2) 이갑의 부탁을 받은 사건외 신호가 자신에게 전달해 주면서 위 내용이 사실인지 확인해 달라고 부탁을 받은 사실이 있고

- 위 이행각서는 2002.5.1. 위 신호의 부탁에 의해 자신이 서명날인한 사실은 있으나 이행각서의 내용을 약속한 사실도 없고 그럴만한 능력도 없는 자라고 시인하였던 바,

- 피의자 3) 이우는 이건 범행에 적극 관여하였으나 그 범행의 일부를 부인하고 있는 것이거나 피의자 2) 이갑으로부터 이용을 당하였을 가능성이 있는 자로 그 사실여부에 관계없이 피의자 3) 이우는 위 이행각서의 내용을 충분히 인지하였고 그에 대한 약속이행을 할 수 있는 능력이 전혀 없음에도 불구하고 이행각서상 서명날인하여 유통함으로 인해 최소한 이건 범행을 방조한 책임을 벗어 날 수 없고 2002.5.1. 이행각서를 작성할 당시 자신은 이미 타에 5,000만원을 급히 변제하여야 할 입장에 있어 위 신호로부터 5,000만원을 즉시 차용한 점 존재(이행각서작성의 대가성은 강력히 부인하고 있음.)하고 그 이후에도 재차 5,000만원을 받았으며 위 금원은 모두 피의자 2) 이갑이 신호를 통하여 전해 준 돈이라고 진술하는 것으로 보

아 이건 범행에 정범으로 가담했을 가능성도 배제할 수 없음.

피의자 4) 김구는

　피의자 1) 김석과 행동을 같이 한 사실이 있으며 그를 마치 고위층인사로써 모시는 것처럼 행동하면서 그의 수족과 같은 역할을 담당하였던 자로 스스로를 '김사장'이라 칭하면서 이건 발생의 초기부터 피의자 1) 김석과 공모하여 활동하였던 것으로 판단되고 다항의 범죄사실에 있어서는 적극적으로 고소인 최OO를 협박하여 그로 하여금 이건 고소를 취소케 하려다가 그 목적을 달성하지 못한 사실이 있으며 사건외 채석으로부터 교부받은 금원 1억원(OO은행 한전지점 발행 바가35743767 수표)을 OO은행 OO지점에서 교환한 사실도 발견됨.

피의자 5) 신근은

- . 피의자 2) 이갑을 통하여 관련인들을 소개받았으며 사건외 채석, 박채, 고소인을 제외하고는 잘 알지도 못하는 자들이라면서 혐의 강력히 부인하고 있음.
- . 2002.5.8. 중도금을 수령할 때까지는 고소인을 본 사실도 없다고 함.
- . 2002.4.20.경 3억을 가계약금으로 수령, 같은 달 25. 6억을 계약금으로 수령, 같은 해 5.8.과 5.15. 중도금 30억을 수령한 사실 인정.
- . 계약금 및 중도금 39억원을 자신이 교부받았으며 2차 중도금 19억원중 10억원의 수표에 대해서 스스로 배서까지 하여 교환한 사실이 있음에도 불구하고 위 금원을 어디에 보관하였는지 진술하지 않고 있으며 소유자 신자가 그 금원을 관리한다는 말만 할 뿐 그녀 및 자녀의 연락처 또한 알려주지 않으려고 하므로 대상토지 소유자 신자에게 위 금원이 모두 건너갔다는 근거를 알 수 없음.
- . 10여년전 사건외인에게 이건 대상토지를 매도하려다가 중도금까지 받고 계약이 해지되었음에도 불구하고 중도금을 반환하지 않아 2002년 4월 대상토지에 가압류를 당한 사실 인정, 고소인으로부터 받은 돈으로 5월경 위 가압류한 자에게 9억원을 상환한 사실인정.
- . 교부받은 계약금 및 중도금을 여타의 사용처에 사용한 것 같다고만 진술할 뿐 그 구체적인 용도를 밝히지 않고 소유자 신자 및 그 가족들의 연락처도 모른다고 진술하는등 이건 범행에 가담하였거나 소유자와의 관계에 있어서 부당한 매도를 시도한 것이라는 의심을 배제할 수 없음.(소유자 신

자 및 자녀의 연락처를 고의적으로 알려주지 않고 있음.)

7. 중개수수료, 활동비명목으로 교부된 금원중 7억5천만원 수표의 이동경로
   <별첨>과 같음.

8. 이건 대상토지의 그린벨트해제가능여부

○ 그린벨트해제가능여부 (不可함.)

   건설교통부 도시관리과 행정주사 정병수의 진술, 안양시청 도시과의 회시공문
에 의하면 이건 대상지역은 개발제한구역이 해제될 가능성이 없는 지역임.

○ 건설교통부 ○○○○과장 이영의 주장

   피의자들 및 사건외 채석, 박채는 피의자 3) 이우가 건설교통부에 근무했던 적
이 있으며 현재 ○○○○과장 이영은 이우의 선배라면서 위 이영이 이건 대상토지
가 그린벨트해제지역임을 확인하는 서류를 제시하였으나 현재 ○○○○과장으로
근무하는 이영은 피의자 3) 이우를 모르는 자이며 위와 같은 확인을 해 준 사실
이 전혀 없다고 주장하였고 피의자 3) 이우 역시 건설교통부 이영과장과는 아무
런 관계가 없음을 자인하였음.
   ※ 사건기록 68면의 이영 명의의 확인서에 기재되어 있는 이영의 주민등록번
     호는 실제 근무중인 이영과장의 주민등록번호와 다르게 기재되어 있고
     ○○○○과는 그린벨트해제업무와는 관계없는 부서인 점, 참고인 이영, 피의
     자 3) 이우의 위와 같은 진술로 보아 고소인을 기망하기 위한 수단으로 위
     이영이 이용되었다는 점이 인정됨.

9. 피의자 2) 이갑, 3) 이우, 5) 신근, 사건외 채석, 박채의 진술내용 및 주장

○ 피의자 2) 이갑은

   -. 매도인측과 매수인측을 중개하여 토지매매계약케 한 사실, 그린벨트해제된
     것으로 고지하였다는 사실, 나항에 관하여 매수인측으로부터 금원5억5천
     만원을 교부받았으며 피의자 1) 김석이 편취한 금원에서 5,000만원을 차
     용한 사실, 그 편취금원중 1억원을 사건외 신호를 통하여 피의자 3) 이우
     에게 교부한 사실을 시인하나 자신은 피의자 3) 이우의 이행각서 및 건교

부 이영과장 명의의 확인서를 믿고 스스로 그린벨트가 해제될 것으로 믿게 된 것이라고 변명하였고

  –. 자신은 중학교밖에 졸업하지 못하였고 그 이후 주로 운전기사로 활동하였을 뿐 문교부국장까지 지낸 사실이나 청와대에서 근무한 경험도 없어 고소인이나 매수인측이 그렇게 알고 있다면 모두 거짓된 사실을 알고 있는 것이고 자신은 그들에게 위와 같이 신분에 관하여 속인 사실은 없다고 부인하고 있음.

○ 피의자 3) 이우는

  –. 고소인, 사건외 신자, 신이, 채석, 박채, 피의자 1) 김석, 4) 김구, 5) 신근 및 건교부 이영과장은 전혀 알지 못하는 사람이고 이건에 관련된 자들 중 피의자 2) 이갑은 그 이름만을 들어서 알고 있을 뿐이었다고 진술하였고,

  –. 자신은 건교부에 근무한 적도 없고 그린벨트의 해제조건이나 그에 관련된 지식 및 대상토지가 그린벨트에서 해제되는데 영향력이 있는 사람도 아니며 그린벨트 해제여부 확인을 할 수 있는 권한이나 능력도 없는 상태로써 사건기록 66면의 이행각서(이건 부동산에 대해 2002.10.30.이전 아파트를 건축할 수 있는 일반주거지역으로 용도변경할 것을 확약하며 그 변경된 토지중 오천평에 대한 권리를 피의자 이우가 행사한다는 각서내용임.)를 자신이 그 내용을 인지하고 서명을 한 사실 및 그 각서의 내용이 사실이 아니며 대상토지가 그린벨트가 해제될 수가 없는 것이라는 점, 자신의 행위로 인하여 매수인 및 고소인이 피해를 입게 되었다는 점을 시인하였음.

○ 피의자 5) 신근은

  –. 이건 대상토지의 소유자는 전 중앙정보부장이 김OO의 미망인이 아니며 그 토지는 국가에서 관리하거나 그린벨트가 해제될 수가 있는 토지도 아니라고 시인하였으나 자신은 고소인에게 이건 토지가 그린벨트가 해제된다는 명목으로 매도한 것이 아니며 이건 관련인 중 자신의 아버지인 신이를 통하여 피의자 2) 이갑만을 알고 있었을 뿐 그 이외의 피의자들은 전혀 알지 못하는 사람이라고 진술하면서

  –. 이건 대상토지의 소유자는 신자인 것이 틀림없으나 자신의 아버지인 사건외 신이가 오랫동안 그 산을 관리하여 왔기 때문에 매도대리를 하여 이건 토지 매매에 이르게 된 것이고 그 신이가 2002.2월이나 3월경 알게 된 피

의자 2) 이갑이 위 신이를 찾아와 토지매매의사를 타진했던 것으로 알고 있으며 2002.4.20.경 매수인측을 만나 가계약을 하였고 2002.4.25. 정상적으로 본계약을 체결하였을 뿐 그 이외의 사실에 대해서는 아는 바가 없다고 진술하고 있음.

○ 사건외 채석은

－. 관련자들을 알게 된 경위, 이건 대상토지에 투자하게 된 경위, 피의자 1) 김석, 2) 이갑, 3) 이우, 4) 김구가 각 그 신분에 관하여 마치 고위층과 관련이 있거나 그린벨트해제에 관하여 영향력을 행사할 수 있는 위치에 있다고 행세한 점에 대해서 고소인과 일치되는 진술을 하고 있으며 그들에 대해 전해들은 사항에 관하여 사건외 박채와 그 진위여부를 확인하지 아니하고 고소인에게 전달한 사실을 시인하고

－. 이건 대상토지가 그린벨트해제된다는 점에 대해서 계약일 이전에 단 한 차례도 대상토지에 직접 가보지 않은 상태에서 계약을 체결하였고 계약하고 나서야 비로서 신문내용을 검색하는등 소극적인 확인만을 하였던 점, 스스로 그린벨트해제요건등에 대해서 문외한이라는 사실, 피의자 1) 김석이 이건 대상토지의 소유자가 전 중앙정보부장 김OO의 미망인이며 그 토지는 국가에서 관리한다고 말한 사실, 피의자들이 피의자3) 이우가 건설교통부 OOOO과장 이영과 선후배사이로서 그를 통하여 그린벨트해제여부확인을 해 주겠다고 말한 사실등 이건 대상토지는 그린벨트가 해제되어 아파트를 건축하거나 기타사업으로 활용하여 많은 돈을 벌 수 있으며 계약금과 중도금까지만 매수인이 해결하면 나머지 잔금은 피의자 1) 김석이 알아서 해결할 수 있다고 기망한 사실을 모두 시인하고 채석 자신은 그러한 피의자들의 기망사실을 모두 진실한 것으로 착오하였을 뿐이라고 변명하고

－. 다항 범죄사실에 관하여

2003.2월 중순경 고소인이 사건 외 채석, 박채와 의견을 같이 하지 않고 고소를 하게 된 사실을 알고 고소인의 사무실로 찾아가 고소인이 컴퓨터에 저장해 놓은 고소장 사본을 출력하여 이를 그 자리에서 피의자 4) 김구에게 팩스전송해 준 사실이 있고 그날 사건 외 채석, 박채, 피의자 1) 김석, 4) 김구가 대책을 논의하던 중 격앙된 분위기에서 고소인으로 하여금 고소를 취소케 할 것을 그 대책으로 결정을 하고 자신은 귀가한 바 있으나 그

다음날 사건 외 박채로부터 전해 들은 내용에 의하면 고소인을 다항의 장소로 데리고 와서 피의자 4) 김구가 고소인에게 '씨발놈 죽인다.'는 말을 하였다고 알게 되었으며 당시 분위기가 매우 험악했던 것으로 알고 있다고 진술하였음.

○ 사건외 박채는

-. 신규를 통하여 피의자 1) 김석, 4) 김구를 알게 되었고 피의자 2) 이갑은 계약일에 알게 된 사람이며 사건외 채석, 고소인은 자신을 통하여 위 자들을 알게 된 것은 사실이나 이건 계약에 관하여 사건외 채석, 박채, 고소인은 모두 같은 투자자의 입장이라고 하면서 자신의 책임을 회피하려는 식의 진술을 계속하였고

-. 다만, 피의자 1), 2), 4)의 고위층을 사칭한 사실, 이건 대상토지가 그린벨트가 해제될 것이라는 이야기를 들은 사실에 대해서는 사건외 채석 진술의 전체적인 취지와 부합하며

-. 다항 범죄사실에 관하여
자신은 2002.2월 중순경 고소인을 새벽 1시경부터 2시, 3시경까지 피의자 1), 2)가 있는 장소로 데리고 와서 고소를 취소케 할 것을 요구하였으며 당시 피의자 4) 김구가 술에 취해 흥분한 상태에 있어 고소인을 협박하면서 고소인을 붙잡는 등 매우 흥분한 것은 사실이나 자신이 피의자 4) 김구를 말리는데 열중하느라 피의자 4) 김구가 '죽여버린다.'는 말을 했는지는 확실히 기억이 나지 않는다고 진술하였음.

10. 수사결과

○ 가항에 대하여

-. 우선 이건 대상토지인 경기 안양시 OO구 OO동 11-5번지등 7필지는 현재 그린벨트지역으로 분류되어 있으며 현재까지 건설교통부등 관련부처로부터 그 해제대상으로도 논의된 사실도 없을뿐만 아니라 건설교통부가 천명한 개발제한구역제도개선방안에 의할 때에도 그린벨트해제예정지구로 분류될 수 없는 토지임이 명백하고 건설교통부 도시관리과 근무 정병수의 진술 및 안양시청, 만안구청의 회신내용 또한 위와 같은 사실을 입증하여 피의자들이 이건 대상토지가 그린벨트해제예정지이며 그 지역에 아파트를

건축할 수 있다고 한 사실이 명백한 기망행위로 인정되고

ㅡ. 피의자 1) 김석은 대전지검 계장으로 근무를 하고 국무총리실 구조조정본부에 발탁되어 간 적이 있다는 사실은 근거없는 것으로 인정되고(사건기록 1210면 수사보고), 피의자 2) 이갑이 청와대에서 파견나왔으며 문교부국장까지 지낸 자라는 내용도 사실과 전혀 다르고 피의자 4) 김구는 피의자 1)과 2)의 신분에 대해 마치 진실한 것인 양 사건외 박채와 채석에게 전달한 사실이 인정되며

ㅡ. 피의자 3) 이우가 건설교통부 OOOO과장인 이영과 선후배사이이며 피의자 3) 이우를 통하면 이건 대상토지가 그린벨트해제예정지임을 확인할 수 있다고 한 사실도 피의자 3) 이우 및 OOOO과장 이영의 진술로 보아 허위의 사실로 입증되었으며 또한 피의자 3) 이우가 이행각서(사건기록 66면)에 서명날인하여 피의자 2) 이갑에게 전달한 것이 2002.5.1.경으로 이건 토지매매계약일 이후에 이루어진 것으로써 피의자들이 고소인을 기망한 이후 자신들의 범행을 완성하기 위해 피의자 3) 이우를 가담케 한 것으로 판단되는 바,

● 종합컨데, 범죄일시를 전후하여 마침 건설교통부에서는 안양시 OO구 OO동 삼막마을을 비롯하여 전국에 산재한 취락지구를 대상으로 그린벨트를 해제한다는 내용을 보도하였고 그와 더불어 이건 대상토지와 인접한 경기 안양시 OO구 OO동 6-8 잡종지에 OOOO경기캠퍼스가 건립된다는 사실과 맞물려 개발제한구역의 설치 및 해제에 대해 문외한인 일반인들이 쉽게 오인한다는 점을 이용하여 이건 범행에 이른 것이라고 판단되고

피의자 1) 김석은 이건 사기행각의 총책으로써 고위층인사를 가장하여 신북을 속인 사실과 고소인에게 대상토지의 권리관계 및 그린벨트해제여부에 대해 적극적으로 기망한 사실, 매수인이 중도금만 치르면 잔금은 자신이 치를 수 있다고 말한 사실이 고소인, 사건외 채석, 박채등의 진술로써 인정이 되고

피의자 2) 이갑은 피의자 5) 신근을 피의자 1), 4) 및 매수인측과 중개하는 역할을 담당하였고 매수인측에 그린벨트가 해제될 것이며 피의자 3) 이우가 이를 확인해 줄 것이라고 이야기하는등 이건에 주도적인 역

할을 하였고 이러한 사실을 시인하는 피의자 2) 이갑의 진술, 피의자 3) 이우의 진술, 사건외 채석, 박채의 진술등으로 보아 혐의충분히 인정되고

피의자 3) 이우는 범행의 초기부터 피의자 1), 2), 4), 5)와 모의한 사실은 발견할 수 없으나 2002.5.1. 자신의 채무상태를 해결하기 위한 방편으로 사건외 신호로부터 피의자 2) 이갑의 금원 5,000만원, 같은 달 28. 5,000만원을 추가로 교부받은 사실이 있으며 2002.5.1.금원차용후 사건기록 66면의 이행각서에 서명날인한 후 사건외 신호에게 교부하여 피의자 2) 이갑에게 건너간 사실이 인정되며 사건외 신호로부터 그린벨트해제확인을 의뢰받은 사실도 인정되므로 혐의 충분하고

피의자 4) 김구는 피의자 1) 김석을 하수인 역할을 하며 피의자 1) 김석 및 피의자 2) 이갑, 대상토지의 성질에 대해 사실과 다르게 기망한 사실이 고소인, 사건외 채석, 박채의 진술등으로보아 충분히 인정되고

피의자 5) 신근은 1990년 이건 대상토지가 30억원에 불과한 가격으로 계약이 체결되었으나 잔금이 지급되지 않은 상태에서 계약이 취소되었고 그 이후 공시지가의 변동이 없었으며 당시의 매수인측에게 12년동안이나 7억7천만원을 반환하지 못하고 있던 상태에서 이건 대상토지의 계약일인 2002.4.25. 이전에 사건외 김채권이 위 7억7천만원의 반환을 요구하면서 대상토지에 가압류를 해 놓은 사실을 잘 알고 있었고 실제로 그 부동산이 매매가 이루어지지 않아 95억원이라는 거액에 매매가 될 수 없다는 사실을 누구보다도 잘 알고 있는 자라고 판단되나 자신은 이건 대상토지를 정상적으로 매도한 매도인 측이라고 변명하므로 현재까지 그 혐의를 입증할 자료는 존재하지 않음.

○ 나항에 대하여

피의자 1) 김석, 2) 이갑, 4) 김구는 가항의 범죄사실에 관한 대상토지 중개수수료, 활동비, 정치자금명목으로 나항의 금원을 교부받은 사실이 모두 인정되고 가항의 혐의 명백하므로 나항의 범죄행위에 대해서도 모두 혐의인정됨.

○ 다항에 대하여

사건외 채석, 박채의 일치된 진술에 의하면 2002.2월 중순경 고소인이 피의자

들을 상대로 고소한 것에 대해 사건외 채석, 박채, 피의자 1) 김석, 4) 김구 모두 광분한 상태에 있었고 위 자들이 모두 모여 고소인으로 하여금 고소를 취소케 하자는데 의견이 일치된 사실이 인정되고

다항 범죄일시에 사건외 박채가 고소인을 유인하여 피의자 1), 4) 및 불상의 자가 있는 장소로 데리고 갔던 사실, 피의자 1), 4), 사건외 박채 모두 고소인에게 고소를 취소하라고 요구한 사실, 피의자 4)가 고소인을 협박하였다는 사실이 인정되므로 피의자 1), 4) 모두 혐의인정됨.

11. 피의자 2) 이갑, 피의자 3) 이우에 대한 구속영장신청사유

○ 피의자 2) 이갑은 (체포된 피의자용 구속영장신청)

가항, 나항의 범죄에 관하여 모두 그 혐의가 충분히 인정되는 자이나 3회의 출석요구에 불응하였으며 실제거주지를 노출시키지 않은 채 타처로 주민등록 등재를 해 놓고 나머지 가족과도 함께 거주하지 않는등 도주하였던 자이며 죄질이 불량하고 편취금액이 다액임에도 불구하고 혐의사실을 피의자 4) 이우에게 계속 미루면서 일부 부인하고 있는 자로써 신병을 구속하지 않고 수사할 경우 그 죄책이 무거워 실형의 선고가 될 것을 예상한 피의자가 국외로까지 도피하거나 검거되지 않은 피의자 1) 김석, 4) 김구를 도주케 하거나 존재하는 범증을 인멸할 우려가 상당한 자이고

○ 피의자 3) 이우는 (미체포 피의자용 구속영장신청)

가항 범죄사실에 관하여 다른 피의자들에 가담한 사실 시인하고 피의자 2) 이갑의 진술, 고소인 및 사건외 채석, 박채, 건설교통부 이영과장의 진술 등으로 보아 범증충분하나 자신은 사건에 적극 개입한 것이 아니라 피의자 2) 이갑의 부탁을 받은 사건외 신호를 통하여 1억을 차용하면서 이행각서에 서명날인해 주었고 그린벨트해제여부의 확인의뢰를 받았을 뿐이라고 변명하는 바, 피의자 3) 이우의 진술은 여타 피의자들의 범행을 입증키 위한 중요한 인적증거이며 피해금원중 1억원을 교부받아 사용한 사실이 있어 피의자 3) 이우를 구속하지 않으면 사건외 신호를 사주하여 증거를 인멸하거나 실형이 선고될 것을 두려워한 나머지 스스로 도주할 우려가 있는 자이므로 **구속영장을 신청**하고자 합니다.

저자약력

이관희

약력
경찰대학 법학과 졸업('97)
마포경찰서 조사계
서울지방경찰청 수사과
서울지방경찰청 수사직무학교장
경남지방경찰청 혁신팀장
경남지방경찰청 사이버범죄수사대장
창원서부·마산중부경찰서 경제범죄수사팀장
김해중부경찰서 강력범죄수사팀장
경찰수사연수원 수사학과 교수
고려대학교 정보보학과 박사과정 수료
경찰대학 로스쿨교수팀
주케냐 대사관 경찰주재관
충남지방경찰청 수사지도관
경찰청 수사구조개혁단
경찰대학 국제협력계장 및 UN PKO 교육센터장
경찰대학 경찰학과 교수
국제사이버범죄연구센터장
現 경남마산동부경찰서 수사과장
    한국디지털포렌식학회 이사
    경찰학연구 편집위원

범죄수사입문

초판발행   2021년 2월 23일

지은이   이관희
펴낸이   안종만·안상준

편 집   윤혜경
기획/마케팅   오치웅
표지디자인   박현정
제 작   고철민·조영환

펴낸곳   (주) **박영사**
              서울특별시 금천구 가산디지털2로 53, 210호(가산동, 한라시그마밸리)
              등록 1959. 3. 11. 제300-1959-1호(倫)
전 화   02)733-6771
f a x   02)736-4818
e-mail   pys@pybook.co.kr
homepage   www.pybook.co.kr
ISBN   979-11-303-1198-2 93350

copyright©이관희, 2021, Printed in Korea

* 파본은 구입하신 곳에서 교환해 드립니다. 본서의 무단복제행위를 금합니다.
* 저자와 협의하여 인지첩부를 생략합니다.

정 가   26,000원